걸음 걸음이 은총이었네

양종구 자서전

양종구 화보

제1부 나의 가계(家系)

제2부 나의 성장과 학창시절

제4부 사랑과 결혼

제6부 교직에 몸담고 살아온 반세기

제9부 대종회 일을 맡다

제10부 인생 이모작

- 양종구 자서전 화보 3 -

제1부 나의 가계

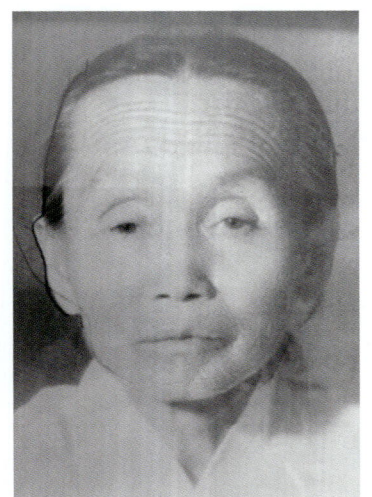
* 할머님

* 아버님

* 어머님

* 가족사진 어머님 동생과 함께

* 월남파병시 동생 사진

* 산수 기념 사진

제2부 나의 성장과 학창시절

* 2.3학년 우등상장

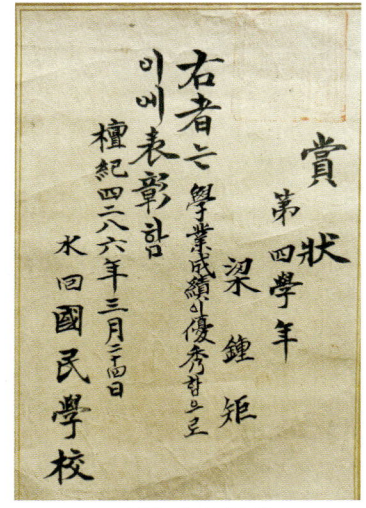
* 4학년 우등상

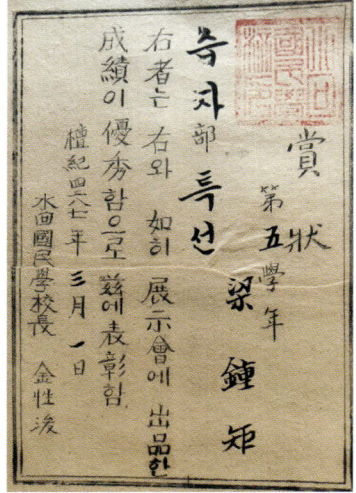
* 5학년 서예 특선상

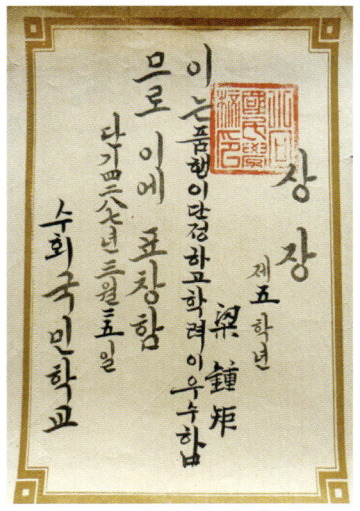
* 5학년 우등상

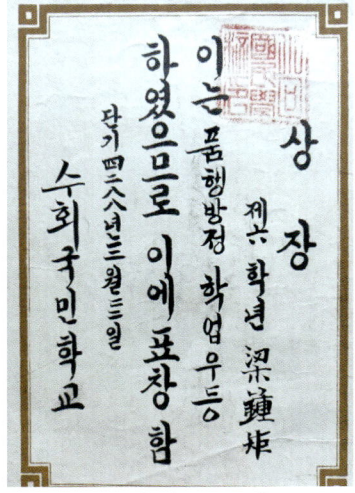
* 6학년 우등상

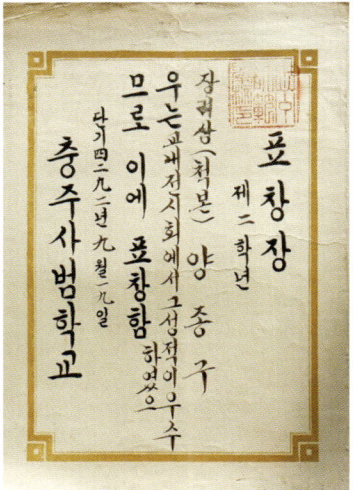
* 교내 전시회(척본) 입상

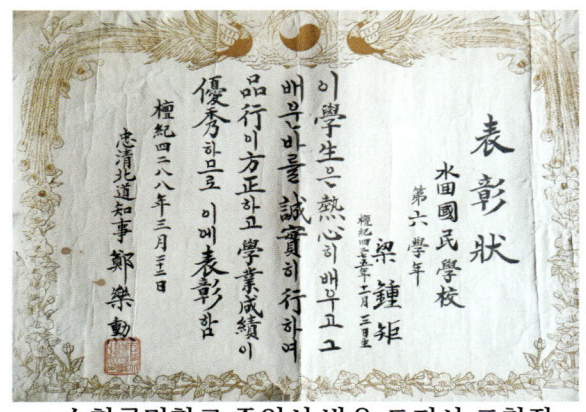
* 수회국민학교 졸업시 받은 도지사 표창장

* 수회국민학교 졸업기념

* 중 3-1반 졸업 사진

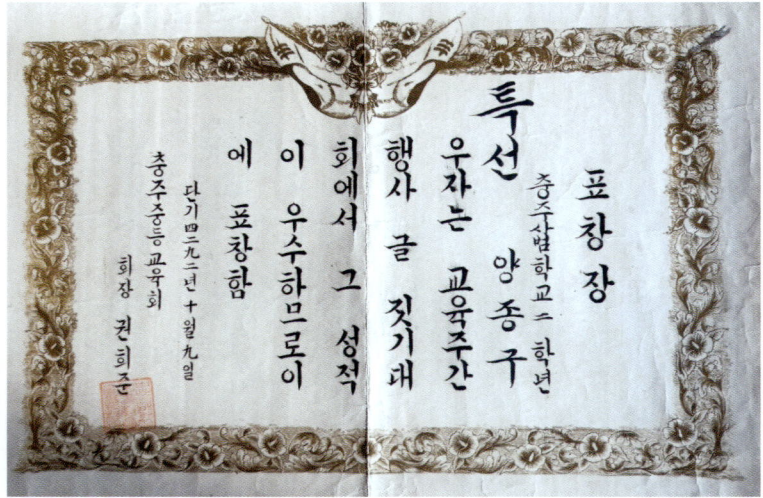

* 충주사범학교 글짓기 특선상

* 61년 사범 졸업 후 사진

* 방통대 2년 과정졸업

* 방통대 4년 과정졸업

* 홍대 대학원 졸업

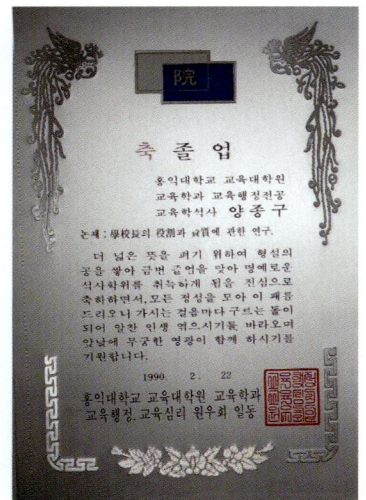
* 홍대 교육대학원 졸업 축하패

* 방송통신대 평생학습상

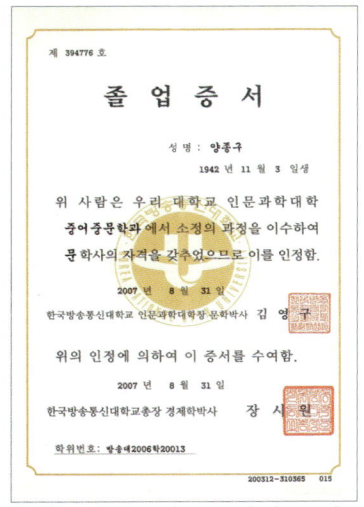
* 방통대 중어중문학과 졸업

* 가영시아 문학동아리 작품집

* 가영시아 문학동아리 일동

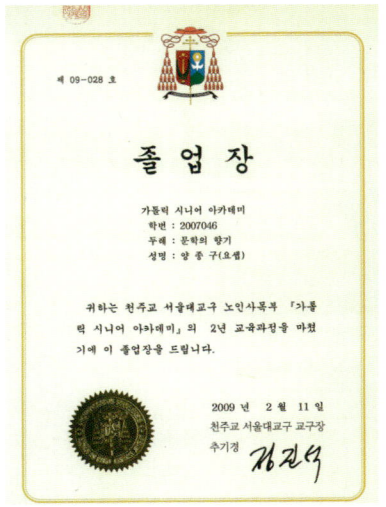
* 천주교 영시니어아카데미 졸업장

* 가영시아 동기들과 서소문 성지 탐방

제4부 사랑과 결혼

* 약혼식 케이크 자르기

* 약혼식 기념사진

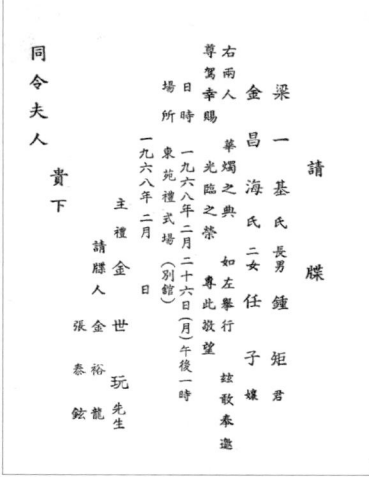
* 결혼 청첩장

* 김세완 주례(대법관출신)님의 주례사

* 결혼사진

* 신혼여행 온양온천 관광호텔

* 석환 돐 사진

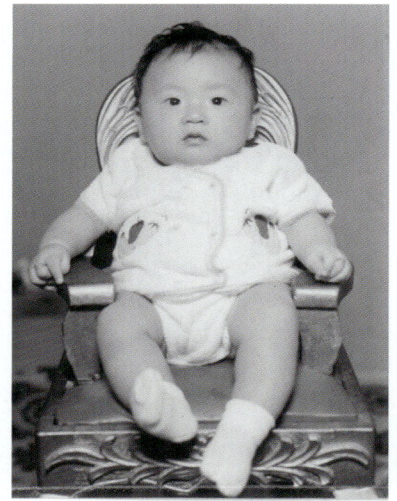
* 석재 돌 사진

* 가족 사진

* 석환 석재

* 인천 맥아더장군 동상 앞에서

* 승준 유치원 입학

* 시우 유치원 입학

* 승준, 시우

* 석재 가족 유럽여행 　　　　　　　　　　* 연

* 금혼기념

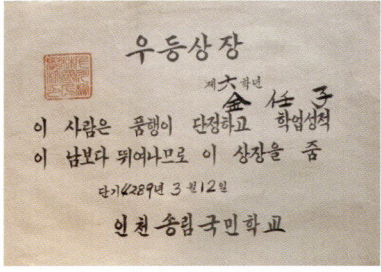
* 4,5학년 우등상

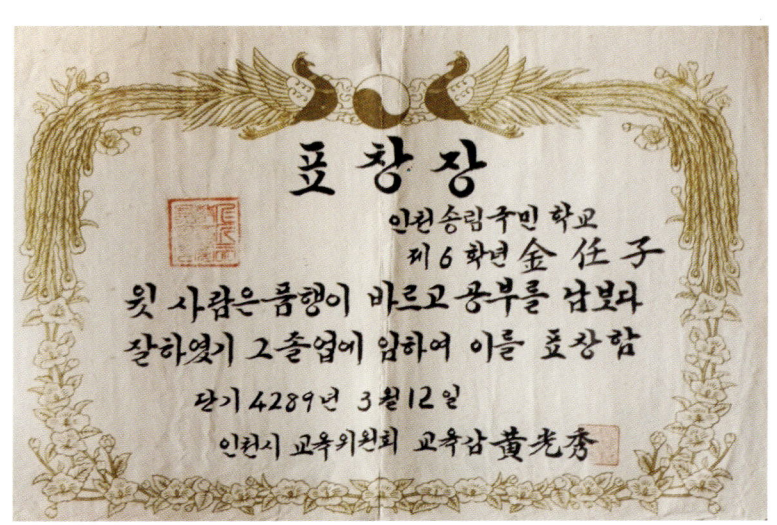
* 교육감 표창장

* 연이 받은 우등상(6학년)

* 연의 이천남국민학교 직원일동

* 서울시교육감 공로패

* 98년 국민훈장 석류장 수훈

* 국민훈장 석류장

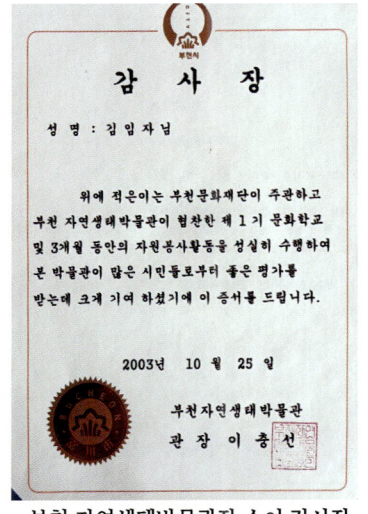
* 부천 자연생태박물관장 수여 감사장

* 색동회 주최 27회 동화구연가 인증 패

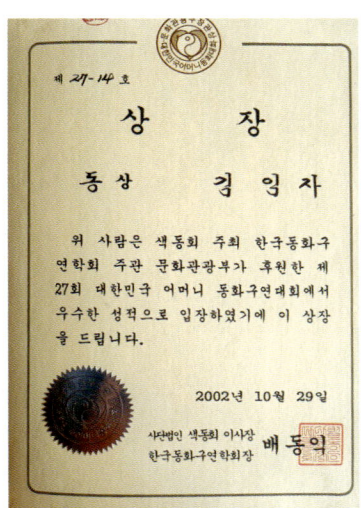
* 색동회 주최 27회 동화구연대회 동상 입상

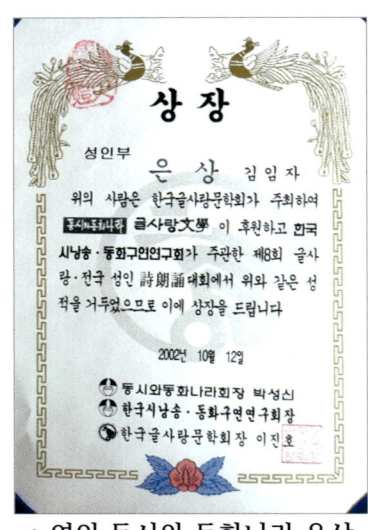
* 연의 동시와 동화나라 은상

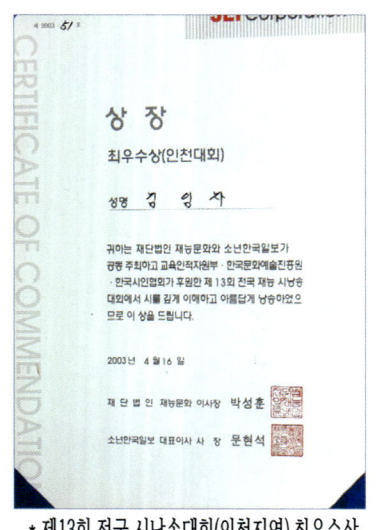
* 제13회 전국 시낭송대회(인천지역) 최우수상

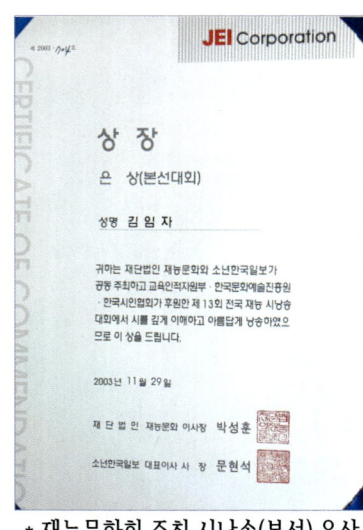
* 재능문화회 주최 시낭송(본선) 은상

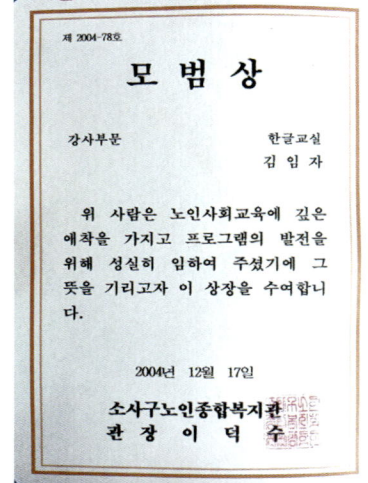
* 노인사회교육 한글교사 강사 모범상

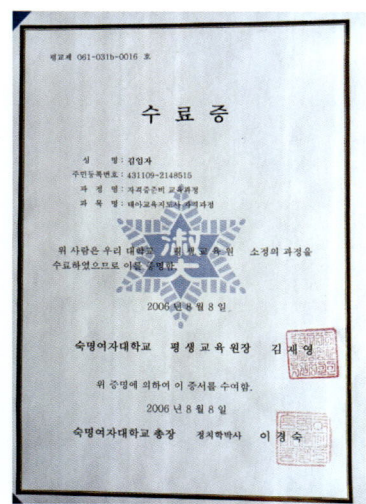
* 숙대 태아교육지도사 과정 수료

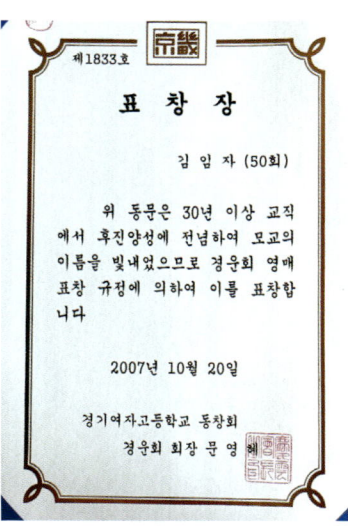
* 경운회가 수여한 영매상 표창장

* 경운회가 수여한 영매상 메달

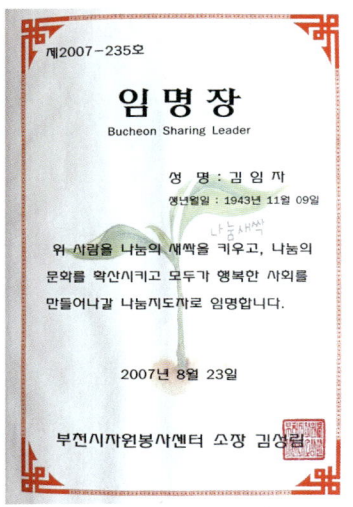
* 나눔지도자 임명장

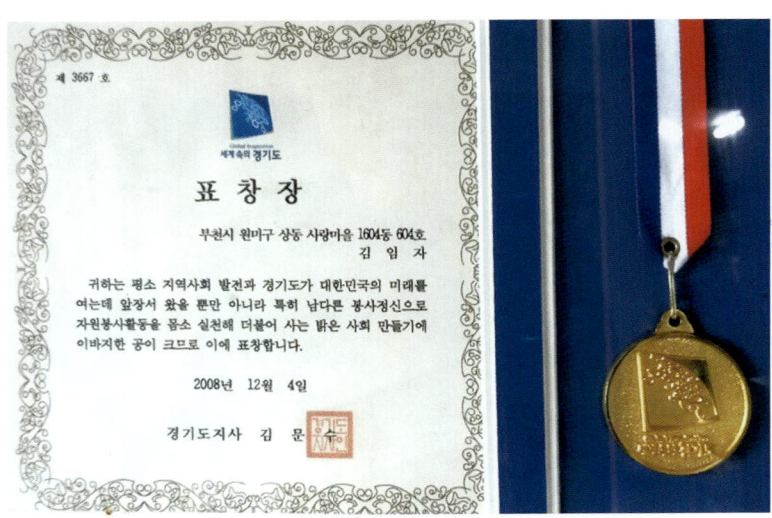
* 자원봉사 활동실천 경기도지사 표창장

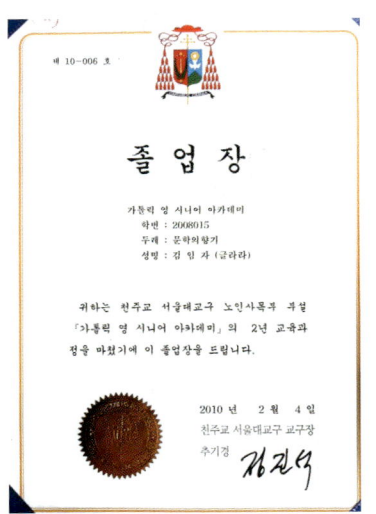
* 천주교서울대교구부설 가영시아 졸업장

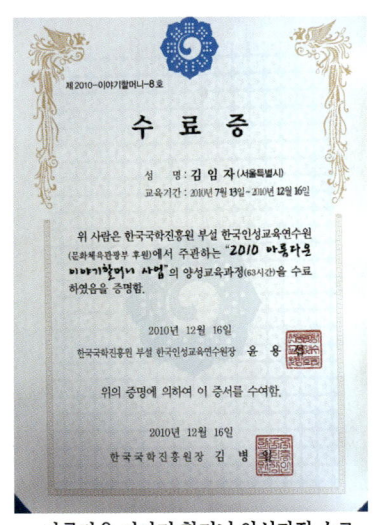
* 아름다운 이야기 할머니 양성과정 수료

* 아름다운 이야기 할머니 양성과정 장려상

* 연(娟)의 시집 시계놀이

*시와 수상무학 제 39회 신인문학상 입상패

* 시와 수상문학사의 문학상 수상

- 양종구 자서전 화보 13 -

제6부 교직에 몸담고 살아온 반세기

* 이천국교 54회 6의 1반

* 63년 입영 헌병 복무

* 이천국교 55회 6학년2반 사진

* 인천만석국교 교사 전등사 탐사

* 보이스카우트 발대식

* 보이스카우트 발대식(축현국교)

* 연천 상리국교 6의 1반

* 연천상리학교 30회 졸업사진

* 연천상리학교 직원

* 서울마포국민학교 6-8반 일동

* 서울발산국교 교감 집무

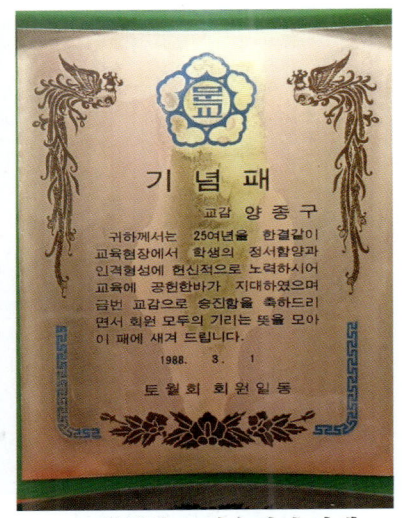
* 토월회원 교감승진 축하패

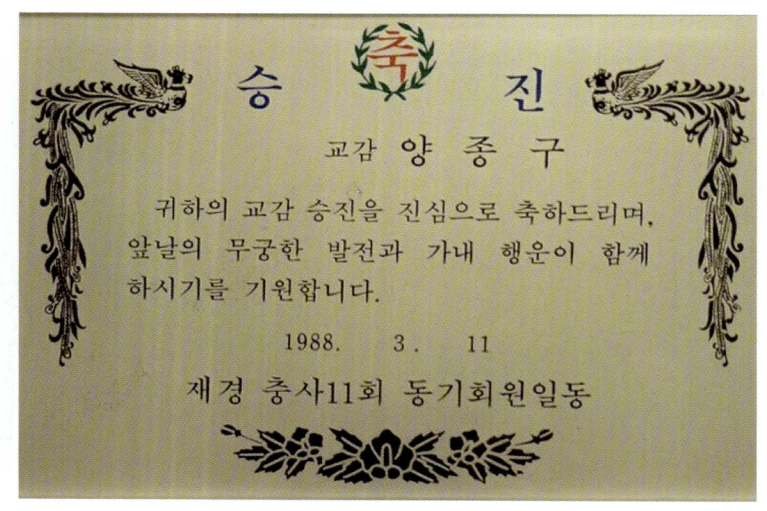
* 재경 충사 동기의 교감승진 축하패

* 국일회원의 교감승진 축하패

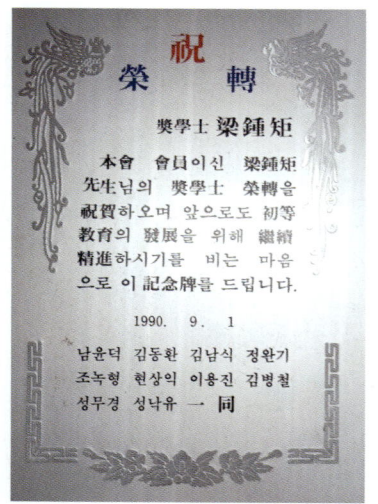
* 마포교직원들의 장학사 전직 축하패

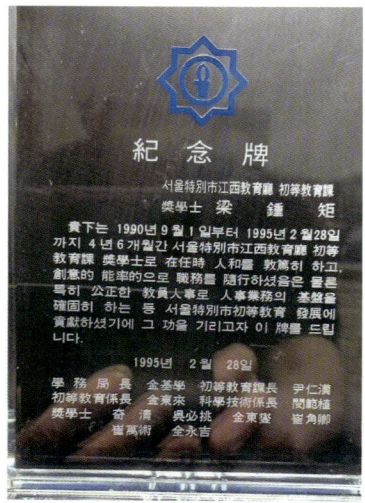
* 강서교육청 근무 기념패

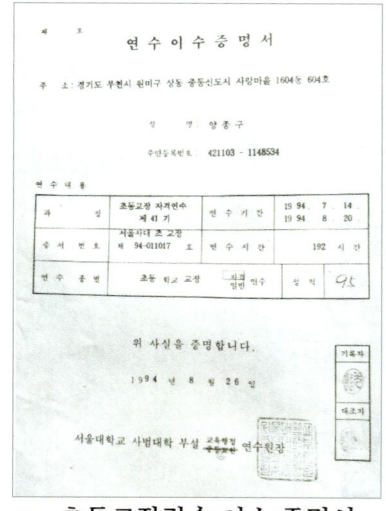
* 초등교장강습 이수 증명서

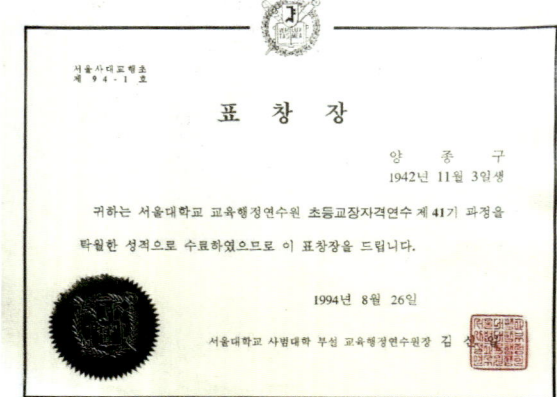
* 초등 교장강습 성적 우수 표창장

* 서울시교육청 초등교직과 근무 공로패

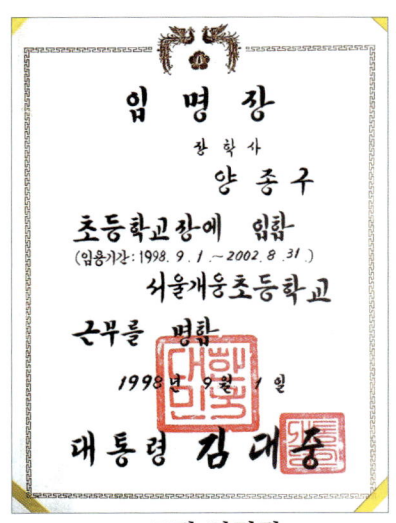
* 교장 임명장

* 교장승진 기념패(강서교육청 전문직)

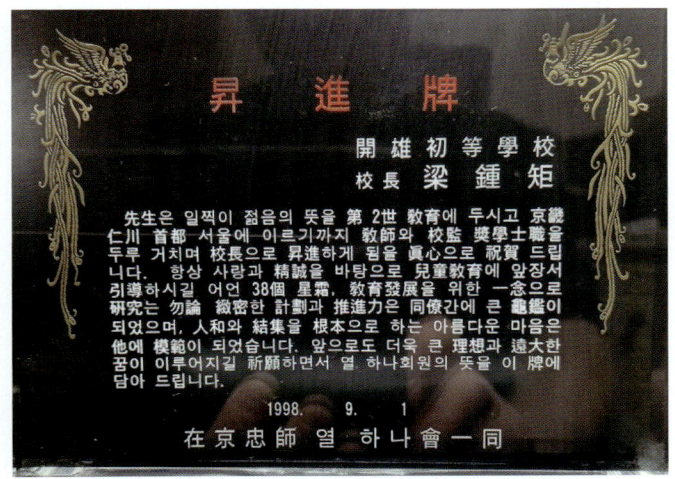
* 개웅초교 교장 승진 재경 충사동기 축하패

* 교장승진 축하패(송림회)

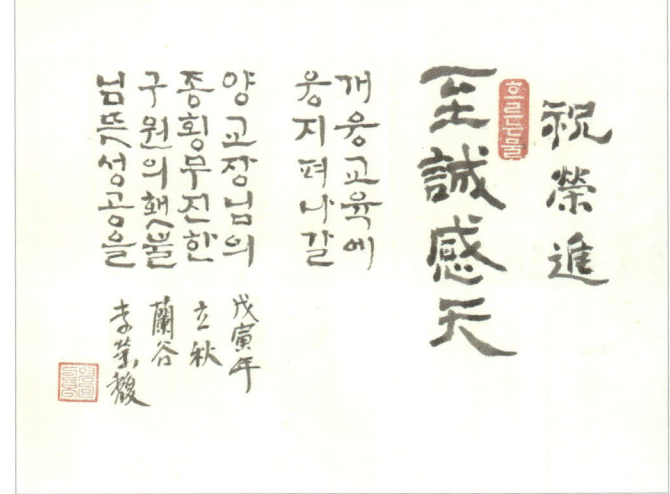
* 난곡 이영복 교장의 축하 글

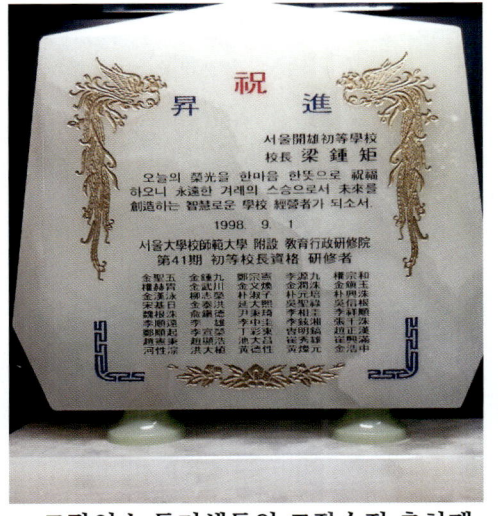
* 교장연수 동기생들의 교장승진 축하패

서울 개웅초등학교 개교식

* 교육감의 교기 수여

* 개교기념 테이프 커팅

* 개교기념 교훈석 제막식

* 개교기념 식수

* 학교장 인사말씀

* 교육감의 개교식 축하 다과회

* 서울개웅초등학교 문패 현판식

* 개웅초교 교장 근무

* 서울개웅초등학교 개교시 전교선생님 98.9.14

* 개웅초등학교 개교 안내기사 소년한국일보 98.11.26

* 소년조선일보 개웅초개교식 안내신문 98.11.26

- 양종구 자서전 화보 19 -

* 강동교육청 교육장 학무국장,과장님들

* 강동교육청 초등전문직 일동

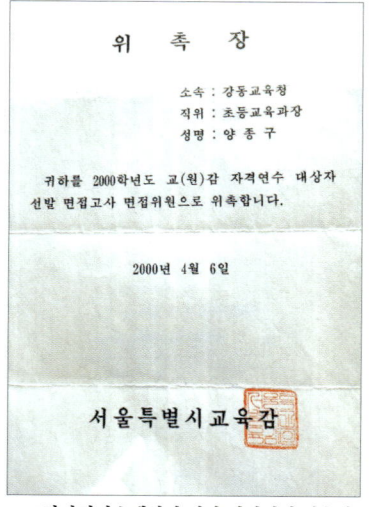
* 교감자격연수대상자 선발 면접위원 위촉장

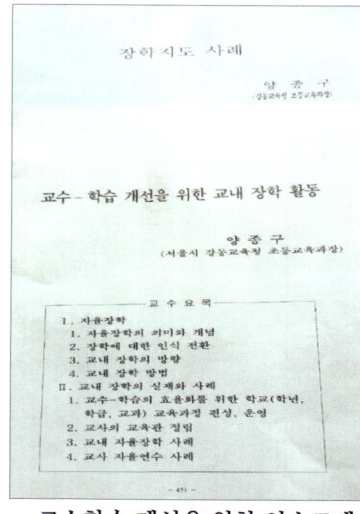
* 교수학습 개선을 위한 연수교재

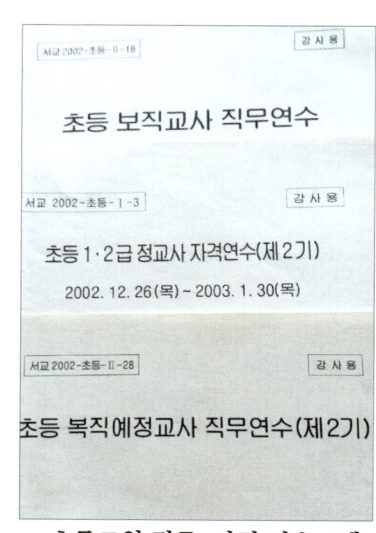
* 초등교원 직무, 자격 연수교재

* 교육기획연구부장 집무

* 원장님, 부장님과 함께

* 교육기획부 연구사님들과 함께

* 교육기획연구부 연구사 안동병산서원 탐방

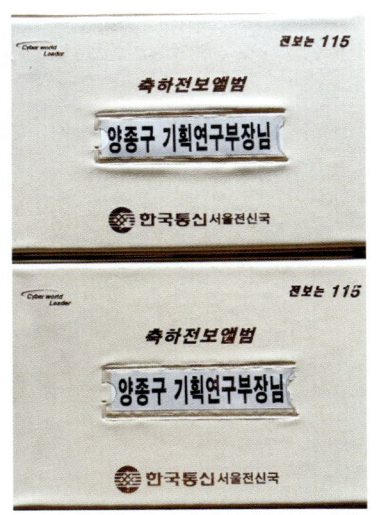
* 교육기획연구부장 발령 축전(200통 이상)

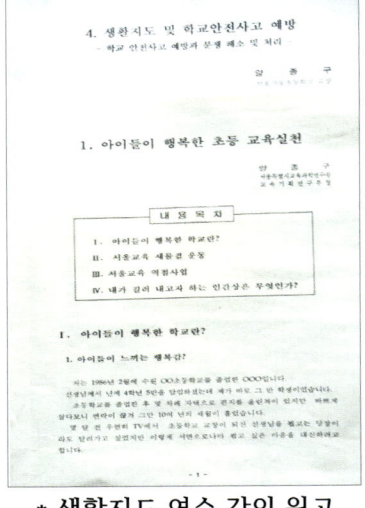
* 생활지도 연수 강의 원고

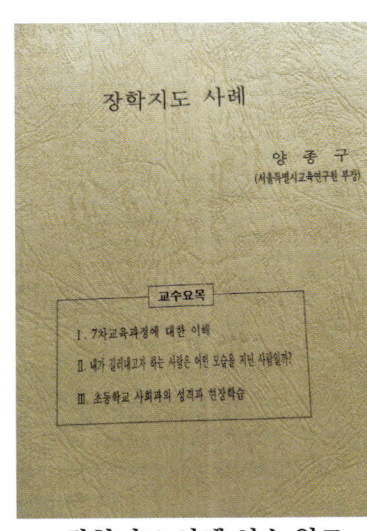
* 장학지도 사례 연수 원고

* 50회 교육공로자 표창 축하

* 서울 교원 금강산 통일 체험연수

* 서울 교원 금강산통일 체험연수

* 교육과학연구원 근무 기념패

* 가동초등학교 교장 집무

* 교사 생일에 책 선물하는 교장선생님

* 꽃밭 가꾸기.

* 지역사회학교 어머니회 총회

* 가동초등학교 바자회 개최 커팅

* 가동초 알뜰바자회

학교, 학부모, 지역사회가 함께 만들어 가는 앞선 교육!
따뜻한 마음 · 푸른 꿈… 가동초등학교

새 학기가 시작된 지난 3월, 가동초등학교 3학년 현정이는 담임선생님이 써주신 편지 한 장을 어머니께 전해드렸다. 1년 동안 가르치고자 하는 교육내용 및 교육철학이 담겨진 장문의 편지를 받아든 어머니는 안도감과 함께 묘한 감동까지 느낄 수 있었는데…

좋은 선생님 만났다는 기쁨에 여기저기 전화를 돌리던 현정이 어머니, 하지만 이내 깜짝 놀라고 만다.

사연인 즉, 가동초등학교(이하 가동)의 모든 학부모들이 담임선생님으로부터 편지를 받았기 때문이다.

그날 밤 편지를 손에 든 학부모들은 교육지침에 맞게 가정교육을 이끌어달라는 선생님의 진심어린 부탁이 머릿속을 맴돌아 쉽게 잠을 청할 수가 없었다고 한다.

이 말을 전해 듣고 뿌듯한 미소를 짓던 선생님들은 하루도 빠짐없이 교육에 관한 좋은 글을 건네주는 양종구 교장선생님을 떠올린다. 교육은 내리사랑이라더니… 교장선생님께 배운 사랑을 자신들이 그대로 실천하고 있었기 때문이다.

"가동은 15년이라는 짧은 역사를 갖고 있지만 지역사회 여느 학교와 비교해 뛰어난 시설을 자랑합니다. 시청각실, 어학실, 컴퓨터실 등의 정보화교실에서는 정보화시대를 이끌어 나갈 인재 육성을 위한 정보화교육이 한창이며 학습정보 도서관을 활용한 수업은 학생들의 창의력·자기주도적 학습능력을 신장시키고 있습니다. 우리 아이들이 살아갈 세상은 스스로 문제를 인식하고 탐구하며 주도적

* 월간시사 종합지 "오늘의 한국" 2004년 12월호에 등재된 기사

교장 선생님과 함께 하는 아침 달리기로 체력이 쑥쑥

으로 해결해 나가는 능력이 필요시 되는 시대입니다. 가동의 선진화된 시설은 자기주도 학습능력을 신장시키기 위한 공간으로 적극 활용되고 있습니다. 또한 교사와 학부모, 지역사회가 하나 되어 만들어 가는 교육으로 학생 개개인의 잠재력과 개성을 최대한 신장시키고자 노력하고 있습니다."

정보화 소양을 갖춘 자율적, 창의적, 도덕적 인간육성이 교육목표의 최우선임을 강조하는 양종구 교장은 학교, 학부모, 지역사회가 공동체 의식을 가지고 이끌어가는 가동교육을 소개하며 자신감을 내비친다.

55학급, 2200여명의 아이들이 꿈을 키워나가는 이곳은 특이하게 전학 오는 학생만 있지 전학 가는 학생은 찾아볼 수가 없다고 한다.

학생 수가 너무 많아 전학신청자를 받아도 전학가고 싶다는 학생은 몇 명에 불과하다보니 '이 놈의 인기는 식을 줄 모르네.'라는 유행어가 선생님들 사이에서 회자되고 있는 실정인 것이다.

"혹시 숙제 좋아하는 아이들 보신 적 있으세요. 저희 학교 학생들은 숙제하는 걸 너무 좋아해요. 학급카페를 통해 과제를 제시하면 인터넷이나 책을 통해 자료를 수집하고 스스로 연구하는 과정을 반복하다보니 처음에 낯설어 하던 아이들도 지금은 적극적으로 참여하고 있어요. 이런 교육방법은 수업시간에도 그대로 적용됩니다. 교과서에서 배운 내용을 기초로 다양한 학습방법을 통해 폭 넓은 지식을 쌓다보니 수업시간이 모자랄 지경이니까요. 기특한 것이 수업시간에 궁금했던 점들은 집에 가서 스스로 찾아본다는 겁니다. 문제를 해결하는 습관을 기르다 보니 고학년에 올라갈수록 학습능력이 높아지는 거죠."

아이들의 변화되는 모습에 절로 힘이 난다는 홍춘옥 선생님은 가동의 힘은 스스로 잠재력과 창의력을 키워가는 학생들에게서 나오고 있다는 사실을 강조한다.

새로운 아파트가 생겼지만 전학 가기가 싫어 입주를 미루고 있다는 학부모들이 있을 정도로 학부모에게 신뢰받는 학교, 그 시작은 이른 아침 학교운동장에서부터 시작된다.

이른 아침이면 이곳은 다른 학교에서는 볼 수 없는 특이한 장면이 펼쳐진다.

학교에 등교한 아이들이 가방을 내려놓고 교장선생님과 함께 운동

(위)양종구교장은 해마다 생일을 맞은 선생님들에게 교육계의 선배로써 전해주고 싶은 메시지가 담긴 책을 선물하고 있다. (아래)2004 청룡기 서울시 야구대회에서 우승을 차지한 무적최강~ 가동야구부의 늠름한 모습이 귀엽기만 하다.

장을 도는 장면인데...

아이들에게 아침운동을 생활화시키기 위해 교장선생님은 하루도 빼먹지 않고 이른 아침 아이들과 함께 땀방울을 흘리고 있는 것이다.

"학교에 부임한 후 체력장하는 아이들을 지켜보는데 조금만 움직여도 힘들어 하는 모습이 무척 안타까웠습니다. 밖에서 뛰어노는 것 보다 컴퓨터 게임하는 것에 익숙한 세대다 보니 체력이 약할 수밖에 없는 거죠. 그래서 등교하면 운동장을 뛰게 했어요. 처음엔 싫어하던 아이들도 지금은 자발적으로 운동장 뛰는 일로 하루를 시작합니다. 방학 때는 아이들의 손을 잡고 부모님들도 함께 뛰다보니 자연스레 가족운동으로 이어지고 있습니다. 저기 넓은 운동장을 좀 보세요. 이곳에서 우리 아이들은 꿈을 키워가며 신나게 뛰어놀고 있습니다."

몸과 마음을 건강하게 길러가는 어린이가 21세기를 이끌어 갈 인재로 성장할 수 있음을 강조하는 양종구 교장은 15년이란 짧은 역사 속에 가동이 이뤄낸 교육성과를 소개하며 가동의 밝은 미래를 확신한다.

1997년 평생교육 우수학교 표창에 이어 특기적성교육 우수학교, 과학교육 우수 학교, 과학정보 우수학교, 기본이 바로 된 어린이 우수실천학교, 환경교육 우수학교의 표창을 받은 가동은 현재 21세기 정보화 시대를 무대로 활동할 수 있는 정보화 소양을 갖춘 자율적, 창의적, 도덕적 인재육성에 최우선을 둔 교육을 시행하고 있다.

* 월간시사 종합지 "오늘의 한국" 2004년 12월호에 등재된 기사

교육

지금 가동 졸업생의 질투심은 하늘을 찌른다~
학습정보도서관 활용, 다양한 특기적성 교육

뭐니 뭐니 해도 가동 최고의 자랑거리는 최첨단 시설과 양질의 도서를 보유한 도서관.

서울시 교육청 지정 학교도서관활용 시범학교로 지정된 가동은 현재 도서관 활용교육을 위한 학습정보도서관 시스템을 구축하고 이를 활용한 교수·학습과정을 전개하고 있다.

첨단시설이 갖춰진 도서관에서 학생들은 스스로 문제를 발견, 인터넷과 책을 통해 자료를 수집, 분석, 종합, 정리함으로써 21세기를 이끌어갈 인재들에게 필수시 되고 있는 자기주도적 학습능력을 신장시키고 있는 것이다.

P I N K 자를 든 아이들이 차례로 일어서자 이내 핑크색 우산을 든 아이들이 귀여운 몸동작으로 우산을 접었다 폈다 하며 사람들의 시선을 사로잡는다.

아이들이 신나게 영어공부를 하는 이 시간은 특활영어시간, 오늘과 같이 연극형식으로 영어를 배우는 것은 졸업 전 모든 학생들이 무대 위에서 주인공으로 활동함으로써 자신감을 키워준다는 교장선생님의 생각 때문이다.

특활영어 뿐만 아니라 가동은 현재 개개인의 소질과 적성을 개발하는 다양한 특기적성교육을 통해 학생들의 취미·특기 신장의 기회를 제공하는 체계적인 프로그램을 제공하고 있다.

눈여겨 볼 점은 학부모들로 구성된 지역사회교육협의회가 주관하는 흰눈·매미교실이 성공적으로 운영되고 있다는 것이다.

흰눈·매미교실은 아이들이 원하는 교육 프로그램을 선별해 자질

첨단 시설과 함께 하는 자기주도적 학습능력 신장으로 창의력은 쏙쏙

특히 이곳은 40여명의 학부모들이 자발적으로 사서역할을 자청하며 아이들에게 양질의 도서를 제공하고 있다.

"작년에 도서관이 새로 문을 열었는데 작은 아이의 독서량이 눈에 띄게 늘었어요. 그 전에도 도서관은 있었지만 규모가 작다보니 이용 횟수가 적었죠. 큰 아이는 도서관이 신설되기 전에 졸업했는데 지금은 동생이 언니보다 책을 더 많이 읽어요. 진작 이런 도서관이 생겼으면 우리 큰아이도 책 읽는 습관을 기를 수 있었을 텐데... 이곳에 앉아 책을 통해 스스로 문제를 발견하고 해결해나가는 아이들을 보면 절로 아쉬움이 생긴다니까요."

6년째 도서관에서 사서역할을 하고 있는 학부모 이정미씨는 도서관 활용교육을 충실히 받고 있는 학생들을 바라보면 세상 참 많이 변했다는 생각과 함께 그렇게 마음이 든든할 수 없다고 한다.

알파벳이 적혀진 종이를 들고 신나는 음악에 맞춰 율동을 하는 3학년 2반 아이들.

있는 학부모가 직접 가르치는 프로그램으로 필요시 외부강사를 초청하며 양질의 교육을 제공하고 있다.

마술, 힙합댄스, 서예, 로봇제작부, 사물놀이부 등 학생들의 요구에 맞춘 특기적성교육이 전문적이고 체계적으로 진행되다보니 가동의 아이들은 별도의 사교육이 필요 없는 것이다.

1999년 제 10회 서울특별시장기 야구대회 우승, 2002년 서울시 야구대회 3위 입상, 2004년 청룡기 서울시 야구대회 우승을 차지한 야구부는 밝고 활기찬 가동의 모습을 보여주는 자랑거리다. 또한 야구인재 육성을 위해 여름, 겨울방학에 정기적으로 열리고 있는 꿈나무 야구교실은 야구 선수확보가 어려운 현실 속에서도 신청자가 쇄도하며 야구인재 육성에 새로운 돌파구를 마련하고 있다.

(아래왼쪽) 연극형식의 특활영어수업은 아이들의 실력과 함께 자신감을 높여주는 효과적인 학습방법으로 손꼽히고 있다. (아래오른쪽) 학교도서관활용 시범학교로 선정된 가동은 도서관 활용을 통한 학습으로 아이들의 창의력을 키워주고 있다.

* 월간시사 종합지 "오늘의 한국" 2004년 12월호에 등재된 기사

서울시교육청 지정 학교도서관활용 시범학교로 지정된 가동은 현재 도서관 활용교육을 위한 학습정보도서관 시스템을 구축하고 이를 활용한 교수·학습과정을 전개하고 있다. 첨단시설이 갖춰진 도서관에서 학생들은 스스로 문제를 발견, 인터넷과 책을 통해 자료를 수집, 분석, 종합, 정리함으로써 21세기를 이끌어갈 인재들에게 필요시되고 있는 자기주도적 학습능력을 신장시키고 있는 것이다.

확신하기 때문이다. 열심히 가르치는 선생님, 그런 선생님을 믿고 따르는 학부모들의 모습 속에서 나날이 발전하는 가동의 모습을 그들은 발견할 수 있기 때문이다.

글|우혜정 기자 사진|황창연 차장

여기에 교사, 학부모 지역사회가 함께 교육에 참여하는 가동의 교육을 상징하는 가동 챔버앙상블은 학교의 얼굴로 활동하며 지난해 동아리 한마당에서 우수상을 수상하기도 했다. 학교가 발전하고 있는지를 알아보는 방법에는 어떤 것들이 있을까? 여러 가지 방법이 있지만 가장 빠른 길은 졸업생을 만나보는 것이다.

졸업생의 입에서 '우리가 졸업하니까 학교가 좋아지네...' 하는 푸념이 섞여 나오면 그 학교는 100% 발전하고 있는 것이 틀림없기 때문이다.

가동초등학교(이하 가동) 졸업생들은 학교를 찾을 때마다 열이면 열, 선생님에게 왜 이렇게 학교가 좋아지냐는 부러움 섞인 어리광을 부리곤 한다.

과거 식당이 근사한 도서관으로 변신한 모습만 봐도 왠지 모를 질투심이 불끈 솟아오르는데, 교장선생님과 함께하는 아침달리기, 강당에서 일주일에 한번씩 만날 수 있는 영화감상, 다양한 특기활동 등까지 지켜보고 있자면 몇 년 만 늦게 태어날 걸... 하는 후회가 밀려드는 것은 어쩔 수 없는 일이니 말이다. 하지만 가동의 졸업생들은 집으로 돌아오는 길 흐뭇한 미소를 지어 보인다.

먼 훗날 지금의 가동인들 역시 자신과 같은 질투심에 휩싸일 것을

〈학교 연혁〉
2004년 02월 제 14회 졸업식(412명, 총 6,654명)
2003년 12월 환경교육 우수학교 표창(교육감)
2003년 12월 기본이 바로 된 어린이 우수 실천학교 표창(교육감)
2003년 11월 도서관활용 시범운영 1차 보고회
2003년 09월 가동도서관, 제 2과학실 신설개관
2003년 03월 서울시교육청지정 학교도서관활용 시범학교 지정
2003년 03월 52학급 편성
2003년 02월 가동초 챔버앙상블 조직
2002년 09월 제 7대 양종구 교장 부임
2001년 12월 과학정보 우수학교 표창(교육감)
2000년 12월 과학교육 우수학교 표창(교육감)
1999년 12월 특기적성교육 우수학교 표창(교육감)
1999년 08월 컴퓨터실 확충(인터넷 개통)
1999년 06월 제 10회 서울특별시장기 야구 대회 우승
1998년 10월 국제 이해 교육 공개 발표
1998년 09월 제 5대 원대희 교장 부임
1998년 02월 급식 실시(2~6학년)
1997년 12월 학교 급식실 및 다목적실 완공
1997년 12월 평생 교육 우수 학교 표창(교육감)
1990년 04월 개 교 식
1989년 12월 아동 인수(2,256명) 35학급 편성
1989년 12월 초대 김득수 교장 부임
1989년 11월 학교 설립 인가

(아래)가동챔버앙상블은 교사, 학부모, 지역사회가 함께 교육에 참여하는 가동교육의 아름다운 하모니를 들려준다.

* 월간시사 종합지 "오늘의 한국" 2004년 12월호에 등재된 기사

* 송파지구 스카우트 오끼나와 탐사 환영식

* 스카우트 오끼나와 탐사 인솔자 대표로 꽃다발 받음

* 스카우트 대원들에게 위령탑에 대한 안내

* 오끼나와 위령탑에서 묵념

* 송파지구 스카우트 오끼나와 답사 일본군으로 강제징집되어 전사한 용사들의 위령탑

* 상해 홍구공원에서 대집회

* 상해 윤봉길 의사 탑 공원 탐방

* 상해 임시정부 청사 앞에서

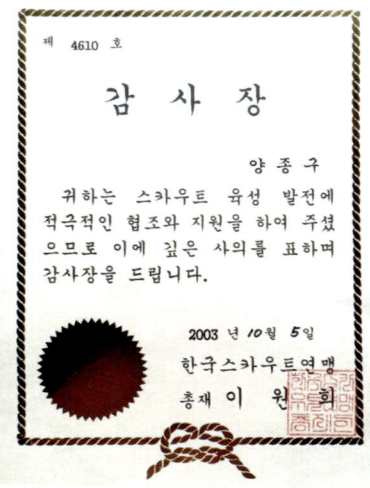
* 보이스카우트 총재 감사장

* 보이스카우트 총재 봉사패

* 보이스카우트 총재 기념패

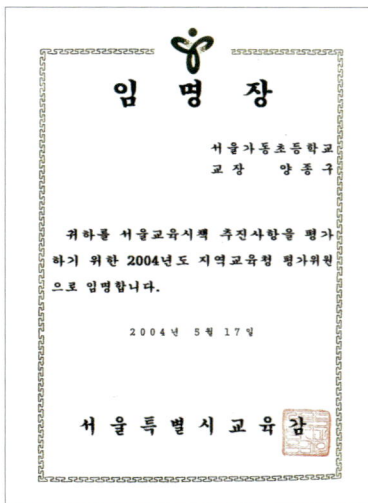
* 지역 교육청 평가 위원을 임명 받다

* 지역신문 게재 2004.9.10

* 서울가동초 제6회 야구대회 청룡기 초등학교대회우승

* 2005.1 직원들과 만리장성 탐방

* 중국 장가계 탐방

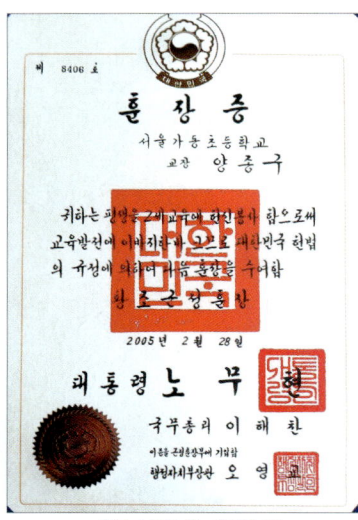
* 황조근정 훈장증

* 황조근정훈장 패

* 황조근정훈장 수훈 기념

* 양종구 교장선생님 정년 퇴임식

* 운영위원장님의 축사

* 학생 대표의 꽃다발 증정

* 서예가 조득승님의 헌시 액자를 받다

* 퇴임사 답사

* 퇴임 송별연에서 축배

* 가동초등, 도서관 개관기사

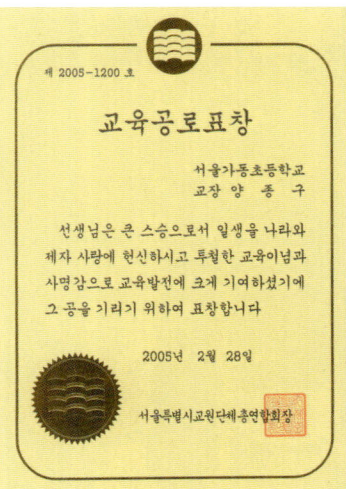
* 교원단체 연합회장 교육공로 표장

* 교육위원회 서성옥의장님의축사

* 국외 연수(베드로 대성전)

* 위촉장 중대초등학교장

* 중대초등학교 운영위원장 봉사로 받은 감사패

* 이천국교 55회 졸업생 송년의 밤 행사

* 팔순잔치(토월회원과)

* 용현동 성당 주일학교 교장 봉사 감사패

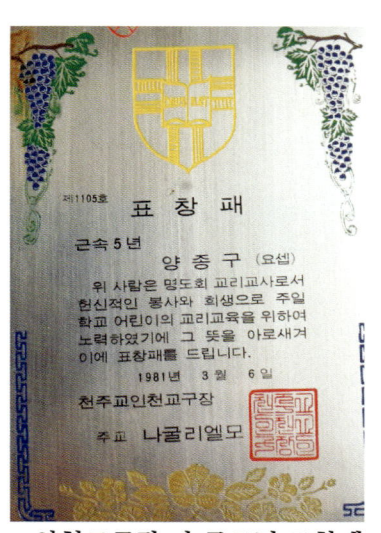
* 인천교구장 나 주교님 표창패

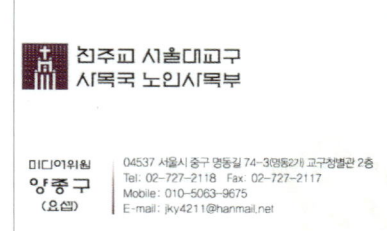
* 미디어 위원명함

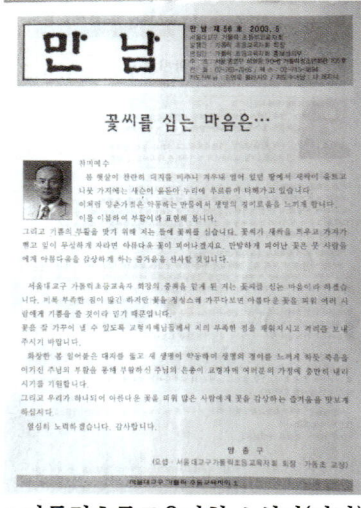
* 가톨릭초등교육자회 소식지(만남)

* 가톨릭초등교육자 대회 정진석 추기경을 모시고 기념사진 2006.10.29

* 카톨릭 교육자 대회 회장 인사

* 교육자 대회 임원들과 함께

* 가톨릭 초등교육자대회 안내장

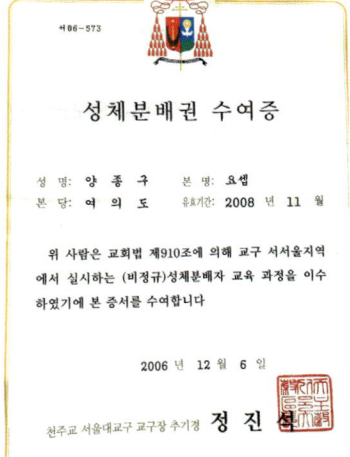
* 서울계성초등학교에서 가톨릭초등교육자 신앙대회를 평화신문에도 보도

* 평화신문 서울카톡릭초등교육자신앙대회

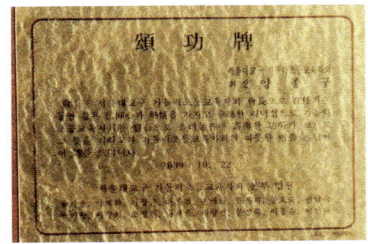
* 가초 임원들의 성공패

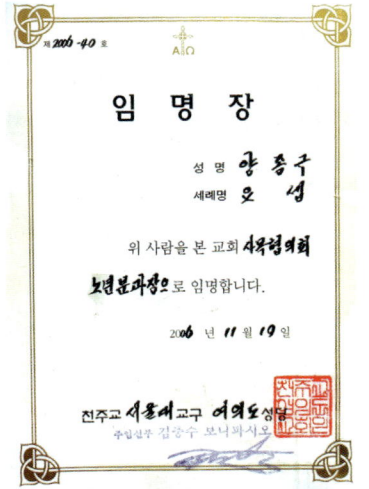
* 노년분과장을 임명받다

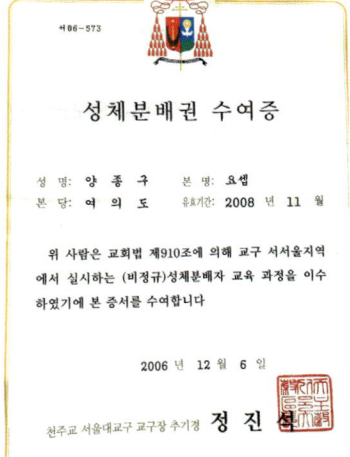
* 성체분배권을 받다

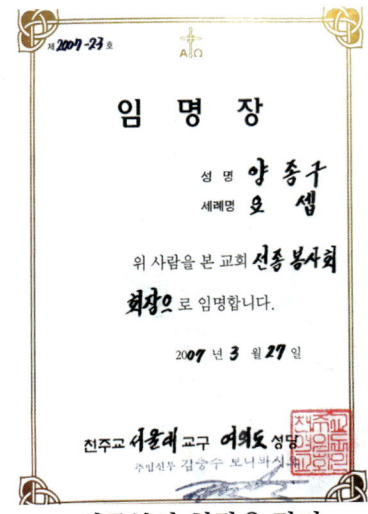
* 선종봉사 회장을 맡다

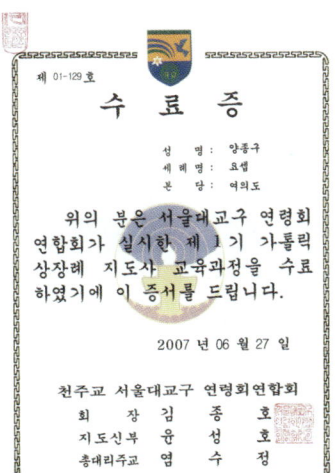
* 천주교연령회연합회 수료증

* 상장례지도사인증서

* 노인사목부 소식지(가톨릭시니어)

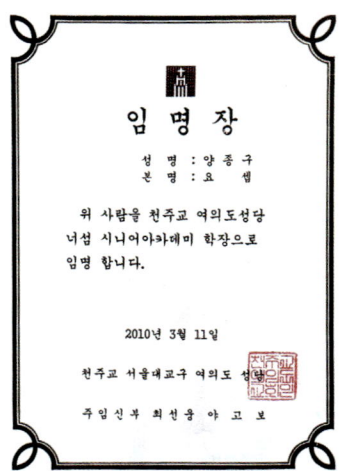
* 전국 교육자 대회 준비위원 위촉

* 시니어아카데미 학장 임명받다

* 노인대학 개강식 때 학장인사

* 시니어아카미 어버이날 축하식

* 시니어아카데미 학생 생일 축하연

* 시니어아카데미 안동 병산서원 탐방

* 시니어아카데미 안동 이육사 시인 생가방문

* 시니어아카데미 당고개 성지순례

* 요당리 성지순례(19.10.24)

* 시니어아카데미 재능발표 축하공연

* 시니어아카데미 재능발표 라인댄스반

* 너섬시니어 경복궁 소풍

* 천리포 해수욕장 소풍

* 너섬시니어 강사님들과 함께

* 시니어아카데미 라인댄스 운동

* 시니어아카데미 재능발표 국악반

* 시니어아카데미 즐거운 노래시간

* 시니어아카데미 5월 성모님의달 행사

* 어버이 날 축하공연

* 시니어아카데미 교양교육 듣기

* 가톨릭신문 고령화시대 노인 스스로 복음화의 주역되게

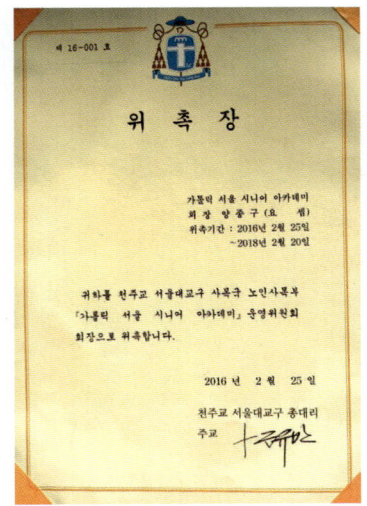
* 운영위원회장을 위촉받음

* 노인의 날 미사 독서(명동성당)

* 노인사목부 운영위원장 봉사 감사패

* 염수정 추기경님의 노인의 날 축하

* 여의도 성당 지정석

* 운영위원들 제주 다담게스트 하우스에서

* 운영위원들 제주 복자 김기량 순교현양비 탐방

* 평화방송 인생은 아름다워 1

* 평화방송 인생은 아름다워 2

* 평화방송 인생은 아름다워 3

* 청춘어게인 1

* 본당설립 50주년 신앙수기 공모 시상

* 신앙수기 공모 입상((성가정 축복장 받음)

* 시니어아카데미 학장 봉사 감사패

* 본당설립 50주년 기념 감사패 받음

* 본당설립 50주년 기념 사진

* 여의도성당 50주년 기념 봉사 감사패

제9부 대종회 일을 맡다

* 충주양씨 회장 명함

* 충북지방 기념물 153호 중시조 산소

* 15대 유정공 산소

* 문산 유정공의 효자각

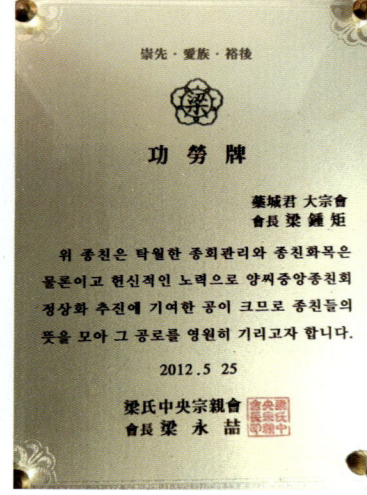

* 양씨 중앙종친회에서 받은 공로패

* 아헌관 기념 사진

* 헌관 기념패

* 양씨 중앙 대종회 개최

* 양문소식지 양씨 춘추 발간 보급

* 삼성사 추기 대제

* 건승원 탑 제막식 기념사진

* 남원 중광원(양능양 중시조)시제

* 부산 삼절사 제례

* 대전 뿌리공원 효문화 축제 행사 2위 입상

* 양문의 딸 양지은 미스트롯2 진 왕관을 쓰다

* 대통령실 방문 기념 사진

* 대통령실 방문 기념 사진

제10부 인생 이모작

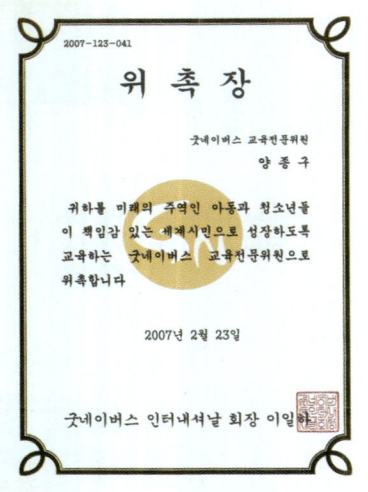

* 굿네이버스 교육전문위원 위촉장

* 굿네이버스 명함

* 굿네이버스의 방글라데시 방문단

* 어린이들이 옷을 입지못하고 일하는모습

* 교통수단 릭샤

* 가타일 농촌빈민학교 학생들 공부하는 모습

* 옷을 못입은 어린이들 모습

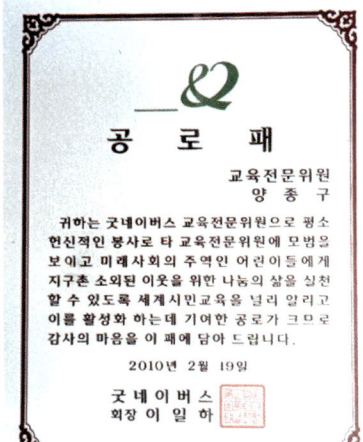
* 굿네이버스 회장 공로패

* 평양 개선문 앞에서

* 평양 만경대에서

* 평양 참관기념 굿네이버스 남포시 와우도 병원청사 준공식

* 카타일 농촌빈곤학교 학생들과 함께

* 묘향산 만폭동 에서

* 묘향산 김일성기념관 탐방

* 행복안전시스템 회장 명함

* 행안 업무협의(2021.3.29)

걸음걸음이 은총이었네

새로운 삶을 시작하며

양 종 구

　내 나이 벌써 산수(傘壽)를 넘어서 미수(米壽)를 향해 달려가고 있다. 인생칠십고래희(人生七十古來稀)라 했는데 미수 맞을 날이 머지않으니, 지금까지 건강한 삶을 살 수 있었음에 감사한 마음을 갖게 된다.

　삶의 질이 좋아지고 의술이 발달하면서 이제는 평균수명이 머지않아 100세에 이를 것이라는 전망을 하게 된다. 그 전망이 현실이 되면서 원하던 원치않던 그 흐름 속에 합류하여 살아갈 수밖에 없는 세계가 내 앞에도 펼쳐지고 있다.

　앞으로 내 앞에 펼쳐질 미지의 세계를 어떻게 헤쳐나갈 것인가? 고민하지 않을 수 없다. 미지의 세계를 건강하게, 평화롭게, 조화롭게, 여유 있게, 품위 있게 그러면서도 더불어 활력 있게 살아갈 수만 있다면 얼마나 좋을까?

　그래서 걸어온 길을 돌이켜 본다. 어려움에 당면했을 땐 어떻게 이겨냈고, 건강한 삶을 살기 위해서는 어떤 노력을 기울였으며, 마음의 여유를 가지고 품위 있는 삶을 살기 위해서는 어떻게 처신해야 하는지, 그 지혜와 방법이 내가 살아온 삶 속에 숨겨져 있지 않을까 해서다. 그리고 더불어 활력 있게 사는 지혜와 방법까지도 걸어온 그 삶 속에 보물로 남아있을 것이란 기대와 꼭 찾아낼 수 있을 것이란 희망을 안고…….

　내가 오늘까지 걸어온 삶의 역정(歷程) 그 속에는 내 인생이 농축되어 있음을 본다. 기뻤던 일, 어렵고 힘들었던 일, 부끄러웠던 일, 잘못한 일, 부족했던 일 등……. 어디 그 뿐인가. 그 속에는 나와 더불어 걸어오며 나를 이끌어 주고 잡아주고, 힘을 보태주는 이들이 있었음도 본다. 그 속에서 부딪히고 몽글리며 깎이고 다듬어져 마치 조개 속에서 진주가 자라듯 내가 자랐음을 알게 된 것이다.

이런 과정을 거치며 진주처럼 자란 내 인생은 진주가 보석이듯이 값진 인생이었다는 것, 그리고 값진 인생이 만들어지기까지의 과정은 다름이 아닌 은총이었다는 것을 깨달았다는 점이다.

 걸어온 길을 돌이켜 보는 일, 그것은 곧 지혜의 샘물을 퍼 올리는 일이라 믿었기에 그 지혜를 자산으로 하여,, 앞으로 내 앞에 펼쳐질 미지의 세계 100세 시대를 향한 삶을 자신 있게 살아갈 수 있을 것이란 희망을 잉태하게 된다.

 그러면서 가족들도 그 지혜를 공유하기를 기대해 본다.

 자서전 쓰기를 통해 새로운 노년의 삶을 시작할 수 있도록 기회를 열어 주신 서울대교구 교구청 노인 사목부 관계관 여러분과, 자서전 쓰는 일을 직접 지도해 주신 조혜경 교수님께 지면을 빌어 감사를 드립니다.

2025. 5.

문강(文江) 양 종 구

양 종 구 (梁 鍾 矩) 약력

출생 : 충청북도 괴산군 상모면 문강리 389번지
생년월일 : 1940년 12월 1일
주소 : 서울특별시 영등포구 63로 45, 23동 115호(여의도동 시범아파트)

♥ 학력

- 1955. 3.22 : 수회국민학교 졸업
- 1958. 3. 5 : 충주사범병설중학교 졸업
- 1961. 3.20 : 충주사범학교 졸업
- 1975. 2.28 : 서울대학교 부설 한국방송통신대학 초등교육과 졸업
- 1986. 2.28 : 한국방송통신대학 초등교육과 졸업
- 1990. 2.22 : 홍익대학교 교육대학원 졸업
- 2007. 8.31 : 방송통신대학 중어중문학과 졸업
- 2009. 2.11 : 가톨릭영시니어아카데미 졸업(천주교 서울대교구 노인사목부 운영)

♥ 학교 경력

- 1961.12.18 : 이천국민학교 교사
- 1970. 9. 1 : 인천만석국민학교 교사
- 1976. 3. 1 : 인천축현국민학교 교사
- 1981. 3. 1 : 연천상리국민학교 교사
- 1984. 3. 1 : 서울마포국민학교 교사
- 1988. 3. 1 : 서울발산국민학교 교감
- 1990. 3. 1 : 서울송화국민학교 교감
- 1998. 9. 1 : 서울개웅초등학교 교장
- 2022. 9. 1 : 서울가동초등학교 교장

♥ 전문직 경력

- 1990. 9. 1 : 서울특별시 강서교육청 학무국 초등교육과 장학사
- 1995. 3. 1 : 서울특별시교육청 초등교육국 초등교직과 장학사
- 1997. 3. 1 : 서울특별시 강서교육청 학무국 초등교육과 초등교육계장
- 1999. 9. 1 : 서울특별시 강동교육청 학무국 초등교육과장(장학관)
- 2001. 9. 1 : 서울특별시 교육과학연구원 교육기획연구부장(교육연구관)

♥ 교원 양성 및 연수 강사 경력

- 1977. 4.11 : 인천시교육청 초등교원 상설연수원(사회과) 강사
- 2000. 1.27 : 학교행정 전문과정(제 1기, 제 3기 초등교감 반) 연수 강사
- 2000.11. 1 : 초등 신규 임명 교사 연수 강사
- 2001. 3.23 : 제1기 장학 행정 과정 연수 강사
- 2001. 6.13 : 초등교감, 교육 전문직 직무연수 강사
- 2001.11. 2 : 제2기 장학 행정 과정 연수 강사
- 2002. 6.11 : 초등 보직교사 직무연수 강사
- 2002. 8.26 : 복직 예정 교사 직무연수 강사
- 2002.12.26 : 초등학교 1급 정교사 자격연수 강사
- 2004. 8. 5 : 초등학교 1급 정교사 자격연수 강사

♥ 교육 관련 기관 위원 경력

- 1978. 3. 20 : 인천시 초등교육연구협의회 사회과 연구위원(교육장)
- 1979. 3. 20 : 인천시 초등교육연구회 사회과 연구위원(교육장)
- 1981.11.14 : 연천군 학력검사 출제위원(교육장)
- 1994.11. 2 : 초등교육 전문직 임용후보자 선발전형 출제 및 채점 위원(교육감)
- 1998.12.26 : 1999학년도 초등학교, 특수학교, 유치원 교사 임용 후보자 선정 경쟁시험 채점 본부장(교육감)
- 1999. 4. 3 : 교감 자격 연수 대상자 선발 면접고사 출제위원(교육감)
- 2000. 4. 6 : 교감 자격 연수 대상자 선발 면접고사 면접위원(교육감)
- 2003. 6.25 : 초등교육 전문직 선발 실기 고사 출제 위원장(교육감)
- 2004. 5.17 : 2004년도 지역교육청 평가위원(교육감)
- 2004. 8.23 : 강남교육청 학교평가 위원(교육장)
- 2006. 4. 7 : 서울중대초등학교 운영위원장(학교장)

♥ 논문 및 교재 공동 집필

- 1990. 2 : 학교장의 역할과 자질에 관한 연구
- 1991. 1 : 초등학교 3학년용 사회과 지역화 자료 개발(강서교육청)
- 1991.12 : 교단 지원자료 - 초등학교 교육과정 연수자료(강서교육청)
- 1997. 5 : 97학년도 3학년 2학기 사회과 지역화 자료 강서·양천의 생활
  (강서교육청)
- 1997.12 : 교단 지원자료 - 자율적 창의적인 교육활동 프로그램(강서교육청)
- 1997.12 : 교단 지원자료 - 열린 교육으로서의 교과교육(강서교육청)
- 1997.12 : 교단 지원자료 - 노래와 게임으로 배우는 재미있는 영어(강서교육청)

♥ 가톨릭 신자로서 봉사활동 경력

- 1976. 3 : 인천 용현동성당 주일학교 교장(5년 역임)
- 1987. 1 : 여의도성당 제6대 사목협의회 청소년분과 분과장
- 1988. 1 : 여의도성당 제7대 사목협의회 청소년분과 분과장
- 1990.11 : 여의도성당 제8대 사목협의회 청소년분과 분과장
- 1997. 5 : 부천 상동성당 남성 총구역장 겸 사목회 부회장
- 2003. 3 : 천주교 서울대교구 초등 교육자 회 회장(2009년까지 역임)
- 2006.11.19 : 여의도성당 제17대 사목협의회 노년 분과장
- 2006.12. 6 : 여의도성당 성체 분배권 수여증 받음(2019년까지 6차례 받음)
- 2007. 3. 27 : 여의도성당 제9대 선종봉사회 회장(4년 역임)
- 2010. 3. 11 : 여의도성당 제5대 너섬시니어아카데미 학장(2022년까지 역임)
- 2010. 1. 23 : 2010 가톨릭 교육자대회 홍보분과 자문위원
  (천주교 주교회의 교육위원회 위원장 명의)
- 2010.11.21 : 여의도성당 제19대 사목협의회 노년 분과장
- 2012. 9.   : 천주교서울대교구 제15지구 시니어 아카데미 학장 대표회장
- 2012.11.25 : 여의도성당 제20대 사목협의회 노년 분과장
- 2015. 9. 1 : 여의도성당 사회 사목 위원회 사회복지위원
- 2016. 2. 25 : 천주교서울대교구 노인 사목부 서울시니어아카데미 운영위원회
  회장(천주교 서울대교구 총대리 주교 명의)
- 2018. 2. 27 : 천주교서울대교구 노인 사목부 서울시니어아카데미 운영위원회
  회장(천주교서울대교구 총대리 주교 명의)

♥ 회사경영 참여 경력

- 2007. 2.23 : 굿네이버스 교육전문위원(굿네이버스 인터내셔날 회장)
- 2007. 9 : ㈜ 삼락시스템(학교 숙직경비 용역회사) 홍보요원(회장)
- 2010.10. : ㈜ 행복안전시스템(전기 안전 대행 용역회사) 홍보요원(사장)
- 2015. 1. 2 : ㈜ 행복안전시스템(전기 안전 대행 용역회사) 회장

♥ 현장 연구 수상 및 표창 경력

- 1976. 8.12. : 교육자료 전시회 우량 상(인천시 교육장)
- 1976.12.31 : 현장 교육 개선 공로 표창(인천시 교육장)
- 1978. 3.14 : B.S 모범 대장 표창(경기도 교육감)
- 1979.12.20 : B.S 모범 대장 기장 표창(한국보이스카우트 연맹 총재)
- 1981. 2.26 : 주일학교 교장으로 5년간 봉사한 공로로 표창패 받음
  (인천교구 용현동 상당 주임신부)
- 1981. 3. 6 : 천주교 인천교구 명도회 운영에 기여한 공으로 표창패 받음
  (인천교구 나길모 교구장)
- 1983. 8. 9 : 도 교육자료 전시회(반공도덕) 우수상(경기도 교육감)
- 1984. 3.20 : 인성 지도 유공 표창(문교부 장관)
- 1985. 9. 2 : 서울특별시 교육 연구대회(도덕 윤리 분과) 2등급
  (서울특별시 교육감)
- 1990. 5.15 : 스승 상(像) 구현 및 수도교육 발전 공로 표창(서울특별시장)
- 1992.12. 5 : 교육시책 구현 유공 표창(교육부 장관)
- 1994. 8.26 : 초등 교장 자격연수 성적 우수 표창
  (서울대학교 사범대학부설 교육행정 연수원장)
- 1998. 5. 1 : 교육행정 연수 기여 공로 표창(교육부 교육행정 연수원장)
- 1999. 5.15 : 연공 상(교육부 장관)
- 2003.10. 5 : 한국 보이스카우트연맹 총재 감사장
- 2005. 2.25 : 한국 보이스카우트연맹 총재 봉사장
- 2005. 2.28 : 교육공로 표창(서울특별시 교원단체 총연합회 회장)
- 2005. 2.28 : 황조근정훈장(대통령)
- 2007. 8.31 : 한국방송통신대학 총장 상장(평생 학습상)
- 2009.10.22 : 서울대교구 가톨릭 초등교육자회 발전에 기여한 공으로 송공패
  받음(서울대교구 가톨릭 초등교육자회 본부 임원 일동)
- 2010. 2.10 : 학교 운영위원장으로 교육 발전에 기여 감사패 받음
  (서울중대초등학교장)

- 2010. 2.19 : 교육전문위원으로 굿네이버스 발전에 기여한 공으로 공로패 받
            (굿네이버스 회장)
- 2020.12. 8 : 가톨릭 서울시니어아카데미 발전에 기여한 공으로 감사패 받음
            (천주교 서울대교구 총대리 주교)
- 2022.12.25 : 천주교 여의도성당 너섬시니어아카데미 학장으로 13년 봉사한
             공로로 감사패 받음(여의도성당 주임신부)
- 2024. 9. 1 : 천주교 여의도성당 너섬시니어아카데미 학장과 연령회장으로
            봉사하여 성당설립 50주년을 맞아 감사패 받음 (여의도성당 주임신부)

♥ 가동초등학교 재직 중 받은 기관 표창

- 2023.12.23 : 기본이 바로 된 어린이 우수 실천 학교(서울시 교육감)
- 2023.12.24 : 환경교육 우수학교(서울시 교육감)
- 2024.11.15 : 학교평가 우수학교(서울시 교육감)
- 2024.12.27 : ICT 활용 교육 우수학교(서울시 교육감)

자서전 출간을 축하드립니다

전 서울특별시 교육위원회 의장 임 갑 섭

 양종구 전 부장님의 자서전 출간을 진심으로 축하드립니다.
양 부장님은 모두가 아시는 바와 같이 충주사범학교를 졸업하시고, 경기도와 인천직할시, 그리고 서울특별시교육청 등 세 곳의 시·도 교육청을 거치며 근무하시는 동안, 모든 교원의 모범으로 교원 및 교육 전문직의 업무를 훌륭히 수행하신 분이셨습니다.

 부장님은 교육 이론에도 아주 밝으신 분이셨습니다. 학생 평가 문항 개발이며 각종 교원 연수 강사로도 활동하셨고, 교감이며 교육 전문직 선발시험 등에서 항상 최우수 자였습니다. 이처럼 양 부장님은 교육이론에 매우 밝으신 특출한 분이셨습니다.

 양 부장님과 저는 서울특별시교육청 교원정책과에서 같이 근무했으며 곧 부장님은 학교장을 역임하시게 되었고, 그 후 저는 양 교장 선생님을 당시의 서울시교육청 교육감님께 현 강동·송파 교육지원청 초등교육과장으로 천거하여 양 과장님과 저는 강동·송파 교육청에서 또 2년을 함께 근무했었습니다.

 강동·송파교육청 초등 과장으로 재임 중에는, 업무처리를 어느 누구 보다 앞장서서 최선을 다하신 결과 지역교육청 평가 시 강동·송파교육청이 우수교육청에 선발되어, 교육부장관 표창을 받는 영광을 맞이하기도 했습니다. 또한 공정하고 바른 교육 행정에도 크게 기여 하셔서 관내 모든 학교, 교직원들로부터 칭송과 존경을 받던 분이셨습니다.

 이렇게 제가 서울 교육 현장에서 양 부장님과 함께 재직했던 시간이 꽤 길었습니다. 부장님과의 인연의 끈이 길게 이어진 것이지요. 이렇게 함께하는 동안 부장님의 공정하고 무사한 업무처리와, 넉넉한 인품에서 우러나는 여유로움과 친절은 교육청을 내방 하는 손님들에게는 심리적 부담 없이 안정된 마음으로 업무협의를 할 수 있게 하였고, 저를 비롯한 청 내 직원들의 마음을 편안하게 하여 부장님과 같이했던 시간은 언제나 참으로 즐겁고 행복한 시간 들이었습니다.

 부장님과는 서울시교육청 교원정책과에서 같이 근무했던 것이 인연이 되어 지금도 정기적으로 친목 모임이 이어지고 있는데, 모임에 참여하노라면 오랜 시간이 흘렀는데도 잊혀지지 않고 떠오르는 추억이, 연말에 예술의 전당에서 펼쳐지는 송년 음악회에 참석했던 일입니다. 12월 31일 제야에 진행되는 음악회에 저희 내외를 초대하여 부장님 내외분과 함께 아름다운 선율에 매료되어, 즐거운 마음으로 일 년의 마지막 날 밤을 보냈던 일은 감동 자체였기에 현재까지도 가슴을 따뜻하게 해주는 추억으로 남아 있습니다.

 그뿐만 아니라 부장님의 넉넉하고 따뜻한 마음은, 지금까지도 저에 대해 지속적으로 관심을 가지시고 지켜봐 주고 계셔서 감사한 마음과 함께 저 자신의 지난날의 삶을 되돌아보곤 하게 됩니다.
앞으로도 화기애애한 친목 모임이 오래오래 이어지기를 기대합니다.

 양 부장님은 망구(望九)이신데도 체구가 늠름하시고 건강하셔서, 능히 백수(百壽)를 누리시리라 믿습니다. 사모님과 자녀들과 함께 행복한 노년의 삶을 살아가시길 기원합니다.
아울러 부장님의 자서전 출간에 대해 거듭 진심으로 축하드리며, 자서전 출간에 붙여 축하의 기회를 주신 것에 대하여 큰 영광이라 생각하며 감사의 말씀을 드립니다.
감사합니다.

목 차

양종구 자서전 화보 · 3
새로운 삶을 시작하며 · 48
양종구(梁鍾矩)의 약력 · 50
축하 글 : 임갑섭 (전 서울시 교육위원회 의장) · · · · · · · · · · · · · · 55

제1부 나의 가계(家系)

1. 양씨(梁氏)의 유래 · 63
2. 아버지
  (1) 가정환경 · 64
  (2) 효자이셨던 아버지 · 65
  (3) 내게 비추어진 가장으로서의 아버지의 삶 · · · · · · · · · · · 65
3. 어머니
  (1) 성장 환경 · 68
  (2) 맏며느리이셨던 어머니의 고단한 삶 · · · · · · · · · · · · · · · 68
  (3) 자식을 위해 고난의 길을 택하신 어머니 · · · · · · · · · · · · 69
  (4) 가정의 중흥을 위해 버팀목이 되어 주신 어머니 · · · · · · 71
4. 아버지 형제들 · 73
5. 나의 형제들 · 74

제2부 나의 성장과 학창 시절

1. 유·소년 시절 · 79
2. 국민학교 시절 · 81
3. 중학교 시절 · 86
4. 사범학교 시절 · 88
5. 방송통신대학 학생이 되다 · 90
6. 홍익대학교 교육대학원에 입학하다 · · · · · · · · · · · · · · · · 91
7. 방송통신대 중어중문학과 편입학하다 · · · · · · · · · · · · · · · 92
8. 가톨릭 영시니어아카데미 학생이 되다 · · · · · · · · · · · · · · 93

(1) 독서이력서 · 94
(2) 아름다운 것 · 95
(3) 옛날이야기 · 96
(4) 이순(耳順) 그리고 고희(古稀) · · · · · · · · · · · · · · · · · 97
(5) 캐비닛 (김연수 장편소설) · 98
(6) 우리를 슬프게 하는 것들 · 100
(7) 녹슬지 않은 나라 사랑 · 103
(8) 우승 · 106
(9) 임금님과의 면담 · 108
(10) 친구 · 109
(11) 친절한 복희씨 · 110

제3부 나의 건강과 신체적 특성 · · · · · · · · · · · · · · · · · · 115

제4부 사랑과 결혼

1. 환경의 산물 · 122
2. 연(娟)과의 만남 · 123
3. 사랑의 결실
 (1) 첫째 아들 석환이 · 125
 (2) 둘째 아들 석재 · 129
 (3) 사랑이 담긴 두 아들의 편지 · · · · · · · · · · · · · · · · 132
4. 금혼(金婚)을 맞으며 · 138
5. 늦게 꽃피운 연(娟)의 숨어있던 재능 · · · · · · · · · · · · 141
6. 김임자 약력 · 149

제5부 인생의 전환점

1. 가난이 나를 예수님께로 이끌다 · · · · · · · · · · · · · · · · 153
2. 하느님이 맺어주신 인연 · 155
3. 삼인행이면 필유아사(三人行 必有我師) · · · · · · · · · · 158

제6부 교직에 몸담고 살아온 반세기

1. 일과 역할 · 161
2. 보람의 삶
  (1) 사범학교 진학 · 161
  (2) 교원 임용 · 162
  (3) 이천국민학교 근무·군 복무 · · · · · · · · · · · · · 163
  (4) 인천만석국민학교 근무 · · · · · · · · · · · · · · · · 166
  (5) 인천축현국민학교 근무 · · · · · · · · · · · · · · · · 166
  (6) 연천상리국민학교 근무 · · · · · · · · · · · · · · · · 168
  (7) 서울마포국민학교 근무 · · · · · · · · · · · · · · · · 170
  (8) 서울발산국민학교 근무 · · · · · · · · · · · · · · · · 171
  (9) 서울송화국민학교 근무 · · · · · · · · · · · · · · · · 172
  (10) 서울특별시강서교육청 근무 · · · · · · · · · · · · · 174
  (11) 서울특별시교육청 초등 교직과 근무 · · · · · · · 176
  (12) 서울특별시강서교육청 근무 · · · · · · · · · · · · · 178
  (13) 서울개웅초등학교 근무 · · · · · · · · · · · · · · · · 180
  (14) 서울특별시강동교육청 근무 · · · · · · · · · · · · · 187
  (15) 서울특별시교육과학연구원 근무 · · · · · · · · · · 188
  (16) 서울가동초등학교 근무 · · · · · · · · · · · · · · · · 189
  (17) 정년 퇴임식 · 193
3. 꽃들에게 희망을 · 198
4. 가동 소식 · 219
5. 사랑해요 · 231
6. 국외연수기 · 245

제7부 가정 안정과 경제

1. 가난한 삶 · 263
2. 보금자리 마련 · 264
3. 서울 시민이 되다 · 267
4. 부천 시민이 되다 · 269
5. 재산 증식 · 270
6. 감사하는 삶 · 272

제8부 종교와 영적인 삶

1. 가톨릭 신자의 삶이 시작되다 ·················· 275
2. 평화의 도구로 써 주소서 ···················· 276
3. 가서 복음을 전하라 : 서울대교구 가톨릭 초등교육자 회장을 ···· 283
4. 영원한 안식을 주소서 ······················ 308
5. 미디어 위원으로 활동 ······················ 309
6. 어르신들과의 즐거운 생활 ···················· 379
7. 가톨릭 서울시니어아카데미 운영위원회 회장을 맡다 ········ 381
8. 신앙 체험 수기 공모에 참여하다 ················· 383

제9부 대종회 일을 맡다

1. 충주양씨 대종회 회장을 맡다. ·················· 392
2. 6파 대종회장 모임에 참여하다. ················· 393
3. 비상대책 위원장을 맡아 사태 수습 ··············· 394
4. 대동보 편찬 위원장이어서 겪게 된 어처구니없는 일 ········ 395
5. 중앙종친회 수석부회장의 중임을 맡다. ·············· 396

제10부 인생 이모작

1. Good Neighbors 교육자문위원을 위촉 받다 ············ 399
   (1) 가난한 이웃에게 사랑의 손길을 ················ 400
   (2) 평양 방문기 ························· 402
2. 삼락시스템 홍보위원으로 ···················· 427
3. 행복안전시스템 CEO가 되다 ·················· 429

제11부 죽음 경험과 나의 죽음 준비

1. 죽음 경험
   (1) 할아버지의 선종(善終) ···················· 435
   (2) 할머니의 선종 ························ 435

(3) 아버지의 선종 ·· 436
　(4) 어머니의 선종 ·· 437
2. 나의 죽음 준비 ··· 438
3. 가족 묘원 조성 ··· 439

제12부 지인, 친구들의 눈에 비쳐진 양종구의 모습

1. 사랑의 사도를 실천한 참스승(전 교육부 장학관 홍기환) ········· 443
2. 고마우신 梁鍾矩 교장선생님!(전 서울양목초등학교 교장 김동환) ··· 446
3. 梁鍾矩 校長任 一代記(충주사범학교 동창 신승철) ············ 448
4. 아름다운 변화를 꿈꾸는 영원한 청년(전 천동초등학교 교장, 박계화) ·· 449
5. 성장을 이끄는 지도자(서울시 교육연구정보원 교육연구관 김희경) ··· 450
6. 못다 한 꿈을 꽃피게 해 주신 학장님께 감사드리며(도월화 수필가) ··· 452

제1부 나의 가계(家系)

1. 양씨(梁氏)의 유래
2. 아버지
3. 어머니
4. 아버지의 형제들
5. 나의 형제들

제1부 나의 가계(家系)

1. 양씨(梁氏)의 유래

양씨의 시조는 탐라(耽羅) 개국 설화의 삼신인(三神人) 중 한 분이신 양을나(良乙那)다. 태고(太古)에는 제주에 사람이 살지 않았다. 어느 날 한라산 북쪽 기슭 땅에서 삼신인(三神人)이 솟아 나왔다. 이곳을 모흥혈(毛興穴) 또는 삼성혈(三姓穴)이라 하며 맏이가 양을나(良乙那)요, 둘째가 고을나(高乙那)요, 셋째가 부을나(夫乙那)이다.

세 사람은 사냥하며 가죽옷을 입고 육식으로 살았다. 어느 날 동해에서 이상한 나무상자가 떠내려와 가서 열어보니, 돌함 속에 아리따운 세 처녀와 오곡의 씨앗, 그리고 가축의 종자가 들어 있었다. 삼신인은 이들 세 처녀와 결혼하고 자신들이 정착할 땅을 활을 쏴서 정했다.

첫 번째 화살이 꽂힌 제1도(一徒: 현 제주시 일도동(一徒洞)에 양을나가, 두 번째 화살이 꽂힌 제2도에 고을나가 세 번째 화살이 꽂힌 제3도에 부을나가 각각 살았다. 오곡 씨앗을 뿌리고 가축을 기르며 자손을 번성시켰다.
이후 양을나는 탐라 개국 왕으로 군림했으며 그 자손이 대대로 왕위를 계승, 고려 태조 21년(938년)까지 탐라를 통치해 왔다.

양씨는 양(良)을 성(姓)으로 쓰다가 양탕(良宕)이 탐라 국주로서 신라 내물왕 19년(374년) 광순사(廣巡使)가 되어 신라에 들어가, 내물왕으로부터 중상(重賞)과 작록(爵祿)을 받고 양(梁)성을 사성(賜姓) 받아 처음으로 양(良)성을 양(梁)성으로 고쳤다.

양탕(梁宕)의 후손으로 양우량(梁友諒)은, 신라 경덕왕 16년(757년)에 신라조정에 많은 공훈을 세워 남원부백(南原府伯)에 봉하여져 이때부터 적(籍)을 남원으로 하여, 양씨의 본관(本貫)이 제주(濟州)와 남원(南原) 양관(兩貫)으로 크게 나누어졌다.

충주양씨(忠州梁氏)는 양을나의 후손인 양능길(梁能吉) 선조가 고려 태조 왕건이 삼한을 통합하고 918년에 송악에 왕조를 창업할 때 큰 공을 세워 통합삼한대장군(統合三韓大將軍)으로 삼고, 예성부원군(蘂城府院君)에 훈 봉 하였는데 이로부터 관적(貫籍)을 충주(忠州, 蘂城은 忠州의 옛 이름)로 하였다.

예성부원군(蘂城府院君) 능길(能吉) 중시조의 산소는, 충주시 엄정면 신만리 산 58번지에 있는데 묘소의 원형이 잘 보존되어 있어, 문화재 지정을 신청했더니 2012년 1월 6일 충청북도 도지사로부터 충청북도 기념물 제153호 문화재로 지정을 받았다.

2. 아버지

(1) 가정환경

아버지는 충주(忠州) 양(梁)씨 30세손으로 연자, 형자(然字 亨字)이신 분을 아버지로, 안동(安東) 권씨(寧字항렬)를 어머니로, 1914(甲寅)년 8월 21일(陰 7월1일) 괴산군 상모면 문강리 389번지(행정구역 개편으로 지금은 충주시 살미면 문산 길(11-10)에서 태어나셨다. 아버지는 함자가 순자 기자(柄字 基字-개명 전 千字 基字)이며 4남매의 장남으로 여동생 순이(順伊-海平 윤씨 주영(周榮)에게 출가)가 있었고 그 아래 남동생 원기(轅基)와 준기(駿基)가 있었다.

아버지는 12세 때인 1925년에 14세인 어머니 권 수자동자(壽字 童字)와 결혼을 하셨다고 한다. 하지만 결혼 신고를 한 것은 1931년 12월 4일이었다. 지금의 학제로 치면 초등학교 6학년생인 나이에 2년 연상인 아가씨와 결혼하셨다니, 너무나 이른 조혼이어서 지금의 상식으로는 도저히 이해되지 않는 결혼을 한 것이다.
어머니가 생전에 들려주신 말씀에 의하면 증조할아버지(惠字 集字)가 분가할 때 가정이 어려워 변변한 준비도 없이 살림을 나왔지만, 부지런히 살림을 일궈 할아버지(然字 亨字)에게는 살만한 기반을 마련해 주셨다고 한다.

증조할아버지로부터 유산을 물려받은 할아버지는 아들 3형제를 위해 집안에 한문을 가르치는 훈장(訓長)님을 모셔 올 정도였다고 한다. 어머니의 표현을 빌리면 독선생을 모셔 왔던 것이었다. 마을 학동(學童) 전체를 위해 마을 단위로 훈장을 모신 것이 아니라 아버지와 삼촌 두 분, 3형제만을 위해 집안에 훈장님을 모셨다고 하니, 살림 형편이 나쁘지 않았음을 확인시켜 줄 뿐만 아니라 자녀 교육에 대한 열의가 높으셨다고 볼 수 있는 아버지 밑에서 성장하셨음을 알 수 있다.

아버지는 가정에서 한문을 배우셨지만, 일제 식민지 치하에서 수안보소학교를 졸업 하셨다니 신교육도 받으신 셈이다. 그러니 배움의 수준으로 보면 당시로서는 지적 수준이 높은 편에 속했다고 할 수 있을 것이다.
지금처럼 교통이 편리하지도 않던 시절, 문강리에서 수안보까지 족히 8Km가 넘는 거리를 도보 통학을 하셨다니 많은 어려움을 겪으셨을 것으로 짐작이 된다.
아버지의 어렸을 적 삶은 농경사회에서 대가족이 가정을 이루고 사는 전형적인 가정에서 성장하셨고, 생전에 어머님의 말씀에 의하면 할아버지 성격이 불같으셔서, 가족들이 어떤 하명(下命)의 말씀도 거역할 수 없는 가부장적인 엄격한 분위기에서 성장하셨다고 하셨다.

남동생 두 분(輅基, 駿基)도 한문을 익히고 수안보소학교를 졸업 했지만, 사회에 진출하여 활로를 개척하려는 의지가 약하였던지, 아니면 엄격한 아버지 밑에서 성장하여 순종하는 삶이 몸에 배어서인지, 뚜렷한 재능계발이나 사회적 진출을 위해 활로를 개척하려고 노력하는 모습이 보이지 않았고, 오로지 흙에 묻혀 가족의 일원으로 삶을 살아온 것이 아버지 3형제분의 성장 배경이자 가정환경이었다.

(2) 효자이셨던 아버지

 수안보에 있는 상모면 면사무소 직원으로 공무원이셨던 아버지가 공무원 생활을 마감한 것은 할아버지 간병을 하기 위해서였다. 할아버지가 8년을 병석에 계셨는데, 말년에는 병세가 악화하면서 배변(排便)에 어려움을 겪는 상황이 되었다고 한다.

지금은 요양병원 시설이 널리 퍼져서 가족의 돌봄을 받지 않더라도 장애등급 판정을 받아 시설에 입원하면 환자 돌봄을 받을 수 있지만, 당시는 병원 시설도 일반화되어 있지 않았을 뿐 아니라, 간병(看病)사 제도도 없던 터라 집안에 환자가 생기면 가족이 병을 간호해야 하는 것이 당연시되던 때였다.
그리고 환자를 돌보는 데 필요한 기구가 지금은 많이 개발되어 필요에 따라 쉽게 사서 활용할 수 있지만, 이 또한 당시에는 해결 방안이 없던 터라 직접 필요한 기구를 제작하여 쓸 수밖에 없어 병을 간호하는데도 애로가 이만저만이 아니었다.

 할아버지의 배변에 필요한 도구는 대나무를 매끄럽게 잘 다듬어 만든 변을 파내는 꼬챙이였다. 변이 굳어 변비가 되어 배변하지 못하시니 배변을 위해 할아버지를 뜨락의 끝부분에 쪼그리고 앉게 하신 다음, 변을 파내는 꼬챙이로 할아버지의 항문을 들여다보고 변을 직접 파냄으로써 변비의 고통을 해결해 드렸던 것이다.
이 같은 배변 작업을 하루 이틀도 아니고 3여 년을 하셨으니, 아버지는 효심이 깊으셨던 효자이셨음이 분명한 것이다.
이렇게 아버지께서는 지극정성으로 간병(看病)하셨지만, 할아버지께서는 발병한 지 8년이 되던 해 6.25 사변이 발발(勃發)한 1950년 7월 10일(음 5월 25일) 전쟁의 포화가 난무할 때 세상을 뜨셨다.

(3) 내게 비추어진 가장으로서의 아버지의 삶

 삶의 배경이 농촌이었던 아버지의 지적 수준은 한문을 배우고 소학교를 졸업하셨던 터라 당시로서는 높은 편에 속했던 연유에서인지는 알 수 없지만, 그리고 언제부터인지는 확인을 할 수 없지만 공무원 생활을 하셨다. 상모면사무소에서 호적 담당 업무를 취급하셨다고 한다.

일제하의 공무원업무는 일제의 앞잡이로 일하는 것이 정형화된 업무 자세로, 수탈과 폭압으로 인해 일제의 앞잡이로 낙인이 찍혀 해방될 당시 주민들로부터 수모를 당하는 사람들이 많았지만, 아버지는 비판의 대상이 되지 않으셨고 오히려 면민(面民)들로부터 보호를 받은 상황이었다고 하니 모질게 굴지 않고 선하게 살아오신 것으로 여겨진다.

아버지의 공무원 생활은 해방이 된 후에도 계속 이어져 괴산군 상모면사무소에서 괴산군 장연면사무소로 전보 발령을 받아 근무하다가 할아버지의 병환으로 장남으로서 간병(看病)을 위하여 퇴직하면서 마감이 되었고, 이로 인해 아버지는 가정에 갇혀 사는 상황이 되었다.

할아버지는 8년 동안 병환으로 고생하셨다는데, 1950년 6월 25일 전쟁의 발발(勃發)로 소용돌이가 몰아쳐 교전으로 인해 마을에 총성이 들려오는 위급한 상황인 7월 10일 운명(殞命)하시었다. 안 상주들이 머리를 풀어 헤친 상태에서 10여 리가 되는 곳(괴산군 장연면 방곡리: 중부고속도로 괴산 IC 부근 마을)까지 피난을 가야 하는 상황에 내몰리다 보니 장례를 모시는 일을 엄두도 낼 수 없어 가매장(假埋葬)을 하였다가, 전시(戰時) 사태가 좀 진정된 1년 후 다시 장례를 치르는 지경이 되었다.

공무원 생활을 하던 아버지는 면사무소에서 행정을 취급하던 사람이다 보니, 농촌에서 농사를 짓는 일이 몸에 익숙하지 않아 가지고 있는 농토도 효율적으로 농사를 짓지 못하는 처지가 되었다. 삼촌들도 아버지와 같이 농사일을 제대로 익히지 못한 얼치기가 되어, 농사꾼으로서 기능을 제대로 발휘하지 못하는 사람이 되고 만 것이었다.
농사를 짓는 삶에 적응하지 못하고, 마을 이장을 하며 봉사의 삶을 사셨지만, 봉사의 삶에 무게를 두어서인지, 성격이 우유부단하셔서인지, 마을주민들 세대(世帶)로부터 받을 수 있는 이장 새경(일한 대가로 받는 돈이나 물건)인 여름에 보리 한 말, 가을에 벼 한 말도 제대로 거두어들이지 못하고 살아가다 보니, 가세는 점점 기울어져만 가고 삶이 핍박해지는 것은 불문가지였다. 이렇게 가세가 점점 기울어져 가는데도 가장이신 아버지는 가족의 호구지책(糊口之策)을 위해 노력하는 모습이 내 눈에는 읽혀지지 않았다. 할아버지 대부터 살던 내가 태어난 집도 다른 사람에게 양도되고, 더 작은 집으로 옮겨 앉더니 이마저도 또 다른 사람의 집이 되고 친척집 행랑에 얹혀사는 신세가 되어 버렸다.

봄이 되면 닥쳐오는 춘궁(春窮), 밥도 해 먹지 못하고, 보리를 맷돌에 갈아서 그 가루와 들에서 뜯어온 봄나물 쑥과 섞어 멀겋게 죽을 쑤어 그 국물로 배를 채워야 했던 가난은 생각만 해도 지겹게 느껴졌는데, 가장이신 아버지의 모습은 보이지 않고, 그 가난함을 팔자이려니 숙명으로 받아들이는 것 같은 아버지의 모습만 보였다. 이 같은 형편에서 내게 읽히어지는 아버지의 모습은 책임감이 약한 분으로 비추어질 수밖에 없었다.
이처럼 찢어지게 가난한 삶을 살면서도 나를 중학교에 보내 주셨다. 학비가 적게 드는 충주사범병설중학교이긴 했지만 30리(12Km)를 도보로 통학해야 했다. 3학년 때는 반 친구들의 도움으로 공납금 면제 대상으로 선정되어 수업료 외의 납입금(納入金)을 면제받는 혜택을 누렸음에도, 수업료 600원을 내지 못해 시험 때 교실 밖으로 쫓겨나야 하는 수모도 겪어야 했다. 이런 수모를 당하면서 내 머릿속에 떠오르는 가장(家長)의 상(像)은 팔뚝을 걷어붙이고 무슨 일이나 가족을 위해 뛰어드는 것이기를 기대했는데…….

가족은 풍비박산(風飛雹散)이 되었다. 할머니는 친정(충주시 칠금동 소재)으로, 어머니는 서울 성동구 신당동 김익섭 씨 집의 식모로, 중 2학년을 중퇴한 동생은 남의 집 심부름꾼으로 모두 살 곳을 찾아 떠나야만 했던 것이었다. 아버지도 보금자리가 없으니 이곳저곳 떠돌이 생활을 하셨다.

이 같은 상황에서 내가 중학교만이라도 졸업했으므로 생활 전선에 뛰어들어 돈을 벌어오라고 내몰았으면 노동판에라도 뛰어들어야 하는 노동자가 되었을 터인데, 사범학교 진학은 허락하셔서 사범학교 입학시험을 치를 수 있었고 합격을 했다.

하지만 입학식 날까지 등록금을 내지 못한 주제에 입학식장에 참석했다가 입학 대상자 명단 호명에서 내 이름은 호명되지 않는 수모를 당했고, 입학식이 끝난 며칠 후 겨우 입학금을 마련 납입(納入)하고 입학을 할 수 있었다.

어렵사리 입학은 하였지만, 일자리가 없어 수입이 없었던 아버지와 함께한 나의 학창 시절은 고난의 연속이었다.

가난한 삶이 어떤 삶인지 느끼기 시작하면서, 청소년기 10여 년이 넘는 세월을 초근 목피(草根木皮), 구호물자인 옥수숫가루, 밀가루 등으로 삶을 연명해 온 내게 아버지는 어떤 모습이어야 하고, 어떤 책임을 져야하는 것인지를 피부로 느낀 나는 최소한 아버지와 같은 모습이 되어서는 안 되겠다고 다짐하면서 자랐다.

그러노라니 아버지에 대한 원망과 불평, 책임감이 약한 아버지였다는 이미지가 내게 반면교사(反面教師)로 작용하여, 나의 삶을 지탱해 주는 버팀목이 된 것이 지금의 나를 있게 만들었던 것이었다.

젊은 날의 고생은 내게 인내심을 길러주었다. '젊어 고생은 사서도 한다'는 옛말이 있듯이 당시는 참기 어렵고 감당하기엔 벅차다고 느껴졌던 일들이 지금은 내게 가르침으로 작용하고 있었다. 그리하여 나는 가난을 떨쳐버리려고 부지런히 일했다. 가난을 떨쳐버리는 일은 부지런히 일하는 방법밖에는 다른 도리가 없다고 생각했다. 또 검소한 생활을 해야 했다.

덜 먹고, 덜 입지 않고서는 경제적으로 넉넉한 살림을 꾸려갈 수 없다는 생각에서, 악착같이 일하고 절약하고 아껴 썼다. 고진감래(苦盡甘來)라고 했던가. 젊은 시절의 고난이 현재의 내 삶을 일구어낸 밑거름이 된 것이다.

43년의 교직 생활을 끝내고 지금은 아버지로서 자식들에게 비친 나의 모습은 어떤 모습일까? 내가 젊었을 때 생각했던 것처럼 책임감이 약한 모습의 아버지는 아닐까? 자식을 둔 아버지로 살고있는 지금 나는 지난날 아버지 삶의 모습을 떠올려본다.

기울어져 가는 가세를 일으켜 세우지 못하는 가장으로서 얼마나 마음이 아팠을까.

풍비박산(風飛雹散)된 가족들에게 얼마나 미안한 마음이었을까. 입학 날까지 입학금을 마련하지 못한 아버지의 속마음은 얼마나 타들어 갔을까?.
자식을 낳아 키워봐야 부모 마음을 알게 된다고 했는데, 좋은 부모가 되고 싶지 않은 사람이 어디 있을까. 어쩔 수 없이 그렇게 살 수밖에 없었던 사정을 어린 자식들에게 설명한다고 해서 알아들을 수 있었을까. 생각이 여기에 미치니 아버지가 참 불행한 일생을 사셨다고 느껴진다.

그러면서 막노동판으로 내몰지 않고 사범학교 진학을 할 수 있도록 결심을 해주신 것이, 지금 생각해 보면 오히려 감사한 일로 마음에 자리를 잡는다. 왜냐하면 연금으로 노후를 걱정 없이 살아갈 수 있는 길이 사범학교 진학을 허락하셨기에 내게 열리게 된 것이기 때문이다. 내가 나이가 들어 아버지가 되고 보니 아버지에 대한 부정적인 이미지들이 그 상황에서는 그렇게밖에 다른 도리가 없었던 것이 아닐까? 하고, 이해하는 쪽으로 마음이 바뀌어 가고 있어 다행이라 생각하면서 마음의 응어리가 풀리며 한결 홀가분해짐을 느낀다.

3. 어머니

(1) 성장 환경

어머니는 안동(安東) 권씨이시며 기자 일자(基字 一字)이신 분을 아버지로 남양(南陽) 洪씨 재자 기자(在字 基字)이신 분을 어머니로 1912(壬子)년 4월 2일(陰 2월 15일) 괴산군 칠성면 율원리 학동(괴산군 칠성면 칠성로 7길)에서 태어나셨다.
어머니는 함자가 수자 동자(壽字 童字)이시며 태자(泰字) 항렬이시고, 남매 중 둘째로 위로 오빠가 있었다. 어머니의 친정집이 있는 율원리 학동은 소백산맥 줄기인 속리산에서 뻗어 내린 군자산이라는 산자락에 자리를 잡고 있어, 주변이 온통 산으로 둘러싸인 전형적인 농촌 마을이었다. 어머니의 어린 시절은 가정형편이 넉넉하지 못했었는데, 어머니의 오라버니께서 부지런히 일하신 보람이 있어 중년이 되어서야 살림 형편이 좀 나아졌다고 했다.

일본에 국권을 침탈당한 초창기에 태어나셨고, 전형적인 산골 농촌의 넉넉하지 못한 가정에서 유·소년기를 보내신 어머니는 배움의 기회를 갖지 못해 글을 깨우치지 못하고 가사 일을 도우며 유·소년기를 보내셨던 것이다.
어머니께서 글을 깨우치신 것은, 해방 후 문맹 퇴치를 위해 마을에서 실시했던 언문 배우기 교육을 통해서라고 하셨다. 그러니 문자를 모름으로 인해서 겪은 어려움과 부끄러움 또한 매우 컸으리라 여겨진다.

(2) 맏며느리이셨던 어머니의 고단한 삶

어머니는 14살 때 12살인 아버지와 결혼하셨다고 한다. 요즘의 학령으로 치면 중학교 2학년 여학생이 초등학교 6년생인 남학생과 결혼을 한 것이니, 지금의 기준으로 바라보면 도무지 납득할 수 없는 조혼(早婚)을 한 것이다.

14살 새댁이 맞닥뜨린 시댁의 가족은 시부모님과 여덟 살 시누이 1명, 세 살 시동생 1명, 곧 태어날 아기가 있었다. 게다가 농토가 많아 머슴을 2명씩이나 두고 일했으며, 아버지 형제들이 학동(學童)이 되자 교육을 위해서 한문을 가르치는 훈장을 가정에 초빙하여 교육했다고 하니, 10명이 넘는 대가족의 살림을 살아내기가 어린 나이에 감당하기가 얼마나 버거웠을까 짐작이 되고도 남는다.

하루 세 끼니 밥상을 차려 어른들을 모셔야 했는데, 지금처럼 시장에서 식품을 편리하게 사서 쓰는 시대가 아니었고 디딜방아와 절구를 이용하여 식재료를 만들어야 했다. 반찬은 씨 뿌려서 재배한 채소를 밭에서 뜯어다 조리해야 했으며, 우물에 가서 동이로 물을 길어다가 써야 하는 삶이 매일 되풀이 되어 꼭두새벽부터 밤늦게까지 일에서 벗어날 수가 없었다고 한다. 게다가 할아버지는 성정(性情)이 불같으셔서 당신 뜻대로 안 되면 불 싸지른다고 섶에 불을 붙여 지붕의 처마 끝에 가져다 대려 하면, 가족들은 이를 말리느라 할아버지 꽁무니를 잡고 늘어지는 일이 비일비재 했다. 할머니도 성정이 깐깐하셔서 무엇 하나 쉽게 넘어가는 일이 없었다고 하니, 어머니의 시집살이가 얼마나 고통의 연속이었을까? 머릿속에 상황이 그려진다.

그뿐만이 아니고 당시는 길쌈을 해서 옷감을 만들고 바느질하여 옷을 직접 만들어 입었으며, 옷을 일일이 손으로 빨아 빨래해 입던 시절이었으니, 맏며느리이셨던 어머니의 삶이 얼마나 고단하셨을까? 생각하면 안타깝기만 하다.

나는 어머니께서 앉아서 일을 하시다가 깜빡깜빡 조는 모습을 가끔 목격하곤 했는데, 이는 하루종일 쉴 틈 없이 일에 묻혀 사느라 피곤이 쌓여 깜빡깜빡 졸던 습관이 노인이 되어서도 그대로 재연되어 나타났던 것이었다.

이같이 고단한 시집살이를 하셨으면서도 어머니는 반항을 모르고, 묵묵히 인고(忍苦)의 삶을 사시며 가정의 안정을 위해 희생을 감내해 오셨던 것이었다.

우리나라의 속담 '시집살이 3년, 벙어리 3년'이 내포하고 있는 의미처럼 어머니의 시집살이는 인고(忍苦)의 삶으로 점철되어 있었는데도, 나는 어머니로부터 가정이 빈곤의 나락으로 떨어져 가고 있고, 아버지가 두 집 살림을 사시면서 당신을 돌보지 않음에도 불구하고 불평하는 말씀을 들어본 적이 없다.

이처럼 어머니께서 질곡(桎梏)과도 같은 시집살이를 견디어 내셨음에는 요조숙녀(窈窕淑女)의 부덕(婦德)을 실천하셨기 때문이라고밖에 다른 말로 표현할 수가 없다.

(3) 자식을 위해 고난의 길을 택하신 어머니

농촌에 살면서 농토라고는 손바닥 크기만 한 면적도 없어 호구지책이 어려운데도, 아버지는 가정을 돌보실 여력이 없다 보니 매일 매일의 삶이 고난의 연속이었다.

이 같은 극한상황에서 어머니께서는 자식들을 위해서 하실 수 있는 최후의 수단으로, 식모살이(후에 가정부, 가사도우미라는 표현으로 바뀌어 쓰고 있음)라도 해서 자식들을 돌봐야 하겠다고 결심하신 것이었다.

내가 중학교 3학년 때인 1957년 어느 날 어머니는 서울로 식모살이 길을 떠나셨고, 떠나시는 어머니를 배웅해 드린 후 나는 챙겨야 할 옷 몇 점을 꾸려 등에 지고 고향 문산 윤갈 뫼 고개를 눈물을 머금고 넘어야 했다.

동대문구 신당동에 거주하는 김익섭씨 댁이 어머니가 가사도우미로 일하시던 곳이었는데, 1958년에 그곳을 찾아가 어머니를 뵙고 온 적이 있다. 주인 분들이 후덕하셔서 생활이 고생스럽지 않다고 말씀하셨지만, 40대 중반을 넘긴 연세에 자식들을 버려둔 채 남의 집 살림을 살고 계신다는 사실이 자식인 내게는 마음이 쓰림을 느끼지 않을 수 없었다. 하지만 어머니의 고생을 덜어 드리기 위해서 내가 당장 할 수 있는 일이 없음에 마음이 통탄스러울 수밖에 없었다.

이곳에서 나는 책을 통해서만 알고 있었던 치즈를 처음으로 먹어보는 경험을 했다.

두 번째로 어머니를 찾아뵌 것은 1960년으로 기억되는데, 이때는 청량리에서 정육점을 하시는 분 댁에 계셨다. 부부가 손을 맞잡고 정육점을 운영하느라 일손이 부족하여 가정 살림에 도움을 받고자 사람을 쓰고 있는 것이라 했다.

이때도 어머니께서는 힘들다는 표현을 하지 않으셨다. 남의 집 살림을 맡아 한다는 것이 녹록하지 않은 삶이었겠지만, 어떤 어려움도 감내하시면서 살아오신 어머니의 삶의 행태와 자식에게 부담을 주지 않으려는 배려심 때문에, 표현하지 않으실 뿐이라는 점을 자식으로서 어찌 읽어낼 수 없겠는가.

하지만 어머니를 고생에서 벗어나게 하는 일은, 내가 사범학교를 졸업한 후 교사 발령을 받고 고정적인 수입이 있어야만 가능한 것이었기에, 참고 견디며 때를 기다릴 수밖에 없었음이 한스럽기만 했다.

홍릉이라는 지명을 내가 처음 알게 된 것이 어머니가 두 번째로 살림을 살아준 가정집이 그곳에 있어서였다. 청량리 하면 기억나는 것이 어머니를 뵈러 가서 머무는 동안 마음 편하게 서울 구경을 할 상황도 아니어서, 어머니가 쓰시는 방에서 시간을 보내고 있는 나를 보고 주인 되시는 분이 극장 구경을 가라고 표를 구해 주셨는데, 당시 관람한 영화가 양훈, 양석천 주연의 코미디 영화 '양훈 양석천 군입대하다.'였다.

양훈은 과체중으로 양석천은 체중 미달로 군에 입대할 수 없는 상황인데 묘안을 짜내 두 사람의 평균 체중으로 입대 기준 체중을 통과하여 군에 입대하게 되고, 이렇게 해서 입대한 후 두 사람이 군대 생활을 하면서 엮어내는 코미디를 주제로 한 영화였는데 많이 웃었던 기억이 난다.

1961년 3월 20일 사범학교를 졸업한 후 나는 교사 발령을 대기 중이었다. 하지만 발령을 받고 학교에 출근할 때 반듯하게 입고 나갈 변변한 옷 한 벌이 없어 어찌해야 하나 고민을 하고 있었다. 자식의 이 같은 마음을 눈치채신 어머니께서 정장이 필요할 터이니 맞춰 입으라고 하시며 옷값을 마련해 주셔서, 내 고민은 해소되었고 처음으로 맞춤복을 입어보는 경험을 하게 됐다. 어머니의 희생은 이처럼 새 출발을 앞둔 자식의 기를 살려 주시는 에너지원이 되어 주셨다.
어머니의 자식을 위한 식모살이는 내가 사범학교를 졸업하고 채용 고시를 통해 이천국민학교에 발령받은 후에야 벗어나시게 되었다. 이처럼 자식을 위해 고난의 삶을 기꺼운 마음으로 살아주신 은혜로, 지금의 내 삶이 자리를 잡게 되었다는 생각에 이르면 마음이 아려오고 어머니의 자식 사랑에 고개가 절로 숙여질 뿐이다.

(4) 가정의 중흥을 위해 버팀목이 되어 주신 어머니

어머니의 자식을 위한 식모살이는 내가 사범학교를 졸업하고 채용고시에 합격하여 이천국민학교에 발령받은 후에야 벗어나시게 되었다.
1962년 봄에 천주교 이천성당의 신자이시면서 이천 신하국민학교의 선생님으로 근무하시는 분을 알게 되었는데, 선생님 댁에 방이 여유가 있어 한 칸을 빌려 쓰기로 하고 어머니를 모셔 와 한 집에서 살림을 꾸려가게 된 것이다.
이렇게 어머니와 함께 사는 삶이 시작된 것은, 1957년 5월에 어머니께서 식모살이를 하려고 고향을 떠나실 때 배웅을 해 드리고 헤어진 지 5년이 경과 한 후에 비로소 이루어졌다.

하지만 아버지는 여전히 집에 들어오시지 않고 겉도는 삶을 이어가셨고, 할머니는 서울시 보광동에 사시는 친정 남동생 집에 얹히어 생활하고 계셨으며, 동생은 운전 기술을 익히기 위해 버스 조수로 따라다니며 집에 들어오지 못하니 가족 다섯 명이 풍비박산되어 살아가는 삶은 지속되었다.
내가 어머니를 모시고 한집에서 살게 된 삶도 오래가지 못하고 어머니는 외롭고 힘든 삶을 또다시 맞게 되었다. 내가 1963년 4월 7일 군 소집영장이 나와 입대하게 되니, 어머니께서는 일가친척도 없고 아는 사람이라고는 한 사람도 없는, 이천이라는 낯선 곳에 혼자 남게 되시어 어렵고 힘든 고통스러운 삶과 또 맞닥뜨리게 된 것이다.
수입원이 있는 것도 아니고 살림을 꾸려갈 만한 재원이 있는 것도 아닐 뿐만 아니라, 사고무친인 낯선 곳에 덩그러니 혼자 남게 되신 어머니의 절망감이 얼마나 크셨을까 생각만 해도 가슴이 아려온다.

어머니께서 고군분투하시며 살아오신 역경의 삶은 내가 31개월간 군 복무를 마치고 1965년 11월 6일 전역을 하여 11월 8일 입영 전 근무했던 이천국민학교에 복직 발령을 받은 후에야 벗어나게 되셨다.
나는 복직 발령을 받은 후 서둘러 한 것이 풍비박산된 가족이 한데 모여 가정을 이루고 안정적인 삶을 살아가는 방안을 찾는 것이었다. 먼저 서울에 사는 친정 동생네 집에 얹혀 사시는 할머니를 모셔 왔다. 아버지는 여전히 합류하지 않으시고 겉도는 삶을 살고 계셔서 한 식구로 맞아들이는 일이 쉽지 않았다. 동생은 버스회사에 취직하여 조수로 일하고 있어 합류가 어려워 직계가족

5명 중에 할머니, 어머니, 나 세 명이 참으로 오랜만인 1966년 봄에 한 가족을 이루고 방 한 칸을 세 들어 사는 삶이 시작되었다.

1967년 봄 나는 이천읍 창전리 산 3 번지 9에 있는 외딴집으로 거처를 옮기게 되었다. 이곳은 산 중턱에 지어진 집으로 일제(日帝) 때 신사 터가 있던 곳이었는데, 해방 후 천주교 이천성당이 신사를 헐어내고 그 자리에 성당을 건립하면서 부속건물인 사제관으로 지어져 쓰이던 집이었다.
산 중턱을 오르내려야 하는 번거로움 때문에 성당이 중리동으로 자리를 옮겨 가고 사제관만 덩그러니 남게 되어 관리에 어려움을 겪고있던 중이었는데, 내가 그곳에 입주해서 살겠다고 신원식 본당 신부님께 말씀을 드렸더니 신부님께서 흔쾌히 승낙을 해주셨다. 신부님께서 거절을 하시지 않고 승낙을 하시게 된 것은, 나에게 성당의 교적(敎籍)을 정리해 달라는 부탁을 하셔서 정리해 드렸는데, 그것에 대한 보답 차원에서 기꺼이 내 청을 들어주신 것이라 여겨졌다.

1967년 9월 23일 나는 이천국민학교에 같이 근무하고 있는 연(娟)과 약혼을 했다. 연은 인천에 살면서 교대를 졸업한 후 이천국민학교에 발령을 받은 후 혼자 방을 얻어 자취생활을 하고 있었다. 나는 어머니께 자취(自炊)를 하고 있는 약혼녀 연이 우리 집으로 들어와 같이 살면 어떻겠느냐고 말씀을 드렸더니, 기꺼운 마음으로 승낙을 해 주셔서 결혼식을 올리진 않았지만 연과 나는 한집에서 함께 살게 되었다.
어머니께서는 장래 며느리가 될 사람이 한집에 들어와 살게 되었으니, 살림을 며느리에게 맡기고 앞으로는 시어머니로 대접을 받으며 편안하게 살겠다고 생각을 하실 수도 있었겠지만, 직장생활을 하는 며느리가 시집살이에 대한 부담이 없이 직장생활을 충실히 할 수 있도록 가정 살림을 도맡아 해주셨다.

어머니께서 가정 살림을 직접 꾸려가시는 일은, 1968년 2월 26일 내가 결혼을 하여 연이 정식으로 며느리가 된 후에도 계속되었다. 살림을 맡아 하지 않는 며느리에 대해 못마땅해 하시거나 아무런 불평도 하시지 않고, 계속해서 살림을 맡아 하셨음은 가정이 화합하여 화목하게 살아가고, 조속히 아들 내외가 가난에서 벗어나 경제적으로 안정적인 삶을 살아가는데 어머니도 가족으로써 한몫을 하시겠다는 마음의 의지를 드러내신 것이었다.
어머니께서 살림을 맡아 하시는 가사 조력은 아들 석환이가 태어난 후 손자를 맡아 키우시는 일 육아 돌봄으로 이어졌고, 작은아들 석재가 태어난 후에도 손자 둘을 어머니께서 직접 육아를 맡아 하셨다. 어머니께서는 아들 석환이 석재를 맡아 키우시면서 가장 신경을 쓰신 것은, 나와 동생이 유•소년 시절 성장할 때 가세가 어려워지면서 먹는 것이 부실해 성장에 필요한 영양을 제대로 공급하지 못했던 것에 대해 늘 마음 아파하셨던 것을 기억하시며, 두 손자가 배고픔을 겪지 않게 하려고 하루 세 끼니를 꼬박꼬박 챙겨 먹이셨던 것이다.

어머니께서는 할머니를 시어머니로 정성껏 봉양하시면서도 며느리가 한집에 살면서 살림을 맡아하지 않고, 시어머니인 자신이 살림을 꾸려 가야하는 상황에 대해 며느리를 부정적인 시각으로 보시는 일이 없었다. 이는 가정형편이 어려운 집에 시집와서 아들과 마음을 합쳐 열심히 살아주는 것에 대해 감사하다는 생각을 하시며, 아들과 며느리가 가정 안정을 위해 열심히 살아주는 것에 대해 부모인 자신이 돕는 방법은, 오로지 가정 살림을 맡아 꾸려가며 어른으로서 버팀목의 역할을 해주는 것이 최선의 방책이라고 생각하셨기 때문이었다. 이 같은 어머니의 살림 맡아 하심은, 1967년 가을부터 시작되어 1989년 가을 뇌졸중으로 쓰러지셔서 거동이 불편해 살림에서 손을 떼시기까지 무려 22년간이나 이어졌는데, 어머니의 헌신적인 살림 맡아 하심은 우리 가정의 중흥에 충실한 버팀목이 된 것이었다.

4 아버지 형제들

아버지 형제들은 장남인 아버지 밑으로 여동생 순이(順伊 1919 己未 생)가 있고, 남동생 재기(在基 1924 甲子. 음 5.26 생)와 준기(駿基 1927 丁卯. 음 5.20생)가 있었다. 나에게 고모인 순이는 해평(海平) 윤씨 가문으로 출가했는데, 고모부는 윤주영(尹周榮)이셨고 충주시 목행동에 살고 계셔서, 우리나라 최초의 비료공장인 충주 비료공장에 다니셨으며 자녀로는 아들 둘, 딸 둘 4남매를 두었다.

첫째 삼촌은 재기라는 이름을 중간에 원기(轅基)로 개명했는데, 성명을 부르면 양재기가 되어 당시에 알루미늄 그릇이 공급되면서 불리던 이름 양재기와 동일한 발음이다 보니 웃음거리가 되어 개명한 것이 아닌가 여겨진다.
삼촌은 수안보소학교를 졸업했고 집에 모신 훈장님으로부터 한문도 배워 당시로서는 지식인이었지만, 지식인답게 보다 적극적으로 진로를 탐색했다거나 농촌을 벗어나 새로운 세계에 진출해 보고자 하는 적극적인 삶을 꿈꾸지 않았고, 고향인 농촌에 묻혀서 가난한 삶을 사셨다. 원기 삼촌은 부모님과 함께 할아버지 할머니를 모시고 대가족으로 한 집에서 살았다. 성장하여 청풍 김씨 진남(鎭男)을 처자로 맞아들여 결혼한 후는, 이웃에 분가하여 농사를 지으면서 4남매(종창, 종화, 종진, 종석)를 낳아 가정을 꾸리고 살았다.

하지만 삼촌 가정도 살림살이가 여유롭지 않은 모습으로 읽히어졌는데, 장남이신 아버지가 가세가 기울면서 상속받은 땅 중에서 삼촌에게 돌아갈 몫을 제대로 챙겨주지 못해서인지, 아니면 적극적으로 삶을 개척해 가려는 의자가 부족해서인지, 뚜렷하게 분간할 수가 없었지만 점점 가세가 기울어짐이 역력하게 드러나고 있었다.
그러니 4남매 자녀 중 어느 한 사람도 제대로 공부를 시키지 못했고, 나보다 한 살 아래인 사촌 동생 종창(鍾昶)은 국민학교를 졸업하자마자 남의 집 머슴살이를 해야 하는 상황까지 되었다. 다른 동생들도 점점 기울어져 가는 가세로 인해 어릴 적부터 스스로 살아남기 위해 몸부림쳐야만 했다. 지금은 딸 종화만 생존해 있고 아들 셋은 이미 세상을 떠났다.

둘째 삼촌(준기,駿基)도 수안보소학교 졸업을 하였고, 훈장님으로부터 한문을 배운 터였다.

가세가 기우는 상황에서 할아버지로부터 장남이신 아버지에게 상속해 준 재산 중 삼촌에게 돌아갈 몫이 없음이 불을 보듯 뻔한데도, 삼촌의 모습은 배운 사람다운 지혜로움을 발휘하여 독립적인 삶으로 발돋음 하려는 시도를 해 본 기색을 발견할 수가 없었다. 가세가 점점 기울어져 가는 상황에서도 반항 의식을 가지고 현실을 타파해 보려는 의지도 읽을 수가 없었으며, 주어진 여건에 순응하는 무기력한 모습의 행태를 벗어나지 못하는 삶을 살고 있었다. 그러다 보니 농사지을 농토도 없었고, 직장생활뿐만 아니라, 직업다운 직업 한번 가져보지 못하고 일생을 이곳저곳 전전하며 떠돌이 생활을 하다 생을 마치셨다.

무기력한 삶의 자세는 가정을 꾸려 가장으로서 우뚝 서지 못하니 결혼생활도 실패를 거듭하게 되고, 두 번째 부인 정옥순(鄭玉順)과의 사이에서 태어난 딸(鍾愛)도 양육하지 못하고 고아원에 보내야 하는 아픔을 겪기도 했다.

아버지 형제들의 삶이 이처럼 무기력했던 원인은 무엇에 연유해서였을까? 돌아보면서 성장배경에 원인이 있었던 것이 아닐까? 하는 것에 생각이 머물렀다. 우선은 가장이신 할아버지의 인성적 측면이 자녀들의 인성을 무기력하게 만든 것이 아닐까? 하는 생각이다. 할아버지는 성정(性情)이 불같으셔서 당신의 생각과 어긋나는 것을 용납하지 않으셨던 것으로 인식된다. 그러니 자식들은 자신의 진로를 탐색해 보려는 기회를 만들지 못하고, 할아버지 뜻을 수용만 하며 살아오는 동안 스스로 자신이 부딪히는 문제를 해결할 수 있는 자립정신을 기르지 못하게 되었을 것이라는 점이다.

다음은 농업이 주업인 농촌에서 삼촌들에게 농사일을 직접 체험으로 습득하는 기회가 주어지지 않아 이것이 무능력한 사람을 만들었을 것이라는 점이다. 머슴을 두 사람이나 고용하여 농사를 지었으니 삼촌들이 직접 농사에 참여하지 않아도 되었을 것이다. 더욱이나 학교 공부시키고 훈장을 가정에 모셔놓고 한문 공부를 시키면서 영농기능을 익히는 기회를 만들어 주지 않아, 어느 것도 제대로 해내지 못하는 얼치기가 될 수밖에 없었을 것이라는 점이다.

마지막으로 삼촌들이 청소년이었을 당시는 가정형편이 여유가 있어 먹고 사는 문제에 대한 심각성을 느껴보지 못해, 삶에 어려움이 따를 때 이를 적극적으로 해결해야만 살아낼 수 있다는 절박감을 경험하지 못함으로써 위기관리 능력을 기를 수 없었다는 점이다.

기울어져 가는 가정에서 성장하면서 가장의 모습이 어떠해야 하는가를 절실하게 깨달은 나로서는, 이 같은 아버지 형제들의 삶의 모습들이 반면교사로 작용하여 어떠한 어려움이 있더라도 이를 극복하고 책임지는 가장이 되어야 함을 일깨워 준 산 교훈으로 작용했다고 할 수 있다.

5. 나의 형제들

어머니는 5남매를 낳으셨다. 딸 셋에 아들 둘, 맏이 큰딸은 내가 태어나기 전 어릴 때 사망하여 내 기억에는 없고, 어머니께 이야기를 들어서 첫째가 딸이었다는 것만 알고 있다. 막내 여동생도 세 살 때 전염병으로 사망해서 삼남매가 성장한 것이다.
당시는 의료 기술이 발달하지 않아 주기적으로 전염병이 창궐하면, 저항력이 약했던 어린이들은 감염되어 사망하는 경우가 허다하였다. 출생한 지 몇 년이 지나 이제 사람 구실을 하겠다 싶으면 출생신고를 하는 경우가 많았다.
둘째가 1936년(丙子)에 태어난 누나이다. 첫째 누나가 죽고 없으니 자연스레 첫째가 된 것이다. 누나의 유·소년기는 일본 제국주의가 발악하던 때였고, 시골의 경우 면 소재지에 학교가 하나 있을 정도였으니 누나가 학교에 다닌다는 것은 꿈도 꿀 수 없었던 상황이다.
더군다나 여자들에게는 배움의 기회가 주어지지 않던 때였음으로, 학교에는 근처에도 가보지 못해 나름으로 혼자서 한글을 익혀 문맹을 벗어났던 것이다.

누나는 순흥 안씨(남편: 安商弘) 가문으로 출가(혼인신고: 1961년 9월 30일)했는데, 매형이 장남이었으나 집안 형편이 넉넉하지 않고 형제들이 많다 보니, 외지에 나가서 돈을 벌어 보겠다는 일념으로 고향인 경북 예천군 용문면 사부리 집을 떠나와, 충북 괴산군 불정면 세곡리(가는골)에서 남의 집 머슴살이를 하고 있었다. 친정이 이곳이었던 첫째 숙모님이 친정에 가셨다가 매형이 성실하게 사는 모습을 눈여겨보고 중매하게 되어 부부의 연을 맺게 된 것이었다.

내가 중학교 3학년 때 너무도 살길이 막막하여 지푸라기라도 잡는 심정으로 혹시나 하는 기대를 하고 왕복 60리 길을 걸어서 매형이 머슴살이하고 있는 세곡동으로 도움 요청을 하러 간 일이 있었다. 잠시 만나서 어려운 사정을 호소하고 이제나저제나 도움을 주기 위해 나오려나 하고 기다리고 있었다. 감감무소식 처남이 어려움을 호소하는데 도움의 손길을 뻗치지 못하는 매형인들 마음이 편했을 리가 없었겠지만, 자기 코가 석 자이니 뾰족한 수가 없었을 것이란 생각은 하면서도, 빈손으로 돌아서서 오는 발길은 천근만근 무겁기만 했다. 맏며느리가 된 누나는 시부모님들이 연세가 많아져 살림을 꾸려가기 어려운 상황이 되자, 세곡동 살림을 정리한 후 고향으로 돌아가 시부모님을 봉양하며 농사를 지어 생계를 꾸려갔다.

아들 둘(목준, 대준) 딸 둘(명옥, 유순) 4남매를 낳아 기르며 살다가 매형이 세상을 뜬 후, 고향을 떠나 서울 청주를 오르내리며 순탄치 못한 삶을 살아오다가, 청주에 살고 있던 아들(목준) 집에서 2006년 음력 7월 26일 70세를 일기로 영면에 들었다.
동생(종규鍾珪)은 1945년 음력 7월 26일 해방둥이로 태어났다. 문산에서 태어나 유·소년 시절을 그곳에서 자랐다. 아침잠이 없어서 일찍 일어나 마을을 한 바퀴 돌아온 후 아침을 먹곤 했다. 부지런하였던 것이었다. 동생이 유·소년 시절일 때부터 가세가 기울기 시작하여 밥 대신 죽으로 연명하는 것이 다반사였다. 어릴 때 먹기 싫은 죽을 억지로 먹으며 고난의 삶을 살아온 동생은 지금도 국을 싫어하는 상황이다.

그리고 아버지로부터 사랑도 받지 못하고 자랐다. 아버지는 자식에 대한 애정 표현을 하는 것에 익숙하지 않았고, 두 집 살림을 시작한 후 주로 머무는 곳이 윗마을에 있는 작은 집이었던 터라,

아버지와 동생이 마주 앉아 대화하며 부자간 정을 나누는 기회를 만들지 못하였기 때문이었다. 10살이 되던 해 수회국민학교에 입학하여 다녔었는데, 어머니가 서울로 식모살이를 떠나신 후 문산에 혼자 남게 되었다. 충주로 옮겨 셋방을 얻어 할머니와 나와 동생이 한집에서 살게 되었는데 이때가 4학년 때였다. 충주에서는 남산국민학교를 다녔고 졸업을 한 후는 충일중학교에 진학했다. 하지만 점점 기울어져 가는 가세로 인해 학업을 이어갈 수 없어 중학교 2학년 1학기를 마치고 중퇴하였다.

동생은 이곳저곳을 전전하다가 버스 조수로 일하면서 운전 기능을 배우기 위해 노력했다. 당시는 운전 교습 학원이 흔치 않던 때라 운전면허증을 취득하려면, 열악한 환경임을 알면서도 버스나 트럭의 조수로 2, 3년간 따라다니며 운전기사의 손발이 되어 허드렛일을 보조하면서 눈치껏 엔진의 구조를 이해해야 했다. 운전 기능을 습득한 후 시험에 응시하여 면허를 취득하는 것이 보편적인 행태였기 때문이었다.
그러던 중 1966년 입영을 하게 되었고, 군에서는 운전을 배운 전력을 인정받아 운전병과를 받아 운전병으로 복무했다.
동생이 군 복무를 할 즈음인 1968년 1월 21일에는, 북한에서 청와대를 습격하기 위해 김신조를 비롯한 특수부대원 일당 120여 명을 남파하여 북악산까지 침투하였다가, 사전 발각되어 김신조를 제외한 전원이 사살되는 등, 사회가 극도로 혼란스러웠던 때라 군 복무 기간도 30개월이 넘는 때였다.

그리고 당시 국가에서는 경제개발에 소요 되는 비용을 마련하고자 1964년에 월남파병을 결정하고 국군을 월남에 파병하였는데, 파병된 국군은 정글에서 베트콩과 격전을 치르며 생사를 넘나드는 위험부담을 안고 전장에 투입되었다.
따라서 파병은 군인으로서는 생사를 건 모험이었지만, 국가에서는 군이 사용하던 신형 무기를 국내로 들여올 수 있다는 이점(利點)과, 파병된 군인들의 전투수당을 미국으로부터 받아 그중 일부만을 본인에게 지급하고, 나머지는 국가의 수입으로 확보하여 경제개발 비용으로 투입하고자 하는 정책적인 결정으로 월남에 군을 파병한 것이었다.
이처럼 월남파병은 위험부담이 따르는데도 동생은 복무 기간이 끝나 전역을 하게 된 상황에서 파병을 희망하였고, 파병 후 십자성 부대 헌병 중대로 배속을 받아 중대장의 운전병으로 복무하며 국위선양에 앞장서 왔던 것이었다.

전역을 한 후 운전면허를 취득하였고, 이를 자활의 기반으로 삼아 생활 전선에 뛰어들어 부모의 도움 없이 스스로 홀로서는 삶을 살아왔던 것이었다.
청주 서울 간을 오가는 속리산 고속버스 기사로 취업하게 되어 청주가 생활 근거지가 되었고, 진원(眞源)이 필원(弼源)이를 낳아 가정을 꾸렸다. 오랫동안 성실하게 일을 하며 무사고 경력을 쌓음으로써, 개인택시 영업을 할 수 있는 조건을 충족시켜 버스 기사를 정리하고 청주에서 개인택시 사업을 하였었다.
개인택시 사업을 하면서 이틀 일하고 하루 쉴 수 있는 시간적 여유를 갖게 되자, 중풍으로 거동이 자유롭지 못한 어머니를 직접 모시고 봉양하겠다며 모셔 가서, 1998년 10월 6일 어머니가 세상을 뜨실 때까지 지극정성으로 모시며 효성을 다했다.

 이처럼 착하게 살아온 동생이 개인택시 사업을 정리하고 새로 사업을 시작했는데, 사기를 당하는 불행으로 어려움에 직면하는 상황이 되었는데도, 형에게 아쉬운 소리 한마디 하지 않고 묵묵히 버텨내며 살아온 일, 대장암 수술을 받고도 잘 견뎌내며 건강을 회복한 동생의 모습을 보면서 너무도 고맙고 대견스럽게만 느껴진다.
다행히 월남 참전 유공자로 인정받아 늦게나마 임대주택을 분양받아 집 걱정 없이 안정된 삶을 살 수 있음은 너무도 감사한 일인 것이다.

 지난 일을 돌이켜 보면, 나는 어머니께서 식모살이를 통해 번 돈으로 사범학교를 졸업하여 교사 자격증을 취득하게 되고, 교사 자격증이 취업의 발판이 되었다. 평생을 교직에 몸담고 안정적으로 살아올 수 있었던 것에 비해 동생은 부모로부터 물려받은 유산이라고는 가난밖에 없는 홀홀단신의 몸으로 어려움을 이겨내며, 스스로 삶을 개척하고 살아온 것이 얼마나 장하고 대견스럽고 고마운 것인지를 깊이 느끼면서 동생에게 감사하고 또 감사한 마음을 항상 지니고 살아가고 있다.

제2부 나의 성장과 학창 시절

1. 유·소년의 시절

2. 국민학교 시절

3. 중학교 시절

4. 사범학교 시절

5. 방송통신대학교 학생이 되다

6. 홍익대학교 교육대학원에 입학하다

7. 방송통신 중어중문학과 편입하다

8. 가톨릭영시니어아카데미 학생이 되다

제2부 나의 성장과 학창 시절

1. 유·소년 시절

 나는 1940년 12월 1일(음력 11월 3일) 태어났다. 내가 태어난 곳은 충북 괴산군 상모면 문강리 389번지였다. 뒤에 행정구역 개편으로 충주시 상모면 문강리로 불리다가 지금의 행정구역 주소는 충주시 살미면 문산길 11-10 이 되었다.
내가 태어나 유·소년 시절에 살던 집은 남향으로 자리 잡은 본채를 중심으로, 본채 앞마당을 사이에 두고 오른쪽에는 사랑채, 왼쪽에는 행랑채가 배치되어 있었다.
본채는 방이 세 칸으로 안방은 할머니가 건넛방은 둘째 삼촌이 쓰셨고, 윗방은 살림 도구로 채워져 있었다. 본채에는 부엌이 있었고 부엌 뒤에는 광과 나뭇간이 있었다. 그리고 본채 건물 뒤편 공간에는 장독대가 자리 잡고 있었다.

 사랑채는 일자형 건물로 할아버지가 쓰시는 사랑방이 자리 잡고 있었고 사랑방 위쪽은 외양간, 아래쪽은 소죽을 끓여주는 부엌이 있고, 부엌에는 바깥마당으로 출입하는 대문이 달려있었다.
 그리고 부엌 아래쪽 공간은 디딜 방아간이 설치되어 있어, 곡식을 직접 디딜방아로 찧어 껍데기를 벗겨낸 후 음식을 만드는 재료로 쓰곤 했다. 그리고 방앗간 뒤쪽으로 여자분들이 쓰는 뒷간이 배치되어 있고, 뒷간 옆 공간은 취사할 때 나무를 연료로 사용하여 배출된 재를 버리는 헛간으로 사용하였다.
사랑채 밖에는 바깥마당이 있어서 외양간의 소를 매어두는 공간으로 쓰였고, 가을에는 추수한 곡식을 타작하는 마당으로 쓰였다. 마당 끝자락에는 남자들이 사용하는 뒷간이 자리하고 있었고 남자들 뒷간 주변에는 간격을 두고 연자방아가 설치되어 있었다.

 행랑채에는 방 한 칸과 부엌 헛간으로 공간 배치가 되어 있었는데, 방은 아버지 어머니가 쓰시는 방이었다. 부엌에는 우물을 길어 나르기 위해 마을을 드나드는 데 이용하는 작은 대문이 설치되어 있었고, 방 옆에 배치된 헛간은 농기구 등 잡동산(雜動産)을 보관하는 공간으로 활용했다. 이처럼 내가 유·소년 시절에 살던 집은 규모로 봐서 대가족이 살기에 편한 집으로 지어진 집이었으며, 할아버지 때에는 살림이 넉넉한 가정이었음을 짐작해 볼 수 있는 규모의 집이었다.

 그리고 내 고향 문강리는 마을 가운데 건립 되어 있는 효자각(孝子閣)[1]과 마을 보호수인 세 그루의 거대한 느티나무를 경계로 윗마을 아랫마을로 구분되었는데 나는 아랫마을에 살았다.

---
1) 효자각 건립 년 도는 1748년(영조 24년)이며, 충주시 엄정면 신만리에 세워졌다가 문강리로 옮겨짐.

마을의 환경은 마을 앞을 흐르는 내를 사이에 두고 넓지 않지만 들이 펼쳐져 있어 농사를 생업으로 하는 농촌 마을이며, 마을 뒤쪽으로는 산이 병풍처럼 둘러쳐져 있어 전형적인 배산임수(背山臨水)의 마을이다.

가족은 할아버지 할머니, 아버지 어머니, 둘째 삼촌, 그리고 위로 누나가 둘 있었는데 큰누나는 일찍 사망하여 내 기억 속에는 희미하게나마 얼굴이 그려지지 않는다.

둘째 누나가 1936년생으로 나보다 5살 위였으며, 1945년에 동생(鍾珪)이 태어나고 그 밑에 여동생이 있었는데, 세 살 되던 해에 사망하여 8명이 어우러져 가정을 이루고 살았다.

나의 유·소년 시절은 이렇게 3대가 한집에서 살았고, 유교적 전통이 가정 분위기를 지배하고 있었을 뿐 아니라 할아버지가 워낙 성격이 불같았고 엄격하셨던 터라, 아버지는 말할 것도 없고 어머니도 자식 사랑의 몸짓을 마음대로 표현할 수 없었던 것 같다.

왜냐하면 나는 아버지 어머니로부터 어린 시절에 사랑한다며 스킨십을 해 준다거나 볼에 뽀뽀해 준다거나, 포옹을 해 주는 경험을 겪어본 기억이 전혀 없기 때문이다.

따라서 내 머릿속에 그려져 있는 부모상(像)은 어릴 적에 본 아버지 어머니 모습이 그대로 학습이 되어, 나 역시 자식들에게 사랑을 몸짓이나 말로 표현하는 것이 자연스럽지 않고 부담스럽게 느끼고 살아왔던 것 같다.

아버지 바로 아래 삼촌은 결혼하여 이웃에 분가하여 살림을 꾸려가고 있었으며, 같은 마을에 아버지의 6촌 형제 되는 분들과 그 외 양씨 집안이 여러 가정을 이루고 살고 있었다.

나의 출생과 관련된 일화는 누나 생일이 음력 11월 4일인데 생일날 끓여주려고 마련해 놓은 미역을, 내가 11월 3일에 태어남으로 인해 어머니가 산후조리 음식으로 끓여 잡수셨다는 것이다. 내가 태어나서 3 칠 일이 지난 후, 칠촌 당숙이 나를 친견하고는 머리가 좋은 아이로 태어났다고 말씀하셨다며, 내가 국민학교를 다닐 때 학과 성적이 좋으니까 어머니께서 내게 들려주신 이야기가 지금도 기억난다.

여섯 살 때인 1945년 8월에는 마을 어르신들과 어린이들이 갑자기 마을 뒷산 골짜기로 피신을 한 일이 있었는데, 어머니는 동생 때문에 피신 무리에 따라나서시지 못하고 나 혼자 어른들을 따라 피신에 참여한 것이었다.

피신을 한 이유는 일본이 항복하면서 마을 사람들을 해칠 수 있다는 풍문이 돌면서, 모두들 겁에 질려 산으로 숨어 들어간 것이라 했다. 피신 온 일행 중에 나보다 나이가 많은 친구가 있었는데, 겁에 질려 울음을 터뜨리자 울음소리로 숨어있는 위치가 들통이 나지 않을까 싶어 어른들이 우는 친구를 달래느라고 애를 쓰면서, 혼자 따라나섰으면서도 묵묵히 견뎌내는 내 모습을 보고 마을 사람들이 대견스러워하던 일이 지금도 어렴풋이 기억에 남아 있다.

어려서 자랄 때에는 효자각(孝子閣)을 정문(旌門)이라 불렀는데, 이 효자각이 충주 양씨 15대 유정(柳亭)공 할아버지의 효자각이라는 사실도 어른이 되어서야 알았을 정도로 어릴 적에 집안 어른들로부터 나의 뿌리에 대한 교육을 받은 기억이 없다.

어렸을 때 놀이 친구들은 아랫마을 친구들에게 편중되어 있었으며, 여름엔 냇가로 멱 감으러 가거나 사방치기, 자치기, 제기차기 등이 마을 친구들과 어우러져 즐겨하던 놀이였다. 1950년 6.25 사변이 일어난 후 아이들이 가지고 놀던 놀잇감이 탄피(彈皮)로 변하여 탄피 따먹기가 유행하기도 하였다.

봄이면 친구들이랑 반두를 들고 냇가로 나가 물고기를 잡아 된장을 풀어 잡은 생선을 넣고 국을 끓이고 밥을 지어 먹으며 천렵(川獵)으로 봄을 즐겼고, 가을철이면 논둑에서 메뚜기를 잡아다 구워 먹기도 하였다. 겨울철 눈이 내리면 참새들이 먹을 것을 찾으려 민가 주변의 짚더미 쌓아놓은 곳으로 몰려드는 것을 이용하여, 덫을 놓아 참새를 잡아서 장작불에 구워 먹기도 했다.
당시 참새고기를 먹으며 나누던 대화 중 지금도 떠오르는 것은 참새가 소의 등에 앉아서 '내 고기 한 점, 네 고기 열점'하고 자신들의 고기가 맛있음을 뻐겼다는 일화이다. 또 썰매를 만들어 얼음을 지치기도 했는데, 한번은 얼음이 녹은 것도 감지하지 못하고 지치다 얼음이 깨지는 바람에 물에 빠져 젖은 솜바지를 입고 집에 오며 덜덜 떨던 일도 기억이 새롭다.

세시(歲時) 풍속에 맞추어 설 때는 이웃 어른들에게 세배 다니며 설음식을 얻어먹기에 분주했고, 정월 대보름이면 깡통에 숯불을 담아 휘두르며 쥐불놀이에 시간 가는 줄도 모르고 놀기도 했다. 나의 유·소년 시절은 이처럼 시골에서 자연을 벗 삼아 주어진 여건에 순응하며, 경쟁을 모르고 순진무구하게 살아옴으로 인해 경쟁심도 부족하고 적극성도 부족한 인성으로 성장하였다. 지금 생각하면 거친 세파를 살아가는 데 적극적으로 대처하지 못하고 주저하고 머뭇거렸던 것이 아닌가 하고 여겨지는 것이다.

2. 국민학교 시절

내가 국민학교에 입학한 것은 단기 4282년(서기 1949년) 9월 1일이다. 단기(檀紀)는 단군 기원의 준말이며, 단군이 나라를 세운 지 4282년째가 되는 해라는 의미다. 학교는 괴산군 상모면 수회리(지금은 충주시 상모면으로 행정구역이 조정되었음)에 있는 수회국민학교였다.
해방된 지 4주 년 차 학기를 9월 1일에 시작하여 다음 해 8월 31일에 끝나는 학제였다.
1940년생이 1949년에 입학을 했으니 연령(年齡) 초과였던 셈이다.
시골에서 자랐고 완고한 할아버지 밑에서 성장하여 학령에 맞게 입학하지 못했기 때문이다. 한 개 학년이 한 반이었으며 4학년까지 밖에 없었으니, 해방 다음 해인 1946년에 개교한, 역사가 일천 한 학교였다.
고향 문산에서 학교까지의 거리는 시골 사람들이 거리를 표현할 때 흔히 말하는 리 수로 10리라고 하였지만, 지금의 거리 단위인 Km 치면 5Km는 족히 될 것이다.

1학년을 채 마치기도 전에 6.25사변이 발발했다. 전쟁이 휩쓸고 지나간 곳에는 폐허만 남았다. 교실 바닥의 마루가 남아 있지 않은 교실에서 가마니를 깔고 앉아 수업했고, 학부모에게서 가마니를 찬조받아 매각하여 생긴 돈으로 풍금 한 대를 사서 음악 공부를 하였다. 전교에 풍금이

한 대여서 음악 시간이 되면 학생들이 개미 떼처럼 둘러붙어 풍금을 옮겨야 음악 수업을 할 수 있었다.

 우산이 없어 비가 오면 마대를 머리에 쓰고 학교에 갔으며, 비가 많이 와 도랑(개천)물이 불어나면 학교에 가지 못하고 결석을 해야 했다.
책은 보자기에 싸서 허리에 두르고 다니거나, 보자기의 끈 한쪽은 어깨에 걸치고 다른 쪽 끈은 반대편 겨드랑이 밑으로 넣어 대각선으로 등에 메고 다녔다.
필통은 깡통을 오려서 만든 것이어서 보자기에 싼 책을 매고 달리기라도 하면 필통 속에서 달그락달그락 연필 부딪히는 소리가 들렸다.
4284년 8월 11일 2학년을 마치며 상장을 받았다. 상장 문안이 '이 사람은 올 학년 중 학력 우수 품행 방정으로 이 상장을 줌'으로 되어 있다. 공부에 대한 기억은 없는데, 상장을 받은 것으로 미루어 보면 공부를 잘 하지 않았나 생각이 된다.

 3학년을 마치며 받은 상장에는 4285년 3월 28일로 날짜가 표기되어 있다. 학기가 4월 1일부터 다음 해 3월 말까지로 변한 것이다. 지금까지 보관하고 있는 2학년부터 6학년까지의 상장을 보면 공부를 곧 잘했던 것으로 기억된다.
공부가 즐거웠고 재미있었으며 기억이 잘 되었다. 시험은 기억력 테스트라고 말하는 사람도 있지만, 기억력이 좋다 보니 성적도 좋게 나온 것이 아니었나 생각된다.
6학년 졸업을 할 때는 한 학교에서 한 사람만 받을 수 있는 도지사 표창장을 받았는데, 공부를 잘하기는 했나 보다.

 견물생심(見物生心)이란 말을 3학년 때 체험으로 겪었다. 김찬영 담임선생님이 바쁘시다며 교과서 대금 받는 일을 반장인 내게 맡기셨다.
반 친구들이 가져온 교과서 대금을 받아서 명단과 함께 선생님께 인계해 드려야 했는데, 한 사람분의 교과서값에서 일부를 사용하여 갖고 싶은 예쁜 학용품을 샀던것이다. 용돈이라는 의미 자체를 모를 정도로 궁색했던 때인지라, 돈이 호주머니에 생기다 보니 예쁜 학용품을 갖고 싶은 유혹을 떨쳐버리지 못하고 손을 댔던 것이었다. 그러니 내가 교과서값을 받은 학생 수와 선생님께 인계한 교과서 대금과 학생 수가 일치하지 않을 수밖에…….
선생님께서 고개를 떨구고 서 있는 내 표정을 보시더니, 눈치를 채시고는 아무런 말씀도 하시지 않으셨다. 그렇지만 나는 선생님께 더 미안하고 부끄럽고 죄송스러움을 느꼈다. 그 어떤 꾸짖음보다도 더 엄하게 느껴졌었다. 얼마의 시간이 흐른 후 나는 돈을 마련하여 선생님께 드릴 수 있었다.

 4학년 담임 이시영 선생님께서는 당신이 자칭 '호랑이 선생님'이라고 말씀하시는 엄하고 무서운 선생님이셨다. 선생님께서는 10여 권의 학급문고를 마련하셔서 학생들에게 읽게 하셨는데, 교실에 두면 분실된다고 문고를 내가 관리하라고 하셨다. 나는 어깨에 메고 다닐 수 있는 가방을 마련하여 등교 때 학급문고를 가지고 가서 반 친구들에게 읽도록 나누어 주고, 하교 때는 돌려받아 집으로 가지고 오는 방식으로 문고 책을 관리하였다.
학급문고 관리는 교과서 이외의 책을 처음으로 접할 수 있는 기회를 내게 제공했다. 이때 읽은 책 중에 '쌍무지개 뜨는 언덕' '수동이의 용 사냥' '깨알 곰보 봉팔이' 등은 지금도 지워지지 않고 남아 있는 책 이름이다.

4학년 겨울방학 때 한문(漢文) 공부를 했다. 마을에 한문을 가르치는 훈장님이 상주하게 되었는데, 다른 학동들과 어울려 공부 할 수 있는 기회가 열렸다.
방학 동안에 천자문(千字文), 동몽선습(童蒙先習)을 배우고 책씻이를 하였고, 명심보감 (明心寶鑑)을 익히다가 개학을 맞았다. 방학이라는 짧은 기간 동안 배운 책의 분량으로는 진도가 매우 빠른 편이었다. 배우는 것에 대해서는 항상 즐거움을 느꼈던 것이 진도를 빨리 나갈 수 있었던 동력이었다고 생각이 된다.
이때 한문을 배워 익힌 것이 계기가 되어 내가 지금까지 살아오며 한자에 대해 부담감 없이 접근 할 수 있었던 밑받침이 되었고, 한문을 배우면서 마분지에 틈틈이 썼던 모필 글씨는 5학년 때 방학 작품 전시회 습자(習字)부(지금은 미술 교과에 서예로 배정되어 있지만, 당시는 서예를 습자라 했음)에서 입상하는 기쁨을 맛보게 하여 저항감 없이 붓을 가까이하는 것을 좋아하게 만들었다.

습자 쓰기 학습에 부담감이 없이 참여하면서 나의 서예 실력은 친구들보다 한발 앞서 있는 상황이다 보니, 6학년 2학기 10월에는 군(郡)에서 주최하는 경시대회에 수회국민학교의 습자 쓰기 대표로 참가하는 영예를 얻기도 했다.
경시대회 참가 인솔은 이명재 선생님이 하셨는데, 첫날은 50리 길을 걸어서 괴산 가까운 곳 어담리에 있는 이명재 선생님의 처가에서 1박을 하고, 이튿날 대회장인 괴산 명덕국민학교로 이동하여 경시에 참여하였다. 서체를 정자체를 쓰지 않고 멋을 부려 변형된 서체를 써서 입상은 하지 못하고, 학교 대표로 선발되어 서예 경시대회에 참가했었다는 것에서 의미를 찾았다.
오전에 경시대회를 마치고 이 선생님과 중국 음식점에서 점심 식사를 하게 되었는데, 나는 외식 업소에 처음으로 발걸음을 들여놓은 사람이라 주문할 줄도 몰랐다. 이 선생님이 주문해 주시는 자장면을 먹게 되었는데, 이는 세상에 태어나 처음 먹어보는 중국 음식이자 외식이었던 것이다.

4학년 때였다. 40여 명이 넘는 반 친구들 가운데 같은 마을에 사는 은산 이라는 이름을 가진 친구가 아버지가 사준 광문 전과라는 참고서 책을 갖고 있었는데, 책이라고는 교과서밖에 모르던 학생들에게 참고서 전과를 가진 친구는 선망의 대상이었다. 선생님이 내주신 숙제를 전과를 이용하여 차원 높게 해오니 그저 부러울 뿐이었다. 그러니 조금만이라도 빌려보려고 늘 친구들이 전과를 가진 친구 주변에 몰려들곤 했다.
5학년 1학기 때 나도 전과를 갖게 되는 기쁨을 맛보았다. 어머니가 눈치를 채시고 칡덩굴에서 겉껍질을 벗겨내고 뽑은 섬유(청올치)를 팔아 모은 돈으로 전과 구입에 필요한 돈을 마련해 주신 것이다.
학교에 등교를 하였다가 휴식 시간에 빠져나와 군용트럭 스리쿼터에 올라타고 충주 광문 서점에 가서 전과를 사 왔는데, 쪼그리고 앉아 충주를 다녀온 관계로 발목이 부어올라 걸음을 걷지 못해 곤욕을 치르며 귀가했던 일이 뇌리에 그려진다.

당시 학교에는 실습지가 있었는데 4학년 이상 학생들 반에 배당하여 관리했다. 실과 시간을 이용하여 학생들이 채소재배에 동원되었고, 실습지에 재배한 채소는 선생님들의 김장 김치감으로 공급되었다.

채소의 비배관리(肥培管理)를 위해 시비(施肥)하는 거름으로 학교 화장실의 인분(人糞)을 썼는데, 지금도 기억에 생생하게 남는 일은 이 일에 참여한 한 학생이 인분 지게를 지고 도랑을 건너다가 인분통의 흔들림에 몸의 균형을 잃고 넘어져 오물 세례를 받고 난감해 하던 일이다.

이렇게 황당한 일을 겪으면서도 당시는 선생님들이 학생들에게 시키는 일에 대해 어떤 이의나 항의도 제기할 줄 모르고 당연하게 받아들였었다.

해마다 가을철이면 펄럭이는 만국기 아래서 운동회를 했다. 학생들이 경기를 하기 위해 입장하는 용진문(勇進門), 경기를 끝내고 퇴장하는 개선문(凱旋門)을 만들기 위한 목재는 5, 6학년 학생이 동원되어 학교 앞 적보산에 가서 곧게 자란 낙엽송을 베어다 쓰곤 했다. 이런 일을 하다 옷이나 살이 찢겨 다치기도 했지만, 한마디 불평불만을 할 줄도 모르며 생활했다.

겨울이 다가오면 난로에 장작으로 불을 피워 난방했는데, 난방용 연료로 쓸 장작을 학부모들로부터 한 짐씩 찬조를 받아 사용하는 형편이었다.

초겨울 어느 날 운동장에 전교생이 도열해 서서 조회(朝會)를 하던 중, 김성준 교장 선생님이 장작을 가져오라는 채근의 훈화 말씀을 하셨다. 전교 어린이회장이었던 나는 조회 때 맨 앞에 서 있었는데, 교장 선생님께서 나를 보시며 어린이회장은 장작을 가져왔느냐고 질문을 하셨다.

내가 가져오지 못했다고 대답하자 앞으로 나오라고 하시더니, 거침없이 나의 뺨을 때리시는 것이었다. 전교생이 보는 앞에서 교장 선생님께 수모를 당한 일은 오래오래 내 기억 속에 사라지지 않고 남아 있다.

6학년 2학기 말이 다가오니 입시(入試) 준비를 위해 야간 시간까지 할애하여 집중적으로 공부를 하자고 이성훈 담임선생님께서 제안하셨다. 하지만 내게는 밤공부가 그림의 떡이었다. 왜냐하면 밤에 공부가 끝난 후 불이 없는 10여 리의 어두운 시골 밤길을 혼자서 다닌다는 것은 상상도 할 수 없었기 때문이다.

한 동리에 사는 다른 친구들은 입시 공부에 대해 절박함을 느끼지 않는 상황인데, 내 입장만 내세워 같이 공부하고 밤길을 다니자고 부탁할 수도 없었다. 그렇다고 가정형편이 넉넉하여 학교 근처에 하숙할 형편도 못됐다.

공부는 하고 싶은데 형편은 안 되고 난감해하고 있을 때 김성준 교장 선생님께서 아까운 재주를 썩게 할 수 없다며, 밥은 교장 선생님 댁에서 먹고 잠은 학교 인근에 사는 반 친구(진동수)의 집에서 잘 수 있도록 해결 방안을 제시해 주셨다.

이렇게 해서 밤늦은 시간까지 교실에서 공부하며 입시를 위한 총정리를 하는 시간을 갖게 되었다. 이렇게 공부한 보람이 있어서일까. 13:1이나 되는 경쟁률을 뚫고 충주사범병설중학교 입학시험에 수회초등학교 졸업생 중 혼자만 응시하고 합격하는 기쁨을 맛볼 수 있었다.
 아침조회 시간에 난로를 피울 땔감 장작을 가져오지 않았다고 뺨을 때리신 김성준 교장 선생님, 그 교장선생님의 제자 사랑이 지금의 나를 있게 하는 도움이 되었다고 생각하면 그저 감사할 뿐이다.

 국민학교 시절의 옷차림은 여름에는 잠뱅이에 적삼을, 겨울에는 솜바지 저고리를 입었고 팬티나 러닝셔츠 등 내의는 구경도 못하고 살았다. 검정 고무신에 여름엔 맨발, 겨울엔 버선발이었다. 나이가 들면서 겨울방학 때면 산에 가서 나무를 해 와야 했다. 짚으로 짚신을 직접 만들어 신고 지게를 지고 산에 올라 나무를 베어오기도 하고 솔잎을 긁어오기도 하고, 마른 풀을 베어오기도 했다. 땔감은 주로 나무를 사용되었던 때라, 가까운 산은 민둥산으로 변해 있어 높고 먼 산으로 가야 나무를 해올 수 있었다. 나무를 해서 지게에 지고 집에 오려면 몇 차례를 쉬어서 와야 했다.
하루는 쉬기 위해 지게를 받쳐 놓다 균형을 잃으면서 나뭇짐이 산비탈로 굴러떨어지는 상황을 맞았다. 어찌해야 할지 난감해하고 있는데, 나무꾼 일행 중에 있던 재당숙 진기(鎭基) 아저씨가 아무 말 없이 산비탈을 내려가 나뭇짐을 지고 올라오는 것이 아닌가. 그때 느꼈던 아저씨에 대한 고마움은 70여 년의 세월이 흐른 지금도 잊히어지지 않는 기억으로 남아 있다.

 6.25 사변 이후 기울기 시작한 가세는 걷잡을 수가 없었다. 태어나 살던 집에서 방이 둘뿐인 집으로 옮겨 살게 되었다. 흔히 보릿고개라 말하는 춘궁기가 되면, 양식이 떨어져 먹고사는 것이 절박한 상황이었다. 쌀밥을 먹을 수 있다는 것은 제사 때에나 기대할 수 있었다. 평소에는 보리쌀을 맷돌에 갈아 가루를 만들어 들이나 산에서 뜯어 온 나물에 묻혀 쪄서 먹든지 죽을 끓여 국물로 배를 채우며 연명했다.
내가 국민학교를 다닐 때 아버지가 마을의 이장 업무를 맡아보고 계셨다. 학교에서 공개적인 행사를 할 때면 마을의 유지들에게는 안내장을 보냈는데, 내가 사는 마을에서 행사의 안내장을 받는 사람은 정미소를 운영하는 아버지 친구 되시는 분과 다른 몇 분이 있었는데, 이장을 하는 아버지에게는 한 번도 행사 안내장을 받아서 전해드린 일이 없었다. 이장이면 마을의 유지로 알고 있었던 나에게는 자존심이 상하는 일이었고 도무지 납득이 안 되는 일이었다.
지금 생각해 보면 가세가 어려워 행사에 찬조금을 내지 못했던 아버지께서 초대받지 못한 것은 당연한 일이었던 것인데, 이 사실을 어찌 당시에 일찍 깨닫지 못하고 마음 아파했었나 생각하면 우둔했던 자신이 부끄럽게 느껴져 얼굴이 붉어진다.

 하루는 마을 어른들과 함께 수회리 마당바위에서 수안보 쪽으로 700여 미터쯤 되는 곳으로 도로 정비를 하러 나갔다. 당시 차가 다니는 넓은 길을 신작로(新作路)라고 불렀는데, 도로를 정비하는 일은 일정 구간씩 마을별로 할당하고 마을에서는 세대별 한 사람씩 참여하여, 배정된 도로의 주변 개천가에서 자갈과 모래를 퍼 올려 신작로의 패어나간 곳을 메우는 일이었다.
 학교에 출석하지 않고 도로 정비에 참여하여 부과된 몫을 해냈다. 일을 끝내고 귀가하려고 길가를 걸어가는 중이었는데, jeep 차를 타고 지나가던 미군이 나를 보고는 무엇인가를 획

던지고 가는 것이었다.
 길가를 두리번거리며 찾았지만 찾지를 못하고 있는데, 같이 일을 했던 어른이 찾아서는 하나는 내게 하나는 자신이 갖는 것이었다. 포장지를 뜯어 먹어보니 달콤하고 맛있는 과자였다. 그것은 초콜릿이었다. 도로 정비를 나갔다가 난생처음 미제 초콜릿을 맛보는 경험을 한 것이다.

3. 중학교 시절

 4288년(1955년) 4월 1일, 충주사범병설중학교에 입학했다. 충주시 성내동에서 살게 되었는데, 두 집 살림을 차린 아버지의 여인과 함께 사는 생활이었다. 고향의 땅을 처분한 것을 밑천으로 아버지는 곡물(穀物) 가게를, 아버지의 여인은 술장사 국수 장사를 시작했다.
 어머니는 고향에서 동생하고 사시며 날품 파는 일로 어렵게 살림을 꾸려가고 계셨는데, 어머니에 대한 아버지의 관심이 나에게는 읽혀지지 않았으며, 장사에 대한 수완이 능란하지 못했던 아버지께서 하는 쌀장사도 별로 신통해 보이지 않았다.
나는 현실에서 벗어나고 싶은 충동이 내면 깊숙한 곳에서 꿈틀거리면서 마음이 조금씩 조금씩 빗나가기 시작했다. 공부에 대한 주의력도 약해지고 빗나가기 시작한 마음은 남녀 공학인 상황에서 만만한 여학생들을 골려주는 것으로 분출되어 불편을 주곤 했다.

 중학교 2학년이 되어 개학하는 첫날, 책상 서랍에 넣어둔 돈 2,000원을 꺼내 들고 등교는 하지 않고 무작정 서울행 버스에 올랐다. 당시 서울 시외버스 터미널이 을지로 6가 동대문 운동장 맞은편에 있었는데, 충주를 출발한지 5시간이나 걸려 서울에 도착했지만 마땅히 발길을 옮길 곳이 없었다.
여인숙에서 하룻밤을 자고 찹쌀 도넛으로 아침 요기를 한 후, 성동중학교 교문 앞에 가서 국민학교 동기를 기다렸다. 7남매의 막내로 자란 친구(김광록)를 고향(문강리 강진)에서 여름방학 때 만났는데, 서울에 사는 누나의 도움으로 유학을 와서 성동중학교에 다닌다는 사실을 들어 알고 있었기 때문이었다.

 등교하는 동기 친구를 만났다. 하교할 때 다시 만나기로 약속하고 하교 시간에 맞추어 또 교문 앞에서 서성이며 기다렸다. 하교하는 친구를 만나서 광희문 부근에 사시는 누나의 집으로 안내를 받아 갔다.
친구 누나는 동대문 시장에서 포목점을 하고 있었다. 나는 친구 누나에게 서울에서 낮에는 일하고 밤에는 야간학교에라도 다녀서 홀로 서 보자는 생각에서 상경한 것이니, 점원으로 일할 수 있는 마땅한 곳을 소개해 달라고 말씀드렸다. 누나는 알아보겠다고 하셨다.
누나네 집에서 숙식하며 이틀을 보내던 중 누나네 가게에 들렀다. 청계천 다리 위를 지나게 되었는데 사람들이 몰려서 게임하는 것을 들여다보고 있었다. 게임은 납작하게 생긴 세 개의 깡통 중 한 개에 색종이를 넣고 자리를 옮겨 놓다 멈춘 후 색종이가 들어 있는 깡통을 맞추면 돈을 주는 놀음이었는데, 이 놀음에 가지고 있던 돈을 다 걸었다가 모두 날리는 어처구니없는 일을 당했다.

 돈을 늘리겠다는 욕심이 화를 불러 호주머니에는 땡전 한 푼 없는 무일푼의 처지가 되었다.
 이 일을 어찌하면 좋단 말인가. 친구 누나네 집에서 얻어먹고 있는 것만 해도 미안한데 친구한테 돈을 보태달라고 도움을 요청할 수도 없고…….

 3일째 되던 날 누나가 하시는 말씀이 일자리를 구해봤는데 마땅한 일자리가 없으니 어떻게 하느냐며 걱정하셨다. 나는 앞이 캄캄했다. 주머니에는 땡전 한 푼 없는 빈털터리이고, 이러지도 저러지도 못하는 진퇴양난의 처지가 되었던 것이었다.
지금이라면 어떻게든 위기를 벗어나기 위한 방법을 찾기 위해 머리를 썼겠지만, 당시에는 너무나 순진한 시골뜨기이다 보니, 난관을 돌파할 생각을 하지 못하고 집으로 다시 돌아가는 방법밖에 도리가 없겠다고 생각하게 되었다.
을지로 6가 시외버스 터미널로 발길을 옮겼다. 충주행 버스 기사님께 어려운 사정을 이야기하고 충주까지 태워다 달라고 간청을 드렸다. 고맙게도 여기서 충주까지 내내 태워다줄 수는 없고 안성행 버스를 타고 장호원까지 가서 기다리면 당신이 받아 가겠다며, 먼저 출발하는 안성행 버스 기사님께 도움을 요청해 보라는 것이었다. 즉시 안성행 버스 기사님께 충주행 기사님의 말씀을 전하며 사정했더니 흔쾌히 청을 들어주셨다. 그렇게 해서 돈 한 푼 안 들이고 무임승차로 충주 집으로 돌아올 수 있었다.

 내가 집을 떠나 있는 동안 어머니는 눈물이 마를 날이 없었다고 하시며 나를 반겨 맞아주셨다. 어머니께 아무런 언질도 드리지 않고 집을 나갔으니, 행방불명된 자식의 소식을 접하신 어머니의 마음이 얼마나 아프셨을까? 어머니의 아파하셨을 마음을 생각하니 내 마음도 아프고 저려 왔다. 그러면서 어떤 어려움이 있어도 참고 견디어 내자고 다짐하였다.
다음 날 아침에 학교에 출석했더니 이동호 담임 선생님께서 꾸짖으시며 다시는 무모한 짓을 하지 말라며 타이르셨다. 이렇게 나의 가출 해프닝은 끝이 났지만, 마음속의 고민은 완전히 해결되지 않은 채 잠복해 있었다.

 살림 형편이 어려워지니 아버지와 여인은 결국 갈라서게 되어 나는 충주 시내에 머무를 집이 없어졌다. 하는 수 없이 거리가 30리(12km)가 된다는 어머니가 계신 곳 고향 문산에서 걸어서 통학하는 처지가 되었다. 해가 뜨기 전에 집을 나서도 지각하기를 식은 죽 먹듯이 했고, 겨울철에는 해가 일찍 저 하학(下學) 후 집에 가는 길이 밤길일 경우가 허다했다. 서낭당이 있는 윤갈 뫼 재를 어두운 밤에 넘을 때는 무서움에 등에서는 식은땀이 흘렀다. 이런 생활이 반년 넘게 이어졌다.
이렇게 힘든 생활을 하면서도 밤이면 깊은 잠을 잘 수가 없었다. 불면증에 시달렸던 것이었다.
 잠을 자려고 불을 끄고 눈을 감고 있으면 눈알만 아프고 오만가지 상념이 떠올라 머릿속까지 지끈지끈 아팠다. 이렇게 뒤척이다 새벽녘이 돼서야 잠을 좀 자곤 했는데, 먼 길을 가자니 무거운 눈꺼풀을 비비며 일어나야만 했다.

3학년이 되었다. 반에서 한 사람씩 학비를 감면해 주는데, 학생들의 의견을 들어서 대상자를 선정했다. 친구들의 도움으로 내가 감면 대상자로 선정되어 분기별로 수업료 600원만 납부하면 됐다. 수업료는 국고에 납부하는 것이라서 면제를 받을 수 없었기 때문이었다. 1분기가 지났는데도 수업료를 납부하지 못했다. 수업료를 납부하라고 서무실에 불려 가기를 여러 차례, 사춘기 청소년 때인지라 창피하고 부끄러웠지만 비켜 갈 수 없는 현실이었던 것이었다.

 다시 충주에서 생활하게 되었다. 무엇 하나 넉넉한 것이 없었다. 땔감을 마련하는 일도 어려운 일 중 하나였다. 마침 지난해 겨울방학 때 문산 뒷산에 땔감을 마련해 쌓아 놓은 것이 있는데 이것을 가져다 때기로 했다.
그러려면 땔감을 지게로 지고 윤갈 뫼 고개를 넘어 충주로 향하는 도로변까지 옮겨야 했다.
 일요일 날 땔감을 도로변까지 옮겨 놓고는, 지나가는 트럭을 잡고 나무를 실어달라고 사정사정하여 날라다 쓰곤 하였다. 마련한 땔감을 다 사용하기까지 이 일은 계속이 되었다. 이 같은 역경을 거치며 3년의 세월이 흘러 중학교 과정을 마치게 되었고, 충주사범학교 입학시험에 응시 합격하여 입학을 허락받았다.

4. 사범학교 시절

 사범학교 생활은 입학식 날부터 황망함으로 출발했다. 입학하는 날까지 입학등록금을 납부하지 못했기 때문에 겪은 황망함이었다. 입학식을 하는 날 등록금을 내지 못했으면서도 입학식에 참석했더니, 입학생을 호명할 때 내 이름은 호명하지 않는 것이었다.
수치스럽고 창피하게 느껴져 얼굴이 달아오르고 견딜 수가 없었다. 자리를 박차고 일어서려는데 절친한 친구(張泰鉉)가 손목을 꽉 잡으며, 지금 나가면 더 창피하니까 앉아서 참으라며 나가는 것을 막았다. 친구에게 손목이 잡혀 앉아 있으면서 불안하고 부끄럽고 창피한 마음이란 말로 표현할 수 없었다. 입학식이 있은 며칠 후에야 가까스로 입학금을 마련하여 납입하고 학교에 다닐 수 있었다.

 내가 가톨릭에 입문하게 된 것이 1학년 때이다. 가톨릭 신앙이 두터운 중학교 여자 동창 (金榮子: 보스꼬 수녀)이 자기 어머니에게 말씀드려서 내가 사는 용산동 집을 방문하여 형편이 어려운 것을 보시고는, 교회에서 구호물자(救護物資)로 나누어 주는 옥수숫가루, 밀가루, 헌 옷 등은 받을 수 있도록 손을 써 주신 것이 계기가 됐다.
살림이 궁색하다 보니 더운밥 찬밥을 가릴 형편이 아니라서 구호물자를 나누어 주는 날이면 자루를 들고 옥수숫가루, 밀가루를 나누어주는 대열에 서 있게 되었고, 받아 온 밀가루, 옥수숫가루는 우리 가족에겐 요긴한 식량이 되었다.

 이렇게 옥수숫가루 밀가루를 받아먹게 되면서 성당 구경 오라는 부름에 미사참례를 해보자는 이끄심에, 미사가 끝나면 날씨가 추우니 몸을 녹인 후 가라는 인도에 거절하지 못하고 요리문답(要理問答) 공부를 하게 되었다. 공부한 요리문답에 대한 찰고(察考)[2]를 하여 통과하면서 신자로서 갖추어야 할 최소한의 교리를 익히게 되어, 1959년 2월 7일 요셉이라는 세례명으로 세례를 받게 된 것이다. 신자가 된 후에도 1961년 사범학교를 졸업할 때까지 구호 대상으로 있으면서 도움을 받았다.

 땔감을 직접 마련해서 쓰는 일은 사범학교 1학년에도 이어졌다. 곧은 골(直洞)이라는 이름을 가진 마을을 지나 산에 오르면 행정구역상으로 충주시 살미면인데, 이곳에 벌채(伐採)로 베어놓은 나무가 있어 왕복 8Km가 넘는 거리인 그곳까지 지게를 지고 가서 나무를 해다 땔감으로 사용하였던 것이었다. 땔감을 많이 사용하지 않는 여름, 가을철이었던 터라 한번 해 온 나무로 일주일을 버틸 수 있었다.

 1학년 때 10월 어느 날, 이날 따라 땟거리(식량)가 떨어져 아침을 해 먹지 못하고 등교했다.
 그런데 이날이 마침 체력 측정을 하는 날이었다. 아침을 먹지 못하고 점심조차 거르고 공복 상태로 600m 달리기를 하는데, 앞서 달리는 사람을 따라잡으려 이를 악물고 기를 쓰고 달려도 도저히 따라잡을 수가 없었다. 배고픔의 서러움을 절절히 느낀 날이었다.
2학년 때에는 생애 처음으로 글짓기를 해서 표창을 받는 기쁨을 맛보았다. 10월 교육주간 행사로 글짓기 대회를 했는데, 우리말을 더욱 아끼고 사랑하여 빛내자는 내용을 담아 작품을 쓴 것이 특선으로 뽑혀, 충주 중등 교육회 회장이셨던 권희준 교장 선생님의 표창장을 받게 된 것이었다.
2학년 때 기억에 남는 일의 하나는 가정교사를 한 일이다. 생활에 조금이라도 보탬이 되었으면 하는 마음에서 시작했다. 누에고치에서 실을 뽑아내는 잠사(蠶絲) 회사 사장님 댁에 입주하여 중학교 2학년짜리 학생을 맡아 지도하게 됐는데, 학생이 공부에 의욕이 없고 고집이 세서 도저히 감당할 수가 없어 일찌감치 접어 버렸다.

 하지만 가정교사를 하느라 사장님 댁에 입주해 있는 짧은 기간 중 내가 겪어보지 못했던 귀한 경험을 그곳에서 할 수 있었다. 학생의 대학생 형이 읽었던 사상계(思想界)라는 월간 서적을 처음 접해 읽어보는 기회를 가질 수 있었고, 점심 도시락 반찬으로 싸준 쇠고기 장조림을 처음 먹어보며 지금까지 내가 살아온 삶이 애처로워 눈물을 삼키는 경험도 했다. 부잣집 살림살이를 들여다보며 소시민들의 생활과는 너무나 괴리가 크다는 사실도 확인할 수 있었다.
3학년 1학기가 끝나고 생활통지표를 받았다. 통지표를 펼쳐보니 '석차 중간선 넘어가 있음. 요 발분(發奮)'이라는 글귀가 눈에 들어왔다. 공부에 더 진력하라고 이상진(李相辰) 담임선생님이 써놓으신 글귀였다. 졸업과 동시에 졸업생 전원이 교사 발령을 받지를 못하고 공석이 생기면 석차 순으로 발령하기 때문에, 석차가 중간선을 넘어가 있으면 1차 발령을 받기가 어려웠다. 그러니 발령을 일찍 받으려면 공부를 더 열심히 하라는 의미가 담겨있는 메시지였다.

---

2 찰고(察考) : 요리문답(要理問答)의 일정 분량을 공부한 후 신부님 앞에서 확인받는 과정.

발령을 빨리 받아 봉급을 수령 함으로써 가계를 꾸려가는 것이 절체절명의 과제인데, 석차가 중간선을 넘어가 있으니 난감한 일이었다. 그래서 발령 희망지를 경상북도로 썼다. 경상북도는 학교가 많은데, 사범학교 졸업생 수가 적어 부족한 인원을 타 시도의 사범학교 졸업생으로 충원했기 때문에 충청북도보다 교사로 발령받기가 수월하였기 때문이다.

3학년 2학기 때는 교육실습을 한다. 어린이들을 직접 가르치는 경험을 쌓도록 하여, 교사의 자질을 함양하기 위해서이다. 충주사범부속국민학교 2학년 학생들을 대상으로 6주간의 실습을 하면서 담임선생님의 수업을 관찰하고, 동료 교생선생님의 수업을 관찰, 분석, 토론할 뿐만 아니라 직접 수업안을 짜서 수업에 적용해 보며 교사가 갖추어야 할 전문성을 함양하기 위해 열심히 노력했다.

지성이면 감천이라 했던가. 교육실습 성적 2등을 받았다. 교생실습 성적 2등으로 인해 전체 성적을 올릴 수 있겠다는 가능성을 갖게 되었다. 그래서 학기 말 시험공부도 열심히 했다.

교육실습 성적과 기말시험 결과를 합쳐 전체 석차를 내는데, 1학기 때보다 성적이 많이 향상되어 1차 발령을 바라볼 수 있게 되었다.

성적이 향상되었음을 확인한 후 욕심이 생겼다. 1학기 성적 통지표를 받은 후 발령 희망지로 썼던 경상북도를 취소하고 충청북도로 정정해 달라고 담임선생님께 말씀드렸더니 청을 들어주셨다. 졸업을 앞두고 예술제를 하였다. 연극 공연팀에 뽑혀 무당 역할 배역을 맡아 열심히 연기를 하였다. 예술제가 끝난 후 무당 역할을 하면서 입었던 노란색 의상으로 인해 '노란무당'이란 별명을 얻을 정도로 인기를 얻었다. 그러면서 나의 또 다른 면을 발견하기도 했다.

1961년 3월 20일 사범학교를 졸업하며 국민학교 2급 정교사 교사 자격증을 받았다. 성적순에 의해 발령을 받을 것임으로, 언제 발령을 받게 될지 궁금해하며 기다리는 중이었는데, 마른하늘에 날벼락이랄까 5월 16일 5.16 군사혁명이 일어난 것이다. 경상북도로 배정을 받은 친구들은 발령받고 임지로 부임하는데, 충북으로 배정받은 사람들은 감감무소식이더니 군에 갔다 오지 않았다고 발령을 내주지 않는다는 것이었다. 참으로 난감한 일이었다. 하지만 어찌하랴. 무작정 기다리는 수밖에 …….

5. 방송통신대학 학생이 되다.

사범학교는 교사를 양성하기 위해 설립한 학교여서 교육과정에 교직과목을 이수하도록 편성되어 있고, 3년의 교육과정을 마치면 졸업생에게 교사 자격증을 발급해 주었지만 학력(學歷)은 고교졸업에 해당이 됐다. 그래서 정부에서는 발전하는 시대의 변화에 부응하기 위해 사범학교를 폐쇄하고, 1964년에 2년제 교육대학으로 학제를 개편하기에 이르렀다.

초등교사 양성학교가 대학 수준으로 상향됨에 따라 교단에는 사범학교 출신인 고졸 학력 교사와 교대 출신 교사가 같이 교단에 서는 상황이 되었다.

그러자 정부에서는 고졸 학력인 사범학교 출신 교사들의 학력 미달 상황을 보완하기 위한 방안으로 한국방송통신대학에 초등교육과를 편제하고, 교육 이수를 통해 미달 학력을 보충하도록 기회를 제공했다.

 학력 미달 교사라 하여 교단에서 도태당하는 것은 아니었지만, 어린이들을 올바르게 지도하기 위해 새로운 학문에 접할 수 있게 기회를 제공하는 학제를 굳이 마다할 이유가 없었다. 기꺼운 마음으로 통신대학에 등록하여 1973년 3월 2일부터 1975년 2월 28일까지, 2년간 서울대학교 사범대학에 개설된 강좌에서 보충 교육을 충실히 받았다.
통신대학 출석 수업은 학기 중에는 교사들이 교육에 참여할 수 없으므로, 방학 기간을 이용하여 교육을 이수하게 함으로써, 통신대학 재학 중인 교사들에게 방학은 휴식으로 에너지를 재충전하는 기간이 아니라 새로운 학문을 접하는 것에서 위로받는 기간으로 되었던 것이었다.
하지만 2년제 통신대학을 통한 미달 학력 보완교육이 여기서 끝난 것이 아니었다. 대학 교육이 보편화되면서 학부모들의 교육 수준이 높아져 2년제 교육대학 졸업 학력으로 교육을 맡아 하는 교사들의 위상을 확립한다는 것은 어불성설이었다.
그리하여 정부에서는 4년제 교육대학을 설립하기에 이르렀다. 따라서 통신대학 교육 이수로 미달 학력을 보충했다손 치더라도, 또다시 학력 미달 교사가 나타날 수밖에 없는 상황이 되어 4년제 방송통신대학 초등교육과가 새롭게 시도되었던 것이었다.
이에 맞춰 미달 학력 보충을 위한 교육에 또다시 참여할 수밖에 없어, 1982년 3월 2일부터 1986년 2월 28일까지 서울교육대학에서 보충 교육을 받아 학력 미달 교사라는 굴레를 벗어나게 된 것이다.

6. 홍익대학교 교육대학원에 입학하다.

 초등교육을 담당한 선생님 중에는 천진난만하고 순진무구한 어린이들과의 생활이 행복해서, 그들을 위한 교육애(敎育愛)를 실현하려고 평생 교단을 지키는 선생님이 있는가 하면, 학부모들이 연세 지긋한 선생님을 달가워하지 않아서 나이가 들면 나이에 걸맞은 위상을 가져야 한다는 논리를 펼치기도 했다. 또는 교실이라는 한정된 공간보다 자신의 교육에 대한 소신을 더 넓은 공간에서 펼쳐 보이겠다는 의지를 담아서, 교감, 교장으로의 승진에 관심을 가지고 노력을 기울이는 사람도 있었다.
나도 이왕이면 교장 승진을 해서 소신 있는 교육을 펼쳐 보이겠다는 꿈을 가진 사람의 하나에 속했다. 하지만 교감, 교장 승진이 꿈을 가지고 있다고 저절로 기회가 열리는 것이 아니었다.

 경력 점수, 근무 성적, 연수성적, 기타 가산점을 합쳐 서열을 만들고, 연수 대상 필요 인원이 산출 되면 서열 명단 상위 순으로부터 커트라인을 정하여 연수 대상자를 확정하는 절차를 밟고 있어, 교육 현장에서는 점수를 확보하기 위해 보이지 않는 노력을 치열하게 하고들 있었다.
 경력 점수는 25년을 상한선으로 하여 산출하므로 인위적으로 확보하고 싶다고 얻어지는 점수가 아니어서 이에 대해서는 별로 신경을 쓰지 않아도 된다. 그리고 근무 성적은 학교에서 보직을 맡아 책임감 있게 열심히 하면 획득이 가능하지만, 연수성적과 기타 가산점은 의도적이고 계획적으로 확보하기 위한 노력을 하지 않으면 점수 확보가 어려웠다.
그리하여 사람들은 연수성적 점수를 확보하기 위하여 백방으로 노력하는데, 그중의 하나가 대학원 진학을 통해 점수를 획득하는 것이었다. 내가 대학원 진학을 시도한 것도 이런 배경에서였다. 근무 중인 학교가 서울마포국민학교였고, 동료 직원 중에 홍익대학교 대학원을 졸업한 사람이 있어 대학원 진학에 조언을 잘해주었다. 주거지가 여의도여서 통학하기에 편리한 점을 고려하여 1987년 9월 1일 홍익대학교 교육대학원 야간대학에 진학하였다.

 교과목은 교육의 철학적 기초, 교육행정 이론과 실제 등 한 학기에 3과목 6학점, 4학기 동안 12과목 총 24학점을 이수(평점 3.92/4.0, 백점 환산 점수 99/100)하고 1990년 2월 22일 졸업을 하면서 교육학 석사 학위를 받아 연수성적을 추가할 수 있었다. 이처럼 어렵게 취득한 연수성적이었지만, 정작 교감 연수 대상자 차출을 위한 평정 자료로는 활용되지 않았다. 86년 말까지의 평정 자료로 교감 자격연수 대상자에 차출되었기 때문이다.
그러나 대학원 졸업에 따른 연수성적이 무용지물이 되었지만, 고등교육의 정점인 대학 캠퍼스에서 학문을 익힐 수 있었다는 사실은, 내게 학력 미달 상황을 극복하고 최고의 학부에서 면학했다는 자긍심을 갖게 하는 계기를 만들어 주었던 것이었다.

7. 방송통신대학교 중어중문학과에 편입학하다.

 2005년 2월 말 정년퇴직을 하게 되니 이제는 연수성적 취득을 위해 씨름을 하지 않아도 되었다. 그런데 고민은 또 찾아왔다. 매일 아침 눈을 뜨면 정기적으로 출근을 하던 생체 리듬은 한가로운 상황을 받아들이는데 저항을 일으켰다.
하루 생활을 어떻게 조절하고 운용해야 적응하게 될까? 고민 끝에 내린 결정이 '일거리를 찾아야 하겠다.'였고, 일거리로 생각해 낸 것이 방송통신대학교 진학이었다. 학생으로 복귀하여 공부하게 되면 시간 관리도 되고, 학문에 접하는 계기를 만들어 나름대로 즐거움도 있을 것이라고 예상되었기 때문이다.
학과를 방송통신대학교 중어중문학과로 정하고 3학년에 편입하였다. 방송통신대학교를 졸업하고 남산에 있는 서울시 교육과학연구원에서 근무할 때였다. 연구사들이 조선족 강사를 초빙하여 중국어 회화를 공부한다기에 함께 참여하여, 중국어 회화를 얼마간 배운 것을 믿고 겁 없이 원서를 제출 편입을 하였던 것이었다.

 결과는 무모한 도전이었음을 확인하기까지 오랜 시간이 걸리지 않았다. 회화 몇 시간 배운 것만으로 감당하기에 버거웠고, 교과목이 중국문화 전반을 망라하고 있어, 1, 2학년 과정을 이수하지 않은 상황에서 교과 진도를 따라가는 것이 무리였기 때문이었다.
하지만 물러설 수는 없었다. 이왕 내친걸음이니 완주하자고 마음을 다잡고 틈틈이 교재를 탐독하고, 신도림에 있는 지역학습관에서 제공하는 출석 수업도 열심히 참여했다. 출석 수업은 내게 또 다른 의미로 다가왔다. 젊은이들 틈새에 끼어 공부하면서 젊은이들과 호흡을 같이하고 있음이 내가 젊음의 에너지원을 제공 받는 장이 되었고, 젊은이들의 사고와 삶의 방식을 이해하는 장이 되었던 것이었다.
방송통신대학은 한 과목 과낙(科落)으로 재시험을 치르는 우여곡절을 겪으며 2년 반 만에 졸업하게 되었고, 졸업하면서 평생 학습 상(賞)을 받았는데, 이는 나이 든 사람이 공부한 것에 대한 격려 차원에서 시상한 것이라 여겨졌다.
방송통신대학교 재학 2년 6개월을 돌아보면, 내겐 시간 관리의 중요성에 대한 깨우침을 일깨워 주었고 젊은 에너지원을 얻는 유익한 시간이었다.

8. 가톨릭 영 시니어 아카데미 학생이 되다.

2007년 3월 천주교 서울대교구 노인사목부에서 2년 과정의 가톨릭시니어아카데미 학생을 모집했다. 학문을 배우기 위한 기회에 접하게 됨은 내 삶에 의욕을 불어넣는 일이기도 하지만, 정보화 사회와 고령화 사회를 슬기롭게 살아가기 위해서는 배움을 지속하는 것이 필요하다는 판단에서 원서를 냈더니 면접을 거쳐 합격하여 입학하게 됐다.
2년 과정으로 일주일에 한 번씩 수요일에 출석하여 공부하였는데 오전에는 10:30부터 12:30까지 신앙, 교양, 상식 등의 분야에서 다양한 주제를 선정 공부를 하였고, 점심 식사 후에는 13:30부터 15:00까지 동아리별로 선생님을 모시고 동아리와 관련된 내용을 공부했는데 사진, 문학, 웰빙 웰다잉, 역사 탐구, 연극, 컴퓨터 등 여섯 동아리로 편성하여 교육과정을 운영했다.

나는 문학의 향기 동아리에 배정되어 옥명희 선생님을 모시고 9명의 학생이 즐겁게 공부했다. 선생님이 선정해 주시는 책을 읽고 책에 담겨있는 작가의 의도, 시대적 배경, 등장인물의 성격 등에 대해 다양한 접근 방법으로 독후감을 서로 교환하며, 늦은 나이에 책을 읽는 즐거움을 맛보았다. 당시 읽은 책으로는 난장이가 쏘아올린 작은 공, 허삼관 매혈기, 남한산성, 쪽발이, 생명이 있는 것은 다 아름답다, 진주 귀고리 소녀, 오늘의 거짓말, 연금술사, 화성에서 온 남자 금성에서 온 여자, 친절한 복희씨, 공중그네, 눈길, 영원히 목마르고 영원히 젊은, 이갈리아의 딸들, D에게 보낸 편지, 쿨하게 한 걸음, 예고된 죽음의 연대기. 남자의 탄생 등이었는데, 시니어 아카데미 학생이 아니었다면 손에 잡아보지 못할 책들도 읽게 되는 기쁨을 맛보게 되었다.
문학 동아리는 책 읽는 것에만 머무르지 않고 각자의 취향을 살려 시, 수필 등 작품 활동도 하였는데, 완성된 작품을 발표하는 기회를 만들어 자유롭게 그리고 진지하게 의견을 교환하며 글 쓰는 즐거움을 만끽하기도 했다.
그리고 이렇게 만들어진 각자의 작품들을 모아 연말에는 단행본으로 작품집을 만들어 공유하게 되니, 작품이 실린 작품집을 들고, 성취감에 흠뻑 빠지기도 했다.

다음 글들은 수학(修學)하는 동안 쓴 작품들이어서 옮겨 보았다.

(1) 독서이력서

학번 46번 양종구

독서이력서…….

세상에 태어나서 처음 써보는 것이어서 무엇을 써야하는 것인지, 어떻게 써야하는 것인지 머뭇거리고만 있는데, 순간적으로 머리를 스쳐 가는 것이 초등학교 4학년 때 책과 관련한 기억이었다.

책이라고는 교과서밖에 모르고 사는 시골의 어린이들에게, 담임선생님이 몇 권의 책을 마련하셔서 돌려 볼 수 있도록 해 주셨는데, 마침 책을 관리하는 임무를 내게 맡겨 주셔서 다른 친구보다 더 많이 읽게 되는 기회를 가질 수 있게 되었다.

지금도 '쌍무지개 뜨는 언덕' '수동이의 용 사냥' '깨알 곰보 봉팔이' 등 당시에 읽었던 책 이름이 선명하게 머리에 되살아난다. 그렇지만 그 이후에 책을 가까이하는 기회가 없었던 터라, 독서삼매경에 빠졌던 기억이 없는 나로서는 독서이력서를 쓰는 것 자체가 부끄러운 일일 수밖에 없는 일이다.

그리고 40년이 넘는 직장생활을 하는 동안에 업무와 관련된 교육에 관한 책만을 섭렵하다 보니, 음식으로 말하면 편식만 해 온 터라서 나의 정신세계는 균형적인 발육을 하지 못한 비정상적인 체질일 것이라는데 생각이 머무르면서 책을 가까이하지 못했던 지난날이 후회스럽게만 느껴진다.

유일하게 위안을 삼을 만한 것이 있다면, 마지막으로 근무한 학교에 최신시설을 갖춘 도서실을 마련하여 독서환경이 열악하여 책을 읽지 못하는 어린이가 없도록 하였다는 것이다.

독서 300운동을 적극 추진하여 어린이들에게 책 읽기 습관을 형성하기 위해 나름대로 최선을 다하였다는 점이다.

이 같은 노력을 기울인 것은 어쩌면 내가 어릴 때 형성하지 못한 독서 습관에 대한 후회를 지금의 어린이들은 되풀이하여서는 안 되겠다는, 나의 보상 심리의 작용이었다고 볼 수도 있을 것이다. 어찌했거나 도서실을 마련하고 독서 습관 형성을 위해 노력을 경주하였던 점은 나에게는 큰 위안으로 남는다는 것은 틀림없는 사실이다.

그러나 위안거리가 있다고 해서 거기에 머물러있기만 해서는 안 되겠다는 것이 내 생각이다.

따라서 이를 극복하기 위해 전에 가까이하지 못했던 책 읽기를 지금부터라도 새롭게 시작하여 삶을 더 풍요롭게 일궈가기 위한 노력을 게을리하지 않아야 하겠다는 것이다.

"주 1권 독서로 삶을 풍요롭게!" 이것이 실천 목표다.

2007.5.22

(2). 아름다운 것

▶ 장미보다 아름다운 것은

  5월의 찬란한 햇빛을 받으며 빨간 장미가 초등학교 울타리에 흐드러지게 피어 아름다운 자태를 뽐내고 있다. 윤기 흐르는 잎, 너무나 아름다워 도도함이 느껴지기까지 하는 꽃잎을 보며, 장미를 5월의 여왕이라 부르는 것에 많은 사람이 공감할 만하다고 생각했다. 하지만 나는 울타리 너머에서 뛰어노는 어린이들을 보며, 그들에게서 더 아름다움을 느낀다.
 그들의 순진무구함, 약동하는 몸짓, 그것은 곧 가능성이며 희망으로 우리에게 다가오기 때문이다.

▶ 석문동에서

  온 천하가 녹색으로 뒤덮인 한적한 계곡, 골짜기에서 불어오는 5월의 시원한 바람은 도시에서는 느껴보지 못하는 달콤함까지 느껴진다.
  이곳 석문동에 초로(初老)의 인사들이 모였다. 흔히 쌍팔년이라고 말하는 단기 4288년에 국민학교를 졸업하고 52년이라는 세월을 뛰어넘어 처음으로 얼굴을 마주하는 이들, 너무나 많은 시간이 흘러 옛날 동안(童顔)의 잔영을 떠 올리며 서로를 탐색하는 그들의 얼굴에는 서먹함이 완연하다. 하지만 서로를 확인하는 말들을 나누면서는 누구랄 것도 없이 감격한 나머지 서로 얼싸안고 팔짝팔짝 뛰면서 좋아한다.
 오랜만에 참으로 오랜만에 만난 백발 성성한 초로들이지만, 마음은 동심에서 밤이 깊어 가는 줄도 모르고 정겨운 이야기들로 수를 놓아갔다.

▶ 사계절의 사나이

  EBS 방송에서 사계절의 사나이를 방영했다. 이야기의 배경은 종교개혁 당시 영국의 헨리 8세 왕이 이혼 문제로 교황과 마찰을 빚으면서, 자신의 주장을 관철하기 위해 주변의 모든 장애물을 정치 권력으로 제거하고 기어코 자신의 의지를 실현하여 가는 과정을 그린 영화였다.
 여기에 토마스모어 경이 등장한다. 토마스모어 경은 하느님에 대한 믿음이 투철한 신앙인으로, 신앙에 바탕 한 정의로운 삶을 살아가는 사람이라서 많은 사람의 존경을 받는다.
 헨리 8세 왕에 의해 대법관에 오른 그였지만, 왕의 정의롭지 못한 이혼을 양심상 동의할 수 없었다. 그러자 왕은 수단과 방법을 가리지 않고 모어 경을 압박해 온다. 하지만 모어 경은 어떤 압박과 회유에도 굴하지 않고 마침내는 참수의 형을 받게 된다. 보통 사람들 같으면 죽음을 앞두고 발악을 하거나 자기를 해치는 사람에게 저주를 보낼 터이지만, 모어 경은 오히려 하느님을 빨리 뵐 수 있게 해주어 고맙다는 인사말을 남기며 의연하게 죽음을 맞는다. 이 영화를 보면서 나는 모어 경의 두터운 신앙심에 머리가 절로 숙여졌고, 내 신앙심이 얼마나 초라한 것인가를 다시금 돌아보게 되었다. 그러면서 모어 경의 신앙심을 본받자는 다짐을 해 본다.

2007.6.13

(3) 옛날이야기

'옛날이야기.' 하면 할아버지 할머니가 어린 손자, 손녀들을 무릎에 앉혀 놓고 들려주던 전래 동화를 떠올릴 것이다. 하지만 내가 이야기하고자 하는 '옛날이야기'는 할아버지 할머니가 손자, 손녀들에게 들려주는 옛날이야기가 아니고 손자가 할아버지 할머니에게 들려준 옛날이야기이다. 그것도 이제 막 네 돌을 지난 어린것이…….

어느 날, 가족들이 외식을 하기 위해 이동하는 차 안에서였다. 며느리가 "서윤아, 할아버지 할머니에게 '옛날이야기 해드려" 하니까 손자 서윤이가 생글생글 웃으며
"할아버지 할머니가 아빠 낳아 주셨죠, 할아버지 할머니가 엄마 낳아 주셨죠,
할아버지 할머니 정말 감사합니다. 아빠와 엄마가 서로 사랑하셔서 아기를 낳았는데 그게 바로 나예요"하고 노래를 부르는 것이었다.
발음도 정확하지 않으면서 앙증맞게 노래를 부르는 모습이라니…….
노래를 들으면서 나와 娟(연)은 박장대소를 했다. 그리고는 "와, 우리 서윤이 옛날이야기를 노래로 잘 부르네, 서윤이 짱이야!, 짱!"하고 엄지손가락을 치켜들어 보이며 칭찬을 해 주었다. 어미 애비도 같이 웃으며 즐거워했다. 차 안은 꼬맹이가 하는 짓에 기쁨과 즐거움이 넘쳐나는 공간으로 변해 있었다.
유치원 몇 달 다녔다고 그렇게 긴 노래를 부르다니… 한편으로는 대견스럽기도 하고 한편으로는 놀랍기도 했다. 만 네 살도 되기 전인 3월에 유치원을 입학한다기에 '저 어린 것이 어떻게 적응할 수 있을까'하고 걱정이 되었는데…….
이제는 유치원에서 배운 노래를 집에서 제법 흥얼거리기도 하고, 식사할 때 성호를 그리는 몸짓도 하며 성모님 상 앞에 촛불을 켜 놓게 하고, 손을 모으고 '건강하게 자라게 해 주셔요.'하고 기도도 할 줄 알다니 어찌 대견스럽고 놀랍지 않을 수 있겠는가.
유치원 교육을 통해 손자가 성장해 가는 모습을 바라보며, 엄마들이 조기 교육에 왜 열을 올리고 있는지 조금은 이해가 되고, 어린이의 가소성은 무한하다는 사실과 교육의 힘이 매우 크다는 사실을 새삼 느끼게 된다.

한편으로는 '옛날이야기' 하나의 사실을 통해 교육 방법에 대한 변화에 격세지감을 느끼게 된다. 우리가 어렸을 적에는 '나 어디서 태어났어?'하고 어른들에게 물으면, '다리 밑에서 주워 왔지'하고 대답해 줘서 '나는 다리 밑에서 주워 온 아이인가 보다'하고 불안하게 생각했던 경험을 누구나 갖고 있었다. 그리고 그 다리 밑이 무엇을 의미하는지는 철이 든 다음에야 스스로 터득했던 것이 우리 세대의 모습이었다. 그런데 지금의 교육 방법은 네 살 때부터 엄마 아빠가 서로 사랑해서 자기가 태어났음을, 노래를 통해 이해시킬 뿐 아니라 뿌리 교육까지 함께 가르치고 있으니, 어찌 격세지감을 아니 느낄 수 있나.
어린이는 이처럼 어른들에게 많은 것을 생각하게 해준다. 하지만 무엇보다도 중요한 것은 어린이는 가정의 꽃이요, 웃음이요, 기쁨이요, 희망이라는 사실이다.   2007.7.3

(4) 이순(耳順), 그리고 고희(古稀)

'1994년의 마지막 날 1년을 매듭짓는 종무식을 하는 자리, 교육장님은 종무식을 맞는 소감을 이렇게 표현했다.
"세월의 흐름이 20대 때는 시속 20마일로, 40대 때는 40마일로, 60대 때는 60마일의 빠르기로 지나간다고 하는데, 60을 넘긴 지금 종무식을 하는 이 자리에서 느끼는 세월의 빠르기는 60마일 아니 그 이상의 속도로 빨리 흘러감을 새삼 느끼게 된다."
당시에는 이 말을 들으면서 내가 20대 때, '어서 세월이 흘러갔으면 하고 생각했던 일을 떠올리며 세대에 따라 세월의 흐름 속도가 다를 수 있겠구나'하고 수긍은 하면서도 그 느낌이 실감이 나지 않았었다.

 그 후 몇 년의 세월이 흐르면서 나도 이순(耳順)을 맞게 됐고, 이순을 지나면서 느끼는 세월의 빠르기는 내게도 예외일 수가 없음을 피부로 느끼게 되었다. 그러면서 자연스럽게 이순이 되기까지 나는 어떤 삶의 모습으로 살아왔나 되돌아보게 되고, 앞으로는 어떤 삶을 살아가야 할 것인가에 생각이 미치지 않을 수 없었다.
지나간 60년을 돌이켜 보면 보람과 긍지보다는 아쉬움이 더 많이 남는다. 나와 같은 세대들이 당시에 가졌던 목표는 하나 같이 보다 나은 내일의 삶에 모아졌다.
그러기 위해서는 어려움을 참고 견디어 내며 티끌 모아 태산이라는 믿음으로 적게 쓰고, 적게 먹고, 아낀 것을 차곡차곡 모으며 무(無)에서 유(有)를 만들어 가기 위해 혼신의 노력을 기울이는 일이었다. 이것이 희망이고 성취며 즐거움이었다.
하지만 이처럼 앞만 보고 달려가다 보니 주변에 대해 세심한 관심과 배려를 가지지 못했던 것들이 아쉬움으로 남는다.
부모님께는 보다 살가운 고운 말로 마음을 헤아려 드렸더라면 좋았을 것을……,
집사람에게는 다정한 말과 몸짓으로 사랑한다고, 수고가 많다고 어루만져 주었더라면, 비록 어려운 삶이긴 하였지만 보다 윤기 흐르는 생활을 할 수 있었을 터인데……, 그리고 자식들에게는 위엄 있는 아버지의 모습보다는 자상한 아버지로 따뜻한 대화를 나누며 안아주고 보듬어 주며 살았더라면 좋았을 텐데…….

 이뿐만이 아니다. 사회생활을 하면서 당시에는 올바르다고 믿었던 가치들이 지금의 시선으로 바라보았을 때는 결코 바람직하지 않았다고 느껴지는 것들과, 소신이라며 강하게 밀어붙였던 일들로 인해 직장공동체 구성원들의 마음을 무겁게 했던 일들, 또한 보다 따뜻한 사랑과 열정으로 어린이들의 재능과 소질을 계발시켜 주었더라면 더 좋았을 것이라는 점들이 아쉬움으로 남는다.
그리고 무엇보다도 내가 지금의 삶을 살 수 있게 되었음은, 주변 여러 사람의 도움이 있었으므로 해서인데, 돌이켜 보면 도움을 주신 모든 분에게 대한 고마운 마음을 가지지 못하고 살아왔다는 것이 가장 부끄러운 일로 남는다.
옛 어른들은 나이 60세를 넘기게 되면 '생각하는 것이 원만하여 어떤 일이든 들으면 곧 이해가 된다'는 뜻에서 이순(耳順)이라고 했다. 이순을 넘긴 이제 내 삶의 모습은 어떠해야 할까?
 그것은 다름이 아닌 지금까지 살아온 삶에서 부족했던 점, 아쉬웠던 점들을 또다시 되풀이하지 않는 삶이어야 한다는 것이다.

 세상을 뜨신 부모님께 대해 살갑게 마음을 헤아려 드리지 못한 아쉬움은, 마음속으로 깊이 뉘우치며 살아야 하겠지만, 집사람에게는 포근하고 따뜻한 마음을 지닌 남편으로서의 모습을 보여 주도록 노력하여야 할 것이고, 자식들에게는 자상한 아버지상을 보여 주도록 함으로써 가정에서 온기가 느껴지도록 해야 할 것이다.
그리고 이웃 사람, 주변 사람들에게는 감사하는 마음으로 원만한 인간관계를 형성하고, 서로 믿고 도우며 아름다운 모습으로 살아가는 삶이어야 할 것이라고 생각된다.
이순을 넘긴지도 꽤 지났으니 고희(古稀)가 멀지 않았다. 선인들은 고희에 이르면 종심소욕불유구(從心所慾不踰矩)라고 했다. '마음이 하고자 하는 대로 하여도 법규에 어긋나지 않는다.'는 의미이다.

 이는 나이가 들었으니, 노욕을 떨쳐버리고 지금까지 자신만을 위한 삶에서 벗어나 더불어 공동선을 추구하며 아름다운 노후를 살자는 의미로 해석할 수 있을 것이다. 이것이 '마음이 하고자 하는대로'가 의미하는 삶이라고 생각하게 된다.
고희를 바라보면서 나는 종심소욕불유구의 삶, 즉 '마음이 하고자 하는 바른 삶'을 성프란치스코의 평화를 위한 기도에서 찾고자 한다.
신앙인으로 신앙에 바탕을 둔 마음이 하고자 하는 바른 삶, 그것은
'주여, 나를 평화의 도구로 써 주소서. 미움이 있는 곳에 사랑을, 다툼이 있는 곳에 용서를, 분열이 있는 곳에 일치를, ……. 가져오는 자 되게 하소서.'
비록 내 힘이 보잘것없고 하찮긴 하지만, 주님께서 함께 계신다는 믿음을 가지고, 위로받기 보다는 위로하고, 이해받기보다는 이해하며, 사랑받기보다는 사랑하는 삶을 살자고 다짐을 해 본다.
이렇게 사는 삶이 이순까지 살아온 삶의 아쉬움에 대한 보상이며, 영원한 삶으로 이어지는 징검다리가 될 것이라고 믿기 때문이다.

2007.7.19

(5) 캐비닛 (김언수 장편소설)

3부. 부비트랩

 모압 이라는 폭탄이 2003년 미국에서 만들어졌다. 모압의 폭발력은 가공할 만큼 큰 위력을 가진 것으로 핵폭탄의 위력에 비견할 수 있으나, 핵폭탄 개발에 따른 비난을 피할 수 있고 값이 싼 이유로 개발된 것이라 한다.
가공할 무기는 부비트랩도 있다. 대인 대전차 무기로 여덟 개의 지뢰가 한 세트로 연결되어 있으며, 지뢰에 연결된 인계철선 어느 하나라도 건드리면 1개 중대원 전체가 몰살당할 수도

있는 무서운 성능의 무기이다.
인간은 이처럼 가공할 무기의 거미줄에 얽매여 삶을 살아가고 있다.

▶ 유언 집행 주식회사.
 오랜 세월 동안 심토머를 연구해 오던 권 박사가 혼수상태에 빠졌다. 유언 집행 주식회사는 권 박사의 유지를 받들어, 공 대리가 13번 캐비닛을 맡아 관리해야 된다며 관리에 따른 조건을 제시해 온다. 13번 캐비닛에 보관된 기록에 대해 아는 바가 없는 공 대리이지만, 어쩔 수 없는 상황으로 얼떨결에 맡는 처지가 되었는데, K라는 사람이 카메라 파일을 팔지 않겠느냐고 접근해 온다. 공 대리는 권 박사가 자신에게 13번 캐비닛의 관리를 왜 맡기려 했는지 도무지 납득할 수가 없다.

▶ 푸른 리트머스 종이
 출근길에 공 대리는 낯선 남자에 의해 납치된다. 도심의 큰 건물 높은 층에 위치한 어느 방, 치과 병원과 같은 기계들이 차려진 공간에 억류된 공 대리에게 낯선 사나이는 카메라 파일에 대해 자백하라며 심문을 해 온다.
하지만 카메라 파일에 대해 아는 것이 없는 공 대리는 사나이가 기대하는 답을 들려주지 못한다. 그러자 사나이는 끔찍하고 잔인하게 공 대리의 발가락과 손가락을 자르면서까지 파일에 대해 집요한 심문을 한다.

▶ 도시가 낯설어지다.
 공 대리가 의식을 찾은 것은 어느 공원, 잘렸다가 봉합된 발가락과 손가락의 통증이 밀려온다. 진통제를 먹고 정신을 가다듬은 공 대리에게 이제 공포가 엄습해 온다. 그러자 도망치듯 택시를 타고 공원을 떠나 서교동에 있는 자기 집을 향해 갔지만 공포심 때문에 집에도 들어가지 못하고 손정은의 집으로 가서 구원을 요청한다.

▶ 악어가 온다.
 손정은의 집에 머물러있는 동안 공 대리는 봉합수술의 후유증으로 고생하면서, 무기력과 공포로 불안한 생활을 한다. 그러는 사이에 어려움을 극복해 낼 수 있는 의지도 잃어버리고 점점 황폐한 사람이 되어간다.

▶ 섬
 공 대리는 아무도 살지 않는 섬으로 들어갔다. 강아지 한 마리가 유일한 벗이다. 혼자서 살아갈 수 있는 최소한의 도구를 갖추고 살고 있지만, 자신을 추적하는 사람이 찾아들지 않을까 하는 두려움은 떨쳐버릴 수 없다. 떨쳐버릴 수 없는 것은 그뿐만이 아니다. 이곳 섬에도 캐비닛은 있다. 그리고 그 캐비닛에는 13호 캐비닛에 있던 자료들이 고스란히 들어 있다는 점이다.
 그리하여 공 대리는 그 자료들과 더불어 일상의 삶을 살고 있다는 것이다.   2007.9.19

(6) 우리를 슬프게 하는 것들

▶ 이야기 (1)

　퇴직을 한 후 신앙생활 안에서 봉사할 것이 없나 찾던 중 연령회 일을 맡아보게 되었다. 이 일을 맡은 후 여의도 성모병원으로부터 자주 도움 요청을 받는다.
오랜 입원 생활 중 수녀님들의 전교에 힘입어 가족 중 혼자만 신앙을 갖게 되신 분이 세상을 뜨시거나, 이미 가톨릭 신앙을 가지고 있던 분이 전문 병원을 찾아 성모병원에 입원하셨지만, 회복하지 못하고 세상을 뜨시어 멀리 있는 본당 신자 분들의 참석 하에 가톨릭 의식으로 장례 예식을 치러드리기가 어려울 경우이다.
오늘도 안나 수녀님으로부터 전화를 받았다. 10시 30분에 입관 예절이 있고, 이어서 11시 20분에 장례미사가 봉헌된다는 내용이었다.

　시간에 맞춰서 장례 예식장을 찾으니 5살짜리 소녀가 하느님 품으로 떠난 경우이다.
　성모병원은 백혈병 전문 병원으로 권위를 인정받는 병원이지만, 이처럼 안타깝게도 꽃을 피우지도 못하고 하느님 품으로 떠나보내야만 하는 경우가 종종 있다.
장례 예식이 진행되는 동안 아빠 엄마는 슬픔을 참느라 서로 부둥켜안고 위로하고 있지만, 거의 혼절한 상태로 다리가 풀려서 서 있기조차 힘들어했다. 곧 일어나서 엄마 품으로 달려들 것만 같은 예쁜 모습의 소녀를 보면서, 나도 콧잔등이 시큰해 옴을 참아내기가 매우 힘들었다. 이처럼 미처 펴 보지도 못하고 하느님 품으로 떠나는 어린이들을 보는 일은, 엄마 아빠의 마음을 아프게 할 뿐 아니라 우리를 매우 슬프게 하는 일이다.

▶ 이야기 (2)

"여보, 사랑해!" 나이 지긋한 어른이 서로 마주 보고 나누는 대화라면, 그 속에는 연륜의 깊이만큼 사랑이 농익어 있음을 느끼게 하는 말이다.
결혼식을 올린 지 얼마 되지 않은 신혼부부가 서로를 포옹하며 나누는 대화라면, 그것에서는 뜨거운 사랑이 느껴지는 아름다운 모습으로 젊음의 향기를 느끼게 할 뿐 아니라, 듣고 있노라면 얼굴 가득히 미소를 머금게 하는 말이다.
하지만 연화원에서 두 시간 만에 한 줌의 재가 되어 나온 남편의 유골을 부둥켜안고 "여보 사랑해!" 하며 절규하는 아내의 울부짖음은 우리를 슬프게 한다.
그 절규 속에는 60대 초반의 나이에 일찍 세상을 떠난 남편에 대한 사무치는 안타까움과, 앞이 창창한 자녀들의 미래를 혼자 떠맡아야 하는 걱정이 함께 묻어남을 느끼기 때문이다.

▶ 이야기 (3)

우리에게 지난 1980년대는 민주화를 쟁취하기 위해 피 끓는 젊은 학생들이 공권력에 대항하며 거리로 뛰쳐나와 시민들의 호응을 받으며 불법 시위를 벌이던 시기였다.
당시 시위에 참여한 학생들은 민주화의 투사였고 정의의 사도들이었다. 시위에 참여했다가 경찰에 체포된 학생들은 갖은 고통을 당하면서도, 불법 시위에 참여해 법을 지키지 못했다는 죄책감보다는 민주 투사가 되었다는 긍지로 떳떳하고 당당하기까지 했으며, 시민들 또한 열렬한 박수를 보내며 격려하고 고무 하기기까지 했던 것이다.
그 같은 희생을 통해 우리 사회는 민주화를 이루었고, 지금은 세계의 자유민주주의 국가와 어깨를 나란히 할 만큼 민주주의를 발전시켜 왔다고 말할 수 있게 되었다. 따라서 우리 국민은 민주주의를 더욱 꽃피우기 위해 이제는 법과 질서를 지키는 성숙한 민주시민의 모습으로 수준 높은 문화시민의 모습으로 변화해야만 할 것이다.

 하지만 지난 11월 11일에 서울 덕수궁 앞에서부터 남대문에 이르기까지 300m에 이르는 왕복 10차선 도로 구간에서, 시위대가 경찰과 대치하면서 아수라장을 연출해 냈던 일은 우리들을 슬프게 한다. 경찰이 시위를 허가하지 않았는데도 불법 시위를 벌여 시민들의 발이 묶이고, 경찰 차량이 파손되고, 살벌한 모습에 놀란 행인들이 전전긍긍해야만 했던 이 후진적인 모습이 아직도 우리들의 자화상이어야 한단 말인가? 서울의 도심이 언제까지 폭력시위에 시달려야만 하는 것인지…
아직도 1980년대의 구태에서 한 걸음도 벗어나지 못한 것 같은 우리들의 정신문화 수준은 우리를 참으로 슬프게 한다.

▶ 이야기 (4)

'이태백' 옛 중국 시인을 일컫는 말이라면 장진주가(將進酒歌)라도 연상하며 풍류를 떠올리련만…… 그렇지 못한 것에 우리의 안타까움이 있다. 그것은 '20대 태반이 백수'라는 함의(含意)를 지닌, 이 시대의 그늘이 드리워진 젊은이들의 모습을 반영하고 있기 때문이다.
'이태백'을 면하려고 젊은이들은 취업 경쟁에서 밀려나지 않기 위해, 처절하리만큼 자신들을 혹사하고 있다. 요즘 20대를 공한족(恐閑族)이라고 한다는데, 이 말은 한가한 것이 두렵다는 뜻이다.
학점 관리에, 학원에, 인턴에, 해외연수에, 아르바이트에, 잠시도 가만히 있을 수가 없는 젊은이의 마음을 잘 반영한 표현이다. 왜 그리 바쁘냐고 물으면 그 대답은 하나같이 취업 경쟁에서 밀리지 않기 위해서는 어쩔 수가 없다고 한단다.
'단군 이래 가장 많이 공부하고, 제일 똑똑하고, 외국어에도 능통하고, 첨단 전자 제품도 능숙하게 다루는' 가장 경쟁력 있는 세대가 왜 놀고 있는 것일까?
 젊은이들은 절규한다.
"도대체 우리가 무엇을 잘못한 거지?"라고…
따지고 보면 그들은 잘못이 별로 없고 괜찮은 일자리를 지속적으로 만들어 내지 못한 사회의 책임인데…….공한증에 시달리면서도 이태백의 그늘을 걷어내지 못하는 우리의 아들, 딸 젊은 세대가 처한 이 시대가 우리를 슬프게 한다.

▶ 이야기 (5)

 김포외국어고등학교 입시관리가 제대로 되지 않아 입학시험 문제가 유출되므로 해서, 부정입학 사례가 적발되었다고 매스컴이 대서특필하고 있다.
입시업무를 담당한 교사가 문제를 학원에 유출했고, 학원 원장은 입시 당일 수강생들을 운송하는 차 중에서 사전 지도를 통해 정답을 알려줘 그 학원 수강생들의 합격률이 월등히 높게 나타났다는 것이다.
참으로 한심하고 서글픈 일이라 아니할 수 없다. 도대체 교육을 어떻게 생각하기에 이 같은 일이 발생한단 말인가? 교사의 양심이 그 정도 수준밖에 되지 않는단 말인가?
국가를 이끌어갈 인재를 길러내는 일이 교육이요, 인재는 바르고 곧은 인품으로 길러냄이 마땅하거늘 몇 푼의 돈에 눈이 어두워져 이토록 교육을 그르치고 있다니…
명명백백하게 잘못이 밝혀져 피해를 보는 학생이 없기를 바라는 마음이지만, 이같이 추한 교육 현장의 모습을 바라다보는 우리들의 마음이 마냥 슬퍼짐은 부인할 수가 없다.

▶ 이야기 (6)

 우리나라는 출산율이 1.13%로 세계에서 그 유래를 찾을 수 없을 만큼 낮은 수준이라고 한다. 금년에는 태어나는 아기가 많아져 지금 같은 추세라면, 금년 연말까지 태어나는 아기가 작년에 집계된 통계보다 2만 명 이상 늘어날 것이란 예상을 하고 있다.
이 같은 현상은 지난해가 쌍춘년(雙春年)이었고, 금 년이 황금돼지 해라서 이때 태어나는 아기는 잘살 것이란 속설 때문이라는 분석도 있으며, 자녀 양육비를 정부가 지원해 주는 시책에 힘입어 나타나는 현상이란 분석도 있다.

그렇지만 금 년의 출산율도 1.25% 정도에 머무를 것으로 기대 수준에 미치지 못하기는 마찬가지이다. 그렇다면 왜 이처럼 출산율이 낮은 것일까?
그것은 요즘 젊은이들의 생각이 양육비 부담이 버겁게 느껴져 아이를 키우는 것에 자신을 갖지 못하는 것도 한 원인이겠지만, 다른 한편으로는 자신만 편하게 살려는 이기적인 사고도 한 원인이라고 할 수 있다.
그 원인이 무엇이 던 간에 우리는 젊은이들의 이 같은 모습을 보노라면 슬픔을 느끼지 않을 수 없다. 자신들이 부모의 사랑을 받으며 성장하여 오늘의 삶을 살아간다면, 그들도 누군가를 위하여 자신들이 받은 사랑을 나누어 주는 삶을 살아야 하지 않는가?
그런데도 어린이들을 양육하는 것에 부담을 느껴 비켜 가려 하고 자신만 편안하게 살려는 의도에서 아기를 갖지 않으려 한다면, 이는 너무나 이기적인 사고이고 결코 바람직 하지도 않기 때문이다. 이뿐만 아니라 가정의 소중함과 아기들이 가져다주는 행복을 모르는 이들의 모습이 너무나도 안타깝고 가련하게 느껴지게까지 하기 때문이다.
조금은 고생스럽긴 하지만 그 고생을 극복하며 행복을 가꾸어 나가는 것에서, 충만한 기쁨을 맛보며 건실한 삶을 살아가는 젊은이상(像)을 보기를 기대해 마지않는다.

▶ 이야기 (7)

 지난 10월 13일(토) 여의도 한강 둔치에는 오후 3시경부터 사람들이 구름처럼 몰려들었다.
 저녁 8시부터 펼쳐질 불꽃놀이를 보려는 시민들의 발걸음이었다.
출타했다가 4시경 집으로 돌아오는 지하철 5호선 전동차 안은 입추의 여지가 없을 정도로 만원을 이루었고, 여의나루역은 한꺼번에 쏟아져 나오는 사람들이 장마철 홍수의 물결처럼 거세게 밀려 나왔다.
교통이 통제되어 차 없는 거리가 된 도로는 사람들의 물결이 넘실거렸다. 이처럼 밀려든 인파는 불꽃놀이가 시작되는 8시가 다가오면서 한강 둔치를 완전히 덮어버렸다.
드디어 불꽃놀이를 알리는 사회자의 안내가 있었고, '펑' 소리와 함께 밤하늘을 수놓은 불꽃들의 현란함이란……
하늘을 쳐다보며 불꽃이 빚어내는 아름다움에 취해 터져 나오는 시민들의 탄성은 저녁 하늘을 덮어버릴 듯했다. 아기자기한 모습을 연출한 일본의 불꽃, 다이나믹함을 연출한 미국의 불꽃, 조화로움을 연출한 한국의 불꽃이 나름대로 국민들의 정서를 반영하는 면을 지닌 것으로 느껴졌다.

 불꽃놀이의 백미는 원효대교 전체에서 흘러내리는 폭포 불꽃이었다. 밤하늘에 펼쳐지는 아름다운 오색 불꽃을 감상하며 둔치에 모인 시민들의 마음도 불꽃처럼 아름다울 것이리라 생각했다. 하지만 시민들의 마음이 아름다울 것이라고 믿었던 내 생각은 빗나가고 말았다. 모였던 시민들이 돌아가고 난 후의 둔치는 쓰레기로 넘쳐났기 때문이다. 오랜 시간을 기다리느라 준비해 왔던 깔개 방석과 먹고 남은 음식물 쓰레기들이 온 둔치에 널려있었기 때문이다. 버려진 쓰레기의 양은 가히 50톤이 넘을 것이라는 추측이다.

 '아! 아직도 슬그머니 버려지는 우리들의 양심' 이같이 버려진 시민의 양심은 우리들을 매우 슬프게 한다. 우리들이 문화시민이 되는 날은 언제일 것인가?   2007.11.13

⑺ **녹슬지 않은 나라 사랑**

 지난 5월 5일 저녁 8시경 지하철 영등포구청역에서 목격한 일이다. 천주교 서울대교구 14지구 연령회 회장단의 봄철 야유회에 참석한 후 집으로 가기 위해 전철역 입구를 막 들어서고 있는데 맞은편 입구로 한 할머니가 들어오고 계셨다.
허리가 90도로 구부러지시긴 했지만, 걸음걸이는 별로 힘들어 보이지 않는 할머니가 승차권 발매 창구로 접근하여 1,000원짜리 지폐를 창구에 내밀며 전철표를 달라는 것이었다.
65세 이상이 되면서 나는 경로우대 승차권을 활용하여 지하철을 이용하고 있던 터라, 할머니가 65세 이상 노인들에게 주는 경로우대 승차권이 있는 것을 모르시고 표를 사려고 하는 것으로 생각하고,
"할머니, 돈 내고 승차권을 사지 마시고, 매표소 입구에 놓여 있는 경로우대 승차권을 가지고,

지하철을 타시면 됩니다."
하고 친절하게 안내 말씀을 드렸다.
하지만 할머니는 표를 달라고 하시며 부득불 돈을 창구로 밀어 넣으셨다. 친절하게 안내한다고 생각했던 나는 할머니의 고집스러운 행동에 어안이 벙벙했다.

　매표창구 안의 직원도 의아해하며 할머니는 당연히 경로우대 승차권 이용 대상자에 해당하므로 돈을 돌려드리면서, 입구에 놓여 있는 경로우대 승차표를 집어 할머니에게 드리려 했다. 그러자 할머니는,
"내 나이 80인데, 나는 지금까지 공짜 표를 갖고 차를 타고 다닌 일이 없어요. 우리나라의 빚이 얼마인데, 공짜 표를 가지고 차를 타고 다녀? 나라가 빚을 다 갚을 때까지, 나는 표를 사서 타고 다닐 것이야." 하시는 것이었다.

창구 안의 직원은 할 수 없다는 듯이, 돈을 받고 할머니에게 표를 드렸고, 할머니는 기분 좋게 그리고 당당한 모습으로 표를 받아 들고 승강장으로 내려가셨다.
승강장으로 내려가는 할머니의 뒷모습을 바라보며 창구의 직원은 '별난 할머니도 다 보았네.'하는 표정을 지었고, 나는 할머니의 이 같은 모습에 큰 충격을 받았다. 경로우대 승차권 활용이 마치 큰 권리나 되는 듯, 당당한 모습으로 매표창구에서 표를 집어들고 지하철을 이용하던 나로서는 충격이 아닐 수 없었다.

　'아! 할머니는 90도로 허리가 구부러지도록 몸은 늙었지만 나라 사랑하는 마음만은 아직도 뜨거운 열정을 가지고 계시는구나.' 할머니의 식지 않는 나라 사랑의 마음은 어디에서 연유한 것일까?.
나는 할머니의 나라 사랑 마음을 '녹슬지 않은 나라 사랑'이라고 정의를 하며 80년의 세월을 살아오시면서 나라 잃은 서러움을 온몸으로 겪으셨고, 북한 공산군의 남침으로 발발한 6.25 전쟁의 처참함과 그 고통을 고스란히 겪으시면서, 나라의 소중함이 뼈에 사무치셨기 때문에 아직도 나라 사랑의 마음이 녹슬지 않은 것이 아닌가 하고 생각했다.

　어디에서 누구에게서 들은 정보인지는 모르지만 나라에 빚이 있다는 정보는, 녹슬지 않은 나라 사랑의 마음을 갖고 계신 할머니에게는 나라가 빚을 지고 있는 것이 안타까울 수밖에 없었다.
비록 적은 액수이기는 하지만 나라의 빚을 갚는 일에 작은 힘이나마 보탠다는 신념으로, 표를 사서 지하철을 타는 것으로 할머니는 나라 사랑을 실천하고 계시는 것이었다. 나라의 빚이 얼마나 많은데 공짜 표를 가지고 차를 타느냐는 할머니의 말씀은, 초점은 다를지 몰라도 나도 일 말 걱정하고 있는 일이기도 했다.

　천정부지로 오른 부동산 가격 폭등으로 거품이 생기면서 일확천금(一攫千金)을 노리고 무리하게 은행 융자를 받아 부동산에 투자했다가, 금리의 인상으로 빚더미 위에 주저앉은 사람들의 한숨과, 국가 전체가 부동산 투기로 몸살을 앓았던 현상을 떠올리면서 잘못돼도 한참

잘못됐다고 느끼며, 어서 거품이 꺼져 서민경제가 하루라도 빨리 안정을 되찾기를 기대해 오던 바이기 때문이었다.

어찌 되었거나 간에 우리는 모두 이제 며칠 후면 호국보훈의 달 6월을 맞는다.
호국보훈을 달을 정하여 기념함은 일본에 나라를 빼앗기고 36년 동안 암흑의 삶을 살고 있을 때, 나라를 되찾겠다는 일념으로 만주벌판과 낯선 중국 땅에서 풍찬노숙(風餐露宿)을 하며 젊음을 바쳐 독립운동을 벌이고 미국 등 해외 여러 나라에 흩어져 살면서도, 조국 광복을 위해 몸을 불살랐던, 애국지사와 순국선열들의 숭고한 나라 사랑의 마음이 있었기에 나라를 다시 찾을 수 있게 되었음을 알고,

또 1950년 북한 괴뢰군의 남침으로 발발한 6, 25 동란 때, 나라를 지키겠다는 호국의 일념으로 3년 동안이나 진행된 전쟁터에서 적의 포탄을 몸으로 막으며 산화한 호국영령들이 있었으므로 해서, 북한 공산당의 남침으로부터 나라를 지켜낼 수 있었음을 확인한 것이다. 순국선열, 호국영령의 애국 얼을 오늘에 이어받아 부강하고 살기 좋은 나라를 만들어 국민 모두 행복한 삶을 살아가자는 데서 그 의의를 찾을 수 있을 것이다.
그러므로 오늘을 살아가는 우리들은 순국선열들과 호국영령들이 흘린 피땀의 결과로, 나라를 되찾고 지켜낸 이 터전에 잘사는 나라, 행복한 나라를 건설해야 하는 책무가 주어져 있음을 잊어서는 안 되겠다.

정부수립 70년이라는 짧은 기간에 우리나라는 세계 11위의 경제발전 규모와 민주주의를 꽃피워 세계 여러 나라로부터 부러움을 사는 나라가 되었는데, 이는 순국선열들과 호국영령들의 나라 사랑의 마음이 지금의 우리나라를 만드는데 밑거름이 되었음을 인식하고, 국민의 마음이 '잘살아 보자' '행복하게 살아 보자.'는 열망으로 모아져 경제성장과 민주주의를 발전시키는데 지혜와 힘을 모았기 때문에 가능한 일이었다.
하지만 요즈음의 세태는 어떠한가? 국민의 마음이 나라에 대한 고마움과 나라의 소중함을 제대로 인식하고 있다고 볼 수 있을까.
작은 예로 4대 국경일과 경축일에 태극기를 게양하는 가정이 점점 줄어들고, 오로지 노는 날로만 인식되고 있는 예는 국가 의식이 부족함을 보여 주는 단적인 사례라고 말할 수 있을 것이다.
이뿐만 아니라 내가 경로우대 승차권을 받아 지하철을 타는 것을 당연한 권리로 생각하는 것처럼, 많은 국민이 국가에 대해 자신의 권리만 주장하고 의무에 대해서는 가볍게 생각하는 것은, 나라 사랑보다는 자신의 이익을 먼저 챙기는 것으로 이는 상대적으로 나라의 소중함에 대한 생각이 점점 희미해져 가는 추세임을 보여 주는 것이라 아니할 수 없다.
우리는 곧 6월 호국 보훈의 달을 맞게 된다. 호국 보훈의 달을 맞는 우리의 마음가짐은 어떠해야 할까. 내 행복한 삶을 지켜줄 국가를 위해 내가 할 수 있는 일이 무엇인가를 생각해 보아야 하지 않을까. 호국보훈의 달이 가까워지니 '녹슬지 않은 나라 사랑의 마음'을 가지신 할머니 생각이 자꾸만 떠오른다.

2008.5.29

(8) 우승

 8월 23일(토) 19시, 한국과 쿠바의 베이징 올림픽 야구 결승전이 열리는 우커송 야구장, 나는 숨을 죽이고 TV 중계방송에 시선을 집중하고 있었다.
3 : 2로 한국이 앞선 가운데 9회 말 쿠바 공격 1사 만루상황, 류현진 투수에 이어 등판한 정대현은 공 2개를 모두 스트라이크 존에 꽂아 넣었다. 세 번째 던진 공이 쿠바의 6번 타자 라구엘의 방망이에 걸렸다. 투수 옆을 스쳐 유격수 정면으로 굴러가는 땅볼, 박진만이 공을 잡아 2루수 고영민에게 연결 다시 1루수 이승엽까지 이어졌다.
병살타 한국의 3 : 2 승리가 확정되는 순간 이승엽 이 두 팔을 치켜들며 환호했고, 정대현과 포수 진갑용은 감격에 겨워 서로를 껴안았다. 더그아웃에 있던 모든 선수가 모자를 벗어 던지며 그라운드로 뛰쳐나왔다.
투수 마운드에서 한데 엉켜 서로를 얼싸안은 선수들은 태극기를 꺼내 들고 그라운드를 돌며 응원석의 관중들에게 인사를 했다.

 이 짜릿한 승리의 순간, 나는 환호하며 한국 야구가 세계 챔피언으로 새롭게 탄생하는 영광을 축하했다. 한국 야구가 올림픽 경기에서 우승하고, 시상대에서 금메달을 받아 목에 걸고 한없이 기뻐하는 선수들의 모습을 바라보며, 나는 불현듯 29년 전 우승의 기쁨이 되살아났다.
인천 공설운동장에서 치러진 인천시 국민학교 대항 종합 체육대회에서, 내가 몸담고 있던 축현국민학교가 우승을 하던 때 내게 준 그 감격과 기쁨은, 지금 시상대에 서서 금메달을 받아 목에 건 선수들의 기쁨에 부족하지 않았기 때문이다.

'울지 않는 아이에게는 젖을 주지 않는다.'는 속담이 말해주듯, 우리 사회는 적극적으로 자기 주장을 펴지 않으면, 능력이 있어도 인정받지 못하고 아웃사이더에 내몰리는 것이 현실이었다.
 나는 내 의사를 주장하는 일에 소극적이었을 뿐 아니라, 인천 사범 출신 선생님들이 주류를 이루고 있는 인천의 교직 사회에서 인천 출신이 아니므로 인해 받는 불이익도 있었다. 18년의 교직 경력이 있으면서도 그 흔한 주임 자리 하나도 차지하지 못하고, 아웃사이더에만 머무르다 보니 의기소침하여 교직에 대한 열정이 점점 식어 가고 있었다.

 이 같은 나를 안타깝게 생각했는지 '교장 선생님에게 주임을 달라고 해야 주지요. 주임을 달라고 하지도 않는데 누가 주임을 줍니까?'라며, 적극적으로 의사를 밝히라고 조언을 해 주는 기사분이 있었다.
나는 '밑져 봐야 본전이다.' 생각하고 용기를 내어 교장 선생님께 주임을 하고 싶다고 의사를 밝혔다. 그 결과 비로소 주임 임명을 받게 되었는데 체육 주임으로 보직은 받았던 것이었다. 체육에 대한 특별한 기능이 있는 것도 아닌데, 체육 주임을 맡고 보니 앞으로 치러야 할 체육대회를 어찌해야 하나 걱정이 앞섰다. 일을 어디서부터 어떻게 풀어가야 하지······.
생각하고 생각한 끝에 '나 혼자 해결하려 하지 말고 시스템을 이용한 역할 분담을 하자, 그리고 성적이 우수한 어린이를 선수로 발굴하자, 또 많은 어린이에게 체육대회에 참여할 수 있도록,

기회를 제공하자'로 마음을 굳혔다.

 우수한 어린이들로 선수를 발굴하고자 한 까닭은, 선수들이 지혜롭지 못하면 짧은 시간 안에 경기력을 향상할 수가 없어 지도 효과가 오르지 않을 뿐 아니라, 단체 경기일 경우 팀플레이가 되지 않아 경기에서 이기기 어려울 것으로 판단되었기 때문이다. 성적이 우수한 어린이들을 선수로 뽑으면 학부모들의 지원도 쉽게 이끌어낼 수 있으리라고 생각되었기 때문이다.
많은 어린이에게 체육대회 참여기회를 제공하고자 한 배경은, 일부 어린이를 제외하고는 많은 어린이가 학교 운동회 이외의 체육대회에 참가하여 경기를 통해 겨루어 보는 기회를 가져보지 못하였기 때문이다. 각종 경기에 참여하여 승패를 맛보는 것도 학생에게는 소중한 경험을 제공하리라는 믿음에서 비롯한 것이었다.
또 학교의 대표로 유니폼을 입고 경기에 참여함으로써, 어린이들에게 학교 대표라는 자긍심과 애교심을 함양하는 면에서도 효과가 있을 것이라는 교육적인 측면도 고려한 결정이었다.

 이 같은 내 생각은 당시 체육대회 채점 방식이, 경기에 참여하는 경우 참가점수를 비롯하여 승리할 때마다 점수가 누가 되는 전국 소년체전 채점 방식을 채택하고 있었기 때문에, 많은 팀을 참여시킬수록 점수 관리에 유리한 상황과 맞아떨어졌다.
시스템을 이용한 역할 분담은 가능한 한 많은 선생님을 어린이 지도에 투입하여 도움을 받자는 계획으로서, 선생님들의 재능을 십분 발휘할 수 있도록 안배하여 팀 지도를 일임하자는 것이었다.
나는 생각을 정리하여 계획을 수립한 후, 교장 선생님의 재가를 받아 2학기부터 실행해 나갔다.
 187명의 선수를 선발하여 16개 팀을 편성하고, 각 팀마다 정·부 지도자를 임명하여 거의 전 선생님이 참여하도록 하였다.
특히 선수로 참여한 어린이에게는 부가 점수를 부여하여 학급의 정·부반장 선거에 영향을 미치도록 한 방침은, 성적이 좋은 어린이들을 선수로 참여시키는데 순기능으로 작용하여 선수들의 기능지도는 물론 학부모들의 지원을 받아내는 데 매우 효과적이었다.

 또 겨울방학 중 동계 훈련 계획을 수립하여 42일의 방학 기간 중 팀별로 적게는 18일, 많게는 27일 동안 맹훈련을 시행하였다.
 '뜻이 있으면 길이 있다.'고 했던가. 마침 양계장을 하는 학부모로부터 계란 5,000개를 기증받았다. 선수 돕기로 모금한 돈으로 라면 50상자를 사서 당직 선생님이 책임지고 조리실에서 계란을 풀어 라면을 끓이도록 하였다. 어린이들이 지참한 도시락에 라면을 곁들여 점심 식사를 제공 함으로써 어린이들의 사기를 진작시켰다.

 나는 계획의 실천 여부를 매일 점검하여 교장 선생님의 재가를 받느라, 새해 설날 연휴 이틀과 일요일을 제외하고는 방학 동안 매일 학교에 출근했다. 하지만 힘들다고 생각하지 않았고, 어린이들의 기능 신장과 내게 부여된 책임을 다한다는 것에서 만족을 찾았다. 이처럼 심혈을 기울여 맹훈련을 한 성과는, 다음 해 5월 인천시 국민학교 대항 종합 체육대회 각 경기장에서 나타났다. 야구 종목을 육성하여 야구 외에는 체육대회에서 우승한 적이 없는 학교가 종합 우승의 영예를 차지하게 된 것이었다.

 종합 우승의 결과는 하루아침에 이루어진 것이 아니다. 거의 1년이라는 시간 동안 어린 선수들이 흘린 땀과 선생님들의 헌신적인 지도, 학부모들의 아낌없는 성원이 만들어 낸 결정체이었던 것이었다. 그래서 우승이 더욱 값지다는 것을 체험으로 알게 되었다. 그러므로 올림픽에서의 야구 우승은, 그동안 선수들이 흘린 땀과 지도자의 탁월한 지도가 어우러져 빚어낸 결과이기에, 어떤 것으로도 대체할 수 없는 감격과 영광인 것을 나는 안다.
종합 체육대회 우승을 통해 나를 발견하는 계기가 되었다. 인천 교직 사회에서 이방인처럼 기죽어 주눅 들어 있던 나, 하지만 나도 이제는 그 사회에서 아웃사이더에만 머물러 있는 존재가 아니라 당당하게 내 자리를 확보할 수 있게 되었다. 이뿐만 아니라 무엇이나 해낼 수 있다는 자신감과 자긍심을 갖게 되었고, 이는 내가 직장생활은 물론 사회생활에도 적응력을 높여 주는 계기가 되었다.

 자신에 대한 존재 가치를 느끼는 것을 자존감이란 단어로 표현하는데, 인천시 국민학교 대항 종합 체육대회 우승은 내게 자존감을 느끼게 한 매우 의미 있는 일이었다.
따라서 오늘처럼 우승하는 경기를 시청할 때마다, 나는 선수들과 함께 감격과 영광을 함께 공유하는 기쁨을 맛보는 것이다.
"대한민국 야구선수 화이팅!" 2008.8.28

(9) 임금님과의 면담

 단풍이 곱게 물들어 가을의 정취가 온 산하와 마을에서 완연하게 묻어납니다. 여름의 무성했던 잎들이 시간의 두께를 더하여 이 가을이 되니, 아름다운 옷으로 갈아입고 고운 자태를 뽐내고는 소슬바람에도 가지에 더 매달려 있지 못하고 우수수 낙엽이 되어 떨어져 내립니다.
낙엽처럼 아름다운 모습으로 가고자 함이었는지, 10월이 되니 귀천(歸天)하는 영혼들이 주변에서 하나둘 늘어갑니다. 오늘도 귀천하는 한 영혼을 배웅하는 제대 앞에 서 있습니다. 경건한 마음으로 기도를 드리는 가족과 친지, 동료들과 함께…….

신부님의 강론 말씀이 이어졌습니다. 옛날에 한 젊은이가 임금님의 면담 요청을 받았답니다.
 면담 요청을 받은 젊은이는 임금님께서 왜 면담하자는 것인지 두렵고 떨려서 도무지 혼자 임금님 앞에 나설 용기가 나지 않았답니다.
그래서 생각해 낸 것이 친구와 같이 가면 조금은 도움을 받을 수 있겠다고 생각하고, 자신과 제일 가까이 지내는 친한 친구를 찾아가 사정을 이야기하고 면담에 같이 가 줄 것을 요청하였답니다.
하지만 친구는 젊은이의 요청을 바쁘다는 핑계로 일언지하 거절을 하더랍니다. 젊은이는 실망스러워하면서 두 번째로 친하다고 생각하는 친구를 찾아가 사정을 이야기하고 면담에 같이

가 줄 것을 간청하였답니다. 두 번째 친한 친구는 젊은이의 이야기를 듣고는 사정이 딱하기는 하지만 자기는 궁궐 안에까지 동행할 수는 없고 궁궐 대문 앞까지는 같이 가 줄 수 있다고 하더랍니다.
젊은이는 하는 수 없이 평소 별로 친하게 지내지도 않았던 친구를 마지막으로 찾아가 사정을 이야기하고 궁궐에 같이 가 줄 것을 청했더니, 그 친구는 선뜻 기꺼운 마음으로 승낙하면서, 네가 얼마나 훌륭하고 좋은 사람인지 내가 임금님께 자신 있게 다 말해줄 수 있다고 하더랍니다.
젊은이는 세 번째 친구가 너무나 고맙게 느껴졌답니다.

신부님의 말씀은 계속 이어졌습니다. 첫 번째 친구는 우리가 세상을 살면서 가장 소중하다고 생각하는 돈과 권력과 명예로, 이런 것들은 결코 우리가 귀천하여 하느님 앞에 나서는 데는 아무런 도움이 되지 않는다는 것이었습니다.
궁궐 대문 앞까지 갈 수 있다고 말한 두 번째 친구는 가족이며, 이는 귀천을 슬퍼하며 무덤 앞까지 함께 갈 수는 있지만, 땅속에 같이 묻힐 수는 없음을 의미하는 것이라고 했습니다.
마지막으로 궁궐에 들어가 임금님 앞에서 젊은이의 훌륭한 점을 자신 있게 말할 수 있다고 한 친구는 사람이 세상을 살면서 쌓아온 덕과 선행을 의미하며, 이는 사람들이 귀천하여 절대자인 하느님 앞에 서게 되었을 때도 두렵거나 부끄럼 없이 설 수 있는 큰 자산이 된다는 말씀이었습니다.
신부님의 강론 말씀에, 귀천 의식(장례미사)에 참석한 모두는 옷깃을 여미며 숙연해지지 않을 수 없었습니다. 그렇습니다. 무성했던 잎이 아름다움을 뽐내고 낙엽이 되어 떨어지듯, 우리의 삶도 이 세상 삶을 마치고 귀천하게 되는 날을 누구나 예외 없이 맞게 될 것입니다.
그 시기가 언제일지는 모르지만, 세 번째 친구처럼 궁궐 안 임금님 앞에 가서도 두려움과 부끄럼 없이 이 세상을 살다 왔다고 자신을 드러낼 수 있는 준비를 하여야 하겠다고 생각하면서 천상병님의 <귀천(歸天)> 마지막 연을 떠 올려 읊어 봅니다.
'나 하늘로 돌아가리라. 아름다운 이 세상 소풍 끝내는 날. 가서, 아름다웠다.라고 말하리라..
2008.11.8

⑽ 친구

나무들이 아름답게 단풍 옷을 갈아입는가 싶더니 소슬바람에 낙엽이 되어 거리에 나뒹굴고 있습니다. 낙엽 뒹구는 석양의 길을 걷고 있노라면, 옷 속으로 스며드는 바람에 한기를 느끼며 친구와 마주하고 나누는 따뜻한 차 한 잔의 온기와 정담이 그립게 느껴집니다. 더군다나 무거운 삶의 무게를 두 어깨에 짊어지고 생활 전선에서 고단한 삶을 이어가는 사람들에겐, 따스한 정담을 나눌 친구가 그래서 더 그리운 계절인지도 모르겠습니다.
가을걷이와 함께 햇밤이 시장에 나오기 시작하면, 여의도 성모병원 담벼락 옆 모퉁이에는 예외 없이 수레에 연탄난로를 설치하여 밤을 구워 파는 군밤 장수 아저씨가 등장합니다. 병원에 문병(問病)오는 사람들을 상대로 하루종일 군밤을 구워 파는 일을 몇 해째 이어오고 있습니다. 하지만 지나가는 모든 사람이 군밤을 사 주는 것이 아니니 군밤 장수 아저씨는 지나가는 사람들의 표정을 살피며, "재래종 군밤이 맛있습니다. 군밤 사세요."
하며, 석쇠에 담아 불 위에 올려놓고 굽는 밤을 흔들어 뒤집으며 구수한 군밤 냄새로 손님의 후각을 자극합니다. 어쩌다 손님이 수레에 다가서면 군밤 장수 아저씨는 "어서 오세요, 얼마 치 드릴까요?"하면서 반가이 맞아들여 군밤을 팔곤 합니다.

 오늘도 해가 가을 석양의 아름다움을 보여 주며 서산마루에 걸렸습니다. 그렇지만 군밤장수 아저씨의 수레 앞에는 사람이 아닌 비둘기 한 쌍이 날아와 앉아서 아저씨의 동정을 살피는 것이었습니다.
사람들이 옆을 지나가는데도 비둘기는 개의치 않고 계속해서 군밤장수 아저씨의 동정만 살피고 있습니다. 비둘기의 행동으로 보아 이맘때 군밤 장수 아저씨 앞에 날아오는 일은 이미 학습된 행동인 듯했습니다. 다른 말로 표현하면 일몰에 맞추어 둥지를 찾아가기 전 저녁 식사를 해결하는 한 과정인 듯싶었습니다.
군밤 장수 아저씨는 빙그레 미소를 지으며
"또 왔어? 저녁밥 줄까?"
하면서, 군밤 세 개의 껍질을 벗겨 부스러뜨려 비둘기에게 던져 주는 것이었습니다. 비둘기 한 쌍은 맛있게 군밤 조각을 나누어 먹었습니다.
군밤 부스러기를 주워 먹는 비둘기를 쳐다보는 군밤 장수 아저씨의 눈에는, 석양에서 느껴지는 서늘한 기운을 따스함으로 변화시키는 마음이 느껴졌습니다.

 비록 비둘기 한 쌍과 주고받는 대화는 없었지만, 비둘기를 바라다보는 군밤 장수 아저씨의 따스한 마음과 군밤 장수 아저씨가 던져 주는 군밤으로 저녁 식사를 해결한 비둘기가, 군밤 장수 아저씨에 대해 갖는 신뢰는 사람과 사람이 따스한 차 한 잔을 사이에 두고 마주 앉아 나누는 정감 어린 대화 못지않은 따스함이 느껴지는 분위기였습니다. 군밤 장수 아저씨에게 비둘기 한 쌍은 이미 자신의 따스한 마음을 나누어줄 수 있는 다정한 친구였으며, 비둘기에게 군밤 장수 아저씨는 신뢰할 수 있는 후원자였습니다.
입동을 지나 점점 추워지는 날씨, 옷 속으로 파고드는 스산한 한기를 느끼며 걷는 석양 길에서 고단한 삶의 무게를 함께 나누어질, 그리고 따스한 차 한 잔을 마주하고 정담을 나눌 수 있는 속 깊은 친구가 그리워집니다.
2008.11.8

(11) 친절한 복희씨를 읽고

 집에서 구독하는 신문에 '친절한 복희씨'가 발간되었다는 기사가 소개되었다. 박완서 씨의 작품 '그대 아직도 꿈꾸고 있는가?'에서 가톨릭 신앙인이 겪는 정신적 갈등을 읽은 기억이 있어 호감을 가지고 있기도 했지만, 노익장을 과시하며 왕성한 작품 활동을 하고 계시는 작가에 대한 동경도 있어 기회를 만들어 읽어보아야 하겠다고 생각하고 있었는데, 문학의 향기 동아리에서 읽을 책으로 선정 안내하셔서 읽게 되었다.
책을 손에 들고 읽기 시작하면서 단숨에 읽을 수 있었다. 그만큼 글의 내용이 쉽고 재미있게 쓰이어졌기 때문이라고도 할 수 있다. 또 격동기를 살아온 내 또래 세대가 겪어온 삶의 역정이 잘 그려져 있어, 크게 공감을 한 것도 손에서 책을 놓지 않고 끝까지 읽어 낼 수 있는 한 원인이 되었다고도 생각한다.
'친절한 복희씨' 전편에는 아홉 편의 작품이 실려 있는데 그중 두 작품에 대해 간략하게나마 독후감을 정리해 본다.

▶ 그리움을 위하여

 여주인공과 여덟 살 아래인 사촌 여동생이 더불어 살아가는 삶의 모습을 표현하였다.
 한마을에서 태어났지만 각기 다른 환경에서 성장하여 각각의 삶을 살아오다, 인생 후반기에 이웃해 살면서 엮어가는 삶의 애환을 펼쳐 보인 작품이다.
주인공은 어려서부터 공부를 잘해 부모들의 기대에 부응해 공부에 전념하느라, 살림살이하는 방법을 익히지 못해서인지 환갑 진갑을 훌쩍 넘긴 나이이지만 아직도 살림살이는 서툴기만 하다. 그렇지만 가정형편은 여유가 있는 편이어서 도움이 필요할 때는 다른 사람의 도움을 청하여 살림을 꾸려가고 있다.
반면에 어려서부터 빼어난 미모를 지니고 태어나긴 하였지만, 공부에 대한 재능이 부족할 뿐 아니라 가정형편도 넉넉지 못해 초등학교만 졸업하고 생활 전선에 뛰어들어 살림살이하는 방법을 익힌 사촌 동생은, 무엇하나 막힘없이 잘 해내는 수완을 가지고 있다. 게다가 남편이 친구 보증을 서 준 것이 잘못되어 가세가 기울고, 자식들도 아직은 넉넉지 못한 형편이어서 함께 살지 못하고 남의 집 옥탑방에서 어렵게 살림을 꾸려 가는 형편이다. 사촌 동생도 역시 환갑 진갑 다 지난 나이이다 보니, 관절염까지 앓고 있어 겨울이면 무척 어려움을 겪고 있는 형편이다.
사촌 자매지간인 두 사람은 이웃해 살면서 서로의 부족함을 보완하며 살고 있던 중이었는데, 사촌 동생이 친구의 초청으로 사량도에 다니러 갔다가 혼처가 나와서 재혼을 하게 되었다
. 이것으로 인해 주인공은 필요할 때 도움을 받던 동생의 도움을 받지 못하게 되자, 일상의 삶이 리듬이 깨지면서 동생을 부정적인 시선으로 바라보며 심리적인 갈등을 겪게 된다.

 반면에 동생은 새로운 환경에서 행복한 삶을 꾸려가면서, 사촌 언니에게 변함없는 우애의 정을 보내고 있다. 그러자 주인공은 동생의 처지를 인정하지 못하는 자신의 생각이 잘못되었음을 느끼게 된다. 동생의 삶을 인정하면서 마음의 갈등을 해소할 뿐 아니라 동생이 살고 있는 자연환경에 대한 그리움으로 마음을 채워 간다는 내용이다.
사촌 동생이 결혼하여 행복한 삶을 살게 됐다는 소식을 듣고도 축하를 보내기보다,
 동생으로부터 도움을 받을 수 없게 된 것에 대해 동생에게 베푼 정을 앞세워 어떻게 이럴 수 있느냐며, 분기탱천(憤氣撑天) 섭섭함을 드러내는 주인공의 심리를 통해, 작가는 사람은 누구나 먼저 자기본위로 생각하는 이기적인 속성이 있음을 표현하였던 것이었다. 하지만 자기본위에서 벗어나 동생의 처지를 인정하면서 주인공은 비로소 자매애를 되찾게 되고 마음의 안정을 찾게 되는데, 이는 곧 마음을 비울 때 우리는 심리적 안정을 누릴 수 있다는 것을 작가는 강조하고 있다고 하겠다.

▶ 마흔 아홉 살

효부(孝婦) 회 모임이 있는 날, 회장 카타리나는 음식을 준비하여 오느라고 회의 장소에 늦게 도착하였다. 막 현관문을 밀치고 들어서려는 찰나에 문이 조금 열려있는 방에서 새어 나오는 얘기를 본의 아니게 엿듣게 된다.
회원들이 재미있어하며 신나게 나누는 얘기는, 카타리나 자신의 스캔들에 관한 이야기였다.
카타리나는 독거노인들의 목욕 봉사를 하는 효부 회의 회장을 맡아 봉사활동을 이끌고 있는데, 누가 보아도 그 모습이 천사와 같다.
그런 그가 시아버지가 벗어 놓은 팬티를 기다란 집게를 이용하여 집어서 다용도실까지 뻗쳐 들고 가서 세탁기에 냅다 던지는 것을 회원 중 한 사람이 목격하게 된다. 이 광경을 본 그는 사람이 어쩌면 그럴 수가 있느냐며 회원들이 모인 자리에서 이야기를 꺼낸다. 이게 발단이 되어 효부회를 조직하게 된 배경에서 시작하여 오늘에 이르기까지, 카타리나와 연관된 모든 내용이 회원들의 입 초시에 오르내리게 된다. 효부회를 조직하게 된 배경, 카타리나의 의견으로 효부회라는 이름을 쓰게 된 일, 그래서 회장을 카타리나가 맡게 되고 헌신적으로 일을 추진하였다는 점, 봉사활동 대상을 남자 노인에게만 국한 시킨 것은 딴 뜻이 있는 것이 아닐까? 하는 궁금증, 시아버지가 점잖은 분이신데 왜 며느리에게서 그런 대우를 받아야 하느냐, 남편의 사업체에서 지원을 받는 점은 남편의 사업을 홍보하려는 의도가 개입된 것이 아니냐는 억측 등 이야기는 카타리나의 이중성에 초점이 맞춰져 있었다.

회원 중에는 가톨릭 신자는 아니지만, 카타리나의 고교 동창인 동숙이가 있었는데 계속 이야기를 듣자니 거북해서 카타리나가 혼자 음식을 들고 오기는 무거울 것이라며, 마중을 나간다는 핑계로 문을 열고 나오다 카타리나와 마주친다. 동숙은 카타리나가 준비한 음식을 회원들에게 전하고 시장통 골목 찻집에서 카타리나와 마주하고 대화를 나눈다. 동숙은 카타리나의 상한 심기를 어루만져 주는 것처럼 말하면서도 카타리나의 이중성 원인이 성(性)적인 것에 연유한 것이 아닐까 궁금해하며 카타리나의 의중을 떠 본다. 그러는 가운데 카타리나는 시아버지와 살게 된 이야기를 들려주게 되고, 동숙은 고부간의 갈등이 카타리나가 이중성을 갖게 된 것을 알게 된다. 동숙은 학창 시절을 떠올리며 목욕 봉사를 헌신적으로 하는 것은 젊을 때 지녔던 정의감의 발로라며 카타리나를 위로한다.

동숙은 카타리나와 대화하는 중에 자기가 할머니가 되어 손자 백일을 맞게 되었음을 털어놓으며, 다른 아이들은 귀여워하는 자신이 손자의 백일을 맞으면서도 도무지 기쁘지 않다는 속마음을 내비친다. 그러면서 인간관계 속에는 위선이 불가피하게 개입해 있다며 위선이 인간의 삶에 꼭 필요한 윤활유와 같다는 말을 들려준다.
천사와 같은 아름다운 모습으로 봉사활동을 하는 카타리나가 시아버지의 팬티를 혐오스러운 동작으로 내던지는 이중성, 어린이들을 끔찍이 좋아하면서도 자신은 손자 백일을 맞음이 기쁘지 않은 동숙의 이중성에는 나름대로 내면에 숨겨진 심리적 기제가 작용하기 때문이라는 점에 대해 작가는 갈파하고 있다.

우리들은 일상에서 사람들의 겉모습만 보고 그들의 일거수일투족을 입 초시에 올려 평가하려는 습성들이 있는데, 사람은 누구나 이중성의 면모를 지니고 있다. 이 같은 이중성은 내면에 숨겨진 심리적 기제에 의한 것이므로, 사람을 겉모양만 보고 속단하는 우를 범하지 않도록 하자는 메시지를 작가는 전달하고자 했다고 생각된다.

가톨릭시니어아카데미는 2년 과정을 마치고 2009년 2월 11일 서울대교구장 정진석 추기경님 명의 의 졸업장을 받고 졸업했다.

제3부 나의 건강 신체적 특성

제3부 나의 건강 신체적 특성

 2010년 초에 국민건강보험에서 12월 말 이전에 정기 검진을 받으라는 통지를 받았다. 차일피일 미루다가 해를 넘기면 안 될 것 같아, 12월 30일 여의도에 소재한 한국 의학 연구소에서 검진을 받았다.
2011년 1월 7일 자 소인이 찍혀 발송된 검진 결과 통보서가 집으로 배달되었다. 키 177cm, 체중 82kg, 허리둘레 93cm로 신장에 비해 체중이 많이 나가는 비만 B 판정을 받았다. 전에는 키가 178cm로 측정되었는데 177cm로 1cm 줄었다. 나이가 늘어남에 따라 키는 줄어드는 모양이다. 체중은 2005년 정년퇴직할 당시만 해도 87Kg이던 것이 5kg이나 줄었으니 점점 비만에서 벗어나고 있다는 것에 고무된다.
지금은 비만이 성인병의 주요 원인이라 해서 모두 날씬한 몸매를 만들기 위해 다이어트에 운동에 호들갑을 떠는 상황이 되었지만, 내 나이 20대 때만 해도 배가 좀 나온 사람을 사장이라며 부러워하던 시기였다. 그런데 지금은 비만을 걱정해야 하는 상황이 되다니 격세지감(隔世之感)을 느낀다.

 나는 어린 시절 농촌에서 자랐다. 풍족하지 못한 가정환경으로 배부르게 먹는 것은 상상으로만 가능했고 현실은 배를 채우는 일이 절실했다.
그런 처지에서 비만이란 생각할 수도 없었고, 영양을 골고루 섭취하지 못하니 균형 잡힌 체격을 갖추지 못하고 키만 멀쑥하게 자라, 1961년 사범학교를 졸업할 때만 해도 키 178cm에 체중 68kg으로 날씬한 몸매였다.
그러던 것이 군대에서 잘 먹게 되어 1965년 군 복무를 마치고 제대할 때는 체중이 78kg으로 불었고, 1982년 무렵에는 93kg까지 불어나는 상황에 이르렀었다.
비만 체중에 나이가 늘어나면서 최저혈압 120에 최고혈압 180으로 상승해 있었다. 그래서 2008년부터 혈압강하제(미카르디스 플러스)를 복용하면서 저혈압 80에 고혈압 120, 정상혈압으로 돌아왔다. 혈압이 정상으로 회복되면서, 몸무게를 줄여 비만으로부터 해방되려는 마음으로 식사량을 조절하려고 꾸준하게 노력하고 있다. 자전거 타기, 걷기, 운동기구를 이용한 근력 기르기를 통해 언젠가는 정상체중과 정상혈압에 도달할 것이란 꿈을 꼭 이루고 말 것이라는 기대감을 지니게 되었다.

 혈액검사를 통한 빈혈, 당뇨병, 고혈압 동맥경화, 만성 신장질환, 간장 질환, 폐결핵, 흉부질환 검사 결과는 기준치 이하로 측정되어 정상 A 판정을 받아 마음이 개운하다.
국민학교 다닐 때의 건강을 떠 올려 본다. 병약하여 특별하게 앓은 기억은 없다. 간혹 고뿔(감기)을 앓거나 학교에서 예방주사를 맞고 오는 다음날이면 발열로 학교를 가지 못하고 결석했던 것이 생각난다.
그리고 4학년 때로 기억되는데 머리에 기계충이라는 피부병을 앓아 머리가 부분적으로 듬성듬성 탈모가 되어 보기가 흉했던 일이 있었는데, 이를 치료하기 위해 약방에서 액체로 된 치료제를 사서 머리에 발랐더니 독성이 강해서 약을 바른 부분이 피부가 벗겨져는 아픔을 겪은 기억이 남아 있다.

4학년 때로 기억되는 일 중에 결핵균 감염 여부를 확인하기 위해 투베르크린 반응검사를 한 결과 양성반응이 확인되었다. 음성반응에 접종해야 할 BCG 예방접종을 하여 그 부위가 썩어들어가 오랜 기간 상처가 아물지 않아 불편을 겪었고, 그 자리가 지금도 왼쪽 팔뚝에 흉터로 남아 있다.

1963년 4월 7일에 입대를 했다. 논산훈련소에서 훈련병 교육을 마치고, 영천에 있는 육군 헌병학교에 입교하여 병과 교육을 받은 후 헌병학교에 부대 배치를 받았다. 8월 어느 날 저녁 무렵 대변을 보는데 좍좍 하혈이 되는 것이었다. 놀란 가슴으로 의무대를 찾았다. 진찰을 마친 군의관이
"너 같은 놈이 어떻게 입영했냐?"며 치질이라고 알려준다.
그러고는 대구 제1 육군병원으로 후송 명령을 내주는 것이었다.
난생처음 병원에 입원하여 치질 수술을 받았다. 지금은 어떻게 시술하는지 모르겠으나, 당시는 환부를 수술칼로 도려내고 지혈을 위해 탈지면으로 항문을 틀어막아 놓는 것이 일반적인 방법이었다.
이때의 통증은 형언할 수 없을 정도로 무척 고통스러웠다. 괄약근으로 되어 있는 항문의 수축 작용 때문에, 밤새 앓고 나면 입술이 부르틀 정도로 통증에 시달렸다. 수술 후 상처가 아물 때까지의 치료 방법은, 더운물에 소금을 풀어 하루에 세 번 환부 시푸를 하는 것이 치료의 전부였다.
1개월 반쯤 치료받으니 상태가 호전되어 퇴원하여 헌병학교로 원대복귀 하였다.
헌병학교로 원대복귀를 하여 근무하고 있는데, 1964년 2월 초에 또다시 출혈 사태가 발생하여 제1 육군병원에 재차 입원하여 수술은 받아야 했고, 수술 후 통증으로 인한 고통도 다시 한번 더 겪어야 했다.

그 후 병원을 찾은 것은 1977년쯤으로 인천시 용현동에 살 때였다. 입맛이 없고 몸이 나른해지면서 졸음이 오고 의욕이 없었다.
용현동에 있는 마을 병원을 찾았다. 약을 처방해 주기에 복용했는데도 효과가 없었다. 인천 도립 병원을 찾았다. 이곳에서 처방해 준 치료 약을 먹었는데도 효과는 없었다. 유명하다고 소문이 난 부천의 허 내과를 찾았다. 기관지가 약한 것 같다며 약을 처방해 줘서 먹었는데도 결과는 마찬가지였다.
마지막으로 용하다고 소문이 나 있는 인천시 중구 신포동에 있는 창제 한의원을 찾았다. 맥을 짚어보던 한의사가 하는 말

"젊은 사람이 왜 이리 기운이 없어? 시쳇말로 하자면 스태미나가 약하다는 말이야."하며 10봉지의 한약을 조제 하여 주는 것이었다.
집에 와서 두 봉지의 약을 달여 먹었는데 신비스럽게도 입맛이 살아나고, 나른한 증상이 없어지며 의욕도 생겨나는 것이었다. 이 일을 경험한 후 별로 신뢰를 보내지 않았던 한약에 대한 내 생각이 긍정적으로 바뀌는 계기가 되었다.

또다시 병원을 찾은 것은 2008년 10월이었다. 새벽 2시쯤 되었을까? 속이 참아내기 어려울 정도로 뒤틀리고 아팠다. 119 구급차를 불러 여의도 성모병원 응급실에 입원했다. 요도결석이 아닐까? 짐작되는데 의사도 그런 것 같다며 입원을 시켜 주었다. 다음 날 결석을 꺼내는 수술을 했는데 의사 왈
"결석이 보이지 않네요."
하는 것이었다. 황당한 일이었다. 병원 수입을 올리려고 수술하자고 했나? 하는 의심이 들기도 했지만 아프지 않으니 다행이라 여기며 입원 이틀 만에 퇴원했다.
그 후 10여 년이라는 시간이 흐르는 동안 혈압강하제 약을 복용 하는 것 외에는 평소에 꾸준하게 운동하여 온 터라 건강에 이상이 없었고 자신감도 있었다. 하지만 자만은 금물이라 했던가? 2018년 4월 13일 119구급차를 불러 여의도 성모병원 응급실을 찾는 일이 벌어졌다.

종친회 총회 회의 장소를 섭외하기 위해 중학교 동창이 운영하는 성북구에 있는 베스트 웨스턴 아리랑 호텔을 찾아 대화를 나누고 저녁 식사 대접을 받고 집에 왔는데, 8시부터 토하고 설사 하기를 시작하여 10시가 되어도 멎지를 않았다. 게다가 한기(寒氣)까지 느껴지며 몸이 흔들리는 상황에 이르니 집에서는 수습할 방도가 없어 여의도 성모병원 응급실을 찾게 된 것이다. 1009호 병실에 입원해 치료받으니 쉽게 진정이 되어 16일에 퇴원을 했다.
그러나 예기치 않은 상황이 벌어졌다. 아침에 일어나 소변을 보려고 화장실에 들르니 아랫배가 꼿꼿하게 느껴졌다. 시간이 지나면 진정이 되겠지 생각하고 대수롭지 않게 여기며, 내가 대표로 있는 행복안전시스템에 출근하여 경비원 교육에 참여하였다. 교육을 마치고 점심 식사를 마치고 나니, 이제는 배에 팽만감까지 느껴지며 진정 기미를 보이지 않아 오후 늦게 응급실을 다시 찾았다.
MIR을 찍는 등 여러 가지 검진을 하더니 창자에 천공이 생겼다며, 분비물이 복부로 흘러나와 복막염이 발생할 수 있으니 서둘러 수술을 하자는 것이었다. 수술하지 않으면 위험하다고 하여 수술에 동의하였고, 18일 오후 2시 수술을 시작하여 4시간에 걸쳐 수술한 후 6시에 중환자실로 옮겨 회복에 들어갔다.

복부에 20cm가 넘는 수술 흔적이 남게 되었고, 대장을 20cm 정도 잘라냈다고 수술을 담당한 박선민 의사가 들려줬다. 그리고 항문의 폐쇄로 복부에 대변 배설에 필요한 출구가 만들어져 있었다. 배변 출구에는 배변 봉투를 매달아 용변을 처리해야 하는데 이를 '장루'라 하며 '장루' 처리 요령은 장루 공급자로부터 별도로 교육을 받아야 했다.
검진 결과는 소화기 계통에만 문제가 있는 게 아니고, 전립선도 비대해져서 치료 받아야 한다는

결과가 나왔다. 그리하여 비뇨기과의 치료도 받는 상황이 되었다.

 중환자실에서 하루를 보내고 1017호 일반병실로 옮겨서 치료받았다. 체중계에 올라서 보니 76Kg으로 6.5Kg이나 줄어 있었다. 병실에 갇혀 있으니 갑갑하기도 하고 비교적 회복이 빨라 퇴원하겠다고 했더니 11일이 지난 28일 퇴원을 허락하였다.
집에서 요양 치료 중이었는데 수술 후유증이 나타났다. 입맛이 떨어졌다. 항상 입맛이 좋아 무슨 음식이 던 잘 먹었는데…….
어떤 음식을 먹어도 입맛이 살아나지 않고 음식을 먹는 것이 고역으로 느껴지는 것이었다.
입맛 없는 것에 곁들여 열이 나기 시작했다. 밤이 되면 열이 솟아 잠을 잘 수가 없었고, 시간이 지날수록 증상이 심해졌다. 심지어 몸이 사시나무 떨듯 흔들리는 증상까지 나타났다.
5월 5일 장루 처리를 하러 왔던 아들 석환이가 내가 발열로 인해 떨고 있는 모습을 보고는, 바로 응급실로 인도하여 또 입원하는 사태가 발생했다.
1025호 병실에 입원 치료를 받으니 열은 조절이 되는데, 입맛은 회복되지 않아 밥 먹는 시간을 맞이함이 괴로움으로 변했다.
그리하여 담당 의사에게 입맛을 돋우는 약의 처방을 주문했더니, 초산메게스트롤 현탁액을 처방해 줘서 먹었으나 약효가 나타나지 않아 음식을 먹는 것이 부담스럽기는 마찬가지였다.

 발열 현상이 멈춰서 14일 퇴원을 하여 집에서 요양하며 건강 회복을 위해 노력하던 중 또다시 응급 상황을 맞은 것이다. 설사가 나더니 멎지를 않고 밤새 화장실을 들락거리며 꼬박 뜬눈으로 밤을 샌 것이다. 나중에는 탈수 현상으로 어지럼을 느끼게 되어 6월 3일 다시 응급실을 찾게 되었고, 1017호실에 다시 입원하는 상황이 된 것이다. 설사에 대한 치료는 굶는 것이 기본이었다. 이틀간 식사를 하지 않고 영양주사만 맞고 치료하며 체중을 재어보니 입원하기 전보다 10Kg이 감량이 되어 있었다.
자신이 팔뚝을 쳐다봐도 살갗이 탄력이 없이 쭈글쭈글함이 드러나 보였다. 이틀을 굶고 3일째 되는 날부터 죽을 주문해서 먹으니 무리 없이 소화가 잘됐다.
다시 이틀을 지나 밥을 주문해서 먹게 되었는데 소화가 잘되고 입맛도 되살아났다. 그래서 퇴원하겠다고 했더니 허락이 떨어져 6월 9일 퇴원을 하게 되었다.

 퇴원은 했지만 병원 진료가 완전히 끝난 것이 아니었다. 절단한 장을 연결하는 복원 수술을 하고, 배변을 위해 뚫어 놓은 장루를 제거해야 하는 과정이 남아 있었다. 복원 수술은 건강을 어느 정도 회복한 상태에서 해야 하므로, 중간에 외래 예약을 통해 건강의 회복 상황을 점검하는 절차를 밟았다. 9월 7일과 10월 5일 두 차례에 걸쳐 CT 촬영, 심전도 측정, 심장초음파 검사, X레이 촬영, 폐 기능 검사, 채혈 검사 등의 과정을 거쳤다. 물론 비뇨기과 외래진료도 3회나 받았다. 10월 5일 외래진료 결과 복원 수술이 가능하다는 판단이 내려져, 교수님 스케줄에 맞추어 10월 16일 입원을 하기로 조율한 후 16일 1018호 병실에 입원하였다. 17일 대장 절단 부분을 연결하는 복원 수술과 장루 제거 수술을 받았다.
수술 후 1주일 동안은 영양제 주사로 영양분을 공급하였고, 그 후에는 간편식으로 미음을 먹었다. 이처럼 연질 음식에서 경질 음식으로 변화를 주며 장의 소화력을 높여가는 치료를 받으니, 소화에도 무리가 없고 배설도 정상적으로 이루어져 드디어 좁은 공간에 갇히어 지내던 입원의 답답함을 떨쳐버리고 10월 29일 퇴원하는 기쁨을 맞게 된 것이다. 그러나 퇴원의 기쁨도 잠시뿐 병마는 나를 호락호락 놓아주지 않았다. 퇴원하고 이틀째 되는 날인 10월 31일 다시 병원을 찾게 했다. 또다시 열이 나고 설사가 뒤따라 감당하기가 어려운 상황이 된 것이었다. 병원에서의 치료는 11월 5일까지 이어져 안정을 찾게 되었고, 입원 1주일 만인 11월 6일 퇴원을 하였다. 퇴원은 하였지만 건강을 완전히 회복하기까지는, 외래 예약을 통해 수시로 건강을 점검하는 절차를 진행해야 했다. 11월 13일 외래 예약을 하고 채혈과 CT 촬영 결과를 확인해 본 결과 건강 회복이 매우 빠르다고 했다. 그러면서 이제는 시간적 여유를 가지고 점검해 보자며, 12월 18일을 외래 예약 날짜로 정하고 외래 예약 1주일 전에 채혈, 소변 채취, CT 촬영을 한 후 그 자료를 분석한 결과를 가지고 상담을 하자고 했다.

외래진료 후 1개월을 보내고 맞은 12월 18일, 조금은 긴장된 마음으로 9시에 3층 소화기내과를 찾았다. 반갑게 맞이하는 박선민 교수는 분석한 데이터를 보며, 건강 상태가 매우 좋아져 이제는 거의 정상상태로 건강이 회복되었으니, 처방해 주는 약을 복용하고 6개월이 지난 2019년 6월 14일 외래진료를 받아보자고 했다. 상담을 마치고 걸어 나오는 발걸음이 매우 가볍게 느껴졌다.
처방해 준 약을 안내받은 대로 복용하며 6개월을 보내고, 다시 찾은 성모병원 본관 3층 소화기내과 상담실에 들어서며 박선민 교수의 얼굴 표정을 살피니 밝은 모습이었다. 조금은 안정된 마음으로 박 교수와 마주 앉았다. 건강 상태가 매우 좋아졌다고 말하면서, 이제는 약 처방도 끊고 외래진료 예약도 하지 않을 터이니 잘 견디어 보고 이상이 있으면 그때 병원을 찾으라고 했다. 드디어 병원 드나듦에서 해방이 된 것이었다. 주치의인 박 교수에게 감사의 인사를 올리고 가벼운 발걸음으로 병원 문을 나섰다.

4월 13일 입원을 시작으로, 6월 9일까지 네 번이나 병원응급실을 들락날락하며 30여 일 동안 병원 생활을 하였다. 복원 수술을 위해 10월 16일 입원하여 10월 29일까지 14일간을, 퇴원 이틀만인 10월 31일 다시 입원하여 6일을 보내는 등 2018년은 많은 시간을 병마와 싸우며 보내고 나니, 건강의 소중함을 새삼스럽게 느끼게 되었다. 간병을 위해 연(娟)과 자식들이 애쓰는 모습을 보고 한편으로는 미안하고, 한편으로 감사함을 절실히 느끼기도 했다.
그리고 수술 후 건강 회복 속도가 전과 같지 않음을 체감하면서 내가 팔순노인이라는 사실을 인정하지 않을 수가 없었다.

금 년(2024)은 건강 관리 공단에서 정기 검진을 받는 해라는 안내를 받고, 여의도 성모병원에서 건강진단 받은 결과를 11월 15일 통보를 받았다. 체력검사 결과 키 174.8cm, 몸무게 81.6kg 허리둘레 90cm로 과체중에 복부비만 판정을 받았다.
혈액검사는 혈색소 15.3으로 정상, 청각이상: 정상, 고혈압 126/82 mmHg으로 유질환이라고 판정해 주었고, 당뇨병: 정상, 신장질환: 정상. 간장 질환: 정상, 요단백 : 정상, 흉부 촬영: 정상,

생활 습관: 신체활동 필요, 인지기능 장애: 특이 소견 없음, 심뇌혈관 위험도: 나이 82세 남성 평균 대비 0.88배, 심혈관 나이: 74세로 판정을 받았으며, 대장암(분변 잠혈) 검사: 잠혈 반응 없음, 의심 질환: 해당 없음으로 통보받아 건강에는 이상이 없는 것으로 안심이 되었다.

 지금까지 나의 건강에 대해 돌아보았다. 나의 신체적 특성은 기억력이 좋았으며, 178cm나 되는 큰 키는, 내가 사회생활을 하는 중에 나의 이미지를 정립하는데 순기능으로 작용하였다는 생각을 갖게 된다. 또한 좋은 식성은 나의 건강생활을 지탱하는 원동력이 되었다고 여겨져, 건강한 체질을 물려주신 부모님께 감사한 마음을 갖는다.
그러면서 한편으로 80여 년 동안에 네 차례 병원을 찾았던 일 외에 별다른 병력(病歷)이 없는 나로서,는 비교적 건강한 체질을 부모님이 물려 주셨다는 자긍심을 갖고 있었다. 2018년 느닷없는 장 천공 발생으로 60여 일을 병원을 드나들면서, 나이는 속일 수 없다는 것을 새롭게 느끼기도 했다.

 나는 '건강한 정신에 건강한 신체'란 믿음을 가지고 있다. 그러다 보니 건강을 위해 늘 움직임을 강조하며 살아왔다고 생각된다. 가동학교 재직 때는 등교할 때 어린이들에게 아침 달리기를 지도하였다. 어린이는 물론 나도 운동을 생활화하려는 노력을 기울였고 학부모들의 호응을 얻은 바 있지만, 운동을 생활의 일부로 여기고 즐기노라면 건강한 신체를 갖게 되는 것은 필연적인 결과라고 생각한다.
따라서 앞으로도 자전거를 타거나, 의도적으로 걷기를 하고, 운동시설을 활용하여 근력을 단련시키려는 노력을 기울일 것이다. 지하철을 이용할 때도 에스컬레이터나 엘리베이터를 이용하기보다는, 계단을 이용하여 걸어서 올라오며 지속해서 움직임을 통한 건강증진에 노력을 기울일 것이다. 나의 이런 노력은 건강검진 결과 신체활동이 필요하다는 주문을 충족시키고, 내 건강을 지탱해 주는 버팀목이 되어줄 것이라 굳게 믿기 때문이다.

제4부 사랑과 결혼

1. 환경의 산물
2. 연(娟)과의 만남
3. 사랑의 결실
4. 금혼(金婚)을 맞으며
5. 늦게 꽃피운 연(娟)의 숨어있던 재능
6. 김임자 약력

제4부 사랑과 결혼

1. 환경의 산물

 어머니께서 작고하신 지 어언 26여 년, 하지만 시간이 흐를수록 어머니에 대한 그리움은 새록새록 새로워지기만 한다. 시간이 흐르면 망각 곡선도 하향하다가 어느 사이엔가 뇌리에서 사라지는 것이거늘, 나에게 어머님께 대한 생각만은 떠날 조짐을 보이지 않고 있다. 왜일까?
 아마도 그것은 나이가 들면서 늦게 어머니의 헌신적인 사랑을 깨닫게 된 것에서 이유를 찾을 수 있지 않을까 싶다.

 나는 어린 시절 요즘 아이들처럼 부모, 자식 간에 하는 스킨십을 모르고 자랐다. 할아버지 할머니께서 손자 귀엽다고 안아주고, 쓰다듬어 주고, 뽀뽀해 주며 함께 놀아주신 경험이 전연 남아 있지 않음은 말할 것도 없다. 어른을 모시고 사시던 아버지 어머니는 어른 눈치 보느라, 또 농사짓기에 여념이 없다 보니, 새끼를 품에 안고 스킨십을 하며 사랑을 속삭이고 알콩달콩 살아가는 가정적인 분위기에서 성장했다는 기억도 없다.
그러다 보니 내 머리에 그려져 있는 아버지 어머니상은, 그저 있어야 할 자리에 묵묵히 있는 아버지 어머니상만 존재할 뿐이다. 이렇게 부모님으로부터 속삭이는 사랑의 언어를 듣고 자란 기억이 없다 보니, 피부로 느껴지는 부모님의 사랑을 일찍감치 체험하지 못하여 젊어서는 부모·자식 간의 관계로만 부모님을 보아왔던 것이었다.
더욱이 어머니는 기울어져 가는 가세에도 저항이라는 것을 겉으로 전연 표현하지 않고 살아오시며 묵묵히 버티고만 계시는 모습을 보면서, 젊은 나이의 내게는 못마땅하고 답답함마저 느끼며 살아왔기에 어머니에 대한 애틋한 정을 지니지 못했던 것이 아닌가 싶다.

 하지만 나이가 들면서 가난의 질곡에서도 묵묵히 버텨온 어머니의 삶이 없었다면, 또 그 흔한 사랑한다는 말을 자식에게 들려주시지는 않았지만, 자식을 위한 어머니의 헌신적이면서도 희생하는 삶이 없으셨다면 오늘의 내가 존재했을까? 싶다.
돌아보면 지금까지 내가 어머니의 사랑을 깊이 깨닫지 못했음이 부끄럽고, 생전에 보다 애틋한 마음으로 모시지 못했음이 죄스럽기만 할 뿐이다. 그러다 보니 어머니에 대한 그리움이 나이가 들면서 새록새록 커지고 있는 것이 아닌가 생각된다.

 사람은 환경의 산물이라고 한다. 성장 배경이 사람의 정서와 행동을 결정짓는 요인이라는 의미이다. 내가 자란 환경이 사랑한다는 말이 넘쳐나는 가정이 아닌 곳에서 자라남으로 인해서, 나는 자식들에게 사랑한다는 말을 들려주지 못했다. 부모로서 있어야 할 자리에 묵묵히 존재해 있는 것으로 사랑한다는 것을 보여 주며 살아왔다. 이같이 살아온 나의 삶이 내가 부모님의 사랑을 젊었을 때 깨닫지 못하였음같이, 내 자식들 역시 사랑을 깨닫지 못했을 것이라는 생각을 하면서, 만시지탄(晩時之歎)의 감을 떨쳐버릴 수가 없다.

이처럼 나는 사랑을 표현하는 방법이나, 몸짓의 부족함이 내 삶에 배어 있으므로 해서, 살아오면서 사랑을 표현하는 것에 적극적이지 못했다. 이뿐만 아니라 나는 아버지의 삶이 내게는 반면교사(反面教師)로 자리 잡아, 가정의 안정을 위해서는 허튼 행동을 하면 안 된다는 생각이 머릿속에 각인되어 있어 여자들에게 접근하는 일마저도 자제해 왔던 것이었다.

2. 연(娟)과의 만남

내가 연(娟)을 만난 것은 1965년 11월 8일이었다. 군 복무를 마치고 입대 전 근무했던 이천국민학교에 복직하니 그곳에 娟이 근무하고 있었다. 작달막한 키에 당당한 걸음걸이, 뽀얀 얼굴에 흘러내린 생머리, 스물다섯 젊은 나이에 관심이 꽂히지 않을 수 없었다. 언감생심(焉感生心) 그 이름도 유명한 서울의 경기여고 출신에 교대를 나온 재원임을 알고 나서는, 접근하는 것조차 망설이지 않을 수 없었.

나는 충주 시골 촌뜨기에 내세울 것이 아무것도 없다 보니, 감히 접근한다는 것이 부담스럽기까지 했던 것이었다.

하지만 젊음이 갖는 공감대는 조금씩 열려가고 있었다. 여자가 하기 어려운 일을 도움을 요청하면 돕기도 하고, 직장의 동료로서 오며 가며 서로 대화를 나누는 과정에서 너무도 순수함을 발견하게 되었다. 경기여고 나왔다고 으스대거나 하는 것이 보였다면 가까이 다가서기가 부담스러웠겠지만, 전연 그런 내색이 없고 생각이 소박함을 읽을 수 있었다.

연(娟)은 인천에 살고 있었다. 주말이면 부모님이 계시는 인천을 다녀오곤 했다. 당시 수원과 여주 사이는 협궤(狹軌)인 수여선(水驪線) 철도가 있었는데, 기차를 이용하여 집을 오가곤 했다.

나는 연이 집에 갈 때 따라나서고 싶은 충동이 생겼다. 기차 운행 시간은 정해져 있으므로, 이천역 출발 시각에 맞춰 무작정 열차에 승차했다.

이렇게 만나서 수원까지 가는 동안 대화를 나누게 되었는데, 대화하면서 명문고 출신이라 지적 수준이 높음을 느끼며 내가 시야가 좁고, 생각도 닫혀 있음을 인식하면서 스스로 왜소해지기도 했다. 하지만 무엇보다도 반가운 것은, 내 위상이 그러할 진데도 거부 의사를 나타내지 않음을 읽을 수 있어 용기를 내어 다가설 수 있었다.

아마도 연이 나를 거부하지 않은 것은 시골에 살고 푼 동경 때문에, 시골 출신인 내가 꿈을 실현해 줄 상대가 될 수 있다는 기대감 때문이 아니었던가? 생각된다.

십벌지목(十伐之木)이라 했다. 이러는 사이 두 사람 사이의 사랑은 무르익어 1967년 9월 23일 부평 삼릉에 있는 娟의 집에서 단출하게 약혼식을 올렸다. 약혼식 자리에 함께한 사람은 당사자인 娟과 나, 장인 장모님, 그리고 부평 2동 성당 신부님과 나의 직장 이천국민학교에 근무하는 선배 선생님 두 분이었다.

나의 처지가 워낙 어려웠던 터라 장인 장모님의 눈에는 탐탁하지 않은 사윗감으로 여겨졌음을 느낄 수 있었지만, 자식 이기는 부모 없다고 장인 장모님도 받아들이셨다.

약혼식을 올린 다음 해인 1968년 2월 26일 娟과 나는, 종로 5가에 있는 동원예식장에서 결혼식을 올리고 부부의 연을 맺어 가정을 이루었다. 부족함이 많고 안목이 좁은 사람을 배필로 생각하고 맞아들여 준 娟이 고맙기도 하고 감사했다.

신혼부부가 된 연과 나는 신혼여행 목적지를 온양온천으로 정하고 열차를 이용하여 1박 2일 여행을 다녀왔다. 당시만 해도 연가(年暇)를 자유롭게 이용할 수가 없어 학사일정에 지장을 주지 않기 위해, 학년말 휴가를 이용하여 결혼식을 올렸다. 여행도 휴가 기간에 맞추느라 짧게 잡았던 것이었다. 지금과 비교하면 격세지감이 느껴진다.

1968년 결혼할 무렵 나는 가톨릭 신자라는 명분을 이용하여, 성당 사제관으로 사용하던 건물을 빌어 살고 있었다. 일정시대에 신사(神祠)로 쓰던 건물을 허물고 성당과 사제관을 지어 사용하던 곳인데, 마을에서 떨어진 산 중턱 외딴곳일 뿐만 아니라 가파른 계단을 오르내리는 불편함이 커서, 도심으로 새 성당을 지어 이사를 한 후 성당 건물은 허물어졌고 사제관만 빈집으로 남아 있어 관리에 어려움을 겪고 있던 건물이었다.

결혼하면 가족이 늘어나게 되고 방 한 칸에서 여러 가족이 함께 살 수가 없어, 나는 두 개 이상의 방을 쓸 수 있는 집을 구하던 중이었는데, 마침 사제관 건물을 접하게 되었던 것이었다.

높고 외딴곳에 있어 오르내리기가 부담스러운 면도 있었지만, 요긴하게 쓸 수 있다고 판단되었다. 집을 사용하는데 따르는 비용이 별도로 들지 않고, 관리만 잘 해 주면 되는 조건이 안성맞춤이어서 집을 손질하고 그곳에서 살게 된 것이다. 약혼할 당시 娟은 방을 빌려서 혼자 자취생활을 하고 있었다. 나는 약혼을 한 후 娟에게 멀지 않아 결혼할 터인데, 집도 넓고 하니 함께 들어와 살자고 제안했다. 그랬더니 娟이 제안을 받아들여 결혼식을 올리기 전이었지만 娟과 나의 신혼살림은 시작이 되었던 것이었다.

이렇게 부푼 희망을 안고 새로 시작한 신혼살림이었지만, 생활은 녹록하지만은 않았다. 현실생활은 이상과 괴리가 있는 것이 사실이라는 것도, 살면서 부딪히는 일에서 느끼지 않을 수 없었다. 나는 내 어렸을 때 시골 삶이 가난의 상징인양, 다시 돌아보고 싶지 않은 악몽으로 남아 있었다. 내 자식들만이라도 좀 더 자극받을 수 있는 도시에서 성장하도록 환경을 만들어 주자는 도시지향의 꿈을 품고 있었다.

그런데 娟은 평화로운 시골 전원에서의 삶을 꿈꾸고 있었다. 시골에서 살며 농사를 짓는다는 것이 얼마나 힘들며 고된 삶인지 피부로 느끼며 가난의 삶을 살아온 내게, 연이 꿈꾸는 전원의 평화로운 삶은 현실을 모르는, 너무나 허황한 꿈이라고밖에 느껴지지 않아 나는 공감할 수가 없었다. 그런데도 娟은 둘이 힘을 합쳐 시골에 땅을 마련하여 과수원을 하며 전원생활을 하자

하니, 농촌 생활의 어려움을 설득하고 이해시키기가 쉽지 않아 나는 묵묵히 버티는 일로 일관해 왔던 것이었다.

하지만 50여 년이 지난 지금에서 과거를 돌아보며 갖게 되는 생각은 항상 나보다 한발 앞선 예지력을 발휘했던 娟의 말을 듣고, 시골에 땅을 마련하여 과수원과 농원을 만들어 운영했었더라면 부동산을 많이 가진 부자로 자리매김이 되어 있었을 터인데 하는, 일말의 회한도 가지게 된다.

 결혼식을 회상할 때면 지워지지 않고 기억 속에 남아 떠오르는 것이 있는데, 그것은 꿈에 관한 내용이다. 결혼을 앞두고 준비를 위해 2월 24일 상경하여 일을 보고 저녁에 여관에 들어 잠을 자고 있었는데, 꿈에 내가 사는 이천 집에 불이 난 것이었다.
어머니와 할머니만 계시고 외딴곳이어서 도와줄 사람도 없는데, 집에 불이 붙어 너무도 무섭게 타올라 화들짝 놀라 잠에서 깨어나 보니 꿈이었다. 꿈이 너무도 생생하여 또다시 잠을 잘 수가 없었다. 날이 새기를 기다려 25일 이른 아침에 이천 집으로 달려갔다. 허겁지겁 집에 도착해 보니 집은 멀쩡했고, 어머니와 할머니가 일찍 달려온 나를 보고 더 놀라시는 것이었다.
꿈은 이렇게 해프닝(happening)으로 끝났지만, 집이 불타는 길몽(吉夢)으로 인해 "나의 가정은 가난의 굴레에서 벗어나 점차 안정을 찾아가는 길이 열리지 않았나"하고 유리하게 해몽(解夢)하곤 한다.

3. 사랑의 결실

(1). 첫째 아들 석환이

 1967년 9월 23일 연과 약혼을 한 후 자취생활을 하는 연에게, 내가 살고 있는 집(이천읍 창전리 산 3-9번지)에 들어와 같이 살자고 제안하였다. 어머니께서 살림을 꾸려가고 계시니 도움을 주실 것이기 때문에 제안을 한 것인데, 연이 제안을 받아들여 결혼식은 올리지 않았지만 연과 나는 신혼살림을 시작한 것이다.
한 집에서의 신혼살림이 시작되어 할머니와 어머니께서는 사랑방에서 생활하시게 되고, 나와 연은 안방의 주인으로 생활하는 가운데 사랑을 나누다 보니 첫아이를 임신하게 된 것이다.

 당시만 해도 이천 읍에는 산부인과 의원이 없었고, 최 산파라는 분이 있어 도움을 요청하면 출산을 돕고 있었다. 만삭이 되어 양수 기미가 보여 급한 마음에 산파를 모셔 와 출산 여부를 확인해 보았더니, 금방 해산하지 않을 것 같으니 좀 기다려 보자고 했다. 시간이 지나면서 점점 산통(産痛)이 심해졌다. 처음 당하는 일이기도 하고 불안하여 이천역 부근에 있는 김 병원에 입원했다. 입원하고도 계속 산통을 겪다가 밤 12시가 가까워질 무렵, 고고하게 울음을 터뜨리며 첫아들이 태어나 산고에서 벗어나게 되었고 연과 나는 엄마 아빠가 되었다. 1968년 7월 26일!

출산 후 3일 만에 퇴원을 했다. 퇴원하면서 연이 누워있던 자리를 살펴보니 방바닥 밑으로 하수구가 연결되어 있어, 침구가 잔뜩 습기를 머금고 있을 정도로 눅눅한 상황이었다.

산후조리는 따뜻한 방에서 해야 회복이 빠르다는데, 산모에게 이런 방을 배정한 김 원장의 의학지식이 이 수준밖에 안 되나 원망스럽기도 했다. 습기가 많은 방에서 산후조리를 하였으니 후유증이 있을까 봐 무척 신경이 쓰였다.

지금은 산부인과 병원에서 출산한 후 퇴원하면서 산후조리원으로 옮겨 건강을 회복한 후 집으로 오지만, 당시는 산후조리원이 없어 병원에서 퇴원하면 바로 집으로 옮겨 산후조리를 해야 했다. 산후조리는 어머니가 맡아 해 주셨다.

출산 후 규정을 좇아 1개월간의 산가(産暇)를 얻어 건강을 회복했는데, 당시는 산후 휴가가 1개월로 한정되어 있어 휴가 기간이 끝나면 곧바로 출근해야 했다. 공교롭게도 산후 휴가 기간이 여름방학과 겹쳐서 담임 반 어린이들에게 피해를 주지 않았다. 학교에도 강사를 구하는 번거로움을 끼쳐드리지 않아 교장, 교감 선생임으로부터 칭찬의 말을 듣기도 했다.

이름을 지어야 해서 작명소를 갔다. 충주 양씨 32세 항렬은 물수(水)자 변인 하(河)를 돌림자로 써야 하나, 돌림자에 구애받고 싶지 않아 작명가가 좋다며 지어준 석환(碩桓)으로 이름을 정했다.

산휴가 끝나고 9월 첫날부터 연이 출근해야 했다. 석환이를 돌보는 일은 자연스레 어머니와 할머니께서 맡아 해 주셨다. 연이 직장생활을 해야 하는 연유로 모유로 키울 수가 없어 분유로 키웠다. 어머니 할머니가 정성을 다해 돌보기는 했지만, 석환이는 고맙게도 무럭무럭 건강하게 잘 자라주었다.

석환이가 성장하는 모습을 지켜보면서 아빠가 된 내 마음속에 자리 잡은 생각은, 무슨 짓을 해서라도 내가 성장할 때 겪어야 했던 가난을 물려주지 않아야 하겠다는 결심이었다.

'시골=가난'이란 잔영으로 남아 있는 시골을 벗어나 석환이가 성장하면서 자극을 받을 수 있는 도시로 진출하여야 하겠다는 생각이었다.

석환이가 태어난 곳 이천에서의 삶은 1971년 6월 1일 연이 인천시 전입 발령을 받으면서 끝이 나고, 인천시 남구 주안동 662-6로 이사를 하여 살게 되었다. 이곳은 연이 발령받은 인천용일국민학교와 인접해 있는 곳이고, 내가 세상에 태어나 처음으로 집을 지어 내 명의로 등록을 한 곳이기도 했다.

석환이는 건강하게 잘 자라주었다. 적령이 된 75년 3월 2일 용일국민학교에 입학하였다. 엄마 연이 근무하는 학교여서 학교생활도 잘 적응했다.

2학년을 마치고 77년 3월 1일 3학년 진급과 함께 인천신흥국민학교로 전학했는데, 이는 연이 용일국민학교에서 4년 9개월을 근무하고, 순환근무 규정에 따라 76년 3월 1일 자로 이동하면서 신흥국민학교로 전보 발령을 받아 옮기게 되어 엄마가 근무하는 학교로 전학을 한 것이다.

석환이가 전학을 한 신흥국민학교는 역사와 전통이 있는 학교로 창녕, 축현과 함께 인천의 3대

명문 국민학교로 알려진 곳이다. 신흥학교로의 전학은 명문 학교 때문이기도 했지만, 엄마가 직장생활을 하므로 인해 하교한 후에도 석환이가 엄마와 생활할 수 있는 환경이 만들어지지 않아, 일과가 끝난 후에라도 모자(母子)가 함께 있을 수 있는 시간을 마련해 주기 위함이었다.

석환이가 성장하면서 음악에 대한 감성을 지니도록 했으면 좋겠다는 생각이 들었다. 피아노 학원에 등록하여 연주 기능을 연마하도록 하면서, 피아노를 마련하여 학원에서 익힌 연주 기능을 집에서도 연습을 통해 신장시킬 수 있는 환경을 만들어 주었다.
그리고 자신의 소견을 다른 사람 앞에서도 분명하게 표현할 수 있는 언어 표현 능력을 길러주기 위해, 웅변학원에도 등록하여 기능을 연마하도록 하였더니, 5학년 때 웅변대회에 출전하여 최우수상에 입상하는 쾌거를 이루기도 하였다.

1980년 3월 1일 석환이가 6학년 진급을 하면서 서울여의도국민학교로 전학을 하였는데, 이는 내가 지니고 있던 보다 자극을 받는 환경에서 자녀들을 키워야 하겠다는 의지를 실현하는 일이었다. 왜냐하면 당시 여의도 주민들의 생활 수준은 비교적 안정적인 수준이어서 자녀들을 SKY대학(서울대, 고려대, 연세대)에 진학시키려는 꿈을 실현하려는 마음을 갖고 있는 분위기여서, 석환이가 이런 환경에서 성장하다 보면 자극을 받을 것이라고 생각하였기 때문이다.
여의도국민학교로 전학을 한 후 달라진 학교 환경에 적응을 하지 못할까 봐 걱정했는데, 다행스럽게도 친구들과 잘 어울리고 학과 성적도 상위그룹으로 평가받아 마음이 놓였다.
그리고 인천에서 학교 다닐 때는 3년간이나 주안동에서 신흥국민학교까지 버스를 이용해서 통학하느라고 어려움을 겪었는데, 여의도국민학교로 전학하고서는 집에서 학교까지의 거리가 불과 300여m 정도밖에 되지 않아 통학으로 인한 어려움이 해소되어 마음이 홀가분해졌다.

국민학교를 졸업하고 여의도중학교에 진학하였다. 여의도국민학교와 울타리를 경계로 인접해 있는 상황이어서 통학에 어려움이 없었다. 국민학교 동기들이 학교만 중학교로 바뀌었을 뿐, 모두 같은 학교 학생이 되어 학교생활의 적응에도 별다른 문제가 없었다. 그리고 학과 성적도 상위그룹을 유지하여 안심이 되었다.
고등학교 진학도 중학교와 4차선 도로를 경계로 자리하고 있는 여의도고등학교로 했다.
여의도고등학교 학군은 학생들의 가정생활이 안정적인 관계로, 대학 진학을 위한 학부모들의 지원이 뒷받침되는 상황이니 모두 SKY대학 진학을 위해 정진하는 분위기였다. 석환이도 무리 없이 SKY대학에 진학할 수 있는 학업성적을 유지하고 있었다.

대학 진학을 앞두고 교육대학 진학을 기대했다. 내가 교직에 종사하고 있으니 교직을 선택했을 경우, 현장에서 부딪히는 문제점에 대해 상담을 해줄 수 있겠다는 생각이 들었다. 정년이 65세까지 보장되고 공무원연금도 일반 공무원보다 교육공무원이 수령액이 많아, 퇴직하고도 노후 생활을 안정적으로 영위할 수 있겠다는 생각에서였다. 하지만 석환이는 나의 생각을 달가워하지 않았다. 부모가 모두 교직에 종사하는 가정에서 살다 보니, 못마땅한 점이 있었던 것이 아닐까 생각되어 성균관 대학교 동양철학과 진학을 희망하기에 본인의 의사를 수용했다.

대학을 졸업하고 자신이 살아가기 위해 어떤 직종을 선택할 것인지, 또 가정을 이루고 살아갈 배필이 될 사람을 정하는 문제에 대해서는, 모두 자신의 의사에 좇아 결정하도록 일체 간섭하지 않기로 했다. 왜냐하면 대학교까지 졸업했으니 이제부터는 삶의 주체가 자신이 되어야 하기 때문이라는 생각에서였다.
석환이는 대학을 졸업한 후 열화당이라는 출판사에 취직하여 열심히 근무하다가, 대학 선배가 개설한 출판사로 옮겨서 일을 했다. 그러나 사세(社勢)가 약하다 보니 쌓여가는 경력에 맞는 대우를 받을 수 없는 상황이 되어 퇴사했다.
지금은 내가 회사대표로 있는 전기 안전 점검, 경비용역, 시설관리, 청소 용역 업무를 수행하는 행복안전시스템에서 일하고 있다. 책임감을 가지고 모든 살림을 맡아 열심히 일하여, 회사가 안정적으로 운영되고 있어 참으로 다행한 일이라 생각된다.

 1998년 10월 31일은 석환이가 결혼식을 올린 날이다. 며느리는 석환이가 자신의 배필로 맞아들인 홍(洪)이다. 주례를 맡으셨던 분은 내가 충주사범병설중학교를 다닐 때 사범학교 선생님으로 근무하시다가, 서울대학교 사범대학 교수로 계신 김종서 박사님이셨다.
충주사범학교 학생이었던 제자들이 주례를 맡아주십사고 부탁을 드리면, 기꺼이 받아들여 주셔서 주례로 모시게 된 것이다.
결혼식장은 양천구 목동 9단지 부근 신정 웨딩파크 예식장(신정1동 1026-3)으로 정했는데, 내가 강서교육청에서 근무하였던 연고로 인해, 축하객들이 교육청 관내 강서구 양천구에 소재한 학교에 근무하는 선생님들이 많으리라 여겨져 가깝고 찾아오기 쉬운 곳을 택했기 때문이다.

 새로 맞아들인 며느리 홍이는 바지런하고 생활력이 강해 살림을 잘 꾸려가고 있다. 요즘도 금요일부터 일요일까지 주말이 되면 판매 요원으로 도움을 요청하는 업체가 있어, 부름에 응답하여 열심히 기능을 살려 판매 활동을 펼치고 있다. 자신을 필요로 하는 사람들에게 도움을 주고 자신의 실익도 추구하며 지혜롭게 살아가고 있다.
석환이가 결혼하여 가정을 꾸린 후, 난 머지않아 손자를 낳아 할아버지 할머니에게 기쁨을 안겨줄 것이라는 기대에 부풀어 있었다. 하지만 5,6년이라는 시간이 흘러갔는데도 감감무소식이었다. 그래서 한식날 고향 충주에 모셔놓은 조상님 산소로 성묘를 아들과 같이 가며, 아기는 언제 낳을 계획이냐고 물어보았더니 "아이를 키울 자신이 없는데 무엇하러 낳느냐?."며 부정적인 대답을 했다. 너무나 의외의 대답에 나는 말문이 막혀 더 이상 대화를 이어 갈 수 없었.

 얼마간의 시간이 흐른 후, 매일 6시에 봉헌되는 아침 미사에 참례하면서 떠오른 생각이 "손자를 낳도록 아들과 며느리에게 은총을 베풀어주시기를 기도드려야 하겠다"고 생각하고 기도를 드리기 시작했다.
그러던 중 2010년 5월 14일, 연의 생일을 맞으며 가족이 모여 식사하는 자리가 마련되었는데, 그 자리에서 며느리 홍이가 임신했다고 석환이가 발표했다.

내가 매일 미사를 참례하며 기도를 드린다는 것을 아들 내외에게 알리지 않았는데도, 아이를 낳지 않겠다던 석환이가 임신한 사실을 공지하다니……. 너무도 놀랍고 내 기도를 하느님이 들어주셨다는 것에 대해 너무너무 감사함을 느꼈다.

그리고 12월 15일 며느리가 옥동자를 낳았으니, 이는 주님께서 우리 가정에 축복을 내리신 것이라는 믿음을 가지지 않을 수 없는 사실이 되었다.

주님의 축복으로 태어난 손자 시우는 벌써 중학교 3학년에 재학 중인데, 건강하고 영리하여 할아버지 할머니의 희망이다.

나는 내 기도를 들어주시는 주님께 요즘도 기도를 드리고 있는데, 그것은 아들 석환이가 결혼할 때 홍이가 세례를 받고 성당에서 혼배성사를 받았어야 했는데, 축하객들의 편의를 우선시하여 결혼식장을 성당으로 정하지 않고 예식장으로 정하여 거행하다 보니, 혼배성사를 받지 못한 것이 나에게는 미해결의 과제로 남아 있어 이 과제가 나의 생전에 해결되기를 바라는 기도이다.

그리하여 나는 매일 미사에 참여하며 아들 석환이가 주님께 대한 믿음을 회복하여, 며느리 홍이와 손자 시우가 세례를 받아 성가정을 이루고 복된 삶을 살아가도록, 은총을 베풀어주시기를 간절한 마음으로 지속해서 기도를 드리고 있다.

(2). 둘째 아들 석재

둘째 아들 석재를 낳은 것은 1971년 4월 24일이다. 장인 장모님이 인천시 부평구 삼능에 살고 계셔서, 연(娟)이 해산달이 되어 처가에 머무르다가 산통이 생기자 가까이 있는 부평성모병원(지금은 인천성모병원으로 병원명을 개명했음)에 입원하여 출산한 것이다.

나는 1970년 9월 1일 인천시로 발령을 받아 만석국민학교에 근무하고 있을 때인데, 수업이 끝난 후 핸드볼부를 맡아 지도하고 있었던 터라, 퇴근 후 출산을 위해 연이 입원하고 있는 병원의 산실을 찾아가 옆에서 지켜보고 있었다. 어찌나 잠이 쏟아지는지 참아내느라 어려움을 겪었던 일이 기억으로 남아 있다.

연이 산통(産痛) 끝에 3시 24분경 출산을 했다. 출산 3일이 지난 후 퇴원하고 이천으로 돌아와 산가(産暇) 1개월을 보낸 후, 재직하고 있던 이천남국민학교에 출근을 했다. 이름은 석(碩) 자를 돌림자로 하여 석재(碩:클 석, 宰:재상 재)로 지었다.

1971년 6월 1일, 연이 인천시 용일국민학교로 전보 발령을 받아 학교를 옮기면서, 석재 육아를 위해 학교에서 가까운 주안2동에 셋방을 얻어 이사를 했다. 연이 학교에 출근한 후에는 어머니와 할머니께서 석재를 정성껏 돌보시며 키우셨는데, 고맙게도 석재는 건강하게 잘 자라주었다.

1973년 10월에는 주안 2동 662-6번지에, 내가 직접 지은 세 칸 방과 넓은 거실이 마련된 집으로 입주를 하였다. 남의 집 셋방살이를 면하고 형 석환과 함께 넓은 집에서 마음껏 뛰놀며 건강하게 성장했다.
석재가 1학년에 입학한 것은 1978년 3월 2일이다. 연이 1976년 3월 1일 자로 신흥국민학교로 전보 발령을 받아 근무하고 있어서, 통학 거리가 멀기는 하지만 엄마가 근무하는 학교에 다니면 엄마와 접촉할 수 있는 시간이 늘어나 성장에 도움이 될것이라고 생각하고 신흥국민학교에 입학한 것이다.

하지만 입학 초기부터 엄마 출근 시간에 맞추어 등교하면, 학교에서 1학년들의 일정(日程) 운영 시작 시각보다 일찍 등교하니 낯선 환경에서 혼자만 고립되어, 1학년 일정 운영 시작 때까지 기다려야 하는 상황이 되었다. 1학년 일정 운영 시각에 맞추어 등교해야 하는데 등교길도 익히지 못한 데다가, 혼자 버스를 타고 등교를 해야 하는 어려움이 따르기 때문이었다.
등교하는데 도우미가 필요해 고종사촌 동생 필섭이의 도움을 받아 등교와 하교를 했다.

1학년들의 입학 초기의 학교 적응 교육이 끝나고 교실에서 정상적으로 학교 시정표에 의해 일과가 시작된 후에는, 연의 출근 시간에 석재도 함께 등교하여 생활하게 되었다. 학교생활에 잘 적응하여 다행이었고, 귀가하는 일은 연이 퇴근할 때 같이했다.
석재의 신흥국민학교 생활은 2학년을 끝으로 매듭짓고 서울로 이사를 하면서, 3학년은 여의도국민학교로 전학하여 새롭게 시작되었다. 집 가까이에 학교가 있어 통학에 따른 문제점이 없었고, 전학으로 학교 환경과 반 동무들이 바뀌었지만 잘 적응하여 친구들과 잘 어우러져 생활했다. 석재는 성격이 활달한 편이고 외향적이어서 반 동무들과 즐겁게 어우러져 생활하는 편이었다. 그러다 보니 반 동무들에게 자장면을 대접하고 싶은 충동을 느꼈던지, 급한 마음에 엄마의 허락도 받지 않고 지갑에서 돈을 꺼내서 친구들에게 자장면을 대접하는 일이 발생했다. 이로 인해 엄마에게 꾸지람을 들었는데, 앞으로는 필요하면 엄마에게 사전에 이야기하고 돈을 받아서 쓰도록 하라는 당부의 말을 듣기도 했다.

석재의 학교생활은 이처럼 친구들과 어우러져 즐겁게 생활하는 것에 더 무게를 두다 보니, 학과 성적이 두각을 드러내지는 않았지만 그렇다고 하위그룹으로 뒤처지지는 않았으며, 국민학교 생활을 마치고 중학교는 윤중중학교로 배정을 받았다.
윤중중학교로 배정을 받았으니 집에서부터 학교까지의 통학 거리는 훨씬 멀어졌다. 그리고 급우들도 윤중국민학교 졸업생들이 더 많아졌다. 하지만 친구들이 여의도국민학교 졸업생에 윤중국민학교 졸업생까지 교분이 넓혀지면서, 친구들과 어우러져 즐겁게 생활하는 행태는 지속적으로 이어졌다. 게다가 사춘기에 접어들었으니 학과 공부보다는 친구들과 어우러져 노는 즐거움에 더 빠져들어 있었던 것이다.

중학교 3학년 담임선생님이 10월에 나에게 전화를 걸어왔다. 내가 교육계 선배이고 전문직으로 근무하고 있으니, 자신의 책임을 다하기 위해선 나와 상담을 해야 되겠다고 생각하고 전화를 걸어 온 것이었다.

만나서 차를 나누며 선생님이 들려준 이야기는, 석재가 학과 성적이 현재 수준에 머물러 있으면 서울 소재 고등학교에 진학하기도 어려운 상황이어서 알려드리려고 뵙자고 했다는 것이었다.
 나는 선생님에게
"알겠습니다. 앞으로 성적 향상을 위해 신경을 쓰겠습니다."
 하고 대답하였더니 선생님은
"오늘 선생님을 만났었다고 석재한테 말씀해 주세요"라고 말했다.
선생님 말씀대로 그날 저녁에 석재에게 담임선생님을 만나 면담을 했다고 들려주면서, 성적 향상을 위해 노력을 더 기울였으면 좋겠다고 당부했다.

 다행스럽게도 졸업과 동시에 여의도고등학교에 진학을 해서 시름을 덜게 되었다. 하지만 친구들과 어우러져 노는 행태를 벗어나지 못해서, 고등학교 2학년 때까지도 학과 성적이 상위 그룹에 발돋움하지 못하고 하위그룹에 머물러 있었다.
참으로 난감한 상황이었다. 이 같은 현상이 계속된다면 서울에 있는 대학 진학도 어려울 것이라고 생각되었기 때문이었다. 고민고민 하다가 이종사촌 처남인 권순복 선생의 도움을 받아 보기로 하고 상담을 요청했더니, 흔쾌히 응답하여 상담이 성사되었다. 권 선생은 인천대건 고등학교 영어 교사로 근무했고, 3학년 담임을 하며 진학지도를 한 경력도 있어 도움이 될 것이라는 생각을 했다. 고맙게도 자신이 직접 석재를 지도해 보겠다고 의견을 제시했다.

 3학년이 된 후 1주일에 두 번씩 오후에 내방 하여 영어를 중심으로 석재에게 과외지도를 했는데, 고등학교에서 진학지도를 한 경력과 노하우를 적용해서였는지, 석재의 학과 성적이 놀랍게 향상되어 반에서 17위까지 올라가는 이변이 일어났다.
대학 진학은 건국대학교 부동산 학과에 입학원서를 내 보겠다고 했다. 입학 상담을 하러 오라는 연락을 받고 담임선생님을 찾아뵙고 건대부동산 학과 진학을 희망한다고 말씀을 드렸더니, 난감한 표정을 지으시며 호응을 해주지 않았다.
진학에 대한 확정을 하지 못하고 귀가한 후 권 선생과 통화로 상담을 하였다. 석재가 원한다면 원하는 학과에 진학을 하도록 결정하라고 권하며, 본인이 원하는 학과에 원서를 내면 예상외의 성적으로 합격하는 경우도 종종 있다고 권하기에, 부동산 학과에 입학원서를 제출했다.

 권 선생의 예상은 적중했다. 석재가 건대 부동산 학과 입학시험에 합격했다. 입학시험 합격자 발표가 있던 날, 불안한 마음으로 합격자 발표 결과를 확인하러 갔는데 명단에 양석재 이름이 있어 뛸 듯이 기뻤다며, 귀가하다가 혹시 명단을 잘못 본 것이 아닌가 하고 다시 가서 확인해 보니 틀림없이 자신의 이름이 있어 안심하고 귀가했다는 이야기를 들려주었다.
1998년 IMF 사태를 맞아 대학 졸업생이 취직을 하기가 쉽지 않았는데도, 석재는 졸업과 동시에 바로 부동산 관련 업종에 취직을 하였다. 전문성을 살려 지금까지도 같은 업종에서 열심히 일하고 있다. 회사에서 가장 젊은 나이에 이사로 승진하여 적응해 나가는 모습을 보면서, 가끔 '인생은 성적순이 아니잖아요' 하는 말을 떠올려 보곤 한다.

석재가 결혼한 것은 2001년 5월 27일이고 식장은 서초구 양재동에 있는 강남문화센터로 정해서 했다. 배필로 맞아들이는 신부 한미령이 대구에 사는 아가씨여서, 대구에서 결혼식에 참여하는 가족과 축하객이 쉽게 찾을 수 있는 곳이라 여겨졌기 때문이었다. 결혼을 하기 전 시부모가 될 어른들께 인사를 하겠다고 하기에 63빌딩에서 만났다. 행복한 가정을 꾸려나가기 위해서는 가톨릭 신앙을 가져야 된다는 주문을 했는데, 주문을 받아들여 세례를 받고 신가가 된 것은 참 현명한 판단이었고, 기특하게 여겨지는 일이었다.

석재는 2003년 5월 29일에 서윤이를, 2010년 7월 18일에 승준이를 낳았다. 서윤이는 미국에 유학 중이고, 승준이는 중학교 3학년에 재학 중인데 모두 건강하게 지혜롭게 잘 자라고 있어 집안의 보배이다.

(3) 사랑이 담긴 두 아들의 편지

娟과 결혼하여 사랑의 결실로 낳은 석환(碩桓), 석재(碩宰) 두 아들은 성장하면서 부모에게 감사한 마음을 담아 또 자신들이 몸도 마음도 건강하게 성장하고 있음을 확인시켜 줌으로써 부모의 자식 걱정을 덜어 보려는 효심을 담아 보낸 편지를 받았는데, 자식들의 마음을 읽을 수 있는 것들이어서 옮겨 보았다.

▶ 부모님께

5월 8일 어버이날이 돌아왔어요. 일 년에 한 번 이렇게 편지를 올리는 것이 너무도 쑥스러워요. 13년간이나 저를 위해 희생해 오셨는데, 일 년에 편지 한 장은 너무 부끄러워서……. 2학년 때 우등상을 받았을 때 기뻐하시던 모습, 작은 일에도 흐뭇해 하시던 모습이 떠올라요.
그리고 석재와 싸울 때, 성적이 떨어졌을 때 화 내시던 모습, 새삼 모든 일이 눈에 선해요. 흰머리 주름살이 늘어나신 얼굴……. 그러나 이젠 키도 엄마보다 크고, 자신의 일은 처리할 줄 아는 석환 이로 자랐잖아요. 이제 중학교 3학년, 석재에겐 형으로 잘 보살피고 할머니 일도 거들어 드리는 그러한 석환이가 되겠어요.
그리고 공부도 열심히 하는 석환이가 되어서 은혜에 보답하도록 노력하겠어요.

1983년 5월 6일. 석환 올림

▶ 부모님께

점점 푸르러 가는 5월입니다. 저희 자식들의 마음도 5월의 신록처럼 푸르러 가고 있습니다.
작년에는 국민학생으로서 어버이날을 축하드렸지만, 지금은 중학생으로 어버이날에 부모님들을 축하해 드립니다.
별로 아버님 어머님을 기쁘게 해드린 것도 없고, 다른 사람들의 자식보다 별로 나을 것도 없는, 이 떳떳치 못한 놈을 이제까지 길러주신 은혜 갚지도 못하고 불효할까 두렵습니다.
저는 하루에도 몇 번이고 다짐합니다. '요번 달에는 공부 잘해서 엄마 아빠가 놀라게 해드려야지'하고요. 그러나 매번 실패합니다. 그러면서도 매일 놀기만 하는 나의 처지가 내가 생각해도 한심합니다.

부모님, 저는 어머님 머리에 흰머리가 늘어났을 때 마음이 뜨끔했습니다. 어머니 머리칼이 하나, 둘 빠져 갈 때마다 어두워 갔습니다. '내가 언젠가는 큰사람이 되는 걸 보시고 눈을 감으셔야 하는데' 하고, 그때마다 생각했어요. 아직은 응석받이, 개구쟁이, 말썽꾸러기로서, 저의 행동에 제약을 가하지 못하는 자식 놈을 용서하셔요. 지글지글 타가는 어머니 마음도 모르고 저의 몸은 살이 붓고, 저의 마음은 말라가고, 내가 생각해도 내가 불효자식이니…….

앞으로 5월 5일은 어린이날입니다. 그러나 나는 어린이가 아니라서 축하받을 권리가 없습니다. 아니 축하받고 싶지도 않습니다. 그런데 5월 8일은 어버이날입니다. 그날은 부모님께서 아무리 싫다 하셔도 꼭 축하해 드리겠습니다. 아직도 저는 부모님 마음에 차지 않는 것을 느끼고 있습니다. 제가 어리석은지도 모르죠. 하지만 이번부터는 다릅니다. 이번 중간고사에 아니 앞으로 계속 어머님 아버님의 마음에 철철 넘쳐흐르도록 힘차게 해 보겠습니다.

어머님 아버님의 자식으로서 또 인간 양석재로서 어머님 아버님께 앞으로라도 효도해 드리겠습니다. 하느님께서 어머님 아버님께 축복을 내리시길…….

1984.5.3. 불효 자식이 올림

▶ 엄마 아빠께

효도를 실천하지 못하고 걱정만 끼쳐드려서 죄송해요.
항상 엄마 아빠를 내게 가장 중요한 존재로 느끼고 사랑하고 있어요. 항상 마음은 있지만 표현하기가 그리고 실천하기가 어려운 것 같아요. 지켜봐 주세요.
엄마 아빠가 자랑스럽게 생각할 수 있는 아들들이 되기 위해 노력하겠어요.

85년 어버이날, 석환 석재 올림

▶ 부모님 전 상서

처음 부모님을 떠나서 이제 3일째입니다. 이곳은 꽤 쌀쌀한데 그곳은 어떤지 궁금하네요. 석재, 할머니 모두 건강한지, 그리고 엄마 허리는 좀 어떤지도 궁금하고요.
저는 잘 있어요. 첫날은 입교식하고 내무반에서 옷 배부 받고 별다른 일 없이 끝났어요. 옷이 맞는 것이 있을지 걱정했는데 꽤 큰 옷도 있더군요. 둘째 날 기상해서 점호하고 '고향 예배'를 했어요. 집을 바라보고 인사하는 것인데 엄마 아빠가 생각나서 눈물이 나올 뻔했어요.

둘째 날(어제)이 제일 집 생각이 났어요. 비가 와서 빗속에서 총검술을 하는데, 꽤 처량해지기도 하고 밥은 많이 나오기는 하는데 맛은 없고, 찬도 신통치 않지만 잘 먹고 있어요. 오늘은 각개전투를 했는데 굉장히(무지무지) 힘들었어요. 기고, 구르고, 뛰고, 옷에 진흙이 묻고(물론 제일 꼴찌로 뛰었고요, 하지만 다 뛰어낸 것만으로도 스스로 대견할 정도예요.) 눈, 코 뜰 새 없이 바빠서 집 생각할 틈도 없었어요.

지금 편지를 쓰니까 다시 집 생각이 나네요. 복도에 63빌딩 사진(팜프렛)이 걸려 있는데 23동이 보여요. 집을 생각하면 이상한 생각이 자꾸 들어서 떨쳐버리려고 애써요. 집이 얼마나 편한지, 얼마나 좋은 곳인지, 정말 뼈저리게 느끼고 있어요. 엄마, 아빠, 할머니, 석재 모두 얼마나 보고 싶은지……

내일은 유격훈련하고 모래는 오전엔 교육, 오후엔 체육대회하고, 이제 이틀만 견디면 나가게 돼요. 잘 참아내고 열심히 훈련했어요. 나머지 이틀도 그럴 거고요. 자꾸 집 생각나서 이만 줄일게요.

엄마, 아빠, 할머니, 석재 모두 사랑해요.   석환 올림 1987.3.11

추신 : 편지 읽고 걱정하지 마세요. 원래 감상적인 아이니까, 그리고 연약하기만 하고, 하지만 잘 참아내고 있어요. 씩씩하게.

▶ 부모님께

이제 고등학생입니다. 허우대만 멀쑥하게 크고 생각은 아직 어린애 티를 벗지 못했지만, 그래도 고등학생이라는 딱지를 붙이게 됐습니다.

초등학교, 중학교에 다니면서 언제나 공부, 그 공부라는 것 때문에 언제나 저와 부모님 사이에는 기쁨보다는 걱정이 많았습니다. 지금도 그렇고요. 무엇 때문인지 모르지만 언제나 제 머리에는 공부 이외에 '집 생각'이라는 게 머리를 떠나지 않고, 그것 때문에 공부를 잘못하는 게 확실한 것 같습니다. 머리가 너무 좋은 탓인지……. 천재는 게으르다 하잖아요.

형은 만족할 만큼 얻질 못했고 이번엔 제 차례인데 지금 저의 성적으로는 힘든 것이 사실입니다. 성적이 쭉쭉 올랐으면 나도 시원하겠는데, 나는 어떤 수준에만 올라서면 안심을 해버리는 성미라서, 성적이 또 내려가고 이번 중간고사는 그래도 어떻게 해 보려고 하긴 하는데~ 성적이 반으로만 올라갔으면 좋겠지요. 하지만 중간고사는 15등이 목표이고 학기 말에 가서는 10등 진입을 한 번 해 보겠습니다.

그런데 제가 바라는 건 학교 갔다 와서 한두 시간만 자게 내버려 두셨으면 해요. 두세 시간 자고서 졸음을 쫓고 나면, 그래도 공부가 될 성싶은 게 제 생각입니다.

언제나 성적 올린다는 이야기만 하고 그것이 또 거짓이 되어 버리고, 또 하고, 또 거짓이 되고, 이러기엔 제 자존심도 다 뭉개져 버렸습니다. 자존심이 없다면 사내자식도 아니겠지요.

저는 사내자식이니까 자존심을 세워 보겠습니다.

그럼 이만 줄입니다.   87.4.24. 막내가 드립니다

▶ 부모님 전 상서

아버님, 어머님 구정은 잘 보내셨는지 궁금하네요.

아버님, 어머님의 둘째 아들 석재는 훈련소에서 건강하게 보내고 있습니다. 아직 훈련에 들어가지는 못했고, 입소대대에서 2월 6일까지 대기하다가 논산훈련소 내에서 2월 6일

이후부터 오늘까지 대기 중에 있습니다. 수술한 자리도 완쾌되었고 감기 따위는 걸리지도 않았어요. 제가 누구 자식인데 감기가 걸리겠습니까. 그런 걱정은 하지 마세요.
구정 때에는 입소대대, 그러니까 어머님 아버님과 함께 왔던 곳에서 떡과 과자까지 나왔습니다. 잘 먹고 있어요. 어머님이 만드신 만두를 먹지 못하는 것이 조금 아쉽네요. 아버지는 아직도 밤늦게까지 일하시는지 궁금하네요. 입대하기 전까지 아버님보다 일찍 자고 늦게 일어나는 것이 아무 느낌이 없다가, 이곳에 오게 되니까 부끄럽고 죄송하게 느껴집니다.

이곳에서의 생활은 하루하루가 입대하기 전의 나의 나태했던 생활의 반성이고, 새로운 생활로의 적응입니다. 규칙적인 생활 덕에 몸이 건강해졌어요.
입대하던 날 제가 스탠드에서 운동장으로 떠날 때 아버님이 '믿는다.'고 하셨을 때의 말씀이 매일 매일 힘들 때마다 떠올라서 제게 힘을 갖게 합니다. 그날 밤 자기 전에 어머니 걱정 많이 했습니다. 많이 우실 것 같아서요. 저 힘든 일 없이 잘 지내니까 걱정하지 마세요. 확실히 나는 부모님 덕에 잘 나서 그런지 중대 행정반에 불려 다니면서 일도 합니다.

아버님 덕에 체력도 좋아서 새벽마다 윗도리 모두 벗고 뛰는 구보가 상쾌하기만 해요. 배도 들어가고 가슴과 어깨는 눈에 띄게 단단해졌어요. 어머님의 걱정하실 모습이 눈에 선해서 가끔은 코끝이 찡해오기도 하지만, 편지 드린 뒤에는 속이 편해질 것 같아요. 춥다고 걱정하거나 다칠까 봐 걱정하는 그런 어머니에게 이렇게 건강한 모습으로 잘 있다고 전하게 되니까요. 아버님에게도 전해주세요. 아버님이 믿는 만큼 잘 해내고 있다고요.
너무 늦게까지 일하지 마세요. 조금 자중하셔서 건강 유지하셨으면 하는 바람입니다. 제가 제대하기 전까지 두 분 다 입대하던 그 날의 모습 그대로 계셨으면 좋겠네요.

형은 잘 지내고 있는지 궁금해요. 늘 생각 깊게 생활하려던 형의 모습이 왠지 얼차려 받을 때 생각이 자주 납니다. 형은 이것을 어떻게 받았을까? 아이고 힘들다. 그리고 얼차려가 끝나면 씩 웃으며 생각합니다.
우리 형이니까 물론 이겨냈겠지, 그러니까 나도 견뎌야지. 집안 식구, 모두가 제게는 힘이 됩니다. 청주에서 본 할머니의 깊게 파인 주름살이 몹시 걱정되지만 그래도 웃으시는 환한 모습을 떠올리곤 합니다.

날씨가 추워진다고 해서 걱정하는 것은, 어머님 아버님뿐만 아니라 저도 합니다. 춥지 않게 해서 다니세요. 훈련 끝나고 부모님 뵙게 될 때, 어머님 흰머리가 늘어났다면 나 화낼 거예요. 건강하게 지내세요.
부모님, 형 모두를 사랑하는 석재가 드려요.   1992년 2월 9일
 PS. 답장하시려면 23연대 7중대(7 교육 중대) 2소대 훈련병으로 하셔요.

▶ **보고 싶은 부모님께**
이제 제가 집 떠난 지 열흘하고 삼 일이 지났습니다. 날씨가 아직도 차가운데 두 분 건강이

근심이 되는군요.
저는 이곳 생활 덕에 날로 건강해지고 있습니다. 아버지 말씀대로 배가 고파도 과식하지 않고 적당히 먹고, 시키는 대로 열심히 체력 단련도 하고 있습니다. 꼭 람보가 되어가는 것 같아요.

 할머니는 어떠신지 궁금합니다. 떠날 때마다 우시곤 하시는데, 왠지 전보다 어깨가 더 야위신 것 같아 보여서 걱정이 많이 되었습니다.
어머니 제가 없다고 자주 우실 것 같아서 걱정이 많이 되네요. 엄마! 나도 안 울고 열심히 하고 있는데 엄마가 울면 어떻게 해. 엄마가 울고 있으면 나도 여기서 눈물이 나오니까 엄마가 울지 말아야 나도 안 울어. 눈물 흘리면 안 돼. 엄마.

 여기 있으면 제일 섭섭하고 하고 싶은 것이, 어머님, 아버님, 할머님 불러보거나 형, 형! 하고 장난칠 사람이 없는 게 제일 답답해요. 그것 빼고는 모두 견딜 수 있습니다.
오늘은 총검술을 했는데, 제가 우리 소대에서 가장 많이 했습니다. 총검술로 체력 측정을 했는데 내가 일등 한 셈이지요. 이렇게 튼튼하게 버티고 있으니까 걱정 마셔요.

 이곳에 있으면 늘 부모님 걱정, 형 걱정, 할머니 걱정이 많이 됩니다. 늘 저녁 늦게 주무시는 아버지, 힘이 드시는 어머니 조금 자중하셔요. 제발 흰머리 더 생기면 안 돼요.

 그리고 부탁이 있는데, 주민등록등본 한 통 보내 주셔요. 선거 때문에 필요한가 봐요. 이사 갈 경우에는 선거 전까지 퇴고 신고를 하면 안 되는가 봐요. 신경 써 주세요. 이만 시간이 없어 줄입니다.
1992.2.12. 석재가 드려요

▶ 어머니, 아버지, 형 보세요.

 어제 어머니 편지 받았어요. 조금 고된 훈련을 받고 나온 뒤에 편지를 받아서인지 눈이 조금 시큰해졌어요.
오늘까지 훈련 모두 열다섯 번째까지 끝마쳤어요. 삼 분의 일이 넘게 지나간 셈이지요. 눈 깜짝할 새에 모든 게 지나가고 있어요. 정신이 없습니다. 그래도 튼튼해지는 어깨 팔뚝을 보면서 조금씩 우쭐해지기도 해요.

 이곳에서 뜻밖의 일이 있었어요. 내가 속한 연대에 우리 과 선배하고 행정학과(우리학교)에 다니던 내 친구가 있었어요. 우리 과 선배는 병장에 다음 달 15일 제대고 내 친구는 상병이었죠. 덕분에 과자하고 음료수를 배터지게 먹었어요. 먹다 남은 것은 우리 소대 애들에게 주고요.

 논산훈련소는 다른 훈련소보다 편하고 시설이 좋아요. 훈련받을 때도 언제나 50분 훈련, 10분 휴식을 꼭꼭 지켜요. 덕분에 시간이 잘 가요, 훈련하다가 힘이 들 만하면 쉬고, 힘이 들 만하면 쉬니까 훈련이 지겹지가 않아요.
그리고 10시에 취침, 6시에 기상을 매일 반복하게 되니까 정말 좋아요. 6시만 되면 잠이 확깨고 빠릿빠릿하게 옷 갈아입고 나갑니다. 그리고 체조하고, 구보하고, 세면하면 7시가 돼요. 한 시간 동안 밥 먹고, 내무반 청소한 뒤 8시부터 교육에 들어갑니다. 그리고 정신없는 오전, 오후 교육이 끝나고 저녁을 먹고 7시부터 8시까지 자유 시간을 줘요. 그리고 한 시간 동안 내무반에서 교육받은 뒤 취침 점호, 10시에 눈을 감습니다.

이것이 제 하루예요. 매일매일 규칙적으로 생활하니까 정말 좋아요. 전에는 10시쯤 되어서 부스스 일어나고 밤늦게 집에 오는 것이 제 일과였는데, 이제는 규칙적으로 일어나고 자고 허니까 저도 신기해요.
이제 개학하고 새로운 학기를 맞게 되네요. 그만큼 또 바빠지실 테고, 저녁 시간에 조금은 지친 얼굴로 돌아오실 어머니 얼굴이 눈에 선해져요. 또 아버님의 약간 피곤해 보이는 어깨가 여기서도 느껴져요. 두 분 모두 저에게 자랑스러운 분입니다. 그러나 그만큼 또 걱정이 돼요. 자중하셔서 건강 유지하는 것이 저에게는 가장 큰 바람입니다.

그리고 형, 언제나 나에게는 조금 두려운, 그러나 나에게 가장 인간적인 모습들을 많이 보여줬던 형, 이제 형도 사회인이 되는 것이 얼마 안 남았네. 그만큼 서운하고 힘 드는 일이 없을 것 같지만, 그래도 내가 제대했을 때 뭔가 보람 있는 일을 하고 있을 형의 모습을 기대할게.
이곳도 마지막 추위가 지나가고, 날이 점점 화창해 지고 있어요. 건강 주의하시고 마음 편히 계세요. 저는 언제나 아버님 어머님 형의 곁에 있어요.

1992. 2월 27일. 훈련병 석재가 드려요

▶ **아버님 어머님 보셔요.**
전에 편지 드릴 때 시간이 급해서 드릴 말을 다 못 드렸어요. 다시 적어 올립니다. 훈련이 거의 끝나고 마지막 관문인 행군이 오늘입니다. 입대한 지 벌써 한 달이나 되었는데 꼭 어제 같아요. 지금도 자다가 눈을 뜨면 어머님이 빨리 일어나라고 또 한 소리하실 것 같은 착각이 들기도 해요.

어머님의 그 소프라노 성의 말씀, 조금 있으면 다시 듣게 되니까 조금 참고 있을게요. 어머님 편지 받았습니다. 아버님도 오신다니 시간이 어떻게 비시는지 모르겠네요. 하긴 어머님 혼자 오시기에는 조금 먼 길이기도 하고, 저도 솔직히 아버님 다시 뵙고 경례를 올리고 싶기도 합니다.
오는 3월 23일 면회 시간에는 저번 편지에도 말씀드렸지만, 제가 입대했던 입소대대가 아닌 훈련소 본부 연병장입니다. 논산훈련소 정문으로 오시면 안내판이 설치되어 있을 겁니다.

그럼 어머님이 준비해 올 음식을 적어 올리겠습니다. 히히. 우선 어머님의 만두 좀 해주세요. 그리고 김치볶음밥, 밥 볶는 김에 식용유 조금 더쳐서 굴이나 감자전 조금 싸 주세요. 호박전도 좋고요. 우선 이런 것들이 제일 먹고 싶어요.

또 고기 구워서 먹으려면 부르스타랑 바닥에 까는 장판도 가져오셔야 합니다. 그리고 어머님, 시간이 있으면 냉커피 조금 타 주세요. 훈련이 끝나고 배가 출출할 때 제일 먹고 싶었던 것이 김치에 두부 넣은 만두하고, 어머님이 잘 만드시는 시원한 냉커피가 제일 많이 생각나요. 오실 때 아마 식수가 모자랄 것 같으니 물도 가져오시는 것이 좋을 듯합니다. 더 적으면 어머님 힘드실 것 같네요.

그리고 형, 형은 오게 되면 엠브이피 초크렛, 더블베리랑 트윅스, 스닉커즈 초크렛 좀 사 오면 좋겠네. 더 쓰면 가져오기 힘들 테고 나도 뱃속이 모자랄 것 같아서 이만하겠습니다.

먼저 편지에 적어 올린 대로 면회 접수증이 있을 때만 면회가 가능합니다. 그 종이 쪼가리가 없으면 저는 아버님 어머님 뵙지 못합니다. 부디 잘 보관해 주세요.
편지 자주 못 드려서 죄송해요. 훈련이 다 끝나가는 시간인 만큼, 이제 원만한 훈련은 힘이 들지 않습니다. 꼭 람보가 된 것 같아요. 살이 빠지지 않고 모두 근육이 되어서, 체격이 예나 지금이나 비슷해요.

오셨을 때 어머님 흰머리하고 주름살이 늘어났다거나, 아버님 주름살이 깊이 패었을 시, 저는 그 자리에서 엉엉 울어버릴 겁니다. 거짓말 아니에요. 꼭 제발 제가 입대할 때 뵌 그대로 이시기를 바라요. 봄이 오긴 왔지만, 아직 쌀쌀해요. 그래도 가족들을 조금 기다리면 볼 수 있다는 것을 생각하면 저는 금방 훈훈해집니다.

오늘 있는 행군을 씩씩하게 마치고 기다리겠습니다. 형도 살 조금 빼고 늘 생각했던 것처럼 성실하게 생활하기를 바래.
야밤에 취침 시간에 쓴 편지라서 글씨가 엉망입니다. 이해해 주세요. 이만 줄입니다. 몸 마음 편히들 계셔요.

1992.3.17 훈련병 석재가 올립니다

▶ **부모님께**
늘 부족함에 부끄럽지만 그래도 애쓰려는 저희 모습 계속 지켜봐 주세요.
건강하시고요.

2000.5.7 석환, 석재

4. 금혼(金婚)을 맞으며

주변에서 금혼을 맞은 사람들의 이야기를 전해 들으면, '부부가 해로하며 참으로 오래도 살아왔구나.'하고 생각하곤 했지만 내가 금혼을 맞는다는 것은 그렇게 현실로 느끼지 못하며 살아왔다.

하지만 빠른 세월의 흐름은 2018년 2월 26일을 내 앞에도 오게 만들었다. 이날이 1968년 2월 26일에서 시작하여 50년이 되는 날 결혼 50주년, 즉 금혼을 맞은 것이다. 금혼을 맞으며 연(娟)과 한 가정을 이루고 살아온 50년을 돌아보며 갖게 되는 나의 소회는 감사함이다.

첫 번째는,
나를 남편으로 맞아준 연에 대한 감사함이다. 서울의 명문 여고인 경기여자고등학교 졸업생이 시골 출신인 나를 배필로 맞아주다니…. 지금 생각해도 감지덕지(感之德之)한 일이다. 경기여고 재직하시는 선생님들은 학생들에게, '너희들은 경기여고를 졸업했다는 사실 만으로도 1등 신붓감의 자격을 구비 하게 되는 것'이라며, 자긍심을 심어주었던 터라 명문고에 명문 대학을 나온 청년이거나, 지체가 높은 분들의 아들이거나, 경제적 여건을 구비 한 내로라하는 남성들을 남편으로 맞이할 수 있는 호조건을 지녔는데도, 시골에서 나고 자라 세상을 보는 시야가 좁고 학력도 사범학교를 나왔지만 고졸 수준 학력이며, 경제적으로도 가난이 뚝뚝 떨어지는 불비한 여건인데다, 가족관계도 시조모를 모셔야 하고, 시아버지는 딴 집 살림을 차리고 사는 볼 상 사나운 가정이라 어느 모로 보아도 달갑게 맞아줄 대상이 아닌 나를, 배필로 생각하고 받아들여 준 것이 나의 입장에서는 과분하고 황공할 뿐인 것이었다. 그러니 어찌 감사한 마음을 갖지 않을 수 있겠는가?

두 번째 감사한 일은,
나의 자존심을 지켜준 일이다. 가정적으로 여러 가지로 불비 한 조건이었던 나는 은연중에 연(娟)에 대한 열등의식을 가지고 있었다. 그러다 보니 연이 나의 가정사에 대한 불평불만이 표출되지 않을까, 신경을 쓰며 살아왔던 것이 현실이다. 너무나도 갖추어지지 않은 가정 여건에 관해 연의 불평불만이 어찌 없을 수 있었겠는가. 연은 가정 여건에 대한 불평불만을 속으로 삭이고, 겉으로 드러내 나의 열등의식을 자극하여 심기를 불편스럽게 함으로 인한 가정불화를 일으킨 일이 없었다. 평탄한 삶을 살아올 수 있었기에 연에게 감사한 마음을 갖는 것은 너무나도 당연한 일인 것이다.

세 번째는,
나에 대한 연(娟)의 속 깊은 배려에 대한 감사함이다. 충주에서 태어난 시골 사람인 내가 인천 서울 등 대도시에서 생활하면서 학연, 지연 등 비게질할 곳이라고는 하나도 없다 보니, 직장생활에서 나에 대한 위상관리를 위해 몸으로 부딪치며 열심히 살수 밖에 없었다. 그러다 보니 아무래도 가정생활에는 소홀함이 있었을 터인데도, 이에 대하여 불평하거나 불만을 겉으로 표출하지 않고, 응원과 격려의 메시지를 보내 주어 내가 직장생활에 몰입하여 일할 수 있는 버팀목이 되어주었다는 점이다.

또 다른 면에서의 속 깊은 배려는 내가 학력을 보충하기 위해 대학 진학을 할 수 있도록 기회를 열어 준 점이다. 1964년에 사범학교가 폐쇄되고 교육대학으로 학제가 바뀌면서, 사범학교 졸업 학력을 가지고 교단에 서는 사람들은 학력 미달 상태가 된 것이다. 미달 상태인 학력을 보완할 수 있는 길은 방송통신대학 초등교육과를 졸업하면 되었는데, 2년 과정의 출석 수업이 방학 때에만 가능했다. 네 번의 방학 기간 중 가장이 없이 혼자서 아이들과 생활하는 데서 오는 어려움이 있었으련만, 이를 드러내서 나의 마음을 불편하게 만든 일이 없었으니 오직 감사할 뿐인 것이다.

네 번째로 감사한 점은,
연과 가정을 이룸으로써 가난의 굴레를 벗어버릴 수 있게 되었다는 점이다. 할아버지 대에는 머슴 둘을 두고 넉넉한 살림을 하였다고 하나, 아버지 대에 와서는 손바닥 크기만 한 땅도 남김이 없이 다 없어졌다. 가족 다섯이 몸뚱이들만 남아 있는 알거지나 마찬가지인 상태가 되어, 가난을 벗어나는 일이 내게 부여된 절체절명의 과제였던 것이었다. 하지만 혼자의 힘으로 무(無)에서 유(有)를 창조하기란 결코 쉬운 일이 아니었다. 연(娟)을 아내로 맞아들임으로써 부부 교사가 되어 백지장도 맞들면 낫다고, 힘을 합쳐 살림을 일군 결과 빈곤의 수렁에서 벗어날 수 있게 되었던 것이었다. 그러니 연에게 감사하고 또 감사한 마음을 갖는 것은 너무나도 당연한 일인 것이다.

다섯 번째로 감사한 일은
서울에서 인천까지 3년 동안 매일 출퇴근하는 어려움을 감내해 준 것이다. 인천시 주안동에 살다가 1980년 2월 여의도로 이사를 했다. 이는 석환, 석재에게 성장 과정 중에 자극을 받는 환경을 제공해야 하겠다는, 평소 지니고 있던 나의 소신에 따라 결행한 일로 인해 빚어진 일이었다.
지금처럼 대방역에서 여의도를 운행하는 시내버스 노선이 개설되어 있지도 않아 출,퇴근 때 대방역까지 걸어서 다니는 어려움을 겪어야 했다. 전철 운행 횟수 역시 지금처럼 촘촘하게 배차가 돼 있지 않던 때라서, 전철을 기다리는 시간도 만만치 않았다. 서울 인천 간을 좌석에 앉지도 못하고 서서 출퇴근해야 하는 고통과 함께, 인천 주안역에서 버스로 갈아타고 남부국민학교까지 가야 하는 번거로움까지 감내해야 했으니 그 심적 부담이 얼마나 컸겠는가?

 게다가 연이 인천송림국민학교를 졸업하고, 경기여자중학교에 입학하여 3년을 증기기관차를 이용 열차 통학을 하였고, 이어서 경기여자고등학교 재학 기간 3년을, 또 원거리 통학을 하면서 겪었던 어려움이 있었다. 그럼에도 마음속에 잠재해 있는 통학으로 인한 트라우마로 열차를 이용한 출퇴근에 저항감이 만만치 않았을 것이라고 짐작이 가는데도, 이에 대한 불만을 토로하지 않고 묵묵히 감내해 주었으니 어찌 감사하지 않을 수가 있겠는가.

여섯 번째로 감사한 일은,
3년 동안 가장(家長)의 역할까지 맡아서 묵묵히 수행해 준 일이다. 1981년 3월 2일부터 1984년 2월 28일까지 3년간은, 내가 연천상리국민학교에서 근무하였다. 월요일 새벽 5시 반에 집을 나서 경원선 열차를 타고 상리국민학교에 출근하면, 일주일을 그곳에서 자취하면서 생활하다가, 토요일 퇴근하면서 서울 집을 향하여 오면, 4시가 되어야 도착하였던 것이었다.

따라서 집에서 머무르는 시간이 일주일 중에 고작 37시간이었고, 그중 잠자는 15시간을 **빼면** 22시간밖에 되지 않아 집안일을 할 계제가 되지를 못했다.
상황이 이러하다 보니, 가장 일까지 연이 맡아서 처리해야 하는 지경이 되었던 것이었다. 게다가 연도 서울서 인천을 출퇴근하는 기간 2년이 중복되다 보니, 그 압박감이 말로 표현하기 어려울 만큼 컸었겠지만, 내색하지 않고 어려움을 견뎌 내 주었으니 감사 또 감사할 일이었다.

일곱 번째로 감사한 일은,
아이들 앞에선 아버지의 위상을, 가족들 앞에서는 가장의 위상을 세워주었다는 점이다. 가족이 회식할 때나 친척과 회식하는 경우 식대를 계산할 때면, 연이 직접 계산대에서 식대를 계산하지 않고, 미리 내 손에 돈을 쥐여 주어 내가 식대를 계산하도록 해 주었다. 그것은 아이들에게는 가장(家長)이 아버지라는 사실을, 가족들에게는 내가 가족을 대표하는 가장이라는 인식을 심어주려는 마음씨에서 우러난 행동이었다는 점을 생각하면, 남편의 위상을 세워주기 위한 연의 현명한 처신에 감사한 마음을 갖지 않을 수가 없었다.

금혼을 맞아 50년을 살아온 내 생애를 돌아보며 떠오르는 생각은, 가화만사성(家和萬事成)이 가장 적절한 표현이라 여겨진다. 연의 세심한 배려에 힘입어 불화(不和)를 겪지 않고 평탄하게 안정적인 가정을 이루고 살아올 수 있었기 때문이다. 가화만사성의 밑거름이 된 연(娟)과 건강하게 성장해 준 석환, 석재 두 아들, 그리고 열심히 살아주고 있는 두 며느리 홍과, 미령이, 또 예쁘게 자라고 있는 세 명의 귀염둥이 손자 서윤이, 승준이, 시우 모두가 금혼을 맞은 내 행복의 초석들 이어서 모두 모두에게 감사, 또 감사한 마음을 전한다.

5. 늦게 꽃피운 娟의 숨어있던 재능

연이 교사로 근무하다가 1998년 8월 31일 명예퇴직을 했다. 부천시에 새로 지어진 아파트 단지 사랑마을의 48평 아파트 당첨으로 어머니를 모실 수 있는 공간이 확보되어, 청주 동생 집에서 요양 생활을 하고 계시던 어머니를 모시고 살기 위해서였다.
추석 명절이 10월 초에 잡혀 있어 추석을 지내고 어머니를 모셔 오려고 계획을 하고 있었는데, 어머니께서는 더 기다려 주지 않으시고 10월 6일 선종하셨다.
어머니께서 세상을 뜨시니, 어머니를 모시기 위해 33년 6개월을 근무했던 학교에서 명퇴를 한 명분이 사라져, 앞으로의 생활에서 삶의 패턴을 어떻게 정하고 살아가야 하나? 하는 문제에 맞닥뜨리게 된 것이었다.

그리하여 시간을 효율적으로 활용하기 위한 방안으로 봉사활동을 하기로 결심하고, 봉사활동에 필요한 자격증을 획득하기 위해, 2000년 10월부터 가톨릭대학교 제3기 여성 지도자 과정 수료, 재능 시 낭송협회 주관 제1회 재능 시 낭송아카데미 과정 수료, 부천시 사회복지관 주관 노인 자원봉사 강사 양성 과정 수료 등으로 재능을 신장하여 강사 자격증을 획득하는 데 심혈을 기울였다.
 이처럼 심혈을 기울여 노력한 결과, 2002년 10월 12일, 제8회 글 사랑 전국 성인 시 낭송대회에 출전하여 은상을 수상하였고, 2002년 10월 29일, 제27회 대한민국 어머니 동화구연대회에서는 동상 수상으로 동화 구연가 인증서를 받아, 어린이집에서 이야기 할머니로 봉사활동을 하였다.
 노인 자원봉사 강사 양성 과정 수료 후, 경로당 순회 자원봉사 및 레크리에이션 봉사활동에 적극적으로 참여했다.

 2008년 3월에는 천주교 서울대교구 노인사목부에서 운영하는 가톨릭영시니어아카데미 문학의 향기 두레에 입학하였다. 2010년 2월 4일 졸업하기까지 2년 동안 문학작품 읽기 및 쓰기에 매진하여, 졸업작품으로 '글 쓰는 노년은 아름답다.'(공저)를 발간하였다. 2010년 3월부터 2012년 2월까지 가톨릭영시니어아카데미 서포터즈 및 인스트럭터 과정을 공부하며 쓴 작품을 모아 공저로 'step'을 출간하기도 했다.

 가톨릭영시니어아카데미 서포터즈 및 인스트럭터 과정에 참여하여 수학하는 과정에, 문학박사 김해선 강사의 지도를 집중적으로 받으며 시(詩) 쓰기에 정진하여 여러 편의 작품을 썼다. 작품의 수준이 보통 수준을 넘는 예사롭지 않은 수준 높은 작품이라는 칭찬과 함께 시집을 발행하자며 독려해 주셨다. 이에 용기를 내어 31편의 시와 5편의 산문을 모아, 2013년 2월 19일 도서 출판 '으뜸 사랑'에서 '시계 놀이'라는 시집을 출간하는 기쁨을 맛보기도 했다.

'시계 놀이' 시집 발간을 계기로 연은 자신이 문학적 재능이 있음을 인정받자, 시 쓰기를 멈추지 않았다. 노인 사목부에서 운영하는 소설 쓰기 동아리 활동 '재능 나눔'에도 참여하여 소설가 노순자 님으로부터 소설 쓰기에 대한 강의를 들으며, 소설 쓰기에도 흥미를 느끼게 되었고, 작품을 쓰는 일도 게을리하지 않았다.
연은 이처럼 자신이 문학적 재능이 있음을 확인하고 작품을 지속적으로 써 오던 중 문예 계간 '시와 수상 문학'에서 2017년에 시행한 제39회 신인상 작품 공모때 시 부문에 '흰나비를 따라.'라는 시로 공모에 참여하여, 마침내 2017년 12월 9일 신인문학상을 수상하는 영광을 맞게 되었다. 입상 작품 '흰나비를 따라'를 옮겨 보았다.

흰나비를 따라

 뜨개질을 시작합니다.
 풀잎 하나 주워 들고 꽃잎 하나 뜯어서
 바늘과 바늘 사이를 촘촘하게 엮어 나비 무늬를 새깁니다
 한 바퀴 돌려 감는 순간 실타래 이야기가 들립니다.
 반가워 어서 와. 소리가 툭툭 튀면서
 엉키면 안 돼 속삭입니다. 너무 팽팽해도 안 돼 타이릅니다.

바늘은 쉴 새 없이 움직입니다.
한 쌍의 더듬이와 세 쌍의 다리가 꿈을 연주합니다.
풀리기 시작합니다.

여자는 리듬에 맞춰 손가락에 휘감기는 꼬불꼬불한 길을
만지작거리다가 조심스레 그물처럼 뒤집어썼습니다.
신발을 벗자 훅 날아오릅니다.

연(娟)은 신인 문학상을 수상한 전·후에는 문예 계간 시와 수상 문학사에서 개최하는
걸개 시화전에도 여러 차례 참여했는데, 시화전 참여 시 두 편을 옮겨 보았다.

제6회 인천대공원 호숫가 걸개 시화전

6월(JUNE)

하얀 냄새
트럭이 보인다.
"Hello Give Me, 초코렛도"

날리는 운동장 먼지
색동 비닐 줄넘기줄 보인다.
"와 잠자리 비행기다."

뜀뛰기 놀이 그 여름
화랑 담배 연기
녹슨 가시철망 덩굴장미에 피로 맺혀 있다.

    2017.4.29.~2017.5.7. 전시 …   제7회 인천대공원 호숫가 걸개 시화전

손가락 놀이

곰돌이네 가족 오른손에 뭉치고
호돌이네 가족 왼손에 뭉친다.

조그만 두 주먹 엄지척 검지척
초록마을 놀이터로 달린다.

미끌미끌 미끄럼
쿵덕쿵덕 시이소오
영차영차 철봉 매달리기
흔들흔들 그네 타기

짝궁끼리 손잡고 함께 또 따로
빙글빙글 지구를 돌린다.
노란 민들레 홀씨
더 높이 더 멀리 날아간다.

2018.5.19.~2019.5.26 전시

연의 작품 활동은 쉼 없이 지속되어 오던 중, 2023년에도 문예 계간 '시와 수상 문학사'에서 시행한 제63회 신인상 작품 공모 단편소설 부문에 '젖은 목소리'라는 제목의 단편소설로 응모하여, 12월 9일 또다시 신인문학상을 수상하는 영광을 맞으면서 나이가 팔순에 접어들어 있으면서도 마음만은 아직 늙지 않았음을 보여 주는 쾌거를 이루어 냈다.

젖은 목소리

1
"한번 뵈러 갈까요?"
 늦은 밤 거실에서 TV를 보고 있을 때, 사십 줄에 들어선 큰아들에게서 걸려 온 전화 받는 소리를 못 들은 척, 슬며시 자리를 피한 후부터 부쩍 말수가 줄어들고 눈을 자주 깜박거리며 아껴 쓰던 휴지를 수시로 뽑아 눈자위를 꾹꾹 누르고, 누가 볼까 두리번거리고는 얼른 코를 '팽' 푸는 어머니를 보다 못해, 내가 낮은 목소리로 여쭈어 보았다. 물끄러미 바라보던 어머니의 마른 입술에서 들릴 듯 말 듯한 소리가 흘러나왔다.
"애가 뭔 소리를 ……"
 그러면서 다시 촉촉하게 젖어 드는 눈길을 보여 주기 싫은지, 이내 고개를 좌우로 흔들며 싱크대 앞으로 가서, 온몸을 던지듯 기대고 수도꼭지를 비틀었다. 달그락 덜그럭 사기그릇 부딪히는 소리가 요란하게 들렸다.
"제가 병원으로 모시고 갈까요?"
 내 짐작으로 아들이 싫어할까 봐 엄두를 못 내는 것이 아닌가 싶어 어머니 구부린 등을 보며 다시 여쭈었다.
잠시 후, 물소리 그릇 소리 딱 멈춤과 동시에
"싫다!"
이쪽으로 돌아서지도 않고는, 평소 조용조용 하던 분이 싱크대 위의 열린 창문으로 잠겨 있던 목줄기에서 쏟아지듯 터져 나오는 말을 힘껏 내던지듯 소리쳤다. 나는 움찔 놀랐다. 그 후 두 번

다시 병원 이야기는 꺼내지도 못했다.

2.
어머니는 충청도 산골 문강리에서 열두 살, 열네 살의 어린 신랑 각시로 만나 살 때 야기를 남의 이야기 하듯, 그때 그때 떠오르는 대로 가만가만 들려주었다. 칠순을 바라보는 나이에도 얼굴이 복사꽃처럼 피면서 두 볼이 빨갛게 달아오르며 수줍어 이야기를 꺼냈다.

"마을에서 가장 금실이 좋다고 이웃들이 그랬다."
손에서 일감을 놓을 줄 모르는 어머니는 얼른 일어나 식구들의 수저통을 들고 와 은수저들을 짝 맞춰 가지런히 늘어놓고 닦으며 띄엄띄엄 이야기를 이어 갔다.

"대대로 내려오는 집안 살림살이는 넉넉하여 소싯적의 니 어르신들은 집안에 독선생을 글방에 모셔놓고 자식들 공부를 시켰다. 내가 시집을 와서도 붓글씨 공부는 여전하셨지. 풍채 좋은 그 양반은 흰 두루마기가 잘 어울렸어. 읍내로 바깥나들이 할 때는 옷을 갖추어 입으며 내 바느질 솜씨를 흐뭇해하고, 내가 들고 있던 모자를 받아쓰고는 "다녀오리다." 했어. 늘 어둑어둑하기 전에 꼭 돌아왔어. 행길 건너 마을 입구 길로 들어서면 희끗희끗 두루마기 자락을 펄럭이며 빠른 걸음으로 오는 상상을 하곤 했지.

다녀왔다는 헛기침 소리에 부엌에서 뛰어나가면 언제나 몇 겹의 신문지로 꽁꽁 야무지게 싸서 묶인 묵직한 먹을거리를 건네곤 했다. 묶음 속은 끈을 풀어보지 않아도 알아. 산골 마을에서는 생선이 귀했어. 그래서 언제나 잘 마른 생선이 들어 있어. 어느 때는 비릿하고 쿰쿰한 냄새가 코를 쥐게도 해서 서로 마주 보고 웃었다. 가끔은 울긋불긋 알사탕도 내 손바닥에 놓아주곤 했지.

첫아들을 보았을 때는 싱글벙글 알뜰살뜰 보살펴주는 모습에 니 시할머니가 보내는 눈총이 따가워 나는 이레만에 부엌살림을 해야 했는데, 그래도 할머니는 아기 기저귀 손질은 꼭 당신 몫으로 넘기는 것을 좋아하셨어. 넓은 마당 빨랫줄에 널려 햇볕에 휘날리는 첫 손자의 기저귀들을 눈부시게 바라보셨지. 그리고 미역국은 꼭 챙겨주셨어. 또 니 시어른도 틈틈이 장작을 잘게 뻐개어 부엌으로 날라다 주고, 내가 물 길으러 간 틈새에는 기웃기웃 가마솥 아궁이 불도 잘 살펴주었다. 아기는 벙실벙실 투실투실 자라 집안 식구는 물론 마을 어른들도 돌아가며 안아주었지."

여기서 잠깐 손길을 멈추고는 빙그레 웃으며 나와 눈을 맞추고
"그 녀석이 바로 에미 니 신랑이다."

은수저를 만지작거리며 이렇게 하는 이야기들은 순서를 뒤바꾸어 또 새로운 이야기처럼 하고, 나도 언제나 처음 듣는 것처럼 고개를 끄덕이며 들었으나 사실 나는 귀담아 듣지 않았다. 꿈꾸듯 하는 이야기는 영 믿기지 않았다. 왜냐하면 항상 내 머릿속을 헤매는 궁금증 때문에 그랬다.

'그렇게 금실이 좋았던 분들이 어쩌다가 돌부처도 돌아앉는다는, 하품도 옮지 않는다는 씨앗을 보게 되었을까?'

때로는 냉큼 나서서 여쭈어보고 싶은 마음으로 입이 달싹거렸지만 꿀꺽 참아야 한다는 생각을 한 것 같다. 나의 이런 속마음을 읽으셨는지 알 수는 없지만 자주 꺼내 보이지 않던 이야기를 아까운 듯 풀어 꺼낸 다음 이삼일 동안은 어머니는 웃음을 잃었다. 그럴 때는 애비의 퇴근을 기다린다는 구실로 강변 11층 아파트 베란다에 나가 기대서서 흐르는 강물을 하염없이 바라보았다. 나는 어머니 서러움에 젖은 등을 애틋하게 바라볼 수밖에는 별도리가 없었다. 그랬지만 그러다가 두 손자들의 먹성 뒷바라지로 화들짝 놀라 그들에게 맛있는 먹을거리를 만들어 먹이는 기쁨으로 웃음을 되찾고 게다가 직장생활에 매인 나의 서툰 살림을 챙겨주시느라 쉴 틈이 없음을 알아채면서 평상심을 되찾아 다시 '집안 살림에 재미를 쏟아 가시겠지' 하고 나는 미루어 생각해 왔다.

어머니와 함께 살면서 학교 문턱에 간 적은 없어도 지나온 당신 삶의 터전에서 비롯된 외유내강의 내면에 당찬 자존감을 지닌 분임을 알고 믿었기 때문에 나는 내 일에 열중하고 바쁘게 움직일 수 있었다.

3

"뭐라고?"
" …… "
"위암 말기라고? 6개월 본다고? 병원에서?"
" …… "
"알았다."

큰아들의 전화 통화 내용은 이것이 전부였지만 어머니는 위암 말기 환자가 누구인지는 예민하게 알아차렸다. 그리고 당신 스스로는 담담하려고 애썼지만 평소와 달리 허둥거림은 내 눈에 역력하게 보였다. 그래도 결국 병원에는 끝내 가지 않았다.

그러나 의사가 귀 띔 해준 6개월보다 반이 뚝 잘려 나간 3개월 조금 지나 훌쩍 떠나버리셨다는 전화는 내가 받았다. 때마침 거실에서 감자껍질을 숟가락으로 벗기던 어머니는 잠깐 손길을 멈칫하였는데 이내 가늘게 떨리는 손으로 하던 일을 멈추지 않았다. 잠시 후 먼 길의 장례식에 서두르는 우리를 멍하니 바라보더니 문득 생각난 듯 아직도 떨리는 손으로 옷을 찾아 갈아입고는 두툼하고 커다란 종이봉투를 챙겨 들고 얼른 내 뒤를 따랐다. 이제는 서로 소식 전하며 이곳저곳에서 나름 성실하게 삶을 꾸려 나가고 있는 직계가족들이 모두 모였다.
그동안 물만 조금씩 넘기고 한마디도 안 하던 어머니는 언제 준비해 두었는지 종이봉투 속의 보자기를 끌러 소복을 정성스럽게 쓰다듬어 입고 후들거리는 팔의 손끝으로 겨우 비녀를 빼어 움켜쥐고 머리카락을 풀어 내리고, 마지막 큰절을 오래 걸려 힘들게 끝낸 후 푹 엎드려 어깨가 들썩들썩하며 흐느꼈다. 내 팔뚝으로 소름이 짝 솟았다. 결국 조카의 부축으로 자리를 옆쪽으로 옮겼는데 조카는 한참을 어머니의 어깨를 감싸 안고 있었다.

그런데 그날 아버지의 세상 나들이를 끝내는 날, 나는 아주 낯선 한 소복 여인을 보았다. 끌릴 것 같은 치마꼬리를 바싹 치켜올리고, 허리끈으로 허리를 질끈 돌려 묶고는 야무지게 다물린 입 두 손 모아 깍지 꼭 끼고, 아랫배를 움켜 붙들고 눈을 내려 뜬 듯 감은 듯, 우뚝 서서 어머니 쪽을 바라보고 있었다. 내 눈이 자기에게 향해있다는 걸 알았는가 얼른 두 다리를 조금 벌리면서 두 발바닥을 방바닥에 딱 붙였다. 올려 입은 치마 끝으로 드러난 앙증스런 흰 버선 꼭지 두 개가 날이 선 듯 뾰족하게 드러났다. 나와 여덟아홉 발자국쯤 거리에 떨어져 있는 그녀는 깊은숨을 한번 길게 몰아쉬었는데 꼭 졸라맨 허리 위의 치마주름 속 불룩한 젖가슴이 곧 터질 것만 같았다. 마치 잘 다듬어진 조각에 흰 헝겊을 멋지게 휘감아 두른 것 같았다.

다음 순간 번개처럼 스치는 생각에 어머니와 그녀를 번갈아 보았다. 잔뜩 웅크린 어머니 등은 살짝 건드리기만 해도 온몸이 그 자리에 폭삭 바스러질 것만 같았다. 딱하고 짜증 나고 보기 싫었다. 나는 부글거리는 분노를 어쩌지 못해 한 발짝씩 다가가서 왈칵 떠밀어 무너뜨리려고 헝크러 뜨리려고 달려들려는 찰나, 내 숨소리가 워낙 거칠었는지 부르르 떠는 두 주먹이 심상치 않았는지, 눈치 빠른 시동생이 재빨리 팔짱을 끼고 데리고 나갔다. 나는 목젖이 울컥하도록 침만 꿀꺽 삼키고 어지러워 나뒹그러지며 누군가가 건네주는 냉수 사발만 흥건하게 엎질렀다.

남편을 그렇게 떠나보낸 어머니는 열여덟 해를 더 지났다. 그중에 여덟 해는 거의 병석에 있었다. 뇌졸중으로 몸은 비록 불편하였으나 총명함은 흔들림 없이 소천하는 날까지 여전하였다.

4
아무도 채워줄 수 없는 어머니의 한 맺힌 삶의 조각 부분이 떠오를 때가 있었지만, 그 후 어머니도 나도 그 이야기는 한 번도 꺼낸 적이 없다.
그런데 이 웬일일까······.
일흔 줄 나이에 들어서면서부터 당당한 몸짓의 그녀가 얌전하게 머리칼을 쓸어 넘기며 쓸쓸하게 내게 다가온다. 나를 흔든다.
잊을 수 없는 영화 장면처럼 생생하게 그 순간 그 장면이 자꾸 생각난다.
그러면서 그녀를 향해 꼬였던 내 감정은, 차츰 슬며시 풀리어 사라져간다.
일흔세 살의 내가 나에게 묻는다.
'이게 뭐지?'
'뭘까?'
대답은 어머니를 이해하기 쉽지 않던 장면, 쉰 목소리에 벌써 숨어있었다.
오랜 병석의 어머니가 물 한 모금 넘기지 못해 거즈 수건으로 입가를 적시는 큰아들의 품에 바싹 작아진 몸으로 안긴 채 한나절 걸린 마디마디가 들린다.

"에미 따라 병원에는 한 번 가봤어야 옳았는데…….
음성 댁 자네도 고생 많았네
이렇게 말했더라면……
좋았을 걸……
서로 좀 편안했을 것을……
에미야 그렇지?
…… 모두 다 내 탓인걸
그래 내 탓인 것을…….”
파르르 떨던 눈 꼬리에서 눈물이 내려 귓바퀴를 적신다.
부끄러움으로 후들거리는 내 몸을 똑바로 추스르고 일으킨다.
뜨거운 차 한 잔 준비한다. 하얀 김이 안경알에 서린다. 안경을 벗어 닦는다.

김임자 (金 任 子) 약력

출생 : 경상북도 의성군
생년월일 : 1942년 5월 14일
주소 : 서울특별시 영등포구 63로 45, 23동 115호(여의도동 시범아파트)

♥ 학력
- 1956. 3. 12 : 인천송림국민학교 졸업
- 1959. 3. 5 : 경기여자중학교 졸업
- 1962. 2. 18 : 경기여자고등학교 졸업
- 1965. 2. 17 : 경인교육대학 졸업
- 2000.10. 5 : 가톨릭대학교 제3기 여성 지도자 과정 수료(가톨릭대학교 총장)
- 2002. 4. 1 : 제1회 재능시낭송아카데미 과정 수료(재능시낭송협회 회장)
- 2002. 9.26 : 노인 자원봉사 강사 양성 과정 수료(부천시 사회복지 협의회장)
- 2003. 7.12 : 복사골 문화센터 문화학교 자원 활동 워크숍 수료
             (부천 문화재단 이사장)
- 2003.12.24 : 국립민속박물관 주관 전통문화 지도자 양성 과정 수료
- 2004. 3.   : 제 1기 부천 어르신 문화재 지킴이 양성 교육 수료
             (사) 부천 역사문화재단 소장)
- 2004. 6. 24 : 부천 박물관 문화학교 자원봉사 교사 제1기 과정 수료
- 2006. 2. 17 : 노인 체험 프로그램 강사 양성 교육 과정 수료
             (부천시 자원봉사센터 소장)
- 2006. 8. 8 : 태아 교육 지도사 자격 과정 수료(숙명여자대학교 총장)
- 2007. 7. 3 : 나눔 지도자 양성 교육 과정 수료(부천시 자원봉사센터 소장)
- 2008.12. 2 : 노-노(老-老) 상담사 양성 과정 수료(경기 실버 인력 뱅크 장)
- 2010. 2. 4 : 가톨릭영시니어아카데미 졸업(문학의 향기 두레 반)
- 2010.12.16 : 2010 아름다운 이야기 할머니 양성 과정 수료(한국국학진흥원장)
- 2012. 2. 11 : 가톨릭영시니어아카데미 인스트럭터 과정 이수(제1급)

♥ 학교 경력
- 1965. 3. 8 : 이천국민학교 교사
- 1968. 3. 1 : 이천남국민학교 교사
- 1971. 6. 1 : 인천용일국민학교 교사
- 1976. 3. 1 : 인천신흥국민학교 교사
- 1980. 3. 1 : 인천남부국민학교 교사

- 1983. 3. 1 : 서울신석국민학교 교사
- 1987. 3. 1 : 서울남부국민학교 교사
- 1991. 3. 1 : 서울윤중초등학교 교사
- 1995. 3. 1 : 서울송정초등학교 교사
- 1998. 8.31 : 초등학교 교감에 임함

♥ 현장 연구 수상 및 표창 경력
- 1985.12. 5 : 국민 교육 헌장 구현 모범 교원 표창(문교부 장관)
- 1987. 7.30 : 서울교육자료전 장려상(서울시 교육감)
- 1989. 9. 8 : 현장교육연구 1등급(서울시 교육감)
- 1991. 9.14 : 현장교육연구 3등급(서울시 교육감)
- 1993. 9.15 : 현장교육연구 1등급(서울시 교육감)
- 1998. 8.31 : 국민훈장 석류장(대통령)
- 2002.10.12 : 제8회 글 사랑•전국 성인 시 낭송대회 은상 수상
    (한국 글 사랑 문학 회장)
- 2002.10.29 : 제27회 대한민국 어머니 동화구연대회 동상 수상
    (색동회 이사장)
- 2003. 4.16 : 제13회 전국시낭송 인천대회 최우수상 수상
    (재단법인 재능문화 이사장)
- 2003.10.25 : 부천자연생태박물관 문화학교 자원봉사활동 감사장
    (부천 자연생태 박물관 관장)
- 2003.11.29 : 제13회 전국시낭송대회 은상 수상 및 시 낭송가 증서 받음
    (재단법인 재능문화 이사장)
- 2004.12.17 : 노인사회교육 강사 부문 모범상(소사노인종합복지관 관장)
- 2007.10.20 : 영매상(英梅賞) 표창(경기여자고등학교 동창회 경운회 회장)
- 2008.12. 4 : 자원봉사활동 실천 밝은 사회 만들기 유공 표창(경기도지사)
- 2010.12.16 : 2010 아름다운 이야기 할머니 양성 과정 장려상 수상
    (한국국학진흥원장)

♥ 문학 활동 경력
- 2010. 2. 4 : 글 쓰는 노년은 아름답다(공저) 출간
- 2012. 2.11 : Step(공저) 출간
- 2013. 2.18: 시집 '시계 놀이' 출판
- 2017.12. 9 : 문예계간 시와수상문학 제39회 신인상 작품공모 시 부문 당선
    신인 문학상 수상

- 2023.12. 9 : 문예 계간 시와 수상문학 제63회 신인상 작품공모 단편소설
  부문 당선 신인문학상 수상
- 2024 7. 1 : 시와수상문학 문학상 수상

♥ 봉사활동 경력
- 2000. 6 ~ : 노인 자원봉사 학교 졸업 후 경로당 순회 자원봉사 교육 및
  레크리에이션 봉사
- 2002.10.29 : 색동회 동화 구연 자격증 받은 후 어린이집에서 이야기 할머니로 봉사
  활동, 산타 할머니, 산타 학교 강사로 봉사
- 2002.11.   : KBS '사람이 아름다워' 출연
- 2003.3~2004 : 한글 학교에서 주 1회 문해교육 18개월 봉사(모범상 수상)
- 2004. 3~2007 : 어린이집 동화 구연 봉사활동 및 드림 티처 활동
- 2007. 8. ~   나눔 지도자 임명장 받고 나눔 학습 지도(부천 : 부일, 중원초,
  마을 학교, 서울 : 강신, 공진, 등명초)
- 2011. 3. ~   유치원, 어린이집에서 5년 동안 '아름다운 이야기 할머니'로 봉사

제5부 인생의 전환점

1. 가난이 나를 예수님께로 이끌다
2. 하느님이 맺어주신 인연
3. 삼인행이면 필유아사(三人行 必有我師)

제5부 인생의 전환점

1. 가난이 나를 예수님께로 이끌다.

 나의 고향은 충북 충주시 살미면 문강리이다. 지금은 자동차도로가 건설되고, 유황온천이 개발되어 사람이 많이 왕래하는 곳으로 변모하였지만, 내가 유소년 시절 이곳에서 성장할 때 만 해도 전형적인 농촌 마을이었었다.
 이곳에서 나는 가세가 점점 기울어져 가는 가정에서 성장하였다. 할아버지의 8년에 걸친 병환으로 기울기 시작하던 가세는 6.25 사변이라는 국난을 맞으며 걷잡을 수 없이 빠른 속도로 진행되어, 내가 중학교에 다닐 무렵인 1950년대 중반에는 살던 집마저 다른 사람에게 양도하고 친척집 행랑채에 방을 얻어 사는 형편이 되었다.

 이처럼 가세가 기울어져 가는 상황이다 보니, 나는 앞이 암담하게 느껴져 고학이라도 해 보겠다는 어설픈 생각을 하여 가출을 시도하기도 했었는데, 이것마저도 다부진 결심으로 극복하지 못하고 집으로 돌아오는 나약한 존재였었다. 다시 학교에 복교하여 학업은 계속하였지만 행동은 점점 일탈하는 경우가 많아졌고, 불만이 누적된 심성은 남녀 공학인 학교에서 여학생을 놀려주는 일에 자주 분출하는 상황으로 발전해갔다. 이렇게 되자 마침내 학생회에서 여학생 대표가 제재하는 방법을 찾아야 하는 것 아니냐며 건의하는 상황까지 이르게 되었고, 이 같은 학생회의 분위기를 같은 반 남학생 대표가 내게 귀띔해 주면서 자숙하는 것이 좋겠다고 충고를 해주었다.

 어려서부터 적극성이 부족하고 과감하지 못하며 남에게 폐를 끼치는 일을 싫어했던 성격의 소유자였던 내가, 이처럼 다른 사람으로부터 비난을 받는 대상으로 변모된 모습에 나 자신도 실망스러웠다. 계속 이런 모습으로 살 수만은 없겠다고 생각하게 되자 불만 누적으로 일탈되어 나타나던 거친 행동은 점차 수그러들면서, 가난하지만 바른 모습으로 살아야 하겠다고 마음을 가다듬게 되었다.
중학교 3학년 졸업이 얼마 남지 않은 시점, 당시 학생들 사이에는 사인(Sign)지를 나누어 주고 친구들을 기억할 수 있는 추억거리들을 써서 서로 나누어 갖는 풍습이 있었는데, 나의 일탈 된 행동에 대해 학생회에서 문제를 제기했던 여학생 대표가 나에게 사인지를 전해주었다.
 사인지를 받아 들고 어떻게 반응해야 할까? 고민하다가 바람직하지 못했던 지난 일들에 대해 미안하다는 내용을 담아 돌려주었다.

 이 일이 있은 후, 그 여학생의 어머니가 친구를 통해 내가 사는 집 주소를 확인하시더니, 우리집을 방문하셔서 성당에서 구호물자로 나누어 주는 밀가루를 받으러 오라고 알려주시는 것이었다. 가난하여 끼니 걱정을 해야 하는 처지이다 보니, 고맙기도 하고 한편으로는 부끄럽기도 하여 어찌해야 할지 망설이다가, 밀가루를 나누어 주는 날 두꺼운 얼굴을 하고 자루를 들고 교현동 성당을 찾아갔다. 이런 과정을 거쳐 밀가루 배급 대상자에 포함되자, 매월 1회씩 정기적으로 밀가루나 옥수숫가루를 받아먹게 되었고 이는 우리 가정 살림에 큰 도움이 되었던 것이었다.
여학생의 어머니께서는 당시 신부님 식복사로 일하고 계시면서 밀가루를 나누어 주는 일에도 참여하셨는데, 내가 밀가루를 받으러 갈 때마다 친절하게 대해 주시면서 격려해 주시더니, 어느 날 내 손에 요리문답 책을 들려주시는 것이었다.

지금은 예비자를 모집하여 일정 기간 예비자 교육을 하고 교리 교육과정을 마치면 세례를 받지만, 당시는 교리(敎理)의 핵심을 요약 정리한 요리문답(要理問答)의 내용을 암기한 후 정기적으로 신부님 앞에서 암기한 내용을 찰고(察考)라고 하는 형식을 통해 테스트를 받고 320여 개의 문답을 통과하면 세례를 주었다. 이렇게 해서 나는 1959년 2월 7일 천주교 신자(세례명: 요셉)가 된 것이었다.

천주교 신자가 된 지 어느덧 66년이 지났다. 지나간 내 삶의 역정(歷程)을 돌아보면 신앙이 내 삶 안에서 어떻게 영향을 미쳤는지 감회가 새롭고, 내가 신앙을 갖게 된 것에 대해 그저 감사하고 감사할 뿐이다.
1961년 사범학교를 졸업하고 발령이 나지 않아 집에서 놀고 있는데, 충주시 지현동에 있는 성심맹학교에서 잠시나마 일을 할 수 있게 기회가 주어진 일, 경기도에서 실시한 교사 채용 고사에 응시하였을 때, 실력이 부족한데도 나의 기도에 응답하시어 5등이라는 좋은 성적으로 합격하는 기쁨을 주신 일이 주님의 은총이었다.

1980년 서울로 이사를 할 때 성당 가까이 집을 마련할 수 있게 된 일, 1990년도에 시험을 통하여 서울시 교육청에서 장학사를 선발할 때 여러 가지 불리한 조건인데도 합격의 영광을 맛볼 수 있게 되었고, 장학사(獎學士)를 시작으로 장학관(獎學官), 교육연구관(敎育研究官)으로 10여 년을 생활하는 동안 다른 사람을 위해 봉사하는 마음으로 일하라는 깨우침을 주시어, 사람들로부터 비난받지 않고 내게 주어진 일을 성실하게 완수할 수 있도록 이끌어 주시고, 여러 사람과 교분을 쌓을 수 있게 되었음도 주님의 인도하심이 있었기에 가능한 일이었다.
2004년 가동학교 재직할 때, 스카우트 어린이들이 금강산 체험학습을 가는 도중에 인제에서 버스가 전복하는 사고를 당했는데도, 인명사고가 없어 사태를 원만히 수습할 수 있었던 일, 44년이 넘는 교직 생활을 하는 동안 큰 실수 없이 정년을 맞을 수 있도록 지켜주신 일도 주님의 사랑이 있었기에 가능한 일이었다.

이뿐만 아니라 작은 힘이나마 서울시 가톨릭 초등교육자 회를 이끌며 회원들의 신앙생활과 사랑의 교육 실천에 기여할 수 있도록 기회를 열어 주신 일, 퇴직 후에도 연령회 활동과 시니어 아카데미에서 어르신들을 모시고 즐겁게 활동할 수 있게 되었음도, 내게는 분에 넘치는 주님의 은총과 사랑이 있었기에 가능한 일이었다. 그리고 무엇보다도 감사하고 또 감사한 것은, 나의 기도를 들어 주시어 아이를 낳을 생각도 안 하던 큰아들에게 아기(시우)를 안겨 주시는 큰 은총을 베풀어주신 일이다.

그리고 지금까지 살아온 길을 뒤 돌아보면,, 유•소년 그리고 청년 시절의 가난이 당시에는 내게는 버티기 힘든 고난이었다. 그러나 그 가난이 연결고리가 되어 나는 주님을 알게 되었고, 그 가난은 주님께로 나를 이끌기 위한 섭리요 은총이었음을 지금서야 깨닫게 된 것이었다.

주님을 알게 되고, 주님을 알고부터 넘치는 주님의 사랑에 대하여 깨닫게 된 나는, 그저 감사하고 또 감사하며 살아가고자 한다.

2. 하느님이 맺어주신 인연

"아이고! 내가 어쩌다가 이런 남자와 살게 됐는지 몰라."
"그거야 하느님이 짝으로 정해주신 인연이니까 그렇지."
우리 내외가 가끔 서로 쳐다보고 웃으며 주고받는 대화이다. 내가 연(娟)과의 만남을 하느님이 맺어주신 인연이라고 둘러대는 데는 그럴만한 이유가 있다.

나는 충주에서 사범학교를 졸업하고 충청북도에 배정받았는데, 5.16 혁명이 일어나면서 군정(軍政)이 실시되어 군 장성(將星) 도지사가 군 미필이라고 발령을 내주지 않았다. 그리하여 충주 지현동 성당 일을 돕고 있었는데, 사범학교 3학년 때 담임선생님께서 사신(私信)을 통해 경기도에서 채용고시가 있다고 알려주셨다. 채용 고시를 통해 경기도 이천국민학교로 발령을 받게 되었고, 병역의무를 마치고 복직을 한 학교 역시 이천국민학교였다.

그런가 하면 연은 서울서 고등학교를 나오고 인천교대를 졸업한 후, 첫 발령을 받은 곳이 이천국민학교였던 것이다. 그리하여 젊은 남녀가 의도와는 상관없이 한 직장에서 근무하게 된 인연으로 인해, 부부로 맺어졌기 때문에 나는 이를 하느님이 맺어주신 인연이라고 표현하는 것이다.

이천국민학교 재직 중 1963년 4월 7일 국가의 부름을 받고 입영하여, 31개월 복무를 마치고 1965년 11월 6일 제대를 했다. 제대 하루 전날인 5일에 증평 37사단 부대에서 배출시켰는데, 사단 보충중대를 나오자마자 청주 병무청에 가서 전역 확인서를 발급받아 토요일인 6일에 이천군 교육청에 복직 원서를 제출했다.

당시에는 제대하고 복직 원서를 내면 관내 결원이 있을 때 발령을 내주었는데, 결원이 없으면 결원이 생길 때까지 기다려야만 하는 상황이었다. 운이 좋아 1개월 이내에 발령받는 사람들이 있는가 하면, 기다리는 기간이 2개월에서 많게는 6개월 이상을 아니 1년여를 기다리는 사람들도 있었다.

하지만 나는 관운(官運)이 좋아서 일요일인 7일 하루를 보내고 8일 월요일에 복직하는 행운을 얻었다. 하루 만에 복직하는 행운뿐 아니라 입영하기 전 근무했던 첫 발령 학교인 이천국민학교에 복직했으니, 31개월 만에 제자리로 돌아온 셈이었다. 그러니 관운이 되게 좋은 사람이라고 다른 사람으로부터 부러움을 살 만도 하였다.

 다시 시작된 학교생활, 입영하기 전부터 같이 근무하시던 선생님과는 쉽게 다가설 수 있어 분위기에 적응하기 쉬운 부분도 있었지만, 낯이 익지 않은 선생님도 계셔서 새롭게 낯을 익혀가야 했다. 낯이 익지 않은 선생님 중에 한 사람, 자그마한 체구에 하얀 피부 당당해 보이는 젊고 기품 있어 보이는 여선생님. 2월에 인천교대(2회)를 졸업하고 3월에 첫 발령을 받아 근무하고 있는 새내기 선생님의 풋풋함이 느껴졌다.
26살 젊은 청년의 눈에 한 직장에서 같이 근무하는 젊은 여선생님에 대해 궁금한 것이 많은 것은 당연한 일, 이런저런 방법을 통해 알아보니 사는 곳은 인천이고 출신 고교는 너무나도 그 이름이 유명한 경기여고, 경기여고 출신을 이천이라는 곳 그것도 한 직장에서 근무하는 기회가 주어지다니 내게는 분명 행운이었다.
하지만 언감생심 충주사범학교(학력은 고교 졸업 학력임) 출신 시골뜨기가 그 유명한 여고를 나오고 대학 학력을 가진 사람에게 관심을 가지는 것은, 꿈도 꿀 수 없는 일이라고 스스로 단정했기에 마음에 흐트러짐이 없이 생활하려고 노력했다.

 그런 중에도 학교생활 중에는 남자가 하여야 할 일, 즉 망치로 못을 박는 일 같이 연모를 써서 하는 일이라던가, 겨울에 난방을 위해 불을 피우는 일 등 남자들이 하면 손쉬운 일들이 있었던 터라 일손이 필요한 경우에 도움을 요청하면, 기꺼운 마음으로 거들어 주면서 도움을 주고받는 생활을 해 왔던 것이었다.
이 같은 생활이 이어지면서 나에 대해 상대방이 갖고있는 이미지가 기피의 대상은 아니라는 것을 확인할 수가 있었다. 그러면서 내가 상대방에 대해 가졌던 생각도 점점 엷어져 가까이 접근해 보고 싶은 마음의 동요를 느끼게 되었던 것이었다.

 토요일은 연이 집에 가는 날, 수여선(水驪線) 협괘 열차를 이용해 집을 다녀오곤 했는데, 집에 갈 때는 수원까지 열차에 동승 하여 말동무가 되어주기도 하고, 집에 가지 않을 때는 여주 영릉(英陵)이나 신륵사 구경을 가는 기회를 만들면서, 연과 나 사이는 사랑이 싹트기 시작했다. 드디어 1967년 9월 23일 약혼을 통해 우리는 부부의 연을 맺게 된 것이다.
 연을 아내로 맞아 살면서 나는 많은 자극을 받게 되었다. 앞을 내다보는 연의 예리한 예견력은 2, 3년 후면 현실이 되었다. 정제되고 세련된 언어의 사용, 상황을 판단하는 높은 통찰력과 그에 따른 적응력을 함께 하는 삶을 통해 피부로 느끼면서, 재학시절 선생님들께서 들려주셨다는 말, '너희들은 경기여고를 졸업했다는 것이 결혼의 큰 자산이야'라며 긍지를 심어주셨다는 말이 헛말이 아니라는 사실을 실감하게 되었던 것이었다.

 사람들이 명문 학교를 왜 명문 학교라고 하는지에 대해 전적으로 수긍하면서, 수준 높은 교육의 힘이 대단하다는 것을 연의 모습을 통해 읽을 수가 있었다. 그러면서 나는 내 시야와 사고의 폭이 좁을 뿐 아니라 사고가 유연하지 못하다는 것, 또 가치관이 내가 성장한 시골 환경에 갇히어

구태의연하고 보수적인 면을 벗지 못하고 있다는 것을 자각하게 된다.
 내가 탈바꿈하려는 시도는 이 같은 상황에서 비롯된다. 방송통신대학이 생겨서 학력을 보충할 수 있는 길이 열려 방통대 진학을 하게 되었다. 미달 학력을 끌어올리고 빠르게 변화하는 세상에서 뒤처지지 않으려는 생각으로 도시 진출을 시도하다 보니, 수도 서울에 삶의 공간을 마련하게 되었으며 캠퍼스 분위기를 맛보고자 대학원에 진학도 하게 되었던 것이었다.

 연과 가정을 이루고 맞벌이 부부로 살면서 내 생활환경은 많은 변화가 생겼는데, 그 첫 번째는 항상 내 주위를 감싸고 있던 궁핍이란 단어를 떨쳐버릴 수가 있었다는 점이다. 그리고 단란한 가정을 이루고 행복하게 살고팠던 내 꿈도 이룰 수가 있게 되었으니, 연과 만남은 내게는 호박이 덩굴 째 굴러들어 온 행운이었던 것이었다.

 서울시 교육청에서 처음으로 시행한 장학사 시험에 도전하여 합격하고, 장학사, 장학관, 교육연구관으로 10년을 넘게 전문직으로 근무하면서, 내게 주어진 임무를 충실히 수행하며 폭넓은 교분을 쌓을 수 있었음도, 연의 격려와 내조가 있었기에 가능했던 일이었다. 나와 접하는 사람들이 나에 대해 긍정적인 이미지를 쌓도록 처신하는 일이, 娟의 도움에 보답하는 길이라고 생각하며 쉼 없이 달려올 수가 있었던 것이었다.
그리고 연에게 감사하게 생각하는 것은 나의 자존심을 지켜주었다는 점이다. 최고 명문 출신 여인을 아내로 맞아 살면서, 은연중에 마음속에 지니게 되는 나의 부족함에 대한 위축된 심리를 자극하지 않으려고 노력했다. 자라나는 자식들 앞에서는 적극성이 부족하다든지, 능력을 제대로 발휘하지 못한다는 말 등으로 아버지의 위상에 영향을 미치는 말을 자식들 앞에서는 절대 하지 않았다.

 또 집안에서는 아들과 며느리들에게 가장인 내 위상을 지켜주려고 의도적으로 노력했다. 예를 들면 명절에 자식과 며느리가 수고했다고 수고비를 주는 일도, 언제나 내 손을 거쳐서 전달 되도록 한다는 점이다. 이뿐만 아니라 남자가 갖는 위상을 지켜주기 위해서 작은 것까지도 신경을 써주고 있는데, 가족이 밖에서 식사할 때도 음식값을 미리 내게 쥐여 주어 내가 계산하도록 하는 것이 그 예였다.
결혼 50년 금혼을 훌쩍 넘기고 7년을 맞은 지금, 이제는 검은 머리가 파뿌리가 되었지만 뒤돌아보면 시련도 역경도 없지 않았다. 하지만 시골서 성장해 촌뜨기 모습을 벗어버리지 못한 청년이었던 나와, 대한민국 최고의 명문 여고 출신인 연이, 이천국민학교에 첫 발령을 받아 만나게 되고, 부부의 연을 맺어 지금까지 삶을 이어왔다는 것은 글의 제목처럼 하느님이 맺어주신 인연이 아니면 결코 이루어질 수 없는 일이었다고 나는 믿고 있다.

 연이 하는 말,
"아이고, 내가 어쩌다 이런 남자와 살게 됐는지 몰라"라는 말속에는, 가난하고 멋없는 남자와 만나 고생스러운 삶을 살아온 것에 대한 회심의 마음이 담겨있다. 하지만 한편으로는 일편단심 민들레로 한눈팔지 않고, 우직하게 살아준 나에 대한 고마운 마음을 담아 던지는 말임을 나는

읽는다. 그래서 내가 하는 응수의 말
"그거야 하느님이 맺어주신 인연이니까 그렇지" 하고 응답하는 말속에는 부족했던 내가 분에 넘치는 연을 맞이하여 고생시킨 것에 대한, 변명 아닌 변명을 천주교 신앙을 가졌다는 명분으로 하느님의 섭리를 내세워 정당화시키면서, 인연을 맺어주신 하느님과 연에게 감사하는 마음을 담아 전하는 대답이었다.
'하느님이 맺어주신 인연' 앞으로도 알콩달콩 살면서, 짝꿍으로 맺어주신 하느님과 연에게도 감사드리면서 살아갈 것이다.

3. 삼인행이면 필유아사(三人行이면 必有我師)

 내가 태어나 유·소년기를 거치며 성장한 곳은 전형적인 농촌 마을이었다. 계절에 맞추어 씨 뿌리고 비배(肥培) 관리하면서, 가을에 수확하기까지 환경에 순응하며 생활하는 삶 속에서 나는 비교적 신체적으로 건강하게 성장했다.
나의 가정환경은 조부모를 모시고 삼촌과 3대가 한 지붕 아래서 살았고, 위로 누님이 한 분, 그리고 남동생이 하나 3남매가 대가족을 이루고 살았다.
지금에서 유·소년기 나의 성장 과정을 돌이켜 보면, 부모님이 나를 키우면서 의도적으로 어떤 인물로 키우겠다는 교육관을 가지고 계셨다고 하기보다는, 시간이 흐르면서 자연스럽게 성장하도록 지켜보고만 있었던 것이 아닌가 하고 생각된다.
농촌에서 자라면서 농사일을 배우라고 다그친다거나, 공부를 열심히 하라고 주문했던 기억이 전혀 없었기 때문이다.
이처럼 자극이 없는 환경에서 성장하다 보니, 경쟁이 무엇인지 모르고 자랐고 천성적으로 남에게 피해를 주는 일을 싫어해서, 할머니께서 어린것들 먹이겠다며 잔칫집에서 싸 주는 음식을 받아 들고 오시는 것조차도 달갑지 않게 생각하곤 했던 기억이 떠오른다.

 이 같은 환경은 나를 환경에 순응하며 사는 인성을 지닌 인간으로 성장시켜 30대 중반이 되기까지도, 내 삶의 행태는 적극적으로 부딪쳐 문제를 해결하기보다는 주어진 여건에 충실하며 살면 되지 하는 소극적인 삶으로 이어져 왔다.
그러던 중 1976년 3월 1일 인천만석국민학교에서 인천축현국민학교로 전보 발령을 받으면서, 내 삶을 살아가는 모습이 보다 적극적으로 바뀌는 전기를 맞게 되었다.

1학년 담임을 할 때 학년주임이 불미스러운 일로 직무를 수행할 수 없는 처지가 되어 내가 주임 역할을 얼마동안 대행했는데, 새로운 주임을 임명할 때 나는 대상에서 제외된 것이었다.
17년이란 교육 경력이 있었고 주임 역할을 대행했는데도, 주임 임용을 받지 못한 것에 대해 은근히 부아가 끓어오르고 참아내기가 쉽지 않았다.
하지만 어찌 남의 탓으로만 돌릴 수 있겠는가?
내가 보다 적극적으로 내 생각을 전하지 못하고 앉아서 기다리기만 하는데, 누가 독심술(讀心

術)이 있어 내 생각을 읽고, 내 기대에 맞춰 주겠는가? 내게 돌아와야 할 기회를 잡지 못한 것은 내가 보다 적극적으로 대응하지 않았음에 원인이 있는데……. '울지 않는 아이는 젖을 주지 않는다.'는 속담에 담겨있는 교훈을 절실하게 깨닫는 계기였다.

이 같은 경험은 내게 적극적인 삶의 필요성을 절감하게 하였다. 그리하여 방법을 찾던 중, 교감 선생님의 처신하시는 모습이 내 눈에 들어왔다.
교단(敎壇)에서는 해마다 1968년 12월 5일 국민교육헌장 선포 날을 기념하며 교육 공무원들에게 훈·포상을 수여하는데, 내가 근무하는 학교 교장 선생님이 훈장을 받는 영예를 얻게 된 것이다. 그것은 교감 선생님이 치밀하게 자료를 모으고 공적조서를 조리 있게 작성하여 추천한 결과로 얻어진 영광이었던 것이었다.

논어에 삼인행이면 필유아사(三人行 必有我師)라는 말이 있다. 세 사람이 길을 걷다 보면 그중에 내게 스승이 되는 사람이 반드시 있다는 것이다.
이는 세상을 함께 살아가는 사람들에게서 인격적으로 존경할 만한 사람과 함께라면, 그 훌륭한 모습을 나의 가르침으로 받아들여 인격을 수련하는 모델링으로 삼고, 주변 사람들로부터 인정을 받지 못한다거나 비난을 받는 사람이 있다면, '나는 저 사람처럼 주위로부터 인정을 못 받거나 비난을 받는 사람이 되어서는 안 되지'하고 그 사람을 나의 반면교사(反面敎師)로 삼아 나의 행동거지를 바르게 한다면, 이 또한 나를 올바르게 이끄는 스승이 될 수 있다는 교훈이 담긴 구절이다.

나는 교감 선생님의 처신에서 적극적인 삶의 모습을 보게 되었고, 이제부터는 전보다 더 적극적으로 살아가야 하겠다는 발상의 전환을 가져오게 된 것이다. 무엇보다도 내 생각을 펼쳐 보이는 것에 전보다 적극적이었다. 주임(主任)을 하고 싶다는 생각을 교장 선생님께 말씀드려 주임 임용을 받게 되었고, 전보 발령 때에도 내 생각과 의도를 전하여 희망지로 발령을 받는 등 내 생각이 바뀜으로 인하여 아웃사이더가 아니라 인사이더로서의 삶을 살아가게 되었다.

나의 적극적인 삶의 행태는 내게 성취하는 기쁨을 주게 되어 이후 삶의 궤적에서도 일관되게 유지되어 오고 있다. 교감이 되어 임지를 배정받을 때, 장학사 채용시험에 응시할 때, 장학관으로 발령을 받을 때, 교장 임용을 받을 때, 서울대교구 가톨릭 초등교육자 회 회장으로 일하게 되었을 때 등 어느 곳을 가거나, 어떤 일을 하거나, 적극적으로 일을 하면서 나에 대한 이미지도 긍정적으로 변화되어, 나와 관계를 맺고 있는 주위 사람들로부터 나의 위상이 좋은 이미지로 정립되었음을 느끼게 된다.

'생각이 바뀌면 행동이 바뀌고, 행동이 바뀌면 습관이 바뀌고, 습관이 바뀌면 인격이 바뀌고, 인격이 바뀌면 인생이 바뀐다.'는 격언이 있다. 보다 적극적으로 살아야 하겠다고 생각을 바꾼 나의 후반기 이후의 삶은 성취의 삶이요, 기쁨의 삶이었다고 스스로 자부하면서, 내 삶에 전환점의 모델링이 되셨던 지금은 고인이 되신 김현식 교감 선생님께 감사를 드린다.

제6부 교직에 몸담고 살아온 반세기

1. 일과 역할
2. 보람의 삶
3. 꽃들에게 희망을
4. 가동 소식
5. 사랑해요
6. 국외연수기

제6부 교직에 몸담고 살아온 반세기

1. 일과 역할

 일이란 무엇을 의미하나? 70여 년 전 국민학교 시절에 내가 그렸던 일의 의미는 직업이 아니었나 생각된다. 직업이란 사람들이 삶의 영위를 위하여 누구나 가져야만 하는 것으로 머릿속에 자리 잡고 있었기 때문이다.
왜 그 같은 생각에 사로잡혀 있었던 것일까? 그것은 생계를 이어가는 수단이라는 관점에서 일을 바라보았기 때문이라 여겨진다. 모두 어렵게 살아가던 시절, 직업을 갖고 있음과 갖고 있지 않음은 그만큼 생활에 큰 영향을 미치고 있었다.
그리고 그때만 해도 사회 분위기가 아직 유교적 전통사상이 주류를 이루고 있어, 직업의 선호도는 사농공상(士農工商)이라는 기준에서 바라볼 때였기 때문에, 지금의 용어로 표현하면 화이트컬러 직군(職群)의 직업을 갖는 것은 다른 사람들에게 선망의 대상이 되었던 것이었다.

 당시 사범학교는 교사를 양성하기 위해 국가가 설립한 학교 즉 국립학교였기 때문에, 학생들에게 국가에서 장학금을 주었고 졸업하면 교사로 발령을 내주었을 뿐 아니라, 교사로 발령을 받아 근무하다 군에 입대하면 1년만 복무하는 단기 복무 혜택을 주었다. 물론 당시 선생님은 군·사·부(君師父) 일체라 하였다. 따라서 사회적으로 존경의 대상으로 자리매김이 되어 있던 때였음으로, 학교에서 공부를 잘한다는 대열에 있는 사람에게는 누구나 '나도 한번 도전해 볼까?' 하고 꿈을 꾸어보던 때였다. 나도 이 같은 사회적 분위기에서 막연하게나마 직업으로 교직을 꿈꾸게 되었던 것이었다.

2. 보람의 삶

(1) 사범학교 진학

 내가 사범학교에 진학하게 된 것이 운명일까? 우연일까? 딱히 어느 한쪽이라고 단정 짓기는 어렵겠지만, 곰곰이 생각해 보면 운명 쪽에 더 가까운 것이 아닐까? 하고 생각하게 된다. 해방된 지 4년이 지난 1949년 9월 1일 나는 처음 국민학교에 입학했다. 일제(日帝)에서 벗어나 독립국가를 수립하고 막 걸음마를 떼어놓기 시작하자 민족상잔의 6.25가 발발하였고, 이것으로 인하여 온 세상이 가난과 혼란의 질곡을 벗어나지 못하고 있을 때 국민학교에 다니고 있었다.
당시 학교 성적은 지금도 보관하고 있는 생활통지표를 살펴보면 우수했던 것으로 인정된다.

저학년 때는 생각나지 않지만, 고학년이 되면서 학급 반장(班長)으로 임명되어 역할 수행을 하였기 때문이다.

지금은 임용고사를 보아 합격하는 사람만을 교원으로 임용하지만, 당시는 사범학교를 졸업하면 졸업생 모두를 임용시험 없이 의무적으로 교원으로 임용하던 때였다. 따라서 사범학교 진학은 선망의 대상이었고 수재들이 아니면 감히 꿈도 꿀 수 없는 상황이었었다.
국민학교 재학 중 성적이 우수했었던 나는 자연스레 사범학교 진학의 꿈을 꾸게 되었다. 1955년 3월 다행이랄까 13:1의 경쟁을 뚫고 충주사범학교병설중학교에 입학하게 되었다. 공부를 잘해서 진학하게 된 사범학교, 그러니 우연보다는 운명에 더 가깝다는 생각이 드는 것이다.
사범학교와 병설중학교가 한 울타리 안에 있는 병설중학교를 졸업한 나는 어렵지 않게 사범학교를 진학하게 되었다. 그리고 1961년 3월 20일 졸업과 동시에 교사 자격증을 받게 되었으며, 문교부 충원 계획에 의해 충청북도에 배치되었다.

(2) 교원 임용

사범학교를 졸업하였지만 바로 교원 임용을 받을 수 없었다. 졸업생이 적체되어 결원이 생길 때마다 성적순에 의해 임용발령을 시행하고 있었으므로, 이제나 저제나 차례를 기다리고 있을 수밖에 없었다.
1960년 4.19 의거로 들어선 민주당 장면(張勉) 정권은 분출되는 민주주의 욕구를 조정하지 못하고 혼란을 거듭하더니, 드디어 1961년 5월 16일 군사혁명에 의해 종지부를 찍게 되었다.
군사혁명은 교사 임용을 기다리는 사람들의 길을 막아섰다. 혁명정부에서 임용한 군 출신 충청북도 도지사는, 군에 갔다 오지 않은 사람은 군 미필(軍 未畢)이라고 발령을 내주지 않았던 것이었다.

다행히 나는 천주교 충주시 지현동 교회에 적(籍)을 두고 있는 신자였던 터라, 신부님의 배려로 교회에서 운영하는 성심맹학교에서 어린이들을 돌보며 생활하고 있었다. 그러던 차에 사범학교 3학년 때 담임 선생님이셨던 이상진 선생님의 사신(私信) 한 통을 받았다. 서두가 '화급(火急)'이라 쓰인 편지의 내용은 경기도에서 신규 교사 임용고사를 본다고 하니 서둘러 응시하라는 전갈이셨다.
불광동에 있는 고양군 교육청에서 원서를 산 후 일건서류를 갖추어, 지금은 가로 공원이 들어선 광화문 오른쪽 끝에 있던 경기도청 문교사회국에 원서를 접수하였다. 임용고사는 1961년 11월 6일 안양국민학교에서 치렀다. 시험 결과는 합격이었고, 임용을 위한 직전 교육은 수원신풍국민학교 강당에서 받았다.

직전 교육을 받을 때 내가 지정받은 좌석 번호는 5번이었다. 출신학교별로 일련번호를 부여한 것이 아니고 여기저기 흩어져 앉게 되어 궁금해하고 있었는데, 교육이 끝나는 날 교육을 주관하며 진행을 맡아보시던 장학사님이

"여러분이 앉아 있는 좌석의 번호가 어떻게 정해졌는지 아십니까?" 하고 질문을 했다. 하지만 누구 하나 아는 사람이 없었으므로 대답하지 못하자 "여러분이 앉아 있는 좌석 번호는 이번 임용고사의 성적순에 의해서 정해진 것입니다."라고 알려주는 것이었다.

'내가 5등이라니……. 사범학교 다닐 때 늘 1, 2등을 놓치지 않던 동기생 친구보다도 내가 성적이 앞서다니…….' 믿겨지지 않았지만 현실이었다.
성적이 좋게 나온 것을 알고 나니 욕심이 생겼다. 예나 지금이나 의례 발령은 성적순으로 임지를 지정해 주었으므로, 발령 희망지를 1순위로 인천을 희망하고 2순위 이천, 3순위 안성, 4순위 평택을 썼다. 2~4순위는 충주에서 가까운 곳이어서 집에 가고 오는 것이 편리하게 여겨졌기 때문이었다.
1961년 12월 18일, 드디어 나는 오매불망(寤寐不忘) 그리던 교원 임용발령을 받게 되었다.
경기도 이천군 이천읍 이천국민학교가 내가 교원으로서의 첫 출발을 한 곳이다.

(3) 이천국민학교 근무·군 복무

이천학교에서 사제지간(師弟之間)으로 처음 인연을 맺은 어린이들은 2학년이었다. 사범학교를 다니며 늘 선생님께 들어온 바대로 어린이들은 고사리손들이었다. 귀엽고 깜찍하고 사랑스러운 모습이었다. 사범학교에서 교직과목을 이수하며 배운 대로 어린이들을 위해 열성적으로 가르쳤다. 선생님을 믿고 따라주는 어린이들에게 내가 할 수 있는 일은 정성을 다해 가르치는 일이었다.
1962년 말 이천 군청에서 관리하는 이공관을 빌어 학예회를 할 때는, 젊은 혈기로 몸 사리지 않고 열심히 일해서 성두훈 교장 선생님으로부터 칭찬을 받기도 하였다.

교무분장은 비품계(備品係)를 맡았다. 학교시설의 현황 파악은 물론 비품을 관리하는 일이 소관 업무였다. 당시는 군사정권에 의해 모든 공무원은 재건복을 유니폼으로 입고 근무했으므로 교사도 예외일 수 없었다.
시설관리 또한 군대식이어서 난방을 위해 겨울에 교실에 설치했던 난로들을 봄이 되면 철거하여 녹슬지 않도록 기름을 발라 보관토록 하였는데, 이를 위해 온몸이 기름투성이가 되는 것도 싫다는 내색을 하지 않고 열심히 일했던 모습이 지금도 기억에 남는다.

1963년 4월 7일 국가의 부름을 받아 군에 입대했다. 본적지가 충북 괴산군이어서 음성군 음성국민학교 운동장으로 집결하여 군용열차를 이용 논산훈련소로 이동 입소했다. 25연대에 배속되어 신병훈련을 받았는데 6주간 받은 신병훈련은 제식훈련, 총기 분해와 결합, 사격술, 수류탄 투척, 철조망 침투, 방독면 착용 훈련 등으로 시간이 지날수록 군인정신 함양을 위해 점점 훈련 강도가 높아졌다. 내가 받은 군번은 11160342번이었다.

논산훈련소에서 신병 교육을 마친 후 287명은 영천에 있는 육군 헌병학교에, 137기 훈련병으로 입소했다. 헌병은 군의 기율을 담당해야 하는 병과이다 보니 교육의 특징은 엄격함이었다. 관물 정리, 용모, 자세, 규정 준수 등 엄격하고 절제된 행동을 해야 했다. 식사 시간에도 "식사 시작" 명령이 발령되어야 식사를 할 수 있었고, "식사 끝" 명령이 발령되면 음식이 남아 있어도 더 식사를 못하고 멈추어야 했다. 그러자니 음식을 남기지 않고 다 먹으려고 별로 씹지도 못하고 음식을 삼켰다.

병과 교육은 2개월 동안 이어졌고, 교육을 마친 후 헌병학교에 자충 되어 교수부(敎授部) 일반학과 기간요원으로 근무하게 되었다.

기간병으로 근무 중이던 8월 말 어느 날 저녁 대변을 보고 있는데, 출혈을 하는 돌발 변인이 발생하여 의무대에 가서 진찰을 받으니 군의관이 치질이라고 알려줬다. 그러고는 대구시 신암동에 있는 제1 육군병원으로 후송 명령을 내주어 입원을 했다.

당시 치질 치료는 환부를 메스로 도려내고, 출혈이 멎을 때까지 탈지면으로 항문을 틀어막은 후 출혈이 멎으면 더운 소금물로 하루에 세 번 수술 부위를 시프하는 것이 유일한 치료 방법이었다. 한 달 반 정도 입원 치료를 받으니 증상이 호전되어 퇴원하여 헌병학교로 원대복귀 했다.

하지만 1964년 2월 초에 다시 하혈하는 사태가 발생하여 지구 의무대에 들러 진찰을 받고, 또 대구 제1 육군병원에 후송 입원하여 수술을 받는 상황을 맞았다.

수술을 받고 가료(加療) 중이었는데, 충사(忠師) 동기로 절친한 친구인 장태현이 결혼식을 한다고 청첩장을 보내왔다. 청첩장을 열어보니 내가 우인(友人) 대표로 되어 있었다. 절친한 친구일 뿐만 아니라 우인 대표로 되어 있어 결혼식에 참석해야 하겠다고 생각하고, 담당 군의관에게 외출을 허락해 달라고 요청했더니 환자가 어디를 가느냐며 외출을 허락하지 않았.

하는 수 없이 결혼식 전날 울타리를 빠져나와 부대를 이탈하였다. 군용열차를 이용 제천까지 이동하고 버스를 타고 충주시로 이동하여 결혼식에 참여하였다. 친구의 결혼을 축하해 준 후 귀대하려는데 갑자기 어머니를 뵙고 싶은 생각이 간절하여, 귀대하지 않고 발길을 이천으로 돌려 어머니를 뵈러 가서 하룻밤을 보냈다.

병원에서 무단으로 이탈한 지 3일째 되는 날, 대구 제1 육군병원에 도착해 보니 병원이 있던 자리가 공터로 변해 있었다. 지나가는 사람에게 물어보니 효목동으로 병원을 옮겨갔다고 한다. 난감했다. 하는 수 없이 물어물어 효목동 병원을 찾아 위병소에 가서 들여보내달라고 하니, 허락을 하지 않아 허술한 울타리를 넘어 들어가 병실을 찾아 들어갔다. 환우들이 아무 소식 없이 사라져 걱정을 많이 했다면서, 그동안 어디에 갔다 왔느냐며 놀라워들 했다. 그러면서 병원 이동 후 인원 점검할 때 침대에 환자가 없으니까 퇴원 수속이 되어 있다고 알려줬다.

하지만 다행이었던 점은 허락 없이 부대를 무단 이탈했으니 탈영이었는데도, 탈영 신고를 하지 않아 탈영병 신분이 되지 않았다는 점이다.

부대 복귀 이틀째 되는 날, 다시 영천의 육군 헌병학교로 복귀했다.

헌병학교에 원대복귀 하니, 여기서도 조치원에 있는 보병 제32사단으로 전출 명령이 나 있어,

그곳에 도착하니 헌병 중대로 배속되어 복무하게 되었다. 32사단은 정규사단이 아니고 예비사단이어서 병력이 적었다.

헌병 중대는 중위가 중대장이며 주임상사 1명, 하사 2명에 병사 5, 6명이 전부였으며 내가 담당한 업무는 병참 업무였다.
1964년에는 예비사단을 본거지로 하여 전방부대 헌병의 지원과 경찰의 도움을 받아 전국적으로 탈영병 체포 작전이 전개되었다. 충청남도에서 체포된 700여 명의 탈영병은 전원 32사단으로 압송되어 와서 내무반을 수용소로 사용하였다. 대전 3관구 사령부 군사 법정에서 재판을 받은 후, 형기가 짧은 사람은 32사단에서 형기를 마칠 때까지 수용하고, 형기가 긴 사람은 왜관에 있는 국토개발 현장에 투입하였다.
국토개발 현장에 투입된 병력은 국토개발 역군으로 형기를 마칠 때까지 수용했다. 이때 탈영병 관리는 헌병 중대 업무여서, 재판받기 위해 대전 군사 법정에 출정하는 탈영병 인솔, 노력 동원에 투입하는 수용자들 관리, 수용 자들의 보급품 관리 등을 맡아서 처리했다.

 그리고 조치원역에 설치된 헌병초소에 나가서 간헐적으로 시가지를 순찰하며 군기 확립에 참여했고, 3군관구 내 주둔하는 부대의 하사관 교육을 32사단에서 할 때 교육을 시작하는 개소식 날 부동자세로 초병을 서기도 하며 군 복무를 했다.
나는 31개월간 군 복무를 했고 제대하기 전 8개월은 하사관으로 복무했다.
1965년 11월 6일(토)이 전역일인데 하루 전인 5일에 증평 37사단 보충대에서 교육을 수료하고 오전에 귀가 조치 명령을 받았다.

병영(兵營) 문을 나서면서 바로 청주에 있는 병사구사령부(지금의 병무청)로 직행하여 전역 확인서를 발부받았다. 6일 이천교육청에 복직원을 접수 시켰더니, 전역 하루만인 8일(월)에 운 좋게도 이천국민학교에 복직하게 되어, 군에 입대 전 근무했던 학교에서 다시 근무하는 행운을 잡은 것이다.
1966년과 1967년 두 해는 6학년을 담임하였다. 재적 학생이 79명, 68명이나 되었는데도, 힘든 줄 모르고 열성적으로 교육을 했던 것으로 회상이 된다.

1966년 봄에는 나무에 해충 벌레들이 창궐하여 피해가 발생하자, 행정구청으로부터 고학년을 동원 하여 구충 작업을 해달라는 협조 요청을 해 왔다. 학생들과 함께 설봉산에 올라 송충이를 잡는 구충 작업을 한 일도 있었고, 겨울철이 되면 난방에 필요한 불쏘시개를 마련하기 위해, 화력(火力)이 좋은 솔방울을 채집하려고 창전리 뒷산에 등산하여 소나무에 올라 솔방울을 따거나 떨어진 솔방울을 수집하여 난방에 활용하기도 했다.
그리고 신규 교사이며 젊다 보니, 여자 핸드볼 팀을 조직 지도하여 이천 농고가 주최하는 관내 국민학교 대항 핸드볼 대회에 출전하라는 명령을 받고, 대회에 참여하여 우승하였던 일도 잊혀지지 않는 추억이다.

60여 년이 흐른 2010년 무렵에는 제자들과 같이 늙어가는 처지이면서도, 연말이 되면 송년회를 한다며 초청해 주는 제자들을 대하며 감사한 마음과 함께 보다 더 열심히 가르쳤더라면 좋았을 텐데 하며 자괴하는 마음이 일어나기도 했다.

당시 정부에서는 건전한 청소년 육성책의 한 방법으로 학교가 육성단체가 되어 보이스카우트를 조직 운영하도록 적극 권장하였다.

나는 젊은 교사라는 이유로 지도자로 차출되었다. 서울시 서소문에 자리 잡고 있던 배재고등학교에서 기본 훈련을 받고, 이천국민학교에서 처음으로 보이스카우트를 조직 운영하기도 하였는데, 민주시민 교육을 위해 보이스카우트 활동이 활성화되어야 한다는 생각은 지금까지도 변함없이 지니는 소신이 되었다.

(4) 인천만석국민학교 근무

시골이 고향인 나는 도시에서 자랐더라면 좀 더 자극을 받아, 지금 나의 모습보다는 나았을 것이란 생각을 머릿속에서 떨쳐버리지 못하고 도시를 향한 꿈을 늘 갖고 있었다.

이천국민학교에서의 근무 경력이 5년을 초과했으므로, 1970년 3월 1일 자 인사 내신을 할 때 용기를 내어 인천시 전출을 희망했다. 3월 1일 발령에서는 기회가 주어지지 않았고, 9월 1일 전출 명령을 받고 인천만석국민학교에 부임했다. 만석국민학교는 2001년 김중미 지음 창작과 비평사 간행, '괭이부리말 아이들'로 널리 알려진 지명, '괭이부리' 마을이 학구였었다. 만석동 선착장이 가까이 있고 한국 기계, 대성 목재, 한국유리 등의 공장이 주변에 있어, 이곳에서 일하는 근로자들이 밀집하여 사는 곳으로 교하(校下) 사정이 열악한 형편이었다.

이런 곳의 어린이들에게 교사의 교육애가 필요하다는 생각으로 나름대로 열심히 가르쳤다.
ESS라는 새로운 교육이론을 현장에 적용하려는 노력도 해 보았고, 김종서 박사가 소개한 플랜더즈 언어분석에 의한 수업 분석법을 익혀 수업 평가단의 일원으로 참여하기도 하면서 자신의 능력 개발을 위한 일에도 게을리하지 않았다. 하지만 충주사범학교 출신인 나는 지역 연고가 없어서 당하는 쓰라림도 이곳에서 맛보았다. 당시는 주임 교사 임용을 교육청에서 하였는데, 인천사범학교 출신이 주류를 이루는 교직 사회에서 충주사범 출신인 나와 같은 존재는 임용 대상에 끼어들 수가 없었기 때문이었다.

(5) 인천축현국민학교 근무

만석국민학교에서 5년 6개월을 근무하고, 1976년 3월 1일 인천축현국민학교로 자리를 옮겼다. 동인천역에서 자유공원을 올라가는 길목 입구에 자리 잡은 이 학교는, 일정(日政) 때 일본인 자녀들을 위해 세워진 학교로 역사와 전통을 자랑하고 있었다. 다른 학교와의 차별화를 위해, 또 인천의 노른자위라는 우월의식에서 어린이들은 노란색 체육복을 유니폼으로 입고 있었다.

이 학교는 인천시 교육청에서 사회과 연구회 조직 운영을 지정하여 교사 연수 장소로 활용하도록 하였는데, 사회과 연수 요원으로 활동할 기회가 주어져 강사로서 처음으로 다른 교사들 앞에 서보는 값진 경험을 쌓기도 했다.

1977학년도에는 1학년 담임을 하였다. 학기 중에 학년주임 선생님이 의처증으로 장인 장모에 피해를 입혀 존속 상해죄로 구금되는 일이 발생하여, 주임이 공석이 되므로 해서 내가 주임 교사 업무를 대행하는 상황이 되었다. 얼마의 시간이 경과 한 후 주임 교사를 임용하게 되었는데, 이때도 주임 임용은 나를 비켜 갔다.

이럴 수도 있는 것인가? 하고 섭섭한 마음을 떨쳐버릴 수가 없었다.

원래 고지식한 편에 속했던 나는 내게 주어진 임무를 내 능력껏 하면 된다고 생각하고 있었던 터라, 남의 시선을 의식하지 않고 나름대로 주어진 일은 열심히 했다. 하지만 이런 일을 겪으며 늦긴 하였지만, 비로소 깨닫게 된 것이 '울지 않는 아이에게는 젖을 주지 않는다.'는 사실을 확인하게 된 것이다.

1978학년도가 시작되기 전, 교내에 있는 교장 선생님 사택을 방문하여 주임을 하고 싶다고 의사를 말씀드렸다. 울어서였을까?, 아니면 17년이라는 교육경력을 쌓았으니 주임을 하게 될 때가 되었다고 판단해서일까?, 1978년 3월 1일 처음으로 체육 주임 교사 임용을 받았다.

체육 주임 교사를 학교 현장에서는 마당쇠라 부르기도 한다. 마당쇠로 임용을 받게 되었으니, 그것에 걸맞은 역할을 해야 할 터인데 체육에 소질이 있는 것도 아니고, 주임을 하고 싶다는 의사를 피력하여 주임 임용을 받았으니 가만히 있을 수도 없어 난감했다. 그래서 고심 끝에 생각해 낸 것이 체육대회에 조직을 활용하여 전 종목을 육성 출전토록 하여 성과를 올리자는 계획이었다.

이 같은 생각을 하게 된 것은 다음과 같은 연유에서이다. 인천시 교육청에서는 해마다 가을에 학교 간 경기를 추진하였다. 경기의 채점 방식을 전국 소년체육대회 규칙을 적용하여, 참가 점수와 승수(勝數)를 쌓은데 따른 누적 점수를 부과하여 채점하였다. 따라서 출전 종목이 많을수록 기본 점수를 확보할 수 있고, 승수가 많아짐에 따라 누적 점수가 높아짐으로 팀을 많이 출전시키는 편이 유리했기 때문이다.

교장 선생님께서도 교육은 경험의 누적이라시며, 많은 어린이에게 운동선수로 출전했었다는 경험을 쌓아주기 위해 가능한 한 많은 팀을 조직 출전시키도록 하라는 지침을 주셔서 내 생각을 펼치는 데 힘이 실렸다.

187명을 선발 17개 부서를 남녀 별로 조직하고, 선생님들의 역량을 참고하여 정담임과 부담임을 맡겨 훈련에 돌입했다. 선수로 선발된 어린이들에게는 가산 점수를 부여하여 학급 임원 선거에서 도움이 되도록 함으로써 성적이 우수한 어린이들이 기피(忌避)하지 않고 선수로 참여하도록 유도하였다.

양계장을 운영하는 학부모의 도움을 받아 계란 5,000개를 확보하고, 선수 돕기 운동을 펼쳐 라면 50상자를 확보한 후, 조리실을 이용 라면을 끓여 선수들 각자가 지참한 도시락과 함께 점심 식사를 하도록 지원하며 동계 훈련을 강행하였다.

훈련 결과를 매일 점검하며 훈련 일정이 차질 없이 진행되도록 독려하였더니, 선수들의 경기 능력이 매우 놀라울 정도로 향상되었다. 드디어 결전의 날이 왔다.
땀을 흘린 만큼 결과는 나타나는 법, 종합 우승이라는 영광을 안게 되었다.

 나는 축현국민학교 근무를 통해서 인생의 전환점을 맞게 되었다. 하나는 스스로 노력하는 자만이 기회를 잡을 수 있다는 평범한 진리를 깨닫는 것이었고, 다른 하나는 김현섭 교감 선생님 삶의 모습이 내겐 모델링이 되어 적극적인 삶, 도전하는 삶의 자세를 지니게 되었다는 점이다.
인천축현국민학교에서의 5년은 내게 이처럼 정신적인 성장은 물론, 시스템을 효율적으로 활용하여 성과를 올리는 방법을 익히는 의미 있는 시간이 되었다.

(6) 연천상리국민학교 근무

 인천에서 두 학교를 거치며 10년 6개월을 근무하니, 인천시에 소재하는 학교 근무를 희망하는 교사들을 위해 자리를 비워줘야 하는 순환근무 대상이 되어, 1981년 3월 1일 자로 연천군 연천읍 상리국민학교로 전보되었다.
이곳은 휴전선이 가까워서 도서벽지진흥법의 접적지(接敵地) 을지(乙地)로 지정이 되어 있는 곳이어서 가산점을 받는 곳이었다. 20년 교직 경력을 쌓았으니만큼 승진에 눈을 뜨게 되어 가산점을 받는 곳으로 전출을 희망했던 것이다. 행운이랄까? 경원선 철도가 연결되어 교통이 편리하고, 가산점이 부여되는 곳으로 발령을 받게 된 것이다.
상리국민학교에 부임해 보니 어린이들은 공부를 마치면 부모님을 도와 농사일을 돕거나, 냇가로 들로 뛰쳐나가 자연 속에서 생활하는 어린이들이 대부분이라서 까무잡잡하게 그을린 얼굴에 눈만 반짝반짝 빛났다.

 부모들은 농사를 짓는 사람들이 대부분이었고, 휴전선 인접 지역이라 군부대가 많은 연유로 인해 군인 가족들이 많은 편이었다. 서울이 가까워 농산물의 판로가 확보되어 오이, 채소 등 수익을 올릴 수 있는 작물을 많이 재배하였다. 수요와 공급이 어긋날 경우는, 열심히 농사를 지었으나 수익이 생기지 않아 마음 아파하는 농부들의 모습을 가까이서 보고 느낄 수 있었다. 이런 상황에서 자녀들에게 관심을 기울이기를 기대한다는 것이 무리였다. 그러므로 어린이들의 생활은 가축에 비유한다면 방목하는 것이나 마찬가지였다.
첫해 6학년 1반 담임과 체육부장에 임용되었다. 반 어린이들은 46명이었는데, 인천에서 가르치던 어린이들보다 순진하고 정이 많았다. 하지만 사용하는 어휘력이 뒤떨어져 교수 학습 용어를 제대로 이해하지 못하는 편이어서 어려움을 겪었다.
또 학력도 많이 뒤지는 형편이었지만, 부모님이나 선생님들이 이런 상황에 대하여 관심을 기울이는 모습을 발견할 수 없었다.

 상리국민학교를 비롯해 근처 학교에서 근무하는 선생님들은 나를 비롯해서 전부 도시에 생활 근거지를 두고 있었다. 도시와 도시 주변의 교외 학교에서 근무하여 경력을 쌓은 후, 승진을 앞두고 가산점이 필요 하자 가산점을 받을 수 있는 곳을 찾아 이곳까지 찾아들어 온 사람들이 대부분이기 때문이다.
따라서 3년이라는 근무 기간을 채우고 나면 미련 없이 떠나는 사람들이기에, 어린이들을 위해 열정적으로 교육애(敎育愛)를 발휘하며 근무에 충실한 분위기를 찾기란 쉽지 않았다.
하지만 교사의 교육애는 도시에서 부족함을 모르며 생활하는 어린이들보다, 이런 열악한 곳 어린이들에게 더 필요하다는 생각에서 어린이들과 어우러져 즐겁게 생활하려고 힘썼다. 학력을 신장시키기 위해 어린이들의 성취동기를 키워주려는 노력도 기울였으며, 가정방문을 통해 부모님의 자녀들에 관한 관심을 고취하기 위해서도 열심히 노력했다.

나의 이런 노력을 눈여겨보고 계셨던 교장 선생님께서 다음 해에는 2학년 담임과 함께 교무주임의 역할을 하게 하셨다. 교무주임을 하며 학교의 분위기 전환을 위해 연천군 교육청 지정시범학교 운영을 희망하여 지정받고, 주제를 '어린이들의 기초질서 습관 형성'으로 정하였다. 교직원 모두의 힘을 모아 시범운영 보고를 하며 학교 분위기가 생동감이 넘치도록 하려고 애썼다.
시범운영 결과를 인성교육 지도 사례로 정리하여 경기도의 도덕과 교육연구회에 원고를 제출하였더니, 뜻밖에 교직에 몸 담은 지 22년 만(84.2.20.)에 처음으로 문교부 장관 표창이라는 큰 상을 받는 행운을 얻었다. 노력은 분명히 대가를 가져다준다는 진리를 새롭게 체험한 기회였다.

상리국민학교에 근무하면서 제 규정을 지키는 것의 중요함을 깨닫는 계기도 맞았다.
1982학년도까지는 학급수가 12학급이어서 규정에 따라 교감 선생님은 학급담임을 하지 않고 전임으로 근무하였고, 주임 교사는 4명을 임명할 수 있었다.
그런데 1983학년도 1학년 취학아동을 조사해 보니, 2학급 편성에 필요한 60명에 미달하여 2학급을 편성할 수 없는 상황이 되었다. 학급이 하나 줄어 전교 학급수가 11학급이 되면 교감 선생님은 전임(專任)이 아닌 학급담임까지 해야 하는 처지가 되고 주임 교사도 정원이 4명에서 2명으로 줄어들게 되는 것이다.

교장 선생님이 의사 결정을 하는데 어려움에 봉착한 것이다. 교감 선생님이 전임을 하다가 학급담임까지 하게 되니 보기에 안쓰러웠다. 주임 교사도 2명으로 줄어 승진에 필요한 점수를 얻기 위해 가족들과 떨어져 외지에서 자취하는 어려움을 감내하면서 생활하고 있는데, 원칙을 적용하여 2명이 주임점수를 받을 수 없게 하는 것도 안타까운 일이었다.
좋은 방법이 없을까? 고민한 끝에 "별일 없겠지" 가볍게 생각하고 적령이 안 된 어린이들을 호적을 정정하겠다는 학부모의 각서를 첨부한 후 입학을 허용하였다. 2학급 편성에 필요한 인원 60명을 초과하게 함으로써, 교감 선생님이 학급담임을 하지 않아도 되고, 주임도 4명을 유지하는 것으로 의사 결정을 하고 1983학년도 학사 운영을 시작했다.

'설마가 사람 잡는다'고 했던가. 법 규정을 어기고 무사하기를 바라는 것은 어리석은 일이라는 점을 깨달은 것은 오랜 시간이 걸리지 않았다.
5월에 경기도교육위원회에서 감사를 나와 적령이 안 된 취학아동의 입학을 허용한 것에 대해 법규 위반이라는 점을 지적하여, 적령 미달 어린이들에 대해 취학을 취소 조치하라는 것이었다. 그래서 각서를 쓴 어린이의 학부모들이 의정부지방법원에 호적정정 신청을 했더니, 모두 기각되는 사태를 맞아 어쩔 수 없이 입학을 취소해야 하는 상황을 맞았다.

교장 선생님은 의사 결정의 책임자로서 당연히 경고를, 나는 교무주임으로서 교장을 잘 보좌하지 못한 것에 대해 책임을 면할 수 없다며 경고를 받게 되었다. 적령 미달 어린이를 입학하도록 종용해 입학시켜 놓고, 입학 취소 조치를 하였으니 학교의 위상이 참 볼꼴 사납게 되고 만 것이었다.

이런 저런 경험을 하며 상리국민학교에서 3년간의 근무를 마친 나는 1984년 3월 1일 자로 서울시로 전입하는 영광을 얻게 되었다.

교육대학 학제가 4년제로 바뀌면서 2년 동안 졸업생을 배출하지 못하자 문교부에서 교원 수급을 조절하게 되었는데, 연(娟)이 서울시 전입 조건 중 서울에서 고등학교를 졸업한 조건이 충족되어 1983년 3월 1일 서울시로 전입이 되었다. 연(娟)의 서울시 근무로 나는 서울시 전입 조건 중 부부 교사 케이스가 충족되어, 경기도에서 서울시로 전입 발령을 받는 3명 중에 한 사람으로 기회가 열렸던 것이었다.

(7) 마포국민학교 근무

1984년 2월 29일 서울시교육청에 전입신고를 하러 갔더니, 서부교육청으로 배정되었다며 서부교육청으로 가 보라고 했다. 바로 서부교육청에 들르니 3월 2일 발령한다며 다시 들르라고 했다. 3월 2일 서부교육청에서 발령장을 받으니 임지가 마포국민학교였다. 내가 사는 여의도에서 가까운 거리에 임지 배정을 받은 것이다. 학교에 부임하니 담임 배정이 다 끝난 후여서 증치 교사로 근무해야 했다.

교무주임 경력이 있는 사람을 증치(增置) 교사로 배정하는 것이 못마땅했지만, 서울시로 전입한 것에서 위안을 찾을 수밖에……

증치 교사는 담임 외의 정원이므로 담임교사가 출장을 가거나 휴가를 가게 되는 경우, 보결 수업을 하는 것이 임무여서 결강이 생기면 학년에 상관없이 보결 수업을 배정받아 수업하게 된다. 수업 배정이 없을 경우 교감 선생님 일을 도와드리거나 전화 당번을 열심히 했다.

요즘은 교실마다 전화기가 가설되어 있어 필요할 때 전화를 걸거나 받을 수 있지만, 당시만 해도 교무실에 전화기가 한 대뿐이었다. 전화가 걸려 와도 안내를 해주지 않으면 전화가 온 사실을 모르고 살아야 하던 때였다. 전화기를 내 책상으로 옮겨서 선생님에게 전화가 오면 메모를 한 후 쉬는 시간을 이용하여 전해주면 매우 고마워했다.

보결수업과 전화 당번 역할을 하면서 80여 명에 가까운 선생님들 이름을 쉽게 익힐 수 있었고, 선생님들에게 쉽게 다가설 수 있게 되었으며, 나에 대한 좋은 이미지 형성에 긍정적으로 작용을 해 2년째가 되는 1985년에는 교직원 친목회장을 맡게 되었다. 당시 서울시 각급 학교에서는 5

애(五愛: 국기, 국가(國歌), 국화, 국어, 국토사랑) 교육 열풍이 불 때였다. 마포국민학교도 이에 호응하여 시범학교 운영지정을 받아 교육활동을 전개했는데, 5애 교육환경을 조성하고자 5애 교육관을 만들었다. 매시간 수업에 들어가지 않아 시간이 조금은 자유로운 나는, 이 일을 맡아 작은 힘이나마 시범학교 운영에 일조할 수 있었다.

 이런 일들로 인해 나는 시골서 전입한 사람에 대해 서울 선생님들이 갖고 있는 편견을 극복할 수 있었고, 내 위상을 확고하게 자리매김하여 전입 3년 차인 1986년에는 교무주임 보직을 받을 수 있었다. 교무주임 보직은 학교 교육활동의 전반적인 상황을 파악하고 적절히 대처해야 하며, 교장, 교감 선생님의 학교경영 의지와 선생님들의 바람을 연결하는 가교역할을 해야 하는 위치라, 어느 것 하나 소홀함이 없이 열심히 봉사하는 마음으로 임했다.

'하늘은 스스로 돕는 자를 돕는다'는 격언이 말해주듯, 서울 전입 4년 차에 나는 교감 승진 시험을 볼 수 있는 기회를 잡게 되었다. 서울시에서는 1986년까지만 해도, 교감 자격연수 대상자 선정 순위표를 만들어 수급에 맞춰 연수 대상자를 확정하고 연수를 시켜 왔는데, 1987년부터는 제도를 바꿔 시험을 통해 교감 자격연수 대상자를 선정하여 연수에 참여하도록 한 것이다.
연수 대상 인원의 1.5배인 35명을 대상으로 정동에 있는 창덕여자중학교에서 시험을 치렀다. 시험을 치르고 나서는 발걸음이 무거웠다. 도무지 자신이 없었던 것이었다. 종전에는 시험 없이 연수 대상자를 차출 100여 명씩 연수를 시켜왔다는데, 올해는 전례 없이 시험을 통해 대상자를 뽑았다. 인원도 서울 전체 공립학교에서 23명만을 선발하여 연수 기회를 제공한다니 바늘구멍처럼 좁은 문이라서 앞이 보이지 않았다.

 일찌감치 합격의 꿈을 접고 마음을 가다듬고 있는데 교감 선생님이 낭보를 들려주시는 것이었다. 시험에 합격했다는 것이다. 그것도 시험성적 1등으로……. 하지만 믿기지 않아 반신반의하고 있는데 합격 통지서가 날아왔다.
1등 합격은 부교육감실에서 근무하는 지인을 통해 확인한 정보라며 틀림이 없다는 것이었다.
나는 뛸 듯이 기뻤다. 주변의 동료들도 축하해 주었다.
1987년 8월 30일부터 10월 6일까지 180시간의 교감 자격연수를 받고 교감 자격증을 받았다.

(8) 서울발산국민학교 근무

 마포국민학교에서 4년 근무를 마치고 1988년 3월 1일 교감 승진 발령을 받아, 강서구에 있는 서울발산국민학교에서 근무하게 되었다. 시골서 전입한 지 4년 만에 교감 승진이 된 것에 대해 주위 사람들이 의아하게 생각하는 사람들도 있었다.
당시만 해도 시골서 전입한 사람들을 시골 사람이라고 폄하해서 보는 시각도 있었고, 근무평정을 함에 있어서 열심히 일을 했음에도 불구하고, 상위에 평정해 주지 않아 승진의 기회를 잡지 못하는 경우도 적지 않았기 때문이다.

발산국민학교에 부임하니 교장선생님이 훌륭한 인품을 지니셔서, 관리자로서 갖추어야 할 품성에 대해 많은 것을 보고 배울 수 있었다. 이곳에서 교감으로 첫 업무를 보면서 나는 마음속에 다짐하기를, 배우는 자세로 일하고 군림하지 않고 조력자로서 역할을 충실히 하자고 생각했다. 그래서 함께 생활하시는 연세가 많으신 선임 교감 선생님께는 깍듯이 예우를 갖춰 보필해 드렸고. 직원들과의 관계를 형성함에 있어서도 편안한 마음으로 다가설 수 있도록 신경을 썼다. 그렇게 근무하다 보니 어느 사이엔가 선생님들에게는 인기 있는 교감이 되어 있었다. 교육실습 협력 학교 지정을 받아 장래 선생님이 될 교생선생님들에게 교육관을 확립해 주기 위해 노력했고, 육상 시범학교 지정을 받아 육상 발전을 위해서도 힘썼다.

발산국민학교 근무 2년이 되어가는 1990년 1월 20일경 교육청에서 교감 회의를 소집했다. 회의 말미에 초등교육 계장이 관내에 송화국민학교가 신설되어 3월 1일 개교 예정인데 신설 학교에서 근무할 교감 선생님을 찾고 있다며 공지했다.
초등교육 계장은 충주사범학교 1년 후배로 격의 없이 대화할 수 있는 사이였다. 24일에 교육청을 들를 일이 있어 초등교육 계장을 다시 만나, 아직도 신설 학교 근무를 희망하는 교감이 없느냐고 물어보았더니, 한 사람 있기는 한데 믿고 일을 맡기기에 부담스러운 사람으로 여겨져 발령을 망설이고 있다고 했다.

그러면서 송화국민학교 교장으로 이미 발령을 받은 분의 후배 되는 사람에게, 선배와 힘을 합쳐 신설 학교 개교를 위해 근무해 볼 생각이 없느냐고 의사를 타진했더니, 완강하게 거절해서 누구를 보낼까? 고민 중이라고 했다.
당시 교감은 2년마다 순환근무를 시키고 있었는데, 나도 3월 1일이면 순환근무 대상이 되어 자리를 옮겨야 하는 상황이라서, 초등교육 계장에게 송화국민학교 희망자가 없으면 내가 가면 안 되겠느냐고 했더니, 형님이 가신다면야 쌍수를 들어 반길 일이라며 정말 가겠느냐고 확인하는 것이었다. 후배님 고민을 해결해 드려야 하는 것 아니냐고 하며 헤어졌다. 그랬더니 다음날인 25일 송화국민학교 개교 업무 취급 겸임 발령을 내주었다.

(9) 서울송화국민학교 근무

발령장을 받아 들고 방화 1동에 건립 중인 송화국민학교로 부임하러 갔다. 1월 15일 자로 먼저 교장 사무 취급 겸임 발령을 받은 분과 기사분이 난로 앞에 앉아 계셨다. 교장 선생님께 송화국민학교 근무를 발령받은 교감이라고 인사를 드렸더니 반겨 맞아 주셨다. 학교는 3월 2일 개교를 앞두고, 마무리 공사를 하느라고 일꾼들이 분주하게 움직이고 있었고, 공사가 진행되고 있어 공사 자재가 어지럽게 널려 있었다. 원래 논이었던 곳을 매립하고 건물을 지어 지반이 다져지지 않은데다, 겨울에 얼었다가 녹은 흙은 푹푹 빠져 발걸음을 옮기는 것 조차 쉽지 않았다.

개교 요원으로 근무할 교사와 행정 실장이 발령받아 부임해 오면서, 개교를 위한 업무가 본격적으로 추진되었다. 업무 추진 계획표를 수립하고 그 계획에 따라 비품과 사무실 집기를 마련하는 한편, 교실에 기본적으로 비치하여야 할 교재교구를 구입하는 등 눈코 뜰 새 없이 바쁘게 움직였다.

하지만 개교 준비를 위해 영달 된 예산이 너무나 부족하여, 시설설비 기준령에 맞춰 교재교구를 준비한다는 것이 쉽지 않은 일이었다. 따라서 최소한의 교재교구들만 준비하고, 부족한 부분은 점차 확보해 가는 방법밖에 별도리가 없었다.

그러면서 교육환경을 조성하는 일과 함께 학교 교육계획 작성, 교육과정 운영계획 수립, 학년 반 편성 등 교육활동 전개에 따른 준비도 차질 없이 진행하여 개화, 공항, 양천, 세 곳의 국민학교에서 학생들을 인계받아 3월 2일부터 정식으로 교육활동을 전개하였던 것이었다.

개학 일정에 맞추어 교육활동을 시작하기는 했지만, 시급히 해결해야 할 첫 번째 선결과제는 운동장 정비였다. 어린이들의 놀이공간인 운동장이 비만 오면 물바다와 수렁이 되어, 장화가 없으면 학교 등하교가 어려운 상황이 되어 있으니 놀이공간으로 활용한다는 것은 엄두도 낼 수 없는 일이었다.

운동장이 이 같은 어려움에 봉착하게 된 것은 학교를 지은 부지는 논을 매립하고 흙을 돋운 후 학교를 지었는데, 토목공사가 제대로 추진되지 않았기 때문이었다.

운동장 공사가 마무리되려면 둘레를 시멘트로 옹벽을 치고 정지(整地) 작업을 해야 하는데, 시멘트 파동으로 옹벽을 구축하기에 필요한 레미콘을 확보하지 못해 사단이 일어난 것이다.

시멘트 파동의 원인은 노태우 대통령이 선거공약으로 제시했던 주택 200만 호 건설을 추진하느라 건설이 동시다발로 추진되면서, 수요를 충족시키지 못하는 공급부족이 원인이었다.

공사 현장 감독과 함께 레미콘 확보를 위해 여러 회사를 방문했지만, 발품을 판 것만큼 성과를 올리지 못해 공사는 지연되었다. 이것으로 인해 개교기념식 날짜를 확정하지 못하여, 1학기를 마치기까지 개교식을 거행하지 못하였다.

서울시 교육청에서는 추천을 받아 전문직을 임용하던 기존의 방식에서 벗어나, 1990학년도에는 공개경쟁시험을 통해 전문직(장학사)을 차출 임용하는 제도로 전환하여 시행하였는데 2월에 시험을 시행한다고 공고됐다.

전문직에 근무하는 후배가 "형님, 시험에 한 번 도전해 보시지요."하면서 권하는 것이었다. 나는 서울시에 근무한 경력이 짧은데 다 자신도 없어,

"추천해 준 사람 체면이 있는데 응시했다가 떨어지면 민망해서 어떻게 하라고?"

했더니 후배가 하는 말이,

"까짓것 떨어지면 어때요. 다음에 또 보면 되지요."

하면서 대수롭지 않게 여기는 것이었다. 나는 용기를 내어

"그럼 한 번 응시해 봐도 될까?" 하고 말했더니 후배는

"그래요, 형님." 하면서 응원을 보내는 것이었다.

이 같은 과정을 거쳐 서울시 교육청 시행 제1회 전문직 공개경쟁시험을 보게 되었다. 시험을

보긴 하였지만, 합격자 발표를 하지 않아 누가 합격 되었는지 누가 낙방했는지 전혀 알 길이 없었다.
3월 1일 자 교원 인사 발령 났다. 전문직 시험 응시자 중에서 몇 사람이 발령을 받았다.
하지만 내게는 문이 열리지 않았다. 그래서 나와는 상관없는 일이구나 생각하며 시험 결과에 연연하지 않고, 개교 준비를 열심히 하고 있었다. 8월 15일 동문회가 열린 자리에서, 시 교육청에 근무하는 선배가 9월 1일 자 전문직 발령자 명단에 내가 들어 있다는 소식을 전해주는 것이었다.
소식을 듣는 순간 기쁘기도 했지만, 마음 한구석에는 정말 발령이 날까?, 하는 의구심도 없지 않았다. 그러니 9월 1일까지 기다려 보는 수밖에…… .
8월 30일, 9월 1일 자 교원 인사 발령이 발표됐다. 선배가 들려준 소식대로 전문직 발령을 받았다. 개교를 위해 송화국민학교 발령을 받은 지 6개월, 공사 지연으로 개교식도 하지 못한 상황에서 학교를 떠나 강서교육청에서 새로운 업무를 맡아 하게 되었다.

⑩ 서울특별시 강서교육청 근무

8월 31일 송화국민학교에서의 마지막 날 근무를 하면서, 9월 1일 토요일날 조회를 통해 어린이들에게 인사를 하고 강서교육청에 부임해야 하겠다고 생각하고 있었다. 그러던 중 교육청에서 전화가 왔다. 왜 오지 않느냐고 채근하는 전화였다.
1일 어린이들에게 인사를 하고 가려고 한다고 대답했더니, 오늘 사무인계를 받고 1일부터 정상근무를 해야 한다며 닦달한다.
서둘러 교육청으로 가서 교육장, 학무과장 그리고 선임 장학사들께 인사를 드렸다.

교육청의 분위기는 학교 분위기와는 전연 다른 모습이었다. 교감회의 참석을 위해 교육청에 들어가 초등교육계에 들러 인사를 할 때 느끼던 분위기와, 발령을 받고 부서의 일원으로서 근무하기 위해 부임하여 느끼는 분위기는 완연하게 달랐다.
전입 순서대로 자리를 배정하고, 업무처리도 완전히 계선 조직에 의해 의사 결정이 이루어지며 상명하복의 위계질서가 극명하게 드러나 보였다.
이런 분위기에서 부딪침이 없이 슬기롭게 처신하는 방법을 찾아야 했다. 또 학교에 나가 선생님들을 상대로 장학활동을 해야 하는 위치가 되다 보니 어떻게 처신해야 내 위상을 관리하며 비난 받지 않고 능력을 인정받을 수 있을까 고민하지 않을 수 없었다.

고심 끝에 '겸손한 자세, 친절한 마음으로 근무하자. 그리고 내 힘이 도움이 된다면 기꺼운 마음으로 봉사하도록 하자.'며 마음속으로 다짐했다.
장학사들은 연배가 비슷하여 별문제가 없겠지, 관리과 일반직들과는 10여 년이 넘게 연령 차이가 나는데, 이들과 호흡을 같이하려면 나이를 내세우지 않고 나를 낮추는 일이 제일 좋을 듯싶었다. 학교 현장 교감 선생님들의 협조를 얻어 내기 위해서도 겸손하고 친절한 접근이 상책일 듯싶어서였다.

후임자들이 담당하는 업무가 장학 부서의 통계를 주로 다루는데, 이들 통계는 학교의 현황을 집계하는 일이라서, 어느 한 학교의 통계가 기일 내 보고되지 않으면 차질을 빚게 된다.
이것으로 인해 학교에 채근하게 되고, 이런 와중에 서로의 기분을 상하게 하는 말들이 본의 아니게 자주 오가다 보니, 장학사라는 자리는 학교 현장의 교감이나 교사들에게는 불가근불가원(不可近不可遠)의 위치가 되는 것이 현실이었다. 이 같은 현실에서 갈등의 원인을 사전 제거하는 길은, 겸손하고 친절한 접근이 제일 유효할 것이라 여겨졌기 때문이다.
또 학교 현장에서 교사들을 상대로 장학활동을 할 때도, 겸손하고 친절하게 봉사하는 마음으로 접근하면 가까이 다가설 수 있고, 마음과 마음의 교감이 이루어져 서로를 이해하며 원활하게 협조가 이루어지게 될 것이라고 예상되었기 때문이었다.

강서교육청에서 4년 6개월을 근무했다. 그동안 등촌, 방화, 가양지구의 택지개발로 12개의 신설학교가 개교되었다. 개교 업무를 담당한 나로서는 개교 업무 추진에 혼신으로 노력을 기울여야 했다.
개교식에는 교육감님이 임석하시어 축사를 맡아 하시고, 많은 내빈을 모시고 식을 진행하는데 가장 신경 써야 할 일이 의전에 관한 문제였다.
내빈으로 참석하는 사람들은 여러 사람 앞에 자신의 낯을 내 세우려 하는 사람들이라서, 상석에 앉아 대우받기를 좋아하는 분들이었다. 그 때문에 의전에 소홀함이 있으면, 그에 대한 반응이 즉시 나타나서 신경을 곤두세우고 행사를 진행하지 않으면 안 되었다.

 교육청 특색사업으로 학습지도연구교사 제도를 운영했는데, 이 업무를 추진하면서 학교 선생님들과 밀착되어 장학 활동을 펼칠 수 있었고, 이것으로 인해서 교사들의 발전하는 모습을 가까이서 볼 수 있었던 점이 기억에 남는 일이다.
또 교사들의 지원을 받아 3학년 사회과 고장 생활지도 자료를 개발하여 현장에 보급, 유용하게 활용할 수 있도록 했던 점도 잊혀지지 않는 일 중의 하나다.
교육청에 근무하면서 부딪혔던 일 중 어려운 것을 꼽으라면, 데모 저지를 위해 전교조 교사들의 투쟁 현장에 투입되는 일이었다. 참교육이라는 기치를 내걸고 교육 현장에 분란을 일으키며, 투쟁을 일삼는 데모가 빈번하게 일어나던 시기여서 이를 저지하기 위해 현장에 투입되는 일이 잦았다. 서로 물러설 수 없는 대치 상황이 전개되다 보니 서로가 보기 민망하고, 힘들고, 피곤한 일이었기 때문이다.

 장학사 근무 3년 10개월이 지난 1994년 7월 14일부터 8월 20일까지는, 서울대학교 사범대학 부설 교육행정연수원에서 제41기 교장 자격연수 교육을 받았다.
학교에서 교감으로 근무했다면 12년 경력이 되어도 연수 대상자로 지정받기가 어려운 상황이었는데, 교감 발령을 받은 지 6년여 만에 교장 자격연수를 받은 것은 전문직에 근무하므로 해서 얻은 행운이라면 행운이었다.
교장 자격연수가 끝난 며칠 후 동료 우성권 장학사가,

"양 대감(나를 양 대감이라 호칭했음) 교장 자격연수 성적이 1등이래"
하고 알려주는 것이었다. 나는 그럴 리가 없다고 했지만, 틀림없는 정보라고 하는 것이었다.
 우 장학사는 그 당시 서울대학교 사범대학 부설 교육행정연수원에서 교육 행정 연수를 받고 있었는데, 연수생 대표로 연수원 직원들과 접촉하는 과정에서 알게 되었다며 1등이 사실이라고 했다.
하지만 나는 믿지 않고 있다가 8월 26일 수료식 날 탁월한 성적으로 수료하였다는 표창장을 받고는 우 장학사의 정보가 틀림이 없었음을 확인하게 된 것이다.

 1995년에 접어들자 예상치 못한 행운이 찾아왔다. 교육부 산하 국제교육진흥원에서 주관하는 초·중등교원 국외연수단(33단) 일원으로 선정되어 1월 19일부터 1월 30일까지(11박 12일) 파리, 런던, 로마, 취리히를 둘러보는 연수에 참여하게 된 것이다.
서울과 경기도교육청 소속 교육전문직 12명, 교원 13명 합계 25명이 연수 단원으로 편성되었다. 이는 국제교육진흥원에서 94년 교원 국외연수 계획을 추진하면서, 편성된 예산 중 잔액이 발생하자 이를 이월하지 않고 전액 집행하고자 추가 연수단을 꾸려서 연수를 추진하게 된 것이었다.
교원 국외연수는 교육 선진국을 돌아보며, 교육에 대한 안목을 넓혀 현장 교육을 개선하는데 견인차로서 역할 해줄 것을 기대하며, 우수 교원을 선발 연수를 시행하는 것인데 내게 이런 기회가 왔다는 것은 행운이 아닐 수 없었다.

 따라서 보고 듣고 느낀 점을 소상히 기록하여 현장 교육을 개선하는 데 도움이 되도록 하겠다고 다짐하면서 연수에 참여하게 되었고, 그 결과 기록물은 (6) 국외연수기에 담아보았다. 장학사로 임용을 받으며 겸손하고 친절하게, 그리고 내 힘이 도움이 된다면 기꺼운 마음으로 봉사하자는 다짐으로 근무했음이, 일선 학교 현장에 읽히어지게 되었는지 예기치 않았던 일이 내게 일어났다.
1995년 2월 25일 학무국장실에 결재받으려고 들어갔더니, 3월 1일 자로 서울시교육청으로 발령이 날 것 같다며 손을 쓴 일이 있느냐고 물어보는 것이었다.
그러면서 직속상관도 모르게 인사 내신을 할 수 있느냐며 불쾌하다는 표정이 역력했다. 나는 전혀 예기치 못했던 일이라,
"세상을 내 뜻대로만 살 수 있습니까? 저는 전혀 모르는 일입니다." 라고 대답을 했다.
상급 기관인 서울시교육청 근무자는 지역교육청에서 능력 있는 사람을 선발해 쓰는 것이 일반화된 인사 패턴이었던 때였으므로, 서울시교육청으로 발령을 받을 것이라는 말이 싫지 않았다.
 국장의 말대로 3월 1일 자로 서울시교육청 초등교직과로 발령을 받았다.

(11) 서울특별시교육청 초등 교직과 근무

 서울시교육청 초등 교직과는 서울 시내 초등학교 교원 인사를 총괄하는 곳이다. 교원 정원의 책정, 교사 임용고사 시행, 교원의 각종 연수, 교감 임용, 장학사, 장학관 임용, 교장 임용, 교원

징계 등의 업무를 처리한다. 이 같은 막중한 업무를 취급하는 부서에서 근무하게 되니 책임감이 무거움을 느끼며 근무를 시작했다.

 전입 막내가 맡는 일은 인사 기록의 관리였다. 교원으로 임용되면서 작성한 인사 기록 원본들을 보관하는 곳이니, 3, 40년이 된 것들이라 낡고 헤어져서 조심스럽게 다루지 않으면 망가지는 일이 허다했다. 그래서 인사 기록 카드를 정비하는 일을 시작하여 깔끔하게 정리해 놨다.
지금은 개인정보 보호법이 제정되어 개인정보 공개를 꺼리지만, 당시는 매년 5월 15일 스승의 날이 돌아오면, 스승을 찾아달라며 교육청으로 연락해 오는 사람들이 많았던 터라 교육청에서는 스승 찾아주기 창구를 운영했는데, 이 일도 전입 막내에게 배정된 업무였다.

 서울 시내 전 학교에 근무하는 선생님들의 명단을 확보하고, 스승을 찾는 제자에게 근무처를 안내하여 연결하여 주는 일과 함께, 창구 운영으로 알게 된 스승과 제자 간에 얽힌 따뜻하고 아름답고 도타운 사연들을 방송국의 취재진에게 들려주어, 라디오 방송의 전파를 타고 전국으로 울려 퍼지게 하는 일을 통해 기쁨도 맛보았다.
시간이 흐르면서 자리도 옮겨 앉게 되어 연수업무를 담당하게 되었다. 초등학교 교육과정에 영어교육이 편성되면서, 과연 초등교사에게 영어교육을 맡길 수 있느냐? 하는 문제를 두고 찬반양론이 비등했다. 어느 국회의원은 '결혼한 여자라 하여 다 성교육을 담당시킬 수 있느냐?'라며, 초등교사 자격증을 가졌다고 하여 전문성이 필요한 영어를 초등교사에게 맡길 수 없다고 몽니를 부리기도 하였다.

 하지만 초등 교육계에서는 초등교육은 초등교육의 특성을 잘 아는 초등교사가 맡아 하는 것이 당연하다는 논리로 맞서며, 초등학교 전 교장 선생님들께 초등교사가 초등학교 영어교육을 담당해야 하는 당위성을 장문의 편지에 담아 보내며 협조를 요청하는 등 전력을 기울여 이를 관철하였다.
이제는 교사 연수로 영어교육의 기틀을 다지는 일이 발등의 불로 대두됐다. 없는 예산을 확보하느라 중등교직과 연수 담당자에게 어려운 사정을 호소하여 예산 일부를 얻어 냈다.
추경을 통해 예산을 확보하느라 관련 부서를 부지런히 드나들어야 했으며, 영어연수를 위한 교육장(教育場)을 개설하기 위해, 유휴 교실이 있는 용산초등학교에 찾아가 교장 선생님께 도움을 요청하기도 했다.

한편으로는 초등학교에도 영어교육에 전문성을 지닌 교사가 있어야 하겠다는 필요에 따라, 평소 연찬을 통해 영어 실력을 쌓았던 교사 50명을 선발, 영어 회화 능력 향상을 위해 1개월 간 미국, 캐나다, 영국, 호주. 아일랜드에 연수를 보내는 일도 추진했다. 작지만 나의 이 같은 노력이 초등학교 영어교육의 기틀을 다지는데 밑거름이 되었다고 생각하면 자부심이 느껴지기도 한다.

 초등교직과 인사업무는 모두 보안이 요구되는 상황이라서, 담당자 이외의 사람은 알려고도 또한 방에서 일한다고 알려주지도 않는 속성으로 인해, 다른 장학사님들이 퇴근한 후 늦은 밤까지 혼자 남아서 업무를 처리하는 경우가 다반사이다.
또 인사 시기가 되면 휴가 시간을 마련한다는 것은 엄두도 낼 수 없는 상황이다. 사정이 이렇다 보니, 같이 교직에 몸담고 있으면서 방학을 맞아 이제나저제나 휴가를 기다리던 娟으로서는 짜증이 날 만도 하였을 것이다. 오죽했으면 하루는 퇴근하는 나를 향해
"나만 셰퍼드냐? 허구한 날 집만 지키고 있어야 하고……."
하며 투정을 부리는 것이었다. 娟의 투정에 나는 어떤 변명도 할 수가 없었다.

1996년에는 인사 주무 업무를 맡았다. 7월에 교육감 선거가 있었다. 8월 27일이 신임 교육감이 새로 취임하는 날이다. 인사 발령일이 9월 1일 자이기 때문에, 새로 취임한 교육감이 의사 결정을 하여 인사 제청을 해야 하는 상황이었다.
교장 승진 임용, 교장 전보, 장학관 임용 전직, 장학사 임용 전직, 교감 승진 임용 등 모든 인사 업무가 신임 교육감이 취임하고 이루어져야 했다. 취임식 날은 결재를 받을 수 없는 상황이었고, 이 모든 일과 발령장 수여가 28일부터 30일 사이에 이루어져야 했으니 지금 생각해도 정신이 아찔하다.
인사를 위한 기초자료를 뽑고 교육부 교류 대상자를 확정하고, 교장 정년 퇴임에 맞춰 승진 대상자 확정, 교육부에 임용제청, 교장 전보대상자, 장학관 및 장학사 임용, 전직(轉職) 대상자, 교감 승진 대상자 확정 등 이 모든 서류를 따로 작성하여 결재받을 준비를 해야 했으니 언감생심 어찌 휴가를 얻을 수가 있었겠나.

1997년 3월 1일 자 인사를 위해서는 동지섣달 엄동설한에, 난방이 꺼진 사무실에서 늦은 시간까지 혼자 근무하며 추위와 싸워야 했다. 이같이 열악한 조건에서 근무해야 하는 것도 모르고 서울시 교육청이 대단한 직장이라 생각하고, 이곳에서 근무하는 것을 동경하는 사람들도 많다는 것에서 위로를 찾는다면 아이러니일까.
1997년 3월 1일에는 강서교육청으로 자리를 또 옮겨야 했다. 1998년 교원 전보 업무를 강서교육청에서 주관해야 하는데, 아무래도 인사에 밝은 사람이 있어야 한다며 상급자가 주장하는 데는 내가 실무를 취급하면서도 가지 않겠다고 버틸 수가 없었다.

⑿ 서울특별시 강서교육청 근무

강서교육청에서는 보직이 초등교육 계장이었다. 상급 기관인 서울시 교육청 근무 경력이 있는 사람에게 주어지는 보직이었다.
교사 임용권은 교육장에게 권한이 위임된 사항이라서 지역교육청 교육장이 교사 전보 업무를 관장해야 했다. 그런데 서울시 전역을 인사 지역으로 하고 있으므로 11개 지역교육장이 전보 원칙을 합의하여 시행하고, 이를 주관하는 교육청은 순번으로 돌아가며 업무를 맡아왔다.

교사 전보 업무는 공정하고 객관적이며 투명하게 처리하여야 한다는 대전제 하에, 전보 시행

세칙을 만들어 이를 계량화하는 작업을 거쳐 KIST에 의뢰 전산화 처리를 하는 것이 정례화되어 있었는데, 교사 전보를 언제까지 KIST에 의뢰하여 처리할 것이냐며, 이제는 서울시교육청 전산실을 이용하여 자체적으로 전보를 시행하자는 의견을 반영하여 결정한 후 처음으로 그 일을 강서교육청이 주관하게 된 것이다.

하지만 전산 시설만 갖춘다고 해서 전보 업무를 처리할 수 있는 것은 아니었다. 전보 업무에 대한 노하우를 축적하고 있지 않은 서울시교육청 전산실로서는 새로운 프로그램을 개발해야 했고, 이를 위해서는 전보 업무를 담당하는 관련자들과 협의를 통해 전보 세칙을 전산화하기에 편리하게 데이터화 해야 하는 작업이 이루어져야 했다.
다행이라고 할까. 1991년 3월 1일 자 전보 업무를 강서교육청이 주관했었는데, 당시 인사 주무를 보며 전보 업무를 담당했던 사람이 강서교육청 초등교육과장으로 발령을 받았다. 치밀하고 분석적이며 예지력까지 갖추고 있고, 조직적으로 사고하는 사람일 뿐만 아니라 전보 업무에 대해서는 자긍심을 갖고있는 사람이어서 안성맞춤이었다.
전보 업무는 자기가 책임을 지고 처리할 것이니 당신은 장학 업무를 책임지고 처리하라며, 역할 분담을 하자고 내게 제의 해 왔다. 전보 원칙과 세칙을 마련하여 지역교육청 담당자들과 협의를 거치며 차근차근 준비해 온 것을 바탕으로 서울시교육청 전산시설을 이용, 전보를 앞두고 시뮬레이션 작업을 하는 과정에서 자꾸만 오류가 발생하는 것이었다.

시간은 자꾸만 흘러 교사 전보 결과발표 시간은 임박해 오고 있으니 담당자들은 속이 타들어 가는 상황이었다. 서울시교육청 전산실에서 밤샘하며 오류를 찾아내려는 노력을 기울이기를 5시간, 오전 3시 반경 드디어 전산 시스템이 정상적으로 가동이 되는 것이었다. 전산실 담당자, 강서교육청 초등교육과장이 호흡을 맞추며 끈질기게 오류의 원인을 찾아내기 위해 심혈을 기울인 결과였다.

이런 과정을 거쳐 강서교육청이 주관하는 1998년 3월 1일 자 교사 전보는 무난하게 마무리 되었고, 비로소 시 교육청 전산 시스템을 이용한 교사 전보 업무처리의 길이 열리면서 교사 전보에 새로운 한 획을 긋는 계기가 마련된 것이다.
전보 업무를 마무리하고 홀가분한 마음으로 근무하고 있는 어느 날, 초등교육과장이 전보때 왜 역할 분담을 하자고 제의했는지에 대해 이유를 들려주는 것이었다. 교사 전보는 만에 하나 잘 못 되는 날이면 분명 책임을 묻는 일이 벌어질 것이며, 더구나 이번 전보는 노하우가 없는 시 교육청 전산실에서 처리하는 것이니만큼, 문제가 없으라는 보장이 없는데 문제가 발생하여 책임져야 할 사람이 생기면 모든 사람이 책임을 지고 불이익을 당하는 사태가 발생하는 것보다는, 실무과장으로서 자신이 혼자서 모든 책임을 지는 것이 현명한 접근이란 생각에서였다는 것이다. 동료를 배려하는 속 깊은 정을 느끼게 하는 처신에 마음으로부터 우러나는 감사함을 표했다.

7월 28일 서울시 교육청 인사 담당 장학관으로부터 전화가 걸려 왔다. 장학관은 "신설 학교 근무에 대해 생각해 보았나요?"라는 질문을 했다.
나는 "생각해 보지 않았는데요."하고 대답했더니, 매우 당혹스러워하며 전화를 끊는 것이었다.

 초등교직과에서 인사업무를 취급했던 사람으로서, 장학관의 그 당혹스러움이 무엇을 의미하는지 읽혀져서 장학관에게 전화를 걸었더니, 신설교 교장 사무 취급 발령을 부교육감 결재까지 받았다는 것이었다. 실무자들의 고충을 아는지라 그러면 알겠다고 했더니, 29일 11시까지 발령을 받으러 시 교육청으로 들어오라고 했다.
내가 부천에 살고 있고 신설 학교가 개봉동에 자리 잡고 있으니, 출퇴근 문제를 고려하는 등 전문직에 대한 예우 차원에서 신설 학교 배정을 한 것이었다.
29일 11시 시 교육청에 가서 서울개웅초등학교 교장 사무 취급 발령을 받았다.

⒀ 서울개웅초등학교 근무

 7월 30일 오후 신설 학교 현장 방문을 했다.
개웅산 중턱에 자리 잡은 학교의 모습은 한마디로 표현하면 난감함이었다.
운동장에는 흙이 산더미처럼 쌓여 있고, 공사는 여기저기서 진행되고 있었으나 9월 1일 개학하기에는 어림도 없어 보였다. 우선 당장 내가 머무를 공간이 마련되어 있지 않아 개교를 위한 업무를 볼 수가 없었다. 교장 발령이 났으니 교감 발령도 잇달아 났고, 개설 요원 교사들과 행정실장도 발령받고 부임 했다.

하지만 머무를 공간이 마련되지 않아 이웃한 개웅중학교 특별실 하나를 빌어 업무를 보기로 했는데, 방학 내내 문이 잠겨 있던 교실이라 환기도 되지 않는데 다 곰팡이까지 눈에 보였다.
 공사를 빨리 서둘러달라고 채근할 요량으로 교육청 시설과장을 만났더니, 강서교육청 시설과장으로 근무했던 분이었다.
신속한 공사를 채근하며 교사들이 머무를 공간부터 확보해 달라고 주문했다. 8월 10일이 되어서야 조그만 공간을 확보할 수 있었다. 10일간이라는 귀한 시간을 허송한 것이었다.

 한 교실을 정해 철문을 달고 전화를 가설하는 등 개교를 위한 업무를 시작했다. 업무를 추진하며 현장에서 부딪히는 일이 한두 가지가 아니었다. 그라인더로 운동장 마사토 펴는 작업을 하는데, 한 사람이 오더니 운동장 가운데 눕는 것이었다.
이유인즉, 벽돌을 납품하고 잔금을 못 받아서 잔금을 받기까지는 공사를 할 수 없다는 것이다.
 한 시간이 새로운데 공사를 방해하다니 어처구니가 없었다. 교육청 시설과로 연락했더니 공사 방해로 파출소에 신고해 달라는 것이다. 인근 개봉파출소로 신고했더니, 순경 2명이 달려와서 공사를 방해하지 말라며 일어나서 비키라고 한다. 그런데도 일어날 기미를 보이지 않자 납품대금을 못 받은 것은 노동청에 신고해서 해결해야 할 일인데, 이처럼 계속 공사를 방해 한다면 공무집행 방해로 연행할 수밖에 없다며 허리춤을 낚아채자, 그제야 자리를 비켜줘서 공사를 할 수 있었다.

하루는 운동장 주변에 심을 나무를 트럭에 싣고 왔다. 하역 작업을 하는 중에 나뭇잎이 운동장에 많이 떨어졌다. 하역을 끝내고 트럭이 가려 하자 그라인더 운전기사가 길을 막고 트럭이 가지 못하게 방해하는 것이었다. 트럭 기사와 그라인더 기사 간에 다툼이 벌어졌다. 낙엽을 많이 떨어뜨려 마사토를 제대로 펼 수 없으니 책임을 지라는 것이 길을 막는 이유였다. 다툼을 말리느라 무진 애를 써야 했다.

공사의 지연으로 화장실은 언제 사용하게 될지 가늠할 수가 없었다. 공사에 참여하고 있는 근로자들이 사용하는 간이 화장실이 설치되어 있었으나, 너무나 불결해서 여선생님들은 사용할 엄두도 내지 못했다.

이웃한 개웅중학교 화장실을 이용하는데, 공사장 인부들이 무서워 혼자서 화장실을 가지 못하고 세 명씩 그룹을 지어 화장실을 왕래했다.

8월 20일경이 되어서야 내가 머무를 방이 가까스로 마련되고 집기들도 들여놓기 시작했다.
하루는 교육청 시설과장이
"교장 선생님, 저희가 지붕에서 내려오는 홈통의 연결되지 않은 부분을 연결할 터이니, 누가 물어보면 교장 선생님이 연결했다고 말씀해 주세요."
하고 부탁하는 것이었다. 나는
"그 대답이야 못 할 것 있겠느냐?."며 가볍게 생각하고 그러겠다고 대답했다.
홈통을 연결한 다음 날, 한 젊은이가 흙이 덕지덕지 묻은 작업화를 신고 내방을 들어오더니
"교장 선생님, 내 돈 내놓으십시오. 왜 남의 재산에 손을 댑니까? 건물 준공 검사를 받기 전까지는 물홈통은 내 재산입니다. 공사대금 2,700만 원 중, 저 1,800만 원을 받지 못했는데, 교장 선생님이 물어내십시오."
하며 격앙된 어조로 닦달하는 것이었다. 어처구니없고 황당한 일이었다. 하지만
"잘 해결해 봅시다."
라고 말하며 달래서 돌려보냈다. 다음 날 젊은이는 또 찾아와서
"교장 선생님, 돈 마련되셨습니까? 마련되셨으면 주십시오."라고 말하며 보채는 것이었다.
나는 하는 수 없이 "내가 한 일이 아니고 교육청에서 한 일이니 교육청에 가서 해결하시오."
하며 나가라고 버럭 화를 냈다. 하는 수 없었던지 젊은이는 힘없이 걸어 나갔다.
이 같은 와중에서도 교직원들과 지혜를 모아 개교 준비에 매진했다.
교기를 만들고 교가는 예의상 교장에게 가사를 작사하도록 일임하는 것이 관례로 되어 있어, 학교의 입지 조건을 살려 내가 다음과 같이 작사하여 신귀복(얼굴 작곡자) 교장님에게 작곡을 의뢰하여 완성을 보게 되었다.

   1절 개웅산 동쪽 기슭 우뚝 솟은 배움터
     해맑은 웃음이 피어나는 곳
     서로서로 도와가며 정다웁게 배우자
     가슴을 활짝 펴고 씩씩하게 자라자

2절 아카시아 향내 짙은 즐거운 배움터
　　　씩씩한 기상이 샘솟는 동산
　　　서로서로 깨우치며 부지런히 배우자.
　　　재주를 갈고닦아 쓸모 있게 다듬자

후렴 참되고 슬기롭게 튼튼히 자라
　　　마음 열고 큰 뜻 펼치는 개웅 어린이

그리고 집기와 비품 교재교구와 책걸상을 마련하는 등 학생을 맞을 준비를 착실히 진행해 나갔다. 공사가 지체되어 9월 1일 개학을 하려던 계획에 차질을 가져왔다.
교육청 관리국장님이
"교장 선생님이 교육청에 들어오셔서 교육장님께 9월 1일 개학을 하기 어렵다고 말씀 드려주세요."하며 주문을 해 왔다.
"왜 그러느냐?"고 물어보았더니
"교육장님이 교육감님께, 개웅초등학교가 9월 1일 개학 한다고 보고 말씀을 드렸기 때문에, 반드시 9월 1일 개학을 해야 한다고 고집을 부리시며 도무지 우리들 말을 들으려 하시지 않기 때문입니다."라고, 말하는 것이었다.

그렇다면 내가 말씀을 드리겠다며 교육장실을 방문하여 교육장님께 말씀을 드렸다. 그랬더니 관리국장님을 불러서 교장 선생님이 9월 1일 개학을 할 수 없다고 하는데, 어떻게 하는 것이 좋겠느냐며 의견을 묻는 것이었다.
관리국장님은 "당연히 공사가 원만하게 진행되어 어린이들이 안전상 문제가 없을 때 개학하는 것이 마땅한 일입니다."라며 맞장구를 치는 것이었다. 교육장님은 "그럼, 오늘 저녁 교육감님을 뵙게 되는데, 다시 말씀드려서 개학을 연기해야 하겠다."라고 말씀을 하셨다.
　이렇게 해서 9월 1일 개학하려던 일정을 1주일 연기시켰다.

　학생 분리의 지연에 대한 가정통신은 개봉초등학교 교장 선생님 명의로 발송했다.
　개학이 연기됨에 따라 어려움을 겪는 것은 개봉초등학교도 마찬가지였다. 급식비를 걷을 수 없고, 어린이 신문 구독 신청도 할 수가 없을 뿐만 아니라, 개웅 학교로 학생을 분리한 후 학급 편성을 새로 하고 담임 배정도 새로 해야 하는데, 이런 모든 것이 지연됨으로 인해 학교경영에 차질을 빚을 수밖에 없는 상황이었다.

1주일 연기된 개학은 1주 일이 지난 후에도 이루어지지 않고 다시 1주일을 연기했다.
　이번에는 개웅초등학교 교장 명의로 연기하는 사연을 담아 가정통신문을 발송했다. 교육청 직원들까지 동원되어 학생을 맞아들일 청소를 하는 등, 야단법석을 떨고서야 비로소 12일에 개봉초등학교에서 818명, 개명초등학교에서 27명 합계 845명, 어린이들을 인수하고 14일 월요일부터 학교 수업을 전개할 수 있었다.
개학 첫날 나는 조례에서 개웅초등학교의 주인은 어린이 여러분이라고 강조하며, 주인이 지혜롭고 똑똑하면 그 집안을 번성하지만, 주인이 똑똑하지 못하면 그 집안은 쇠퇴할 수밖에 없다며 주인의식을 고취하여 주기 위해 힘썼다.

한편으로 "여러분은 새 학교의 주인으로서 깨끗하고 아름다운 학교를 만들어 가자"고 강조했다. 그리고 교사(校舍) 전면에 '세계로, 미래로, 밝은 사회로'라는 캐치프레이즈를 크게 만들어 게시했다. 그 까닭은 현재의 어린이 여러분들은 장래 우리나라 라는 좁은 공간을 벗어나 세계를 삶의 터전으로 하여 세계시민으로 살아갈 사람들이고, 미래 세계의 주역들로 살아갈 사람들이며, 밝은 사회를 건설하는데 앞장서는 역군으로 살아갈 주인공들이기에 어려서부터 큰 꿈과 포부를 심어줄 필요성을 느꼈기 때문이다.

어린이들을 받아 학교는 열었으나 다음 날인 15일에 문제가 터졌다. 공사를 담당한 업체가 부도가 난 것이다. 공사비를 못 받은 업체 사장, 납품하고 자재비를 못 받은 사람, 인건비를 못 받은 사람 등 빚쟁이들이 몰려와 아우성이었다.
수습 대책위원회를 구성하고 이들이 사용할 교실을 달라고 하여, 교실 하나를 쓰도록 내어 주었더니 시도 때도 없이 드나들며 법석을 떠는 것이었다.
하지만 이들과 부딪칠 수도 없고, 관망하며 이제나 해결될까 저제나 해결될까? 기다리고 있는데 설상가상이랄까, 공사 초기부터 인부들의 식사를 해주던 식당 사장이 업자로부터 식비 3,000만 원을 받지 못했다며, 조리실을 설치해야 할 곳의 문을 쇠사슬로 얽어맨 후 잠가놓고 돈을 받기 전에는 문을 열어 줄 수 없다고 버티는 것이었다.

복도에 조리 기기들은 납품받아 쌓아 놓고 있는 상황에서 장애에 부딪히니, 그 난감함이란……. 우선 식당 사장에게 문을 열어달라는 내용증명을 발송했다. 하지만 돈을 받기 전에는 비워줄 수 없다는 답장을 보내왔다.
2차 내용증명을 보냈지만 대꾸조차 하지 않았다. 언제까지나 비워주기를 기다릴 수 없는 상황에서 행정실장과 의논하여 대집행을 하기 위한 계획을 세우는 중에, 다행히도 보증을 선 것으로 인해 완공하지 못한, 나머지 공사를 담당한 업체에서 식당 사장에게 500만 원을 대신 지불해 주어 문을 열고 조리실 공사를 마무리할 수 있게 되었던 것이었다.

이 같은 와중인데도 나는 9월 30일 학부모들에게 학교를 공개했다. 학교를 짓는 과정에 교육청에 150여 건의 민원이 접수되어, 교육청에서도 개웅초등학교라면 골머리를 앓고 있다는 것이었다. 내게 들려오는 소문에도 개봉초등학교에서 급식을 위한 조리실 설치를 학부모들의 찬조를 받았는데, 개웅초등학교 급식실을 마련하는데도 또 돈을 부담하기 때문에 개웅초등학교로 분리돼 가는 것을 학부모들이 원치 않는다는 것이었다.

이 같은 교하의 분위기를 불식시키기 위해서는, 학부모를 상대로 학교를 공개하여 학교의 모습에 대해 바르게 인식시킬 필요가 있다고 생각했기 때문이다.
수업을 공개하겠다고 하자 선생님들의 반응은 부정적이었다. 하지만 담임 선생님이 누구인지, 새로 지은 학교의 모습이 어떤지, 학교가 지향하는 교육의 방향은 무엇인지에 대한 학부모들의 궁금증을 해소하고, 개웅초등학교의 모습을 바르게 인식시키기 위해서는 수업 공개가 필요하다는 것을 설득하여 선생님들의 호응을 이끌어 냈다.

그 후 마침내 수업을 공개하고 학부모회를 통해 학교를 바르게 알리는 데 힘썼다.
결과는 대만족이었다. 이렇게 해서 학교에 대한 학부모의 인식을 180도 바꾸어 놓았을 뿐만 아니라, 협조를 이끌어 낼 수 있는 계기를 만들었던 것이었다.
갈수록 첩첩산중이란 말이 있듯이 문제는 또 있었다. 조리실이 완공되어 조리할 수 있는 체제를 갖추었지만, 가스 배선이 연결되지 않아 조리를 할 수 없었다.
도시가스 사업소로 구로구청으로 뛰어다니며 가까스로 가스를 공급받을 수 있게 승낙을 받고, 가스관 연결을 위한 공사를 시작하니 이번에는 주민들이 그동안에 입은 피해를 보상하라며 공사를 방해하는 것이었다.

발파로 인한 소음피해, 공사 중 흩날리는 흙먼지로 인한 피해, 일하는 인부들의 왕래로 문을 열어놓을 수 없어 답답한 생활을 한 것에 대한 피해 등을 보상받기 전에는 공사를 할 수 없다는 것이었다.
공사 방해 상황을 교육청에 연락하니 파출소에 업무방해 신고를 하라고 한다. 파출소에 신고하였더니 경찰관이 출동했는데, 경찰관은 공공기관인 학교 편을 들어 주는 것이 아니라 주민 편에 서서 주민의 권익을 보호하는 것을 우선시했다.
공사를 방해하는 주민 중에는 학부모가 있었는데도 시치미를 떼고 모른척하는 것이었다.
어쩌면 그럴 수가 있을까, 분통이 터질 지경이었지만 어찌하겠나, 학부모들에게 호소하는 수밖에…….

날씨는 추워지는데 도시락을 지참하라고 하여 찬밥을 먹게 할 수야 없지 않겠느냐며 어린이들이 따뜻한 밥을 먹을 수 있게 제발 가스관을 연결할 수 있게 해달라고 애원했다. 그랬더니 슬그머니 물러서 주어서 가까스로 공사를 진행하여 가스관을 연결하게 되었던 것이었다.
조경공사도 엉터리였다. 교육청에서 공사 발주를 하여 조경수를 심었는데, 교사 앞에 느티나무를 식재 해 놓았던 것이었다. 어린 느티나무일 때는 문제가 없지만, 느티나무는 수령이 길 뿐 아니라 거목으로 자라기 때문에, 나중에는 교사 전체를 가리는 문제점에 봉착하게 된다. 생각이 거기까지 미치지 못해, 근시안적인 생각으로 나무를 심는 것에만 급급해 있었던 것이었다.
또 창과 창 사이에 나무를 심어야 나무가 창을 가리지 않아 채광에도 좋고 시야도 확보가 되는데, 창 앞에 나무를 심어 놓는 우(愚)를 범하여 이를 바로잡는 일에도 신경을 써야 했던 것이었다.

이번에는 담장을 쌓는 일로 문제가 야기됐다. 교문에서 교사까지 오르는 오른쪽 길옆에 담장을 쌓아야 하는데, 일부 주민은 담을 쌓지 않으면 여름철에 창을 열어 놓을 경우 학교 운동장에서 방안이 들여다보여 사생활을 침해받을 수 있다며 쌓기를 주장했다. 일부 주민은 담을 쌓으면 시야가 가려져 산을 볼 수 없다며, 쌓지 않아야 한다며 완강히 버티는 것이었다. 하는 수 없이 양쪽의 주장을 다 들어 주는 선에서 담장을 길이의 절반은 담을, 절반은 울타리를 설치하는 것으로 매듭을 지었다.

문제 하나를 해결하고 나면 또 다른 문제가 도사리고 있었다. 학교 옆문을 만들고 가까운 거리로 어린이들이 등 하교할 수 있도록 길을 마련해야 하는데, 길을 만들어야 할 땅이 사유지라서 곤란하다는 것이다.
교육청 시설과 관계관과 함께 백방으로 노력한 끝에 경사면에 계단 길을 만들어, 어린이들이 먼 길을 돌지 않고 가까운 길을 이용해 등 하교할 수 있게 되었다.
개웅초등학교는 산허리를 깎아내고 학교를 지어서, 교문을 들어서면 옹벽과 마주하게 된다.
 매일 아침 교문을 들어서면 마주하는 이 회색의 시멘트 옹벽은, 어린이들의 정서 함양에도 도움이 되지 않을 것이라 여겨져 푸르름으로 바꾸어야 하겠다고 생각하게 되었다. 이를 해결하는 방안으로 담장이 덩굴을 심기로 했다.
그리하여 아침 7시 30분까지 출근하여 개웅산에 올라 담장이 덩굴을 채취해 옹벽 밑에 심었다.
 회색의 벽이 푸르른 벽으로 변하기를 바라며……

 11월 중순이었다. 교사 주변을 살펴보고 있는데 낯선 사람이 카메라를 들고 이곳 저곳을 촬영하고 있는 것 아닌가? 사진을 찍고 있는 사람에게 다가가 왜 남의 학교를 허락도 없이 함부로 사진을 찍느냐고 물어보니, 자기는 SBS 방송국에서 나왔다 한다. 이 학교가 부실 공사로 문제점이 많다며, 고발하는 사람이 있어 확인을 나왔다는 것이었다. 내가 "어떤 점이 부실 공사라고 생각하느냐?."고 했더니
"학교를 지을 때 업자가 철근을 많이 빼돌려 날림공사로 지었고, 운동장 주변 옹벽이 붉은색을 띤 것은 시멘트 배합 비율이 맞지 않기 때문이다"는 것이었다. 어처구니가 없다는 말이 이런 경우 쓰는 말일 것이란 생각이 들었다. 내가 말하길
"이 학교는 안전진단을 받았으니 부실 공사 여부는 교육청 시설과에 가서 확인해 보면 알게 될 것이다. 그리고 옹벽이 붉은색으로 변한 것은, 이곳 토질이 철분을 많이 함유하고 있어 지하수에 철분이 녹이 슬어 붉은색으로 변한 것인데, 부근에 있는 광명시 철산동이 왜 철산동이라는 이름이 붙었다고 생각하느냐?"라고 했더니 답변하지 못하고 가버리는 것이었다.

 이처럼 많은 우여곡절을 겪은 끝에, 개웅초등학교는 11월 25일 교육감님을 비롯한 교육계 관계관과 학부모, 지역기관장과 유지들을 모신 가운데 성대한 개교식을 하고 힘찬 첫발을 떼어놓게 된 것이다.
개교식도 치렀고 이제는 안정적인 학교경영을 위해 노력해야 했다. 아직 채워지지 않은 교육기자재 확보가 우선이었다. 99학년도 예산 배정을 받아 보니 8,700만 원이었다. 이 예산을 가지고 1년 살림을 꾸려갈 생각을 하니 앞이 캄캄했다.

중앙난방 시설이어서 연료비는 많이 들고 전년도에 공공요금이 1,800만 원이나 지출되었는데, 이 예산으로 1년을 버틴다는 것이 쉬운 일이 아니었기 때문이다.

 겨울방학이 끝나 개학을 앞두고 직원회의를 소집한 후, 선생님들께 학교 사정을 말씀드리고 절약에 동참해 주실 것을 호소했다.
개학하는 날 날씨가 쌀쌀한데도 난방을 하지 않았다. 그랬더니 선생님들도 춥다고 아우성들이었다. 난방을 안 해 자녀들이 감기 걸렸다며 학부모들도 원망이 대단했다.
 의사결정권자로서 의사 결정이 이토록 어렵다는 사실을 실감하였다.

 1999학년도 신학기가 시작된 지 며칠이 지난 어느 날, 학부모 한 분이 교장실을 찾으셨다.
학부모님이 하소연하시는 말씀을 들으니, 당신은 가정형편이 넉넉하지 못해 자녀에게 컴퓨터를 사줄 형편이 못 된다고 한다. 그렇다고 교문 앞에 집 있어 개웅초등학교로 분리돼 온 상황에서, 컴퓨터실이 설치되어 있는 전에 다니던 개명학교로 다시 돌아갈 수도 없고. 개웅학교에는 컴퓨터가 없어 컴퓨터 교육을 받지 못하는 상황이 너무도 안타까워서 교장 선생님께 답답한 마음을 호소하러 왔다는 것이었다.

학부모님의 말씀을 들으며 한 대 얻어맞은 듯 쇼크가 느껴졌다. 컴퓨터 배정받는 일을 서둘러야 했다. 하지만 IMF 이후 재정이 열악한 상황에서 이 또한 쉬운 일이 아니었다. 하지만 어쩌겠는가? 학생이 컴퓨터 교육과정을 이수할 수 없다면, 이는 분명 교장의 책임에서 자유로울수가 없는 일이었다.
학교 운영위원장과 학부모회장을 불러 사정을 말한 후, 시 교육청 과학교육담당 장학관을 찾아가 면담을 요청했다. 장학관님께 신설 학교에 컴퓨터가 공급되지 않아 컴퓨터 교육과정을 이수할 수 없는데, 언제까지 이렇게 방치할 것이냐며 학부모들이 시 교육청에 몰려와 항의하겠다는 것을 진정시켜 놓은 후, 우선 대표가 먼저 의견을 전달하러 왔다고 했다. 이야기를 들은 장학관님도 난처한 모양이었다. 실무 담당자와 협의하더니 컴퓨터 인증제를 위해 고등학교에 배정할 컴퓨터 중 일부를 배정해 주겠다는 것이었다.

 틀림없이 배정해 주겠다는 다짐을 받은 후, 남부 교육청 관리국장님을 방문하여 면담을 했다.
시 교육청에서 컴퓨터를 배정해 준다는 약속을 받았는데, 컴퓨터를 설치할 테이블을 마련할 수 있는 예산이 없으니 예산을 배정해 달라고 떼를 썼다.
난처한 얼굴로 골똘히 생각하던 관리국장님이 드디어 예산계획서를 제출하면 조치해 주겠다는 답변을 들려줬다. 운영위원장, 학부모회장과 같이 쾌재를 부르며 돌아왔다.
컴퓨터실이 마련되어 있으면서도 컴퓨터 기기를 배정받지 못해 비어 있는 공간으로 남아 있던 곳이, 학부모님의 하소연으로 서둘러 컴퓨터를 설치하여 활용할 수 있게 되었다. 교육과정 편제에 따른 컴퓨터 교육을 정상적으로 이수할 수 있게 기틀이 마련된 것이었다.

 개교에 따른 산적했던 문제점들을 해결하고, 학교생활이 자리를 잡아가니 마음에 여유로움이 생겼다. 하지만 8년을 교육청에서 근무하며 늘 일 속에 묻혀 있던 생활 습관으로 인해 여유로움이 허전함으로 여겨졌다.
그래서 전에 모시고 있던 교직 과장님께 장학관으로 일할 수 있는 기회를 한 번 가져보고 싶다고 전화를 드렸더니, 의외로 긍정적인 반응을 보이셨다. 일말 기대하며 기다리다가 인사 발령이 임박했을 때, 이왕 장학관이 되는 기회를 열어 주시려면 통근하기 편한 곳에서 일할 수 있게 배려해달라고 말씀드렸다.
교통이 좋은데 거리가 무슨 문제이겠느냐며 더이상 말씀을 하지 않으시고 함구해 버리시는 것이었다. 하는 수 없이 9월 1일이 되기를 기다렸더니 강동교육청 초등교육과장으로 발령이 났다.
그리하여 개웅초등학교에서의 근무는 1년으로 마감이 되었다.

⑭ 강동교육청 근무

인사 발령을 받고서 비로소 강동교육청으로 발령이 난 까닭을 어렴풋 하게나마 짐작하게 되었다. 서울시교육청 교직과에서 근무하며 과장님으로 모셨던 임갑섭님이 강동 교육장으로 내신이 되시면서, 같이 일할 초등교육과장을 물색하던 중이셨는데, 나로부터 장학관으로 일하고 싶다는 전화를 받으시고 이 사람이면 같이 일할 수 있겠다고 생각되시어, 교육감님께 초등교육과장으로 추천하시어 같은 날 발령을 받아 부임하게 된 것이었다. 장학관으로 일할 수 있게 기회를 열어 주셨음에 감사를 드립니다.

9월 1일 정식 근무에 앞서 부임 인사차 강동교육청을 방문했다. 전임 과장이 만나자마자 하는 첫 인사말이, 골치 아픈 곳이라고 하는 것이었다. 새 임지에 대한 기대를 걸고 찾아온 사람에게 전임자가 건넬 수 있는 인사말로서는 결례라는 생각이 들었지만, 설사 골치 아픈 곳이라 한들 지금은 돌이킬 수 있는 상황이 아니잖은가.
전임자는 한 달여 정도를 유치원 어린이들이 체험학습 중, 화재로 참변을 당한 씨랜드 사건을 수습하느라 무진 고생을 한 터여서, 강동교육청을 골치 아픈 곳이라고 표현하는 것에 대해 수긍이 되었다. 강동교육청은 11개 지역교육청 중에서 학교 수와 학생 수, 교원 수가 가장 많은 곳이어서 일하기가 수월치 않을 것임을 직감으로 느꼈다. 그리고 교장 선생님들의 면면을 살펴보니 면식이 있는 분이 적었다.
이런 곳에서 근무하며 교장 선생님과 선생님들께 가깝게 다가서는 방법은, 권위 의식을 털어버리고 겸손한 자세로 근무하는 것이, 나를 바르게 인식시키는 지름길이란 생각을 하고 교육청의 문턱을 낮추는 일을 시작했다.

먼저 장학사들에게 친절을 강조했다. 내방하는 선생님들에게 존댓말 쓰기, 어서 오십시오 인사하기, 의자 권하기 등을 실천하도록 독려하고, 나 자신도 내 방을 찾는 분들을 친절하고 겸손한 자세로 응대했다.
다행히 관내 초등교장회 회장으로 일하시는 분이 강서교육청 관내 내발산국민학교에서 근무하셨던 김정일 교장님이셨다. 이분이 나에 대한 이미지를 주위 분들에게 좋게 말씀해 주셔서, 나에 대한 관내 교장님들의 평판이 호의적인 것으로 느낄 수 있었다. 강동교육청에 근무하면서 무엇보다도 긍지를 갖고 한 일은, 장학사들의 장학 활동을 통해 학교 현장에서 열심히 일하는 선생님들을 발굴, 모범공무원으로 추천하여 열심히 일한 것에 상응하는 대접을 받을 수 있게 한 것이다.

그리고 기억에 남는 다른 한 가지는, 교육청 선임 부서인 초등교육과가 주축이 되어 강동교육청이 열린 교육 시범운영 교육청 지정을 받았다. 당시 교육계에 강하게 휘몰아치던 열린 교육에 대한 열풍을 학교 현장에 잘 적용하여, 성공적인 시범운영 결과를 발표함으로써 교육부 장관 기관 표창을 받은 사실이다.

교육청에 근무하면서 한 일 중 지금까지도 참 의미 있는 일을 했다고 자부심을 갖게 하는 것은, UN 경제사회이사회의 승인을 받은 NGO 단체인 굿네이버스와 학교를 연결해 주어, 어린이들에게 나눔을 실천할 수 있는 장을 마련해 주었다는 점이다.

초등교육과장은 2년 주기로 순환을 시켰다. 2년이 되면서 학무국장으로 자리를 옮겨 볼까? 하는 생각을 가져보기도 했으나, 11개 교육청의 국장 자리를 초·중등교원이 반씩 나누어 분담하게 되어 있어, 기회의 문이 좁아 꿈을 일찍 접고 차선책으로 교육연구관으로 보임을 받아 2001년 9월 1일 서울특별시 교육과학연구원 교육기획연구부장으로 자리를 옮겼다.

※ 인사 발령을 받은 나에게 395명의 동료로 부터 축전이 쇄도하자, 한국통신 서울 전신국에서 전보를 모아 축하 전보 앨범 집 두 권을 만들어 배송해 주는 서비스를 받는 기쁨을 경험하기도 했다.

⒂ 서울특별시 교육과학연구원 근무

교육과학연구원은 남산에 자리하고 있는 옛날 어린이회관 건물을 사용하고 있었다. 근무 환경으로서는 이보다 좋은 곳이 없는 듯싶었다. 교육기획연구부장 방이 6층에 있는데, 창밖으로 펼쳐지는 남산의 아름다운 풍경과 남산공원, 연구원 건물과 서로 마주 보고 있는 안중근 의사 기념관, 점심시간을 이용하여 몸을 단련할 수 있는 순환 산책로, 공원을 찾는 유치원 어린이들의 앙증맞고 예쁜 모습을 접하는 즐거움 등…….
이곳은 서울시 초·중·고등학교의 연구, 인성교육, 진로 교육, 과학 교육에 대한 현장 지도를 통해, 또 교수·학습 자료를 제작 공급하는 일 등 학교 교육의 질적 수준을 높이기 위해 노력하는 곳이다.

교육기획연구부는 교과교육연구회의 연구지원, 교사들의 현장 연구지원, 교육부 지정 연구학교 지원 등의 업무를 처리하면서, 이들 연구 결과에 대해 객관적이고 공정한 평가가 이루어지도록 부서 연구사들과 의기투합하여 일한 것이 긍지와 자부심으로 남았다.
그리고 이곳의 주어진 여건을 십분 활용 자신의 건강 증진을 위해 노력을 기울였는데, 그 첫 번째가 출, 퇴근길에 걷기를 통한 체력 단련이었다.
서울역에서 내려 대우 빌딩을 통과하고, 힐튼호텔 뒷길을 통과하여 계단을 통해 사무실에 이르는 길이 다리의 근력을 기르기에는 매우 좋은 걷기 코스였던 것이었다.

다음은 점심시간을 이용, 남산 순환로 걷기 운동이었다. 점심 식사를 마친 후 남산을 오르기 시작하여 팔각정을 지나 국립극장 쪽으로 내려와, 한옥마을 쪽 순환로로 진입하여 사무실에 이르는 코스이다. 빠른 걸음으로 걸어야 한시간 내 돌아올 수 있는 거리로, 근력을 기르고 순환기 및 호흡기 운동을 하기에 최적의 코스였던 것이었다.
이곳에서 즐거운 마음으로 근무하면서 2년 6개월 후의 정년퇴직을 어떻게 맞을 것인가를 고민하다가, 학교 현장으로 돌아가 정년을 맞기로 마음을 정리하고 있었다.

이곳에서의 근무 1년이 가까워지자 서울시교육청 초등교직과에서 신호가 왔다. 교육장으로 내보내기에는 자리가 적어 기회의 문이 너무 좁고, 빈자리를 만들어야 다른 사람에게도 기회가 제공되겠고 하여 내가 현장으로 나갔으면 하는 사인을 보내오는 것이었다.
'누울 자리를 보고 다리를 뻗는다.'는 말이 있듯이,
내게 돌아오지 않을 자리에 연연할 필요가 없어 욕심을 내려놓고, 기꺼운 마음으로 학교로 돌아가기로 했다. 그리하여 2002년 9월 1일 서울가동초등학교 교장으로 발령을 받았다.

⑯ 서울가동초등학교 근무

서울가동초등학교는 누구나 한번 그곳에서 근무해 봤으면 하고 꿈을 꿔 보는 선망의 대상이 되는 학교였다. 교육장 발령의 기회를 제공하지 못하자, 예우 차원에서 배려한 것이라고 짐작이 되었다. 왜냐하면 이곳을 거쳐 간 역대 교장님들이 모두 서울시 교육에서 족적(足跡)을 남겼다고 자부하는 교육장 출신들이었기 때문이다. 하지만 속을 들여다보면 교육장 출신 거물 교장들을 그에 걸맞은 예우 차원에서, 가동에서 정년을 맞게 한 것이 긍정적이지만은 않은 면도 있었다. 그것은 이곳에서 4년의 근무 기간을 채운 사람이 없어 지속적인 교육시책을 구현하지 못하고 왔소? 갔소? 에 머무르는 사람도 없지 않았기 때문이다.
이 같은 상황이 계속되다 보니 학부모들도 4년의 임기 동안 진득하게 근무할 교장이 오기를 바라는 상황이 되었다.
이런 분위기의 학교에 나도 정년 2년 6개월을 남겨놓고 교장으로 부임해 왔으니, 학부모님들의 마음에 달가운 존재가 아니었을지도 모른다.

가동에 부임해 오면서 이곳에서 마지막 불꽃을 태워 보리라고 다짐했다. 교단에 선지 40년이 훌쩍 넘었지만, 되돌아보면 부족했던 것만 보여 아쉬움이 많았던 터였다. 그래서 짧은 기간이지만 어린이들을 위해 최선의 노력을 기울이기로 스스로 다짐을 했던 것이었다. 먼저 솔선수범하는 자세로 선생님들 앞에 섰다. 학교 구석구석을 살펴보고 관리하며, 선생님들의 인식 전환과 교육의 질을 다듬는 일, 환경을 개선하는 일에 초점을 맞춰서 학교를 경영했다.

선생님들의 인식 전환을 위한 방안으로 변화하는 교육 사조, 학교 현장에서 일어날 수 있는 문제 사태에 대한 대처요령, 선생님들의 시선이 미치지 못하는 것에 대한 주의 환기 등의 내용을 매일 일일 생활 계획에 게재하여 살펴볼 수 있도록 했다. 직원 연수 또는 종례 시 수시로 발상의 전환 내지, 인식 전환의 필요성을 강조했다.
사기진작을 위한 격려 책으로 선생님들의 장점을 찾아 칭찬하는 차원에서 학교장 표창을 했다. 교과 지도, 인성 지도, 생활지도, 특기 적성 지도 등에 자신이 갖고 재능을 발휘하여 어린이들을 열심히 지도하면, 그 점을 클로즈업시켜 직원회의 석상에서 표창했더니 처음에는 쑥스러워했으나, 자신이 인정받았다는 것에 고무되어 점점 긍정적으로 분위기가 변모해 갔다.

　선생님들의 교직관 확립을 위해서도 힘을 썼다. 선생님들에게 학급경영관을 담아 미리 편지를 작성해 두었다가, 2003년 학년도 새 학기를 맞아 등교 첫날 어린이를 통해 학부모들에게 보내도록 했다. 선생님들은 지금까지 해 보지 않았던 일을 접하며 이게 효과가 있을까 미심쩍어하였으나, 강력하게 요청하는 교장의 주문을 받아들여 학급경영관을 담아 편지를 마련하여 발송했던 것이었다. 결과는 대성공이었다. 학급경영관이 뚜렷한 선생님을 담임으로 맞은 것에 대해 학부모님들은 환호성을 보내왔던 것이었다.

　선생님들과의 간격을 좁히기 위한 방안으로 선생님들 생일날을 챙겼다가 책을 선물했다. 생일을 맞은 선생님이 출근하면, 교장실로 불러 교감 선생님이 지켜보는 앞에서 책을 선물하였다. 책을 받아 들고는 당혹스러워하면서도 기분 좋은 얼굴로 교실로 향했다. 방학 때면 우편물로 책을 집으로 배달하는 등 누구 하나 빠뜨리지 않고 책을 선물했더니, 부담 없이 선생님들과 가까이 다가설 수 있는 계기가 되었다.
교사들에게 책을 선물한 사연은 '생일날 교사들에게 책 선물하는 교장 선생님'이라는 주제명으로 2004년 3월 22일 중앙일보 기사로 전국에 소개되기도 했다.

　가동초등학교는 야구 명문으로 알려져 있다. 하지만 야구를 학교의 얼굴로 내놓기에는 어딘가 성에 차지 않는 부분이 있어, 학교의 얼굴을 무엇으로 할 것인가를 골똘히 생각하면서 학부모님들의 의견을 들어보았다.
학부모들은 이구동성으로 관현악단을 조직 운영하면 좋겠다고 했다. 마침 선생님 중에 음악적 재능이 뛰어난 분이 있어 관현악단을 조직하면 맡아서 지도하겠느냐고 의사를 타진했더니, 흔쾌히 승낙하여 가동 챔버 오케스트라단을 조직하여 운영하게 되었다. 합창부를 조직하여 음악을 전공한 새내기 교사에게 음악 지도 경험을 쌓고, 어린이들의 음악적 재능도 신장시키도록 하라며 맡기고는 물심양면으로 지원했다.
일천 한 경험으로 지도에 버거움을 느끼면서도, 열심히 지도하여 세종문화회관 소강당에서 합창 공연에 초청받아 출연하게 됐다. 지도교사도 합창부 어린이들도 평생 잊혀지지 않는 소중한 경험을 간직하게 되었다.
　한편으로 학교경영에 대한 학부모님들의 관심을 이끌기 위한 방안으로 수업 공개를 하기로 했다.
물론 선생님들은 지금까지 하지 않던 일을 번거롭게 왜 하느냐며 부정적인 생각을 드러내는 사람도 있었지만, 교장의 확고한 의지를 확인하고는 못 이기는 척하며 따라왔다. 전 학년 전 학급의 수업을 공개하고 학부모들이 자유롭게 참관하도록 하였더니, 지금까지 닫혀있던 교실을 들여다보는 학부모들의 표정이 그렇게 진지할 수가 없었다.
수업 참관을 하고 참관록을 제출하도록 하였더니, 자신들이 어릴 때 공부하던 교실의 모습과 학습 방법이 너무도 많이 달라진 것에 경탄을 금치 못했다는 의견과, 선생님들께서 수고가 많으신 것에 대한 감사의 마음이 듬뿍 담겨 있었다.
참관록에 나타난 학부모들의 의견을 발췌하여 일일 계획표 이면에 게재해 선생님들께도 학부모의 반응이 전달되도록 하였더니, 선생님들도 고무되고 수업 공개의 성과에 대해 만족해하는 분위기로 변모됐다.

수업 공개를 통해 자녀들의 학습활동을 확인할 수 있었던 학부모들의 반응은, 수업 참관을 통해 자녀들의 공부하는 모습을 볼 수 있게 기회를 제공해 준 학교에 감사함과 아울러, 선생님들의 노고에 대하여도 고맙다는 마음을 전달하였다.
자녀들이 둘 이상인 학부모는 시차를 두고 수업을 공개하였다. 이 교실 저 교실을 찾아다니며 자녀들 모두의 학습활동을 참관해야 하는 번거로움을 덜어주었으면 좋겠다고 의견을 밝히기도 하면서, 수업 공개에 대한 높은 관심을 드러내 보이셨다.

어린이들의 체력을 단련하는 일로는 아침 달리기를 추진했다. 2002년 9월 1일 가동에 부임하여 2학기를 맞아 체력을 측정하는 어린이들의 모습을 보면서 한숨이 저절로 나왔다. 1,000m 달리기를 하는 어린이들이 끝까지 달리지 못하고 걸어가는 어린이들이 많음을 보면서, 부족한 체력과 인내력을 기르는 일이 무엇보다 중요하다는 생각을 갖게 된 것이다.

2003학년도 신학년이 시작되면서, 등교하는 모든 어린이가 책가방을 스탠드에 벗어놓고 운동장 3바퀴를 달린 후 교실로 입실하도록 했다. 운동장을 달리는 것이 싫어서 슬그머니 숨어 들어가는 어린이들도 있었고, 운동장을 달리게 하여 자녀가 감기가 들었다고 항의하는 부모님도 있었지만 개의치 않고 강력하게 추진했다.
운동장 달리기를 마친 어린이들에게는 스티커를 나누어 주고, 생활기록장에 붙이도록 하여 이를 근거로 열심히 참여한 어린이들에게는 상을 주어 격려하였다.
운동장 달리기는 방학 기간에도 추진하였는데, 이는 어린이들에게 어려움을 참아내는 인내력과 지속성을 갖고, 일을 추진하는 힘을 길러주려는 의도가 있었던 것이었다.

어린이들이 트랙을 돌 때 나는 트랙 안쪽에서 어린이들과 반대 방향으로 돌면서 손바닥을 부딪치며 격려하였다. 이에 고무되어 열심히 운동장을 달리는 어린이들이 늘어갔다. 운동장 달리기에 대해 처음에는 부정적으로 생각하는 학부모님들도 있었으나, 시간이 지나면서 어린이들의 체력이 향상 되는 것을 확인하고는 오히려 격려와 응원의 박수를 보내주었다.

그리고 어린이들도 달리기가 생활화되면서, 등교와 함께 운동장을 달리는 것을 당연한 것으로 받아들였다.

 교육여건 개선을 위해서도 온 힘을 기울였다. 1차적으로 도서관 확보에 나섰다. 학생 수에 비해 도서관이 너무 협소하여 도서관에서 독서 할 수가 없었고, 채광도 제대로 되지 않는 곳에 자리 잡고 있어 도서관으로서 기능을 할 수 없었다.
새로 도서관을 마련하기 위해 교육청에 예산 배정을 요청했더니, 4,500만 원의 예산을 지원해 주었다. 도서관을 설치할 장소는 식당으로 사용하는 강당 1층 공간을 사용하기로 했다. 점심 식사 시간 외에는 쓰임이 없는 공간을 효율적으로 사용할 수 있는 묘안이기도 하고, 한두 학급 학생들이 함께 사용할 수 있는 공간을 확보할 수도 있어 도서관 설치 장소로는 안성맞춤이었다

선생님들과 같이 선진 도서관 시설을 견학하여 현대적 기능을 갖춘 도서관에 대한 정보를 얻고, 보다 발전적이며 도서관 이용을 극대화할 방안이 무엇인가에 대해 의논하며, 지혜를 모아 기본안을 마련하여 공사에 착수하였다.
남산 도서관 사서교사의 도움을 받아 도서를 새롭게 분류하는 작업을 병행하고, 필독 도서를 선정하고 신규 발행 도서를 사는 등, 학부모 명예 교사와 도서관 담당 교사가 혼신으로 노력하여 멀티미디어 시설과 컴퓨터 검색이 가능한 현대적 기능을 갖춘 도서관의 탄생을 보게 된 것이다. 도서관을 개관하는 날, 임석 관과 내빈들이 도서관을 들러보고는 모두 새로운 시설에 감탄하며 축하의 말을 보내는 것이었다. 어린이들도 새로워진 도서관의 모습에 매료되어 입을 다물지 못하고 좋아했다. 이같이 모두가 좋아하는 모습을 보면서 도서관을 새로 설치한 것에 대한 자긍심을 느꼈다.

 다음으로 제2 과학실 설치 사업을 추진했다. 학급수와 학생 수가 많아, 하나의 과학실만 가지고는 과학 교육을 효과적으로 하기가 어렵다고 판단이 되어 과학실을 하나 더 확충하는 사업을 추진하기로 한 것이다.
과학실 확충을 위한 예산도 교육청의 지원을 받아 손쉽게 설치할 수 있었다. 제1 과학실은 생물 분야 실험실로 제2 과학실은 물리 화학 분야 실험실로 활용하여 과학 교육의 성과를 고양하기 위해 힘썼다. 정보화 교실을 새로 건축하였다. 정보화 교실은 시청각실, 컴퓨터실, 영어교육 전용 교실, 도서관이 들어가는 복합건물의 성격을 지니고 있지만, 도서관은 기왕에 마련 되었으므로 도서관을 제외한 공간만 배치했다.
공사를 시작할 때부터 교육청 시설과 업무 담당자들과 긴밀히 소통하며, 학교장의 의지가 반영된 교실을 짓기 위해 노력했다. 1층 지하 공간은 활용계획이 없어 폐쇄된 공간이었는데, 출입문을 만들어 달고 녹색 어머니들이 머무르는 방과 스카우트 기자재를 넣어두는 창고로 활용할 수 있도록 공간을 개조했다.

 나무를 옮겨 심는 일, 체육시설을 재배치하는 일, 수도를 옮기는 일 등 어느 것 하나 무관심하게 버려둘 수 없는 일들이라 공사 현장을 매일 돌아보며, 공사가 끝난 후 안전하게 그리고 효율적

으로 활용될 수 있도록 세심한 주의를 기울였다.
공사가 끝난 후 1층 시청각실, 2, 3층 일반교실, 4층 컴퓨터실과 영어교육 전용 교실을 배치하고, 이들 교실이 기능에 맞게 효율적으로 활용이 될 수 있도록 최신 교육기자재를 확보하여 설치했다.
정보화 교실 개관 기념으로 학년별 어울마당을 개최했다. 누구나 무대에 서보는 기회를 제공하여 어린이들에게 추억을 심어주는 의미도 살리고, 학부모들에게는 자녀들의 성장을 바라보며 기쁨을 느끼는 계기를 만들어 주는 1석, 2조의 교육적 효과를 올릴 수 있기 때문이었다.
이 밖에도, 강당 후로링을 도색 하는 일, 화단 주변에 벤치를 설치하는 일과 팔굽혀펴기 기구를 설치하는 일, 운동장 주변 옹벽을 따라 통학로를 확보하여 안전하게 등하교할 수 있도록 하는 일 등을 추진하였다.

가동에 근무하며 경험한 교육활동 중 **빼놓을** 수 없는 것에는 보이스카우트 활동이 있다.
학교장은 보이스카우트를 조직 운영할 경우 당연직으로 육성단체 대표가 되기 때문에, 스카우트 활동에 자연스레 참여하게 마련이다. 가동의 스카우트를 맡아 지도한 이찬영 선생은 자타가 공인하는 능력 있는 지도자여서, 대원들에게 다양하고 유익한 경험을 제공하는데 앞장설 뿐 아니라, 스카우트 연합 활동도 적극 추진하여 대원들의 인성교육에 중추적인 활동을 하고 있었다.
이처럼 여러 학교 대원이 연합하여 활동할 경우, 단장은 함께 참여하는 학교 교장 중 한 사람이 맡게 되는데, 내가 이들 연합 대의 단장으로서 대원들을 인솔하여 일본 오끼나와를 탐방하였다.
징용과 징병으로 고생하다가 돌아오지 못하고 타관 객지에서 고혼(孤魂)이 된 분들을 추념하는 기회를 가져보기도 하였다.

또 2004년 8월 14일에서 19일까지 5박 6일 동안은 송파지구 지도자와 대원 151명을 인솔 중국을 탐방하여, 상해 홍쿠 공원의 매정(梅亭)에서 윤봉길 의사의 애국심과, 상해 임시정부 유적지를 찾아 선열들의 애국심을 되새겨 보며, 대원들에게 나라의 소중함을 일깨워 주기도 하였다. 이처럼 2년 6개월 동안 쉼 없이 달리며, 교육의 내용을 다듬고 환경을 개선하는 노력을 기울여 온 것은, 어린이들에게는 모교인 가동초등학교가 명문 학교라는 긍지를 심어주고, 학부모들에게는 자녀들의 교육을 믿고 맡길 수 있는 학교라는 신뢰를 심어주기 위함이었다.
나의 이런 노력이 교육청에도 읽히어졌는지, 2003학년도에는 기본이 바로 된 어린이 우수 실천 학교, 환경교육 우수학교로 선정되어 교육감 표창을 받았고, 2004학년도에는 학교평가 우수학교, ICT 활용 교육 우수학교로 선정되어 역시 교육감 표창을 받았다. (오늘의 한국 2004년 12월호 P 44~47 기사 수록)

(17) 정년 퇴임식

2005년 2월 18일(금) 10시 30분 가동초등학교 시청각실에서 정년 퇴임식을 가졌다. 어떤 사람은 퇴임식 없이 짐을 챙겨 떠나는 사람도 있고, 교직원들과 송별연을 하는 것으로 퇴임식을 가름하는 사람도 있었지만, 나는 당당한 모습으로 학생들과 학부모들에게 그리고 교직원들에게 학교를 떠난다는 사실을 알리고 떠나고자 했다.

고맙게도 학생 대표와 전 선생님들 그리고 학부모님들께서 많이 참석해 주시고, 나를 아는 지인 여러분도 퇴임식에 참석해 주시어 퇴임식장이 더욱 빛났다.

참석한 모두가 한마음으로 정년퇴임을 축하해 주셨고, 나는 그동안 잘 자라준 학생들과 학교장의 경영 의지에 잘 따라준 선생님들과 협조를 아끼지 않은 학부모님들, 그리고 지인들에게 감사한 마음을 전할 수 있어서 좋았다.

퇴임식장에서 선생님으로부터 받은 송시를 옮겨 본다

큰 스승으로 남으소서

김금옥

여기 한 줄기 강이 있습니다.
교육이라는 큰 뜻을 품고 쉼 없이 흘러온 강이 있습니다.
40여 년 세월 속 외롭고 힘든 굽이 굽이를 돌아
끊임없이 흘러온 큰 강이 있습니다.

여기 하나의 산이 있습니다.
어린 새싹 보듬어 주고 작은 나무 안아주는 산이 있습니다.
어린 새싹 꽃피우고 작은 나무 아름드리나무 되도록
변함없이 자리한 큰 산이 있습니다.

여기 한 그루 나무가 있습니다.
넓은 잎에 가지 굵어 듬직한 나무가 있습니다.
봄, 여름, 가을, 겨울 한결같이 큰 그늘 드리우고
편안한 숨 쉬게 한 큰 나무가 있습니다.

큰 강처럼 교육을 위해 끊임없이 한 평생을 바치시고
산처럼 포근하게 아이들을 품어주시고
한 자리에 뿌리내려 그 열매로 보람을 만드는 큰 나무
양종구 교장 선생님

지혜의 말씀으로 귀를 열어 주시고
부지런한 손길로 사랑을 보여 주시며
커다란 걸음으로 동량을 이끌어 가셨기에
영원히 우리 가슴 속 큰 스승으로 남습니다.

퇴임이라는 또 다른 시작 앞에서
이제 그 정열을 더 넓은 사회로 돌리시려는 선생님!
선생님의 위대한 시작에 뜨거운 박수를 보냅니다.
교육의 큰 스승이신 선생님!

몸과 마음 건강하시고 평안하소서
더 넓은 사회의 큰 스승으로 남으소서.

(가동 지역사회 어머니회원님들의 송사도 받았다.)

송사

43년간 교육계에 헌신해 오신 양종구 교장 선생님!
선생님을 떠나보냄에 가슴이 저려 옵니다.
선생님을 사랑합니다.
가슴 깊이

온 열정을 다하여
교육계에 투신해 오신 선생님을
정말 사랑합니다.

교직을 떠나시는 이 순간까지
그 교육에 대한 열정
우리 모두 잊지 않을 것이며
언제까지나
선생님의 그 깊은 뜻
헤아리겠습니다.

부디
선생님께 축복과 건강만이
함께 하시길 기원합니다.

　　가동 초등학교 지역사회 어머니회 일동

　다음은 서예가 죽포 조득승(竹圃 趙得升)님으로부터 정년 퇴임 축하 선물로 받은 축시의 내용이다. (조득승(趙得升)님은 대한민국 서예대전 심사위원을 역임하셨음)

正仁師道貫平生(정인사도관평생) : 정의와 인자한 사도로 평생을 일관하니
         愛育棟樑爲國名(애육동량위국명) : 동량들을 사랑으로 길러 나라 위해 명성 떨치네.
         頌賀賓朋明俊德(송하빈붕명준덕) : 귀빈과 친한 벗들 큰 덕 밝힘을 하례하니
         靜居壽福享光榮(정거수복향광영) : 고요히 사시며 수와 복의 영광을 누리소서.

이토록 지극 정성으로 축하해 주시니 고맙고 감사할 따름이다.
퇴임식을 마친 후 학교 식당을 이용하여 나의 정년퇴임을 축하하러 오신 손님들께 간단하게나마 식사 접대를 할 수 있었음에도 감사할 뿐이었다.
이처럼 정년 퇴임식을 통하여 1961년 12월 18일 교단에 첫발을 들여놓은 후, 43년이라는 세월 동안 외길을 달려온 나의 교직 생활은 마감이 된 것이었다.
퇴임하고 나서 숨 가쁘게 달려온 지나간 세월을 되돌아보면서 갖게 되는 느낌은, 한 걸음 한 걸음이 은총이었다는 것을 깨닫는 것이었다.

교단을 떠나며

전 서울 가동 초등학교장 양종구

'出必告'라는 선현들의 가르침이 있어서라기보다는, 지금까지 몸 담고 있었던 학교에서 함께 교육을 다듬어 왔던 선생님들, 학부모님들 그리고 교원들의 존재 이유이기도 한 학생 대표들에게 인사말이라도 남기고 떠나고자 퇴임식을 가졌다.
퇴임식을 하면서 43여 년을 지켜왔던 교단을 정년을 맞아 떠나게 됨은 내겐 영광이요 보람이었다는 생각을 하기도 했지만, 한편으로 부끄러움에 얼굴이 뜨겁게 달아오름을 느끼지 않을 수 없었다.

 교단에 처음 발을 들여놓았을 때는 열정은 있었으나 깊이가 없고, 세련되지 못하였음에 학생들을 제대로 가르치지 못한 부끄러움이 있었다. 하지만 당시에는 최선의 가치라고 믿고 열심히 주민 계도에 나섰던 일들이, 지금의 가치로서는 용납이 안 되는 것에 대한 부끄러움이, 꼬맹이 어린이들이라고 가볍게 생각하고 무심코 던졌던 언행들이, 50대 초반의 장년으로 변모한 제자들의 머릿속에 지금도 각인 되어 남아 있음을 확인한다. 당혹스럽던 것에 대한 부끄러움이 스스로 최선이라고 믿고 선생님들에게 따라오기만을 강요하면서, 선생님들의 지혜를 모으는 일에 소홀했던 것에 대한 부끄러움이, 헤아릴 수 없이 꼬리를 물고 스쳐 갔다.
하지만 만시지탄(晚時之歎)일 수밖에 없음에 공연히 퇴임식 자리를 마련했나보다 하는 생각까지 했다.
 그리고 더욱 안타까운 것은, 요즘 각급 학교에서 벌어지고 있는 여러가지 사안으로 인해 교권이 실추되고, 선생님들에 대한 신뢰가 끝을 모르게 추락하고 있다는 점이 교육의 일익을 담당했던

한 사람으로서 부끄러움을 더하게 했다.
정들었던 교단을 떠나면서 이처럼 부끄러운 자신을 돌아보며, 앞으로 교단을 가꾸어 나갈 후배 선생님들은 부끄럽지 않은 선생님으로 우뚝 서기를 기원하는 마음이다
그러면서 '후배 선생님들이 이런 모습이면 어떨까?' 하고 기대해 본다. 언제 어느 상황에서나 투철한 교육관을 펼치시는 소신 뚜렷한 선생님 모습이다.
인재는 의도적인 교육으로 길러진다면, 선생님의 교육관은 인재 육성의 관건이다. 그러므로 미래사회를 이끌어갈 인간상을 설정하고, 그 인간상을 구현하려는 불굴의 의지로 교육을 실천하시는 선생님 상(像)이라면, 누구 앞에서도 당당하고, 신뢰를 받을 수 있지 않을까? 하는 생각에서이다.

 다음은 양질의 교육을 제공하기 위해 자신을 업그레이드하는 일에 열심히 노력하는 선생님의 모습이다. 교육은 선생님의 수준에 의해서 결정된다고 한다.
그리고 연수는 선생님의 양식이라고 하는데, 전문성 신장을 위해 연수에 열심히 참여하는 선생님이라면, 자신이 책임지고 있는 학생들에게 양질의 교육을 제공할 수 있는 자질을 갖추게 되므로 부끄럽지 않은 당당한 선생님의 모습으로 자리매김이 될 수 있기 때문이다.
곁들여 선생님들 모두가 교육의 주체라는 자긍심으로 자신에게 주어진 책무를 완수하는 모습이라면, 지금까지 실추하기만 했던 교권과 신뢰가 회복될 수 있지 않을까? 생각해 본다.
 끝으로 우리 교단이 겪고 있는 내부 갈등을 해소하고, 단합된 아름다운 모습을 보여 주며 실추된 교권 회복을 위해 하나로 뭉칠 수 있다면 더 바랄 것이 없겠다는 생각이다. 정든 교단을 떠나면서 부끄러웠던 모습을 반추하며, 우리 교단의 안정과 발전을 기원한다.

 서울교육소식 제95호(2005.3.1. 발행) 참여 마당에 게재된 글

※ 추기 : 서예가 죽포 조득승님께서 선물로 받은 족자 세 작품이 있어 여기에 옮겨 봅니다.

華陽洞 有感(화양동 유감)

竹圃 趙得升

石壁華陽曲曲淸 (석벽화양곡곡청) : 돌벽의 화양동 굽이굽이 맑은데
尤師遺躅碧巖生 (우사유촉벽암생) : 尤庵(우암)선생 남긴 자취 푸른 바위에 생겨난다.
萬東廟址람秋草 (만동묘지람추초) : 만동묘 옛터에는 가을 잡초만 우거진데
往事合流谷水聲 (왕사합류곡수성) : 지난 일 머금고 골짜기에 물소리만 들린다.

躅(자취촉), (털길 람)　　　　　　尤庵(우암) : 송시열

野鶴孤松(야학고송)

歲 2004年 新春節에 竹圃 趙得升

野鶴孤松 彈琴詠詩 (야학고송 탄금영시) : 들판의 학과 외로운 소나무
　　　　　　　　　　　　　　　　　거문고 소리를 듣고 시를 읊는다
良朋自來 看書布棋 (양붕자래 간서포기) : 좋은 벗이 스스로 오고
　　　　　　　　　　　　　　　　　글을 보고 바둑을 편다.

각범(覺範)의 칠언시

臨事無疑知道力(임사무의지도력) : 일에 임하여 의문이 없으니 도력을 알겠고
讀書有味覺心閑(독서유미각심한): 글을 읽으매 맛이 있으니 마음 한가로움을 깨닫네
※ 송나라 승려 각범(覺範)의 二十日 偶書 二首 중 제2수의 함련.

3. 꽃들에게 희망을

'꽃들에게 희망을'란에 수록한 글은 가동초등학교 재직 시 선생님들의 아동 지도에 도움을 주기 위해 '일일 생활 계획표'에 게재했던 글들을 모은 것이다.

✧ 운동장에서 들리는 어린이들의 함성이 싱그럽습니다. ✧

　따뜻한 봄볕에 이끌리어 새싹이 돋듯, 어린이들이 교실을 박차고 나와서 운동장에서 활발하게 체육활동을 벌이는 모습은, 바로 약동(躍動) 그 자체가 아닌가 합니다.
싱그러운 함성이 운동장에 가득할 때, 우리 가동 어린이들은 교훈이 표방하는 것과 같이 『굳세게』 자랄 것이라고 믿습니다.

모두 통일된 유니폼을 입고 선생님의 노련하신 지도를 받으며, 체육활동에 임하는 어린이들의 모습을 보고 있노라면 생명의 아름다움을 느끼게 됩니다.
이처럼 아름다운 모습을 바라보면서, 앞으로 체육활동에 임하는 어린이들의 마음가짐이 보다 합리적으로 생각하고 접근했으면 좋겠다는 생각을 가져봅니다.
체육활동을 하기에 편리하게 복장을 갖추고, 구두가 아닌 운동화를 신고 체육에 임하는 어린이들의 준비된 마음 말입니다. 일률적으로 유니폼(체육복)을 갖추지 않는다고 하더라도, 두터운 오버코트나 점퍼를 벗어버리고 활동하기 편리한 복장으로 갖추고 체육활동에 임할 때, 그 마음가짐으로 인해 지도 효과는 더욱더 높아질 것이기 때문입니다.
철저히 준비하는 마음은, 능률을 높이는 지름길일 것입니다.　　　　　　　　　　2003.3.25

✣ 날 좀 보소, 날 좀 보소. ✣

 우리나라 민요의 흥겨운 가락입니다. 얼마나 사랑을 받고 싶으면 '동지섣달 꽃 본 듯이 날 좀 보소'하고 간절하게 사랑을 갈구했겠습니까?
화단에 피어난 꽃들이 '날 좀 보소, 날 좀 보소'하고 예쁜 자태로 눈길을 끌고 있지만, 우리 어린이들의 시선에는 꽃이 들어오지 않는 것 같습니다.

 비 온 후 잔디 사이로 민들레 노란 꽃이 수줍은 듯 앙증스럽게 피어났습니다. 날 좀 보아 달라고……. 산수유꽃이 노랗게 피어나고 진달래는 분홍 옷을 갈아입고, 영산홍, 살구나무, 철쭉, 목련, 산당화, 꽃사과가 꽃봉오리를 내밀고 있습니다.
머지않아 꽃을 피우고 아름다움을 뽐내겠지요. 또 잔디 사이를 비집고 나온 봄풀들인 꽃다지, 씀바귀, 냉이 등도 예쁜 모습을 자랑합니다.
이처럼 봄소식을 알리는 식물들의 모습을 일정한 간격을 두고 관찰하다 보면, 일찍 피는 꽃과 늦게 피는 꽃, 즉 꽃의 개화 시기를 어린이들의 눈으로 발견하게 되고, 그 발견을 통해서 자연에 관심을 가지는 안목을 키울 수 있을 것입니다.

 또한 통꽃, 갈래꽃 등 꽃 모양에 따라 꽃나무를 분류해 볼 수 있는 관점까지 생각해 낸다면, 이는 어린이들에겐 생생한 기억으로 남는 산교육이 될 것입니다.
비록 들로 산으로 자연 관찰을 갈 수는 없어도, 교정에서 만이라도 자연의 변화에 관심을 가지고 생명의 경이로움을 느껴볼 수 있다면, 이것이 진정한 의미의 탐구 교육, 산교육이라 할 수 있지 않을까 생각해 보았습니다. 하교 시 아니면 자연 시간에,
선생님과 함께 봄 뜰을 돌아보며 즐거워하는 어린이들의 모습을 떠올려 봅니다.   2003.3.29

✣ 삼매(三昧) ✣

 석공 세 사람이 돌을 다듬고 있었습니다. 한 사람은 멍청한 표정을 짓고 있어 그 사람에게 물어보았습니다.

"당신은 지금 무엇을 하고 있습니까?"
그 사람은 "나는 돌을 다듬고 있습니다."라고 대답하였습니다. 다른 한 사람은 피곤한 표정을 짓고 있었습니다. 그 사람에게도 같은 질문을 한 즉 "나는 돈을 벌고 있습니다."라고 하였습니다. 다른 한 사람은 흥겨운 표정을 하고 있었는데, 같은 질문을 한 즉 "나는 절을 짓고 있습니다."라고 답하는 것이었습니다.

 같은 일을 하고 있으면서도 생각의 뿌리에 따라 즐거움도 되고 괴로움도 되는 것임을 보여 주는

일화라고 생각합니다.
논어에도 知之者 不如好之者 好之者 不如樂之者(지지자 불여호지자, 호지자 불여낙지자 : 아는 것은 좋아하는 것만 못하고, 좋아하는 것은 즐기는 것만 못하다)라는 말이 있습니다. 같은 일을 하더라도 일을 즐기고, 몰입하고, 무아지경에 이르는 것을 삼매(三昧)라고 합니다.
우리 선생님들은 어찌 보면 다람쥐 쳇바퀴 돌 듯 같은 일을 되풀이하는 데서 오는 피로감에서 앞에 예를 든 일화의 석공 1, 2의 모습일지도 모르겠습니다. 그렇지만 우리는 석공 3의 예와 같이 우리가 하는 일을 즐기고 몰입하며, 인재를 양성해 내는 신성한 일을 한다는 것에서 보람을 찾는 교육 三昧에 빠진다면 하루하루가 행복한 시간이 될 것입니다. 교육 三昧에 푹 빠져 봅시다.
2003.3.31

✧ "우리 선생님 참으로 훌륭하셔요!" ✧

 우리 어린이들의 전통 예절 지도를 담당해 주시는 명예 교사님들이 인사차 제 방을 찾아왔습니다. 어린이들 예절교육을 선생님들이 해야 해서, 명예 교사님들께서 담당해 주셔서 고맙다는 인사를 드리며 대화를 나누는데 어느 분이, "우리 선생님 참 훌륭하시고 고맙습니다."
 라고 말을 하는 것이었습니다.

 고마워하는 사연인즉, 학습활동에 따른 준비물 지참 여부를 매일 선생님이 점검해 주시는데, 제대로 준비물을 챙겨오지 못하는 경우가 6회 이상이 되면 가정통신을 보내 주셔서, 가정에서도 관심을 가지고 지도하도록 일깨워 주신다는 것이었습니다.
 자녀가 4학년이라 '자기 스스로 챙겨 가겠지' 생각하고 신경을 별로 쓰지 않고 있었는데, 미처 생각하지 못했던 부분을 선생님이 챙겨주시니 다른 것도 이처럼 철저히 지도하시지 않겠느냐며 고마워하는 것이었습니다.

 학년 초에 있었던 담임 선생님의 학급경영관 안내장 발송도 참으로 훌륭한 선생님이라고 학부모들을 감동하게 했는데, 작은 일에도 어린이들의 양습관(良習慣) 형성을 위해 애쓰시는 모습 또한 선생님의 위상을 한 단계 높였다고 사료 되었습니다.
 어린이들의 바른 성장을 위해 묵묵히 부단한 노력을 기울이고 계신 선생님들이 자랑스럽습니다.
2003.4.8

✧ 훈풍을 교실 안으로 ✧

 화단에 있는 목련이 흐드러지게 꽃망울을 터뜨려 베르테르의 편지를 읽는 4월이 우리 곁에 있음을 알려줍니다. 목련의 화사함에 질세라 살구나무가 탐스럽게 꽃을 피웠습니다.
 春來不似春(춘래불사춘)이라 했던가요. 우리 곁에 완연하게 다가선 봄이지만 도시의 회색 벽에 갇혀 지내는데 익숙해져 있는 우리에게는 아직도 봄이 멀리 있는 것같이 느껴지고 있는 게 아닌지 지도 모르겠습니다.

복도를 돌아보니 창을 활짝 열고, 교실 안으로 봄의 훈풍을 갈아 넣고 공부하는 반이 있어 참으로 시원하겠다는 느낌을 받았습니다. 창을 열어놓으면 2층이나 3층에서도 화단에 핀 목련, 살구꽃이 내려다보이겠지요.
꽃을 보는 마음은 꽃을 닮아 꽃처럼 예뻐지리라 느껴봅니다. 창을 열고 봄의 훈풍을 교실에 가득 채우는 일은, 어쩌면 우리 선생님들이 마음의 문을 열고 봄을 완상(玩賞)함이라 생각됩니다.
훈풍에 겨울에 쌓였던 마음의 찌든 때를 훌훌 털어버리면 좋겠습니다.   2003.4.9

✥ 매일 매일 감사하며 삽니다. ✥

화창한 봄 날씨를 陽春(양춘)이라 표현합니다. 陽은 陽陰(양음)을 말할 때 陽氣(양기)를 나타내는 말로, 활기찬 생명력을 불어넣어 줌을 말합니다.
이처럼 봄은 만물에 생명력을 불어넣어 동물들은 더 활발한 몸짓으로, 식물들은 새싹과 새순으로 새롭게 생명을 발현하고 있습니다.
우리 가동의 2,200여 어린이들도 陽春 佳節(양춘가절)을 맞아 매우 활기 있게 생활하고 있는 모습이 아름답게 느껴집니다. 생명의 경이로움이 그대로 몸짓으로 나타나고 있기 때문이지요.
그래서 점심시간의 운동장은 생명의 활력이 湧出(용출)하고 있습니다. 뛰고, 달리고, 외치고, 웃고, 넘어지고……

어린이들이 즐기는 공놀이로 운동장에서 튀어 오르는 공을 세어보았습니다. 자그마치 15개나 되었습니다. 이들 공의 움직임이 마치 '이라크 상공에서 대포알(폭탄)들이 섬광을 번득이고, 포물선을 그리며 작열하는 모습과 같다'하면 지나친 표현일까요? 그런 속에서도 우리 어린이들은 용케도 비켜 가고 있었습니다.
점심시간이면 운동장에서 펼쳐지는 어린이들의 움직임을 보면서, 저는 참으로 감사함을 느낀답니다. 우리 선생님들의 시선이 전혀 머물지 않아도, 그 많은 공들이 종횡으로 날아다니고 우리 어린이들은 용케도 아무런 사고가 없이 하루하루를 지내고 있으니까요. 陽春의 기를 받아 운동장을 내달리는 우리 어린이들의 건강미와 넘치는 활력에 감사하며, 이런 날이 늘 지속되기를 선생님들과 함께 하느님께 기원하는 마음입니다.   2003.4.11

✥ 독서 三昧(삼매) ✥

'풀 방구리 쥐 드나들듯 한다'는 우리 속담이 있습니다. 먹을 것을 찾아다니던 쥐가 곡식이 담긴 풀 방구리를 발견하고는, 먹이를 물어 나르기 위해 계속 드나드는 모습을 비유한 것이지요.
자신이 찾던 물건을 발견하고, 필요한 만큼의 양을 확보하기 위해 계속 노력을 기울이고 있는 모습을 은유로 표현한 것이란 생각입니다.
위의 속담을 예로 든 것이 적절한 표현인지는 모르겠습니다만, 도서 바자회를 하는 강당을 드나드는 우리 어린이들의 모습을 속담에 비유해 봅니다.
내가 갖고 싶은 필요한 책을 발견하고, 이를 확보하기 위해 강당을 드나드는 많은 어린이의 모습

말입니다. 한두 권 책을 사서 들고나오는 어린이, 한 무더기 사서 들고나오는 어린이, 자녀들의 독서지도를 위해 한 보따리 사 들고 나오는 엄마들, 모두가 밝은 얼굴이었습니다.

 책 속에 담겨 있는 이야기에 이미 마음이 빨려 들어가 있기에, 즐거운 표정들일 것이리라고 생각됩니다. 책 속에 푹 빠져 느끼는 재미, 바로 讀書三昧이지요.
우리 가동 어린이들이 이번 바자회를 통해 사들인 책에 푹 빠지는 독서삼매를 그려봅니다.
독서삼매에 빠지는 어린이들에게 선생님의 따뜻한 훈수 한마디는 더없는 용기를 줄 것입니다.
 '책이 사람을 만든다'고 했는데, 우리 어린이들의 생각이 무럭무럭 자라기를 기대하는 마음입니다.
2003.4.12

✣ 'ㅋㅋㅋ, ㅎㅎㅎ' ✣

 제목의 글자가 무엇을 의미할까요?
'오늘 학교에서 일찍 퇴장해따. ㅋㅋㅋ. 그래서 친구들과 노리터에서 잼있게 노랐다. ㅎㅎㅎ'
서울 한 초등학교 5학년 담임 선생님이 한 여학생의 위와 같은 작문 글을 발견하고는, 어리둥절하여 학생에게 "학교에서 퇴장 해따고? 이게 무슨 소리니?" 하고 물으니, '인터넷 접속을 끊는 것을 나간다, 퇴장했다.'고 하듯 학교에서 '퇴장한다.'고 표현하는 것이 뭐가 이상하냐는 학생의 대답이었다고 합니다.
'ㅋㅋㅋ, ㅎㅎㅎ.'는 웃음소리를 표현한 것이라는 천연덕스러운 대답과 함께……
 경기도 K 초등학교 5학년 3반의 지난달 받아쓰기 시험에서 만점자는 단 한 명도 없었고, '겸허한'을 '겨머안'으로 '멋쩍은'을 '머쩌근'으로 쓰는 등, 소리 나는 대로 표기하거나 띄어쓰기를 무시하는 온라인 식 표기로 쓴 아동이 다수였다고 합니다.
아이들의 문어(文語)와 구어(口語) 표기 방법이 이처럼 어법을 무시한 '채팅 언어'로 변모되어 교실까지 번져 국어체계를 흔들고 있다고 하는데, 이같이 심각한 국어파괴 현실을 우리는 바라만 보고 있어야 할까요?

 K고 2년 김모 군은 '어렸을 때부터 통신언어를 써왔기 때문에, 어떤 표현이 어법에 맞고 틀린 것인지 잘 모르겠다.'고 말하더랍니다. 어려서부터 우리글과 우리말을 바르게 쓰도록 지도하는 일에 선생님들이 관심을 가져주셨으면 합니다.

＊ 작문·일기에 나타난 온라인 언어의 예

온라인 언어	의 미	온라인 언어	의 미
지송	죄송해요	~께염	~게요
구럼	그럼	~졈	~지요
우연적으러	우연히	~뒈혐	~돼요

2003.4.13.

✤ 선생님께 하고 싶은 말 ✤

 선생님 안녕하세요?
 저는 5학년 ○반 ○○이입니다. 지금까지 선생님께서 저희들을 가르쳐 주셔서 감사합니다.
숙제도 안 해 오고 책도 안 가져왔는데, 떠들어서 이런 점은 죄송하고 이제부터 이런 버릇을 고치기 위해 집에서는 물론 학교에서도 노력하고 있습니다.
제가 커서 어른이 되면 훌륭한 사람이 되라는 말씀에, 힘써주시는 선생님 말씀으로 저는 힘이 생깁니다. 앞으로 선생님 말씀 잘 듣고, 친구와 사이좋게 놀며, 공부 열심히 하는 착한 어린이가 될 것을 약속드리겠습니다.
선생님 몸 건강하시고 오래오래 사세요.   ○○ 올림 2003년 3월 31일

 이 글은 '나의 마음을 여기에 담아봅니다'(생활 실천 기록장 5쪽)에 실려 있는 글입니다.
부모님이나 선생님, 친구들에게 하고 싶은 말을 해 보자고 했는데 선생님께 자신의 생각을 글로 보냈군요.
이 글을 읽으며 저는 이런 생각을 해 보았습니다. 어린이가 선생님께 대한 감사의 마음과 함께 새 학년이 되어 자신의 다짐을 선생님께 알려드리고, 선생님의 지속적인 관심과 격려를 기대한다는 의미의 전달일 것이라고⋯⋯
이처럼 자신의 생각을 선생님께 알려드리고, 선생님의 관심과 격려를 기대하는 어린이들이 많이 있을 것으로 봅니다. 저는 어린이들 마음의 표현이, 선생님께 대한 어린이들만의 짝사랑으로 끝나지 않을 것이라 믿습니다.

 누구보다도 어린이들을 사랑하시는 우리 선생님들이기 때문에, 어린이들의 이 같은 마음을 잘 헤아리고 계실 터이니까요. 그리고 따뜻한 마음으로 어린이들의 마음을 보듬어 주시고 격려를 보내고 있으실 터이니까요.
선생님에 대한 어린이들의 마음 전달은 물론 친구들에 대한 마음의 전달도 선생님이 가교가 되어주신다면, 우리 어린이들의 선생님에 대한 존경과 신뢰는 더욱더 커질 것입니다.
선생님들의 가없는 사랑은 사랑을 먹고 마음이 자라는 우리 어린이들을 소중한 보물로 자라게 할 것입니다.   2003.4.15

✤ 찰떡궁합 ✤

 혼기를 앞둔 젊은이나 자녀를 둔 부모님들은, 궁합에 관심 갖고 있는 사람이 많이 있음을 봅니다. 물론 신앙을 가진 사람들은 궁합에 의미를 부여하지 않지만⋯⋯
젊은 두 사람 사이에 궁합이 극히 좋게 나오면 찰떡궁합이라며 기뻐하는 모습을 우리는 주변에서 종종 보곤 합니다.
사람들이 왜 궁합이 잘 맞기를 기대하는 것일까요? 그것은 궁합이 잘 맞으면 앞으로 결혼해서 아들, 딸 낳아 잘 기르며, 행복한 가정을 이룰 것이라고 믿기 때문일 것입니다. 부부가 의기투합

하여 행복한 가정을 꾸려 가면, 자녀들 또한 부모의 의도대로 잘 자라줄 것은 당연한 귀결이라고 봅니다.

 학교에서도 어린이들을 지도하며, 선생님과 부모 사이가 찰떡궁합이면 좋겠다는 생각을 해 보았습니다. 선생님과 부모님이 서로 뜻을 맞추어, 어린이들을 정성 들여 지도하시는 모습 말입니다. 이렇게 된다면 그런 반 어린이들은 반듯한 인성으로 실력 있는 어린이로 자랄 것이기 때문입니다.
이번에 생활 실천 기록장을 살펴보면서, 이미 찰떡궁합의 관계에 있는 반의 선생님과 부모님을 발견하고 저는 매우 기뻤습니다. 선생님과 학부모가 손발이 맞는 모습이 생활 실천 기록장에 고스란히 나타나 있었으니까요.

어린이들이 생활 실천, 기록장을 정리한 내용을 관심을 가지고 지켜봐 주시며, 지도 조언해 주시는 선생님과 학부모님과의 관계가 참으로 바람직한 모습으로 비쳤습니다. 이제 교육을 학교 선생님들이 모두 책임을 지기엔 너무나도 벅찬 일입니다. 선생님이 하셔야 할 일의 일부를 부모님의 도움을 받아 처리하며, 부모들로 하여금 자녀들의 성장 발달에 관심을 가지고 지켜보게 하는 것은, 선생님의 지혜로운 접근이라 생각됩니다.
선생님과 학부모 사이가 찰떡궁합이 되어 서로 힘을 모아 우리가 교육을 담당하고 있는 어린이들을 바르게 능력 있게 키워나가도록 힘써 봅시다.　　　　　　　　　　2003.4.19

✣ 出必告 返必面(출필고 반필면) ✣

 현장 체험학습을 떠나는 날 아침, 어린이들의 얼굴에는 기쁨이 충만해 있습니다. 매일매일 생활하던 좁은 공간 교실을 벗어나 새로운 세계에 접해보는 것에 대한 기대가, 어린이들의 마음을 부풀게 하리라고 생각됩니다.
어머니께서 정성 들여 마련해주신 도시락을 먹는 즐거움도, 재미를 더욱 북돋워 주는 요소가 되겠지요.
비가 내려서 조금은 활동이 부자연스럽겠지만, 친구들과 손을 잡고 재잘대며 차에 오르는 모습이 예쁘고 귀엽게만 보입니다. 그러면서 '어린이들이 격에 맞는 인사말을 곁들였다면 금상첨화였을 터인데' 하고 아쉬운 마음을 금할 수 없었습니다.

 옛 어른들은 '出必告 返必面(출필고 반필면)'이라고 해서 자식들이 집을 나설 때는 부모님께 잘 다녀오겠다는 인사를 드렸고, 집에 돌아오면 잘 다녀왔다고 인사를 드리도록 철저하게 예절교육을 시켰던 일을 상기해 봅니다.
학교의 어른인 교장, 교감 선생님이 어린이들이 무사히 즐거운 현장학습이 되기를 기원하는 마음으로 출발을 지켜보고 있는데, 차에 오르면서 '잘 다녀오겠습니다.' 하고 인사를 하였더라면 참으로 보기 좋은 모습일 것이라는 생각을 해 보았습니다.

차에 오르면서 인사를 하는 어린이들이 더러 있었는데, 하나같이 '안녕하십니까?'였습니다. '안녕하십니까?'보다는 '잘 다녀오겠습니다.'가 현장학습을 떠나는 어린이들의 격에 맞는 인사말일 것이리라는 생각이 듭니다.

예절교육은 생활을 통해서 체득되는 것이 바람직한 접근 방법이라고 봅니다. 가정에서나 학교에서 생활을 통해서 出必告 返必面 교육이 이루어진다면, 우리 어린이들의 인격 형성에도 긍정적으로 영향을 끼치리라 여겨져 말씀드렸습니다.

2003.4.26

✢ "참으로 상쾌해요!" ✢

아침 달리기를 하고 교실로 입실하려는 어린이에게,
"달리기하고 난 기분이 어때요?"하고 던진 질문에 대한 대답이
"참으로 상쾌해요!"였습니다.
2학년 어린이의 대답은 참으로 신선한 충격이었습니다. 어찌 이런 표현으로 마음을 나타낼 수 있을까? 하고……

요즘 아침 달리기를 하는 어린이들이 점차 늘어나면서, 달리기에 당연히 참여해야 하는 것으로 인식하고 기꺼운 마음으로 참여하는 어린이들의 마음을 헤아리면서 대견스럽다는 생각을 해 봅니다.
달리기를 끝내고 사과처럼 불그스레하게 홍조 띤 모습으로 입실하는 어린이들의 얼굴, 땀이 송송 솟은 어린이들의 얼굴을 보고 있노라면, 약동하는 새싹의 모습이 바로 이런 모습이구나 하고 새삼 진한 감동에 젖어 들곤 합니다.
그러나 한편으로는 달리기를 부담스러워하면서, 나와 마주쳤을 때 슬금슬금 피해 가는 어린이들도 없지 않았습니다.

건강에 이상이 있다면 모르지만 그렇지 않고 뛰는 것이 싫어서 그렇다면, 이런 아이들은 우리가 지도할 어린이들이 아닐까? 하는 생각을 해 봅니다. 이런 어린이들에겐 담임선생님의 따뜻한 지도의 말씀이 필요하지 않을까요?
가동의 모든 어린이가 달리기를 통해 체력을 기르고, 어려움을 이겨내는 의지력(意志力)을 길러 생기발랄하게 커가는 모습을 기대해 봅니다.

2003.5.7

✢ 독서 결과가 아닐까요? ✢

스승의 날을 맞아 많은 어린이가 저의 방을 찾아와 편지를 전해주고 갔습니다. 편지를 전해준 어린이 중 세 어린이의 편지를 여기에 게재함은, 문장 구성에 많은 차이가 있음을 발견하였기 때문입니다.
4학년 두 어린이는 생활 실천 기록장을 살펴보면서, 그 반에서 독서량이 많은 어린이에 속해서 칭찬해 주려고 이름을 메모해 두었던 어린이들로 공교롭게도 제게 편지를 전해 준 경우이고,

6학년 어린이는 편지 중 무작위로 손에 잡히는 것을 뽑은 편지글입니다.

 4학년 두 어린이는 문장 구성이 자연스럽고 자신들의 의사를 잘 전달하고 있는데 반해, 6학년 어린이는 글에서 사고의 빈곤을 느끼게 됩니다. 독서량이 많은 어린이와 좋은 편지글을 보내 준 어린이가 우연의 일치인지 는 모르겠습니다만, 저는 독서의 영향으로 4학년 어린이들의 작문 능력이 돋보이는 것이라고 생각하고 싶습니다. 그러므로 생각(사고)의 폭을 확장하는 데 있어 독서가 중요함을 한 사례로 보여 주는 것이라고 여겨져 글을 옮겨 보았습니다.

▶ **교장 선생님께**

 교장 선생님 안녕하세요? 저는 4학년 ○○○라고 합니다.
 조회 시간마다 항상 저희들을 걱정해 주시고, 칭찬해 주셔서 너무너무 감사 드려요.
 스승의 날을 맞이하신 거 정말 정말 축하드려요.
 교장 선생님을 가까이서 뵌 적은 없지만, 조회 시간 때 TV로 보면 가까이서 뵌 것 같아요.
 교장 선생님, 항상 저희들을 사랑으로 이끌어 주시고, 때론 부모님처럼 잘 대해 주셔서 감사해요. 교장 선생님께서 저희가 튼튼하고 열심히 공부하길 바라시니까, 저도 교장 선생님의 바람처럼 열심히 할께요. 다음 스승의 날 때는 멋진 선물 준비해 드릴께요.
 저희를 사랑으로 이끌어 주셔서 진심으로 감사해요.
 교장 선생님 감사합니다.　　　　　2003년 5월 15일〈목〉 가동초등학교 4학년 ○반 ○○○

▶ **교장 선생님께**

 선생님 새들이 짹짹거리고 날씨도 화창한 5월입니다.
 요즈음 독서 퀴즈대회 책을 열심히 읽고 있습니다. 책을 읽다 보면 지식이 좋아지지만, 가끔 엄마께서 책 읽으라는 잔소리에 가끔 싫증이 나기도 합니다. 엄마께선 공부는 못 해도 책만 많이 읽으라고 하십니다. 저의 단점은 항상 재미있는 책만 골라서 보는 것입니다. 교장 선생님, 앞으로는 그러지 않고 골고루 읽겠습니다. 선생님, 선생님 덕분에 행사가 줄어들어 힘이 많이 들지 않습니다. 정말 감사합니다.
 그리고 스승의 날 축하드려요!!　　　　　　　2003. 5. 15. 목요일 4 - ○ ○○○ 올림

▶ **교장 선생님께**

 안녕하세요? 저는 6학년 ○반 ○○○이라고 합니다.
 처음으로 교장 선생님께 글을 써보네요. 정말 새로운 느낌이에요.
 스승의 날이라서 이렇게 편지를 썼어요.
 정말 떨리네요. 별로 할 말이 없네여.
 항상 건강하세요.　　　　　　　　　　　　　　2003. 5. 14 ○○ 올림 2003.5.16

✣ 근검절약 생활 ✣

 EBS TV 문학 산책을 시청하였습니다. 이윤기의 '숨은 그림 찾기.' 내용을 다루고 있었습니다. 경주에서 모텔을 경영하는 주인공은 주변 사람들로부터 자린고비로 정평이 나 있어, 그 인성으로 인해 많은 사람으로부터 손가락질을 당하고 있었습니다.
친구들에게 음식 대접 한 번 하는 일 없고, 투숙객들이 버리고 간 물건(우산, 신발 등)들을 깨끗이 손을 보았다가 2년이 지나면 매각하여 수입을 잡고, 화장실 전등은 15W짜리를 쓰는 등, 보통 사람의 상식으로는 납득이 되지 않는 생활을 하고 있었습니다. 그러면서도 외국인 투숙객을 위해, 틈틈이 외국어를 익혀 의사소통에 막힘이 없는 수준의 실력을 지닌 사람이었습니다.

 이 자린고비가 경영하는 모텔에 재미 학자가 연구차 귀국하여 묵고 있었습니다. 이 학자는 누구로부터인지 모르지만 연구비를 지원받아 연구를 추진하고 있었는데, 이 학자 역시 모텔 주인의 행동거지에 대해 탐탁하지 않게 생각하고 있었습니다.
그런데 알고 보니 자기가 지금까지 받아 쓴 그 연구지원비가 모텔 주인이 출연한 돈이었다는 것을 알게 되고, 지금까지 자신이 모텔 주인에 대해 가지고 있던 편견을 부끄럽게 생각하게 되었다는 내용이었습니다.

작가는 이 세상 사람들을 보는 시각을 '숨은 그림 찾기'처럼 여러 각도에서 볼 때 제대로 볼 수 있다는 메시지를 전달하고자 했던 것입니다. 자린고비 이야기를 하다 보니, 우리 어린이들의 절약 생활에 대해서도 다시 한번 짚어보셨으면 합니다. 학습 준비물 챙기는 부담을 덜어주기 위해 4월에 훌라후프를 학교에서 마련하였는데, 오늘 확인해 보니 그중 21개가 부러져 있어 버릴 수밖에 없었습니다. 물론 견고하지 않은 것을 구매한 것에 한 원인도 있겠습니다만, 내 것처럼 아끼는 마음을 가졌더라면, 부러뜨려서 금방 쓰지 못하는 일은 생기지 않았을 것이라는 느낌을 떨쳐버릴 수가 없었습니다.

 한편으로는 자신의 물건에 이름을 써넣어 잃어버리는 일이 없도록 함도, 우리 어린이들에게는 강하게 일깨워 줘야 할 일이라는 생각도 함께 해 보게 되었습니다.
우리 어린이들이 학용품을 너무 헤프게 쓰는 것이 아닌가? 하는 노파심에서 드리는 말씀이었습니다.   2003.5.21

✣ 구슬을 보석으로 만드는 재주 ✣

 지난 30일(금요일) 오후 3시 가동문화관 강당, 저는 놀라운 마음으로 우리 어린이들의 연주를 지켜보면서 진한 감동에 젖어 들었습니다. 선생님들께서도 우리 어린이들의 연주 모습을 보시고 참으로 대견하다고 느끼셨을 것입니다.
능숙한 연주 솜씨, 자신에 넘치는 태도, 선생님의 지휘에 따라 나름대로 완벽한 하모니를 이뤄내는 가동 챔버 오케스트라 단원들의 모습은, 아름답다는 표현 말고 다른 어떤 말이 필요하지 않았습니다.

 합창부 단원들의 모습도 아름답기는 마찬가지였습니다. 선생님의 지휘에 따라 아름답게 강당에 울려퍼지는 하모니는 탄성을 자아내고도 남음이 있었습니다.
동아리 한마당 출연을 위해, 밝고 맑은 노래 경연 참가를 위해, 우리 어린이들이 연습한 기간이 일천 한 데도 짧은 시간 안에 이처럼 놀라울 정도로 연주 기능이 향상된 것은, 담당 선생님들의 열정과 뛰어난 재능이 결합하여 만들어 낸 결정체란 생각이 듭니다.

 어느 선생님께 연주를 들으신 느낌이 어떠냐고 여쭤보았습니다. 선생님께서 "흙 속에 묻혀 있는 구슬을 찾아내 실에 꿰어 보석들로 만들어 놓으셨어요."라고 대답하셨습니다.
저는 '선생님이 어쩌면 그렇게 적절한 표현을 하셨을까' 감탄하며, 우리 선생님들이 하시는 일이 흙 속의 구슬을 찾아 보석으로 만들어 내는 값진 일이라는 자긍심을 가져봅니다.

창의성을 계발하고, 음악성을 일궈내고, 미적 표현력을 찾아내어 발전시켜 주고, 잠자는 운동 능력을 찾아내어 향상하여 주고… 선생님들의 손이 연금술사의 손이라서 선생님 손끝을 거쳐 간 우리 어린이들이 보석으로 변모되는 모습, 우리는 이런 모습을 보는 기쁨 때문에 어려운 이 길을 즐거운 마음으로 걸어가고 있음이 아닐까요?
그렇습니다. 우리의 열정이 많으면 많을수록 흙 속의 구슬들이 우리 눈에 더 많이 보일것이며, 실에 꿰어지는 보석도 더 많아질 것입니다. 흙 속에 묻힌 구슬을 찾아 실에 꿰어 보석으로 다듬는 일에, 긍지를 가지고 열심히 노력하는 선생님들의 아름다운 모습을 당당하게 보여줍시다.

2003.6.2

✢ 참으로 자랑스러운 가동 어린이라고 생각되어 소개합니다. ✢

 한 어린이가 일요일에 교회를 가고 있었습니다. 교회 가는 길옆에 차가 주차해 있는데, 차의 문 옆에 지갑이 떨어져 있었습니다. 지갑을 주워든 어린이는 주인을 찾아주려고 지갑을 펼쳐 보았으나 연락처를 확인할 수가 없었습니다. 물론 지갑 속에는 신분증과 돈이 들어 있었고요.
이 어린이는 차의 주인이 지갑의 주인일 것이리라고 생각하고, 차량에서 연락처를 찾아보니 운전석 앞에서 연락처를 발견할 수 있었습니다.
그리하여 지나가는 아저씨에게 사정을 이야기하고, 확인된 연락처에 지갑을 습득했으니 찾아가라고 알려주기 위해 통화를 시도하였지만 통화가 되지 않았다고 합니다.
그래서 이 어린이는 아저씨에게 또 부탁하기를 메시지를 남겨달라고 하여, 저녁에 지갑의 주인에게서 전화가 걸려 와 지갑을 돌려주었다는 이야기입니다.

 이 이야기는 지갑 주인이 이렇게 착하고 총명한 어린이가 있음에 너무 감격해서, '학교에서도 이런 정직하고 슬기로운 어린이를 칭찬해 주어야 하지 않겠느냐'며 학교로 연락을 보내와 알려지게 된 것입니다.

이 어린이의 모습에서 때 묻지 않은 동심을 볼 수 있습니다. 그리고 슬기로운 모습도 함께 보게 됩니다. 이 착하고 슬기로운 주인공 어린이는 2학년 1반 이태근 어린이였습니다. 하지만 티 없이 맑고 밝은 동심과 지혜를 지닌 어린이가 어디 이태근 어린이 하나뿐이겠습니까? 가동의 어린이 모두가 이태근 어린이같이, 깨끗하고 밝은 동심과 지혜를 지녔다고 믿고 싶습니다.
이태근 어린이에게 모두 칭찬의 박수를 보냅시다.   2003.6.10

✣ 3개의 '사' 자와 사랑에 빠져라! ✣

 부모에게 약이 되는 이야기에 실린 글입니다. 누가 물었습니다. 자녀들을 평생 행복하게 하는 비법이 무엇이냐?고… 그에 대한 대답은 3개의 '사'자 와 사는 것이라고 하더랍니다. 3개의 '사'자는 무엇일까요? 대다수 사람은 이렇게 대답한답니다. 판사?, 검사? 의사? 그저 '사'자라면 먼저 머리에 떠올리는 것이 판사, 검사, 의사가 아닌가 합니다.
그러나 정답은 천만에!, 절대 그런 '사'자가 아니고 우리를 행복으로 이끌어 주는 '사'자는 바로 '인사' '봉사' '감사'의 '사'자라고 합니다.

첫 번째 인사를 잘하자!

어려서부터 인사를 잘하는 부모 모습을 보고 자란 아이들은, 저절로 인사를 잘하게 된답니다.
 아이들한테는 '해라, 하지 마라' 시킬 필요가 없이, 부모가 그렇게 살면 아이들은 느끼고 따라 한답니다.

두 번째 봉사를 생활화 하자!

사람들은 '봉사'라고 하면 돈이 있어야 한다고 생각한답니다. 그러나 돈보다 훨씬 값진 것들이 많은데, 예를 들면 용기를 잃은 사람에게 용기를 주는 말 한마디, 외로운 노인들에겐 말벗이 되어드리기, 길 잃은 어린이의 집 찾아주기, 노인들 목욕시켜 드리기 등 작은 선행을 생활화 하면, 그런 부모를 보고 자란 아이들은 저절로 그렇게 살게 된다는 것입니다.

세 번째 감사를 생활화하자.

사람들은 항상 더 많은 것을 바라며, 끝없는 욕심과 탐욕의 끈을 놓지 못하고 삽니다. 욕심이 화를 부른다고 하잖습니까? 그러다 보니 불만이 쌓이고 스트레스를 받고, 가정의 화목도 깨지는 경우가 많습니다.
'성은아, 고마워 잘 자라주어서!' '영숙아, 작은 눈으로 큰 세상을 용케도 봐주어서 고마워' 이렇게 아이들에게 고맙다는 말을 자주 해주면, 아이들은 자신이 소중한 존재가 되는 것처럼 느끼고 그렇게 행동하게 된다는 것입니다.
또 감사하면서 살면 본인의 건강이 좋아짐은 말할 것도 없고요.

이처럼 부모가 '인사' 잘하고, '봉사'를 생활화하고, '감사'하면서 살면, 아이들의 평생 행복이 보장된다는 것입니다.

 이야기는 우리 선생님들에게 시사하는 바가 크다고 하겠습니다.
선생님들은 교육을 통해서 어린이들의 인격적 성장을 돕고 있으며, 선생님들의 일거수일투족은 어린이들에게 모델링이 된다고 생각되기 때문입니다.
우리 어린이들의 눈에 선생님들이 인사 잘하는, 봉사를 생활화하는, 감사하며 사는 생활의 모델링으로 비추어지면 더없이 좋겠다는 생각을 가져 봅니다.   2003.6.21

✢ 꽃들에게 희망을 ✢

 2004년 새 학년을 시작하는 첫날입니다. 새 학년, 새 친구, 새 교실, 새로 맞는 선생님을 생각하며, 한껏 부푼 마음으로 등교하는 생기발랄한 어린이들의 모습을 또 보면서, 우리 선생님들이 이 어린이들에게 줄 것이 무엇인가를 생각해 봅니다.

 법정스님이 쓰신 '오두막'을 읽다 보면, 스님이 칩거하고 있는 산속 오두막 주위에 예쁜 꽃망울을 맺고 있는 잡초를 보며, 생명의 경이로움을 느껴 오며 가며 사랑스러운 눈으로 살펴보았다고 합니다. 그랬더니 꽃망울에서 예쁜 꽃이 피어나는데, 꽃송이가 얼마나 예쁘던지 더욱 정이 가더라고 하면서, 잡초도 사랑스러운 눈으로 보아 온 것에 응답하고 있음을 느꼈다는 부분이 있습니다.

 그렇습니다. 식물도 사랑을 받으면 한결 예쁜 꽃을 피운다는 것은 이미 널리 알려진 사실입니다. 식물도 사랑을 받음을 느끼는데, 하물며 인간에게 있어서 사랑의 힘은 얼마나 크게 작용하겠습니까? 새 학년이 되어 부푼 마음으로 첫 등교 하는 오늘, 우리 어린이들을 따뜻한 가슴으로 맞읍시다.
그래서 선생님의 사랑 속에서 자신이 무한히 성장할 수 있다는 믿음을 가지고 희망찬 새 출발을 할 수 있도록 꽃들에게 희망을 주는 첫날이기를 기원합니다.   2004. 3. 2

✢ 얼마를 가지고 학교 살림을 꾸려나가는지 아시나요? ✢

 살림을 규모 있게 꾸려가는 주부는 수입 규모와 지출 규모를 조정하여 장래 설계를 하면서 가정경제를 운영하게 됩니다. 우리 가동 2,300여 명의 한 해 살림살이 규모가 얼마나 되는지 또 어떻게 쓰이는지 궁금하지 않으신지요?
가족 모두가 힘을 합쳐 조화로운 살림살이를 꾸려나가려면, 살림 규모의 대강만이라도 아는 것이 좋을 것 같아 안내합니다.

 교육청으로부터 2004년, 1년 동안 지원받는 예산 규모는 3억 8천 8백44,000원입니다. 이 금액을 1~2월에 53,407천 원, 3~5월에 106,436천 원, 6~8월에 93,264천 원, 9~12월에 134,937천 원을 교부 받아 집행하고 있습니다.
388,044천 원의 구성 내용은 경상 운영비 277,066천 원, 수업 개선 연구교사제 운영비 100만 원, 교수 학습 개선을 위한 교원연수비 60만 원, 특별활동 지원비 200만 원, 인터넷 통신비 5,676천 원, 급식학교 연료비 12,360천 원, 사무보조원 배치 8,947천 원, 과학실험 보조원 배치 8,947천 원, 조리 종사원 배치 57,600천 원, 전산 보조원 지원 10,848천 원입니다.

 경상 운영비를 제외한 나머지 경비는 목적 경비이기 때문에, 딴 명목으로 쓸 수 없고 경상 운영비만 가지고 학교 살림을 꾸려가는 것입니다. 전기료, 수도료, 가스 사용(난방비)료, 출장비, 통신료, 학습자료 구입, 비품 구입, 시설 보수, 화장실 청소용역비 등 모든 경비가 경상 운영비에서 지출되는 것입니다.
경상 운영비를 학생 수로 나눠보면, 1인당 교육비가 12,300원 정도가 되네요. 2003학년도 경상 운영비 지출 항목 중 큰 비중을 차지하는 것을 적어 보면, 전기료 1,900만 원, 수도료 1,300만 원. 가스 사용료 2,200만 원, 전화료 390만 원, 교수 학습 활동비 15,100만 원 정도였습니다.

 살림을 규모 있게 꾸려가야 내일을 위한 설계를 할 수 있듯이, 우리 학교 살림도 물, 전기, 소모품 등 아낄 수 있는 한 아껴 써야 합니다. 아껴 쓰고 남은 돈으로 교육환경개선 사업을 벌일 수 있는 것입니다.
가동 가족 모두가 내 살림이라고 생각하고 낭비하는 것은 없나 돌아보며, 규모 있는 살림 꾸려가기에 동참해 주시면 고맙겠습니다.   2004.3.5

✥ 아침 햇살이 교실을 환히 비춥니다. ✥

 봄 햇살이 한결 따사로워졌습니다. 따사로운 햇살이 교실을 환히 비추니, 환하고 밝은 교실이 어린이들의 해맑은 얼굴과 어우러져 교실 분위기가 한결 생동감이 넘칩니다. 이처럼 환히 비추는 햇볕이 형광등 불빛을 삼켜버리니 교실 남쪽의 형광등은 조명의 의미를 잃어버리고 마는군요.
이 같은 사실을 미리 아시고, 교실 남쪽의 불을 켜지 않고 에너지 절약 교육을 몸소 실천하시는 모습을 통해, 어린이들에게 전기 절약 실천을 보여 주시는 선생님이 계셔 자랑스럽습니다.

지난 1998년 IMF를 맞이했을 때, 거대기업인 현대에서조차도 남향 창 쪽의 전등을 전부 소등해서 에너지를 절약하고, 종이컵 하나로 하루 생활하기 실천을 통해 자원절약을 했다는 사례를 현대 간부에게서 들은 바가 있습니다.
요즘 우리나라 사정이 매우 어려움에 직면하고 있는 것 같습니다. 이라크 사태로 에너지값은 자꾸 오르고… 작은 일이지만 에너지 절약을 실천하는 것이 경제교육 내지 나라 사랑의 첫걸음이 아닐까? 생각합니다.
선생님들의 지혜로운 에너지 절약 실천은, 우리 어린이들에게 무언으로 가르치는 경제교육이라 생각되어 감사를 드립니다.   2004.3.16

✢ 교실 가득 상큼한 아침 공기를 ✢

 토, 일요일 봄비가 촉촉이 내려 빗물에 세수한 나뭇가지에 움 돋는 새싹의 작은 눈망울이 참으로 예쁘게 보입니다. 또 하늘에 드리웠던 매연(스모그) 현상도 빗물에 씻겨내려 청명한 햇살이 더욱 눈부시게 비치는 아침입니다.
상쾌한 아침, 움직이는 새싹, 어린이들을 사랑하는 마음으로 출근길에 오른 선생님들의 발걸음도 한결 경쾌하리라 믿습니다.
새 아침의 찬란한 햇빛, 상큼한 공기를 교실 가득히 채우고 크게 호흡하며, 어린이들과 마음이 교감하는 하루를 시작하는 것, 우리 교사들만이 가질 수 있는 행복한 시간이 아닐까요?
그렇습니다. 매일매일 창문을 활짝 열고, 상큼한 봄 내음과 신선한 공기를 교실 가득 채우고, 우리 어린 영혼들을 일깨우는 행복한 새 아침을 맞는 것을 기대해 봅니다.   2004.3.23

✢ 어린이들의 학교폭력 예방·대처법 ✢

 새 학년이 시작된 지도 벌써 한 달이 지나가고 있습니다. 학년이 올라가는 만큼 학교폭력으로 인해 부모님들의 걱정도 커진다고 합니다.
한국청소년보호위원회가 지난해 4월, 초·중·고생 1만 4,600명을 대상으로 조사한 결과, 5명 중 한 명이 구타나 욕설 등 학교폭력을 당해 본 것으로 나타났습니다.
왕따는 조사 대상의 7% 정도가 경험해 봤으며, 학년이 낮을수록 피해 경험이 더 많다고 합니다.
왕따 문제를 연구해 온 서울 서문여중 김대유 선생님은
"4~5년 전만 해도 왕따가 일부에게만 발생했으나, 최근엔 누구나 당할 수 있는 문화현상이란 점에서 모두가 주의를 기울여야 한다."고 말하고 있습니다.

 어린이들이 학교폭력을 당할 때는 어떻게 해야 할까, 예방법과 대처법을 선생님들은 알고 있어야 할 것 같아, 전문가의 말을 소개해 봅니다.

 "척을 제거하라"= 한국 청소년상담원 유정리 박사는
 "학교폭력으로부터 보호받기 위해, 친한 친구를 최소한 2~3명 정도 만들라"
고 조언합니다. 폭력이나 왕따로부터 방어막을 확보하라는 것입니다

 하이패밀리 송길원 대표도
"노르웨이나 영국에서는 두 사람을 한 짝으로 만들어 서로 돕도록 함으로써 왕따의 해법을 찾고있다."고 전합니다.
또한 학교폭력에 노출되는 아이들의 공통점이 대인관계에 미숙하다는 점을 감안할 때, 다양한 취미활동 등 그룹 활동에 참여하게 하는 것도 필요하다고 합니다.

송 대표는 "링컨이나 아인슈타인도 왕따였으나, 이를 문제로 보지 않고 과정으로 생각했기에 성공할 수 있었다."며 "친구들의 따돌림으로 괴로울 때는 선배 왕따의 경우를 찾아보라"고 조언을 하고 있습니다.

왕따를 당한다면 피해자의 문제가 무엇인지를 곰곰이 따져 볼 필요도 있다고 했습니다. 흔히 왕따의 원인은 '3척'에서 비롯되는데 이는 아는 척, 예쁜 척, 가진 척 하는데서 따돌림이 시작된다는 것입니다.
청소년보호위원회의 조사(2003년)에서도 왕따의 이유로 '잘난 척'이 17.2%를 차지, 첫째 원인으로 꼽혔습니다.
송 사무국장은
"친구들의 거부감을 불러일으키는 습관이나 태도 등을 제거하는데 힘써야 왕따를 예방할 수 있다."고 조언하고 있습니다.

어린이가 스스로 왕따를 극복하려면, 우선 스스로 왕따를 당하게 된 원인을 분석하게 해 본답니다. 학교폭력 대책 국민협의회가 제시한 '스스로 왕따를 극복하는 방법'은, 피해 학생이 가해 학생에게 왜 자기를 찍었는지를 당당하게 묻도록 해야 한다고 하고 있습니다. 또한 짓궂은 행동을 할수록 웃고 여유를 가지며, 그 아이에게 끝까지 부당함을 호소하는 편지 등을 써보게 하는 것도 좋다고 했습니다.
문제가 해결된 뒤에는, 피해 학생과 부모가 전문상담소를 찾아 치료받는 게 좋답니다. 가해 학생에게는 잘못을 지적하고, 역할극 치료 등을 통해 피해자의 고통에 대해 알아보게 하는 등 심성 훈련이 필요하고요.
학교폭력 대책 국민협의회가 제시한 어린이가 왕따 당하고 있는지를 알아보는 진단법은 다음과 같습니다.

아이가 왕따 당하는지 이렇게 알아보세요.

① 비싼 운동화 등을 자주 잃어버리거나 망가뜨리는 경우가 있는가?
② 몸에서 멍 자국 등을 자주 발견하며 물어보면 그냥 넘어졌다는 등 그냥 얼버무리는가?
③ 공책 등에서 '죽어라.' '죽고 싶다'고 쓴 것을 본 적이 있는가?
④ 용돈이 모자란다고 하거나 말없이 돈을 가져가는 경우가 있는가?
⑤ 풀이 죽거나 입맛이 없다고 하면서 좋아하던 음식도 먹지 않은 경우가 없는가?
⑥ 복통 등을 호소하며 학교 가기를 싫어하는 적은 없는가?
⑦ 자기 방에 틀어박혀 친구에게서 전화 오는 것도 싫어하는 적은 없는가?
⑧ 친구 선배에게서 전화가 자주 걸려 오고 그때마다 난처한 표정으로 불려나가는 경우가 있는가?
⑨ 갑자기 전학을 보내 달라고 자주 말하는가?

⑩ 멍하니 있다가 심각하게 골똘히 생각하는 경우가 종종 있는가?
⑪ 도시락을 안 가져가려는 적이 있는가?
⑫ 갑자기 성적이 뚝 떨어지는가?.

　진단법
• 해당 항목이 1~3개 : 아이와 대화해서 확인해 본다.
• 4~6개 : 사실을 확인해 학교폭력일 경우 선생님께 도움을 청한다.
• 7~12개 : 학교 측과 해결 방안을 논의하거나 전문기관과 상담 한다.　　　　　　2004.3.29

✥ 화사하고 깔끔하게 꾸며진 교실이 아름다웠습니다. ✥

　교감 선생님과 함께 교실을 둘러보았습니다. 깨끗하고 깔끔하게 정리 정돈된 교실에서 생활하게 될 어린이들의 모습을 떠올려 보았습니다.
티 없이 밝고 맑은 동심이 깨끗하고 깔끔한 환경 속에서 고운 심성으로 자라고 있는 모습, 우리들이 교육을 통해서 추구하는 본연의 모습이라 생각되어 흐뭇한 마음이었습니다.
그리고 고사리손으로 정성 들여 만든 예쁜 공작품, 사진 속에서 자신의 모습을 발견하는 작품들, 어린이들의 개성이 드러난 작품들, 이런 모든 작품이 선생님의 주도면밀한 공간 배치와 조화로운 인테리어 조형미와 어우러져, 화사하고 아름다운 공간 조형미를 연출하고 있었습니다.
선생님들의 아이디어와 노력으로 연출된 조형공간은, 어린이들의 밝고 맑은 심성 발달에 크게 영향을 미치리라고 믿습니다. 왜냐하면 인간은 후천적 요인인 환경에 의해서 새롭게 변모되기 때문입니다.
깔끔하고 화사한 아름다운 공간이 계속해서 유지 관리되고, 그 속에서 심미적, 정서적으로 성장한 어린이들의 모습에서 우리들의 긍지를 찾도록 하십시다.
열심히 애써주신 선생님들의 노고에 감사를 드립니다.　　　　　　2004.4.7

✥ 책을 읽기 위한 시간을 내는 법 ✥

　우리는 너무 바쁜 생활을 '눈, 코 뜰 새가 없다'는 말로 표현을 합니다. 선생님들의 하루 생활도 그러하리라고 생각합니다. 따라서 책을 읽는 시간을 내기란 참으로 어려울 것입니다. 그렇지만 주어진 시간 속에서 누가 시간을 효율적으로 활용하여 자기관리를 하느냐에 따라 출발선은 같지만, 도착점은 다르다는 것을 우리는 너무나도 잘 알고 있습니다. 그러므로 정체되어 있지 않은 나를 위해, 나를 한 단계 업그레이드시키기 위해, 지금부터라도 자투리 시간을 모아 책 읽는 시간을 만들어 봅시다.

　리디아 로바츠가 쓴 『책을 읽기 위한 시간을 얻는 법』이란 책에 다음과 같은 도움말이 있습니다. 도움이 될 것 같아 옮겨봅니다.

⑴ 말을 적게 하라.
⑵ 가방에 책을 넣고 다녀라.
⑶ 밤에 당신 베게 밑에 책을 넣어두고 잠이 안 오면 책을 읽어라.
⑷ 매일 아침 15분만 일찍 일어나서 책을 읽어라.
⑸ 부엌에 있을 때나 혹은 전화를 걸 때 지니기 간편한 책을 지녀라.
⑹ 시간을 잘 지키지 않는 사람과 시간약속을 했을 경우는 책을 가지고 가라.
⑺ 치과 병원이나 의사나 간호사를 만나러 갈 때는 당신의 책을 가지고 가라. 그곳에 비치된 낡은 잡지를 왜 읽는가?
⑻ 교통이 혼잡할 때나 차 수리를 하는 동안 기다리는 시간을 위해서 당신 차에 아직 읽지 않은 책을 넣어두라.
⑼ 여행 다닐 때 꼭 책을 소지하고 가라. 옆에 앉은 사람과 잡담하지 않을 것이다.
⑽ 당신의 손안에 있는 책 한 권은, 서점에 꽂힌 두 권의 책보다 값어치가 있다는 사실을 기억하라.

2004.4.12

✣ 율곡, 한석봉, 맹자 어머니의 자녀 교육 공통점 ✣

孟母三遷之敎(맹모삼천지교), 한석봉 어머니의 떡 썰기를 통한 아들 글공부 격려, 이율곡 같은 명재상을 키워낸 신사임당의 자녀 교육 열정은, 우리가 너무도 잘 아는 이야기입니다. 요즘같이 자녀 교육이 힘들 때, 훌륭한 세 분 어머니의 자녀 교육에 대한 공통점을 음미해 보는 것도, 현재의 어머니들에게 의미가 있을 것 같아 옮겨보았습니다. 도움이 되셨으면 좋겠습니다.

강한 부모가 강한 자녀를 키운다.
• 다양한 경험(구두 닦기, 잔디 깎기, 세차하기 등)을 쌓도록 하였으며
• 경험을 많이 시켜 일을 무서워하지 않는 자식으로 키웠고
• 희망이 또 다른 희망을 낳게
• 목표에서 눈을 떼지 않고 전진하며 다른 사람을 배려하고 도우려는 자녀로 키웠다.

부모의 행동은 모범과 시범
• 부모님에 대한 공경을 자녀에게 시범으로 보여 주었고
• 부모가 살아있는 '교과서'로 역할을 할 때, 올바른 자녀 교육을 기대할 수 있다.

자녀와의 인격적 대화
• 인간 대 인간의 대화를 경험케 하여
• 타인과의 대화도 상호 협조적 대화로 협의, 처리하는 바탕을 조성하며
• 대화를 통해 '자라나는 시기에 행복'을 느끼도록 한다.
• 부모는 자녀 교육을 위해 '연출자, 연기자' 역할이 매우 중요시된다.

자녀 앞에서 삼가야 할 일
- 거짓말을 하지 말라 : 거짓을 배우면 비행의 첩경이 된다.
- 부부 싸움을 하지 말라 : 실망과 불안, 혐오감은 가출을 유발한다.
- 가난을 한탄하지 말라 : 남을 탓하고 방황하는 성격을 갖게 한다.
- 폭력 오락물을 즐기지 말라 : 잔인성, 폭력성, 잘못된 쾌락을 배운다.
- 화를 내며 폭행, 폭언하는 일은 절대 피해야 한다. : 화가 났을 때 한 말은 자녀의 가슴과 머리에 각인되어 먼 훗날 후회해도 소용이 없다. 화난 기분이 안정되었을 때 자녀에게 필요한 말을 해야 한다.

2004.4.13

✣ 축하합니다. ✣

오늘 14시 30분 수동교회에서 김정아 선생님이 새색시가 되는 날입니다. 모든 만물이 새롭게 부활하는 봄을 맞아 결혼식을 올리고, 새로운 보금자리를 마련하여 새 출발하는, 오늘 우리 가동 가족 모두 마음을 모아 축하를 보냅시다.

사회생활의 첫 출발을 가동 가족으로 시작했고, 새 신부가 되어 새로운 보금자리를 꾸미고, 행복한 가정생활의 첫 출발도 가동에서 맞게 되는 김정아 선생님이 기쁨이 배가 될 수 있도록 하는 일은, 우리 가동 가족 모두가 예식에 참여하여 축하를 보내는 일일 것입니다. 기쁨은 나눌수록 배로 늘어나기 때문입니다.

김정아 선생님의 기쁨을 함께 나눠 가지며, 김은미 님의 시 '내가 당신을 사랑하는 이유'도 함께 음미해 보시기 바랍니다.

내가 당신을 사랑하는 이유

내가 당신을 사랑하는 이유는
당신을 생각만 해도 기분이 좋아지기 때문입니다.
아무리 힘든 일이 생겨도 당신만 생각하면 저절로
힘이 생겨나 이겨낼 수 있기 때문입니다.

내가 당신을 사랑하는 이유는
언제나 따뜻함으로 날 맞아주기 때문입니다.
상처로 얼룩진 마음으로 다가가도
당신의 따뜻함으로 기다렸다는 듯 감싸주기 때문입니다.

내가 당신을 사랑하는 이유는
당신은 내가 그리워하는 것들을 모두 갖고 있기 때문입니다.
넓게 펼쳐진 바다도 밤하늘에 반짝이는 별도
아름다운 노래도 가슴을 울리는 시도

당신의 가슴속에 가득 채워져 있기 때문입니다.

내가 당신을 사랑하는 이유는
아무런 이유가 없습니다.
어떤 이유를 붙여도 당신을 사랑하는 진정한 의미를
다 표현해 낼 수 없기 때문입니다.

2004.4.17

❖ 세계는 교육혁명 중 ❖

-학교가 못하면 기업이(1)-

"그들이 기부금 1억 달러를 몰고 왔다."
지난해 9월 미국에선 일본 도요타자동차의 시카고 대 입성에 시선이 쏠렸다.
도요타가 일본에 세운 도요타 공업대(TTI : Toyota Technological Institute)가 명문 시카고대에 대학원(TTIC)을 개원한 것이다.
도요타의 자금력을 바탕으로 컴퓨터과학, 정보기술(IT)의 기초이론을 연구하고 고급 인력을 양성한다는 계획이다. 도요타는 막대한 돈을 들여 왜 일본이 아닌 미국에 대학원을 세웠을까?
"IT, 분야를 키우려는데 세계적 수준의 교수들이 일본에 오지 않으려 하니, 그들이 있는 곳으로 우리가 간 것이다"

일본 나고야시 도요타 공업대에서 만난 기시다 도시히코 사무국장의 설명이다. 사람이 오길 기다리지 않고, 대학이 사람을 찾아간다는 '역(逆)발상'을 한 것이다.
그는 "IT의 선두는 미국이다. 아예 미국으로 건너가 대학원을 세우자는 발상이 2,000년 대학 이사회에서 최종 결정되었다."고 설명했다.
도요타는 예상대로 우수 교수를 모셔 오는 데 성공했다. 인공지능 분야의 권위자이자 MIT 교수와, AT&T 연구소 연구원을 역임했던 데이비드 매컬리스터를 스카우트했다. 그의 논문은 세계 체스 챔피언인 개리 카스파로프를 무찌른 IMB 슈퍼컴퓨터 '딥 블루'의 설계에 영향을 준 것으로 유명하다. 수학적 노벨상이라고 불리는 '필즈메달(fields medal)' 수상자 등 총 7명의 쟁쟁한 교수들도 합류했다.

이제 기어이 학교가 배출하던 인력을 군말 없이 받아쓰던 시대는 지나갔다. 자신의 필요에 따라 특정 분야의 인재를 스스로 키워 내려 한다. 과거엔 사회공헌 차원이 주류였지만, 요즘은 고급인재를 길러내는 교육의 공급자로 역할을 넓히고 있다.
미국에서는 기업이 인재 양성을 위해 만든 2, 4년제 대학이 700여 개나 된다.
도요타 외에 스웨덴의 볼보도 대학원 수준의 기술 인력 양성학교를 미국에 두고 있다. 돈 벌기도 바쁜 기업이 왜 교육에 발을 들여놓는 것일까? 한 마디로 기존의 학교가 기업이 기대하는 인재를 제대로 공급해 주지 못한다고 보기 때문이다.

 심지어 규제가 우리만큼이나 많다는 일본에서도, 기업들이 공교육 분야로까지 발을 넓히고 있다. 일본 군마현에 있는 인구 15만 명의 오타 시는 후지중공업·프랑스의 미쉐린 등이 들어선 공업도시다. 브라질인 근로자가 많고 기업들의 해외 거래도 활발해 국제도시 분위기가 물씬 풍기는 곳이다. 도쿄도 아닌 이곳에 2005년 4월, 모든 교육을 영어로만 하는 사립 초·중·고교가 생긴다. 지역기업들이 주도한다.
일본어를 쓰는 시간은 국어(일본어)뿐이다. 또 올봄부터는 취학 전 아동을 대상으로 영어교육을 한다.

오타시와 지역기업들이 특구 안에 세우려는 학교는, '오타 국제아카데미'란 사립학교다. 수업료는 공립의 두 배 이상이다. 하지만 초등학교 때부터 고교까지 줄곧 원어민 교사에게 영어를 배우게 해줄 계획이다. 청소년들에게 국제적인 안목을 키워주겠다는 취지다. 기업과 지역 유지들은 학교법인에 14억 엔을 출자해 학교 운영에 직접 참여할 계획이다. 시미즈 마사요시 오타 시장은 "영어 실력을 갖추지 않는 한 기술·생산력만으론 세계에서 리더십을 발휘할 수 없다."고 주장했다.

2004.6.3

✣ 학교가 못하면 기업이(2) ✣

 지난해 12월 서울 강남의 사립학교인 중동고교에 51,994,000원이 입금됐다. 입금자는 서울시 교육청, 학교 행정실은 여기에다 돈을 합해 교사, 교직원에게 봉급을 줬다. 이 돈은 명목상 인건비 보조비다. 평준화 체제에 편입된 대가로 교육 당국이 쥐여 준 것이다. '평준화' 유지비가 정확한 표현일지도 모른다.

10년 전인 1994년 당시 삼성그룹은 분규 중이던 중동학원을 인수했다.
"한국의 이튼스쿨을 만들어 달라." 이건희 삼성 회장의 주문이었다. 이 회장은 인수 당시 영국 윈스턴 처칠 총리 등 내로라하는 영국의 지도자들을 키운, 명문 사립학교인 이튼스쿨을 모델로 삼았다고 학교 관계자들은 회고했다. 그래서 중동고는 삼성에 인수된 직후부터 일체 국고보조금을 받지 않았다. 당국의 규제를 받지 않으려면 보조금도 받지 않아야 한다는 판단에서였다. 획기적인 학생 중심의 교육, 교사 인사체제 개선 등을 통해 자율적으로 학교를 운영한다는 야심 찬 계획도 세웠다.

"천재 한 명이 수만 명을 먹여 살린다."는 이 회장의 '천재 경영론'이 평준화 의식이 팽배한 중등교육에서 통했을까. 결국 실패했다는 평가를 받고 있다.
왜 그랬을까? 이 학교 정창현 교장은 "재단이나 학교 모두 지쳤다."고 말했다. 끝까지 보조금을 받지 않고, 자립형 사립고로 나가려 했지만 '평준화를 깬다.'는 교육 당국의 고집을 꺾지 못했다. 게다가 그는 "이제 선생님들은 '왜 피곤하게 하느냐?'는 불만과, '보직은 돌아가면서 하자.'는 나눠먹기식 의식만 가득 찼다."고 한탄했다. 한국식 이튼스쿨의 꿈이 처참하게 깨진 것이었다.

반면 일본에서는 기업들이 나서 이 꿈을 지피고 있다. 도요타 자동차, 중부전력, 도카이 여객 철도 등 3개사가 영국의 이튼학교를 모델로, 중고교 기숙 학교식의 '새로운 학교'를 세우기로 했다. 개교는 2006년 4월이다. 일본의 미래를 책임질 창의적인 리더를 키운다는 야심 찬 계획이다. 강사진으론 말레이시아의 마하티르 총리 등 해외 저명인사가 거론될 정도다.

이들 기업은 무엇을 생각하고 있을까?
"가장 중요한 것은 교육이다. 독특한 재능을 가진 인재를 키우고 싶다."
도요타 쇼이치로 명예회장은 일본 언론과의 인터뷰에서 이같이 밝혔다. 가사이 요시유키 도카이 여객 철도 사장도 "학력 저하, 사회성 상실, 창조성 약화 등, 중심을 잃어버린 일본교육을 개선해야 한다"고 강조했다.
한국이나 일본이나 교육이 처한 환경과 문제의식은 비슷하다. 21세기를 이끌어갈 지도자를 키워야 한다는 절박감은, 오히려 우리가 일본보다 더할 수 있다. 그럼에도 우리는 그 시도가 꺾였다. 재시도할 기약마저 없는 채.

* 영국 이튼스쿨을 모델로 한 한국•일본 사립교

한국 (중동고교)	관 점	일본(새로운 학교)
1994년 삼성그룹	구 상	2003년 도요타 자동차 등 3개사
선진국 수준 명문사학 · 21세기 요구 인재 육성	비 전	독창적 사고, 세계 활약 인재 육성
1994년부터	실 현	2006년 4월부터
2,700명	시작단계 학생 수	중 · 고 120명 씩 240명
O	학생 선발 규제	X
O	교육과정 제약	X
X	능력별 교사 우대	O
실패	평 가	?

2004.6.5

4. 가동 소식

학부모와 소통을 위해 매월 발행하던, '가동 소식지'에 게재했던 글을 모아 보았다.

✣ 가동의 어린이들과 함께 생활을 시작하면서 ✣

가동 어린이 여러분 안녕하십니까? 여러분들과 함께 생활하게 됨을 매우 기쁘게 생각합니다.

그것은 '참으로 좋은 학교'에서 훌륭한 어린이 여러분들과 함께 생활하게 되었기 때문입니다.
 가동초등학교가 '참으로 좋은 학교'라는 소문은 전부터 전해 들어 알고 있습니다. 며칠 되지 않은 기간이지만, 여러분들과 생활하면서 다음과 같은 사실을 통해 '참으로 좋은 학교'라는 것을 직접 확인할 수 있었습니다.

 첫째는, 가동의 주인인 어린이 여러분들의 예절 바른 모습입니다. 등굣길에 복도에서 선생님께 그리고 친구들 간에 반갑게 나누는 인사는, 매우 보기 좋은 모습이었고 자랑스러운 모습이었습니다. 예절 바른 어린이는 바로 문화시민의 모습이기 때문입니다.

 두 번째는, 가동 어린이 모두가 예쁘고 아름다운 마음씨를 지니고 있음을 발견하였습니다.
 친구들과 다투는 어린이를 볼 수가 없었고, 교실에서의 생활이 친구들과 어우러져 즐겁게 학교생활을 하는 모습은 참으로 아름다운 모습이라 아니할 수 없습니다.

 세 번째는, 실내 생활을 잘하고 있는 모습입니다. 2,200 여 명의 어린이들이 생활하면서 시끄럽게 떠드는 소리가 교실 밖으로 새어 나오지 않을 뿐 아니라, 복도 통행 규칙을 지켜 생활하고 있는 모습이 다른 어느 학교보다 뛰어나 보였습니다.

 네 번째는, 어린이 모두가 선생님과 함께 열심히 공부하고 있다는 점입니다.
 장래 이 나라를 이끌어갈 역군이 되기 위해 열심히 학문을 연마하는 모습은, 대견스럽고 믿음직스러운 모습이었습니다.

 다섯 번째 훌륭한 점은, 학교가 깨끗하다는 것입니다. 교실 안팎 어느 곳을 보아도 휴지나 쓰레기가 없이 유지관리되고 있는 것은, 학교의 주인인 어린이 여러분들이 내 집처럼 학교를 사랑하며 돌보기 때문이라고 생각됩니다. 참으로 똑똑한 주인의 모습이 아닌가 합니다.

 가동초등학교는 이처럼 훌륭한 주인들이 돌보며 가꾸는 생활 터전이고, 선생님들도 역시 모두 훌륭하시고 어린이들을 정성껏 가르치고 계셔서, 가동의 명성이 '참으로 좋은 학교'로 인식되고 있는 것이라는 생각을 하게 됩니다.
가동의 주인인 어린이 여러분, 앞으로도 계속해서 가동초등학교가 '참으로 좋은 학교'로 남도록, 교장 선생님과 힘을 합쳐 학교를 열심히 가꾸고 공부를 열심히 갈고 닦아 나갑시다.
교장 선생님은 여러분의 능력을 믿습니다.

 학부모님께도 지면을 빌어 인사를 드립니다.
여러분들의 학교, 자녀들의 생활 터전인 훌륭한 가동초등학교에서 근무하게 된 것을 큰 기쁨으로 생각하며, 학부모님들의 기대에 어긋나지 않도록 선생님들과 힘을 합쳐 아동교육에 온 정성을 다하고자 합니다. 많은 격려와 협조 있으시기를 기대합니다.
 감사합니다.   가동 소식 제50호, 2002.9.12

✥ 알찬 계획으로 '보람 있는 방학'을 ✥

 가동초등학교의 주인인 어린이 여러분 12월 31일이면 여러분들이 손꼽아 기다리는 겨울방학을 맞이하게 되었습니다.
방학을 맞으면서 교장 선생님은 여러분들이 이번 겨울방학을 '즐거운 방학'보다는, '보람 있는 방학'이 되었으면 좋겠다는 기대를 해 봅니다. 방학 동안 아무런 계획도 없이 신나게 놀기만 하면, 귀중한 시간을 헛되게 보낼 뿐 보람을 느낄 수는 없을 것입니다.
보람있는 방학이 되도록 하려면, 방학계획을 알차게 세워서 하나하나 차근차근 실천해야겠습니다. 그런 가운데 신지식을 얻고, 학교생활에서는 경험하지 못했던 새로운 세계를 경험해 보며, 이렇게 실천하는 과정을 통해 '나도 무슨 일이나 해낼 수 있다'는 자신감을 맛본다면, 이번 겨울방학은 참으로 보람 있고 값진 방학이 될 것이라고 하겠습니다.

 교장 선생님은 믿음직스러운 가동의 어린이들에게 '보람 있는 방학'을 위해 독서를 권합니다.
 책 속에는 새로운 지식과 삶에 대한 지혜가 담겨있습니다. 1주일에 한 권씩 책을 읽는다는 목표를 세우고 실천하다 보면, 책을 읽는 재미에 빠질 수 있을 뿐만 아니라, 책을 통해 마음의 양식을 풍부하게 쌓을 수 있게 될 것입니다.

다음으로 운동을 꾸준히 실천할 것을 권합니다. 즐겨하는 운동 종목을 하나 정해서 꾸준히 실천하다 보면, 자기도 모르는 사이에 몸이 튼튼해져서 추위를 이겨낼 수 있음은 말할 것도 없고, 굳센 의지와 강인한 정신력을 갖게 되어 어떤 어려움도 이겨내는 힘을 갖게 될 것이기 때문입니다.
그리고 여행도 권합니다. 가족과 함께하는 여행을 통해 친척을 찾아보고, 자연의 아름다움 우리 문화의 빼어남도 감상하면서, 교과서에서 접하지 못했던 새로운 세계에 대한 경험을 풍부히 가진다면, 이 또한 우리에게 마음의 양식이 되기 때문입니다.

 이 외에도 부모님과 의논해서 실천이 가능한 계획을 세워 꾸준히 실천하는 가운데, 이번 겨울방학이 우리의 몸과 마음을 살찌우는 참으로 보람 있는 방학을 만들어 갑시다. 가동의 모든 어린이가 이처럼 한 해 한 해 보람 있는 방학을 만들어 간다면, 여러분들은 우리 학교 교훈의 가르침처럼 '슬기로운 사람' '바른 사람' '굳센 사람'으로 자라 자랑스럽고 쓸모 있는 사람이 될 것입니다. 우리 모두 '보람 있는 겨울방학'을 만들어 갑시다.   가동 소식 제53호, 2002.12.18

✥ 체험 위주의 경제교육을 ✥

 최근 경제계의 화두 중 중요한 한 가지는 신용불량자가 300만 명을 넘어, 이것이 경제운용에 어려움을 가중하고 있다는 사실입니다. 절제하지 못하고 빌려 쓴 수천만 원의 카드빚 때문에, 가정 파탄이 되는 등 사회문제로까지 비화 되자 전문가들은 이러한 사태를 '올바른 소비' 개념을 정립할 수 있는 경제교육의 기회가 충분히 제공되지 못한 것도 큰 원인의 하나라고 분석하고 있습니다.

초등학교에서 고등학교까지 12년 동안 교육과정에 할당된 경제교육 내용이, 사회과 3개 단원 총 80쪽에 불과해 학생들에게 경제 지식을 충족 하는데 한계가 있을 뿐만 아니라, 이론교육에만 치우쳐 젊은이들이 올바른 소비에 대한 가치관 정립이 미흡하다는 지적입니다.
또 부모들은 자녀에게 '집안 걱정은 하지 말고 공부나 열심히 하라'고만 말하는데, 이같은 지도는 청소년에게 과소비를 조장하는 결과를 초래해, 성인이 되어도 결코 도움이 되지 않는다는 점을 깨달아야 한다고 지적하는 교수들도 있습니다.

 어린 나이부터 용돈을 스스로 벌어 쓰거나 중고품 시장을 통해 건전한 소비생활을 하도록 하려면, 심부름하는 경우 돈을 주거나 폐품을 모으도록 하는 등 어려서부터 아이들에게 조기 경제교육을 해야 한다고 전문가들은 말하고 있습니다.
적은 금액이지만 자신의 힘으로 용돈을 벌어보거나, 지출을 직접 관리하는 체험 경제교육이 밑바탕이 되어야 아이들에게 경제 관념을 심어줄 수 있다는 것입니다.
이 같은 상황에서 아이들에게 땀의 중요성을 가르치는 일, 즉 체험 위주의 경제 교육을 시키는 일은 어린이들이 장차 건전한 소비생활을 하는데 초석을 다지는 일이라 하겠습니다.
그러므로 귀여운 자녀들이 노동 절제 절약의 가치를 알고, 건전한 소비자가 되고 지금부터라도 관심을 가지고 철저히 체험을 통한 경제교육이 되도록 가정에서부터 힘을 써야 하겠습니다.

가동 소식 제57호, 2003.6.20

✤ 자녀들을 '3' 쟁이로 키웁시다. ✤

'3' 쟁이는 '수다쟁이' '놀람 쟁이' '안 겁쟁이'를 일컬어 쓴 말입니다. 그러니 자녀들을 '수다쟁이' '놀람 쟁이' '안 겁쟁이'로 키우자는 것입니다.
자기의 의견을 주저함이 없이 표현할 수 있는 '수다쟁이', 작은 일에도 깜짝 놀라 이 세상 모든 게 궁금해 죽겠다는 '놀람 쟁이', 심장에 갑옷을 입은 듯 튼튼한 대포알처럼 추진력 있게 덤비는 '안 겁쟁이', 이런 아이들이 21세기를 이끌어갈 지도자가 될 것이라고 보기 때문에 자녀들을 '3' 쟁이로 키우자는 것입니다.
그러자면 자녀들을 어려서부터 수다쟁이로 키워야 합니다. 가정에서 작은 일도 가족회의를 하여 결정하는 가운데 어른이나 아이나 똑같이 발표할 기회를 주면, 처음엔 다소 서툴고 말을 잘하지 못해도 용기를 주면 점점 잘하게 될 것입니다. 날마다 일기를 쓰게 하면 문장력이 저절로 좋아져 장차 있을 논술 시험도 걱정할 필요가 없게 됩니다.

 그리고 '놀람 쟁이'로 키우려면 아이가 사소한 일에도 놀라고, 궁금해서 질문하거든 절대 막지 말라는 것입니다. 그것은 아이의 호기심에서 비롯되는 것, 호기심이야말로 세상을 넓게 크게 알아갈 수 있는 꼭 필요한 에너지이기 때문입니다.

호기심이 없다는 것은 살아있으나 죽어있는 것과 같습니다. 무엇이든지 궁금해서 물어보면 최선을 다해 대답해 줘야 합니다.
모르면 모른다고 솔직하게 말하고 성의를 다해서 함께 알아보면 됩니다. 괜히 어른티를 내려고 잘못된 자존심으로 무장하여 "짜슥, 하라는 공부는 하지 않고!" 이런 말로 대충대충 쥐어박고 끝나는 부모가 되어서는 안 된다는 것입니다.
이렇게 하면 아이는 상처를 받을 뿐 아니라, 아이의 빛나는 호기심은 구겨진 은박지가 되어 점점 질문하지 않게 됩니다.

다음은 아이를 겁쟁이가 아닌 '안 겁쟁이'로 키우자는 것입니다. 겁쟁이는 세상을 제대로 체감할 수 없고 100% 다 느낄 수 없다고 합니다. 강렬한 모험심으로 추진하게 하고 돌진케 해줘야 한다는 것입니다.
"안돼! 네까짓 게 뭘 할 줄 안다고!" "너 그러다 큰일 난다." "그만두지 못해." 어른들의 목소리는 언제나 정해져 있습니다. 아이를 어른들의 시선에서 보고 결정하기 때문입니다. 그 시기에 해 보지 않으면 언제 해 보겠습니까?

프랑스 작가 앙드레 지드는 이렇게 말했습니다.
"깨지고 부서지는 한이 있더라도 젊은이들이여 부딪혀라, 도전하라! 그것이 너희들의 힘이다."
발명왕 에디슨은 1개의 발명품을 성공시키기 위해 무려 9,900개의 실패작을 만들곤 했습니다.
그럴 때마다 에디슨의 어머니는 아들을 야단치지 않고 오히려 이렇게 다독거렸다고 합니다.
"에디슨아, 넌 이렇게 많은 실패를 해 봤으니 이제 똑같은 실패는 하지 않을 거야. 그것이 너만의 특별한 재산이란다."
에디슨은 문제아 구박덩어리로 취급되어 학교에서도 퇴학당했는데, 그의 어머니만은 에디슨을 끝까지 믿고 도와주었습니다. 만약 그의 어머니가 아니었다면 오늘 우리를 편리하게 해 주는 무수한 발명품들은 탄생할 수 있었을까요?
'3'쟁이는 아이들의 미래를 탄탄하게 해주는 기초체력입니다. 이제부터라도 자녀들이 '3'쟁이로 자랄 수 있도록 가정의 분위기를 만들어 가십시다.   가동 소식 제58호, 2003.7.18

✣ 가동 교육 가족이 엮어내는 하모니 ✣

가동초등학교 합창부가 지난 7월 29일 세종문화회관 소극장에서 있었던, 2003년 여름방학 특설 콘서트인 어린이 합창 페스티벌 '꿈이 있는 곳에' 출연, 아름다운 선율로 청중들의 마음을 흐뭇하게 해주었습니다. 우리 어린이들은 무대에 서보는 경험을 통해 마음에 잔잔한 기쁨을 느낄 수 있었습니다. 우리 어린이들이 무대에 서게 되고 청중들의 마음을 흐뭇하게 해준 것은, 합창단원 모두가 힘을 합쳐 이루어 낸 아름다운 하모니 때문이었다고 생각됩니다. 조화로운 하모니는 이처럼 사람의 마음을 감동케 하는 힘을 발휘합니다.

저는 9월 22일 도서관과 과학실을 개관하면서, 가동 교육 가족이 엮어내는 하모니가 참으로 아름답다고 생각했습니다. 무더운 여름방학부터 두 달이 넘는 오랜 기간을, 골방과 같은 곳에서 비지땀을 흘리면서 도서의 분류와 라벨을 붙이는 일, 그리고 도서 정리를 도와주신 명예 교사 어머니들의 지극한 학교 사랑, 도서 바자회를 열어 어린이들이 저렴한 가격으로 책을 구해 읽을 수 있도록 기회를 제공해 주셨습니다.

또 필독 권장 도서를 구매해 주시어, 가동 도서관의 장서가 더욱 새로워지도록 협조해 주신 지역사회교육협의회 회원님들의 갸륵한 정성, 도서관 개관과 직접적인 연관은 없습니다만 어린이들의 등·하교 길에 안전을 위해 하루도 거르는 일 없이 비가 오나 눈이 오나 헌신적으로 봉사해 주시는 녹색 어머니 회원님들의 정성, 컵 스카우트 대원들의 야영에 장대비를 맞으면서 뒷바라지를 해 오신 어머니들의 가없는 봉사.

음으로 양으로 학교에 성원을 보내주시는 학부모회 이사님들과 학교 운영위원님들, 모든 학부모님들의 각별하신 관심, 이 모든 정성들이 하모니를 이루어 가동학교의 위상이 더욱 돋보였습니다. '아이들이 행복한 학교, 학부모의 기대에 부응하는 학교, 이웃 학교의 학부모들이 전학 가고 싶은 가동학교'의 모습으로 자리매김이 되고 있다는 생각 말입니다.

그렇습니다. 가동 발전의 원동력은, 가동 가족 모두가 어우러져 엮어내는 하모니에 있습니다.

이 같은 아름다운 하모니는 우리 어린이들의 성장 발달을 돕는 훌륭한 밑거름으로 작용할 것이며, 이에 힘입어 우리 선생님들은 더욱더 열심히 교육활동을 전개할 것입니다. 가동 교육 가족 모두가 어우러져 엮어내는 하모니에 찬사를 보냅니다.

그리고 감사를 드립니다.

가동 소식 제59호, 2003.9.25

✧ 喜聞 子弟 讀書 聲(희문 자제 독서 성) ✧

가동초등학교 도서관에 게시된 액자의 글귀입니다. '집안에서 자제들의 글 읽는 소리를 듣는 것은 기쁜 일'이라는 의미이지요. 책을 읽는 것이 사회적 신분 상승의 결정적 요인이었던 옛날엔 부모로서 자녀들의 글 읽는 소리를 듣고 어찌 반기지 않았겠습니까?. 지금도 독서의 중요성은 옛날 못지않게 매우 강조되고 있습니다.

독서를 통해 어린이들이 폭넓은 지식과 표현력 토론 능력을 기를 수 있고, 인간에 대한 이해를 바탕으로 성숙한 교양인으로 자랄 수 있을 뿐 아니라, 논리력, 비판적 사고력 등 고등정신 능력을 길러주기 때문에, 경쟁 시대를 살아갈 창의력을 기르기 위해서는 독서가 무엇보다 필요하기 때문입니다. 그래서 선인들은 '사람이 책을 만들고 책이 사람이 책을 만든다.'는 격언을 만들어 냈는지도 모르겠습니다.

그러나 가정에서 부모들이 기쁜 마음으로 들을 수 있는, 자녀들의 글 읽는 소리는 저절로 되는 것이 아닙니다. 자녀들이 글을 즐겨 읽을 수 있는 여건을 만들어 주고, 부모님들이 모범을 보일 때 가능한 것입니다.

독서지도는 어린이가 글을 모를 때는 부모가 책을 읽어주는 것에서 출발하여, 저학년 단계에서는 부모와 같이 읽기, 고학년 단계에서는 책을 읽은 자녀들의 이야기 들어주기가 바람직하다고 합니다. 이렇게 해서 자녀들의 독서 습관이 형성되면, 집안에서 책 읽는 소리가 들리게 될 것입니다. 책 읽기의 중요성이 강조되다 보니, 어느 사회단체에서는 '자녀와 함께 30분 책 읽기' 운동을 펼치고 있기도 합니다.

가동 도서관 개관을 계기로 우리 어린이들이 도서관을 찾는 아름다운 모습이 많이 늘어나고 있습니다. 이 가을 부모님과 함께하는 독서를 통해, 우리 어린이들이 책 속의 지식을 더 많이 수확하는 풍요로운 가을이 되기를 기대해 봅니다.   가동 소식 제60호, 2003. 10.25

✣ 칭찬은 고래도 춤추게 한다. ✣

최근에 발간된 책「칭찬은 고래도 춤추게 한다.」(캔블랜차드 등 지음 21세기 북스)가 세간의 화제를 모으고 있습니다. 그 줄거리는 이렇습니다.

미국의 한 기업체 중역인 웨스 킹슬러는 회사와 가정에서 인간관계로 고민이 많았습니다. 그는 출장을 갔다가 우연히 범고래 쇼를 구경하게 되었습니다. 쇼를 보다가 문득 무게 3t이 넘는 범고래가 어떻게 몸을 솟구쳐 기막힌 공중곡예를 펼칠 수 있는지 궁금해졌습니다. 조련사에게 묻자 "범고래와의 관계는 인간관계와 다르지 않다. 멋진 공중곡예의 비결은 고래에 대한 긍정적인 관심과 칭찬"이라고 대답했습니다. 범고래가 쇼를 멋지게 했을 때는 즉시 칭찬하고, 실수했을 때는 질책하지 않고 관심을 다른 방향으로 돌리게 하며, 중간에 계속 격려하는 게 핵심이라는 것이었습니다.

출장에서 돌아와 이를 실생활에 활용한 킹슬러는 사랑받는 가장이 되고 직장에서 존경받는 상사가 됐다는 것입니다.

칭찬은 고래도 춤추게 하는데, 하물며 칭찬받기를 좋아하는 사람에 있어서는 얼마나 효과가 크겠습니까? 칭찬은 잘만 활용하면 사람의 잠재 능력을 계발하는 동력이 될 수 있습니다. 성적 결과만으로 자녀들을 평가하지 말고, 아래의 칭찬 십계명을 잘 활용하여 자녀들의 잠재 능력이 최대한 발휘되어 성취동기를 맛볼 수 있도록 합시다.

〖 칭찬 십계명 〗

- 칭찬할 일이 생겼을 때 즉시 칭찬하라.
- 공개적으로 칭찬하라.
- 사랑하는 사람을 대하듯 칭찬하라.
- 긍정적인 눈으로 보면 칭찬할 일이 더 보인다.
- 일이 잘 못 됐을 때 관심을 다른 방향으로 유도하라.
- 잘한 점은 구체적으로 칭찬하라.
- 결과보다는 과정을 칭찬하라.
- 진실한 마음으로 칭찬하라.

· 일이 잘 풀리지 않을 때 더욱 격려하라.
· 가끔씩 자기 자신을 칭찬하라.   가동 소식 제61호, 2003.12.1

✢ 자녀들이 성취감을 맛보는 방학이기를.... ✢

 갑신년 새해를 맞아 학부모님 댁내 화평하시고, 가업이 번영하시기를 기원합니다.
지난 한 해 동안 가동학교는 학부모님의 적극적인 성원에 힘입어 도서관, 과학실 설치 등 학교 교육 여건을 정비하고, 교직원 모두가 힘을 모아 아동교육에 심혈을 기울여 왔습니다.
그렇게 노력한 보람이 있어 환경교육과, 인성교육 분야, 우수학교 교육감 표창을 수상하였기에 학부모님과 더불어 수상의 기쁨을 나누고자 합니다.
그리고 방학을 맞는 어린이들에게 도움이 되었으면 해서 학부모님께 당부의 말씀을 드립니다.
옛 선현들이 '자식이 사랑스러우면 여행을 시켜라.'라고 권장하였습니다.
이는 산 설고 물 설은 낯선 곳을 여행하며, 어려움을 참고 견디어 내는 정신력과 미지의 세계에 대한 체험을 통해 산지식을 얻을 수 있어, 어린이들이 정신적으로 많이 성장하기 때문이라고 사료 됩니다.

 그러므로 이번 겨울방학 동안에는 자녀들이 정신적으로 신체적으로 많이 성장할 수 있도록, 스스로 목표를 세워서 실천하는 기회를 제공해 주시기를 바랍니다.
이처럼 자기 스스로 계획을 세워 자기 주도적인 학습 능력을 신장시키는 일은, 7차 교육과정의 기본 목표인 자율적, 창의적 인간 육성의 지름길이기 때문입니다.
자녀들이 직접 계획을 세우고 실천하는 일이, 학부모님의 눈높이로 보면 엉성하고 어설프게 보일지 모르지만, 스스로 해내는 성취감을 맛보게 하는 일은 자녀들에게 긍정적 자아개념을 심어주는 데 큰 영향을 줄 것입니다.
이번 방학은 자녀들이 홀로서는 모습을 통해, 자녀와 함께 부모님께서도 성취감을 맛보는 계기가 되기를 빌어마지않습니다.   가동 소식 제62호, 2003.12.31

✢ 독서는 변화의 힘이다. ✢

 에디슨은 초등학교에 입학한 지 석 달 만에 질문이 많은 어린이라는 이유로 학교에서 쫓겨났습니다. 그러나 에디슨의 어머니는 "이 아이는 열등아가 아니다. 이제부터 내가 가르치겠다."고 결심했습니다.
훗날 발명왕이 된 에디슨은 자신의 성공은 오로지 어머니의 덕분이라며 "어머니는 나의 마음을 이해하여, 내가 좋아하도록 자유롭게 공부하게 해 주셨다."고 했습니다.
사실 에디슨의 어머니는 상당히 느긋하게 시간을 들여서 읽기, 쓰기, 수학을 가르쳤습니다.
그는 참을성 있게 아들에게 배우는 즐거움과 독서하는 기쁨을 심어주었습니다. 이것이 훗날 그에게 헤아릴 수 없는 큰 도움을 주고 그의 학문 연구의 바탕이 된 것입니다. 그 당시 에디슨의 어머니가 아들에게 권유한 책은 영국의 역사가 E 기번이 쓴 「로마제국 쇠망 사」 흄의 「영국사」

시저의 「세계사」 등 역사책으로부터 셰익스피어, 디킨스에 이르는 고전 명작 등에 이르기까지 다양했답니다.

 그러던 어느 날 어머니에게서 「자연 철학자들」이라는 책을 받았을 때, 에디슨은 이상하리만큼 강한 호기심에 사로잡혔습니다. 이것이 계기가 되어 물리학이나 화학의 신간 서적이 발간될 때마다 반드시 구독하게 되고 과학에 큰 관심을 가지게 되었던 것입니다. 우리는 위의 사실에서 '독서는 변화의 힘'이라는 사실과, '가장 위대한 스승은 어머니다'라는 것을 확인하게 됩니다.
 우리 자녀들이 변화의 힘을 얻을 수 있도록 독서지도를 위한 어머니들의 적극적인 역할을 기대합니다.

가동 소식 제64호, 2004.4.13

✣ 부모는 자녀의 거울, 인생의 안내자. ✣

 5월은 가정의 달이자 청소년의 달입니다. 국가의 명운이 자라나는 청소년에 달려있느니만큼 청소년들이 가정의 자상한 보살핌으로 훌륭하게 성장하기를 기대하며, 자녀의 성장에 대해 다시 한번 생각해 보는 계기를 갖고자 5월을 청소년의 달로 정하고 각종 행사를 전개하고 있다고 생각합니다.
가정은 청소년 성장의 환경으로서 매우 중요하며, 더욱이 부모는 자녀의 인생관과 가치관을 형성하는데 제일 큰 영향을 미치기 때문에, 자녀에 대한 인생의 안내자로서 부모의 모습이 어떠해야 할까를 적어 봅니다.

 1. 밝은 표정을 가집시다.
 자녀가 자신감을 가지게 되는 것은 표정의 변화부터 시작합니다. 항상 웃는 밝은 표정의 부모가 되어 주십시오. 틀림없이 아이는 밝게 변하고, 긍정적인 사고와 함께 자신감도 생기게 될 것입니다.

 2. 긍정적이고 민주적인 방식으로 자녀를 대해 줍니다.
 자녀가 심리적으로 안정감을 찾기 위해서는, 부모가 먼저 어떤 문제나 대화로 해결하고, 민주적이고 자녀의 인격을 존중하는 방법으로 대할 수 있도록 노력해야 합니다.

 3. 혼자 할 수 있는 습관을 길러줍니다.
 소 근육 활동이 미숙한 자녀로서는 옷 입기, 젓가락질하기 하나하나가 발달 과정입니다. 자녀의 움직임이 부모님이 보시기엔 답답하지만, 느긋한 마음으로 자녀가 스스로 할 수 있도록 지켜봐 주심도 곧 자녀의 독립을 돕는 것입니다.

 4. 선택할 수 있게 도와줍니다.
 자녀가 하고 싶은 일을 할 수 있도록, 그리고 선택할 수 있는 가정환경을 만들어 주십시오. 하고 싶은 일을 할 때, 자녀가 가장 잘 집중하고 성취감도 경험하게 됩니다.

5. 자신의 양육 방법을 되돌아봅시다.

 자녀들은 자라온 가정환경, 양육 방법 등의 차이에서 개인차가 있게 마련입니다.
하지만 내 아들딸이 주변의 다른 자녀와 많이 다르게 느껴졌다면, 부모님이 자신을 되돌아보는 기회를 가져보아야 하겠습니다. 소중한 내 자녀를 위해서 말입니다.
부모의 양육 방법은, 자녀의 생활 습관과 성격을 형성하는데 매우 큰 영향을 미치고 있기 때문입니다. 자녀는 부모가 훌륭하고 존경할 만한 인물인가를 생각함과 동시에, 자기도 부모와 같은 사람이 되고 싶다는 인생 목표를 갖고, 미래 자아상으로 여기며 성장해 갑니다.

 따라서 부모는 인간을 신뢰하며 책임감이 강하고 근면, 검소, 절약하는 본을 보여주셔야 합니다. 또한 생의 모든 면에서 기쁨과 감사를 표현하는 낙천적인 인생관을 아이에게 보여 주어야 합니다. 부모의 이런 인격이 아이를 성숙시켜 갈 것이며 인생의 좋은 안내자가 될 것입니다.
 5월 가정의 달에 행복 가득한 가정 되시기를 기원합니다.

가동 소식 제65호. 2004.5.8

✤ 우리 자녀들을 고품격 인간으로 키웁시다. ✤

 요즘은 청년실업이 심각한 상황이다 보니, 자녀가 취업만 하여도 가문의 영광이라 말할 정도가 되었습니다. 어려운 취업 관문을 뚫는 일, 그것은 다른 말로 표현하면 여러 사람 중에 선택받은 일일 것입니다.
이처럼 자녀들이 선택받도록 하려면, 우리 자녀들을 고품격 인물로 키우는 것이 첩경일 것입니다. 그래서 학교에서는 어린이들을 고품격 인물로 키우기 위해, '선진국 일등 어린이'란 목표를 세우고 '세 살 버릇 무덤까지 가게 한다.'는 지향점을 정해 청결, 질서, 예절, 정직, 개성, 자율, 책임, 협동, 실행, 자긍심 10개 덕목을 몸에 익히도록 하려고 실천 내용을 암기하도록하고 있습니다.
생활 실천 기록장 활용을 통해 주 1회씩 반성 점검하도록 지도하고, 실천 내용을 암기하도록 함은 덕목의 내용이 머릿속에 있어야, 즉 생각이 있어야 행동으로 옮길 수 있기 때문입니다.

 많은 사람이 이런 말을 즐겨 인용합니다.
 '생각이 바뀌면 행동이 바뀌고. 행동이 바뀌면 습관이 바뀌고, 습관이 바뀌면 인격이 바뀌고, 인격이 바뀌면 인생이 바뀐다'고····
성공적인 인생을 사는 것, 그것은 생각에서 출발한다고 할 수 있습니다.
그러므로 10개 덕목의 실천 내용을 암기하도록 하여 생각으로 자리 잡게 하고, 그 생각이 행동을, 습관을, 인격을 바꿔 나가도록 지도하자는 것입니다.
즉, 우리 자녀들을 고품격 인물로 키워 선택받는 사람으로 만듦으로써, 성공적인 삶을 살도록 하자는 취지로, '세 살 버릇 무덤까지 가게 한다'를 실천하고 있는 것입니다.
자녀들을 고품격 인물로 키우기 위해 추진하는 일에, 학부모님께서도 관심을 가지고 협조하신다면, 분명 우리 자녀들은 고품격 인물로 자랄 것을 믿어 의심치 않습니다.
감사합니다.   가동 소식 제66호 2004.6.1

✣ 새 학기를 시작하며 ✣

 지난 여름은 유난히도 더위가 기승을 부려 지루하게 느껴졌던 시간이었습니다.
 학부모님께서는 더위를 잘 이겨내시고, 하시는 일도 날로 번창하시리라고 믿습니다. 학교는 8월 25일부터 어린이들과 함께 새로운 한 학기를 시작하였습니다. 개학하여 새로운 학기를 맞으면서, 어린이들이 더욱더 대견스러움을 느꼈습니다.
그 무덥던 여름을 이겨내고 건강한 모습으로 등교하는 어린이들의 모습이, 예쁘고 대견스러웠습니다. 더욱이 매일 아침 건강달리기에 참여하는 모습을 보며, 몸도 마음도 건강하게 자라주고 있는 어린이들을 통해, 우리의 밝은 미래를 예견할 수 있어 흐뭇한 마음이었습니다.

 또 방학 동안 9시가 되기 전부터 도서관 앞에 모여 서서 도서관 문 열기를 기다리던 어린이들, 그리고 문을 열자마자 입실하여 독서 삼매경에 빠지는 어린이들의 모습 또한 대견스러운 모습이었습니다. 이처럼 독서를 통해 마음의 양식을 풍요롭게 준비하는 이 어린이들이, 장래 사회에서 쓸모 있는 훌륭한 인재들일 것이라는 기대감에 가슴 벅참을 느끼지 않을 수 없었습니다.
방학 기간을 우리 어린이들이 자율능력을 신장시키는 좋은 기회로 활용하여, 어떤 문제 사태에 직면해도 스스로 해결할 수 있는 적응력을 키울 수 있었다는 점도 빼놓을 수 없는 기꺼운 일입니다.

 우리 어린이들이 이처럼 건강하고, 지혜롭고, 자율적인 인재들로 자라고 있는 점을 학부모님과 함께 대견스러움과 기쁨으로 맞으면서, 새 학기 이후의 학교경영도 모든 교육력을 한데 모아 어린이들의 바른 성장을 위해 매진하고자 하오니, 학부모님의 변함없는 성원과 격려를 당부드립니다.
지난 7월 26일, 저희 컵 스카우트 어린이들이 사고를 당해 학부모님들께 심려를 끼쳐 드린 점 죄송하게 생각하오며, 관용과 사랑으로 너그럽게 헤아려 주시고 위로와 격려를 보내 주셨음에 감사드립니다.   가동 소식 제68호. 2004.9.1

✣ 一日 不 讀書, 口 中 生 荊棘 ✣

 서울 도심에 있으면서 시민의 휴식 공간으로 사람들의 사랑을 받는 남산, 그 남산 중턱에 안중근 의사 기념관이 있습니다. 의사께서 동포들에게 교훈으로 주신 주옥같은 글귀들을 새긴 비석들이 즐비하게 서 있는데, 그 중 이 가을에 읽는 사람에게 더욱 여운을 남기는 글이 一日 不 讀書, 口 中 生 荊棘(1일불 독서, 구중 생 형극)이란 구절인 것 같습니다. 글귀의 내용인즉, '하루라도 독서하지 않으면 입안에 가시가 돋는다.'는 말입니다.

의사께서 왜 이처럼 독서를 강조하셨을까요? 일본이 우리 국권을 찬탈한 것은, 우리 국민이 막아내지 못했기 때문이며, 이는 우리 국민이 무지했기 때문이라는 생각에서였습니다. 그러므로 빼앗긴 국권을 다시 찾으려면 우리가 지혜로워야 하며, 그러려면 책을 읽어야 한다는 주장이셨던 것입니다.

안 의사의 글귀에는 또 다른 의미를 내포하고 있다고 하겠습니다. 그것은 취미로서의 책 읽기가 아니라, 생활 자체로서의 책 읽기가 되어야 한다는 의미입니다.

그렇습니다. 양의 동서를 막론하고 예나 지금이나 독서를 강조하는 것은, 삶의 지평을 열어가는데 독서만큼 중요한 것이 없기 때문입니다. 더욱이 앞으로의 사회는 평생학습 사회이고, 평생학습 사회에서 뒤처지지 않는 삶을 살기 위해서는 항상 책을 가까이해야 하는데, 책을 가까이하기 위해 자신을 추스르는 말 중에서, '一日 不 讀書, 口 中 生 荊棘'만큼, 적절한 글귀가 다시없을 듯합니다.

가을은 독서의 계절이라 하는데, 댁에서는 자녀들의 독서지도를 어떻게 계획하고 계십니까? 안 의사의 글귀를 거울삼아 부모님이 마음을 가다듬어 책을 읽고, 이를 보고 자녀들도 책을 읽는 가풍을 다져보심이 어떻겠습니까?

가동 소식 제69호. 2004.10.2

✧ 어느 아버지의 자녀 교육 ✧

지금은 정년퇴직한 어느 교장 선생님과 자리를 같이해 대화를 나누던 중, 자녀 교육에 대해들은 바를 소개 합니다. 교장 선생님은 두 형제를 키우고 있었습니다.

형제 사이에 어찌나 다툼이 심한지 걱정이 많았답니다. 고민 끝에 생각해 낸 묘안으로, 하루는 두 형제(4학년과 2학년)를 종로에 데리고 가서 차에서 내려놓은 후, 형에게만 돈을 주고 집으로 찾아오라고 했답니다.

동생은 가진 돈이 없어 형에게 의지할 수밖에 없었고, 형은 동생을 보호하지 않으면 안 되는 상황에서 형제는 서로 의지하며 어렵사리 집을 찾아왔는데, 그 이후로는 형제 사이에 다툼이 없어졌다고 했습니다.

또 다른 사례는 아무런 사전 예고도 없이 두 형제를 데리고 난곡동 달동네를 다녀왔답니다. 난곡동 달동네, 그 좁은 골짜기를 꼭대기 막다른 골목까지 올라갔다 내려오면서 여러 가지 상황을 살펴보게 했답니다. 주거환경, 골목에서 노는 아이들의 옷차림, 골목길의 위생 상태 등……

난곡동을 돌아보고 귀가하면서 형제에게 "돌아본 느낌이 어떠냐?"고 물어보았더니 "너무 가난하게 산다."며, "우리 집은 이곳에서 사는 사람들에 비하면 부자이고 행복한 삶."이라고 대답하더랍니다. 그런 일을 경험한 후 두 형제는 투정과 불만이 없어졌답니다.

형이 입던 옷을 동생에게 물려 입혀도, 신발이 좀 망가져 있는데도, 투정하지 않고 긍정적으로 생각하며 살게 되고, 이렇게 자란 형제가 지금은 성년이 되어 자신에게 주어진 일을 성실히

함으로 해서, 직장 상사로부터 사랑받으며 살고 있다는 이야기였습니다. 자녀 사랑의 방법도 부모님에 따라 가풍에 따라 여러 가지로 다양하겠습니다만, 요즘 자신밖에 모르는 어린이로 자라는 모습을 보면서 시사하는 바가 있어 옮겨 보았습니다.   가동 소식 제70호. 2004.11.2

✣ 부모의 힘 ✣

"아빠, 제가 백악관 밖에서 구경해야 하는 건 피부색 때문이에요. 두고 보세요. 전 반드시 저 안으로 들어갈 거예요."
조지 W 부시 미국 대통령 집권 2기 국무장관으로 지명된 콘돌리자 라이스가, 10세 때 부모와 여행 중 백악관을 멀리서 지켜보며 한 말입니다. 인종차별이 심했던 앨라배마주에서 태어난 라이스는 피아니스트를 꿈꿨답니다.
어머니가 지어준 이름 '콘돌리자'도 이탈리아어 '콘 돌체자'(부드럽게 연주하라)에서 딴 것이랍니다. 하지만 카네기홀에는 가 보지도 못하고, 피아노 바에서 생을 마칠 가능성이 큰 현실에 부딪힌 라이스는 15세에 조기 입학한 덴버대학 시절 피아니스트의 꿈을 접었답니다. 그리고 19세에 덴버대학 우등 졸업, 26세에 박사학위 취득과 함께 스탠퍼드대 부교수 임용, 34세에 국가안보위 자문역, 38세에 스탠퍼드대 최연소 부총장, 46세에 첫 여성 백악관 안보 담당 보좌관, 50세에 국무장관으로 지명되기까지 숨 가쁘게 달려왔습니다.

 범상치 않은 발걸음 뒤에는 범상치 않은 부모가 있습니다. 라이스의 부모는 어린 라이스에게 음악, 발레, 외국어와 각종 스포츠를 가르친 것은 물론이고, 못 말리는 독서광으로 키워냈습니다. 라이스는 학교 입학 후 필독서나 권장 도서 목록에 오른 책들을 모조리 독파 했답니다. 라이스는 이렇게 말합니다.
"부모님은 저에게 모든 기회를 제공했어요. 그분들은 제가 무엇을 하든지 성취할 것이라 믿어 줬지요."
우리는 라이스의 일화를 통해 자식에 대한 부모님의 믿음과 배려야말로, 자식의 자부심과 성취욕의 밑거름이 된다는 사실과, 독서가 자녀 성장에 얼마나 큰 힘을 발휘하는지 확인하게 됩니다. 자녀 사랑! 자식에 대한 믿음과 배려를 독서지도로 펼쳐 보이시리라 믿어 의심치 않습니다.
가동 소식 제71호. 2004.12.1

5. 사랑해요

학교와 교육청에서 같이 근무했던 선생님과 동료, 제자들로부터 받은 서신들을 모아 본 것이다.

▶ 양 장학사님!

안녕하세요. 건강하시지요?.

4월의 바람은 차가운 이성의 빛!
4월의 햇살은 따스한 감성의 빛!
이성과 감성이 교차하면서 갈등을 가지는 우리 인간의 모습과도 같은 4월을 맞이하며……
아이들 교육에 열의를 가지신 선생님을 떠올려 봅니다.
선생님을 생각할 때마다 아이들을 대하는 저의 태도가 부끄러움을 느끼는 이유는 무엇일까요?
그들을 사랑하기만 하면 다른 것은 좀 부족해도 될 것 같은데.
하나님의 사랑을 안다고는 하면서 만분의 일도 실천하지 못하는 부족함……

이렇게 넋두리만 늘어놓고요.
선생님 댁내 평안하시고 하나님의 은총이 함께 하시길 비옵니다. 1991.4.2. (송화) 金正信 올림

▶ 양종구 장학사님께

단풍 든 산으로 들로 나들이가 몹시 가고 싶었습니다.
별로 한 일도, 하는 일도 없으면서
마음의 부담이 가을 나들이를 막았습니다.
준비성 없이 급하게 쓴 지도안
여유 없이 아이들에게 제 마음을 요구한 점,
더 알고자 하는 노력 없는 행동들이 모두 후회되는 밤입니다.

잠도 오지 않고, 그렇다고 지도안이 뇌리에 그려지는 것도 아니면서,
그저 불안하기만 합니다.
아이들이 잘해줄까?
떨지 않고 자연스럽게 수업 분위기를 이끌 수 있을까?
아직 이런 일을 한다는 것이 제겐 큰 부담이고
능력 밖의 일이라는 생각을 합니다.

언제나 어렵고 힘든 일이 있을 때면 장학사님 성가시게 하였는데도,
늘 힘과 용기를 주시고 도움 말씀 주셔서 감사드립니다.
장학사님 말씀대로 완전한 수업을 위한 부담보다는 최선을,
정성을 다하는 수업이 되도록 여유를 갖고 잠을 청해 보겠습니다.
이해인 님의 맑은 마음으로 저의 작은 마음 함께 드립니다.
　　　　　　　　　　　　　　1991.10.23. 새벽에 신원국교 이선희 드림

▶ 주님의 크신 축복을 빕니다.

안녕하세요?

양 종구 장학사님께 올립니다.
저의 경력증명서를 잘 해 보내주셔서 이곳 창원에서 열심히 복지관에서 일하고 있습니다.
 장애인을 돕는 일인지라 더욱 저의 의지를 가다듬어 주고 있지요.

즉시 감사의 글을 올리려 했지만, 짐을 옮기는데 여념이 없어 이제사 장학사님을 찾아뵙게 되어 죄송합니다. 동봉한 성 요셉 상과 아기 예수님의 사진은, 저희 수녀원의 성당 입구에 모셔 놓은 목각상인데, 저희 수녀님들이 아주 좋아하는 목상이랍니다.
수녀원 안에 모셨으니까 외부인들은 볼 수가 없지요. 독일의 유명한 조각가의 작품이랍니다.
 사진은 제가 찍었지요. 조희 조카도 요셉이기에 조카에게 주려고 찍었다가, 장학사님께 한 장 더 빼서 보내드립니다.
혹시 창원 쪽에 지나실 기회가 되시면 저희 복지관에도 한 번 들러 주시면 반갑겠습니다.

부디 장학사님 가정에 주님의 크신 축복이 함께 하시길 빕니다. 그리고 뜻 하신 바 하느님의 축복 안에 잘 이루어지시길 기도하겠습니다.
안녕히 계세요.   1996년 9월 6일 이 정순 수녀 드림

▶ 양 종구님에게

열 하나회 주소록을 받고 회원들에게 인사드립니다. 지난 6월에 뜻있는 모임들을 가졌다니 참 부럽습니다. 기념 촬영 한 것이라도 볼 수 있겠는지요. 뒷면 사진은 유명한 나이아가라 폭포 일부입니다.
열하나 회원 부부동반자들에게 특별 안내하겠습니다. 다녀가세요
                                    1996년 10월. 캐나다에서 조 민자(정희)

▶ 종구씨에게

예수 탄생하신 성탄절과 새해를 맞이하여, 종구 씨 가정 위에 하나님께서 주시는 축복으로 가득 채우시길 주님의 이름으로 기도합니다.
많이 바쁘시겠지요. 보내주신 師友를 받아들고 감격에 넘쳐 어쩔 줄 몰라 했건만, 감사하다는 편지 한 장 보내지 못한 미안함 때문에, 항상 마음이 무거웠답니다.
규식이가 다녀간 후 소식이 없는데, 나 사는 모습이 그 애의 눈에 어떻게 보였는지 모르겠군요.
종구 씨에게 책자를 잘 받았고, 차후 편지하겠노라고 꼭 전해 달라고 부탁했는데 전화라도 했는지요. 종자는 퇴직 후 이곳에 정착 할 것 같은 기미를 보이는데 확실히는 모르겠고, 딸년(막내)은 지금 곧잘 학교에 적응하고 있는 것 같습니다.
종구 씨는 자녀가 몇이나 되는지.....
나는 30, 28, 26, 남 여 남을 두었는데 모두가 미혼이올시다.
                                    1997년 12월 18일 캐나다에서 조 민자

▶ 손녀딸처럼 인자하게 맞이해 주시는 교장선생님 때문에 학교에 오는 것이 즐겁습니다.

처음이라서 서투르고 부족한 모습만 보여 드리네요. (예쁘게 보아주세요.)
성탄절 주님과 함께! 가족과 함께! 행복하게 보내세요.
늘 건강하시고 교장 선생님의 평안한 웃음 잃지 마세요.(너무 좋아요.)
        1998년 성탄절에 교장 선생님을 무지 좋아하는 영양사 조 은영 드림

▶ '존경하는 과장님'

존경하는 과장님
정말 고맙습니다.
늘 고맙고, 감사한 생각합니다만
보답은 못 합니다.
언제나 건강하시고 행복하시기를
진심으로 기원합니다.   2000.2월에. 하헌태

▶ 양종구 과장님

친구가 있어 고마웠고,
친구의 40년 교단 지킴이 있었기에,
친구의 생이 자랑스러웁기에,
오늘 '스승의 날' 꽃 한 송이로
축하하고 싶기에 이 글을 전합니다.
축하합니다. 오늘을....
그리고 고마웠습니다.   2000.5.15. 친구 진정자

▶ 과장님께

언제나
멋지시고
겸손하고
교육계의 신선한 충격을 느끼며
깊은 감사를 드립니다.   송 선자 드립니다

▶ 과장님

결실을 약속하는 계절 구월에
평화로움을 기원합니다.
저는 거원이라는 새로운 환경에서
보람과 감사함을 찾아내며
잘 살도록 노력하겠습니다.

오늘의 제가 있기까지
그동안 베풀어 주신 지도와 편달에

진심으로 감사드리며
늘 건강하시고
뜻하시는 모든 일 이루는 날들이
되시길 기도드리며
 앞으로도 끊임없는
지도 편달 부탁드립니다.
감사합니다.
보내주신 따뜻한 마음 잊지 않겠습니다.

2000.9.15. 교감 김정선

▶ 존경하올 양 종구 과장님

구세주 탄생 2000년!
대희년의 문턱을 설레임으로 들어섰던 한 해가
이제 마무리를 앞두고 있습니다.

대희년 동안 체험했던 많은 기쁨과 은총, 우리들의 노력과 기도를 이제 '가장 소중한 준비단계'라는 이름으로 새롭게 자리매김 합니다. 모든 시작의 순간, 특히 한해의 시작마다 거듭거듭 희망의 표지로 다가와 주시는 아기 구세주의 탄생에 감사하며, 2001년 새해를 향해 활시위를 당기는 마음을 가다듬습니다.

올 한 해 동안 저희 복지관을 위해 격려와 관심으로 지켜봐 주신 귀하께 깊이 감사드리오며, 성탄과 새해를 맞아 귀하의 가정과 하시는 모든 일이, 하느님의 은총으로 새롭게 충만 되기를 기도합니다.
건강하시고 福과 사랑을 나누는 2001년을 맞으소서.

서울장애인 복지관 가족 모두의 감사를 모아 관장 김 영자(보스코) 수녀 드림

▶ 축 영명

선생님의 영명일을 진심으로 축하드립니다. 주보성인처럼 의로움과 성실함으로 살아오신 선생님의 매일 매일이 하느님께 영광이 되고, 만나는 이웃들에게는 기쁨과 소중함이었을 것입니다.

앞으로도 변함없는 주님의 은총 속에, 영육이 건강하시를 기도드립니다. 선생님을 다시 가까이 만날 수 있게 된 것 하느님께 감사드리며, 또한 저희 어머니께 보여 주시는 선생님의 마음에 고마움을 전합니다.

2001년 3월 19일 영명 일에 보스코 수녀

▶ 선생님

안녕하세요?
돌아보면 모든 게 일시에 보입니다.
철모르던 초등학교 시절, 그 초입에서 아직도 서성이고 있는 듯한데,
어느새 제가 40대 중반이 되었습니다.
가끔 저는 이천학교 운동장을 떠 올립니다.
선생님이 핸드볼 가르쳐 주셨던 것이 가장 기억에 남아 있습니다.
처음으로 하늘색 나일론 유니폼을 입고 국가대표 선수나 된 듯,
이리 뛰고 저리 뛰며 폼잡던 일,
그때 아마 우리 학교가 이천군에서 여자부 우승을 했을 것입니다.

제가 어느 날 아프다고 말씀을 드리니까, "밥 많이 먹으면 나을 거라고"
하신 말씀도 생각납니다. 그래서 저도 가끔 저의 반 아이들에게
그 처방을 쓰고 있습니다.
김 임자 선생님께서도 안녕하신지요?
뵙고 싶은데……
초등학교 때의 추억은 정말로 아름다운 것 같습니다.

 작년과 재작년에는 연구학교 연구부장이라 좀 바빴는데
올해는 학교를 옮겨서(청천초등학교) 1학년만 맡고 있으니 훨씬 수월합니다.
늦게 대학원을 시작하여 이번이 마지막 학기라 논문 쓰느라 좀 정신이 없습니다.

저의 아버님께선 여전히 약주를 좋아하시고 건강하십니다.
선생님 간단히 줄이고 다시 연락드릴게요.
가내 행복이 가득 하시 길 기원합니다.   2001.5.13. 제자 김혜숙 올림

▶ 과장님과 함께 가까이 아니 짧은 시간조차도 가진 적이 없는 저이지만
　멀리서도 그리고 짧은 시간 속에서도 많은 것을 주신 분이기에
　늘 제 마음 큰 자리에 든든히 계신다고 감히 말씀드립니다.

옮기신다는 소식에
왠지 인사드리고픈 마음이 솟구쳐
부족한 글로 제 마음을 열어 봅니다.
교감 연수 때 이리저리 어울리시며 사랑을 나누시던 다정하신 모습,

전문직 시험 후 부드러운 격려 전화로 보듬어 주시던 인자하신 음성,
전문직 실습 때 저희에게 조용히 자리를 마련해 주시던 겸손하신 모습,
이 모든 과장님의 흔적이 제게는 잊혀지지 않는 영상으로 남아
부족한 제 인격을 비춰보는 거울로 간직하고 있습니다.

지금 여기에서 저는 얼마나 많은 수고로움과 힘든 시간을
사명과 봉사라는 위로로 감싸며, 인내로 지켜 오셨는지를 배우면서
지난날의 부끄러움을 반추해 봅니다.
그리고 미약하나마 느끼고 있습니다.
과장님께서 지니시고 계신 높으신 인격이 다정, 인자, 겸손, 봉사, 인내로
닦이어진 모습이시라는 것을……

열심히 살아가는 서울의 모습이 한 눈으로 읽혀지는 연구원에서
더욱 건강하시고
더욱 평화로우시며
더욱 즐거운 일로
남산의 하루가 엮어지시기를
주님께 기도드리겠습니다.   이천일년 팔월 삼십일 강남교육청 이미경 올림

▶ 이영순이 많이 많이 존경하는 과장님께

과장님 안녕하셨어요?
눈에 익은 과장님의 필체를 보니, 온화하게 웃으시는 과장님의 존안을 뵈온 듯
너무나 반가워서 눈물이 나오려고 했습니다.
과장님! 제가 얼마나 과장님을 그리워하고 있는지 모르시지요.

저는요, 처음 전문직에 와서 과장님을 어른으로 모신 것이
저에게는 커다란 행운이었다는 것을 날이 갈수록 새록새록 느끼고 있습니다.
업무 면에서 자상하게 지도해 주신 것은 말할 것도 없고,
또 말씀으로뿐만 아니라 직접 행동으로 많은 가르침을 주셨지요.

저는 아직도 부족함을 많이 느끼고 있습니다. 과장님의 지도가 더 필요하지요.
과장님께서는 연구원에서도 훌륭하게 업무를 추진하신다는 이야기를 듣고,
속으로 '그럼 우리 과장님이신데'하고 자랑스럽게 생각했습니다.

사모님께서도 안녕하시지요.
새해 우리 과장님 더욱더 건강하시고, 가정 두루 화목하시고,

또 좋은 일, 기쁜 일 하늘만큼 땅만큼 많이많이 생기기를 바랍니다.
과장님이 환하게 웃으시는 모습을 생각하며….   이영순 드림 2002.1.12

▶ 양종구 부장님

모두 새 기운으로
새롭게 태어나는 봄입니다.
연두색 종이에 감사의 글을 올립니다.
늘 감사드립니다.
강동에서 베풀어 주셨던 그 관심을
오래오래 기억하고 있겠습니다.   2002. 3 송신자 드립니다

▶ 멋쟁이 교장 선생님!

게으름뱅이 저희들에게 모범이 되어 주시는 분,
항상 존경하고 감사드립니다.
새해엔 더욱더 건강하시고 뜻하시는 모든 일들이
하나님의 사랑 안에서 아름답게 결실을 이루시길 기원합니다.
일 년 내내 매일 매일 행복하시고 평안하세요.   2003.12.3 손자일 올림

▶ 교장 선생님께

첫 발령지 학교라 애착이 많이 갔던 학교인데,
이렇게 떠나게 되니 많은 아쉬움이 남습니다.

부족한 점 많았던 저에게 항상 사랑으로
교사의 진정한 모습을 가르쳐주셨던 선생님께
진심으로 감사드립니다.

교장 선생님께서 몸소 보여주셨던 일들을 저는 못 할 것 같습니다.
교장 선생님 건강하시고 행복하세요.   2004.8.31. 한효진 드림

▶ 양종구 교장 선생님께

노랗게 단풍이 든 교정의 은행잎들을 바라보면서, 양교장님과 함께 했던 '학교 평가' 기간을 되돌아봅니다. 여러 학교를 돌아보면서 많은 것을 보고, 듣고, 느끼면서 배운점들이 많아서 좋았지만, 양교장님의 훌륭하신 조언 속에서 교장님의 교육 경험과 높으신 안목, 그리고 멋진 매력을 느낄 수 있어서, 참으로 행복한 시간이었다는 생각이 듭니다.

앞으로 제가 가는 길에 양교장님께서 늘 아껴주시고, 좋은 지도로 이끌어 주시면 열심히 따르겠습니다. 진심으로 감사한 마음을 전해드립니다.

2004년. 11. 11 (빼빼로 day!) 계수나무 꽃(박 桂花) 올림

▶ 양종구 교장 선생님께

선생님, 안녕하세요?
저 양혜선이에요. 기억나실지 모르겠네요.
오늘 가동 쳄버 오케스트라 연주회가 있어서 늦게라도 가기로 했어요.
그래서 오랫만에 만날 선생님께 편지라도 드리려고 이렇게 써요.

선생님 저는 중학생이 되어 바쁘긴 해도,
요즘 크리스마스에 대한 기대로 재미있게 보내고 있어요.
교회에서 연합예배를 드리거든요.
선생님께서는 요즘 어떻게 지내세요?
언제나 행복한 생각을 하셨으면 좋겠네요. 진심이에요.

선생님! 이제 선생님을 만날 기회가 별로 없을 것 같네요.
정말 아쉬워요. 제 친구들도 아쉽다고 생각하고 있어요.
중학생이 되어 교장실을 찾아갈 때마다 환한 웃음으로 맞아주시던 선생님.
가동초등학교를 자랑스럽게 여기시던 선생님, 그리울 것 같아요.

선생님, 선생님 메일 있으세요? 있으시면 꼭 메일 보내주세요.
뒷면에 제 메일 적어 놓을게요.
시간 나시면 보내주세요.
선생님 감기 조심하시고요.

언제나 좋은 일만 함께하길 기도할게요.
그럼 전 이만 쓸게요. Merry Christmas!
양혜선 올림

추신, 양혜선 : god-great@hanmail.net
시간 한가하실 때 보내주세요. 선생님 일에 방해되기는 싫어요.

▶ 교장 선생님께

건강하시죠?
여느 때와 같이 뜻 깊은 시간을 보내시고 있으시겠죠?

교장 선생님은 시간을 허비하는 분이 아니니까요.
저는 방학임에도 여러 가지 일로 바쁘게 보내고 있답니다.

가장 바쁜 일은 놀이연구회와 스노우보드에 대한 일인데,
나중에 결과를 알려드릴게요. 지금은 비밀입니당~
다른 사람들은 '교사들이 방학에 노니까 좋겠다고 말하는데
정말 야속한 말씀이죠. ^^

오늘 교장 선생님께서 저에게 주시는 생일 선물을 받았습니다.
덧붙여 주신 쪽지도 받았고요.
그것을 받는 순간 가슴이 짠해 왔습니다.

아시겠지만 교장 선생님과 함께 있었던 기간은 2년 동안인데,
2년 동안 오죽이나 제가 투덜투덜 불평도 많고 말도 많았습니까.
돌이켜 보면 너무 버릇없이 군것 같아 죄스런 마음이 듭니다.

하지만 교장 선생님의 어떤 부분을 많이 사랑했었습니다.
바로 아이들을 매우 사랑하신다는 것입니다.
이제 새 학년이 시작되면 아이들과 함께 운동장을 뛰시는 교장 선생님의 모습을 볼 수 없다고
생각하니 서운한 생각이 듭니다.
항상 존경스런 마음으로 보았던, 두 손 가득히 쓰레기를 들고 가시는 모습도 볼 수 없을 테구요.

가동초등학교가 새로이 어떤 교장 선생님을 맞을지 그것은 알 수 없지만, 옛 어른들이 말씀하셨
던 것처럼 <구관이 명관>이 될 가능성이 많겠지요?
때문에 많이 두려워집니다.
때때로 교장 선생님이 많이 그리울 것이라 생각됩니다.

몸을 바지런히 놀리던 사람이 쉬게 되면 병이 난다고 하는데, 교장 선생님에 대해서 그런 면은
별로 걱정이 되지 않습니다. 퇴직 후에도 그저 손을 놀리고 계실 분이 아니라는 것을 아니까요.
제 생각에 이전보다 더 바쁘실 것 같습니다.
예전에 말씀하셨던 그 '시체를 염하는……?' 그것을 배우시려나……

저는 제 주위 사람들에게 제 생일을 광고하는 스타일도 아니고,
해서 지금까지 별로 생일 선물을 받아 본 적이 없습니다.
교장 선생님의 선물 덕분에 생일을 맞는 제 기분이 든든해지네요.
주변 사람들에게 자랑도 했습니다. 앞으로도 계속 건강하시고 행복하세요.   2005.1.12 손유정

▶ 안녕하세요.

지난 3년간 저희를 사랑해 주시며, 저희를 위해 힘쓰신
교장 선생님께 감사드리고, 그저 아쉬울 뿐입니다.

교장이라는 일이 쉽지만은 않으실 텐데,
지속적인 사랑과 정성에 저희는 말할 수 없이 감사드리고,
교장 선생님의 사랑 저희는 영원히 잊지 못할 것입니다.

이 깊은 사랑에 감사드리며 사랑합니다.
항상 행복이 가득하시고
저희들을 잊지 말아 주셨으면 하네요.
교장 선생님 정말 사랑합니다.   2005.2.18 5-10반 친구들이

▶ 교장 선생님께

 안녕하세요?
저는 신민경입니다.
2학기에 반이 열려 부족한 것이 끝도 없이 많았고,
사고도 제일 많은 반이었습니다. 그럴수록 저희도 더 죄송합니다.
화장실의 유리를 깨뜨려 피해가 있었던 일들 정중히 사과드립니다.
교장 선생님의 땀방울 하나하나로 만든 저희 10반을
소중히 여기게 하지 못한 것이 후회스러울 뿐입니다.
10반이라는 단어가 언제나 즐거운 뜻으로 남았으면 합니다.

 교장 선생님! "세계로, 미래로, 밝은 사회로"
저희는 몇 년쯤 있으면 교장 선생님의 말씀처럼
"세계로, 미래로, 밝은 사회로" 나가는 일꾼이 되어
이 은혜를 갚아드리고 싶습니다.
비록 그때는 교장 선생님이 저희를 보지 못하신다 해도,
저희는 교장 선생님을 마음속 깊이 넣어두려 합니다.
그 교훈은 저희에게 희망의 뿌리를 심어준 좋은 말씀이었죠.
선생님의 그 교훈 하나하나를 이룰 때마다 저희는 교장 선생님을 생각할 테니까요.

잊지 못할 것 같습니다.
존경합니다. 진심으로 감사드립니다.
우리의 빛 교장 선생님, 가동초등학교의 빛,

그리고 희망의 뿌리를 심어준 교장 선생님.　　　　　　　　　　2005.2.18 6의 10반 신민경

▶ 아침마다 운동장을 뛰시며

따뜻한 격려와 사랑을 보여주신 교장 선생님,
구석구석 선생님의 손길로 이루어 놓으신 것,
우리 아이들이 마음껏 누리게 되어 참 감사합니다.

우리 모두가 정말 사랑하는 교장 선생님의 빈자리는
아이들과 저희 학부모들의 마음에 오래도록 허전함으로 남을 것 같습니다.

부디 건강하시고 가정에 평안함이 가득 하시 길 빕니다.
다시 한번 교장 선생님의 노고에 진심으로 감사함을 전합니다.
　　　　　　　　　　　　　　　　2005년 2월 18일 가동초 운영위원 일동 드림

▶ 교장 선생님께

안녕하세요?
교장 선생님을 뵈온 지 엊그제 같은데, 벌써 1년이란 세월이 흘러서
이제 헤어지게 되었네요.
1년 동안 교장 선생님으로부터 정말 많은 것을 배웠습니다.

처음 교감 발령을 받아서 긴장도 되고, 미숙한 점도 많아서 걱정을 많이 했는데,
교장 선생님께서 모든 것을 하나하나 자상하게 가르쳐 주셔서,
항상 감사한 마음과 존경하는 마음을 가지고 있었습니다.

또한 교장 선생님의 교육철학이라든지, 학교경영관, 솔선수범하시는 모습,
선생님들의 장점을 살려 색깔 있는 교사가 되도록 격려하시는 모습,
꿈과 희망을 안겨 주시는 말씀 등 모든 것이
저는 배우고 싶은 생각이 들기 때문에 헤어짐이 많이 아쉽습니다.

그리고 교감의 역할로써, 교장 선생님의 뜻을 좀 더 잘 받들어서
보좌를 해드려야 하는데, 역할 수행을 잘못한 것 같아서
죄송한 생각이 많이 듭니다.

교장 선생님께서 걱정하시지 않도록 잘 챙기려고 노력은 많이 했는데,
아직 관리자로서 보는 안목이 미흡하고, 또 생각은 있어도
중간 위치에서 나름대로 여러 가지로 교장 선생님께 말씀드리기 힘든

어려운 점들도 있어서 교장 선생님을 만족시켜 드리지 못한 것 같아서 죄송합니다.

저는 1년 동안 교장 선생님 모시면서, 정말로 마음 편하게 많은 것을 배우면서,
학교생활을 해서 즐거웠습니다. 제가 모르는 것을 편하게 여쭈어볼 수 있고,
그리고 항상 자상하게 가르쳐 주시는 점이 정말로 고마웠습니다.
감사합니다.

퇴임하셔도 항상 건강하시고 즐겁게 생활하시기 바랍니다.
그리고 제가 앞으로도 교감의 역할을 잘할 수 있도록, 계속적인 지도 부탁드립니다.
안녕히 계세요.   2005.2.18 교감 성금자

▶ 감사합니다. 교장 선생님.

그 모든 아침이 하루의 시작인 것 같이
그 모든 이별은 새로운 만남의 시작이라고 들었습니다.

이곳을 떠나셔도
제게 주신 따사로움과
보여주신 교육철학을 깊이 본받겠습니다.

교장 선생님!
내내 건강하시고 행복하십시오.   2005.2.18 양상철

▶ 송 공

양종구 교장 선생님!
언제 불러 보아도 정겨운 이름입니다.
그간 많은 사랑과 지도에 감사합니다.

더 오랫동안 교직에서 가까이 모셔야 할 분이라 생각하고 있었는데,
이렇게 정년이란 두 글자에 교직에서 떠나시게 되어,
섭섭한 마음 금할 길이 없습니다.

부디 건강하시고, 하시는 일 두루 원만하게 성취하시길 빌며,
앞으로도 많은 지도 편달 부탁드립니다.   2005.2.18. 천호중학교 교장 이인원

▶ 교장 선생님

짧은 일 년이었지만
교장 선생님을 모셨던 기간이
저의 교직 생활 중에서 가장 보람 있었습니다.

어린이들을 사랑하시고 직원들을 아껴주시던
그 모습이 항상 존경스러웠습니다.

우리나라 교육에 커다란 공적을 남기시고
정년 퇴임하심을 진심으로 축하드립니다.

건강하시고 즐거움이 가득하시길
기원합니다.
　　　　　　　　　　　　　　　　　　　　　2005.2.18 권석숭 교장

▶ 양종구 교장 선생님

안녕하세요?
제가 이 자리에 있기까지 물심양면으로 도와주신 점
깊이 감사드립니다.
벌써 정년이시라니 아쉽습니다.

아직도 건강하시고 교육에 대한 열정이 남다르셔서
우리의 사표가 되셨고 존경하게 되었습니다.

그간의 빛나는 업적은 우리의 자랑으로 길이 기억될 것입니다.
많은 노고에 깊이 감사드립니다.
더욱 건강하시고 새로운 일 순조롭기를 기원드립니다.

추신 : 가톨릭 교사회를 잘 이끌어 주셔서 감사드립니다.
지금도 회장님 원고 부탁을 들어드리지 못한 점 크게 반성하고 있습니다.
언제 성북교육청 쪽으로 오시게 되면 들러주십시오.
식사라도 대접해 드리고 싶습니다.
　　　　　　　　　　　2005. 3. 9 서울특별시 성북교육청 초등교육과장 신입철 올림

▶ 양종구 교장님

기쁜 성탄과 새해를 맞이하여 예수 그리스도의 사랑과 도우심이
항상 함께하시길 기도드립니다.

건강하시지요?
항상 근면하시고 열정적으로 생활하시는 멋진 모습이 눈에 선합니다.
2007을 맞는 2006년 12월 끝자락 류성실 올림

6. 국외연수기

 1995년 1월 19일부터 30일까지(11박 12일) 국제교육진흥원에서 주관하는, 1994년 초·중등교원 구주 연수단에 참여하여 파리, 런던, 로마. 취리히 시찰을 했다.
선진국의 교육 현장과 문물을 직접 체험하는 기회를 얻게 된 것은, 내게 소중한 경험이었으므로 보고, 듣고, 느낀 점을 단편적이나마 정리해 두었던바 이를 여기에 옮겨 보았다.

(1) 국외연수 출발(19일 목요일)

 국외연수 출발하는 날, 부푼 꿈을 안고 5시에 기상 짐을 꾸려 집합 장소인 동숭동에 있는 국제교육진흥원을 향해 출발했다. 07:40~08:40 연수 단원 25명 모두가 도착하여 모닝커피를 마시며 담소를 나눈 후 버스에 올라 김포공항을 향해 달렸다.

11:30 출국수속을 마쳤는데 안전을 위해 철저한 검색을 하는 것이 인상에 남는다. 12:30 비행기에 탑승하여 13:00에 이륙했다. 항로는 태백산맥을 통과 동해 상공을 거쳐 일본 okaya ma, niigata sapporo로 이어졌는데, 외기온도 -54° 창공을 827km/h 속도로 8,800m 고도를 비행하고 있다고 계기판이 알려준다.

15:15 기내식으로 생선, 소고기, 야채가 제공되었다. 16:00 소련영공을 날고 있음을 알려주는데, 소련과 국교 정상화가 이루어진 후 소련영공을 통과할 수 있게 되었단다.
10,700m로 높아진 고도를 846km/h의 속도로, 구름 위 맑은 창공을 비행하고 있음이 신비롭게 느껴졌다.
비행기를 타고 가며 우리가 지구촌 시대를 살고 있음을 실감하면서, "세계화를 지향하는 교육이 어떤 모습이어야 할까?" "세계 속의 한국인으로 살아가려면 어떤 인재를 양성해야 하는가?"라는 명제를 떠 올려 보았다.

 오랜 비행의 지루함을 달래기 위해 영화를 상영해 준다. Guam Jenny 파라마운트사 작,

젊은이의 우직하고 천진스럽고 진지함이 있는 삶을 보여 주는 내용이다.
시베리아 영공을 통과 중인 비행기의 고도는 10,700m, 속도는 885km/h, 외기온도 -64° 도착 잔여 시간 6시간 7분, 도착지까지의 거리 4,890km임을 계기판이 알려준다. 비행기는 여전히 날고 있고 지루함을 참아내느라, 통로를 서성이는 사람이 점점 늘어나고 아기가 보채자 젊은 아빠가 안고 통로를 서성이기도 한다.

20:45 저녁 식사 배식, 닭고기, 생선, 이코노미석이라서 자리가 비좁아서, 식사하기 위해 양팔을 움직이기 위한 공간 확보가 어렵게 느껴진다.
비행기는 Oral 산맥을 접근 중인데, 목적지 도착 잔여 시간이 아직도 4시간 30분이나 남아 있으니 또 영화를 상영해 준다. Tom 소년과 동생이 우연히 목격한 현장에서 출발하는 수사물이었는데, 소년의 용기와 기지가 돋보이는 내용이었다.

23:45 상트페테스브르크 상공 통과, 고도 11,190m, 도착 잔여 시간 2시간 18분, 20일 01:30 하노바 상공, 프랑크푸르트 공항 도착 35분 전, 잔여 거리 338km, 02:10 드디어 프랑크푸르트 공항 도착, 현지 시각 18시 10분 창밖으로 석양의 황홀함이 비친다. 오늘 우리들의 최종목적지인 파리로 가기 위해 루프트한자 비행기를 갈아타야 하는데, 이상기류로 연착하여 휴게실에서 대기하면서 오랜 비행으로 쌓인 피로를 잠으로 풀고 22:15 파리행 비행기에 올랐다. 20 B 좌석 양옆에 외국인 광고가 실려 있지 않은 르몽드지가 눈에 들어온다. 23:15 드디어 파리 공항에 도착했다.

비행기에서 내리며 기내에서 배부한 입국 신고 용지를 두고 내리는 우를 범했다. 모두들 신고 용지를 가지고 있는데 나만 없으니, 이를 어쩌나 걱정하며 입국 심사대에 이르니 가이드가 즉석에서 신고서를 대필해 준다. 입국신고서를 받아 제출하고 짐을 찾아 대합실로 나오니 현지 안내원이 대기하고 있다.
공항을 빠져나와 파리 시내로 향했다. 시내 호텔까지 40분이 소요된다고 한다. 공항 청사를 나와서 바라본 공항 건물과, 시내로 향하는 도로변의 차단벽들이 조형감각을 살려 미적 표현을 시도했음을 보여준다.

24시 Ibis 호텔에 도착, 한국시간으로 21일 아침 8시 하루를 온전히 비행기 탑승으로 보낸 셈이다. 호텔 로비에 들어서니 프랑스인의 허드러진 웃음소리가 들려온다.
상대방의 이야기에 맛있게 웃어주는 모습으로 비치는데, 한국인의 눈으로 볼 땐 억지웃음이라고 옆 사람이 평한다. 4719호 방을 배정받았다.
이종복 장학관과 짝궁이 되었다. 방문키가 전자키이고, 우리나라 1층이 이곳에서는 0층으로 표시되어 있어 작은 사례이긴 하나 문화의 차이를 실감한다.

(2) 파리 시찰 1일 차(20일, 금요일)

08:40 아침 식사로 딱딱한 빵, 우유, 쨈, 과일 통조림(뜯은 것)이 제공되었다. 식사로 밥이 아닌 빵을 대하게 되니 조금은 낯설게 느껴진다.
누군가 '이게 아이들 간식용이지……' 하고 볼멘소리를 한다. 한국의 김치 깍두기가 벌써 그리운 표정들이다. 호텔 로비에는 일본인 투숙객이 많이 눈에 뜨였다.

09:00 시내 관광을 나가는 차 안에서 현지인들과 의사소통에 필요한 간단한 어휘를 가르쳐 준다. 봉쥬-인사말, 봉슈아- 5시 이후 사용하는 인사말, 오브아(오르브아)- 또 봅시다. 메르시-고맙습니다. 메르시 보쿠- 대단히 고맙습니다. 빠르동- 미안합니다. 꽁비엥- 얼마입니까?.
화장실- 뚜왈레, W C- 베세, 물-로, 더 로- 물 좀 주세요,
사랑합니다- 주뗌, 커피- 까페, 우유- 더레, 열심히 익히느라 애썼지만 얼마나 사용할 수 있을지…….
차창 밖으로 비추어진 프랑스인들이 체구가 왜소하고 흑인들이 많은 것이 눈에 뜨인다. 허긴 나폴레옹도 작은 키였지.

09:50 베르사이유 궁전에 입장했다. 첫인상은 화려함의 극치라고나 할까, 웅장한 규모에 화려한 장식이 돋보였다. 절대 왕권의 힘이 얼마나 컸었던가를, 또 궁전과 함께 프랑스의 자존심을 보여 주는 듯했다. 우리가 궁전을 관람하는 시간대에 학생 관람객들도 있었는데, 문화재를 관람하는 학생들의 진지한 태도가 보기 좋았다.

12시에 점심을 먹었다. 점심 음식을 브르기뇨이라 한다는데 달팽이 요리를 처음 먹어보는 기회가 되었다. 특이한 점은 식사하는 사람들 앞에서 악사가 임의로 악기를 연주하고 봉사료를 챙긴다는 점이었고, 파리에서는 식당에서 물도 무료 제공을 하지 않아 사서 먹어야 한다는 점이다.
파리 시내 건물들은 굴뚝과 벽난로가 설치되어 있는 석회석 건물이 주를 이루고 있고, 외부 장식과 높이가 일정하게 균형을 이루고 있는 점이 특징으로 드러나 보였는데, 높이가 같은 것은 고도를 제한했기 때문이라 한다.

13:30에 뽕피두 센터를 방문했다. 외관상 드러나는 특징은 골조를 밖으로 배치하여 새로운 시도를 했는데, 공모에 1위로 입상한 이태리 작가가 설계한 작품이라고 했다. 또 다른 특징은 전기는 빨간색으로, 가스는 녹색으로, 물은 청색으로 표현하여 새로움을 더했고 입술, 뱀, 가슴, 코끼리 코, 하트, 탱크 롤러 등의 기발한 형상으로 분수를 설치하여 보는 이로 하여금 탄성을 자아내게 했다.

다음으로 돌아본 곳이 뽕네프 다리와 노트르담 성당이었다. 노트르 라는 말은 '성스러운'이란 의미이고 담은 '부인'이란 의미로 노트르담은 '성스러운 부인' 즉 '성모님'을 의미한다고 한다.

노트르담 성당의 자랑거리는 북창과 남창의 스테인드글라스인데, 북창은 건축 당시의 성모님 모자이크 상이고 남창은 200여 년 뒤 재현한 것이지만, 건축 당시 만든 북창의 성모님상을 결코 능가할 수 없는 수준이라고 하며, 현대의 기술로도 재생하지 못하는 특출한 작품이라고 했다.
성당 입구에 목이 잘린 상을 들고 서 있는 조각 작품이 설치되어 있는 것을 볼 수 있는데, 이는 성당 건축을 시작한 생드니 신부님의 치명(致命)을 기념하여 설치한 작품이라고 했다.

 15:30 백화점을 둘러보았다. 여인들만을 위한 상점인 양 여인 용품이 주를 이루었고, 별관에 남성 스포츠 관과 남성관이 일부 마련되어 있었다.
뽕피두 광장 전승 기념으로 전쟁 시 노획한 대포를 녹여 주조했다는 나폴레옹 기념탑, 6.25 참전용사들을 애도하기 위해 세웠다는 우리나라 지도비, 세느강 등도 돌아보았다.

시내를 돌아보는 동안 우리 눈에 비친 프랑스 사람들의 일상 중에, 교통 관련 문화는 결코 서두르지 아니하는 차량 운행과 경적 소리를 들을 수 없다는 점, 그리고 도로 여건을 감안해 소형차가 주류를 이루고 있으며, 도로에 주차하여 있는 차들이 질서정연하다는 점이 서울의 교통문화와 비교가 되었다.
세느강에는 많은 유람선이 관광객을 태우고 왕래하고 있었고, 준설이 계속되고 있는 것을 볼 수 있었으며, 깨끗하게 관리되어 물 위에 뜬 쓰레기가 보이지 않았다는 점에서 파리 사람들의 시민의식을 엿볼 수 있었다.

 17:50 상호(商號)가 '가람'인 한국인 식당에서 식사했다. 두부찌개에 밥, 김치였지만 정겹게 느껴졌다. 진로 소주를 팔고 있었는데 1병에 14,000원을 받는다. 주인이 한국인인데 고국 사람들이 왔는데도, 무표정하고 무신경한 모습을 보면서 "굳이 한국식당을 이용할 필요가 있나"하고 의아한 생각이 들기도 했다.
이곳에서는 물을 사서 먹어야 하는 관계로, 식사를 마치고 나오며 남은 물을 들고나왔다.
19:30 Ibis 호텔에 도착 하루 일정이 마무리되었다.

(3) 파리 시찰 2일 차(21일, 토요일)

 오늘 일정은 종일 파리 시내 견학으로 계획되어 있는데, 첫 방문지는 라틴 지역에 있는 소르본 대학이었다. 1,200여 년 전 소르본 신부가 야학으로 문을 열게 된 것이 그 기원이라고 한다. 파리에는 1~13 대학이 있는데 소르본 대학은 제4 대학이라 부르며, 교수의 분산으로 전문성 교육을 하고 있고 교양과정은 3년이면 졸업한다고 한다. 지방대학생들은 지방대에서 교양과정을 마쳐야 파리 대학으로 진학할 수 있다고 했다.
학생들의 진지한 모습이 인상적이고 시내 중심지에 자리 잡고 있어, 캠퍼스라는 대학의 이미지와는 동떨어진 느낌이다. 도서(장서) 보관소에는 학문적 업적을 쌓은 유명 인사의 이름이 기록되어 기리고 있었다. 건물 벽은 낙서가 없이 깨끗하게 관리되고 있었다.

프랑스는 초등학교는 5년 과정이고 중학교까지 의무교육이라고 한다. 고등학교 진학은 68~70% 수준이고, 고등학교 비진학자는 엔지니어로 진출하는 것이 일반적 사례라고 들려준다. 소수의 엘리트를 위한 제도로 그롱제에꼴이 있는데, 고등학교 졸업 후 2년 더 수료하는 과정이라고 한다. 고등학교 졸업 학력을 인정받는 바깔로레아 시험을 통과해야만 대학 진학이 허용된다고 하며, 초등학교에서 종교 행위는 금지되어 있다고 했다.

 나폴레옹 관(棺)이 묻혀 있다는 군사 무기 박물관인 엥바리드(퇴병관) 정원에 생각하는 사람이 설치되어 있는 로댕 기념관과, 발레드샤이오 엑스포 전시장을 주마간산으로 둘러보았는데 발레샤이오 궁은 분수와 어우러져 전경이 화려해 보였고, 에펠탑과 이어지는 직선길의 아름다움이 돋보였다.
리온 역 부근 중국음식점에서 점심 식사. 13:50 바스티유 오페라 좌 도착했다. 바스티유 감옥을 철거하고 그 자리에 건립한 건물로 정명훈 감독을 옹립한 후, 그의 활약으로 프랑스 오페라가 독일 수준까지 향상되었다는 찬사를 들려준다. 바스티유 감옥 철거 때 나온 돌은 뽕네프 다리 건설에 쓰였다고 했다.

 개선문을 견학했다. 나폴레옹에 의해 건축이 시작되어, 30년에 걸쳐 공사가 진행된 관계로 나폴레옹 사후 완공이 되었단다. 개선문은 국립묘지 성격을 띠고 있어 영원히 꺼지지 않는 불이 타오르고 있으며, 나폴레옹의 출정과 약진상이 웅장하고 장엄하게 사면에 부조로 양각되어 있음을 볼 수 있었다. 개선문을 중심으로 파리의 도로망이 방사선으로 펼쳐져 있고, 주변 상제리제 거리는 화려함과 함께 말쑥함을 드러내 보였는데, 이는 건물의 광고물, 네온사인, 간판 이 1층에만 설치되어 있는 것에서 느끼는 아름다움이란 생각이 들었다.

 루브르 박물관을 견학하게 되었다. 그 많은 작품, 건물의 정교함, 계속적인 문화사업 추진 탄성에 또 탄성, 입이 다물어지지 않는다.
승리의 여신상- BC 2세기 작품으로 추정되며 에게 지방 출토라고 한다. 엷은 천이 젖은 몸에 밀착되어 흐르는 선의 아름다움, 균형 잡힌 안정감, 돌(배의 형상을 하고 있음) 위에 설치된 전신의 상 볼수록 아름다움에 빠져들게 한다.
라파엘의 성모와 아기 예수상, 모나리자의 그 영원한 미소, 미로의 비너스 상, 벽화와 천정 화의 웅장함과 화려함, 가나안 잔치에서 보여 주신 예수님의 첫 기적 상을 보며 기독교를 바탕으로 한 정신세계를 표현한 작품이 많음을, 또 정적이지 않고 동적인 표현을 한 작품이 많이 전시되어 있음을 볼 수 있었다.

 서적과 작품 판매를 통해 미술에 대한 이해를 도우려는 의도도 공감을 불러일으켰는데, 판매 시 프랑화 이외는 어느 나라 화폐도 받지 않는 고집스러운 자존심도 읽을 수 있었다. 기숙사 지대가 있는데 각국에서 유학 온 학생들의 숙식을 배려하여 프랑스 정부가 땅을 제공하고, 건물은 각 나라에서 건축하여 자국의 유학생들에게 편의를 제공하고 있다고 하는데 돋보이는 발상이라 여겨졌다.

한국의 집에서 저녁 식사를 했다. 주인은 충북 괴산 출신이란다. 프랑스 온 지 10년 째 인데 돈은 못 벌었어도 먹고 살만하다고 하면서, 사회보장 제도에 의해 노후 생활이 보장되며 그러기 위해 세금을 많이 부담해야 한다고 했다. 된장찌개가 입맛을 돋웠다. 이곳에서 국산 진로소주는 16,000원을 호가(呼價)했다.
프랑스 택시는 3인 승차가 기본이라고 한다. 4인 승차 시 운전자에게 양해를 구하고 앞 좌석에 승차해야 하는데, 앞 좌석은 개 등 애완동물을 위한 자리이기 때문이라고 한다. 저녁에 에펠탑에 올라가 보기로 했는데, 나는 컨디션이 좋지 않아 호텔에서 일찍부터 휴식에 들었다.

(4) 파리 시찰 3일 차(22일, 일요일)

오늘의 첫 견학 장소는 파리의 신도시 라데팡스였다. 새로운 개선문이라 칭하는데 93m X 70m 규모의 흰색 건축물이며, 70m를 받침이 없이 새로운 공법으로 설계한 점이 특징이라고 부각하여 홍보했다. 주변이 복합적으로 기능과 역할을 하도록 설계하여 조성한 곳이었다.
다음에 들른 곳은 콩코드 광장, 루이16세 왕과 마리앙트와네트 왕비가 단두대의 이슬로 사라지고 많은 목숨이 피를 흘리며 처형된 악명 높던 곳, 그래서 지금은 화합을 상징하는 이름인 콩코드광장으로 명명했다는 곳이다.

광장에 23m 높이로 솟아있는 오벨리스크 탑은 이집트에서 발굴해 온 것이라 한다. 약육강식의 시대에 노획한 전리품 문화재였다. 몽마르뜨언덕에 올랐다. 순교자의 언덕이란 의미란다. 언덕 정상에는 12세기에 건축한 성 삐에트로 성당이 웅장한 모습으로 자리 잡고 있어 성당 안에 들어가 보았다.
돔 안에 예수 성심 상이 선명하여 인상 깊게 느껴졌고, 장중한 미사 분위기는 신심이 우러나게 하였다. 1919년 국민 성금으로 지었다고 하는 예수 성심 성당도 있어 성지순례 코스로 많은 사람이 찾는다고 하였다.

떽뜨로 광장에는 화가들이 많이 자리 잡고 앉아서 초상화를 그려주고, 그림을 그려서 팔기도 한다. 예술이 살아 숨 쉬는 곳이라고나 할까.
나시옹 광장은 파리 외곽으로 벗어나는 기점이며, 뱅센느 성은 옛날 궁으로 쓰이던 곳인데 지금은 박물관으로 이용되고 있었다.
까뮤 거리에 있는 중국음식점에서 점심을 먹었는데, 게시판에 붙어있는 홍보물 시계 속에 남녀 나신이 포옹하고 있는 상이 보였다. 하지만 우리들 동양인의 눈엔 쑥스런 모습으로 비쳤다.

16:45 드골 공항에서 브리티시마일랜드 영국 비행기를 이용 런던으로 출발하여 16:40 영국 Heathrow 공항에 도착했다. 파리와 런던의 시차가 1시간인데, 한 시간 늦은 런던 시각으로 16:40분 도착했으니 5분 뒷걸음을 친 셈이 됐다.
Heathrow 공항은 세계 5대 공항 중 하나라고 한다. 공항 출입국 창구가 4개로 1번 창구는 영국인 전용, 2번 창구는 타국인, 3번 창구는 구미인, 4번 창구는 국제선용으로 정하여 관리하고 있단다.
음속의 2배라는 콩코드 비행기 모형 8개를 전시하고 있는 것이 눈에 들어온다.
공항에서 만나 본 영국인의 첫인상은, 앵글로색슨족으로 이목구비가 수려하고 피부가 깨끗하며 체격도 큼직큼직했다.

영국 날씨는 1년 중 170일 정도 비가 내리는 날씨이며, 겨울에는 거의 매일 비가 내린다고 한다. 겨울의 평균기온이 4℃라고 하는데 이는 멕시코만 난류의 영향 때문이란다. 스코틀랜드, 잉글랜드, 웨일즈, 북아일랜드 4개의 섬으로 이루어져 있다. 영국의 국토 면적은 우리나라의 1.2배이며 인구는 5,700만 명이고, 평균연령이 남자는 73세, 여자는 78세라고 했다.
공항을 출발하여 호텔로 향하는 차 안에서 밖을 바라보며, 우리나라와 다르다고 느낀 첫 사례는 모든 차량이 좌측 도로로 달리고 있고, 차량의 운전석이 전부 오른쪽에 있다는 점이었다.

Novotel 호텔에 여장을 풀었다. 1층이 G로 표시되어 있고 전자키로 문을 열고 들어갔다. 화장실을 둘러보니 바닥에 물 빠지는 배수구가 없다. 배수구에서 나오는 불쾌한 냄새를 예방하기 위해 아예 배수구 설치를 하지 않았기 때문이란다. 배수구가 없으니 샤워하려면 화장실 바닥으로 물이 흐르지 않도록, 샤워커튼을 욕조 안으로 가리고 해야 결례가 되지 않는 단다.
프랑스는 욕실에 대 타올 2개, 소 타올 1개를 준비해 놓았는데, 이곳에서는 대, 소 타올을 각각 3개씩 준비해 놓아 나라마다 화장실 문화가 차이가 있음을 발견하였다.

(5) 런던 시찰 1일 차(23일, 월요일)

아침 해가 밝았다. 식당에 들어서니 식단이 뷔페식이어서 프랑스에서 먹던 아침 식사와는 대조를 이뤘다. 첫 방문지가 Albert Holl, 1837에 건립된 건물로 예술 공연장으로 활용되고 있는 곳이었다. 빅토리아 여왕의 부군 이름을 따서 지은 것이라고 한다. 하이드 파크를 둘러보았다. 250만 평 규모로 여의도 면적의 4배가 되고 자연 상태의 조경이라고 하며 왕실의 사냥터였다고 했다.
Albert 메모리얼에는 코끼리(아프리카 상징물), 들소(미주 상징물), 낙타(아시아 상징물), 양(유럽 상징물) 등의 조형물을 배치해 놓았는데, 이는 빅토리아 여왕이 세계 부군인 Albert에게 바친다는 의미를 담아서 설치한 것이라고 한다.

영국의 도로에서는 'Look right' 표지판이 시선을 끌었는데, 이는 '오른쪽을 보시오'라는 주의 표지라고 했다. 또 bus line은 버스 전용차선으로 다른 차들은 통행이 제한되어 있고, 도로표지판을 도로 가운데 설치하였는데 이는 인도에 설치하여 통행에 장애가 되는 것을 방지하기 위해서라 했다.
이런 점들이 차량 중심이 아닌 사람 중심의 교통행정에 초점이 맞추어져 있음을 보여 주는 사례들이라고 했다. 버스요금은 거리에 따라 요금이 부과되는 거리 병산제를 채택하고 있고,

차량에 표시된 A,B,C 등의 기호는 차량생산 연도를 나타내는 것이라 한다. 가로등에 화분들이 키 높이보다 높게 매달려 있어, 물을 어떻게 주느냐고 질문을 했더니, 비가 자주 오기 때문에 일부러 물을 줄 필요가 없다고 들려준다.

 국립미술관을 견학했다. 고호, 렘브란트, 피카소, 미켈란젤로, 루빈손 등 거장들의 작품세계들을 접할 수 있는 곳이었다. 초등학교 한 반 학생 20여 명이 작품 앞에 둘러앉아 자유롭게 관람을 하면서, 교사의 친절한 안내를 듣고 궁금한 것은 자유롭게 질문을 하는 등 작품을 감상하는 태도를 보면서, "우리나라 어린이들이 이곳에 입장하여 작품을 감상하면 어떤 모습일까"를 머리로 그려보니 영국 어린이들처럼 진지하지 않을 것 같다는 생각이 먼저 머리에 그려진다.

 트라팔가 광장에 들렸다. 넬슨 제독의 상이 높이 세워져 있고, 사방을 향해 네 마리 사자상을 배치했다. 노획한 전리품을 녹여서 주조한 작품들이라는데, 영국이 세계를 호령했던 강국이었었다는 자존심을 드러내기 위해 설치한 것들이라고 했다.
웨스트민스터 사원과 영국 국회의사당은 들르지 않고 먼발치서 바라보며 지나쳤다.
 국회의사당의 시계탑이 유명한데 높이가 94m, 시침의 길이 2.4m, 분침의 길이가 4.2m가 된다고 가이드가 안내해 준다.
12:30~13:30까지 Tonly Romas에서 점심을 먹었다.
빵, 국, 돼지갈비, 감자튀김, 아이스크림, 커피를 순차적으로 여유를 두고 서비스를 했다.

 Burberry 매장을 들렀다. 1년에 2회 sale을 한단다. 유명 브랜드여서인지, 견물생심(見物生心)이 발동해서인지, 연수 단원들도 쇼핑에 열중한다. 한국인 손님을 위해 한국인 점원을 잽싸게 매장에 배치하는 정황을 보며 상술이 예사롭지 않음을 직감하게 된다. 대영제국박물관, 한마디로 경탄! 경탄! 이다. 국력을 바탕으로 식민지에서 합법적으로 약탈해 온 세계의 유수한 문화재들의 보고(寶庫)였다. 이 많은 문화재를 분야별로 정리해 보존해 놓은 기능도 돋보였다.

 춘추경전집해(春秋經典集解)라는 우리나라 문화재도 전시되어 있는데, 이 책은 14C 만들어진 것으로, 구텐베르크가 금속활자를 주조하여 발행한 책보다 50년이나 앞서 만들어진 책이라는 설명이 있었다. 한국 문화재 전시관도 코너에 설치되어 있어, 반가운 마음으로 둘러보면서, 전시된 문화재에서 한국인의 섬세한 정서가 담겨 있음을 읽을 수 있었다. 그러면서 한편으로는 다른 나라의 문화재들 보다 스케일이 작아 보인다는 느낌이 들었다.

 템즈강 유람선 Queen Mary호에 올랐다. 1894년 착공하여 8년 공사 끝에 완공을 본 후, 100여 년 동안 고장이 없이 작동하였다는 타워브리지가 지척에 있고, 옛날에는 성이었던 곳인데 감옥으로 사용되었다. 토마스모어가 수감 되었었다는 런던탑도 눈 안에 들어왔다. Queen Mary호 선상에서 마시는 음료수 맛도 추억으로 남을 것이다. 저녁 식사는 취려화 식당에서 했다. 볶음밥, 오리 튀김을 먹었는데 국내 중국음식점에서 느끼는 음식 맛과는 거리가 멀었다.

18:30 런던 한국학교 장영희 교장과 대담이 성사됐다. 한국학교가 개설된 것은 23년이 되었고 450여 명의 학생으로 토요일만 교육하는데, 급당 인원이 30명(영국은 25명 이내)을 넘어 수용에 어려움이 크단다. 한국 상사(商社) 주재원의 자녀가 90%나 되어서, 3,4년 근무 후 귀국에 대비하여 한국의 교과서를 사용하는데, 초등학생은 국어, 산수, 사회와 기타(예능) 과목을, 중학생은 국어, 산수, 사회(역사- 민족혼 교육)를 1주일에 교과별로 한 단원씩 지도하고 있는데, 충실하지 못하다면서 사설학원을 출입하는 학생이 생겨나고 있다고 했다.
중등교원 구하기가 힘들고 영국 학제 운영에 맞춰 토요 학교를 운영하고 있는데, 한국어를 모르는 교민들의 자녀가 희생이 따르기 때문에, daily 학교 운영이 시급하다고 호소했다.

영국의 교사는 학생이 스스로 할 수 있도록 도와주는 교수 방법을 쓰고 있는 것에 반해, 한국의 교사는 일방적으로 끌고 가는 교육을 하므로 학생들이 스스로 할 줄 모르는 것이 일반적인 상황이라서, 이점이 개선되어야 할 과제라고 들려준다.
레이몬드 쇼를 관람했다. 관능의 극치라고나 할까, 성 개방 문화를 리얼하게 보여준다. 택시를 타고 숙소로 왔다. 승객을 내려주고 서두르지 않고 기다리는 기사의 여유로움이 보기에 좋았다. 택시 뒷좌석에만 5인이 승차한다고 한다.

(6) 런던 시찰 2일 차(24일, 화요일)

영국에서는 인물의 됨됨이를 표현할 때, 동상 주위에 배치하는 말의 모습을 빌어 표현한다며 재미있는 이야기를 들려준다. 말이 네 발을 모두 딛고 서 있는 형태의 동상은, 공(功은 있으나 적에게 포로로 잡혔던 이력이 있었다던가 등 흠결이 있는 사람을 말하고, 앞쪽 한 발을 들고 서 있는 말은 명실공히 공을 세운 인물이며, 두 발을 들고 서 있는 인물은 하늘의 불림을 받은 인물로 이해하면 된다고 했다.
그리고 영국 사회는 잘 알려진 것처럼 상류 및 지배층이 솔선수범하는 사회로, 전쟁이 발발하면 왕실 가족이 먼저 앞장서 전장으로 나가는 것이 기풍으로 자리 잡고 있다는 것이다.

세인트폴 성당은 찰스 황태자와 다이애나비가 결혼한 곳으로 유명하며, 단순구조이지만 35년에 걸친 공사로 완공을 보았고 세계 5대 돔 성당의 하나라고 한다.
앤 여왕은 1700년대 영국 여왕으로 자녀 13명을 출산하였지만, 불행하게도 10세 이전에 모두 사망하는 불운을 겪었다고 한다. 체중이 130kg 되는 거구였지만 날씬하게 동상을 만들어 달라는 당부를 받아들여 날씬한 동상이 만들어진 것이란다.

그리니치 천문대를 돌아봤다. 경도 0도는 유리로 표시되어 있고, 동서(東西) 표시는 어린이가 0도의 경도 위에 양발을 벌리고 서 있는 모습으로 찍은 사진을 정문에 게시하여 보여 주고 있었다. 천문대는 그리니치 공원 언덕 위에 자리 잡고 있으며, 키 큰 나무들이 듬성듬성 서 있고 공원이 깨끗해서 인상적이었다.
영국 왕실을 상징하는 버킹검 궁전은 1703년에 건립되었고, 1837년 빅토리아 여왕 때부터 궁으로 사용되었으며, 39개의 돌기둥은 영연방국들의 기증을 받은 것으로 대영제국을 상징하는 표징이라는 것이다.

 버킹검궁과 관련된 전설적인 이야기는 에드워드 8세 국왕이 심프슨 여인과 사랑에 빠져 왕위를 버리자, 지금의 엘리자베스 여왕이 왕위를 승계하여 궁의 주인이 되었다는 것이다.
 버킹검 궁이 요즘도 많은 사람의 시선을 끄는 것 중 하나는, 왕실 근위병들의 교대식으로 전통적인 복장에, 절도 있는 동작으로 매일 일정한 시각에 이루어지고 있어, 훌륭한 볼거리를 제공 함으로써 관광 상품으로 자리매김하고 있다고 했다.
영국은 텔레비전 시청도 라이선스가 있어야 가능하며, 라이선스 없이 시청하다 적발되면 벌금을 물어야 하고 낚시도 면허가 있어야 할 수 있다는 것이다.

 웨스트민스터 사원은 900년 전에 건립되었고, 영국 왕의 대관식 거행 장소이며 지하에는 처칠 경과 같이 영국을 위해 공헌한 인물을 매장하는 묘지로 쓰이고 있고, 무명용사 묘지도 조성되어 있다고 했다. 보이스카우트 창시자 B.P 경 내외도 이곳에 잠들어 있단다.
 오후 일정으로 Burberry 매장을 또 들렀다. 어저께 들렀는데도 견물생심이 또 작용했다.
 매장에 들어가면 사 들고 나오는 물욕(物慾), 채워도 채워도 채워지지 않는 것이 인간의 욕심인가 보다.

 길거리에 경찰이 별로 보이지 않고 건물 1층 유리창에 도난 방지를 위해 설치한 철책이 거의 눈에 뜨이지 않음은, 안정된 사회 분위기를 읽을 수 있는 징표로 여겨진다. 그리고 또 다른 영국의 모습은 오래된 고건물에는 건립 연도를 표시해 두었다는 점이다.
16:30 Heathrow 공항 2번 창구 Alitalia에서 짐 탁송 절차를 간단히 샘플로 처리하고, 확인 절차도 비교적 간단히 처리한 후 탑승하여 17:00 출항하여 로마로 향했다.
창을 통해서 내려다보이는 영국 땅, 산이 없이 평지만 보일 뿐이다. 기내식으로 저녁 식사를 했다. 고기, 야채, 빵, 자연수, 음식을 싼 포장지가 세련미가 적다. 스튜어디스의 매너도 매끄럽지 못하고 덤벙댄다고나 할까? 20:30 로마의 레오나르도 다빈치 공항에 도착했다.

 오색으로 수놓아진 지상의 야경이 아름답다. 검은 모습으로 더러움을 덮어버린 그래서 어둠 속에서 불이 더 밝게 느껴진다. 트랩을 내려서니 공항 구내차가 대기하고 청사를 들어서니, 바닥재를 대리석으로 깔아 깨끗하게 관리되고 있음을 본다.
숙소인 Pisana palace 호텔까지 오는 차 안에서 가이드가 들려준 이야기는 집시족을 주의하라는 내용이었다. 소매치기가 많아 여권을 분실하는 경우가 많다는 것이다. 깨끗한 공항의 인상과는 어울리지 않는 내용이었다.
출입문을 열 때 사용하는 키는 전자키가 아닌 열쇠였으며, 사용하고 샤워를 서서 할 수 있는 공간을 배치하여 특징을 살렸다.

(7) 로마 시찰 1일 차(25일, 수요일)

07:40 객실에서 나와 호텔 주변을 살펴보니 시골 냄새가 난다.
도시 외곽에 있는 호텔이었다. 도심에서 벗어나 있어서인지 청결 상태가 좋지 않았다. 08:00 아침 식사 시간이어서 10분 전에 식당에 가니, 시간이 되지 않았다고 정해진 시각에 오라고 한다. 아침 식사는 빵, 프랑스의 아침 식단과 같아 단단하기가 비할 데 없다.
시내 관광에 앞서 가이드가 간단한 대화 용어를 안내해 준다.
본 죠르노-좋은 아침, 보나세라-오후 인사, 보나노떼-잘 주무십시오. 차오-친근한 사람에게 스꾸지-미안합니다(부딪혔을 때), 쁘레고- 괜찮습니다. 그라치에 등

이어서 이태리 사람들의 생활상을 설명해 주었다. 토요일은 휴무, 월요일은 오전 휴무, 오후 3시부터 8시까지 근무, 평일은 9시부터 13까지 근무하고 13시부터 16시까지 점심 식사 시간이며, 16시부터 20시까지 근무하는 것이 하루의 일정이라고 하였다. 또 목요일은 오전만 근무한단다.
가게에서도 규정 시간을 어겨서 영업하면 2배의 벌금을 물어야 한다고 했다. 우리나라 사람들의 일상과 비교해 보면 한심하다는 생각까지 하게 되지만, 오랜 기간을 거쳐 정착된 문화이니 그대로 좇을 수밖에 없다는 생각이 든다.

로마는 도로에 파킹 비율이 1/600이라서, 900CC~1300CC 배기량인 소형차량이 가장 인기 차종이라고 했다. 로마에는 집시가 많은데 이들의 나이는 9세부터 13세까지이며, 주의를 기울이지 않으면 소매치기를 당하는 일이 다반사라며 주의를 환기시킨다. 관광국이어서 외국의 손님들이 많이 드나들기 때문에 생겨난 아름답지 못한 문화라는 생각을 하게 된다.
이탈리아의 학제는 초등학교 5년, 중고등학교 5년이며, 교사가 아동을 집까지 인솔하여 귀가시키는데 이는 유괴를 방지하기 위함이라 했다. 주당 체육 수업은 2시간으로 자유롭게 진행하며, 축구 등 테크닉을 익히려면 수익자 부담으로 학원에 등록하여 배운다고 한다.

로마는 기원전 753년 로물루스와 레마르가 창건했다고 한다. 코스메린 성모마리아 성전, 베스타 신전, 빅토리아 임마누엘 2세 기념관, 베네치아 광장을 주마간산으로 돌아보고 Foro Romano 공회당 건물과 콜로세움을 관람했다.
중학교인 Virgilio를 방문했다. 전교생이 380명 규모로 학급당 인원이 15명 수준이었다. 생물 시간인데 학습자료 없이 책만 가지고 공부하고 있었고, 컴퓨터실에는 3대의 컴퓨터가 설치되어 있었다.
시청각실에는 TV 수상기 및 VTR이 설치되어 있었는데, 주 1회 1시간씩 이용한다고 한다.
양호실은 주 3회 아동들을 진료한다고 들려준다.
교내에 게시물이 눈에 띄지 않았고, 운동장으로 쓰이는 공간은 배구코트 하나 규모에 배구 네트만 설치되어 있어, 우리나라의 어린이들이 넓은 학교 운동장에서 마음껏 뛰어놀 수 있음이 행복이라는 생각이 들었다.

12:30~13:30 서울식당에서 점심을 먹었다.
식단은 밥, 깻잎, 김치, 시금치, 숭늉, 불고기, 상추, 식혜, 모두들 맛있게 먹었다. 주인 권정자님은 이탈리아에 온 지 30여 년, 현지인과 결혼하여 이곳에 정착했다고 한다. 점심을 먹고 첫 번째 들른 곳이 바티칸 시국, 바티칸의 상징 성 베드로 대성전을 바라보는 순간, 웅혼하다는 표현 말고 달리 표현할 말이 떠오르지 않는다.
1920년 비오9세 교황이 뭇솔리니와 협약에 의해, 0.44m² 면적에 인구 1,600여 명인 초미니 국가가 탄생하게 되었단다.
바티칸 시국은 비록 초미니 국가이지만 세계 각국에 외교사절을 많이 파견하였고, 교황은 세계정치에 큰 영향을 미치고 있다는 것은 누구나 다 알고 있는 사실이며, 더욱 놀라운 사실은 우리나라 김수환 추기경님이 추기경 서열 4위로 교황 피선거권이 있을 뿐 아니라, 고참 추기경으로 위상이 확립되어 있다는 점이라고 힘주어 말했다.

영화 로마의 휴일에서 오드리 햅번이 손을 넣어 유명해진, 진실의 입에 손을 넣어보는 경험을 하기도 했다. 또 기독교 박해 시대에 신자들이 숨어 살던 땅속 토굴, 카타꼼베에 들어가 보는 체험도 했다. 우리가 들러본 세바스찬 카타꼼베는 세바스찬이 맞은 화살을 보관하고 있고, 예수님의 족장이 보존되어 있으며, 구조는 4층으로 이루어져 있다고 한다. 로마에서 발굴된 카타꼼베는 25개소이며, 총연장이 900km에 이르고 60여 만의 시신이 발굴되었다고 하니, 당시 신앙을 지키기 위해 땅속 토굴에서 삶을 살았던 사람들의 신앙심이 얼마나 투철했었는지 미루어 짐작하고도 남는다고 하겠다.

이탈리아 하면 유명 공산품이 모피로 소문이 나 있는지라 모피 면세점을 들렀다.
질이 좋은지 여부는 우리 시각으로 보아 알 수 없지만 비싸다는 느낌이 들었다.
장성반점에서 저녁 식사를 했는데, 중국음식점 식단이 똑같아 식상한 마음이었지만 어쩌랴.

(8) 나폴리, 폼페이, 소렌토 시찰 (26일, 목요일)

식당 문 열 시각이 되지 않았다고 어제처럼 입장을 시키지 않더니, 6:50 되니까 문을 열고 안으로 안내한다. 규정을 철저히 준수하는 질서가 확립된 사회라고 긍정적으로 평가할 수도 있지만, 융통성 없는 빡빡한 인심이라는 생각이 들기도 한다.

나폴리 견학을 위해 08:22 출발했다.
가이드 안내에 따르면 이탈리아의 인구는 6,500만 명이고, 전기는 스위스에서 사서 쓰며 중공업이 약한 나라라고 한다.
나폴리는 인구가 250만 명이며 세계 3대 미항의 하나이고, BC 6세기경 형성되었으며 기원 63년에 베스프스 화산 폭발이 있었던 곳이기도 하단다.
대표적인 이탈리아 음식으로는 피자와 스파게티가 유명하다고 한다. 나폴리는 미항의 값을 하는 양 해변 경관의 아름다움이 돋보였지만, 구석구석의 지저분함은 시민의식의 단면을 보는 듯했다.

폼페이 발굴 현장을 갔다.
BC 3세기 전에 20,000여 명의 주민이 살던 곳인데, 손마 화산 폭발로 매몰되어 폐허가 된 것을 발굴하였다고 한다. 시장, 신전, 재판소, 목욕탕, 납으로 만들어진 수도관, 부엌, 음식점, 정육점, 사창가의 유적들이 발굴되어, 그 당시의 영화를 보여 주는 듯하였다. 흘러내린 용암에 덮여 육신의 형태를 알아볼 수 있는 모습으로 응고되었다가 발굴된 사람의 형상이 기억에 오래 남는다.
동성애를 즐겼고 사창가 유적들이 발굴된 현장을 보면서, 화산 폭발로 매몰된 폼페이는 신의 노여움의 결과가 빚어낸 악몽이었을 것이란 생각을 하게 된다.

점심으로 스파게티, 해물 튀김, 아이스크림을 먹었다.
스파게티가 유명 식품이라 하는데, 잘 삶아지지 않아 질긴 국수 가락이 진미인가 의심이 되었다.
식사를 마친 후 소렌토로 향했다.
산 중턱까지 집들이 들어서 있는 것이 인상적이었다. 단애 절벽에 집들을 짓게 된 연유는, 말라리아의 창궐로 인해서 저지대에서 고지대로 옮겨 집을 지으면서 자연스레 생겨난 결과라고 했다.
대리석이 눈이 온 것처럼 산을 하얗게 장식하여 아름다움을 드러낸 현상을 보며, 이탈리아 대리석이 유명하다는 세간의 평판을 이해할 것도 같았다.
소렌토 항의 아름다움, 과연 미항임이 분명했다.
해변의 깨끗함, 절벽으로 이루어진 풍광이 돋보이는 해변, 바닷물의 푸른색과 조화를 이루는 건물들의 밝은색, 소렌토로 명곡이 흥얼거려지는 아름다운 면모였다.

가구점에 들렀다.
가구점 하면 통념상 옷을 넣는 가구를 만들거나 전시하는 곳일 거라는 연상을 하며 들렀는데, 절벽 밑의 평평한 곳에 자리 잡은, 넓지 않은 규모의 수공업 가구점이었다. 올리브나무를 7년 이상 바다에 침전시켜 나무의 진을 다 뺀 후 제작하였다는 보석상자의 정교함이 시선을 사로잡는다.
외국 손님들을 상대로 판매할 것이라면 큰 가구가 필요한 것이 아니라, 휴대하기 편리하고 정교하고 아름다워야 한다는 것을 미처 생각하지 못했다.

외국 관광 기념으로, 선물용으로, 견물생심(見物生心) 발동으로, 내·남 적 없이 마음에 드는 예쁜 것들을 고르느라 법석을 떤다. 내방 객이 왔을 때 하나라도 더 판매하려는 상혼과 어우러져 분위기는 절정을 이룬다.
교단에서 국산품 애용을 부르짖던 애국심도, 오늘만은 접어두어야 마음이 편할 것 같았다.

로마로 돌아오는 길, 왕복 600여 km의 고속도로가 한적한데도 기사는 규정 속도를 준수한다. 안전 운행을 위해서일 것이다.
고속도로변에 펼쳐진 전원(田園)이 여유로워 보였고, 깔끔하게 포장된 도로가 돋보였다.
스페인 광장에 잠깐 머무르는 동안, 주위 사람의 시선을 의식하지 않고 껴안고 키스하는 젊은이들의 모습을 보면서, 이를 개방적인 젊은이들의 발랄함으로 보아야 하나 타락한 모습으로 보아야 하나 마음이 헷갈린다.

(9) 로마 시찰 2일 차(27일, 금요일)

오늘 일정은 바티칸 박물관을 견학하는 날, 09:00 입구에 도착했다.
바티칸 성의 견고함이 시야에 들어온다. 미켈란젤로의 천지창조, 최후의 만찬을 비롯해 보물의 보고임을 확인할 수 있어 경탄을 자아내게 한다. 창조적 표현을 하려는 인간의 욕구를 읽을 수 있었고, 서양 문화가 그리스도 사상을 중심으로 발달한 것임을 신화를 통한 정신세계의 발달에 초점이 맞추어져 있음을 역력히 볼 수 있었다.

점심 식사는 로마역 부근의 '한국의 집'에서 하였다.
육개장, 숭늉, 김치, 생채 등 한국인의 정서에 맞는 음식으로 메뉴가 준비되어 있어 맛있게 먹었다. 중국인 종업원을 고용하고 있었다. 식당 출입문에 한국인 교회 안내판이 게시된 것이 눈에 들어온다. 가톨릭의 본산이 있는 로마에까지 한국교회가 진출해 있음을 보며, 한국교회의 끈질긴 생명력을 확인하게 된다.

13:30 로마의 레오나르도 다빈치 공항에 도착,
14:00 면세 확인을 받으려니 현물을 보자 한다. 14:20, 44번 창구에서 체크하고 곧바로 비상하니 바다가 펼쳐진다. 맑고 깨끗하고 잔잔한 지중해 바다, 찬란한 햇빛에 빛나고 하얀 구름이 푸르른 바다를 더 푸르게 한다.
비행기는 멈춰 있는 듯한데, 창을 통해 펼쳐지는 바다 풍경은 새롭기만 하다. 한 시간 정도 비행하자 육지가 보인다. 멀리 보이는 산이 흰 눈을 쓰고 있다.
흰 구름이 눈 덮인 산을 더 아름답게 한다. 알프스의 산들, 천지창조의 조화, 신의 섭리를 누가 헤아리랴.

30여 분을 비행하자 비행기가 고도를 낮춘다. 정리된 푸른 농경지, 국토 관리의 참모습을 보여주는 듯하다. 관광국 스위스 하늘에서 본 자연경관이 아름답다.
16:30 취리히 Kloten 국제공항에 도착했다. 기내에서 나오니 상큼한 공기가 신선하게 느껴진다. 깨끗하고 정돈된 거리 스위스에 대해 느끼는 첫인상이다.

Swiscotel에 여장을 풀었다. 깨끗하고 정리된 호텔 환경이 로마, 파리보다 손님 접대를 위한 환경이 더 세련되었다고나 할까. 엘리베이터도 고속이다. 16층까지 단숨에 올라간다. 목욕탕

수건도 손수건을 별도로 마련, 면도날, 드라이, 변기의 품위 있는 배치 등 관광국의 이미지를 돋보이게 한다. 침대도 훨씬 안락한 분위기이다.
호텔에서 저녁 식사를 했다. 피자, 고기 스테이크, 아이스크림…….
종사원들의 진지한 모습이 인상적이다.

⑩ 취리히 시찰(28일, 토요일)

 취리히 견학하는 날이다. 07:30 기상, 08:00 아침 식사, 우유 맛이 신선하다. 양식 메뉴인데 편식하지 않고 아무것이나 잘 먹도록 창조해 주셨음에 감사드린다.

 09:30 학교 방문, 전교생 270여 명, 교사 36명, 스위스는 교육부가 없고 주마다 교육제도가 다르다고 한다. 초등학교 6년, 중학교 2년 과정으로 되어 있는데 중학교 2년을 마칠 무렵이면 자신의 진로를 결정한다고 들려준다.
방학 기간은 13주이며, 교사는 전문성 신장을 위해 2주 정도 연수 기간을 갖는다고 한다. 비가 많은 지역이라 학교 주변이 전부 포장이 되어 있고, 비포장인 곳은 유일하게 모래 장뿐이었다.
대학 진학률은 10~13% 수준이며 교과서는 국정, 검인정 구분 없이 주마다 자체적으로 교육과정을 편성하여 운영하는 것이 일반적인 형태라고 한다.
학급당 인원은 20명 수준인데, 지역주민이 적으면 급당 인원이 6~7명 수준으로 편성되기도 한단다.

 스위스는 국민의 65% 정도는 독일계 언어를 사용하고, 25% 수준은 프랑스계, 나머지는 이탈리아계 언어를 사용하여 국어 개념이 없다고 했다.
인구는 685만 명이며, 취리히 인구가 110만 명인데 취리히 주민의 95%가 세를 살고 있으며, 세 들어 사는 집의 월세가 봉급의 ⅓ 수준이라고 하는데도 부동산 투기를 위해 집을 소유하는 일은 없다고 들려준다.
취리히 연방 공대 주변을 둘러보았다. MIT, 베를린 공대와 함께 세계 3대 공대에 속한다고 하는데, 종합대학 주변이 주택가처럼 조용하고 안정된 분위기인 것이 인상적이다. 주변에 소비문화라고는 찾아보기 어려운 상황을 접하면서, 우리나라의 대학 주변도 이곳처럼 학구적이었으면 좋겠다는 생각을 해 보았다.

 취리히 호수 주변에 섰다. 물밑 바닥이 들여다보이는 투명하고 깨끗한 물, 쓰레기 하나 떠 있지 않은 수면, 물새들의 보금자리, 물 관리를 어떻게 하기에 이처럼 깨끗하게 유지될 수 있을까 궁금했다.
그 해답은 자치주별로 하수를 정화할 수 있는 시설이 되어 있어, 정화 처리된 물이 호수로 유입되며, 1968년부터 발효된 법률에 의해 재정자립도가 낮은 자치주는 자립도가 높은 자치주에 하수를 보내 정화를 의뢰하여 맑은 물이 관리된다는 것이었다.
멀리 보이는 알프스 영봉의 눈 덮인 산과 어우러져 펼쳐진, 아름다운 호수 경관을 보면서 자연환경 보존의 선진국 스위스가 부럽게만 느껴졌다.

 오후에는 시내 쇼핑을 했다.
토요일은 08:00~16:00까지, 평일에는 09:00~16:00까지 점포를 오픈하고, 샐러리맨의 쇼핑을 위해 목요일에는 18:00까지 오픈한다고 한다. 점포 진열대의 물건들은 시계의 왕국 답게 시계가 눈에 많이 띄었고, 고급스러운 시계들이 시선을 끌었다. 시계 백화점에는 온갖 시계가 다 전시되어 있고, 한국 쇼핑객들을 위해 전표도 나누어 주고 있었다. 한국의 물가보다 비싸게 느껴졌다.
백화점 쇼핑에 이어 장난감 가게도 돌아보았다. 가전 제품점과 카메라 제품점에는 일제가 주류를 이루고 있으나, 우리나라 제품점은 눈에 뜨이지 않아 서운함을 느꼈다.

 점심 식사는 중국 음식점에서 했는데, 주변에 현대 자동차 매장이 있어서 반가웠다. 세계 속에서 당당한 모습의 한국 위상이 빨리 확립되기를 기대해 본다.
주차장으로 쓰이는 지하호(壕)에 대한 설명을 들으니, 전시(戰時)에는 2만 명을 대피시키는 방공호로 이용된다고 하면서, 영세중립국이면서도 국민의 안전을 위한 시설을 완비해 놓은 모습에서 유비무환(有備無患) 국민성을 읽을 수 있다고 했다.

⑾ 루체른 견학(29일, 일요일)

 09:30 취리히 출발 Luzern으로 향했다.
도심을 벗어나자 푸른 전원 풍경이 눈앞에 전개된다. 농업에 종사하는 인구는 6% 수준이며 정부의 지원을 받는다고 한다. 스위스의 주력 산업은 화학공업(약품 등), 철강공업(시계 등 세공), 관광산업이 국가의 수입원 이이라고 한다.
의회제도는 하원의원 200여 명, 상원의원 자치주 별로 2명씩 46명이며, 독일계 4명, 프랑스계 2명, 이탈리아계 1명의 선출직 공무원이 장관 업무를 관장하며 1년에 한 번씩 정·부통령이 윤번으로 된다고 한다.

 루체른에 들렀다. 사자 기념상(像)으로 안내한다. 암벽에 부조된 신음하는 사자상(像), 창에 맞아 신음하며 아픔을 이겨내려는 표정이 역력한 모습이다. 스위스 사람이 프랑스, 독일 등에서 용병으로 활약하다 희생된 모습을 상징적으로 표현한 것이라고 한다. 스위스 용병은 용감하게 임무를 수행하는 것으로 정평이 나 있어, 지금도 바티칸 시국의 경비는 스위스 용병이 담당하고 있다고 했다.
Kapel 다리 호수 위 조류의 평화스러운 헤엄은 이곳이 조류의 낙원 이고나 하고 느끼게 한다.
스위스 농업은 목축이 주가 되는 듯, 끝없이 펼쳐지는 푸른 초원은 한 폭의 그림이다.

 Luzern에서 점심을 먹고 Titlis로 향했다.
온통 흰 눈으로 덮여 있는 산, 그런가 하면 낮은 곳은 푸른 초원 스위스 자연환경의 정수인 듯싶다. 페스탈로지가 빈민의 아동들을 대상으로 교육을 베풀던 Stanz를 지나 Engelberg에 이르니, 해발 1,020m라는 안내판이 있고 Titlis 정봉을 오르려는 손님들을 태우고 콘데라가 경사 70도의 가파른 언덕을 쉼 없이 오르고 있다.
Engelberg에서 나오는 하수처리장이 잘 정비되어 있어, 자연보호의 참모습을 볼 수 있었다.
 콘데라를 타고 1,800m Trubsee에 오르니 30여 명이 탑승하는 케이블카가 대기하고 있고, 케이블카를 타고 2,600m에 오르니 산 전체를 조망할 수 있게 회전하며 3,020m Titlis 정상에 오르는 케이블카가 운행되고 있었다. 가파른 언덕, 빙벽으로 이루어진 Titlis 영봉까지 자연환경을 효과적으로 이용하기 위해 가설한 시설들이, 관광국 스위스를 상징하는 것처럼 느껴졌다. 3,020m 정상에 오르니 백설이 휘날리고 빙벽동굴을 만들어 놓아, 그곳을 돌아보고 나오는 사람들로 하여금 탄성을 지르게 한다.

 4,500m 고공 외줄에 매달려 스릴을 즐기는 사람, 설원을 스키로 활강하며 즐기는 스키어들, 자신의 취향을 즐기며 사는 사람들이 부럽게 느껴지기도 한다.
자연의 신비로움을 필름에 담기 위해 여념이 없다. 두 번 다시 오기 어려운 곳에서 느끼는 자연의 신비, 그 신비를 오래 간직하며 회고할 수 있는 것은 사진뿐이 없으니……
Titlis 영봉의 아름다움을 완상(玩賞)하고 내려와 17:30 코리안 가든에서 저녁 식사를 했다.
 외국에서 맛보는 한국 음식 육개장, 숭늉의 맛이 입맛을 돋운다.

 18:30 취리히 Kloten 공항에 도착 귀국 길에 올라 우리나라 시각으로 30일(월) 17:40 김포공항에 도착했다. 11박 12일의 초•중등 교원 33단의 국외 시찰 연수는 막을 내렸다.
 연수를 마치며 국외 시찰 연수를 통해 교원들의 안목을 높이고 자긍심을 심어주어, 보다 열심히 근무하도록 의욕을 일깨워 주려는 교육 당국에 심심한 감사를 드린다.

제7부 가정 안정과 경제

1. 가난한 삶
2. 보금자리 마련
3. 서울 시민이 되다
4. 부천 시민이 되다
5. 재산 증식
6. 감사하는 삶

제7부 가정 안정과 경제

1. 가난한 삶

 나의 청·소년 시절을 회상하면, 제일 먼저 떠오르는 것이 가난했던 삶의 모습이다. 가난에 대해 인식하게 된 것은 국민학교 2학년 때부터라고 기억된다. 1950년 6.25 사변이 발발하고부터 기울어져 가던 가세는 걷잡을 수 없이 나락으로 떨어져 갔다.
얼마 되지 않는 농토나마 제대로 경작해서 소출을 올려 호구(糊口)를 해결해 나가야 하는데, 가장이신 아버지는 면사무소 공무원으로 근무하셨던 분이라서 농사일을 효율적으로 하는 체질이 아니었다.
삼촌들도 악착같이 살려는 의지가 부족했던 것으로 내 뇌리에 비추어지고 있다.
살던 집을 양도하고 더 작은 집으로 옮겨 앉더니, 그마저도 다른 사람에게 넘겨주고 친척 집 행랑채로 옮겨 살아야 했으니, 이에서 몰락해 가는 가정의 모습을 읽을 수 있을 것이다.

 요즘은 춘궁(春窮)이란 말을 사전에서나 찾아볼 수 있지만, 당시에는 춘궁기를 넘긴다는 것이 얼마나 배고프고 힘든 일이었는지……
쌀밥을 지어먹지 못하는 것은 말할 것도 없고, 보리밥조차 해 먹기가 어려웠다. 산에서 나물을 뜯어다 삶거나, 들에서 쑥을 뜯어서 삶은 후 보리쌀을 맷돌에 갈아서 보릿가루를 묻혀 쪄 먹는 것으로 식사를 대신했다. 이마저도 저녁에는 죽을 끓여 멀건 국물로 배를 채우며 끼니를 잇는 경우가 허다했던 것이다. 어머니는 새끼들을 먹이느라 멀건 죽마저도 제대로 잡숫지를 못하고 굶는 것이 다반사였다.
이래서 춘궁 때는 초근목피(草根木皮)로 살았다는 말이 나의 가정에도 예외는 아니었다.

 공부가 하고 싶어 참고서를 가지고 싶었지만, 언감생심(焉敢生心) 돈을 마련할 길이 아예 보이질 않아 포기하는 것이 스스로 마음을 위로하는 일이었다.
중학교 진학을 앞두고 진학할 예정자들을 대상으로 하는 야간 학습에도 참여할 수가 없었다.
 10여 리를 걸어서 통학해야 했던 관계로, 공부가 끝나고 밤 늦은 시간에 혼자서 집에 가기에는 두려움이 따랐다.
그렇다고 학교 가까운 곳에 사는 반 친구들 집에, 먹을 식량을 대 주고 기숙할 형편도 못돼 가슴만 태우고 있을 수밖에 없었다. 이 같은 사정을 아신 김성준 교장 선생님께서 성적이 우수한 사람에게 진학의 기회를 열어줘야 한다고 하시면서, 밥은 교장 선생님 댁에서 먹도록 해 주었다.

 잠은 친구(진동수)네 집에서 잘 수 있도록 주선을 해 주셔서, 가까스로 야간 학습에 참여하는 기회가 열려 공부를 할 수 있었다.
교장 선생님의 배려로 야간 학습에 참여한 은공으로 다행히 중학교 입학 시험에 합격하여 입학은 했지만, 궁핍한 살림으로 인해 자유로울 수가 없었다.

 현실에서 탈피하고자 어머니의 애간장을 타게 만들면서, 2학년이 되어 첫 등교를 하는 날 가출을 했다. 치밀한 계획이 부족했던 터라 4일 만에 다시 집으로 돌아오는 무모한 짓도 저질렀고, 문산 집에서 충주까지 30여 리 길을 도보로 통학했는가 하면, 수업료를 내지 못해 서무실에 불려가 납입 독촉을 받은 일이 부지기수였다.

 중학교 2학년 겨울방학 때 일이다. 행랑채에 들어 살도록 기회를 열어주신 친척 아저씨께서 너무도 어려움에 직면해 있음을 보시고는, 가마니라도 짜서 수납해 돈을 받아 연명하는데 보태서 쓰라시며 볏짚을 주셨다.
어머니와 마주 앉아 가마니를 짜서 면사무소에 수납하고, 받은 돈으로 약간의 양식을 마련하여 요긴하게 식사를 해결하기도 하였다.
하지만 가난의 굴레를 벗어나기란 쉽지 않았다. 하는 수 없이 할머니는 친정으로, 동생은 중학교 2학년을 다니다 중퇴하고 남의 집에 심부름꾼으로, 어머니께서는 자식의 학업을 지속하도록 뒷받침하기 위해, 최후의 수단으로 서울로 식모살이 삶을 택하여 떠나셨다.
아버지는 돈 벌겠다고 정처 없이 집을 나서신 지 오래고, 전 가족 모두가 뿔뿔이 흩어져 풍비박산(風飛雹散)이 된 것이었다.

 가난으로 찌든 삶은 계속 이어졌다.
지게를 지고 왕복 12Km가 넘는 거리를 오가며 땔감(나무)을 구해서 연료로 사용하기도 하였고, 아침을 거른 채 등교하여 허기진 배를 움켜잡고 체력 검사를 해야 하는 어려움도 겪어야 했다.
가난은 사람에게서 염치를 생각할 겨를도 허용하지 않았다. 성당에서 매월 한 번씩 구호양식으로 나누어 주는 밀가루와 옥수숫가루를 주저 없이 받아먹게 하였으며, 헌 옷을 받아 입으면서도 부끄러움을 느끼지 못하게 만들었다.

 가난이 남겨준 청소년 시절의 추억은 이처럼 배고픔이었고, 오순도순 서로를 사랑하며 따뜻한 체온을 나누고 살아가는 가정의 평화를 앗아간 상황이었다.
하지만 비가 온 후 땅이 더 단단하게 굳는다고 했던가? 나는 가난한 삶을 살며 어려움을 참아내는 인내심을 키울 수 있었다.
가정의 소중함을 깨닫게 되었으며, 가장이 가정의 행복을 만들어 가는데 얼마나 큰 버팀목이 되는지를 절실히 피부로 느끼며 인생의 교훈을 배울 수 있었다.

2. 보금자리 마련

 어머니가 식모살이를 해서 받은 품삯으로 보내주신 돈으로, 1961년 3월 20일 충주사범학교를 졸업한 나는 채용 고사에 합격하여, 1961년 12월 18일 경기도 이천군 이천국민학교로 첫 발령을 받았다.
비로소 내가 직업을 갖게 되고, 직장에서 일한 노력의 대가(代價)로 돈을 벌 수 있는 처지가 된 것이다. 무엇보다 급한 일은, 4년이 넘는 시간을 식모살이로 일해 오신 어머니를 식모살이에서 벗어나게 해 드리는 일이었다.
하지만 학교 숙직실에서 기거하며 지내왔던 터라, 한 칸의 방도 마련되어 있지 않은 나의 형편으로는 이 또한 쉬운 일이 아니었다. 그렇다고 무한정 미룰 수도 없고 하여 1962년에 셋방을 한 칸 얻어 어머니를 모셔 와 살림을 시작했다.

이것도 오래가지 못했다. 어머니에게 가난은 찰거머리처럼 붙어 떨어지지 않았다. 1963년 4월 7일, 나의 군대 입영으로 낯선 이천에서 혼자서 또 어려운 살림을 꾸려 가셔야만 했다. 1965년 11월 6일 자로 군 전역을 한 후 일요일 하루를 지나, 11월 8일 다시 복직발령을 받은 곳이 이천국민학교였다.
이제는 풍비박산된 가족들이 보금자리라는 공간에 모여 함께 사는 일이, 경제주체가 된 내가 해결 해야 할 첫 번째 과제였다.
하지만 내 꿈과는 상관없이 아버지는 두 집 살림을 차려 살고 계시고, 동생은 이리저리 전전하다 버스회사에 들어가 조수 생활을 하며 운전을 배우고 있으니, 우선은 어머니와 친정에 가 계신 할머니를 모셔 와 함께 사는 일이었다.

단단히 마음의 결심을 하고 할머니를 모셔 와서, 어머니와 함께 세 가족이 모여 방 한 칸을 빌어 살림을 시작했다. 풍비박산으로 흩어져 있던 가족이 일부나마 함께 모여 가정을 꾸리고 살게 되었는데 이를 이룬 것이 1966년의 일이었다.
얼마간의 시간이 흐른 후, 이천 경찰서 뒤편의 산 중턱에 있는 성당 터(이천읍 창전리 산3번지의 9)에 사제관으로 사용하던 건물이 빈집으로 남아 있음을 알게 되었다. 일제(日帝) 때 신사(神祠) 터였던 곳에 성당을 지어서 쓰다가, 성당은 도심으로 새로 지어 이사를 하고 사제관만 남아 있었다.

높고 외딴 곳에 있어 오르내리기가 부담스러운 면도 있었지만, 방도 세 칸이나 되고 요긴하게 쓸 수 있다고 판단되었다. 집을 손질하고 67년에 그곳으로 이사를 하여 살게 되었는데, 집을 빌리는데 따르는 비용이 별도로 들지 않고 관리만 잘해주면 되는 조건이어서 안성맞춤이었다.

1967년 9월 23일 娟과 약혼을 했다. 娟은 자취생활을 하고 있어서 나는 '곧 결혼할 터인데 두 집 살림할 필요가 있느냐'며, 외롭게 혼자 살지 말고 집에 들어와서 함께 살자고 제안하여 결혼 전에 신혼살림이 시작되었고, 결혼식은 학년말 방학 기간 중인 1968년 2월 26일에 올렸다.
가장이 된 나는 娟, 어머니와 할머니를 부양하기 위해서, 돈을 모아 하루빨리 경제적으로 안정을 찾는 것이 시급했다. 하지만 서두른다고 돈이 저절로 굴러들어 오는 것이 아니었다. 그렇다고 부정한 방법으로 돈을 모을 수도 없고, 주어진 여건 속에서 아껴 쓰고 저축하는 방법 외에는 다른 뾰족한 수가 없었다.

 연탄 배달료를 절약하기 위해 높은 곳을 마다하지 않고, 학교의 수레를 이용하여 연탄을 직접 사 나르고, 단 한 푼이라도 싼 곳에서 식자재를 사서 썼다.
폐휴지를 모아 고물 장수에게 팔아 돈을 만들고, 불요불급 한 것에 지출되는 경비가 없도록 절약 또 절약하는 삶을 살았다. 때마침 국가에서도 새마을 사업을 펼치며, '잘살아 보세' 운동을 전개하고 있던 때라, 자연스럽게 잘살기 운동에 동참하며 가정의 경제적인 안정을 찾기 위해 노력을 쏟을 수 있었다.

 1970년 9월 1일, 인천시 만석국민학교로 전보 발령을 받았다. 전보 발령을 받은 후는 부평 삼릉에 있는 처가댁에서 6개월을 살았고, 娟이 부부 교사 케이스로 1971년 6월 1일 인천시로 전보 발령을 받으므로 해서 인천에서 살 집을 마련해야 했다.
娟이 발령받은 인천용일국민학교 근처에 거처를 정해야 출퇴근이 편리할 것 같아, 주안 2동에 있는 집을 물색하여 전세 계약을 하고 이사를 했다.

 그런데 얼마 되지 않았는데 집을 비워 달라는 내용증명이 날아왔다. 알아보니 상황은 이러했다. 임차인이 대지를 빌려 주택은행에서 융자받아 집을 지은 후, 집이 팔리면 땅값을 주겠다고 했는데, 집이 팔리지 않아 주택부금이 연체되었다. 주택은행에서는 등기명의인인 대지 임대인에게 주택부금 납부를 독촉하기에 이르렀다.
그러자 대지 임대인이 우리에게 내용증명을 보낸 것이었다.
처음 당하는 일이라 황당하기도 하고 눈앞이 캄캄했다. 어찌할 도리 없이 땅 소유주인 임대인과 다시 임차 계약을 하고 어려움을 모면했다.

 황당한 일을 겪고 보니, 내 집을 가져야 하겠다는 생각이 더욱 간절해졌다. 무리해서라도 집을 마련해야겠다는 결심을 했다. 주변에 택지로 조성해 놓은 땅(인천시 남구 주안2동 662-6, 현재의 주소: 인천시 남구 한나루로 527번 길 88 (주안동) 우편번호 22157)이 있어, 1972년 10월에 이를 먼저 매입했다.
그리고 1973년 3월에 주택자금을 융자받는데, 30년 상환 조건이었지만 매월 봉급의 ⅓에 해당하는 270,000원을 부금으로 납부 해야 하는 조건이었다.

 주택자금이 마련되어 1973년 3월 건축업자를 선정한 후 집을 짓기 시작하였다.
공사를 시작하고 나니, 현실적으로 여러 가지 부딪히는 일이 한 두 가지가 아니었다. 건축비가 모자라 친구에게 아쉬운 소리를 하여 돈을 빌려야 했고, 집을 지으면서 애초 계획과 차질이 생겨, 업자와 의견을 조정하는 문제도 쉬운 일이 아니었다.
건물이 다 지어지고 전선을 연결하기로 한 날, 늦장을 부리고 전선 연결을 의도적으로 지체시키기도 하였다.

공사비를 다 받아내고 전선을 연결하려는 속내가 깔리어 있었던 것이었다. 천신만고(千辛萬苦) 끝에 10월 중순 공사를 마무리하고 집들이하는 날, 허리띠를 졸라매고 근검절약하여 30여 년 만에 처음으로 내 집을 갖게 되었다는 기쁨과 성취감, 입식 부엌을 설치하는 등 주변에서 가장 현대식 집을 갖게 되었다는 행복감으로 밤잠을 설치기도 했다. 그리고 다른 한 편으로는, 나의 삶에서 그 지긋지긋하던 가난의 굴레를 벗어버리게 되었다는 해방감으로, 나날의 삶에서 비로소 충만한 즐거움을 느끼게 되었다.

* 내가 주안동에 지은 집

3. 서울 시민이 되다.

 나이가 30대에 들어서면서 나 자신이 걸어온 길을 돌아보며 갖게 된 생각은 '학창 시절에 자극을 더 받는 환경에서 성장했더라면, 현재의 모습보다는 사회경제적으로 더 안정된 모습으로 위상관리가 되었을 터인데'라고 하는 것이었다.
그래서 내 생활은 되돌릴 수 없지만, 자식들만이라도 자극을 받을 수 있는 환경에서 성장하도록 해줘야 하겠다고 생각하게 되었다. 그러기 위해서는 도시로 진출할 수밖에 다른 길이 없다는 것으로 생각이 굳어지면서 서울로 이사할 방도를 찾고 있었다.
그리고 이사를 해야 할 또 다른 명분은, 인천시에서 10년을 근무하면 인천시 전입을 희망하는 교원들을 위해 자리를 비워줘야 하는 순환근무 제도에 의해 전출할 수밖에 없으므로, 차제에 전출하는 기회에 서울로 이사를 해야 하겠다고 마음을 다지고 있었다.

 하지만 서울로의 이사는, 시골서 자란 사람으로 사고의 폭이 좁았던 내겐 모험이어서 머뭇거리고 있었다. 娟이 여의도에 있는 서울시교육청에서 근무하시는 옛날 교생실습 지도 선생님을 만나 뵙고, 자문을 들은 후 자신감을 가지게 되었다.
자신감을 가지게 한 자문 말씀은 '맞벌이 부부 교사라면 여의도에 보금자리를 마련하는 것도 생각해 볼 수 있다.'는 말씀이었던 것이었다.
내친걸음에 인천 집을 매각하고, 여의도 시범아파트 23동 11층 5호(건평 23.97평)를 2천만 원을 주고 매입하여 1980년 2월 9일 이사를 하게 되었다.

 이사를 한 후 아예 본적지까지 여의도로 옮겼는데, 그 이유는 군에 입영할 때 나의 본적지가 충북 괴산군 상모면 문강리여서, 군청 소재지인 괴산으로 집결하였던 점이 불편했었기 때문이다. 자식들도 본적지 집결을 통해 입영할 경우, 아는 사람이 전혀 없으므로 해서 겪어야 할 불편이 클 것을 염려해서였다. 또 다른 이유는 본적지라는 곳 자체가 내겐 가난의 상징으로 떠올라 뒤돌아보고 싶지 않은 심정에서였다.

 여의도로 이사를 하였지만, 나의 인천 시내 소재 학교에서의 근무 기간은 1981년 2월말까지여서, 1년은 전철을 이용해 경인 간 통근을 하였다. 娟은 1983년 3월 1일 서울시로 전출 발령을 받을 때까지, 3년간 통근을 하는 어려움을 감내해야만 하였다.
이렇게 서울 생활이 시작되어 아들 석환, 석재는 여의도 국민학교로 전학을 하였고, 중·고등학교 졸업도 여의도에서 하게 되었다. 숙원이었던 도시진출은 여의도로 이사를 하여 서울시민이 되므로 해결되었다.

그런데 1981년 3월 1일, 인천 시내 소재 학교의 근무를 마치며 전출 명령을 받은 곳은 경기도 연천군 연천읍 상리국민학교로, 원거리여서 매일 집에서 출퇴근할 수가 없는 상황이었다.
월요일 이른 아침에 일주일 분 밑반찬을 싸 들고 53번 버스를 이용 종로 3가까지 가서는, 1호선 지하철로 갈아타고 성북역으로 이동하여 6시 57분발 경원선 동차를 타고 학교로 출근을 했다. 토요일 집에 올 때까지는 현지 사택에서 자취생활로 삶을 꾸려갔다.

 상리국민학교에서 3년 근무를 마친 1984년 3월 1일에는 서울 전입의 영광이 찾아왔다.
 교육대학이 4년제로 편제가 바뀌면서 졸업생이 배출되지 않아, 교사 수급이 원활하지 못하자 서울에 교원 부족 현상이 초래되었다. 이를 해결하는 방안으로 문교부에서 서울 전입 요건이 충족되는 교원을 차출하여, 시도 간 교류를 통해 수급을 조정했다. 1983년 3월 1일 서울시로 전입한 娟과 부부 교사인 나는, 전입 요건 1순위로 경기도에서 서울로 전입되는 3명의 교사 중 한 명에 해당하는 행운을 잡게 되어, 서울 선생님으로 서울 마포국민학교에서 첫발을 내딛게 된 것이다.
우여곡절 끝에 서울에서의 삶을 실현하게 되면서 '뜻이 있는 곳에 길이 있다'는 옛 선현의 명언을 되새겨 보게도 되었다.

시범아파트 23동은 실 평수가 20평이어서 방이 두 칸이다. 아들들이 어릴 땐 어머니를 모시고 5명이 살 수 있었지만, 성장하면서 몸집이 커가니 방이 비좁아서 살기에 불편스러웠다. 1989년 어머니가 중풍으로 거동이 불편해지자, 어머니 한 분만 생활하실 방이 필요해 신길 6동에 방 3칸이 있는 우성아파트로 4월 이사를 하게 되었다. 어머니는 이곳에 계시다 동생이 청주로 모시고 가게 되었고, 우리는 부천 중동 아파트단지 청약에 당첨이 되어 부천 생활이 시작되었다.

4. 부천 시민이 되다.

1988년 노태우님이 대통령에 당선된 후, 주택 200만 호 건설 선거공약을 실현하기 위하여 전국적으로 아파트 건설을 동시다발로 추진하였다. 서울의 인구 밀집을 해소하는 방안으로 수도권에는 분당, 평촌, 일산, 산본, 중동지역에 아파트 건설의 봇물이 터진 상황이었다.

주택은행에 400만 원을 정기예금 한것이 있었는데, 이 돈을 주택부금으로 활용할 수 있게 되어 주택을 분양받을 수 있는 길이 열렸다. 분당, 일산, 산본에 몇 차례 청약 신청을 하였지만, 번번이 당첨되지 않아 마지막이라 생각하고 중동에 청약 신청을 했더니 당첨이 되었다. 여의도 집을 내 명의로 가지고 있으면서, 또 중동에 청약 신청을 하여 2주택을 보유하게 된 것은, 두 아들이 결혼 후 각자 살 집을 마련해 놓음으로써 집 마련을 위해 내가 걸어온 전철(前轍)을 자식들에게는 밟지 않게 하려는 의도에서였다.

부천시 중동에 당첨된 아파트는 원미구 상동 사랑마을 벽산아파트 1,604동 604호이며, 49평형(134.91m², 분양가 1억 1,790만 원)에 방이 4칸이어서 아방궁처럼 넓었다. 주택은행에 예치한 주택부금 400만 원이 49평 아파트에 당첨되는 행운을 가져온 것이었다. 동 호수 번호에 맞추어 '1994년 6월 4일 입주를 하였다.
내 직장은 강서교육청이어서 부천에 살게 되었어도 출퇴근 거리가 멀지 않아 별로 불편함을 느끼지 않았지만, 娟의 근무처 여의도 윤중초등학교까지는 출퇴근 거리가 너무 멀어 김포공항 부근의 송정초등학교로 자리를 옮겼다.
부천에 사는 연유로 해서 부천에서 가까운 곳 개봉동에 새로 신설한 개웅초등학교의 초대 교장으로 1998년 9월 1일 발령을 받아, 교가 작사자로 이름이 영원히 지워지지 않는 보람을 맞게도 되었다.

개웅초등학교 근무를 하는 중에 장학관을 해보고 싶은 충동이 일었다. 서울시교육청에 근무할 당시 인사업무를 취급하는 부서 교직과에서 근무했는데, 과장으로 모셨던 분이 그때까지도 자리에 계셔서 의사를 전달했더니, 의외로 쉽게 받아들여져 1년 만에 강동교육청 초등교육과장으로 전보가 되어 장학관으로 보임을 받게 되었다.
초등교육과장 근무 2년을 마치고 자리를 옮긴 곳이, 남산에 있는 서울특별시 교육과학연구원 교육기획연구부장이었다. 직급도 교육연구관으로 임명받았다.
이곳에서 1년 근무를 마치며 학교 현장에서 퇴직해야 하겠다는 마음으로 발령을 희망하여, 송파구 가락동에 있는 서울가동초등학교 교장으로 발령을 받게 되었다.

가동초등학교는 교육장을 역임한 관록 있는 분들을 예우 차원에서 교장으로 발령을 내던 곳인데, 전문직 경력이 10여 년이나 되는 나에 대한 배려 차원에서 낸 발령이지만 출퇴근 거리가 너무 멀었다.
차량으로 경인고속도로로 진입하면 정체현상으로 학교에 도착하기까지 시간을 가늠할 수가 없었고, 외곽순환도로를 이용하자니 편도 57Km가 될 뿐 아니라 통행료 1,100원을 내야 하는 곳이 세 곳이나 있어서 감당하기에 만만치가 않았다.
하루 이틀도 아니고 퇴직하기까지는 2년 이상이 남아 있던 터라, 출퇴근의 어려움을 덜기 위해 여의도에 있는 전에 살던 집으로 2003년 2월 이사를 했다.
5명이 살 때는 비좁아 불편하던 집이었지만, 아들들도 결혼하고 분가를 한 상황이라 娟과 둘이 살기에는 안성맞춤이었다. 둘이 살아가는데 넓은 공간이 필요하지 않았고, 나이가 들면서 집을 관리하는데도 넓은 집보다 알맞은 집이 제격이었기 때문이다.

5. 재산 증식

우리나라에서 제일 손쉬운 재산 증식 방법은 부동산을 매입하여 가지고 있는 것이 보편화되어 있다. 내 집 마련을 위해 주택은행에서 융자받은 주택자금은 매월 봉급의 ⅓에 해당하는 금액 270,000원씩 30년을 상환하여야 하는 조건이었는데, 시간이 흐르면서 화폐가치가 떨어지고 봉급도 해마다 인상되다 보니, 중간에 잔금을 다 상환할 수 있는 여력이 생겨서 잔액 전부를 상환했다.
주택자금을 상환하고 나니 빚이 없어 생활에 여유가 생기면서, 적은 금액이긴 하지만 조금씩 저축하여 목돈을 마련해야 하겠다고 생각하게 되었고, 인천 용현동 성당에서 운영하는 신협에 통장을 개설한 후 저축을 시작했다.

그런 과정에 충북 괴산군 칠성면에 있는 외가를 방문하게 됐는데, 외사촌 명원 큰형님의 가정 형편이 점점 쇠락하고 있음이 인지되어 안타깝다는 생각이 들었다. 어떻게 하면 쇠락해 가는 형님을 도와드릴 수 있을까? 방법을 궁리하다가, 농토를 사서 형님에게 경작을 의뢰하면 조금이라도 도움이 되겠다고 생각하게 됐다. 이뿐만 아니라 농촌 출신으로서 내 명의로 된 농토에서 수확한 농작물을 공급받는 것도 생각해 볼 만한 일이라는 생각도 아울러 하게 되었다. 그리하여 저축했던 돈을 인출하고 부족한 금액만큼 신협에서 대출받아, 1981년 1월 30일 자로 칠성면 율원리 539-1번지 논 516m^2, 539-2번지 논 902m^2, 543-1번지 논 1,444m^2(합계 2862m^2 : 867평)를 매입하게 되어, 손바닥 넓이만 한 땅도 없던 내가 비로소 내 명의로 등록된 농토를 소유하는 상황이 되었다.

매입한 농토는 형님에게 경작을 의뢰했고, 형님은 아들 병호에게 농사를 짓도록 하여 가을에 벼를 수확하면 도정(搗精)한 후, 80kg짜리 쌀 네 가마를 매년 내게 보내주시고 나머지는 살림에 보태 쓰셨다.
하지만 얼마 지나지 않아 명원 형님과 형수님이 작고하시자, 병호 조카도 고향을 떠나게 되어 농토를 경작하는 일을 창원 작은 형님에게 위탁하게 되었다. 그리고 병호 조카가 고향을 떠나면서 명원 형님이 선대로부터 물려받은 텃밭을 매각하기 위해 복덕방에 내놓는 상황이 되었다.

 창원 형님은 선대로부터 물려받은 귀한 텃밭을 다른 사람 손에 넘기는 것을 받아들일 수 없었다. 그래서 병호에게서 텃밭을 매입하기로 했는데, 매입하는 데 필요한 자금이 확보되어 있지 않아 고심 끝에 내 소유의 논을 매입한다는 명분으로 농협에서 융자받아, 그 돈으로 텃밭을 매입하려고 한다며, 어렵겠지만 등기권리증을 빌려달라는 것이었다. 간절함이 담겨 있는 창원 형님의 하소연을 거절할 수가 없어 등기권리증을 빌려주었고, 이를 매개로 농협에서 자금을 융자받아 텃밭을 매입하였다. 조상 때부터 경작하던 텃밭을 계속 소유할 수 있게 되었으며, 내 등기권리증에는 1988년 3월 19일 자로 소유주가 창원 형님의 아들 병욱이로 바뀌어 등재되었다.

 논 세 필지에 대한 소유주가 병욱으로 변경되긴 하였지만, 등기권리증은 내가 보관하고 있고 해마다 수확이 끝나면 쌀을 보내오는 것도 변함없이 이어지고 있다.
그러나 변칙적인 상태로 되어 있어 문제 발생의 소지가 있으므로, 매매라는 과정을 통해 소유주를 내 명의로 바로 잡던지, 아니면 땅값을 변제받고 등기권리증을 넘겨주던지 두 가지 방법 중 손쉬운 해결책을 택해 풀어야 할 과제로 남아 있다.
두 방법 중 손쉬운 해결책은 땅값을 변제받고 등기권리증을 넘겨주는 것인데, 현재 칠성의 땅값 시세가 얼마인지 또 땅값을 치를 수 있는 자금 확보가 되어 있는지? 여부를 확인해 보고 절차를 밟아야 할 것이라 여겨진다.

 두 번째 부동산 매입은 부천시 송내역 역세권 내에 있는 상가 서련코아 102호이다. 1990년대 중반 중동 신도시가 형성되면서, 경인 전철 노선에 새로운 전철역이 생겨났는데 송내역도 그중의 하나였다. 역사(驛舍) 주변에는 상가 건물이 하루가 다르게 생겨나고 있었다. 상가가 생겨나면서 가로변에 임시 분양안내소를 설치하고, 상가 분양에 열을 올리면서 손님의 발길을 유도하고 있었다.
연이 분양에 대한 선전을 보고는 조그만 상가를 하나 분양받아 보는 것이 어떻겠느냐고 의견을 피력했다. 재산 증식에 대해서는 평소 별로 관심을 보이지 않았었는데, 휠이 꽂혔는지 의견을 제시하기에 같이 현장을 들러보았고, 모험을 시도해 보는 쪽으로 의견이 모아졌다.

 상가 분양에 대한 안목이 없이 오로지 분양가를 마련할 수 있는 범위에 맞는 상가를 물색하다 보니, 주 통행로가 아니고 이면도로변인데도 주저함이 없이 원미구 상동 409, 409-1 서련코아 102호(건물 36.90㎡ :11.16평, 토지 5.10㎡ :1.54평)를 분양가 1억 713만 원에 1994년 8월 31일 계약을 하였다.
상가를 분양받았지만 직접 점포를 운용 할 상황이 아니어서, 30년이 지난 지금까지 필요한 사람에게 임대해 주고 임대료를 받고 있다. 입지가 좋지 않아 보증금 500만 원에 임대료 월 25만 원을 받고 있어 재산 증식이라는 부푼 꿈은 물거품이 되고, 내 명의로 등록된 상가를 하나 가지고 있다는 것에서 위안받고 있다고 하겠다.

6. 감사하는 삶

 부부가 힘을 합쳐 이루어 낸 오랜 노력의 결실로 내 집을 마련하였고, 안정적인 가정을 꾸려갈 수 있게 되었다. 퇴직 후에는 교직에 재직하면서 33년을 불입한 공무원연금에서 매달 300여만 원씩을 받아서 생활하게 되어, 노후의 생계는 죽을 때까지 자식들의 도움을 받지 않고도 꾸려갈 수 있어 천만다행이라 생각한다.
그리고 연금을 받게 된 것은 나의 진로를 사범학교 진학으로 선택하여 교직에 몸담게 되므로 해서, 노후의 생계 걱정을 면하게 해 주신 아버지의 예지로 이루어진 것이어서 아버지께 감사 또 감사를 드린다.
이처럼 안정적인 노후생활을 하고 있지만, 젊은 시절 가난했던 내 삶을 통해 내가 배워 익힌 부지런히 일하고 아껴 쓰며 저축해 왔던 삶의 자세는 여전히 견지하고 있다. '세 살 버릇 여든까지 간다.'는 속담이 말해주듯이 지금의 삶을 통해서도 나는 내 몸에 익혀진 습관성으로 자유로울 수가 없는 것이다.

 음식은 먹다가 남기는 일이 없으며 남이 음식을 남겨 잔반으로 나가는 것을 보면, '굶어보질 않았구먼, 쌀 한 톨을 수확하기 위해 농부의 손길이 여든여덟 번이 간다고 하는데'를 속으로 뇌며, 심기가 불편함을 느낀다.
다른 한편으로는 절약하는 생활 습관으로 인해, 철 지난 유행이라 해서 옷을 함부로 버리는 일이 없이 헤져서 못 입을 때까지 입기도 하고, 웬만큼 긴박하지 않으면 불필요한 일에 돈을 함부로 쓰는 일이 없다.
하지만 나이가 들면서 감사하는 삶에 눈을 뜨게 되어, 남을 돕는 일에도 조금씩 참여하고 있다.
 학창 시절 어려울 때 성당에서 구호물자를 받아먹던 생각을 떠올리며, 굿네이버스 활동에 교육전문위원으로 참여하여 도움을 주기도 하였고, SOS 마을 지원에도 지속해서 참여하고 있다. 또 인보성체수도회, 꼰솔라따 선교회, 군종후원회, 예수회, 꽃동네, 남양성모성지, 다산복지 재단, 평화방송, 화요일아침예술학교, 청소년 햇살, 국제선교회 가톨릭 신문 등에도 관심을 가지고 지원에 참여하고 있다.
그리고 형편이 어려워 여의도 성당을 방문하여, 도움 요청이 있을 경우 많지 않은 금액이지만 성의를 표시해 왔다.

 그리고 내가 지금의 삶을 살 수 있기까지 직간접적으로 나에게 도움을 주신 분들이 있어, 이만큼의 생활을 할 수 있게 되었다는 고마운 마음을 가지고, 내가 다른 사람에게 도움을 줄 수 있는 것이 무엇일까를 찾아 참여하게 된 것이 연령회 활동이다. 상(喪)을 당해 황망하고 애통해하는 유가족들에게 조금이나마 도움의 손길을 뻗칠 수 있는 연령회 활동, 참으로 잘 선택한 봉사활동이라 생각하며 또한 긍지도 갖게 되는 활동이다.

2009년 2월 11일 서울교구청 노인사목부에서 운영하는 가톨릭 시니어 아카데미 2년 과정을 졸업한 후, 노인사목 후원회 소식지의 원고를 한 편씩 맡아 쓰는 미디어 위원으로 참여하여 2019년 7월 1일까지 봉사해 왔다.

2009년 9월부터 여의도 성당 너섬시니어아카데미 학장으로 참여하여, 2022년 12월까지 13년 동안 봉사해 왔다. 그리고 2016년 2월에 교구청 노인사목부 운영위원회 회장으로 위촉을 받은 후, 2020년 12월까지 5년 동안 교사 월례 교육에 일조해 왔음도 내가 가진 달란트를 더 늦기 전에 나누어주어야 하겠다는 생각에서였다.

세월이 흘러 팔순의 연륜을 넘긴 지금에서 느끼는 것은, 받는 기쁨보다 주는 즐거움이 크다는 것이다. 가난을 떨쳐 버리기 위해 악착같이 그리고 주변을 돌아볼 줄 모르고 여유라고는 조금도 없이 빡빡한 삶을, 그리고 옹졸한 삶을 살아온 것이 부끄럽게 느껴지기도 한다.

이 세상을 언제까지 살다 떠날지 모르지만, 앞으로 남은 삶 안에서 작은 힘이나마 내 힘이 필요한 곳이 있다면, 기꺼운 마음으로 나누어 주며 감사하는 삶으로 생을 마감하였으면 좋겠다는 것이 지금의 내 마음가짐이다.

제8부 종교와 영적인 삶

1. 가톨릭 신자의 삶이 시작되다
2. 평화의 도구로 써 주소서
3. 가서 복음을 전하라 : 서울대교구가톨릭 초등교육자 회장을
4. 영원한 안식을 주소서
5. 미디어 위원으로 활동
6. 어르신들과의 즐거운 생활
7. 가톨릭서울시니어아카데미 운영위원회 회장을 맡다
8. 신앙 체험 수기 공모에 참여하다

제8부 종교와 영적인 삶

1. 가톨릭 신자의 삶이 시작되다.

 1959년 2월 7일, 이날은 내가 충주 교현동 성당에서 요셉이라는 세례명을 받고, 하느님의 자녀로 새로 태어난 날이다. 충주사범학교 1학년 학년말 무렵의 일이다.
청주교구는 미국 메리놀 선교회에서 파견 나오신 신부님들이 사목활동을 펼치시고 있던 곳이어서, 미국으로부터 구호물자를 보내와 자주 나누어주곤 했다.
그때만 해도 모두들 가난하게 살던 시절이었으므로, 성당에서 정기적으로 나누어 주는 구호물자인 옥수숫가루와 밀가루, 헌 옷가지 등은 생활이 어려운 사람들에게는 삶을 헤쳐나가는데 매우 요긴하게 활용되던 시기였었다.
우리 가정도 6.25를 겪으며 가세가 기울기 시작하여 가족이 모두 살길을 찾아 풍비박산으로 흩어지고, 나는 할머니와 함께 매일 매일을 어렵게 살아가고 있었다.

 어느 날 여자 동창(지금은 영원한 도움의 성모 회 소속 김영자 돈보스코 수녀)의 어머니이신 김복순(모니카) 님이 우리 집을 방문하셨다. 성당에서 옥수숫가루를 나누어 주니, 와서 받아 가라고 알려주시기 위해서 우리 집을 찾아오신 것이다. 아마도 따님한테서 내 형편에 대해 전해 들으시고 물어물어 우리 집을 찾아오신 것이리라고 생각된다. 여자 동창이야 병설 중학교 때부터 한 울타리 안에서 오며 가며 보아 온 처지였지만, 김 모니카 님과는 일면식도 없었는데 찾아오셨으니, 젊은 혈기에 맞아들이기가 겸연쩍고 당혹스럽고, 옥수숫가루를 받아먹어야 하는 상황이 창피하게 느껴지기까지 하였다.

 하지만 어쩌랴! '목구멍이 포도청'이라 준다는 옥수숫가루를 외면할 수 없어, 정해진 날 자루를 들고 옥수숫가루를 받으러 성당을 찾았다. 옥수숫가루를 받기 위해 줄을 서 있을 때의 기분이란……
이렇게 연결되어 나는 정기적으로 구호물자를 받기 위해 교현동 성당을 찾게 되었다. 성당 방문의 횟수가 늘자 김 모니카 님과의 만남도 자연스러워지면서 입교를 권유받게 되었는데, 구호물자를 받아 연명을 해 가는 주제에 박절하게 거절할 수가 없었다.
그리하여 내 손에는 요리문답 책이 쥐어졌고, 이를 몇 부분으로 나누어 익힌 후 신부님이 물으시면 대답하는 '찰고'라고 하는 과정을 거쳐 요리문답 320문항과 기도에 대한 테스트를 통과한 후, 드디어 세례를 받게 된 것이다.
 세례를 받기까지의 과정이 이렇다 보니, 하느님께서 광야의 이스라엘 민족들에게 만나를 주셨음같이 내게도 옥수숫가루라는 먹을 것을 주시어 당신께로 이끄신 것이었다.

세례를 받은 후, 충주 시내 지곡동에 성당이 새로 건축되어 분할되면서 초대 주임 신부님으로 옥보을 신부님이 부임하셨고, 교현동성당에서 예수성심맹학교를 분리하여 운영하셨다. 난 교적 분리로 지곡동 성당 소속 신자가 되었다.

지금은 지현동성당으로 불리는데, 세례받은 지 1년 만인 60년 2월 6일 이곳에서 견진 성사를 받았다. 신심 활동은 어린이 복사단으로 조직된 레지오마리에 단장을 맡아 지도하면서 꾸리아의 서기로 참여하여 작은 힘이나마 성당에 봉사하며 생활했는데, 이것으로 인해 살로메 여성회장님으로부터 구호물자를 나누어 줄 때면 더 신경을 써 주시는 도움을 받기도 했다.

옥 신부님 배려로 간헐적으로 맹학교 어린이들을 돌보고 있었는데, 한 번은 맹학생(盲學生) 한 명을 데리고 대전에 있는 맹학교 관련 업무를 취급하는 곳에 다녀오라고 하셔서 출장을 다녀왔다. 그 다녀온 결과에 대하여 여비 정산을 포함해 정확하게 보고드렸더니 고마워하시며 전보다 더 신임을 보내주셨다.

지금도 지현동 성당과 관련된 일 중 잊혀지지 않는 추억은, 8월 15일 성모 승천 축일을 앞두고 성당 주변의 잡초를 복사 단 어린이들과 힘을 합쳐 깔끔하게 뽑았더니, 신부님께서 이를 보시고 칭찬하시지 않고 꾸지람을 주셨는데, 이유는 풀을 뽑아내면 비가 올 때 빗물에 흙이 씻겨 내려가기 때문이라고 하셨다.

우리나라의 정서는 행사를 앞두고는 집 주변 풀은 말끔하게 뽑아 정리 정돈을 하는 것인데, 신부님의 반응은 도무지 납득할 수가 없었다.

이 같은 경험은 우리나라에서 자연보호 운동이 전개된 것을 계기로 신부님의 말씀이 지당함을 공감하게 되었다.

지현동 성당에 청주교구 교구장 정진석 주교님이 방문하셨는데, 내가 복사 유니폼을 입고 복사를 했다. 신앙생활이 일천 했던 나는 신심이 부족했던 터라 복사하는 행위가 얼마나 부끄러웠던지 얼굴이 홍당무가 되었었는데, 지금 생각하면 당시의 철없었음이 부끄러워 얼굴이 붉어진다.

나의 가톨릭 신자로서의 삶이 이렇게 시작되었다.

2. 평화의 도구로 써 주소서

'목마른 사람이 샘을 판다.'는 말이 있듯이, 사범학교 졸업 후 발령이 나지 않아 백수(白手)여서 간헐적으로 성당 일을 돕고 있을 때, 사범학교 3학년 담임이셨던 이상진 선생님으로부터 경기도에서 채용 고사가 있다는 서신을 받았다. 취업이 절박한 상황에서 채용 고사를 준비하며, 성당에 들어가 간절한 마음으로 두 손을 모으고 자연스레 기도에 매달렸다.

'주님 이번 채용 고사에 합격할 수 있도록 은총으로 인도하여 주소서!'

다행히 채용 고사 합격자 200여 명 중에서 5등 성적으로 합격하게 되었고, 1961년 12월 18일 자로 경기도 이천국민학교로 발령을 받게 되었다.

내가 사범학교 재학할 때 성적이 좋은 편이 아니었는데 5등으로 합격하게 된 것은, 내 간절한 기도를 주님께서 들어주셨기 때문이라는 믿음을 갖게 되었다.

이렇게 해서 이천에서의 생활이 시작되었다. 성당에 열심히 나가게 되었고, 또래의 젊은이들과 어우러져 신앙생활은 하면서, 레지오마리에 신심 단체를 조직하여 믿음을 다지기도 하는 중에 12월 성탄절을 맞으며, 내가 단장을 맡고 있는 레지오마리에가 주관하는 성가대회를 개최하여 신자들의 열렬한 호응을 받기도 하였다.
신원식 본당 신부님이 교적을 새로 정리해 달라고 부탁하셔서 정리해 드리기도 하였다. 이렇게 신앙생활을 하면서 신뢰를 쌓아, 옛 성당 터의 사제관으로 쓰던 가옥을 빌려 살게 되는 행운도 맞게 되었다.

하지만 마냥 좋은 일만 있는 것은 아니었다. 1968년 연(娟)과 결혼을 할 당시, 娟이 신자가 아니어서 교회법 절차에 따라 신부님으로부터 승인받는 절차인 관면을 받은 후 결혼식을 올렸어야 했는데, 이 절차를 제대로 이행하지 않아 교회법에 어긋나 조당 상태가 되어 신앙생활에 암초를 만나게 된 것이다.
그래서 조당을 풀기 위해 신부님과 상담하려 사제관으로 하한주 본당 신부님을 찾아갔는데, 저녁 식사 시간 무렵에 방문해서인지 신부님께서 역정을 내셔서 입도 벌리지 못하고 사제관을 물러 나왔다.

고민 고민 끝에 용기를 내어 찾아뵌 신자에게 역정을 내시다니……. 이 일로 신부님에 대한 기대가 허물어지니 성당이 멀어지기 시작하였고, 이렇게 신심이 식어 가는 때에 인천으로 발령을 받아 새로운 환경을 맞게 되었다.
나중에 알게 되었는데 하한주 신부님은 '임 쓰신 가시관'이라는 널리 알려진 시를 쓰셨고, 이 시가 성가로 널리 보급되면서 신부님의 명성도 널리 알려지신 분이었다.

인천에서는 주거지를 주안 2동에 마련하였는데, 성당은 용현동성당 관할구역이었다. 내 신앙생활에 암초였던 혼배조당은, 1973년 12월 16일 신부님의 관면을 받아 풀게 되었고, 혼배조당을 풀게 됨으로써 석환이, 석재도 12월 24일 요아킴과 미카엘이라는 세례명으로 유아세례를 받는 기쁨을 맛보게 되었다.
또한 이곳에서 초등부 주일학교 교장 업무를 맡아 5년 동안 열심히 운영하였고, 천주교 인천교구청 명도 회에도 참여하여, 주일학교 교사들을 위한 교육에도 일조한 공로로 1981년 2월 28일 용현동 본당 노동한 주임 신부님의 감사패를 받았고, 3월 6일에는 인천교구장 나굴리엘모 교구장님의 표창패를 받기도 했다.

그리고 주일학교를 돕는 것 말고도 성당 사목회 간부들이 어우러져 결성된 사이클 클럽에도 참가하며, 아침마다 자전거를 타며 건강을 다지기도 하였다.
1980년 1월에는 인천교구청 제15차 꾸르실료 교육에도 참여하여, 신심을 더 확고히 다지는 계기도 갖게 되었다. 순환근무제 적용에 따라 인천을 떠나야 하는 상황에 대비, 1980년 2월에 서울로 이사를 하면서 교적이 서울로 옮겨져 서울 생활이 시작되었다.

 서울 여의도에 보금자리를 마련했다. 인천에서 꾸르실료 교육을 통해 활활 타오르게 된 신심은, 평일 아침 미사를 참례할 수 있는 성당 가까운 곳에 있는 집을 찾게 되었다. 성당과 울타리 하나를 사이에 둔 지척의 거리에 있는 시범아파트 23동을 만나 이사를 하게 되었다.
하지만 인천을 떠나면서 받은 근무지는 경기도 연천군 연천읍 상리국민학교여서, 주간은 그곳에서 근무해야 하는 처지가 되어, 평일 미사는 꿈도 꿀 수 없었고 겨우 주일미사를 참례하는 수준이었다.
상리국민학교 근무 3년을 마치면서 서울 전입의 영광을 맞게 되어, 자취생활의 청산과 주말부부를 면하게 되면서 비로써 안정적인 생활을 하게 된 것이다.

 생활에 안정을 찾게 되고 나이도 불혹을 맞으며 지나온 삶을 되돌아보니, 신앙생활에 부족한 점이 많았음을 인정하지 않을 수 없었다. 가난을 벗어나려 발버둥 치며 살아오느라 어찌 보면 신앙생활은 뒷전이어서, 남을 배려하는 삶에는 한참 멀리 떨어져 있었던 것이었다.
지금까지의 삶이 이와 같았을진대, 앞으로의 삶을 하느님의 자녀답게 살기 위해서는 최소한 남에게 피해는 주지 않는 삶을 살아야 하겠다는 생각과 함께, 나도 남으로부터의 도움을 발판으로 이만큼 살게 되었으니, 작은 힘이지만 다른 사람에게 도움이 되는 일이라면 기꺼운 마음으로 하자는 생각이 머리에 자리를 잡기 시작했다.
그리하여 전화를 친절하게 받는 일, 직장 동료들이 도움을 요청하면 내 힘 닿는 데까지 도와주는 일 등을 실천하는 삶이 비로소 시작된 것이다.

 1985년부터는 여의도 본당에서의 신앙생활을 적극적으로 하게 되었는데, 레지오마리에 단원 가입을 시작으로 미사 주송자로 참여하는 길이 열리기도 했다.
1986년 가을 어느 날, 조순창 본당 신부님으로부터 학교로 전화가 걸려 와 받았더니 "내가 부탁할 것이 있어 전화했는데 거절하면 안 돼요." 하시는 것이었다.
나는 갑자기 걸려 온 전화라 당황스럽기도 하였지만, 신부님이 하신 전화인데 거절할 수도 없고 하여
"무슨 일인지 말씀하셔요." 하고 응답했더니
"사목회 청소년 분과장을 좀 맡아 주어야 하겠어요." 하시는 것이었다.
전혀 예상치 못했던 일이라 당혹스럽기도 했지만, 신부님의 말씀을 거절할 수가 없어서 "예 알겠습니다."하고 대답을 드렸다. 이렇게 신부님과의 통화를 통해 1987년 1월부터 여의도 성당 6대 사목협의회 청소년 분과장을 맡게 되었고, 1988년에는 7대, 1990년 11월에는 8대 청소년 분과장으로 참여하여, 1993년 10월까지 이 일을 하게 되었다.

 청소년 분과장 업무를 수행하며 중점적으로 관심을 가졌던 일은, 주일학교 교사들이 대학생으로 열정은 있지만 교사라는 측면에서 보면 아이들을 지도하는데 미숙한 점이 있어,

이를 보완하기 위한 지도 조언에 초점을 맞추어 노력을 기울였다.

1990년 9월 1일부터 강서교육청에서 장학사로 근무하면서는, 장학지도 시 학교 선생님들이나 교감, 교장 선생님들께 군림하는 모습으로 비춰지지 않도록 겸손한 삶을 살아가려고 애썼고, 이런 노력은 나에 대한 이미지를 긍정적으로 만드는 데 도움이 되었다.

이 같은 나의 이미지는 학연, 지연이 전혀 없는 내가, 서울시교육청 교직과에서 근무하게 되는 기회를 만들어 주었고, 더 나아가 장학관, 교육연구관 등 관리직을 맡아 일할 수 있는 길도 열어주는 밑바탕이 되었다고 생각한다.

1994년 6월 부천으로 이사를 하면서 교적을 옮겨 상동 성당 신자가 되었다. 성당에서 구역별 남성 신심 단체 조직에 대한 계획을 추진하였다. 남자 신자들의 명단을 작성하여 지역별로 배분하고, 정해진 기일 안에 남성 구역장을 선임하여 명단을 제출하도록 하였다. 상동에 자리 잡은 사랑마을 신자들은 아파트 관리사무소에서 회의를 열고 구역장을 뽑았는데 내가 선임되었다. 선임된 구역장들이 성당에 모여 남성 총구역장을 선임하는 과정에 내가 또 뽑혀서 남성 총구역장을 맡게 되었고, 사목회 남성 부회장까지 자동으로 맡게 되는 상황이 되었다.

남성 총구역장의 역할은 체육활동을 통해 남자 신자들의 결속을 다지고, 성당에서 하는 일에 적극 동참하는 분위기 조성이어서 1년에 1회 체육대회를 개최했다.
상동초등학교 운동장을 빌려 1996년 10월에 개최한 체육대회는 남성들만의 행사가 아니라, 가족들도 함께하는 행사로 치러져 성황을 이뤘다. 1997년에도 체육대회는 개최되었고, 이는 남성 신자들 간의 친교와 화합을 다지고 성당에서 추진하는 일에도 적극 동참하는 분위기를 조성하는 데 매우 도움이 되었다. 이렇게 조성된 분위기는 사목회장의 돌연한 사의 표명으로 공석이 된 자리를 부회장인 내가 맡아야 한다며 남성 단체장 회의에서 적극 추천하여, 회의가 끝난 후 이성득 본당 신부님을 모시고 회식까지 하면서 당연한 것으로 받아들여지는 분위기였다.

그러나 분위기는 다음 날 반전되었다. 전철을 타고 출근하는 중인데 이성득 본당 신부님으로부터 전화가 걸려 왔다. 전화로 들려오는 신부님의 말씀은
"어저께 저녁에 있었던 일은 확정된 것이 아니죠?"
순간 머리를 스쳐 가는 생각은, 신부님이 날 못마땅하게 생각하시는구나 였다. 나는 얼른 "예, 신부님 확정된 것이 아닙니다."하고 대답했다.
회식 자리에 참여하여 대화를 나눌 때는 아무 말씀도 하시지 않고 있다가 이렇게 뒤통수를 칠 수 있나? 라고 생각을 했지만, 전화 통화 한 번으로 어저께 있었던 일은 해프닝으로 끝났고 그 후 신부님으로부터 어떤 해명도 듣지 못했다. 이 일이 있은 이후로 성당이 소원하게 느껴져만 갔다.

2003년 2월 여의도로 이사를 하면서 다시 여의도 성당 신자가 되었다. 이어서 맡은 일이 서울

시내 소재 초등학교 교원 중 가톨릭 신자 공동체인 서울대교구 가톨릭 초등교육자회 회장 임무였다. 이때도 내가 능력이 있어서라고 하기보다는 성 프란치스코의 기도처럼
"주님 저를 평화의 도구로 써주소서"
라는 마음으로 작은 힘이나마 도움이 된다면 기꺼운 마음으로 소임을 다한다는 생각으로 받아들였던 것이었다.

 2005년 2월 28일, 이날은 내가 43여 년을 근무했던 정든 교정을 떠나는 정년퇴직을 한 날이다. 퇴직을 하면서 내 머릿속에 자리한 것은 43여 년의 공직 생활을 무사히 마치고 현재 내 삶의 위치가 자리 잡히기까지는 나를 아는 여러분들의 도움이 있었기에 가능했다는 생각과, 내 생애가 언제 끝날지 모르지만 살아있는 동안 내가 받은 은혜에 대해 조금이나마 갚으며 살아야 하겠다는 것이었다.
그래서 시작한 것이 연령회 활동이었다. 회원으로 입회하여 열심히 봉사하고 있는데, 전임 회장이 당신은 나이가 많아 부담스럽다며 내게 회장을 넘겨주셨다. 아무런 준비도 없이 느닷없이 일을 맡아 하게 되어 시행착오도 겪고 실수도 있었겠지만, 나름 성실히 일했다.

 2007년 3월 17일 선종봉사회 회장(9대)으로 정식 임명장을 받은 후, 2010년 연령회장을 다른 사람에게 인계할 때까지 4년 동안 어려움을 참아내며, 기쁜 마음으로 내가 받은 은혜에 보답하는 마음으로 긍지를 갖고 봉사를 했다.
2006년 11월에는 본당 신부님으로부터 사목협의회 노년분과장 임명을 받았다. 예기치 못한 상황이어서 어찌 된 일인지 궁금했는데, 당시 사무장이던 이용범(가스발)님의 추천으로 임명 되었음을 나중에 알게 되었다.

노년분과장 소관 업무는 노인대학 운영과 연령회 활동 지원이어서, 큰 어려움 없이 일할 수 있었다. 이렇게 시작한 노년분과장 업무는, 2014년까지 4번이나 연임을 받아 무려 8년을 봉사했다. 또 2006년 11월에는 본당 신부님의 추천을 받아 성체 분배에 필요한 교육을 이수하고, 서울대교구 교구장이신 정진석 추기경님 명의로 된 성체 분배권 수여증을 받은 후 성체 분배에도 참여하게 되었는데, 이 일도 4번이나 재교육을 받으며 2020년까지 봉사활동을 지속해 왔다

 나를 평화의 도구로 쓰시고자 하는 주님께서는 2009년에 내게 시니어아카데미를 맡기셨다.
 연령회장과 시니어아카데미 두 가지를 혼자서 책임지기에는 버거운 일이어서 시니어아카 데미만을 맡아 운영하게 되었는데, 어르신들의 마음을 흡족하게 해드리기에는 부족함이 많은 것을 알지만, 내게 임무가 주어진 이상 이 일 역시 기꺼운 마음으로 내 능력껏 최선을 다하며 즐겁게 수행하려고 노력해 온 것이었다.
하지만 어찌 혼자의 힘만으로 이 일을 해낼 수 있겠는가? 이른 아침부터 먹거리를 사다가 정성스레 점심을 마련하는 이승진(레굴라)님, 그리고 이혜원(레지나) 부학장님, 이화균(M막달레나), 조윤옥(벨라뎃다), 박진수(요셉) 세 분 봉사자님, 또 동아리 강사로 활동

하시는 여섯 분 선생님이 도움을 주시기에 가능한 일이며, 이로 인해 즐거움은 배가 되었던 것이었다. 이처럼 내게 도움을 주셨던 분들께 머리 숙여 감사를 드린다.

2014년에는 최선웅(아고보) 본당 신부님이 원로 사목자로 임명받으시어 이임하시게 되었는데, 이임하시는 신부님의 노후 생계에 도움을 드리고자 전별금을 마련하기로 사목회에서 의견이 모아졌다. 이를 신자 분들께 알려드리는 서신 작성 임무가 내게 주어져 다음과 같은 서신을 작성하여 전별금을 모으는 데 작은 힘을 보태기도 했다.

✥ 형제 자매님께 올립니다. ✥

봄볕이 한결 따사로워졌습니다. 대지를 비추는 따사로워진 봄볕이 새싹을 움트게 하고, 약동(躍動)하는 봄기운이 누리를 감싸는 이 봄에 형제, 자매님 가정에 주님의 은총과 봄의 서기(瑞氣)를 충만하게 받으시어 가내 안강(安康)과 평화 있으시기를 기원합니다.
저는 여의도 본당 사목회장을 맡고 있는 최명주(암브로시오)입니다. 외람되게 이렇게 서신을 올리게 됨은, 저희들 사목 위원들의 고민만으로는 해결할 수 없는 과제라 여겨져, 부끄러움을 무릅쓰고 형제, 자매님께 호소를 드리고자 용기를 내어 펜을 들었습니다.

김필중 보좌 신부님께서 공지하시어 이미 알고 계신 바와 같이, 저희 여의도 본당 최선웅(야고보) 주임 신부님께서 43년간을 목자로 봉직하시다 8월에 은퇴하시게 됩니다.
오랜 기간 양들을 위해 헌신해 오신 신부님께서, 은퇴 후 편안히 머무르실 보금자리를 마련해 드림은, 마지막으로 봉직하신 본당 신자들이 해야 할 도리(道理)라 여겨지기도 합니다만, 다른 성당에서도 은퇴하시는 신부님을 위해 머무르실 공간(집)을 마련해 드리는 사례도 있고 해서, 사목 위원들이 숙의를 거듭해 오다 보금자리를 마련해 드리는 것이 좋겠다고 의견을 모았습니다.

어떤 분들은 교구청에서 은퇴하시는 신부님들께서 머무르실 공간을 마련해 드리는 것으로 알고 있는데, 굳이 별도로 보금자리를 마련해 드려야 하느냐고 말씀하신다는 것도 전해 들어 알고 있습니다만, 본당 신부님께서는 매주 교중미사 때 보셔서 아시는 바와 같이, 거동이 불편하시어 공동체에서 함께 기거하시며 생활하시기에 본인은 말할 것도 없고, 함께 생활하시는 분들께도 불편함을 드릴수 있다는 사실 때문에 좀 무리를 해서라도, 편히 머무르실 공간을 저희들이 마련해 드림이 마땅히 해야 할 일이라 사료 되기 때문에 위와 같은 결정을 하게 된 것입니다.

보금자리(집)를 마련하는데 소요되는 재원은 4억 원 정도로 잡고 있습니다. 은퇴 후 너무 먼 곳에 계시면 몸도 성하지 않으신 분이 병원을 오가기도 불편하실 것 같고, 아시는 분 또는 신자 분들과 통교(通交)하시기도 쉽지 않으실 것 같아, 도심에서 멀지 않은 곳을 염두에 두고 일을 추진하다 보니, 집을 마련하는데 4억 원 정도는 있어야 하겠다는 목표치를 정하게 된 것입니다.
어찌 보면 거금이라고도 할 수 있는 이 재원을 마련하는 방법은, 형제, 자매님께서 지금까지 성당에 내시는 1년분 교무금의 절반만큼만 더 부담을 해 주신다면, 무난하게 해결이 될 것이라는 전망을 해봅니다. 경제가 어려워 가정 살림도 여유롭지 못하다는 점을 짐작은 합니다만, 양들을 위해 일생을 버거운 짐을 지고 살아오신 주임 신부님이, 은퇴 후 머무르실 보금자리를 마련하는 데 기꺼이 동참하신다는 하해 같은 마음으로, 협조와 성원을 보내주실 것이라 믿으며 감히 말씀을 올리는 것입니다.

그리고 재원을 마련하는 기간을 5월 말까지로 예정하고 있습니다. 그래야만 은퇴 시점에 맞추어 무난하게 보금자리를 마련할 수 있다고 여겨지기 때문입니다.
또한 사업의 원활한 추진을 미리 가늠해 보고 적절히 대처하기 위해서는 형제, 자매님으로부터 보금자리 마련을 위한 후원금 약정서를 받아 보는 것이 좋겠다고 사료 되어 별첨의 약정서를 동봉하였사오니, 무례하다 꾸짖지 마시고 약정서를 작성하시어 3월 30일까지 주일미사 헌금함에 넣어주시기를 간곡히 당부드립니다.

이 서신을 올리기까지 '어떻게 하면 은퇴하시는 신부님께서 편안하게 머무르실 수 있는 보금자리를 마련할 수 있을까?' 사목 위원들이 머리를 맞대고 수없이 고민하며 방법을 모색해 보았지만, 최종적으로 내린 결론이 형제자매님의 따뜻한 마음에 호소드리는 것이 최선이라 여겨져, 이렇게 무례하게 서신을 올리게 되었습니다.
너그러우신 아량으로 저희 사목 위원들의 충정을 이해하여 주시리라 믿으며, 형제, 자매님의 뜨거운 성원을 기대해 마지않습니다.
사목 위원들을 대표하여 무례한 서신을 올리는 것에 대해, 머리 숙여 용서를 청하며 이만 불비례(不備禮) 합니다. 감사합니다.
2014. 3. 12
천주교 여의도 본당 사목회장 최명주(암브로시오) 올림

사목 위원 활동, 성체 봉사, 연령회원 활동, 교구청 노인사목부 미디어 위원 참여, 시니어 아카데미 15지구 대표 활동 등 주님께서 나를 평화의 도구로 쓰기 위해 맡기시는 일이라면, 내 능력이 감당할 수 있는 한 기꺼운 마음으로 임하겠다는 것이 내 생각이었다.
지금까지 내가 살아온 길을 되돌아보면, 걸어온 걸음걸음이 주님의 은총이었음을 느낀다.
가난이 나를 주님께로 이끌었고, 주님을 알게 되므로 해서 감사하는 마음을 갖게 되었으며, 그러므로 해서 은혜에 대한 보답으로 무엇인가를 해야 하겠다는 생각이, 지금의 내 삶을 이끌고 있어 기쁨의 삶을 살고 있다고 생각하기 때문이다.
오늘도 성당을 들락거리며
'천사의 말을 하는 사람도 사랑 없이는 소용이 없고' 성가를,
또 본당 신부님의 사목 지침
'서로 사랑하여라'를 흥얼거린다.
그러면서 "주님 저를 평화의 도구로 써주소서"를 마음으로 읊조리며, 내 삶이 오래 오래도록 기쁨이 충만한 삶으로 이어지기를 기대해 본다.

3. 가서 복음을 전하라 - 서울대교구 가톨릭 초등교육자 회장을 맡다

2003년 3월 어느 날, 지용근 전 교육위원님으로부터 종로 한일관에서 만나자는 전화를 받았다. 지 위원님은 1995년 내가 서울시교육청에서 근무할 때, 초등교육국 국장님으로 모셨던 직장 상사이셨던 분이라, 거절할 수 없어 약속한 장소로 나갔다. 지 위원님께서는 두 분 부회장님을 대동하고 약속 장소에 먼저 나와 계시다가 내가 도착하자 반갑게 맞아주셨다.

서울대교구에 가톨릭 신앙을 가진 초등교육자들의 모임이 결성된 것은, 1980년 11월 30일이었고 공식 명칭은 '가톨릭 초등교사회'였다. 모임이 결성된 후 해마다 피정과 성지순례를 하며 신앙을 다져오고 있었으나, 문호가 열려있었는데도 신앙심이 깊은 초창기 멤버들과 여교원들만의 모임으로 유지되어 오던 터여서 가톨릭 초등교사회의 명성이 널리 홍보되어 있지 않았다.
이 같은 상황에서 지용근 서울시교육청 교육위원님이, 남자들을 회원으로 하는 가톨릭 초등교육자회를 조직하는 데 앞장서셨고, 나도 그 일에 작은 힘이나마 보태고 있었다. 마침내 1999년 6월 8일, 서울계성초등학교에서 170여 명의 교원이 모여 창립총회를 열어, 지용근님을 회장으로 추대하고 서울대교구가톨릭초등교육자회가 새롭게 탄생하게 되었다.

하지만 초등학교라는 한 울타리 안에 속성이 같은 두 조직, 즉 가톨릭남자 초등교육자회와, 가톨릭여자초등교육자 회가 양립하고 있다는 것은 보기에 아름다운 모습으로 비치지도 않았고, 굳이 두 개의 조직을 유지해야 할 명분도 분명하지 않다는 비판이 일었다. 두 조직을 아우르는 작업이 추진되어, 2001년에 서울대교구 가톨릭초등교육자회가 새롭게 태어나고, 그 회장에 지용근 교육위원님이 선임되어 조직을 이끌어 오고 계셨다.
그러던 중 교육위원 직도 그만두시게 되고, 연세도 많아지자 회장직을 넘겨줄 사람을 물색해 보았으나, 누구 하나 하겠다고 나서는 사람이 없자 나에게 넘겨줄 요량으로 만나자는 제의를 해 오셨던 것이었다.
지 회장님께서는 거두절미하고 서울대교구가톨릭초등교육자회 회장을 내가 맡아달라고 하셨다. 회장을 맡아 달라는 지위원님의 당부 말씀이 너무도 간절하셔서, 나는 차마 못 하겠다고 거절할 수가 없어 억지 춘향으로 회장직을 수락하게 되었다.

서울대교구 가톨릭 초등교육자회 회장직은 이렇게 내 어깨에 지워졌다. 그러니 앞으로 걸어갈 수밖에……. 서둘러 총무, 조직, 연수, 전례, 행사, 재무, 편집 분과로 업무를 조정하고, 분과별 임원을 선임하여 본부 조직을 완료했다.
그런 후 지역교육청별로 지회를 조직하였고, 각 학교에는 학교별 간사를 위촉하여 조직이 유기적으로 연계되어 활성화 되도록 하였다.
조직을 완료한 후 임원들과 머리를 맞대고 논의를 한 결과, 가톨릭초등교육자회가 추진해야 할 사업으로 ① 신자 찾기 ② 학교별 신앙 소공동체 조직 활용 ③ 홈페이지 구축활용 ④ 소식지 '만남'의 업그레이드된 편집·보급 및 활용 ⑤ 지도신부의 지회 순방 및 미사 집전으로 신심과 친교 다지기를 추진하기로 하였다.

신자 찾기 운동을 펼치게 된 배경은, 가톨릭 신자는 자신의 신앙을 드러내지 않고 조용하게 생활하는 편이어서, 한 학교 내에서 근무하면서도 서로를 모르고 생활해 왔던, 이 같은 소극적인 신앙생활에서 벗어나 같은 신앙을 가진 사람으로서 서로 교감하면서, 보다 적극적인 신앙생활을 하도록 유도하는 것이 좋겠다는 생각에 추진된 사업이었다.

이 운동은 학교별 간사의 적극적인 노력으로 서서히 효과가 나타났는데, 개중에는 일일이 교실을 순방하며 신자를 찾아내는, 적극적인 활동을 펼치시는 분도 있어 성과가 매우 높은 학교도 있었다. 이렇게 해서 신자임을 알게 된 선생님들은 지금까지 서로 무심히 지냈던 것을 안타까워하고, 또 놀라워하기도 하며 반기게 되었고, 마음을 열고 한 발짝씩 다가설 수 있는 분위기가 조성되어 갔다. 이뿐만 아니라 찾아낸 신자 수가 많아지면서, 학교별 신앙 소공동체를 꾸려가는 데 긍정적으로 작용했다.

학교별 신앙 소공동체 조직 활용은 개신교 신자들이 신우회를 조직하여 서로 격려하며, 더불어 신앙생활을 열심히 하는 모습을 벤치마킹한 것으로, 신자 찾기를 통해 확인된 신자들을 소공동체로 엮어 서로 격려하고 자극을 주고받으며, 보다 역동적인 신앙생활을 할 수 있도록 이끌기 위해서 추진하게 된 사업이다.

신앙 소공동체 사업을 추진하게 되니, 신자들끼리 생일 또는 영명축일을 맞아 조촐하게 케이크를 마련하여 축하해 주는 분위기도 조성되었다. 일과가 끝난 후 정기적으로 모여서 기도하며, 신앙생활에 대한 정보를 서로 나누기도 하고 믿음과 친교를 다지는 학교가 늘어갔다.

그리고 홈페이지 구축활용은 정보교환의 수단으로 널리 활용되는 상황에서, 가톨릭 초등교육자회(가초:Cacho)도 회원 상호 간 서로를 연결해 주는 연결고리가 있어야 하겠다는 판단에서 추진하게 된 사업이다. 이를 통해 신자들 간 활발한 정보교환이 이루어지는 가운데, 친교는 물론 신심을 계발하는 자극제가 될 것이라는 기대에서 시도한 사업이었던 것이었다.

2004년 4월 11일 Cacho 홈페이지를 열며, 나는 홈페이지를 이름하여 '기쁨이 자라나는 방'이라고 했다. 홈페이지가 주님의 말씀을 귀 기울여 들을 수 있는 곳, 주님의 모습을 닮아 끊임없는 사랑으로 어린이들을 교육하는 어떤 선생님의 모습에서 나를 발견하는 곳, 버거운 세파의 무게를 주님의 은총 안에서 지혜롭게 극복해 내는 진솔한 삶을 통해 은총 속의 나를 확인하는 곳, 주님의 사랑을 실천하면서 느낌을 공유할 수 있는 곳, 참으로 아낌없이 비워낸 사람의 거울에 자기를 비춰볼 수 있는 곳, 기도하고 인내하는 데서 오는 오롯한 기쁨을 맛볼 수 있는 곳이 되기를 바라는 마음을 담았기 때문이다.

가톨릭 초등교육자 회는 1980년 출범할 때부터 소식지 '만남'을 매개로 회원 간 소통을 해 왔다. 하지만 발행 횟수가 적고 내용이 빈약하여 소식지 역할에는 한계가 있었다. 따라서 소식지의 기능을 살리려면 내용을 쇄신하고 발행 횟수를 늘려야 되겠다는 판단에서 시도된

계획이었다.

　우선 지면을 8면으로 늘렸다. 그리고 방학 기간을 빼고 년 10회를 발행하여, 소식지를 받아 보는 횟수를 늘렸으며, 세원 문화사의 도움을 얻어 좋은 지질과 선명한 활자체로 '만남'지를 발행하기로 했다. 소식지에 실을 원고를 쓰실 분을 직접 섭외하여 신앙생활의 진솔함이 묻어나 느낌이 전해지는 글이 실릴 수 있도록 노력했고, 회비 입금 내용, 지출 내용을 매월 실어 투명성을 높이어 신뢰를 얻기 위해 힘썼다. 이같이 노력을 기울인 결과 '만남'에 대한 반응이 좋아졌으며, '만남'지를 미쳐 받아 보지 못한 회원 중에는 만남을 받지 못했다고 빨리 보내 달라고 채근하는 사람도 있었다.

　주님께서는 마태오 복음 18장 19~20절에서
"너희 중에 두 사람이 이 세상에서 마음을 모아 구하면, 하늘나라에 계신 아버지께서는 무슨 일이든 다 들어주실 것이다. 단 두, 세 사람이라도 내 이름으로 모인 곳에는 나도 함께 있기 때문이다."라고 말씀하시며 함께 모여 기도하기를 권하였습니다. 이형기(베르나르도) 지도 신부님을 모시고 교육청별로 조직된 11개 지회와 특수학교를 한데 묶어 만든 지회 하나, 모두 12개의 지회를 1년에 한 차례씩 순회하며, 미사를 봉헌하는 일은 성경 말씀에 충실하고자 함이었다.
이를 통해 우리가 드리는 기도가 봉헌되고, 신자들 서로가 사랑의 공동체를 이루어 가는 것은 신자라면 당연히 걸어가야 할 길이라 여겼기 때문이었다. 이렇게 함으로써 신심을 굳건하게 다질 수 있었고, 신자들간 보다 돈독하게 친교를 다지는 계기를 만들었다.

　Cacho는 사업계획을 추진하면서 가시적인 성과를 확인할 수 있었다. 서울 시내 전 초등학교에 재직하고 있는 신자 전부를 찾아내지는 못했지만, 3,000여 명의 신자 선생님을 확인하여 Cacho 회원으로 맞아들였고, 소식지 '만남'도 3,000부 이상을 발행 보급하여 신앙의 가교역할을 했다. 학교별 신앙 소공동체도 점점 늘어갔으며, 지구순회 미사 봉헌을 통해, 지구 내 신자 선생님들과의 친교와 소통도 전보다 활발해지는 양상이었다.

　하지만 회원들의 신심을 북돋우고 변화를 위한 자극을 주기 위해서는 이벤트성 행사가 필요했다. 그래서 임원들과 논의를 거쳐 계획 입안된 행사가 초등교육자 대회였다. 1980년에 가톨릭 초등교사회로 태어나 4반세기를 거쳐 서울대교구 가톨릭 초등교육자 회로 거듭났지만, 그동안 한 번도 가져보지 못했던 신앙대회, 그래서 일을 벌여 놓았지만 어디서부터 시작하여 어떻게 추진해야 할지 두려움이 앞섰다.
먼저 신앙대회의 주제를 '아름다운 변화, 너희는 세상의 빛이다.'로 정했다.

　세상의 빛이 되기 위해서는 아름다운 모습으로 변화해야 하는데, 그 변화의 모습을 선생님들이 혼자가 아닌 함께 근무하는 분들과 마음을 모아 신앙 소공동체를 이루고, 모임을 통해 주님의 말씀을 듣고, 말씀을 생활에서 어떻게 실천할 것인가를 의논하고, 새로이 마음을 다져 사랑을 실천하며 살아가는 신앙인의 삶에서 찾았다.

가톨릭 초등교육자 회는 이처럼 활성화 되어 갔고, '만남' 소식지도 월별로 제작 발송되어 회원들 간의 연결고리로 자리매김해 갔다. 소식지에 기고했던 글을 모아 보았다.

✥ 꽃씨를 심는 마음은… ✥

✞ 찬미 예수님!

봄 햇살이 찬란히 대지를 비추니 겨울에 얼어있던 땅에서 새싹이 움트고, 나뭇가지에는 새순이 움 돋아 누리에 푸르름이 더해가고 있습니다.

이처럼 양춘가절은 약동하는 만물에서 생명의 경이로움을 느끼게 합니다. 이를 이름하여 부활이라 표현해 봅니다. 그리고 기쁨의 부활을 맞이하기 위해 저는 뜰에 꽃씨를 심습니다.

꽃씨가 새싹을 틔우고, 가지를 뻗고, 잎이 무성하게 자라면 아름다운 꽃이 피어나겠지요. 만발하게 피어난 꽃은 뭇사람들에게 아름다움을 감상하는 즐거움을 선사할 것입니다.

서울대교구 가톨릭 초등교육자 회장의 중책을 맡게 된 저는 꽃씨를 심는 마음이라 하겠습니다. 비록 부족한 점이 많기는 합니다만 꽃을 정성스레 가꾸다 보면, 아름다운 꽃을 피워 여러 사람에게 기쁨을 줄 것이라 믿기 때문입니다.

꽃을 잘 가꾸어 낼 수 있도록 교형 자매님들께서 저의 부족한 점을 채워주시고 격려를 보내시기 바랍니다.

화창한 봄, 얼어붙은 대지를 뚫고 새 생명이 약동하여 생명의 경이를 느끼게 하듯, 죽음을 이기신 주님의 부활을 통해, 부활하신 주님의 은총이 교형자매 여러분들의 가정에 충만히 내리시기를 기원합니다. 그리고 우리가 하나 되어 아름다운 꽃을 피워 많은 사람에게 꽃을 감상하는 즐거움을 맛보게 하십시다. 열심히 노력하겠습니다. 감사합니다.   만남 제56호. 2003.5

✞ 찬미 예수님!

회원 여러분 안녕하십니까? 많은 회원님이 갈망해 오던 서울대교구 가톨릭 초등교육자 회의 홈페이지가 드디어 문을 열게 되었습니다.

홈페이지가 마련됨은 주님을 닮아 주님처럼 살고자 어린 천사들을 열심히 가르쳤고, 또 가르치고 있는 우리 초등교육자 회 회원들에 대한 주님의 은총이라 믿으며, 주님께 대한 감사와 함께 회원님들과 더불어 홈페이지가 마련된 기쁨을 나누고자 합니다. 그러면서 저는 홈페이지가 '기쁨이 자라나는 방' 이기를 기원합니다.

가톨릭 초등교육자 회 홈페이지가 주님의 말씀을 귀 기울여 들을 수 있는 곳, 주님의 모습을 닮아 끊임없는 사랑으로 어린이들을 교육하는, 어떤 선생님의 모습에서 나를 발견하는 곳, 버거운 세파의 무게를 주님의 은총 안에서 지혜롭게 극복해 내는 진솔한 삶을 통해 은총 속의 나를 확인 하는 곳, 주님의 사랑을 실천하면서 느낌을 공유할 수 있는 곳, 참으로 아낌없이 비워낸 사람의 거울에 자기를 비춰 볼 수 있는 곳, 기도하고 인내하는 데서 오는 오롯한 기쁨을 맛볼 수 있는 곳이 된다면 분명 '기쁨이 자라나는 방'이 될 것이기 때문입니다.
그렇습니다. 우리 회원 모두가 사랑과 신뢰와 기쁨으로 뭉쳐서, 그 안에서 무럭무럭 자라나고 있음을 그래서 홈페이지가 '기쁨이 자라나는 방'임을, 우리 모두 하나 되어 보여 주도록 지혜를 모읍시다. 감사합니다. Cacho 홈페이지를 열며.   2004.4.11

홈페이지 "cacho"의 구성과 활용

Ⅰ. 구성
 1. 홈페이지 도메인명 : http://www.cacho.or.kr
 2. 사이트 정식 오픈 일자 : 2004.4.11.(일) 예수 부활 대축일
 3. 홈페이지 구성
 • 가톨릭 초등교육자 회의 소개 : 지도신부, 회장 인사말, 연혁, 회칙, 정관
 • 조직도 및 수행업무 : 초등교육자 회의 부서및 부서별 업무분장 내용.
 • 공지 사항 : 회장단에서 회원들에게 알리는 사항.
              지구별 회장단이 지구 회원들에게 알리는 사항.
 • 게시판
  - 자유게시판 : 회원과 일반인 모두 자유롭게 의견을 개진할 수 있는 난.
  - 홍보 "만남" : 연 8회 발행하는 초등교육자 회의 회보를 게재함.
 • 자료실 : 회원들 각자가 갖고 있는 다양한 자료들을 올려서 널리 보급, 홍보하여 필요한
           정보를 공유할 수 있는 방
 • 회원 정보 : 회원 각자의 최소한의 정보입력.
 • 질문과 답변 : 가톨릭 교리에 대한 의문, 신앙생활을 하면서 갖게 되는 궁금한 사항을
               자유롭게 질문할 수 있으며 질문에 대한 성실한 답변 게재
 • 가톨릭 관련 사이트 : 가톨릭교회와 관련된 각종 정보 탑재.
 • 연중행사 계획 : 초등교육자회의 연중행사 계획 게재
 • 자동 메일 발송 시스템 : 필요할 경우 회원들에게 알려야 할 사항을 이메일로 동시에 발송
                        하는 시스템
 • 기타 관리자 페이지 : 지도신부, 회장단, 지구 회장들이 회를 관리하는 데 필요한 요건 탑재

Ⅱ. 활용
 홈페이지에 들어가는 방법은 『cacho』『초등교육자 회』『서울대교구 초등교육자 회』등 어느 것을 입력해도 들어갈 수 있습니다.
 그리고 어렵게 탄생한『cacho』(가톨릭 초등교육자 회의 영어 이니셜임)가 제 기능을 하려면, 무엇보다도 회원 여러분의 적극적인 참여가 있어야 하겠습니다.

 먼저 '회원 정보'는 각자가 자신의 정보를 입력해 넣어 회원 가입을 하여야 합니다. 정보를 입력

해 넣으면, 지구별 학교 명렬표에 의해 자동 분류됩니다. 소속이 변경될 경우도 본인이 수정 입력해야만 회원 관리가 제대로 될 수 있습니다.

무엇보다도 회원님들이 『cacho』에 대한 보다 큰 애정을 가지고 자유게시판, 자료실을 활용해 주심은 물론, 공지 사항란을 이용 기쁨, 즐거움을 회원 간에 공유함으로써 신앙공동체로서의 좋은 모습을 보여 준다면 『cacho』는 머지않아 '기쁨이 자라나는 방'으로 새롭게 태어날 것이라 믿어 의심치 않습니다.

자신만이 아닌 주변의 회원님들께 『cacho』의 탄생을 널리 알려주시면 더없이 고맙겠습니다.

만남 제63호 2004.3

✜ 가톨릭 초등교육자 신앙대회를 열다. ✜

서울대교구 가톨릭초등교육자회는 회원들의 신앙심을 일깨우고, 더불어 신앙의 길을 함께하는 즐거움을 맛보기 위해, 2년 주기로 신앙대회와 성지순례를 실시하기로 의견을 모으고 이를 실행에 옮겼는데, 그 첫 출발이 2006년 10월 29일 가톨릭 초등교육자 회가 탄생한 후 처음으로, 반포에 있는 계성초등학교에서 430여 명의 교사들이 모인 가운데 정진석 추기경님을 모시고 신앙대회를 개최한 것이다.
그리고 2008년에는 교육 담당 조규만 바실리오 주교님을 모시고 같은 장소에서 성황리에 신앙대회를 개최했는데, 두 차례 신앙대회에서 대회장의 자격으로 행한 대회사가 다음의 내용이다.

✜ 대 회 사 ✜

✜ 찬미 예수님
한해의 노력이 알알이 영글어 풍성한 수확의 기쁨을 누리는 이 좋은 계절, 하느님께서는 우리 서울대교구 가톨릭 초등교육자 회원들에게도 수확의 선물로 기쁨을 주셨습니다. 1976년에 싹을 틔운 가톨릭초등교육자회가, 30년의 세월이 흐른 지금 처음으로 한자리에 모여 주님을 찬미하고, 주님께 감사를 드리며, 더불어 기쁨을 나누는 이 자리가 바로 하느님께서 우리에게 그동안의 노력에 대한 열매로 주신 기쁨의 선물인 것입니다.

저는 이 자리에서 우리들은 참 행복한 사람들이라고 말씀드리고 싶습니다.
마태오복음 18장 1절에서 예수님께서는 "하늘나라에서 누가 가장 큰 사람입니까?"라는 질문을 하신 후, 이어서 3~5절에서는 "내가 진실로 너희에게 말한다. 너희가 회개하여 이 어린이처럼 되지 않으면 결코 하늘나라에 들어가지 못한다."
"누구든지 어린이 하나를 내 이름으로 받아들이면 나를 받아들이는 것이다."라고 말씀하셨습니다.

우리는 이 말씀에 따라 평생을 어린이와 함께 생활하기로 다짐하고, 예수님의 이름으로 어린이들을 받아들여 교육하면서, 어린이들의 동심과 같이 깨끗하고 순수한 삶을 살아왔고 또 앞으로 살아갈 것이므로, '하늘나라에서 가장 큰 사람'으로 자리 매김 될 것이라는 믿음을 가지고 있기 때문입니다.
그러면서 저는 하늘나라에서 가장 큰 사람이 되기 위해 가는 길을, 회원들이 마음을 모아 함께 걸어가자고 제안의 말씀을 드립니다. 그것은
"너희 중에 두 사람이 이 세상에서 마음을 모아 구하면, 하늘나라에 계신 아버지께서는 무슨 일이든 다 들어주실 것이다.
"단 두세 사람이라도 내 이름으로 모인 곳에는 나도 함께 있기 때문이다"라고 마태오 복음 18장 19~20절 말씀에 근거해서입니다.

지금까지의 신앙의 길이 혼자 외롭게 걸어온 길이였다면, 이제부터는 마음을 모아 학교별 신앙공동체를 이루고, 함께 더불어 믿음의 길을 걸어가는 모습이면, 주님 마음에 맞는 참으로 아름다운 모습일 것이라는 생각이 됩니다.
저희들은 이번 행사의 주제를 '아름다운 변화, 너희는 세상의 빛이다'라고 정했습니다. 어두운 세상을 밝혀주는 빛, 우리가 그 빛이 되기 위해서는 아름다운 모습으로 변화하지 않으면 안 되겠다는 생각에서입니다.

누구에게나 빛이 되기 위한 아름다운 변화, 그것은 회원 모두가 주님께 대한 믿음을 더욱 튼실하게 다져 주님께서 가르쳐 주신 대로 사랑의 삶을 사는 것입니다.
우리는 이미 주님의 이름으로 어린이를 받아들여 사랑의 삶을 살고 있지만, 그 사랑을 더욱 넓고 깊게 다져 어린이들만이 아닌, 모든 사람에게 빛이 되는 삶을 살자는 것입니다. 그러기 위해서는 하느님의 말씀에 더욱 귀를 기울여야 하겠습니다.

혼자가 아닌 같이 근무하는 학교 선생님들이 마음을 모아 소공동체를 이루고, 모임을 통해 주님의 말씀을 듣고, 말씀을 생활에서 어떻게 실천할 것인가를 의논하고, 새로이 마음을 다져 사랑을 실천하며 살아가는 신앙인의 삶이라면 그것이 바로 아름다운 변화요, 세상의 빛으로 살아가는 모습일 것이라고 생각을 해봅니다.
그렇습니다. 빛의 삶은 사랑의 삶이요, 성경 말씀의 실천입니다.

여러분! 이 자리가, 세상의 빛이 되기 위해, 우리들이 아름다운 모습으로 변화하려고 마음을 다지는 자리가 되기를, 기대해 마지않습니다. 감사합니다.

2006년 10월 29일
서울대교구 가톨릭 초등교육자회 회장 양종구(요셉)

✢ 대 회 사 ✢

✢ 찬미 예수님

　여러분 안녕하십니까? 반갑습니다. 오늘 서울대교구 가톨릭 초등교육자 회원 여러분들이 한자리에 모여, 이처럼 성대한 신앙대회를 열어 주님을 찬미하고, 주님께 감사를 드릴 수 있도록 함께 하시고 이끌어 주신 주님께 먼저 감사를 드립니다.
우리는 2006년 10월 29일, '아름다운 변화, 너희는 세상의 빛이다'라는 주제로 1차 신앙대회를 성공적으로 개최한 바 있습니다. 그에 힘 입어 오늘은
'나는 행복합니다.'라는 주제를 가지고 2차 신앙대회를 열게 된 것을, 회원 여러분들과 함께 기뻐하며 축하를 드립니다.

　여러분! 여러분들께서는 학교생활을 하시면서 '나는 행복합니다'라고 느끼며 생활하고 계십니까? 오늘 우리가 한자리에 모인 것은 '나는 행복하다.'는 것을 깨닫고, 느끼고, 앞으로 행복하게 살아가기 위해서입니다. 그것은 우리가 어린이들과 한 생을 같이하기로 한 것에서 비롯됩니다.

　예수님께서는 마태오복음 18장 5절에서, "누구든지 어린이 하나를 내 이름으로 받아들이면 나를 받아들이는 것이다." 라고 말씀하셨습니다. 신자인 우리들이 평생을 어린이들과 함께하기로 다짐하고 교단에 선 것은, 성경의 말씀처럼 예수님의 이름으로 어린이를 받아들인 것이라고 할 수 있고, 이는 곧 예수님께서 내 안에 함께 계시다 는 것을 의미합니다.
"전능하신 하느님, 우리의 구세주이신 예수님, 그분께서 내 안에 계시다"는 사실을 확인하는 이 순간, 우리는 큰 소리로 '나는 행복합니다'라고 외치지 않을 수 없지 않습니까?.

　'나는 행복합니다.'라고 외치며 기뻐할 수 있음은, 마태오복음 18장 4절의 말씀을 통해서도 확인할 수 있습니다. 예수님께서는
"누구든지 어린이처럼 자신을 낮추는 이가, 하늘나라에서 가장 큰 사람이다."
　라고 말씀하셨는데 이는 우리들이 장차 '하늘나라에서 가장 큰 사람'으로 자리매김이 될 수 있음을 일깨워 주는 말이기 때문입니다.
왜냐하면, 우리는 어린이 교육을 위해 평생을 바치기로 다짐하고, 어린이들 앞에 선 사람들로서 어린이를 이해하기 위해 어린이 마음으로 살아왔고, 앞으로도 그렇게 살 것이며, 어린이 교육을 위해 어린이와 눈높이를 맞추어 생활하고 있는 사람들이기 때문입니다.

　우리는 이 같은 성경 말씀을 통해서, 내가 '행복한 사람'임을 알아야 하고, 행복한 삶을 살아야 하며, 앞으로 나의 행복을 다른 사람에게 전파해야 하겠습니다.
그러기 위해 무엇보다도 먼저 어린이들을 더 극진한 사랑으로 가르쳐, 어린이들의 학교생활이 행복한 생활이 되도록 하는 것입니다.

이것으로 인해서 선생님의 모습에서 어린이들이 주님을 발견할 수 있다면, 그리고 어린이들의 행복한 학교생활이 학부모들의 마음을 기쁘게 한다면, 이는 곧 선생님께서 온몸으로 복음 전파의 사명을 다하는 것이라 말할 수 있겠습니다.

기쁨은 나누어 가질수록 커진다는 격언이 있습니다. 우리 모두 내 안에 주님을 모신 행복을 어린이들에게, 학부모들에게 이웃에게 열심히 전파합시다. 우리가 행복 전도사로 열심히 삶을 살아갈 때, 우리 모두는 주님께로 부터 '하늘나라에서 가장 큰 사람'으로 대접을 받게 될 것이라 확신합니다.

오늘 이처럼 성대한 신앙대회를 개최할 수 있도록 함께하여 주시고 이끌어 주신 주님께 감사와 찬미를 드리며, 주님을 모신 우리들의 행복이 멀리멀리 퍼져나가기를 기원하며, 대회사로 가름합니다. 감사합니다.

2008년 10월 26일
서울대교구 가톨릭 초등교육자 회 회장 양종구(요셉)

✧ 새 출발을 하면서 ✧

✝ 찬미 예수님

주님의 평화가 서울대교구 가톨릭 초등교육자 회 회원님들의 가정에 충만하시기를 기합니다. 그리고 예수님의 모습을 닮아, 사랑으로 제자들을 가르치고 계시는 여러분들에게 진심으로 찬미와 감사를 드립니다.

2005년 신학년도를 맞아 가톨릭 초등교육자 회가 새로운 발걸음을 내디뎠습니다. 2003학년도에 임명된 임원들의 임기는 2년으로 2005년에는 새 임원들로 구성되어 활동을 시작하여야 했으나, 새 임원의 구성이 제대로 이루어지지 않아, 기존의 임원들이 2년 동안 더 봉사하면서, 초등교육자회가 보다 활성화되도록 배전(倍前)의 노력을 기울이자는 다짐으로 새 출발을 하게 된 것입니다.

지역교육청 단위 지구별 임원은 퇴직 또는 자리 옮김 등으로, 강남을 제외한 10개 지구는 새로운 임원들이 일을 맡아보시게 되었습니다.

새로운 출발을 하면서 임원들이 앞으로 노력하여야 할 점으로는 조직을 강화하는 일과, 강화된 조직을 바탕으로 초등교육자 회의 활동을 활성화하자는 것에 의견을 모았습니다.

조직을 강화하는 방안으로는 학교별 책임자를 확실히 하여 기초조직인 학교의 신앙 소공동체를 활성화하고, 활성화된 학교 소공동체를 바탕으로 주님 안에서 한 가족을 이루는 협의회가 되도록 하여, 회원들의 신심을 높이어 서로 나누고 희생하고 봉사하며 사랑하는 삶을 살아가도록 하자는 것입니다.

이렇게 함으로써 우리들이 가르치고 있는 제자들에게는 잠재적 교육과정으로 인성교육의 모델링이 되고, 우리는 기쁨이 충만한 삶을 살며 하느님께는 영광을 돌려드리자는 것입니다.

주님 안에서 신비체의 지체를 이루고 있는 형제자매 여러분, 이 같은 우리의 지향이 이루어지려면 여러분들의 적극적인 참여와 성원이 있어야만 가능합니다.
2005년은 우리에게는 기쁨을, 주님께는 영광을 돌려드리는 해가 되도록 우리의 지혜와 힘을 모으는 한 해가 되도록 하십시다.

만남 제72호. 2005.3

✣ 나는 포도나무요 너희는 가지다. ✣

✝ 찬미 예수님

오늘도 가벼운 마음으로 아침 6시 미사에 참례하였습니다.
정년을 맞아 학교를 떠난 후 조금은 한가로워진 마음인데, 학교에서 열심히 교육활동을 전개하고 계실 선생님들을 위해서 내가 할 수 있는 일이 무엇일까를 생각하다, 미사 참례를 통해 선생님들을 위한 기도를 드려야 하겠다고 다짐하고 그것을 실천하기 위함에서였습니다.

이렇게 해서 3월 1일부터 시작된 미사 참례를 통해 저는 '주님, 서울대교구 가톨릭 초등교육자회 회원들에게 영•육 간의 건강을 주시고, 선생님들이 예수님께서 우리들을 사랑하신 것처럼 예수님의 모습을 닮아, 사랑으로 제자들을 가르치는 참스승이 되도록 은총으로 이끌어 주소서' 하고 기도를 드려 오고 있습니다.
그러던 중 오늘 복음 말씀인 요한복음 15장 5절을 듣고는, 우리 초등교육자회 회원들이 이런 모습이었으면 더욱 좋겠다는 생각을 해 보았습니다.
"나는 포도나무요 너희는 가지다. 누구든지 나에게서 떠나지 않고 내가 그와 함께 있으면 그는 많은 열매를 맺는다. 나를 떠나서는 너희가 아무것도 할 수 없다."라는 이 말씀……
그렇습니다. 우리가 예수님 안에 머물러 있지 않으면 열매를 맺지 못할 것입니다. 우리가 참된 열매를 맺기 위해서는 반드시 예수님 안에 머물러야 합니다.

참된 열매는 예수님 안에서 서로 나누고, 섬기고, 희생하고, 봉사하는 삶으로 나타나야 합니다. 선생님들께서는 학교생활을 통해 이미 서로 나누고, 섬기고, 희생하고, 봉사하는 삶을 살고 계시는 분들이시긴 합니다만, 초등교육에 몸 담고 있는 우리들이 신앙공동체인 가톨릭 초등교육자 회에 적극적으로 참여하시어, 우리들의 신앙이 더욱 도타워질 수 있다면 이는 참된 열매를 맺는 밑거름이 될 것이기 때문입니다.

서울대교구 가톨릭 초등교육자회 형제자매님 여러분, 우리들이 예수님 안에서 참된 신앙공동체를 이루어, 우리가 펼치는 교육활동을 통해 사랑의 열매를 맺을 수 있도록 적극적으로 참여합시다. 그리하여 하느님께 영광을 드리도록 해야 하겠습니다.

만남 제73호, 2005.6

✣ 너희가 먹을 것을 주어라. ✣

✟ 찬미 예수님
　마태오복음 14장 13절부터 21절까지에는 우리가 잘 아는 오병이어(五餠二魚)의 기적 말씀이 실려 있습니다.
　'빵 다섯 개와 물고기 두 마리를 손에 들고 하늘을 우러러 감사의 기도를 드리신 다음 빵을 떼어 제자들에게 주셨다.'는 말씀 말입니다.
　여러 동네에서 모여든 많은 군중이 예수님을 따르고 있었습니다. 저녁때가 되자 제자들이 예수님께 "여기는 외딴곳이고 시간도 너무 늦었으니 군중들을 헤쳐 제각기 음식을 먹도록 마을로 내려보내는 것이 좋겠습니다."라고 말하자 예수님께서는
"그들을 보낼 것이 없이 너희가 먹을 것을 주어라."하고 이르신 다음, 제자들이 내놓은 빵 다섯 개와 물고기 두 마리로, 5천 명이 넘는 군중들을 배불리 먹이는 기적을 행하셨습니다.

　이 오병이어의 기적이 우리에게 전하는 의미가 무엇이라고 생각하십니까? 그것은 우리에게 사랑의 기적을 알려주는 메시지가 담겨 있다는 것입니다.
　예수님을 따르던 사람 중에는 음식을 갖고 온 사람도 있었고, 그렇지 않은 많은 사람들이 있었습니다. 음식을 갖고 온 사람들은 기회가 오면 무리에서 벗어나 자기 혼자 먹으려는 심산으로 앉아 있었습니다.
　이처럼 자신만 생각하는 이기적인 마음을 헤아리신 예수님께서, '너희가 먹을 것을 주어라.'하시지 않았나 싶습니다.

　우리는 어떤 마음을 가졌는지 자신을 되돌아보아야 하지 않겠습니까?. 순진한 한 소년이 자기 도시락으로 갖고 온 빵 다섯 개와 조그만 생선 두 마리를 예수님 앞에 주저 없이 내놓은 그 순수함, 그리고 예수님께서 소년이 내놓은 빵 다섯 개와 작은 생선 두 마리로 5천 명이 넘는 군중을 먹이신 그 기적은, 이기적인 마음에서 이타적인 마음으로 바뀌어야만 이웃 사랑을 실천할 수 있다는 점과, 사랑의 실천이 있어야 모두가 한 형제자매라는 연대감을 공유하게 된다는 사실을 일깨워 주시기 위함이라는 것을 알아야 하겠습니다.

　예수님을 따르던 많은 군중이 오병이어의 기적을 통해 사랑과 연대감을 공유하게 되어 굶주리지 않은 것과 같이, 예수님의 아들 딸로 살아가려는 우리들은 남을 배려하는 작은 마음에서부터 시작하여 '너희가 먹을 것을 주어라.'하고 이르신 말씀을 실천하려고 노력할 때, 우리가 만들어 가는 사회는 행복 충만한 사회가 되지 않겠습니까.　　　　만남 제74호. 2005.7

✣ 하늘나라에서 가장 큰 사람 ✣

✟ 찬미 예수님
　무덥고 긴 여름방학을 보내고 개학한 지도 꽤 많은 시간이 흘렀습니다. 방학 동안에 새로운

에너지로 충전하고, 일상으로 돌아온 선생님들과 어린이들과의 학교생활이 역동적인 모습으로 전개되고 있으리라 믿으며 경의를 표합니다.
 그러면서 어린이들과 다시 시작한 선생님들의 2학기 생활이, 기쁨이 충만한 삶이 될 것을 믿어 의심치 않습니다. 그 까닭은 선생님들이 '하늘나라에서 가장 큰 사람'들과 생활하고 있기 때문입니다.

 마태오 복음 18장 1~5절에 이런 말씀이 있습니다. 제자들이 예수님께 와서 "하늘나라에서 누가 가장 큰 사람입니까?"하고 묻자, 예수님께서는 어린이 하나를 그들 가운데 세우시고 "나는 분명히 말한다. 너희가 생각을 바꾸어 어린이와 같이 되지 않으면 결코 하늘나라에 들어가지 못할 것이다. 그리고 하늘나라에서 가장 큰 사람은, 자신을 낮추어 이 어린이와 같이 되는 사람이다. 또 누구든지 나를 받아들이듯이 이런 어린이 하나를 받아들이는 사람이다."라고 대답하십니다. 우리는 복음 말씀을 통해서 세 가지 가르침을 깨닫게 됩니다.

 첫째, 세파에 찌든 우리의 추한 마음을, 어린이들의 마음과 같이 천진난만한 마음으로 바꿔야하는 것이고 둘째는, 어린이와 같이 자신을 낮추는 겸손함이 없으면, 하늘나라에서 가장 큰 사람이 될 수 없다는 것이며, 어린이들처럼 힘없고, 미천한 사람들을 마음속으로부터 사랑하고 그들을 보듬어 안을 때, 비로소 우리들은 예수님을 내 마음속에 모시게 된다는 것이 세 번째 가르침입니다.

 개학과 함께 새롭게 시작한 2학기 생활, 우리의 이 생활을 매일 매일 기쁨이 충만한 생활로 바꾸어 봅시다. 그것은 우리가 지금까지 미처 생각지 못했던 사고의 틀에서 벗어나, '하늘나라에서 가장 큰 사람'과 생활한다는 생각으로 우리의 마음을 바꾸기만 하면 될 것입니다. 가톨릭 초등교육자회 회원 여러분이 머무는 곳은 어린이들이 행복한, 그리고 선생님들은 매일의 삶이, 기쁨이 충만한 생활이 되시기를 바라마지 않습니다. 만남 제75호. 2005.9

✢ 결실의 계절, 이 가을에… ✢

✢ 찬미 예수님
 아침저녁으로 제법 선선한 기운이 돌고, 파란 하늘이 하루가 다르게 높아만 가는 결실의 계절입니다. 오곡백과 풍성한 가을 들녘을 바라보고 있노라면, 농사를 직접 짓지는 않았지만 풍요와 함께 한결 넉넉함을 느끼게 됩니다.
그러면서 농사일에 애써 온 농부들의 노고에 대한 감사한 마음도 함께 갖게 됩니다.
지금은 영농방법이 기계화되어 쟁기를 이용해 논밭을 가는 일은 산골 농촌에서나 볼 수 있는 일입니다만, 예나 지금이나 가을의 풍성한 결실은, 이른 봄부터 논과 밭을 갈고 씨 뿌리고 김매며, 뒤돌아보지 않고 앞만 보고 달려온 농부들이 흘려온 땀의 결실이란 것을 잘 알기 때문입니다.
가을의 풍성한 결실 뒤에는 이른 봄부터 쟁기를 잡고 앞만 보고 달려온, 농부들의 한결같은 마음과 땀이 배어 있음을 느끼면서, 이 가을 우리 신앙인들은 어떤 결실을 거두고 있는지 자신을 돌이켜보지 않을 수 없습니다.

 예수님께서는 루가복음 9장 62절에서, "쟁기를 잡고 뒤를 자꾸 돌아보는 사람은 하느님 나라에 들어갈 자격이 없다"고 말씀하십니다. 풍요로운 결실을 거두기 위해 농부가 이른 봄부터 쟁기를 잡고, 논밭 갈고, 씨 뿌리고, 김매며 오로지 앞만 보고 달려와 수확의 기쁨을 만끽하듯이, 우리도 하느님 나라에 들기 위해 쟁기를 잡은 만큼 결코 뒤돌아보는 일 없이 농부들처럼 앞만 보고 달려가는 우직함과, 끈기로 자신의 신심을 새롭게 다지는 이 가을이었으면 좋겠다는 생각을 해 봅니다.

만남 제76호. 2005.10

✢ 더불어 함께 갑시다. ✢

✢ 찬미 예수님

"사람의 아들도 섬김을 받으러 온 것이 아니고 섬기러 왔고, 또 많은 이들의 몸값으로 자기 목숨을 바치러 왔다."(마태오 복음 20장 28절)
2006학년도에 새로운 어린이들을 맞아, 주님의 가르침을 본받아 사랑과 정성으로 섬김의 교육을 실천하며, 어린이들에게 꿈을 심어주고 계시는 선생님께 경의를 표합니다. 선생님께서 실천하시는 희생과 어린이들 섬김의 교육은 학부모님께 깊은 감동을 주어, 선생님에 대한 존경심은 물론 가톨릭 신자인 선생님을 통해 참다운 신앙인의 삶에 대해, 다시 한번 생각해 보는 계기를 만들 것이라 믿어 의심치 않습니다.

 선생님의 헌신적인 가르침은 존경받는 스승 상 확립과 함께, 학부모들에게는 가톨릭 신앙에 대한 무언의 가르침으로 자리매김이 될 것이기 때문입니다.
선생님의 굳건한 신앙심에 찬사를 보내면서, 올 한 해를 나 혼자만이 아닌 이웃과 더불어 함께 가자'는 제안을 감히 드립니다.
서울대교구 가톨릭 초등교육자 회에서는, 지난해에 이어 올해에도 학교에서 신자 찾기와 함께 소공동체 활성화 운동을 전개하고 있습니다. 그것은 '너희 중의 두 사람이 이 세상에서 마음을 모아 구하면, 하늘나라에 계신 내 아버지 께서는 무슨 일이든 다 들어주실 것이다.

 단 두 사람이라도 내 이름으로 모인 곳에는 나도 함께 있기 때문이다.'(마태오 복음 18장 19~20절)라고 말씀하시고 있기 때문입니다.
우리 속담에 '백지장도 맞들면 낫다.'라는 말이 있듯이, 신앙생활도 혼자 가는 발걸음보다 더불어 함께 가는 발걸음이 가볍고 즐거울 것입니다.
올 한 해 같은 학교에서 근무하시는 가톨릭 신자 선생님들께서는 서로 간에 마음을 열고 더불어 함께 가며, 신앙과 우의(友誼)를 돈독히 하고, 다져진 신앙을 바탕으로 어린이 섬김의 교육을 펼친다면, 하느님께서도 기뻐하시며 서울대교구 가톨릭 초등교육자 회원들에게 풍성한 은총을 내리실 것입니다. 우리 더불어 함께 가며 가톨릭 신앙인의 아름다운 모습을 활짝 펼쳐 보여 줍시다.

만남 제78호.2006.4

✣ 내 이름으로 모인 곳에는…✣

✟ 찬미 예수님

 개학에 맞추어 시작된 2학기 방학을 이용해 재충전된, 넘치는 에너지를 뜨거운 교육애에 담아 어린이들 교육에 정진하고 계시는, 서울대교구 초등교육자 회 회원 여러분께 진심으로 경의를 표합니다. 그리고 가톨릭 초등교육자 회의 발전을 위해 보내 주시는 회원님들의 뜨거운 성원에 머리 숙여 감사를 드립니다.

 마태오복음 18장 19절~20절에는 다음과 같은 말씀이 있습니다.
"너희 중의 두 사람이 이 세상에서 마음을 모아 구하면 하늘에 계신 아버지께서는 무슨 일이나 다 들어주실 것이다. 단 두, 세 사람이라도 내 이름으로 모인 곳에는 나도 함께 있기 때문이다."
이 말씀을 바탕으로 서울대교구 가톨릭 초등교육자 회는, 혼자서만 조용히 걸어가는 신앙인이 아니라 두 사람, 세 사람 아니 그 이상이 함께 모여 마음을 모아 구하는 신앙인의 길을 걸어가고자, 2005년부터 모든 초등학교에서 신자 찾기 운동을 벌여 왔습니다. 그리고 찾아진 신자들이 한자리에 모여 마음을 모아 기도하면서 신앙을 키우고, 사랑을 나누고 주님께 찬미와 감사를 드리는 '소공동체 활성화 운동'을 전개해 왔습니다.

 작년에 이어 금 년까지 2년 차에 걸쳐 추진하는 신자 찾기 운동과, 소공동체 활성화 운동이 지구별(교육청별) 학교 대표 모임을 통해서 홍보되면서, 회원 여러분들의 성원에 힘입어 점차 활성화되고 있습니다. 이것을 우리 모두 반갑고 기쁘게 생각하면서, 서울에 있는 580여 개 모든 초등학교에서 소공동체 활동이 활성화되어 신앙공동체 안에서 '함께 계시는 주님'을 모시고 한 형제자매로 기쁨이 충만한 나날을 맞을 수 있는 그 날이 하루빨리 오기를 기대해 마지않습니다.

 모든 회원님께서는 서로 이끌고 격려하며, 가톨릭 초등교육자 신앙대회에 참가 해 마음 모아 주님을 찬미하고 감사드리며, 우리의 청원을 기원하는 가운데 하느님이 보시기에 참 좋은 행사, 은총을 충만히 받는 행사가 되도록 하여, 우리의 신앙심을 북돋우고 소공동체 활성화를 앞당기며, 우리 신앙이 성숙하여 아름다운 모습을 넓게 펼쳐 보여 주도록 합시다.
'가톨릭 초등교육자 신앙대회'가 성공적인 열매를 맺을 수 있도록 회원님들의 적극적인 기도와 참여를 당부드리며, 회원님들의 가정에 주님의 평화가 가득하시기를 기원합니다

만남 제83호. 2006.9

✣ 와서 보라 ✣

✟ 찬미 예수님

"와서 보라!" 요한복음 1장 39절의 말씀입니다. 예수님을 따라나선 첫 번째 제자 안드레아가 예수님이 계신 곳이 어디냐고 묻자, 그 물음에 대한 대답으로 들려주신 말씀이 "와서 보라"였습니다.

지난 10월 29일 우리는 서울대교구 가톨릭 초등교육자 신앙대회를 열었습니다. 대회를 마치고 나서의 느낌을 한마디로 표현한다면, 가장 적절한 말이 '와서 보라'고 하신 예수님의 말씀을 확인하는 자리였다고 말할 수 있습니다.

신앙대회를 기획하면서 과연 몇 명이나 참석할까? 추기경님께 미사 집전을 부탁드렸는데, 교계의 어른이신 추기경님을 모신 자리가 텅 비고 썰렁해서 추기경님께 누를 끼쳐 드리는 것은 아닐까? 참석한 회원들에게 과연 느낌을 전달하는 의미 있는 신앙대회가 될까? 걱정과 염려와 불안한 마음을 가지고 행사를 추진했는데 결과는 성공적이었다는 평가였습니다.
그것은 신앙대회를 마치고 돌아가는 회원들께서 이구동성으로
"행사 참석을 망설였는데 참석하기를 잘했다."
"참으로 의미 있는 행사였다."
"자신의 신앙을 되돌아보는 좋은 기회였다."
"감동 그 자체였다." 등의 긍정적인 반응을 보여 주셨음에 근거해서입니다.

이처럼 성공적인 신앙대회를 치를 수 있었던 점은, 무엇보다도 주님께서 우리와 함께 계시며 우리를 이끌어 주셨다는 점입니다. 우리가 하는 일은 부족하고 모자라지만, 그 부족하고 모자란 점을 주님께서 채워주시고 이끌어 주셨기에 가능했던 것입니다.
우리는 이 행사를 통해서
"너희 중에 두 사람이, 이 세상에서 마음을 모아 구하면, 하늘나라에 계신 아버지께서는 무슨 일이든 다 들어 주실 것이다. 단 두, 세 사람이라도 내 이름으로 모인 곳에는 나도 함께 있기 때문이다."라는 마태오 복음 18장 19~20절의 말씀을, 와서 봄으로써 확인할 수 있었기 때문입니다.

그렇습니다. 우리는 와서 보았습니다. 주님께서는 항상 우리와 함께 계시며, 사랑으로 감싸 주시고 이끌어 주심을……. 이같이 늘 우리를 이끌어 주시는 주님께 마음을 모아 감사와 함께 찬미와 영광을 드립시다.
그리고 이번 행사의 주제처럼 우리 모두 '아름다운 변화'를 통해 세상의 빛으로 거듭나시기를 기원하며, 대회를 성공적으로 마칠 수 있도록 적극적인 참여와 기도를 해주신 회원 여러분께, 임원 모두를 대표해서 감사의 말씀을 드립니다. 감사합니다.   만남 제85호. 2006.11

✢ 하루의 일과를 주님께 봉헌하는 삶으로…✢

✢ 찬미 예수님
2007학년도가 시작되어 새로운 천사들과 함께 역동적인 교육활동을 전개하고 계시는 선생님과 어린 천사들에게, 주님의 은총이 충만히 내리시기를 기원합니다.
새 학기부터는 우리의 신앙생활이 한 차원 승화될 수 있도록, 하루하루의 일과를 주님께 봉헌하는 삶을 살아가자고 제안을 해봅니다. 그러한 삶을 위해 하루의 일과를, 교육자의 기도를

바치는 것으로 시작하자는 것입니다.
 '오, 주님! 제게 맡겨진 어린이들이 하느님이 지어주신 귀한 존재라는 것을 깨닫게 해 주소서'로 시작하는 교육자의 기도는, 선생님들이 어린이들을 보다 잘 가르칠 수 있도록 지혜를, 인내를, 겸손을, 통찰력을 주시기를 청하는 내용과 친절을 잃지 않으며, 가르치면서 배우게 그리고 사랑을 꼭 실천해야 한다는 내용을 배워 알게 해 달라는 내용을 담고 있습니다.

 또 이같이 경건한 선생님의 모습에서 어린이들이 주님의 모습을 발견할 수 있을 때, 가장 훌륭한 교사가 된다는 것을 깨닫게 해 주시고, 이것으로 인해 어린이들을 천국에 이르는 길로 인도하여, 선생님과 어린이들이 주님 나라에서 별처럼 빛나리라는 것을 알게 해달라는 말로 끝을 맺습니다.
선생님들이 하루하루의 삶을 교육자의 기도를 시작으로 봉헌하는 삶을 산다면, 하느님께서는 분명 기도를 들어주시어, 훌륭한 선생님으로 거듭날 수 있도록 성스럽고 경건한 선생님의 모습에서 어린이들이 주님을 발견할 수 있도록 해 주실 것이라 믿어 의심치 않습니다.

 우리는 주일미사에 참례할 때마다 신부님께서 "가서 복음을 전합시다."하시면 "하느님 감사합니다."하고 응답합니다.
그러나 교단에 서시는 선생님들이 다른 어떤 방법으로 복음을 전한다는 것은 한계가 있음을 인정하지 않을 수 없습니다. 이와 같은 상황에서 선생님들이 복음을 전하는 방법은 교육자의 기도에 있는 것처럼, 선생님의 경건하고 성스러운 모습에서 어린이들이 주님을 발견하도록 하는 것이라고 생각합니다.

 언제나 기도하시는 선생님의 모습은 잠재적 교육과정으로서, 감수성이 예민한 어린이들에게 지워지지 않는 영상으로 남아 신앙의 길잡이가 될 것이기 때문입니다. 그러므로 2007학년도부터는 하루하루의 삶을 주님께 봉헌하는 기도로 시작하여, 자신의 부족함을 주님께서 채워주시기를, 그리하여 자신을 성화하는 삶을 통해 어린이들이 선생님의 모습에서 주님을 발견할 수 있도록 하며, 마침내는 선생님과 선생님 반의 어린이들이 주님 나라에서 별처럼 빛날 수 있도록 봉헌의 삶을 살아가도록 노력합시다. 감사합니다.   만남 제87호. 2007.4

✣ 깨어 있으시오 ✣

✞ 찬미 예수님
 오곡백과 풍성한 결실의 계절을 맞이하여 가톨릭 초등교육자 회, 회원여러분들께 주님의 은총이 풍성히 내리시기를 기원합니다.
10월은 묵주기도 성월입니다. 묵주기도 성월을 맞아 성모님께 열심한 마음으로 청원의 기도를 드리면서, 회원 모두가 깨어 있는 신앙생활을 하자는 제언의 말씀을 드립니다. 루카 복음 1장 36절에는 '너희는 사람의 아들 앞에 설 수 있도록 늘 깨어 기도하라.'고 말씀하고 계십니다.
주님이 오시는 날, 그날 그 시간이 언제 올지 아무도 모르기 때문에, 주님을 맞이하기 위해서는 늘 깨어 준비하고 기도하지 않으면 안 되겠습니다.

가톨릭 초등교육자회가, 회원들이 늘 깨어 있는 신심을 유지하도록 하기 위해 추진하고 있는 사업이, 학교별 소공동체 활성화입니다. 신앙을 가지고 있으면서도 드러내지 않아, 서로가 모르는 상황에서는 소공동체를 활성화할 수가 없습니다.
따라서 신자 찾기 운동을 펼치고 있으며, 찾아진 신자가 소공동체를 만들어 정기적으로 회합을 하고 복음 말씀을 나누며 친교를 다지고, 더불어 주님을 찬미하고 주님께 감사를 드릴 수 있다면, 그것은 분명 우리의 신심을 일깨우는 데 도움이 될 것이라고 믿기 때문입니다.

그리고 앞으로는 가톨릭 초등교육자 회 활동을 정형화하여 추진하고자 합니다. 가톨릭 초등교육자 신앙대회와 성지순례를 격년제로 추진하여, 회원들의 신심이 식지 않고 늘 깨어 있을 수 있도록 자극을 주고 서로 격려하고자 함이 그것입니다.
지난해 10월에 계성초등학교에서 정진석 추기경님을 모시고, 성대하고 의미 있는 가톨릭 초등교육자 신앙대회를 추진하였으므로, 올해에는 11월 4일에 성지순례를 대대적으로 추진하고자 합니다.
그러므로 많은 회원이 성지순례에 참여하여, 순교로 신앙을 지켜온 선조들의 거룩한 얼을 이어받아 우리의 신앙이 깨어 있을 수 있도록 함으로써, 우리의 삶을 주님께로 항상 방향을 맞추어 살고 있음을 보여 주도록 합시다.

다른 한편으로 해마다 전반기에는 지구별 모임을 개최하고자 합니다. 지역교육청별로 조직되어 있는 지구별 모임을 1년에 한 번씩 정기적으로 열어 복음 말씀을 듣고 친교를 다지며, 더불어 신앙을 다져 나가는 일은, 깨어 있는 신앙생활을 하는 데 매우 큰 도움이 될 것입니다.
회원 모두는 지구별 모임에 적극 참여하여 자신의 신앙을 일깨우는 일과 함께, 이웃 형제자매들의 신앙을 일깨우는 일에도 동참하도록 합시다.
금 년 전반기에 지구별 모임을 개최하지 못한 것은, 후반기에 추진하고자 합니다. 지구별 모임 날짜가 정해지면 서로 참석을 독려하며, 많은 회원이 참석함으로써 우리의 신심을 다지고 깨어 있는 신앙생활을 하도록 노력합시다.
묵주기도 성월을 맞아 성모님께 간절히 기도드립니다.
저희 서울대교구 가톨릭 초등교육자 회 회원들의 깨어 있는 신앙생활을 위하여 당신의 아드님께 빌어 주소서. 아멘

만남 제92호. 2007.10

✣ 행복한 사람들 ✣

"누구든지 어린이 하나를 내 이름으로 받아들이면 나를 받아들이는 것이다."

✞ **찬미 예수님**
새봄과 함께 시작된 새 학년, 새로 만난 어린이들에게 꿈을 심어주며, 주님의 사랑을 실천하고

계실 cacho 회원 선생님들께 찬사를 보내드리며, 여러분들은 참으로 '행복한 사람들'이라는 말씀을 드립니다.
"제자들이 하늘나라에서 누가 가장 큰 사람입니까?"
하고 질문을 했습니다. 그러자 예수님께서 어린이 하나를 불러 그들 가운데 세우시고 말씀하시기를 "내가 진실로 너희에게 말한다. 너희가 회개하여 이 어린이처럼 되지 않으면 결코 하늘나라에 들어가지 못한다. 그러므로 누구든지 이 어린이처럼 자신을 낮추는 이가 하늘나라에서 가장 큰 사람이다. 또 어린이 하나를 내 이름으로 받아들이면 나를 받아들이는 것이다."(마태오복음 18장 1~5절) 라고 말씀하셨습니다.

 cacho 회원들은 '하늘나라에서 가장 큰 사람' 즉 어린이들을 받아들여 일생을 함께 생활하기로 다짐하고, 교직의 길을 걷고 있습니다. 매일 어린이들과 생활하고 있으니 어린이를 받아들인 것이요, 어린이를 받아들인 것이니 주님을 내 안에 모신 것이기에, 우리 cacho 회원들은 참으로 '행복한 사람들'인 것입니다.
이처럼 '행복한 사람들'이 된 우리들은 과연 어린이들에게 행복한 학교생활을 제공하고 있는가? 새 학년 새 학기를 맞으며 자신을 되돌아보게 합니다. 그래서 저는 회원 여러분들에게 하루 생활을 주님께 봉헌하며 시작하자는 제안을 해봅니다.

 그 방안은 1교시 시작 5분 전에 입실하여, 어린이들과 함께 명상 시간을 갖도록 약속하고 하루를 열어가자는 것입니다. 어린이들은 하루 생활을 즐겁게 하기 위해 조용한 분위기에서 마음속으로 다짐하고, 선생님은 어린이들이 다짐하고 있을 때 교육자의 기도로 하루 생활을 즐겁게 봉헌하자는 것입니다.
교육자의 기도문에는 교육자들이 지녀야 할 품성 및 신앙인으로서 갖추어야 할 자세들이 담겨있어, 이 기도문으로 마음을 추스르고, 매일 어린이들 앞에 서게 된다면 하루하루 어린이들의 생활이 행복하여 지리라 사료 되며, 선생님들도 어린이들을 위해 최선을 다한 생활에 충만한 자긍심과 함께 부끄럼 없는 하루하루가 될 것이라 여겨지기 때문입니다.

 선생님이 이렇게 경건하게 하루 생활을 주님께 봉헌하는 모습은, 가톨릭 신자 어린이들에게는 신앙을 다져주는 작용을, 아직 신앙을 가지지 않은 어린이들에게는 언젠가 신앙을 갖게 될 때, 신앙의 씨앗을 뿌려주는 계기를 만들어, 잠재적 교육과정으로 어린이들의 인격 향상에 지대한 영향을 줄 것입니다.

 우리는 주일미사를 마치며 신부님으로부터 "가서 복음을 전합시다."라고 파견을 받습니다.
 신부님의 파견에 대한 응답을 저는 교육자의 기도로 하루를 열어가는 것에서 찾고자 합니다.
cacho 회원 여러분! 우리 모두 용기를 가지고 교육자의 기도 봉헌으로 하루 생활을 열어가 보도록 합시다. 그러면서 유념해야 할 것은 특정 종교에 대한 전교라는 오해를 하지 않도록 슬기롭게 접근해야 할 것이라는 점을 강조합니다.
새 학년 새 학기를 맞아 cacho 회원들이 어린이들의 눈에 훌륭한 선생님으로 자리매김이 될 수 있도록 이끌어 주시기를 주님께 기도드립니다.

✛ 한 사람 한 사람을 받아들이신 예수님 ✛

✛ **찬미 예수님**

 2학기를 개학한 지가 한 달 가까이 지났습니다. 새 학기를 맞아 방학 때 만나지 못했던 어린 천사들을 반가운 마음으로 맞아, 넘치는 사랑으로 어린이들을 가르치고 계실 가톨릭 초등교육자 회 회원님께 존경의 마음을 전하면서, 9월 3일(수) 미사에 참여하였다가 들은 복음 말씀이 떠올라 선생님들께 들려드리고자 이 글을 씁니다.

 '예수님께서 회당을 떠나 시몬의 집으로 가셨는데, 시몬의 장모가 심한 열에 시달리고 있었습니다. 사람들은 그를 위해 예수님께 청하였고, 예수님께서는 부인에게 가까이 가시어 열을 꾸짖으시니 열이 가셨고, 부인은 즉시 일어나 사람들의 시중을 들었습니다.' (루카 복음 4.38~39) 이 같은 상황을 본 사람들은 어떻게 했을까요. 당시 상황을 복음에는 다음과 같이 기록하고 있습니다. '해 질 무렵에 사람들이 갖가지 질병을 앓는 이들을 있는 대로 모두 예수님께 데리고 왔다. 예수님께서는 한 사람 한 사람에게 손을 얹으시어 그들을 고쳐 주셨다.'(루카 복음. 4장 40절).

 해 질 무렵이라면 다음 날 오라고 물리치고 편안하게 휴식을 취할 수도 있었겠지만, 예수님께서는 질병을 갖고 당신 앞에 모인 많은 사람에게 싫은 내색을 보이지 않으시고, 한 사람 한 사람에게 당신의 손을 얹어주심으로써 하느님의 사랑을 그들에게 전하시어 병을 낫게하셨습니다. 질병을 앓는 많은 사람을 고쳐주신 것은 곧 하느님의 사랑이었던 것입니다.

 가톨릭 초등교육자 회 회원은 어린이들의 교육을 책임지고 있습니다. 선생님께서 담임하고 계신 반 어린이들은 예수님 앞에 모인 질병을 앓는 사람들의 모습과 같지 않을까요. 가정 결손에 따른 사랑 결핍으로 마음 한구석에 그늘이 드리운 어린이, 친구들에게 따돌림을 받아 학교 가기가 싫은 어린이, 가정형편이 어려워 남들처럼 기를 펴지 못하고 생활하는 어린이, 신체적인 결함으로 친구들에게 놀림을 당하여 주눅이 들어있는 어린이, 쉴 틈 없이 공부에 내몰려 정신적인 압박으로 심신이 피로한 어린이…… 이런 어린이들이 있다면 이들은 곧 예수님 앞에 모인 질병을 앓는 사람들과 다르지 않을 것입니다.

 이렇게 질병을 앓는 어린이들을 치유하는 방법은 무엇일까요. 그것은 선생님께서 예수님처럼 어린이 한 사람 한 사람에게 손을 얹고 사랑으로 병을 낫게 하시는 것이, 가장 바람직한 치료 방법이라 생각합니다. 왜냐하면 어린이들은 사랑을 먹고 자라야 성격적인 결함이 없이 건강한 어린이로 자랄 수 있기 때문입니다.

가톨릭 초등교육자 회 회원들은 예수님의 모습을 닮아 사랑의 삶을 살기로 작정을 한 사람들입니다. 2학기를 새롭게 출발하면서 예수님처럼 반 어린이들 한 사람 한 사람에게 손을 얹고 사랑의 교육을 실천해 보시지 않으시겠습니까?

사랑으로 병을 고쳐주신 예수님을 군중들이 어떻게 대했는가는 다음의 성경 구절에서 확인할 수 있습니다.
'날이 새자, 예수님께서는 밖으로 나가시어 외딴곳으로 가셨다. 군중들은 예수님을 찾아다니다가 그분께서 계시는 곳까지 가서 자기들을 떠나지 말아 주십사고 붙들었다.'(루카 복음, 4장 42절)
한 사람 한 사람을 받아들여 사랑의 교육을 펼친 Cacho 회원 선생님이 학년을 마치고 헤어지게 되었을 때 군중들이 예수님께 '떠나지 말아 주십시오.'하고 붙잡은 것처럼 반 어린이들의 학부모들이 한 번 더 담임을 맡아달라고 붙잡는 아름다운 모습을 볼 수 있기를 기대해 마지않습니다.

만남 제99호. 2008.9

✢ 주님, 저를 도와주십시오. ✢

"강아지들도 주인상에서 떨어지는 부스러기는 먹습니다." (마태오 복음 15장 27절)

✝ 찬미 예수님

우리나라 속담에 '목마른 사람이 샘 판다'는 말이 있습니다. 이 말이 의미하는 것은 자신이 직접 노력을 기울여 필요한 것을 구하라는 뜻과 함께, 절박한 상황이면 어떠한 어려움도 문제 될 것이 없다는 뜻도 담겨 있다고 봅니다.
어느 신부님이 이런 말씀을 하시더군요. 성지순례 중 들은 이야기라며 주님께서 누구의 기도를 빨리 들어주시겠느냐는 질문을 받았답니다. 그에 대해 깊이 생각해 본 일이 없었던 터라 대답을 머뭇거렸더니, 애절한 마음으로 드리는 기도를 빨리 들어주신다고 알려주시더랍니다.

목마른 사람이 샘을 파는 것처럼, 우리는 우리가 바라는 바를 얻기 위해 주님께 기도를 드립니다.
"주님 저를 도와주십시오."라고, 하지만 우리는 기도를 드리며 어떤 마음을 담아 기도를 드리고 있는 것일까요? 기도를 드리는 우리의 마음이 어떠해야 하는지 다음의 성경 말씀이 시사하고 있는 점을 찾아봅시다.
예수님께서 티로와 시돈 지방으로 가셨습니다. 그런데 그 고장에서 어떤 가나안 부인이 나와
"다윗의 자손이신 주님, 저에게 자비를 베풀어 주십시오. 제 딸이 호되게 마귀가 들렸습니다."하고 소리를 질렀습니다.
예수님께서는 한마디도 대답하시지 않으셨습니다. 그러자 제자들이 다가와
"저 여자를 돌려보내 주십시오. 우리 뒤에서 소리를 지르고 있습니다." 하고 말하였습니다.
그러자 예수님께서
"나는 오직 이스라엘 집안의 길 잃은 양들에게 파견되었을 뿐이다." 하고 대답하였습니다.
그러나 그 여자는 예수님께 와 엎드려 절하며 "주님 저를 도와주십시오."하고 청하였습니다.
그런데도 예수님께서는 "자녀들의 빵을 집어 강아지들에게 주는 것은 좋지 않다."

하고 말씀하시는 것이었습니다.
그러자 그 여자는 "주님, 그렇습니다. 그러나 강아지들도 주인의 상에서 떨어지는 부스러기는 먹습니다."하고 간청했습니다. 그렇게 완강하시던 예수님께서는 "아, 여인아! 네 믿음이 참으로 크구나. 네가 바라는 대로 될 것이다." 하고, 마침내 부인의 청을 들어주시어 여자의 딸이 나았다는 말씀입니다. (마태오 복음 15장 21절~28절)

 우리는 위의 성경 말씀에서 여자의 딸이 치유의 은총을 입게 된 것은, 예수님께서 자기의 딸을 치유해 주실 분이라는 굳은 믿음을 가지고 있었다는 점과, 강아지 취급을 당하면서까지 예수님께 간절히 청하였다는 사실을 확인할 수 있습니다. 그렇습니다. 주 예수님이 구세주이심을 굳게 믿는 마음으로, 주님 앞에서 나는 강아지와 같은 하찮은 존재임을 겸손하게 인정하며, 간절하게 애원한 부인의 청이 딸을 마귀로부터 구해낼 수 있었던 것입니다.
여기서 우리는 자신의 신앙을 다시 한번 되돌아보아야 하지 않을까요? 주 예수 그리스도에 대한 믿음이 가나안 여자처럼 확신에 차 있는지? 그리고 주님께 드리는 기도가 가나안 여자처럼 겸손하고 애절한 마음으로 드리는 기도였는지를 말입니다.

 자신이 드리는 기도가 가나안 여자처럼 예수님이 구세주이시라는 굳건한 믿음과 겸손한 마음을 담아 드리는 기도라면, 더없이 반가운 일이겠습니다만, 만에 하나 그러지 못하다면 가나안 여자처럼 굳은 믿음과 겸손한 마음으로 기도를 드릴 수 있도록 마음을 추슬러봄이 어떻겠습니까.

만남 제100호. 2008.10

✣ 청하여라, 찾아라, 문을 두드려라. ✣

✞ 찬미 예수님
 어떤 사람이 수도원을 찾아 노 수도자에게
"수도원에서 어떻게 살아가십니까?"하고 질문을 던졌답니다. 그러자 노 수도자는
"넘어지면 일어나고, 넘어지면 일어나고……, 그렇게 살아갑니다."
하고 대답하더랍니다.
노 수도자의 이 같은 대답은 세상살이에 지친 우리들 소시민뿐만 아니라, 늘 기도하며 사시는 수도자에게도 어려움 때문에 넘어지고, 그러면서도 다시 일어나서 정진하여 살지 않으면 안 되는 삶의 모습에 대한 진솔한 표현이 아닌가 합니다.

 그렇습니다. 넘어지면 곧장 일어나고, 넘어지면 또 일어나고……, 우리들이 살아가는 모습이지요. 그래서 누구인가가 '넘어지는 게 죄가 아니라 일어나지 않는 게 죄다'라고 말하였는지도 모르겠습니다. 일어나지 않음은 곧 자포자기이며 하느님에 대한 신뢰를 잃었기 때문이며, 내 삶에 대한 사랑을 저버린 것에서 비롯된다고 생각할 수 있기 때문입니다.

하느님께서는

"청하여라, 너희에게 주실 것이다. 찾아라, 너희가 얻을 것이다. 문을 두드려라, 너희에게 열릴 것이다. 누구든지 청하는 이는 받고, 찾는 이는 얻고, 문을 두드리는 이에게는 열릴 것이다."(루카 11,9-11. 마태오 7, 7~8)
라는 말씀을 통해, 우리가 어떻게 살아가야 하는지를 안내하고 계십니다.
 그러면서 하느님께서는
"너희 가운데 누가 벗이 있는데 한밤중에 그 벗을 찾아가 이렇게 말하였다고 하자. '여보게 빵 세 개만 꾸어주게 내 벗이 길을 가다가 나에게 들렀는데 내놓을 것이 없네.' 그러면 그 사람이 안에서 '나를 괴롭히지 말게. 벌써 문을 닫아걸고 아이들과 함께 잠자리에 들었네. 그러니 지금 일어나서 줄 수가 없네.' 하고 대답할 것이다. 내가 너희에게 말한다. 그 사람이 벗이라는 이유 때문에 일어나서 빵을 주지 않는다 하더라도, 그가 줄곧 졸라대면 마침내 일어나서 그에게 필요한 만큼 다 줄 것이다."(루카 11, 5~8) 라는 말씀으로 적극적이고 지속적인 기도 자세를, 믿음의 자세를, 삶의 자세를 견지하도록 일깨워 주십니다.

 단 한 번만으로 끝내는 것이 아니라 부단히 청하고, 찾고, 문을 두드리는 노력하는 자세, 결과는 하느님께 맡기고 과정에 최선을 다하는 이른바 진인사대천명(盡人事待天命)의 자세를 하느님께서는 우리에게 바라고 계십니다.
하지만 우리는 청하는 데 있어 황금률을 잊지 말아야 할 것입니다.
"그러므로 남이 너희에게 해주기를 바라는 그대로 너희도 남에게 해 주어라."(마태오 5, 12)
자신만의 욕심과 이익을 위해 청하고 찾고 문을 두드릴 것이 아니라, 내가 바라는 만큼 남에게 베풀면서, 어떤 어려움이 있어도 결코 포기하지 않고 부단히 청할 때, 찾을 때, 문을 두드릴 때, 하느님께서는 우리의 생각이 아닌 당신의 생각대로 최선의 방법으로 응답해 주실 것입니다.

주님을 신뢰하는 겸손한 마음과 기도로 새 학년 새 학기를 열어 가십시다. 새 학년 새 학기를 맞아 어린이들을 사랑으로 가르치고 계시는 선생님께 주님의 은총이 풍성히 내리시기를 빕니다.

만남 제102호. 2009.3

✜ 서로 용서하십시오. ✜

'서로 너그럽고 자애롭게 대하고 하느님께서 그리스도 안에서 여러분을
용서하신 것처럼 여러분도 서로 용서하십시오.'(에페소서 4,32)

✞ 찬미 예수님
 학교를 떠났지만 40년이 넘는 세월을 몸담았던 곳이라서인지, 학교 앞을 지날 때면 유심히 교문을 바라보게 됩니다. 6월부터는 호국보훈의 달 현수막이 걸려 있어 나라를 생각하게 하고 통일을 생각하게 하는군요.
6.25 사변 후 70여 년의 세월이 흐르는 동안, 북한 공산당에 대한 분노와 증오가 많이 희석되었다고 생각되지만, 6.25의 참혹함을 몸으로 체험한 세대들은 공산군의 만행을 결코

잊지 못할 것이며 용서도 쉽지 않을 것입니다. 하지만 분노하고 증오하면서 언제까지나 세계에서 유일한 분단국으로 남아 있을 수는 없지 않습니까?

 6월 21일(일) 남북통일 기원 미사에 참여하면서, 분단을 극복하고 통일을 앞당기기 위해서는 우리 모두 다 같이 용서하고 마음을 모아 기도해야 하겠다고 생각하게 됩니다.
 '모든 원한과 격분과 분노와 폭언과 중상을 온갖 악의와 함께 내버리십시오. 서로 너그럽고 자애롭게 대하고 하느님께서 그리스도 안에서 여러분을 용서하신 것처럼 여러분도 서로 용서하십시오.'(에페소서 4,31~32) 라고 성경에서 말씀하시고 계시기 때문입니다.
 그렇다면 용서는 어떻게 해야 할까요? 이에 대한 답은 베드로 사도가 예수님께 "주님 제 형제가 저에게 죄를 지으면 몇 번이나 용서해 주어야 합니까? 일곱 번까지 해야 합니까?"하고 물으시자, 예수님께서는
 "너에게 말한다. 일곱 번이 아니라 일흔일곱 번까지라도 용서해야 한다."(마태오, 18,21~22)라고 하신 말씀에서 찾을 수 있습니다.
 그리고 우리들이 사랑 안에서 살아가기 위해서는 자신을 바치는 희생이 뒷받침되어야 함을 강조하고 계신 데 이는
 '사랑받는 자녀답게 하느님을 본받는 사람이 되십시오. 그리스도께서 우리를 사랑하시고 또 우리를 위하여 당신 자신을 하느님께 바치는 향기로운 예물과 제물로 내놓으신 것처럼 여러분도 사랑 안에서 살아가십시오.'(에페소서 5,1~2)라는 말씀에서 찾아볼 수 있습니다.

 용서로 분노와 증오를 털어버리고 사랑 안에서 살아가는 삶, 이를 위해서 우리는 함께 기도하는 것도 잊지 않아야 하겠습니다.
 "너희 가운데 두 사람이 마음을 모아 이 땅에서 청하면, 하늘에 계신 내 아버지께서 이루어 주실 것이다. 두 사람이나 세 사람이라도 내 이름으로 모인 곳에는 나도 함께 있기 때문이다."(마태오 18,19~20)
 그리스도께서는 우리 구원을 위해, 당신 자신을 바치셔서 하느님 앞에 향기로운 예물과 희생 제물이 되셨습니다. 우리도 그리스도를 본받아 희생과 보속의 생활을 하여, 남북이 하느님안에서 화해와 일치를 이루고, 통일을 이룰 수 있도록 서로 용서하고 기도하며 사랑의 삶을 살아갑시다.

만남 제105호. 2009.6

✣ 기념 표석 ✣

"누구든지 내 뒤를 따라 오려면 자신을 버리고 날마다
자기 십자가를 지고 나를 따라야 한다."(루카. 9,23)

✠ **찬미 예수님**
"순교자의 땅, 순교의 땅……"
 지난 1984년 5월, 교황 요한 바오로 2세께서 한국에 도착하여 일성(一聲)으로 하신 말씀

입니다. 그렇습니다. 교황님께서 말씀하신 것처럼 우리는 거룩한 『순교자의 땅, 순교의 땅』에서 살고 있습니다.

예수님을 따르기 위해 자기 십자가를 지고 따르신 우리의 신앙 선조들에게는 '환난도, 역경도, 박해도, 헐벗음도, 위험도, 칼도 그리스도의 사랑에서 갈라놓을 수 없었습니다.'(로마서. 8,36). 하느님의 진리를 증언하기 위해 우리 신앙 선조들은 기꺼운 마음으로 목숨을 바치셨던 것입니다.

이렇게 순교한 수많은 순교자 중에서, 김대건 신부님을 비롯한 한국인 순교자 93분, 외국인 순교자 10분을, 교황 바오로 2세께서는 그해 5월 6일 여의도 광장에서 100만 명의 신자들이 운집한 가운데 성인 반열에 올리시어, 103위 성인의 탄생을 보게 된 것입니다.

한국 천주교회에서는 피로써 하느님의 진리를 증거 한 신앙 선조들을 기리고, 그 숭고한 얼을 되새기며, 우리들의 신심을 새롭게 다지고자 9월을 '순교자 성월(聖月)'로 정하여 거룩하게 지내고 있습니다.

올해는 특히 최양업 신부님과 순교자 124분 등 125위에 대한 시성시복(諡聖諡福) 심사를 교황청에 청원해 놓은 상태라서, 순교자 현양에 더욱 관심이 높아지고 있습니다.

더욱이 금년은 103위 성인이 시성(諡聖)된 지 25년, 은경축이 되는 해입니다.

9월 순교자 성월을 맞아 서울대교구에서는 19일(토) 11시부터 오후 6시까지 여의도 공원에서 <화해·나눔·증거의 축제>를 열어, 가톨릭 심포니오케스트라 등의 문화 행사와 함께 헌혈, 장기, 골수 기증 등록 운동을 벌이고, 오후 3시부터는 <한국 순교자 103위 시성 25주년 기념 장엄미사>를 정진석 추기경님과 사제단 공동 집전으로 드립니다. 또 25년 전 시성식 당시 제단이 설치됐던 자리에 <한국 순교자 103위 시성 기념 표석>을 설치하고 축복식도 함께 갖습니다.

순교자 성월을 맞아 우리 신자들 모두는 자신의 신심을 되돌아보는 계기로 삼아야 하지 않을까요? 하느님께 대한 믿음을 부끄럽게 여기지는 않았는지, 자기중심적 자아에 파묻혀 하느님을 부정하지는 않았는지, 세상 것들을 얻는데 만 눈을 돌리고 하느님을 외면하지는 않았는지……

하느님께서는 "사람이 온 세상을 얻고도 자기 자신을 잃거나 해치면 무슨 소용이 있느냐? 누구든지 나와 내 말을 부끄럽게 여기면, 사람의 아들도 자기의 영광과 아버지의 거룩한 천사들의 영광에 싸여 올 때 그를 부끄럽게 여길 것이다."(루카. 9,25~26)라고 말씀하시고 있기 때문입니다.

<순교자 성월> 9월을 현양하는 의미에서 우리 모두 하느님 사랑에 대한 기념 표석(紀念標石)을 마음에 세우면 어떻겠습니까? 마음에 기념 표석을 세우고 흔들림 없이 하느님을 사랑할 수 있다면, 신앙 선조에게 부끄럽지 않을 뿐만 아니라 "주님을 신뢰하는 이들은 진리를 깨닫고 그분과 함께 사랑 속에 살 것이다."(지혜서. 3,9)라는 말씀이 이루어질 것이기 때문입니다.

만남 제106호. 2009.9

✛ 함께해요, 감사와 사랑 운동 ✛

"남이 너희에게 해주기를 바라는 그대로 너희도 남에게 해주어라."(마태오복음 7.12)

✝ **찬미 예수님**
　연령회 일을 하며 장례식에 참석하다 보니, 용인에 있는 서울대교구 묘지를 가는 일이 종종 있습니다. 어저께(7일)에도 다녀왔습니다. 수유리 성당 노인대학 학생들이 김수환 추기경님 묘소를 참배하기 위해, 버스 2대에 나눠 타고 찾은 것을 볼 수 있었습니다. 저도 장례 절차가 일찍 끝나서 추기경님 묘소를 찾아 간단하게나마 기도를 드리는 기회를 가질 수 있었습니다. 묘소를 참배하며 먼저 떠오른 생각은 추기경님의 마지막 말씀,
"고맙습니다, 서로 사랑하세요."였습니다.
하지만 일상생활에 묻혀 쉽게 잊고 사는 저의 모습이 부끄럽게 느껴져 얼굴이 달아오름을 숨길 수 없었습니다. 그러면서 평화방송, 평화신문이 서울대교구와 함께 김 추기경님의 "고맙습니다, 서로 사랑하세요."에 화답하며, 김 추기경님의 모범적인 삶을 따르고자 지난 4월부터 펼치는 '감사와 사랑 운동'이 생각났습니다.

　교구청에서 '감사와 사랑 운동'을 펼치며, 서울대교구 각 본당에 배포한 스티커 앞면에는 '고맙습니다, 사랑합니다.'가 새겨져 있고, 뒷면에는 '매일 같이 감사와 사랑을 실천합시다.'라는 제목 아래, '감사와 사랑'을 실천하기 위한 다음의 다섯 가지 실천 사항을 담았습니다

　　1. 만나는 사람에게 고맙습니다.
　　2. 나의 삶에 감사합니다.
　　3. 내 곁에 있는 이를 사랑합니다.
　　4. 내 손이 필요할 때 도와줍니다.
　　5. 나의 삶을 반성합니다.

이 '감사와 사랑 운동'의 다섯 가지 실천 사항이 '합시다.'가 아닌 '합니다'로 표현한 것은, 자신의 삶 속에서 스스로 실천하기를 기대하는 의미를 함축하고 있는 것이 아닐까요? '감사와 사랑 운동'을 실천하는 방법은, 다섯 가지 주제 가운데 시기별로 적절한 주제를 하나씩 택한 다음, 이 주제를 실천하기 위한 구체적인 항목을 선정하여 실천하기를 기대하고 있습니다.
예를 들면 10월 묵주기도 성월을 맞아 우리를 극진히 사랑하시는 성모님의 사랑을 본받기 위해 '내 곁에 있는 이를 사랑합니다.'로 정했다면, 이 주제에 대한 구체적 실천 항목을
‣ 곁에 있는 이들(가족, 내가 담임하고 있는 반 어린이들, 직장 동료, 친구 등)에게 일주일에 한 번 사랑 표현하기, (사랑의 문자 보내기 등)
‣ 내가 먼저 웃으며 인사하기 등으로 정하여 실천하는 것입니다.

이처럼 cacho 회원 모두가 '함께해요, 감사와 사랑 운동'에 모두 참여하여 실천한다면, '감사와 사랑 운동' 바이러스는 걷잡을 수 없는 속도로 주변으로 퍼져 가서, 우리가 사는 사회를 아름답고 행복한 사회로 변모시키는 데 크게 이바지하게 될 것입니다. '함께해요, 감사와 사랑 운동'에 지금부터 참여함이 좀 늦은 감이 없지 않으나, 우리 모두 기꺼운 마음으로 참여합시다. 그리하여 주님께서
"남이 너희에게 해주기를 바라는 그대로 너희도 남에게 해 주어라. 이것이 율법과 예언서의 기본이다."(마태오복음 7.12) 라고 말씀하신 사랑의 황금률을 스스로 실천하도록 합시다.

만남 제107호. 2009.10

4. 영원한 안식을 주소서

2005년 2월 말 정년퇴직을 한 후 의미 있는 생활에 무엇이 있을까? 남에게 도움을 줄 수 있는 일이 어떤 것이 있을까? 생각해 보았다. 그러던 중 언젠가 매체를 통해서 접했던 김홍섭 판사 생각이 떠올랐다.
김홍섭 판사는 고법 부장판사 출신으로, 법조계에서는 많은 사람으로부터 추앙을 받는 인물이며, 가톨릭 신자로 올바르게 살아가는 삶이 다른 사람들에게 본보기가 되어 존경받은 인물이었다.
이 같은 지위에 있는 김 판사가 상가(喪家)에 문상(問喪)을 갔는데, 염습할 사람이 없어 어려움을 겪고 있음을 보고는 생전 해보지도 않은 일이었지만, 도와야 하겠다는 일념으로 달려들어 비지땀을 흘리면서 염을 하였다고 한다.
하지만 서툰 솜씨는 보는 사람들을 불안하게 했고, 이를 보다 못해 '할 줄도 모르면서 왜 나서서 일을 하느냐'며 핀잔을 주는 사람까지 있었다는 것이다.

이때 문상객 중 한 사람이 염습하는 사람이 김 판사임을 알아보고는, '김 부장판사님 이게 어찌 된 일입니까?' 하고 인사를 건네자, 염습하는 사람이 부장판사라는 사실에 깜짝 들 놀라며 주변 분위기가 충격으로 변했고, 핀잔을 주었던 사람은 어찌할 바를 몰라 쩔쩔매는 상황이 되었다는 내용이다. 김 판사의 이 같은 처신은 신앙인으로서 가지고 있는 투철한 믿음의 발로였다고 한다. 김 판사 이야기를 접한 후 나도 염습하는 일에 관심을 가져왔던 터라, 자연스레 연령회에 참여해야 하겠다고 생각하게 됐다.

2005년 5월 연령회에 가입했다. 연령회는 세상을 뜨신 신자 분들의 상·장례(喪葬禮)를, 가톨릭 의식으로 거행할 수 있도록 유족들을 돌보는 공식적인 단체이다.
내가 연령회 가입 당시 79세 고령인 최영야(야고보)님이 회장으로 봉사하고 계셨는데, 나의 가입을 매우 반기시더니 회장을 내게 넘겨주는 것이었다. 연령회 예식 절차를 익힐 사이도 없이 회장을 맡게 되니, 서툰 것이 많았지만 성실히 차분하게 예식을 익히며 연령회를 이끌었다.
연령회 활동은 회장이 유가족으로부터 선종(善終)하신 분이 있다는 연락을 받으면서 시작

된다. 회장은 즉시 상가를 방문하여 상주와 상·장례 절차를 의논한다. 그런 다음 연령회 활동 회원들을 상가로 집합시켜 위령기도를 드리고, 성당 사무실로 연락하여 일반신자들도 위령기도를 드릴 수 있도록 조치한다. 그리고 삼 일 후 있을 장례미사 절차를 어떻게 할것인 가를 신부님과 의논하여 상주에게 알려준다.

입관(염습)은 24시간 경과 후 둘째 날 하는데, 연령회원들은 전원 입관에 참여하여 기도를 드리게 된다. 장례 절차는 대개 3일 장으로 치러지는데, 고인을 성당으로 운구하여 장례미사를 드린 후 장지로 향하게 되며, 연령회원들은 장지로 이동하는 중에도 영구차에 동승 하여 쉬지 않고 고인의 영원한 안식을 위해 기도드린다.

요즘에는 화장(火葬)하는 경우가 많다. 화장으로 장례를 거행할 경우는 시신을 소각로에 모실 때 기도를 드리고, 소각이 끝나면 유골을 모실 때 기도를 드리며, 유골을 납골당까지 모시고 가는 중에도 기도는 끊이지 않고 이어진다.
납골당에 도착하여 봉안 의식 거행으로 장례 절차가 끝난 후 귀가할 때도 고인을 위한 기도는 이어지는 것이다.
한마디로 장례를 모시는 날은 예식이 끝날 때까지, 종일 끊임없이 기도를 바치며 강행군을 하는 것이다. 매장을 하는 경우는 장지에 도착하여 하관하는 동안, 가톨릭 의식으로 장례를 거행하며 이동 중 기도는 화장할 때와 같다.

여의도 성당에서 연령회장을 하며 장례 절차를 인도한 봉사 횟수는 1년에 50~60건 정도 되었다. 준비 없이 갑자기 일을 맡아 하며 시행착오도 겪고 실수도 있었지만, 2009년 연령회장을 다른 사람에게 넘겨줄 때까지, 4년 동안 어려움을 참아내며 기쁜 마음으로 내가 받은 은혜에 보답하는 마음으로 긍지를 가지고 상·장례를 이끌면서 일관되게 지녔던 마음은 '주님, 망자에게 영원한 안식을 주소서.'였다.
그러면서 나의 죽음에 대해서도 생각해 보는 계기를 갖게 되는 유익한 시간이었다.

5. 미디어 위원으로 활동.

2007년 3월 서울대교구 노인사목부에서 2년 과정의 가톨릭시니어아카데미 학생을 모집했다.
원서를 냈더니 면접을 거쳐 합격하여 입학하였다. 과정은 2년이었고 동아리는 사진, 문학, 웰빙웰다잉, 역사 탐구, 연극, 컴퓨터 등이 있었는데, 나는 문학의 향기 동아리 반에 들어가 공부했다.
일주일에 한 번씩 수요일에 모여 공부하였는데, 오전에는 신앙, 교양, 상식 등의 다양한 내용을 공부하고, 점심 식사 후에는 동아리별로 선생님을 모시고 동아리와 관련된 내용을 공부했다.
2년 과정을 마치고 2009년 졸업을 하였다. 문학반을 졸업한 내게 노인사목 담당 수녀님이 노인사목 후원회 소식지 '가톨릭시니어'를 발행하는데 그 원고를 집필하는 일을 맡아달라고 당부하셨다.

즉, 노인사목부 미디어위원이 되어달라는 것이었다. 뿌리칠 수가 없어 승낙하고, 분기별로 발행하는 소식지의 원고를 쓰기 시작하였다.

첫 원고를 2009년 12월에 작성하였고, 2020년 겨울호(제44호) 발행 때까지 원고를 써 왔다.
그동안 소식지에 게재했던 원고들을 여기에 모아 보았다.

✧ 목, 금요일은 힘이 솟아요. ✧

"나이가 들어서인지 평소 몸이 나른하고 피곤함을 느끼다가도 목요일 금요일이 돌아 오면 힘이 솟아요."
최순자(마리아, 75세, 서울 대림동 성당) 어르신이 건네시는 말이다. 어르신은 매주 목요일과 금요일에 대림동성당 성 바오로 노인대학에 개설된 서예반 동아리 묵향회(墨香會:어르신 동아리)와 묵우회(墨友會:3.40대 동아리)를 15년째 지도하고 계시는데, 동아리 반(班)을 운영하는 목요일과 금요일이 되면, 신기하게도 아픈 곳이 말끔히 없어지고 힘이 솟는다는 것이다.

어르신의 말처럼 힘이 솟아나지 않는다면, 15년을 쉼 없이 봉사할 수 있었을까?
그래서 "힘의 원천이 무엇이라고 생각하느냐?"는 질문을 드렸더니 "봉사하는 즐거움"이라고 말씀하시더니, "아니 내가 얻는 것이 많기 때문이다"라고 힘 있게 말씀하신다. 서예반을 지도하면서 건강한 생활을 할 수 있고, 동아리 회원들에게서 삶의 지혜를 배우면서 삶에서 활력을 찾기 때문이라고 하신다.

노인대학 교육과정에는 어르신들의 건강을 고려하여 혹서기, 혹한기에는 여름, 겨울방학 휴강을 하지만 묵향회, 묵우회 회원들은 방학은 말할 것도 없고, 쉬는 날도 없이 비가 오나 눈이 오나 가리지 않고 줄기차게 활동하고 있다는 점이 놀랍다.
같이 대화를 나누시던 서예반 동아리 한 분이 '우리 선생님 '짱'이여요.'하며 엄지손가락을 치켜세우신다. 동아리 회원들의 선생님에 대한 이와 같은 전폭적인 신뢰와 최순자 어르신의 헌신적인 봉사가 15년이라는 긴 시간 동안, 묵향(墨香)이 멀리멀리 퍼져가게 한 힘이 되었을 것이리라고 생각되었다.

하지만 15년이라는 긴 시간을 봉사하신 것보다도 더 놀라운 것은, 최순자 어르신이 청각장애인이라는 사실이다. 20대에 결혼하여 첫 아기를 가졌을 때 병을 앓게 되었는데 고열로 인한 후유증으로 청력을 잃게 되었고, 이로 인하여 많은 아픔을 안고 살아오던 중 아픔을 벗어나기 위해 몸부림치다, 서예를 배우게 된 것이라고 했다.
서예를 쓰는 동안은 정신을 한곳에 모을 수 있었고, 그래서 정진하다 보니 대한민국 서예대전에서 입선하는 행운도 얻게 되어 아픔을 기쁨으로 승화할 수 있게 되었다고 했다.

최순자 어르신의 정신적인 안정은 가톨릭 신앙을 갖게 되면서 더 확고하게 자리 잡았단다. 학창 시절에는 유복한 가정에서 재원으로 자라면서 공부도 남에게 뒤지지 않고 앞서갔으며, 합창반원으로 활동하면서 방송에도 출연하는 등 남부러울 것 없이 세상을 살았다고 한다.
　그러다 보니 겸손함을 모르고 덜렁대는 성격이었는데, 신앙생활을 통해 자신이 살아온 삶에 대한 여정을 되돌아보니, 겸손해지라고 주님께서 자신에게 장애를 주신 것이라는 긍정적인 생각을 하게 되고, 신앙의 힘으로 아픔을 다독이다 보니 감사하는 마음이 생겨나더라는 것이었다.

　그러면서, 하느님께서는 사람마다 쓸모 있게 활용할 수 있는 재능을 한 가지씩 주셨는데, 자신에게는 서예로 다른 사람에게 봉사하라는 의미로 장애를 주시고, 서예를 익힐 수 있게 길을 열어 주신 것이라고 믿기 때문에, 동아리 활동에 참여하는 것은, 당연하다고 생각하고 계시는 것이었다.
그러니 서예반 봉사가 힘이 솟을 수밖에……
빛은 뒤웅박으로 덮어도 밖으로 새어 나가기 마련이라 했던가? 최순자 어르신의 열심한 봉사는, 구로문화원 소식(2008년 제2호) 문화강좌 이모저모에 서예동아리 활동이 소개되었고, 2009년 1월 7일에는 가톨릭 사도직 협의회 제정 가톨릭 대상 사랑 부문 상을 받는 영광도 차지하게 되었다.
최순자 어르신의 묵향이 앞으로도 계속 멀리멀리 퍼져나가기를 기대한다.

가톨릭 시니어 제14호 2010.1.10

✣ 아름다운 동행 ✣

　　님이여!
　　나의 하루의 삶이 살아있는 시(詩)이고
　　사랑이며 기도이게 하소서.
　　기도하듯 일하며 일하듯 기도하고
　　모든 이 안에서 당신을 만나며
　　당신을 만나듯 이웃을 만나고
　　순간순간을 살아서 움직임이
　　곧 당신을 향한 끊임없는 기도이고 사랑이며
　　아름다운 시이게 하소서.

'기도의 삶'이라는 제목의 시입니다.
일상의 삶을 이처럼 살아가는 어르신이 있어 찾아뵙고 이야기를 들어봤습니다. 뜻을 같이하는 동지들을 규합하여 거동이 불편하신 어르신들. 장애를 갖고 있어 혼자서 몸을 추스르지 못하는 장애우(友)들에게 11년째 매주 목요일 목욕 봉사를 하며, 기도의 삶을 실천하고 있는 허충부(시몬, 69세, 당산동 성당) '아름다운 동행자 회' 회장이 바로 당사자입니다.

허충부(시몬) 어르신은 그동안 느낀 경험담을 실타래 풀어놓듯 들려주었습니다.
"나는 나이가 너무 많다고 문래동 복지관에 가도 놀아주는 사람이 없어요. 그런데 오늘은 이렇게 봉사하는 분들이 오셔서 같이 이야기도 하고 목욕을 시켜 주시니, 가렵지도 않고 온몸이 날아갈 것같이 가뿐하고 개운해. 너무너무 고맙습니다. 고맙습니다." 몇 번이고 고맙다며 잡은 손을 놓지 않으시는 할아버지께
"또 올게요." 하고는 돌아서지만, 얼마나 사람이 그리우면 저렇게까지 하실까 하고 마음이 저려 옴을 느끼며 발걸음을 옮깁니다.

'빡빡이 할아버지'는 목욕을 시켜 드릴 때마다, 살살 때를 밀면 간지러우니까 '팔뚝 세게 빡빡, 옆구리 세게 빡빡' 밀어달라고 주문하셔서, 봉사자들끼리 은밀히 할아버지를 부를 때 쓰는 애칭이랍니다. '빡빡이 할아버지'는 몸 한쪽이 마비되시어 거동이 매우 불편하시지만, 물속에만 들어가시면 그렇게 좋아하실 수가 없습니다.

'살살이 할아버지'는 목욕 수건을 사용하면 아프다고 하시면서, 살살 밀어달라고 주문셔서 붙여진 애칭이고…….
열 살에 온몸이 마비되어 장애로 강산이 바뀐다는 10년을, 두 순배나 넘는 기간을 누워서 보내는 서른세 살 청년을 목욕시킬 때는, 세 사람이 달려들어도 늘어지는 팔다리를 제대로 가누기가 어려워 쩔쩔맨답니다. 시몬 어르신의 이야기를 들으면서 목욕 봉사가 결코 쉬운 일은 아니라는 사실을 알게 됩니다.

그럼에도 불구하고 각각의 장애와 사연을 가진 분들에게 친절한 말동무가 되어 주고, 그들의 몸의 때는 말할 것도 없고, 마음의 때까지 씻어내 기쁨을 주며, 목욕을시켜주지 못해 늘 죄스러워했던 가족들의 마음의 응어리까지 해소해 주는 목욕 봉사를 계속할 수 있음은 목욕 후에 즐거워하는 장애우들의 모습에서 힘을 얻고, 주님께서 힘을 주시어 지칠 줄 모르고 기쁜 마음으로 계속할 수 있었다고 했습니다. 시몬 어르신을 비롯한 아름다운 동행자분들의 이 같은 봉사를 오랫동안 지켜 봐 오신 하상(廈象)님은

목욕탕에 핀 꽃

벌거벗은 꽃 모양이 꽃보다 더 아름답습니다.
오랜 세월을 지켜 피어있는 꽃이건만 저리도 싱그러울 수가 있나요.
저 그윽한 향기는 어찌하고요?
두 할아버지가 한 할아버지를, 정성스럽고 사랑이 가득 담긴 손으로, 곱게 씻기고 있어요.
꽃보다 더 아름다워요.
향기도 그윽하구요.

라고 칭송했습니다.

시몬 어르신의 봉사는 목욕으로 그치는 것이 아니었습니다. 영등포역 부근에 행려자, 결식자들에게 점심 배식을 하는 토마스의 집(원장: 김종국 신부)에서도 펼치고 있었습니다.
하루에 적게는 280명에서 많게는 350명에 이르는 사람들에게 점심 식사를 배식하는 토마스의 집, 이곳의 일정은 9시부터 11시까지 음식 만들기, 11시부터 30분간 기도, 11시 30분부터 봉사자들 식사, 12시부터 배식이 시작되고 일과가 끝나는 시각은 오후 3시가 넘어야 한다고 합니다.

시몬 어르신은 목욕 봉사를 하는 목요일을 제외하곤 특별한 일이 없는 한, 매일 이곳에서 봉사 활동을 하는데, 특히 기도 부장 직책을 맡아 봉사에 참여하는 사람들의 신심을 일깨워 주는 일에 힘을 쏟고 있었습니다. 토마스의 집 봉사자들은 봉사자의 기도서 '토아(土芽)의 도(道)'(김종국 원장 신부 지음)에서 강조하는 "남의 손을 잡으려면 내 손이 비어야 한다"는 정신에 충실하려고 애쓰고 있다고 했습니다.
시몬 어르신의 지칠 줄 모르는 봉사는 당산동 성당 연령회장, 거리 질서 확립을 위한 불법 주차 금지 캠페인 등에서도 빛을 발하고 있었습니다.

이처럼 열심히 한 봉사는 5,000시간이 넘어 2009년 11월에 영등포 구청 센터로부터 5,000시간 봉사 메달을 받기도 했답니다.
시몬 어르신의 봉사활동 이야기를 듣고 있노라니, 마태오 복음 25장 40절 '너희가 내 형제들인 이 가장 작은 이들 가운데 한 사람에게 해준 것이 바로 나에게 해 준 것이다.'라는 구절이 떠오르는군요.
'당신을 만나듯 이웃을 만나고, 순간순간 살아 움직임이, 곧 당신을 향한 기도이고 사랑이며, 아름다운 시이게 하소서' 삶이 기도이고, 기도가 삶인 허충부(시몬) 어르신의 행복한 삶이 오래오래 계속 되고 널리 널리 퍼져나가기를 기대해 봅니다.   가톨릭 시니어 제15호 2010.3.10

✢ 또 하나의 다른 천사 ✢

 하얀 가운을 입고 병원에서 환우를 정성스레 돌보는 간호사들을 백의(白衣)의 천사라고 일컫는다. 병으로 인한 고통으로 몸도 마음도 지쳐있는 환우들을 어루만지는 손길이 마음이 천사 같아 환우들의 마음에 안정과 평화를 가져다주기 때문에 부쳐진 이름일 것이다. 하지만 병원에는 백의의 천사만 있는 것이 아니고, 또 하나의 다른 천사가 있어 환우들을 돌보고 있다.
 이름하여 자원봉사자들이 그들이다. 도서실에서, 수술실에서, 병실에서, 의사 간호사들의 손길이 미치지 못하는 일을 맡아 지극 정성으로 환우들을 돌보며 사랑을 실천하고 있으니, 그들이 바로 또 하나의 다른 천사들인 것이다.

 1984년 4월 1일부터 자원봉사를 시작한 이래 25년을 훌쩍 뛰어넘어, 7학년 2반이 된 지금까지도 한결같은 마음으로 환우들을 돌보고 있어, 주위의 칭송을 받는 어르신이 있기에 만나보았다.

유영자(세실리아. 여의도 성당) 어르신이 바로 당사자이다.
유영자 님은 세례를 받은 후, 주님 사랑을 실천할 무슨 좋은 방법이 없을까 하고 찾던 중, 여의도 성모병원에서 자원봉사자를 모집한다기에 기꺼운 마음으로 참여하게 되었단다.
처음 봉사를 시작할 때는 도서실 근무를 지정받아 책을 대출해 주고 반납받는 일을 하며, 환우들의 마음에 안정을 찾아주는 일을 거들었단다. 그러다 봉사의 연륜이 더해지면서 임종을 앞둔 환우들을 돌보게 되었는데, 13년이란 세월을 호스피스 활동을 하면서 임종을 앞둔 환우들을 가까이에서 지켜보는 동안 아름다운 주검이 무엇인가도 배우게 되었다고 들려준다.

임종이 가까운 환우들은 대부분 얼굴에서 두려워하는 표정이 읽히어진다고 한다. 이들에게 가까이 다가가 기도해도 되겠느냐고 동의를 구하면, 지푸라기라도 잡으려고 안간힘을 쓰는 환우들이기에 대개 승낙을 하게 되는데, 이럴 때 손을 마주 잡고 영원한 구원을 주시는 하느님의 사랑에 관한 대화를 하며 기도하면, 어느 사이엔가 얼굴이 밝은 표정으로 편안해지는 느낌을 느낄 수 있다고 했다.
기력이 쇠하여 말하지 못하는 경우는 내 말이 들리면 눈을 감았다 떠보라며 의사 전달을 한 후, 예수 마리아께 기도하자며 안정된 마음으로 임종을 맞게 하기도 하고, 때에 따라서는 환우들의 손을 잡고 또는 껴안고 묵주를 마주 잡고 눈으로 가슴으로 의사를 전달하며 기도를 유도하여 편안한 마음으로 임종을 준비하게 했다고도 한다.

환우들 가운데는 마음을 닫고 옆에 다가가도 시선을 주지 않는 사람도 있는데, 그런 분들에게 다가서는 방법은 팔다리를 마사지해 주며, "나는 궁금하면 눈을 들어 쳐다보는데……"하면서 마음을 열도록 하여 아픈 마음을 어루만져 주기도 한단다.
또 다른 방법으로는 내가 겪은 부끄러운 일들을 솔직하게 들려줌으로써, 환우들이 마음의 문을 열게 하여 가까이 다가서기도 한다고 했다. 하지만 세상을 살며 응어리진 마음을 풀어놓지 못하고 임종을 맞는 분들을 대할 때면, 마음이 무거워짐이 숨길 수 없는 현실이란 말도 들려준다.

백혈병으로 혼수상태에 빠진 분이, '임대료 받아와' 하고 웅얼거리며 숨을 몰아쉬는 모습을 접했을 때, 20억 원이라는 돈을 손해 보고 병을 얻어 사경을 헤매면서도 손해 본 돈에 대한 애착의 끈을 놓지 못하는 모습을 볼 때, 안타까운 마음에 괴로워하기도 했단다. 그런가 하면 시신을 앞에 두고 70만 원이라는 돈을 서로 부담하지 않겠다며, 상례를 진행하지 못하는 쌍둥이 형제를 볼 때는 참으로 안타깝고 답답한 마음이기도 했단다.

그래서 가족 간의 일에 참견할 일은 아니지만, 고인의 마지막 가는 길을 형제간 다투는 모습으로 보내서 되겠느냐며, 화해를 유도하여 원만하게 장례를 모실 수 있게 한 일도 호스피스를 하며 겪은 일 중 잊혀지지 않는 기억으로 남아 있다고 했다.
이처럼 호스피스 일을 하며 보고 느낀 것은, 길고 힘들었던 시간 위에 향기를 남기고 간 사람들이 있는가 하면, 상처와 고통만 자욱한 경우도 얼굴에서 읽을 수 있었다고 했다.

유영자 어르신은 요즘은 수술실 봉사를 배정받아 수술을 앞두고 불안해하고 초조해하는 환우들의 안정을 위해 기도와 대화를 나누며, 무사히 수술을 마치도록 돕고 있단다. 유영자님을 곁에서 쭉 지켜봐 온 지영옥(안젤라) 팀장은, 젊은이 못지않게 열정적으로 봉사하는 어르신은 봉사자들의 모범이라며 아낌없는 찬사를 보내고 있다. 봉사자들의 활동을 관리하는 업무를 담당하는 윤 바실리아 수녀님은, 유영자 어르신은 불필요한 곳에 전등이 켜져 있는 것도 지나치는 일이 없다며, 봉사에 귀감이 됨은 물론 성모병원의 살림꾼이라고 치켜세우셨다.
병원 측에서도 유영자 어르신의 봉사 정신을 기려 지난해 25주년 근속 표창을 한 바 있다고 알려주신다.

어르신의 봉사는 이에서 끝나지 않는다. 여의도 성당 연령회원으로 활동 중인데, 평소 자비(自費)로 묵주를 마련하였다가 염습 때 고인의 손에 감아줄 묵주를 경황 중에 가족들이 미처 챙기지 못하였을 경우, 자신이 준비한 묵주를 제공한다. 상가에 들어온 조화에서 싱싱한 꽃을 뽑아 꽃다발을 만들어 출관 예절 때 관 위에 올려놓는 일을 통해, 가족들의 안타깝고 허전한 마음을 위로하는 일도 잊지 않고 실천하고 있다.
이처럼 다른 사람에게 즐거움을 주는 일을 하는 것에서 오는 행복함 때문인지, 어르신의 목소리는 지금도 젊음이 넘쳐흐른다.

유영자 어르신의 봉사활동에 관한 이야기를 들으면서, 남을 위한 봉사는 곧 자신을 위한 일이라는 사실과 함께 마태오 복음 25장 40절에서 '너희가 내 형제들인 이 가장 작은이들 가운데 한 사람에게 해 준 것이 바로 나에게 해 준 것이다.'라는 말씀처럼 예수님을 위한 일이라는 사실을 새삼 깨닫게 된다.
대담을 마치고 나오면서 유영자 어르신의 봉사가 앞으로도 지속되어 살맛나는 세상을 만들어 가는데 촉매제가 되기를 마음속으로 기원했다.   가톨릭 시니어 제16호 2010.7.10

✣ 복권(福券) 받으셔요. ✣

복권! 내가 만일 당첨이 된다면……. 오늘도 상상의 나래를 펴고 로또복권 판매대를 찾는 사람들이 많을 것으로 생각됩니다. 하지만 복권을 사는 모든 이에게 일확천금의 꿈이 실현되는 것이 아니기에, 많은 사람이 상상의 나래가 허망함으로 변하여 풀죽은 모습으로 소주잔을 기울이고는 힘없는 발걸음을 옮기게 되지 않을까요?

이처럼 많은 사람에게 희망보다는 실망을 안겨주는 복권이 로또복권이지만, 실망 아닌 희망만을 안겨주는 복권을 나눠 주는 분이 있다면, 얼마나 반가운 일이겠습니까? 실제로 이 일을 즐겁고 기쁜 마음으로 하시는 분이 있어 여기에 소개하고자 합니다.
김종찬(아우구스티노-문래동 성당)님이 바로 당사자입니다.
아우구스티노 님은 1980년부터 레지오 활동을 시작하게 되었는데, 전교하는 방법을 곰곰이 생각하다가, 버스 기사로 일하는 직장의 동료와 직원, 그리고 당신이 운전하는 버스를 이용하는 손님들에게 주보를 나누어 주면, 그것이 비로 전교가 될 것이라는 발상을 하게 되었다고 합니다. 그리하여 용기를 내어 주보 50부를 나누어 주기 시작하였고, 주보의 양은 점점 많아졌으며 이 일은 21년 동안이나, 지속되었다고 합니다.

그 후 열심히 무사고로 일한 보람이 있어 아우구스티노 님은 개인택시 사업을 하게 되었고, 개인택시를 운전하면서 전교하는 방법을 찾던 중 착안해 낸 것이 복권을 나누어주는 것이었습니다. 복권이란 다름이 아닌 전단지(인터넷 교리 안내)를 말하는 것입니다. 하느님을 알게 되고 하느님 나라에 가는 길을 안내받는 것이라면, 이 세상 그 어느 복권보다도 가치가 있고 희망을 가져다줄 뿐, 결코 실망은 없을 것이기 때문에 복권이란 이름을 붙이게 되었다고 합니다.

처음에는 복권의 크기를 A5(148cm×210cm) 크기로 만들어, 택시를 이용하는 승객에게 나누어 주기 시작했답니다. 차에 오르는 손님에게 "복권입니다. 받으세요."하고 나누어 주며 손님들의 반응을 살펴보노라면, 손님은 기사의 얼굴을 쳐다보고 의아해하면서 받아들고 읽는 사람도 있고, 제목만 보고는 읽지 않는 사람도 많았답니다. 아우구스티노님은 읽지 않는 사람들에게 서운함을 느꼈지만, 개의치 않고 열심히 복권을 나누어 주었습니다.
그런데 문제점이 생겼습니다. 차에서 내리면서 복권을 주머니에 넣고 가는 사람보다 길에 버리는 사람이 많았답니다. 그리하여 어떻게 하면 복권을 버리지 않고, 주머니에 넣고 가게 할 수 있을까를 궁리하던 차, 복권의 크기를 명함 크기로 하면 좋겠다고 생각하게 되었고, 이 같은 발상은 적중하여 지금은 명함 크기의 복권을 만들어 나누어 주고 있다고 했습니다.

아우구스티노 님의 복권 나누어 주기는, 택시를 이용하는 승객에게만 한정된 것이 아니었습니다. 점심시간이 되어 식사를 위해 거리로 쏟아져 나오는 사람을 보게 되면, 개인택시를 길가에 정차시켜 놓고 나누어 주기도 하고, 비번으로 쉬는 날 지하철을 이용할 경우가 생기면, 전철 안에서 손님들에게 나누어 주는 일도 마다하지 않았답니다. 이렇게 열심히 나누어 주는 복권의 분량은 1주일에 평균 500~600장 정도 되는데, 가장 많이 나누어 준 경우는 1주일에 3,000여 장이 되는 때도 있었다고 하였습니다.

2009년 3월 어느 날 마침 지하철을 이용할 일이 있어 지하철에서 복권을 나누어 주고 있는데, 가톨릭 신자도 이렇게 지하철 열차 안에서 전교하는 사람이 있다는 것에 놀랐다며 접근해 오는 사람이 있었답니다. 그분은 평화신문 기자로 아우구스티노님이 복권을 나누어 주며 전교 활동을 펼치는 사실을, 2009년 4월 2일 기사로 실어 주며 격려를 보내왔다고 했습니다.
복권 나누어 주는 일이 평화신문 기사로 보도되자, 전국 각지에서 자신도 전교 전단을 나누어주며 전교하고 싶은데 어떻게 시작하면 되느냐며, 문의 전화가 빗발치듯 걸려 와, 전화 받느라 진땀을 흘렸다는 경험담을 털어놓으며 생업 때문에 일일이 전화 요청을 다 들어주지 못해 아쉽다고 했습니다.

이처럼 열심히 복권을 만들어 나누어 주다 보니, 복권을 만드는 비용(한 장 제작비 10원 정도 소요)도 만만치 않게 들어가 걱정이 되기도 했는데, 고맙게도 지금은 사도 회에서 후원해 주어서 마음 편하게 복권을 나누어 주고 있다고 했습니다.
아우구스티노님의 복권 나누어 주기를 통한 전교는 서울대교구 14지구 선교사례 발표회에서 우수 사례로 선정되어 수상하는 영광을 맛보기도 하였답니다.
아우구스티노님의 지칠 줄 모르는 봉사는 복권 나누어주는 일에만 머무르지 않고, 주일날 명동성당의 차량 안내, 문래동 성당 연령회장 봉사 외에도 쟌쥬강 양로원 봉사도 도맡아 하고 있었습니다.
쟌쥬강 양로원은 2009년 10월 시성되신, 프랑스 출신 쟌쥬강 수녀님이 세우신 수녀회가 운영하는 한국 분원으로 강서구 화곡본동에 있는데, 외국에서 손님이 오시는 경우 바자회 때 양로원 어르신들의 외출 이동 시 등 수시로 차량 지원을 하여 봉사하고 있다고 했습니다.

아우구스티노님의 봉사활동 사례를 들으면서, 그렇게 많은 시간을 봉사에 할애하면 개인택시 영업은 언제 하며 수입이 보장되지 않으면 어떻게 살 수 있는지 걱정이 되어 물어보았습니다.
그랬더니 들려주는 대답은, 하느님께서 다 부족함 없이 되돌려 주시기 때문에 걱정을 놓으라는 것이었습니다.

아우구스티노 님의 이야기를 들으면서, 마태오 복음 13장 44절 '하늘나라는 밭에 숨겨진 보물과 같다. 그 보물을 발견한 사람은 그것을 다시 숨겨 두고서는 기뻐하며 돌아가서 가진 것을 다 팔아 그것을 산다.'의 말씀이 떠올랐습니다.
보물인 하느님 나라, 그 보물을 혼자만 차지하는 것보다, 많은 사람에게 나누어 주고 행복을 함께 공유하려는 아름다운 마음을 가진 사람, 그런 사람이 보물의 참 주인이 아닐까? 하는 생각을 하게 됩니다.
그러면서 다른 한편으로는 아우구스티노 님에게서 복권을 받으신 분들이, 그 복권이 하느님 나라 곧 보물을 발견하게 되는 참된 복권이라는 사실을 깨닫기를 기원하는 마음이었습니다.

가톨릭 시니어 제17호 2010.10.20

✛ 감사하며 살아야죠! ✛

아침 6시 여의도 성당 미사가 시작되고 5분 쯤 지나면, 자그마한 체구에 등에는 작은 배낭을 지고 어김없이 나타나는 할머니가 있다. 할머니의 5분 늦은 미사 참례는 성체를 영하고 나면, 영락없이 배낭을 등에 지고 성당 문을 나서는 것으로 정형화되어 있다. 할머니의 이 같은 모습의 미사 참례는, 비가 오나 눈이 오나 일요일을 제외한 주중에는 하루도 거르는 날이 없이 계속되고 있다.
할머니의 미사 참례 모습을 지켜보며 '참으로 이상도 하다. 매일 미사를 참례하면서 좀 더 서둘러서 늦지 않고 온전한 미사를 참례해야지, 하루 이틀도 아니고 허구한 날 저렇게 미사에 늦을 수 있나?' 또 '미사에 참례했으면 파견 성가까지 부르고 가야 온전한 미사인데, 성체를 영하고 곧 가는 것은 무슨 사연이 있어서일까?' 하고 의아해하지 않을 수가 없었다.

할머니의 의아한 점은 그뿐만이 아니었다. 여의도 성모병원 장례식장 빈소에 선종(善終)한 신자분이 모셔져 있으면, 오후 4시경 틀림없이 나타나 위령기도를 하신다는 점이다. 보통 본당 신자가 선종하면 빈소를 찾아 위령기도를 드리지만, 다른 본당 신자가 선종(善終)하신 경우에 위령기도를 바쳐드리는 것은 흔치 않은 일이기 때문이다.
나는 성모병원 빈소에서 할머니를 만난 김에, 궁금증을 풀기 위해 할머니에게 다가가 여쭈어보았다.
사시는 곳이 어디이며, 어떤 일을 하시고, 미사 참례는 온전하게 하실 수가 없는지?, 그리고 본당 신자가 아닌 알지도 못하는 선종자를 위해 어떻게 이처럼 열심히 위령기도를 드릴 수 있는가를……

이영옥(마리아 막달레나) 어르신은 올해 74세이며 양천구 신월6동에 사시면서, 여의도 시범아파트에서 청소 미화원으로 40년째 일하고 계신다고 했다. 아침 4시 40분에 집을 나서는데, 운동을 해야 한다는 의사의 지시에 건강을 위해 신정역까지 걸어와 5호선 전철을 타고 여의나루역에서 내려 성당까지 걸어오다 보면, 미사 시간에 맞추어 오기가 쉽지 않다고 했다. 그리고 아파트 관리사무실 청소를 담당하고 있어 사무실 청소를 끝내고, 청소 미화원으로 일하는 담당 아파트까지 정해진 시간에 도착하려다 보니, 미사가 끝나기 전에 자리를 뜨게 된다고 했다. 어르신의 이야기를 듣고 나니 바쁜 생활 속에서도 비록 늦기는 하지만, 거르지 않고 미사를 참례하려는 할머니의 마음이 읽히어졌다.

어르신은 일찍 혼자되셨단다. 친정 오라버니가 목사님인데도, 천주교 신자가 되고 싶어 통신교리를 마치고 1988년 6월 20일 세례를 받고 신자가 되었는데, 어린것들 셋을 키우며 살다 보니 너무 힘들어 무조건 주님께 매달렸다고 한다.
'주님께서 다 해결해 주시겠지.' 생각하고, 주님께 매달리느라 미사 참례를 시작하게 되었고, 지금은 주님의 은총에 힘입어 성장한 3남매가 자기 몫을 하며 살게 되었으니, 주님께 감사하며 살아야 함이 당연한 것이라서 미사 참례를 하게 된다는 것이었다.

감사하며 살아야 하는데 하느님을 위해 내가 할 수 있는 또 다른 일은 무엇일까?
찾다가 레지오 단원이 되고 연령회원이 되었다고 했다. 낮에는 직장 일 때문에 레지오 활동을 밤 팀에서 하고 있고, 고맙게도 퇴근하는 길이면 들러서 기도할 수 있는 성모병원이 가깝게 있어, 장례식장 빈소를 들러 위령기도를 바치며 연령회원으로서 의무를 다하기 위해 노력한다는 것이었다.
어르신은 한 달에 한 번은 용인시 수지구 동천동에 있는 성심 교육관 철야 기도회에 꼭 참여하여, 느슨해지려는 신심을 다잡아 가면서 하느님께 감사를 드리는 일에 소홀함이 없도록 힘쓰고 있단다.

어르신의 말씀을 들은 후, 같은 아파트에서 일하는 윤종율 경비사님께 이영옥 님이 어떤 분이냐고 물어보았더니, '맡은 일을 틀림없이 해내는 책임감이 강할 뿐만 아니라 바지런하여 동료들의 칭찬이 자자하다.'며, '40년을 한곳에서 일한 것이 그분이 어떤 분인가를 증명해 주는 것이 아니냐?'고 되물으며 '두터운 신앙심이 그분을 더 아름답게 보이게 하는 것 같다.'고 했다.
"감사하며 살아야죠!" 마음으로부터 우러나서 드리는 어르신의 "주님, 선종자에게 영원한 안식을 주소서" 기도 소리는 오늘도 내일도 쉼 없이 이어질 것이라 믿어진다.
 이영옥 마리아 막달레나님 같은 어르신이 있어, 살맛 나는 세상이 만들어지는 것이 아닐까?.

가톨릭 시니어 제18호 2011.1.14

✜ 나는 행복합니다. ✜

"건강하십시오." "기도 중 기억하겠습니다."
 이종철(클레멘스) 대방동 성당 연령회장님이 성당을 오가며, 길에서 마주치는 사람들로부터 자주 받는 인사말이라고 한다. 하지만 인사를 하는 사람이 누구인지 아는 경우는 드물다고 했다. 그렇다면 알지도 못하는 사람들이 이종철 회장님에게 인사를 하는 까닭이 무엇일까?
이 회장은 인사하는 사람이 누구인지 기억할 수는 없지만, 상•장례(喪葬禮)를 통해 자신을 알고 있는 사람들이 감사의 마음을 담아 보내는 인사로, 연령회장을 오래 하다 보니 맛보는 즐거움이라고 표현했다.

 이 회장님은 1980년부터 가톨릭 신앙을 갖게 되었는데, 처음부터 열심히 신앙생활을 한 것이 아니고 겨우 주일을 지키는 수준이었단다. 그러다 연령회 활동을 시작한 것은 1988년 4월이란다. 국가의 부름을 받아 15년간 군 복무를 하고, 직장생활 15년을 정리한 후 시간적인 여유를 갖게 되자 부인이신 정점수(레지나) 님이 연금으로 밥은 굶지 않고 살게 되었으니, 삶에 연연하지 말고 봉사하며 살자는 제안을 해 왔다고 한다. 그래서 부부가 함께 연령회 봉사를 시작하게 되었단다.

 연령회 봉사활동을 하면서 신앙심이 두터워졌고, 그동안 7남매가 올바르게 성장하고 가정이 화목해졌으며, 첫째와 막내딸은 주님의 부르심을 받아 수녀님이 되는 은총을 받게 되었다고 한다. 이 회장은 나 같은 보잘것없는 사람이 이처럼 분에 넘치는 삶을 살게 되었음은, 모든 게 주님의 은총이라는 생각에 이르렀고, 주님의 은총에 감사드리며 사는 길은 내가 하는 연령회 봉사활동을 열심히 하는 것뿐이라는 판단에서, 지금까지 이어지는 23년이라는 기간을 오로지 연령회 활동에만 몰두하며 살아왔다고 했다. 지금은 가족 중 운명(殞命)하시는 분이 있으면, 병원이나 성당 영안실로 시신을 모셔 와 상•장례 절차를 진행하지만, 1988년 무렵에는 집 밖에서 세상을 뜨는 일이 생기면 객사(客死)라며 금기시하던 때라, 병원에서 치료받다가 운명하게 되면 집으로 모셔 와 상•장례를 치르던 때였다고 했다.

 당시만 해도 염습할 사람이 많지 않아 상가(喪家)가 생기면, 이 회장님 내외가 염습을 직접 하는 경우가 많았는데, 연령회 활동이 활발하지 않던 때인지라 돈을 받고 염습을 하는 사람으로 알고,

얼마를 주면 되느냐고 물어보며 장의사 직원으로 취급당하기도 했다. 염습이라는 궂은일이나 하는 사람으로 취급하며 하대(下待)를 받는 경우도 많았단다.
또 장지에서는 가톨릭 의식으로 장례 절차를 진행하면서, 하관 시각 문제로 관 위에 예단을 넣어야 하느냐 안 넣어야 하느냐 하는 일로, 상가 문중 어르신들과 신경전을 벌이는 일도 많이 경험하였다고 하면서 그동안 겪었던 어려움을 들려주었다.
이 같은 어려움을 겪으며 연령회 봉사 활동하기를 23년, 그중 18년간을 회장으로 봉사하였다고 하니, 이 회장님의 지칠 줄 모르는 끈기와 인내는 사명감과 긍지가 없으면, 감히 엄두도 내지 못할 일이라 여겨져 감탄이 저절로 나온다.

지금은 연령회원이 60여 명으로 늘어났으며, 성당 영안실을 운영하는 데 따른 염습봉사자도 13명을 양성해 놓았기 때문에, 안정적이며 조직적으로 상·장례 의식을 진행할 수 있게 되어 자부심을 느낀다고 했다.
대방동 성당은 1년 평균 55회에서 60여 회 상가가 발생한다고 한다. 그러면 이 회장님이 23년간 연령회 활동을 하면서, 하느님 나라로 보내드린 연령이 무려 1,400여 명에 이른다. 이처럼 엄청난 일을 지치지 않고 할 수 있었음은, 무엇보다도 행복감을 느끼기 때문이라고 했다.

상·장례 절차를 밟으며 가족에게 성사를 보도록 종용하여, 오랜 기간 식었던 신앙심을 일깨워 주는 계기를 만들어, 전 가족이 성당에 열심히 나오는 모습을 보게 되는 일, 장엄하고 경건한 가톨릭 상·장례 의식을 접하면서 비신자였던 가족이 전부 가톨릭 신앙인이 되는 것을 보는 일, 그리고 유족이 가톨릭 신앙인이 되면서, 이 회장님과 사모 님의 대자 대녀로 신앙 가족을 이루게 되는 일, 장례 의식을 통해 연을 맺은 사람들이 거리에서 반갑게 건네는 인사 등이 연령회 활동을 통해서만 맛볼 수 있는 기쁨이며 즐거움이라는 것이다.
이 같은 행복감은 올해로 81세가 되는 이 회장님과 77세인 사모님이 노익장을 과시하며 연령회 봉사를 계속하게 되는 힘의 원천으로 작용한다고 했다.

가난한 삶이지만 욕심내지 않는 안분지족(安分知足)에서 행복을 느끼며, 상·장례 의식을 통해 마태오 복음 25장 40절 "너희가 내 형제들인 이 가장 작은 이들 가운데 한 사람에게 해 준 것이 바로 나에게 해 준 것이다"라는 주님의 말씀을 실천하며 사시는 이종철 회장님의 삶의 자세에서, 우리는 어떻게 사는 것이 행복한 삶인지 다시 한번 생각해 보게 된다.
가톨릭시니어 제19호 2011.4.25

✤ 나누는 기쁨으로 삽니다. ✤

'아리아리랑 스리스리랑 아 라 리가 났네' 매주 수, 목요일 오후 2시면 경쾌한 장구 소리와 함께, 여의도 성당에서 어김없이 흘러나오는 흥겨운 우리 가락이다.
이같이 우리 가락이 흘러나오기 시작한 것은 2010년 3월부터이다. 너섬시니어아카데미를 보다 활성화하기 위해 동아리 반을 개설하고, 재능 있는 강사를 구한다는 주보의 공고문을 보고,

기꺼운 마음으로 국악 지도 강사로 참여해 주시겠다는 요청이 있어서 국악 동아리 활동이 시작되었기 때문이다.

 지도 강사님을 모시게 되어 학생 모집 공고를 하고, 장구 10개를 새로 매입하는 등 개강 준비를 서둘러 했다. 그러면서도 동아리 활동이 정상적으로 운영될지 걱정스러운 마음을 떨쳐버릴 수가 없었다. 그것은 강사 선생님의 강의 수준이 어느 정도이며, 학생들이 얼마나 모일지 감이 잡히지 않기 때문이었다.
하지만 염려는 기우였다. 학생이 최소 5명 이상이 확보되었을 때 개강하기로 한 조건이 충족되어 개강하게 되었고, 국악 지도 강사님이 너무나도 열심히 가르친다는 사실이 입소문으로 퍼지면서, 학생들이 점점 늘어 장구 5개를 더 사야 하였는데도 수요를 충족시키지 못하는 상황이 되었다.

 그렇다고 무한정 장구를 사서 공급할 수도 없고, 30여 명으로 늘어난 학생을 수용할 만한 공간 확보도 어려워 동아리를 수, 목요 반으로 편성 운영하게 된 것이다.
국악 배우기는 선생님의 열정적인 가르침과, 학생들의 배움 열정이 어우러져 혹서기, 혹한기에도 방학이라는 휴식도 없이 1년 내내 이루어지고 있다.
이처럼 학생들로부터 큰 호응을 받으며 열정적으로 국악을 지도하고 계신 강사님은, 올해 74세이신 박영자(레지나)님이시다. 선생님의 국악사랑은 30여 년 전 젊었을 때로 거슬러 올라간다.

 장로교 신자로 성가대에서 활동하고 있었는데, 교회에서 국악에 조예가 깊으신 선생님을 만나게 되면서 국악에 접하게 되었고, 이후 국악을 잘한다는 선생님이 계시면 부지런히 찾아다니면서 사사(師事) 받았으며, 사물놀이 인간문화재 김득수 님으로부터도 지도를 받아 경력을 쌓으셨다고 한다.
이렇게 쌓은 오랜 경력으로 선생님은, 주위 분들로부터 지금은 고수(高手) 예우를 받는 분이 되셨다. 대개는 국악을 하시는 분들이 악기와 민요를 함께 다루는 경우가 흔치 않은데, 선생님은 장구와 경기민요를 두루 섭렵하시어, 두 재능을 동시에 가르치시므로 학생들의 호응이 더 크다는 것이다.

 요즘은 재능 나누기가 사회적 이슈가 되어 많은 사람이 재능 나누기에 동참하고 있지만, 7년 전쯤만 해도 재능을 나눈다고 하는 것은 생소한 일이었다. 하지만 선생님은 영등포 1동에 마련된 영등포 문화센터에서 1주일에 한 번씩 학생을 지도하셨는데, 얼마나 열정적으로 가르치셨던지, 시간 가는 것도 잊고 지도하다 보니 세, 네 시간을 넘기는 것이 다반사였다고 한다.
이처럼 고수의 재능을 지니신 분이 열성적으로 학생들을 가르친다는 소문이 주위에 퍼지면서, 학생들이 많이 몰려들어 문화센터에서는 수용의 한계 때문에 학생들을 돌려보내느라 어려움을 겪기도 했단다.

 열정적으로 재능을 나누시던 선생님에게도 슬럼프는 찾아왔다고 했다. 2009년 12월 부군이 세상을 떠나시자, 모든 일에 의욕을 잃게 되어 재능 나누기를 중단하고 집안에 칩거하며 우울한 나날을 보내고 있었다고 했다.

그러던 어느 날 성당에서 강사를 구한다는 주보 공고문을 보고 떠올린 아이디어가, 부군이 돌아가셨을 때 연령회 회원들이 추운 겨울인데도 몸 사리지 않고 장례 의식을 진행하는 모습처럼, 나도 교회를 위해 재능을 나누는 일을 다시 시작해야 하겠다고 생각했다는 것이다.

이렇게 해서 국악 동아리를 맡아 지도하게 되었는데, 이것으로 인하여 우울증이 사라지고, 재능을 나누는 기쁨으로 삶의 활력을 새롭게 찾게 되었다며, 건강이 하락하는 한 계속해서 재능을 나눌 것이라고 한다.

영등포 문화센터에서 선생님의 지도를 받았던 안지영님은 레지나 선생님이 여의도 성당에서 국악을 지도한다는 소식을 듣고 서둘러 달려와 사사 받던 중, 대전으로 대전에서 또 인천으로 이사를 하게 되었는데, 계속 선생님의 가르침을 받고 싶어 대전에 살 때도 인천으로 이사를 한 후에도, 서울을 오가면서 강의를 듣고 있다며 정통 국악의 진수를 배우는 즐거움이 크다고 자랑스러워했다.

선생님으로부터 장구와 민요를 배운 시니어아카데미 학생들은, 12월에 계획된 어울마당에서 자신들이 배운 재능을 맘껏 펼쳐 보일 것이라며, 잔뜩 마음이 부풀어 있고 정통 국악을 배운다는 자부심으로 가득 차 있다.

재능 나누기를 통해 학생들에게 빛으로 작용하는 박영자(레지나) 선생님, 선생님의 모습을 통해 세상의 빛과 소금이 되라는 주님의 말씀을 다시 한번 떠올려 보게 된다.

가톨릭 시니어 제20호 2011.8.1

✧ 당신의 도구로 써주소서 ✧

10월 7일(금) 14:00 시, 용산 아트홀 대극장 미르.
제1회 용산구 실버 스포츠 페스티벌이 열리는 무대 위 1부 순서로, 노인복지 기여자 표창장 수여식이 진행되고 있었다. 단상 가운데에 작고 아담한 체구에 상기된 얼굴의 어르신 한 분이 수상자 대열에 서 계셨다. 바로 최영숙(아셀라) 어르신이다.

최영숙 어르신은 이태원성당 신자 분으로 평소 봉사활동에 솔선하시는 삶을 살고 계셨단다.
어르신이 헌신적으로 봉사하시는 모습에 감명받은 주위 분들이, 이구동성으로 이번 기회에 아셀라 어르신이 상을 받아야 한다며 어르신도 모르게 추천해서 구청장 표창을 받게 되었다는 것이다.

아셀라 어르신께서는 재주가 많으셔서 못 하시는 일이 없다고 했다. 노래도 잘 부르고 스포츠 댄스 무용도 잘할 뿐 아니라, 그림도 매우 높은 경지에 이를 정도로 다양한 재능을 지니신 분이라고 주위 분이 들려준다. 이렇게 재능이 많으신 분이 성격까지 활달하고 적극적이어서, 앞장서 일하는 것을 매우 즐거워하셨기 때문에, 약방의 감초처럼 어느 곳에서나 필요한 분으로 인식이 되었다는 것이다.

어르신께서는 1990년도에 세례를 받으셨는데, 가까운 친구분이 "당신이 가지고 있는 그 재능을 요긴하게 쓸 곳이 있다"며 권하여 연을 맺게 된 곳이 이태원성당 노인대학이라고 했다.

레크리에이션을 담당하여 노인대학 어르신들과 즐겁게 어우러져 노래를 부르고, 연세가 들면서 운동량이 적어 유연성이 부족한 어르신들에게, 스포츠댄스와 무용(율동) 지도를 통해, 유연성 신장과 함께 활력이 넘치는 삶을 살아가도록 이끌기를 13년.
어르신은 노인대학에서 봉사활동을 하면서, 당신이 갖고있는 재능이 어디에 어떻게 쓰여져야 하는지를 깨닫게 되었다고 했다. 그 깨달음은 하느님께서 주신 재능을 지닌 자신이 주님의 도구로 쓰이어야 한다는 생각이었다는 것이다.

주님의 도구로 쓰이도록 사는 삶이 앞으로 자신 삶의 방향이 되어야 하고, 그것에서 보람을 찾고 그것에서 기쁨을 맛보는 삶이 되어야 한다는 것에 생각이 머무르니, 자신이 해야 할 일들이 눈앞에 펼쳐 저 보이더라는 것이다.
그래서 노인대학 봉사는 기본이고 성가대에도 참여하며, 하느님이 주신 재능으로 주님을 찬양하는 삶을 살았고, 2년 동안 단장을 역임하며 더불어 살아가는 신앙공동체로 자리매김이 될 수 있도록 노력을 기울여 왔다고 했다.

 지난 해 부터는 다시 단장에 선임되어 아름다운 하모니로 주님을 찬미할 수 있도록, 자신에게 주어진 재능을 유감없이 발휘하려고 애쓰는 중이란다.
레지오에도 참여하여 매일 150단 이상 묵주기도를 바치며 활동을 계속해 왔고, 3년 간 꾸리아 단장을 하면서, 성모님의 군대로서 하느님 나라를 선포하는 일도 게을리하지 않았단다.

6년 전, 일가친척이 없는 52세 되신 분이 어린 자식을 두고 세상을 떠나는 안타까운 상황을 지켜보면서, 외로운 영혼을 위한 기도의 필요성을 절감했다. 아침 미사에 참여하는 어르신들을 설득, 30여 명이 참여하는 연도회를 조직하였는데, 지금은 순천향병원 원목실과 연계하여 병원에서 운명하시는 신자 분들을 위해 기도하며, 활동을 이어 오고 있단다.

 이렇게 바쁜 삶을 살면서 재능을 계발하는 일에도 쉼 없이 정진을 계속해 오고 있다고 하신다.
 30여 년 전인 42세 때 서예를 익히면서 수묵채색화를 그리는 일을 접하게 되었는데, 흥미를 느껴서 틈틈이 작품 활동을 하다 보니 실력이 향상되더라고 하시며, 도쿄 한국대사관 주선으로 한·일 문화교류전에 작품을 출품하였다고 들려주시며 어깨를 으쓱하셨다. 아셀라 어르신께서는 장 유착 증으로 수술을 받아 1m 정도의 장을 절제하고 치료를 받느라 병원에 입원하고 계셨었는데, 이것으로 인해 시니어아카데미 어르신들께 스포츠댄스를 가르쳐 줄 기회를 놓쳐, 실버 스포츠 페스티벌에 이태원 성당이 참여를 못 했다며 못내 아쉬워하셨다.

 10월 7일 제1회 용산구 실버스포츠 페스티벌 무대는, 아셀라 어르신이 칠순에 접어든 연륜을 의식하지 않고, 헌신적으로 봉사하는 모습에 감동을 받아 표창을 내신하여 표창장을 받게 되었지만, 수술후유증으로 움직임이 자유롭지 못한 아셀라 어르신이 겪게 될 불편함을 의식하여 옆에서 정성껏 보살피는 주위 분들의 모습을 보면서, 논어에 나오는 덕불고 필유린(德不孤必有隣) 즉 덕을 베푸는 사람은 외롭지 않고, 주위에 역시 좋은 이웃이 있다는 것을 확인시켜 주는 아름다운 무대가 되었다.   제6회 시니어아카데미 봉사자의날 가톨릭 시니어 제21호 2011.10.31

✢ 봉사하는 기쁨, 함께하는 즐거움 ✢

12월 6일(화) 오전 10시 초겨울의 찬 공기가 옷깃을 여미게 하는 바깥 날씨에도 아랑곳하지 않고, 퇴계로에 있는 우리은행 본점 4층 대강당은 500여 명이 뿜어내는 열기로 후끈 달아올라 있었다. 서울대교구 118개 본당에서 운영하는 시니어아카데미 학생 어르신들의 교육활동을 담당한 봉사자들의 1년간의 노고를 기리고 축하하는 자리, 낯익은 반가운 얼굴들이 만나 빚어내는 미소, 맞잡은 손과 손, 더러는 뜨거운 포옹들로 강당 안은 그야말로 화기 만당(和氣滿堂) 했기 때문이다.

박광순 회장님의 개막선언에 이어 담당 사제이신 홍근표(바오로) 신부님께서 환영사 말씀을 해 주셨는데, 신부님께서는 "봉사자들이야말로 어르신 교육에 대한 봉사를 통해 추기경님의 사목지침인 '새로운 시대의 새로운 복음화'에 부응하는 사람 중심 사목의 주역들이라시며, 그동안의 노고에 위로와 감사를 드리고, 앞으로도 교구와 교회 전체 어르신들께 하느님의 빛과 소금의 역할을 계속해 줄 것을 기대한다"는 요지의 말씀이었다.

개회식에 이어 전개된 축하공연은 가톨릭영시니어아카데미 연극 두레원들이 펼친 '부자와 나자로'였다. 공연이 시작되자 생경스러운 남루한 옷차림으로 등장하는 거지를 바라보는 서로 다른 시각을 통해, 인간의 마음속에 내재한 영성의 현주소가 어떤 모습인가를 코믹하게 표현함으로 관중들로부터 많은 박수를 받았다.

축하공연 다음 순으로, 봉사자의 날 매인 이벤트 '도전 은총 벨' 예선전이 이어졌다. 매끄럽고 재치 있는 사회자로 이름이 널리 알려진 김영구 님이 진행했는데, 퀴즈를 풀어가는 중간에 '사과 따기에 가장 좋은 때는? 주인이 없을 때,' '어르신들이 가장 즐기는 여행지는? 나이아가라,' '탕자가 돌아오는 것을 가장 싫어하는 것은? 살찐 송아지,' 등 넌센스 퀴즈를 곁들여 관중들로부터 박장대소를 자아내며 분위기를 고조시켰다. 도전 은총 벨 예선전은 이처럼 즐거운 분위기에서 막을 내렸다.

오후에 이어진 축하공연 2, 남장 여장에 머리 색깔도 아롱다롱 가발을 써서, 누구인지가 분별이 안 되는 사람들이 등장하여 개성 있는 춤을 엮어나갔다.
춤의 분위기에 함께 호흡하는 관중들은 그야말로 함께하는 즐거움으로 강당이 일렁이고 있었다. 춤을 마치고 퇴장하는 사람을 되돌려 세우고, 여장한 사람의 가발을 벗기는 순간, '앗!' 하는 소리가 터져 나왔다.

여장한 사람은 바로 하상진 신부님이셨다. 축하공연 2를 장식한 백미였다.

도전 은총 벨의 결승전. 예선전에서 살아남은 10명의 선수가 실력을 겨루는 결전장, 시작과 함께 긴장감이 무대 위를 감돈다.
문제가 제시될 때마다 거침없이 답을 써 내려가는 팽팽한 실력들! 하지만 최후의 승리자는 한 사람만 남는 법, 마침내 은총 벨을 울리느냐 못 울리느냐? 의 마지막 문제가 제시됐다.
그것은 가톨릭 서울시니어아카데미에서 발간한 책, 이사이 그루터기가 담고 있는 의미는 무엇인가? 였다. 엎드려 열심히 답을 쓴 후 번쩍 쳐든 답 판에는,
1) 가브리엘 천사가 성모님을 찾아뵙고 예수님 탄생 예고,
2) 이사이 그루터기에서 새순이 돋아남을 의미가 쓰여 있었다.
본래 이사이 그루터기는 희망을 담고 있다는 것이 정답이지만, 의미가 통하므로 정답으로 가름할 수 있다는 신부님의 유권 해석이 내려지는 순간, 은총 벨의 굉음이 장내에 울려 퍼졌다.
이렇게 해서 여의도 성당 이윤영(크리스티나)가 은총 벨의 주인공으로 탄생한 것이다.

마지막 순서인 파견 미사는 조규만(바실리오) 주교님이 집전하셨다. 주교님께서는 강론을 통해 대림의 시기는 기다림의 시기인데, 이는 아기 예수님의 탄생하심을 우리들이 기다리는 시기이기도 하지만, 목자가 한 마리 잃어버린 양을 기다리듯 아버지가 탕자를 기다리듯, 하느님께서도 우리를 기다리신다는 것을 알아야 한다고 하셨다.
하느님께서 우리를 기다리신다는 사실은, 우리가 곧 하느님으로부터 사랑받는 존재라는 것이며, 이는 인간이 그만큼 소중하다는 것을 의미한다고 하시면서, 영원히 살 수 있게 된 하느님의 선물을 기다리는 시기 성탄을 맞아, 하느님이 주시는 선물을 잘 받기를 바란다고 하셨다.

미사 끝부분에서는 그동안 봉사자로서 활동을 열심히 하다 퇴임하는 학장님들에 대한 표창, 교육에 열심히 참여한 사람에 대한 개근상 수여, 시니어 아카데미를 모범적으로 운영한 본당에 대한 표창이 이어져, 봉사에 대한 기쁨을 맛보는 시간이었다.
제6회 시니어아카데미 봉사자의 날 행사는, 이렇게 '봉사하는 기쁨과 함께하는 즐거움'으로 가슴 뿌듯한 하루가 되었던 것이었다.
가톨릭 시니어 제22호 2011.12.30

✣ 새롭게 출발하는 가톨릭서울시니어아카데미 ✣

가톨릭서울시니어아카데미 정기 총회가, 지난 2월 21일(화) 10:00 시 서울대교구시니어센터(종로성당) 대성전에서 열렸다.
1, 2부로 나눠 진행된 총회 1부는, 서울대교구 염수정 총대리 주교님이 주례하시고, 노인사목부 사제단이 공동 집전하시는 미사로 시작되었는데, 주교님께서는 시작에 앞서 고령화시대 노년의 삶이, 저주가 아닌 축복의 삶이 되기를 기원하는 마음을 담아 미사를 드리자고 말씀하셨다.

강론 말씀을 통해서는, 박고빈 신부님의 혜안으로 시작된 노인대학 연합회가 30주년의 연륜을 쌓으며 노인사목에 많은 기여를 했지만, 이제는 새롭게 변화하는 시대에 맞춰 노인사목의 새로운 비젼을 제시할 때가 되었기에, 교회에서는 사목 지침 '새로운 시대, 새로운 복음화'에 부응하고자 조직을 가톨릭서울시니어아카데미로 개편하고, 사제를 보강하는 등 노력을 기울이고 있다고 하셨다.
서울대교구 225개 전 성당에서 시니어아카데미가 설치 운영되기를 기대하며, 그런 가운데 하느님 뜻 안에서 교회공동체로 살아감이 복된 삶이란 것을 깨닫고, 노년의 삶이 복된 삶이 되도록 봉사자들께서 힘써 달라고 당부하셨다.

2부 총회는 62개 성당에서 106명의 대표가 참석하여 성원이 된 가운데 염 주교님, 김영국 신부님과 노인사목 사제단, 연합회 임원진이 참석한 가운데, 박광순 노인대학 연합회 회장의 사회로 진행되었는데, 2011년도 연합회 운영과 결산보고 2012년도 사업계획과 예산안이 보고되어 만장일치로 통과되었다.

이어서 사단법인 노인대학 연합회가 노인사목부 산하 가톨릭서울시니어아카데미로 조직을 개편하는데 따른 정관 수정에 대한 심의가 있었는데, 이것 또한 원안대로 통과되었다. 가톨릭서울시니어아카데미 정관이 마련됨에 따라 그 후속 조치로 운영위원회가 새로 구성되었는데, 회장 이경희(루이제, 자양동), 부회장 고영애(세실리아, 당산동), 총무 이정옥(데레사), 운영위원 김삼주(바오로), 김순화(세실리아), 김영순(리나), 서옥경(소피아), 이경애(율리안나), 이혜자(로사리아), 정영희(로사) 님께 주교님께서 위촉장을 수여하셨다.

새로 위촉된 운영위원들은 노인대학에서 오랫동안 봉사해 오신 경력자들 중에서, 덕망과 능력을 갖춘 분들을 추천받아 선임했으므로 앞으로의 활동이 기대되며, 그동안 노인대학 연합회 박광순 회장을 비롯해 임원진으로 활동해 온 분들의 노고에 치하를 드린다는 주교님의 말씀으로, 가톨릭서울시니어아카데미 정기 총회는 대단원의 막을 내리고 힘찬 새 출발의 발걸음을 내딛게 되었다.

가톨릭 시니어 제23호 2012.4.2

✢ 이사이의 그루터기 ✢

6월 13일(수) 15:00시,
종로성당 4층 연구실에서 시니어 영성 모임이 있다는 소식을 전해 듣고, 시간에 맞추어 방문했습니다. 시니어아카데미 봉사자로 활동하시는 목3동 성당 이지숙(체칠리아), 노량진 성당 문동지(마리아), 발산동 성당 김경숙(마리아 막달레나), 삼성산 성당 박점순(아네스) 님이 영성 나눔 교재 '이사이 그루터기'를 앞에 놓고 얼굴을 맞대고 정답게 앉아 있었습니다.
이날 영성 나눔의 주제는 17과 '하느님 나라가 다가왔다'였습니다. 성령의 이끄심에 따라 기도로 영성 나눔 모임을 시작하겠다는 오늘의 이끔이 박점순(아네스) 님의 인도에 따라 영성 나눔이 시작되었습니다.

영성 나눔은 1. 시대의 징표 읽기, 2. 하느님 말씀 듣기, 3. 신앙적 성찰, 4. 삶에서 실천하기의 차례로 이어졌습니다.

시대의 징표 읽기에서 '하느님 나라'는 "먹고 마시는 일이 아니라, 성령 안에서 누리는 의로움과 평화와 기쁨"(로마 14.17)이라며, 하느님 나라의 모형은 성부, 성자, 성령 사랑의 삼위일체시라고 하셨다. 안드레이 류블로프의 삼위일체 이콘을 보면서, 하느님께서 이 사랑의 공동체로 모든 피조물을 부르고 계시는 의미를 생각하는 시간을 가졌습니다.

이어서 이콘을 보고 받은 느낌을 서로 나누었는데, 옷차림이나 앉아 있는 모습 등 세 분간에 차별이 뚜렷해 보이나 내밀한 일치를 보이고 있으며, 성령 안에서 누리는 '의로움과 평화와 기쁨'이 하느님 나라라면, 반드시 죽음을 통해서만 이르는 하느님 나라가 아니라 성부, 성자, 성령 세 위가 일체를 이루듯 세상 사람들이 사랑으로 하나 되면, 하느님 나라를 이룰 수 있다는 느낌을 받았다는 것이었습니다.

이어진 하느님 말씀 듣기에서 이끔이는, 마태오 복음 13장 31절에서 33절, 44절 46절에서 예수님께서 비유를 들어 말씀하신 "하느님 나라는 겨자씨와 같다.", "하느님 나라는 누룩과 같다." "하늘나라는 밭에 숨겨진 보물과 같다.", "하늘나라는 좋은 진주를 찾는 상인과 같다."를 2번 읽어 주고 비유의 말씀을 음미하는 묵상 시간을 갖자고 인도하였습니다.

하느님 말씀을 듣고 묵상한 후 영성 나눔은 신앙적 성찰로 이어졌습니다. 예수님께서 하느님의 모습을 표현하기 위해 가장 많이 쓰신 용어가 '연민'이고, 또 하느님 나라를 선포하실 때 강조하신 것은 '심판'이 아니고 '구원'이었다는 점, 그리고 현실에서 권력과 경제적 이익이 가장 힘있고 중요하게 보이나, 예수님께서 비유를 통하여 아무리 작게 보여도 하느님 나라가 최상의 가치이며, 인간이 가야 할 최고 최종의 목적임을 가르치셨는데, 교회는 이 같은 가르침에 대해 어떻게 접근하고 있나?를 돌아보는 시간이었습니다.

이끔이가 읽어 준 존 휠렌바흐 신부님이 쓴『하느님 나라』에서, 바오로 사도는 "하느님 나라는 먹고 마시는 일이 아니라 성령 안에서 누리는 의로움과 평화와 기쁨"(로마 14,17)이라고 하셨는데, 이는 단순히 느낌이나 감각이 아니라 이 세계 속에서 실현되어야 할 현실이라는 것입니다. 또한 바오로 사도는 "하느님 나라를 위해 투쟁하고." 혹은 "멍에를 메는 것"이라는 표현을 쓰셨는데, 이는 하느님 나라의 가치들에 매일 매일 투신하는 것 이외에 다른 것이 아니며, 예수님의 제자들도 정의, 평화, 기쁨의 가치들을 살아냄으로써 하느님 나라에 투신하도록 초대되고 있다는 것입니다.

그리고 하느님 나라는 현존하며 경험될 수 있고 알아볼 수 있는데, 이 세 가지 특징이 살아있는 하느님 나라는 정의롭고 평화로운 관계를 맺는 사람들에 의해 모든 죽어 있고, 죽어가는 것들이 생명을 회복하면서, 질병, 불의, 억압이 사라진 모습으로 전적인 완전함이 이루어져 사람들이 치유되고 평화가 다스리며 주인-노예가 없는 세계로 묘사된다는 것입니다.

신앙적 성찰을 통해서 하느님 나라는 이미 시작은 되었지만, 아직 최후의 완성은 아니며 전적인 하느님의 선물이지만 인간의 수락과 노력이 요구된다. 보편적인 것이지만 개별적인 것이고, 교회는 하느님 나라의 도구라는 사실, 그리고 우리가 정의와 평화를 위해 투신할 때 이미 이 땅에서 큰 기쁨을 선물로 받게 된다는 것을 이해하는 시간이었습니다.

영성 나눔의 마지막 단계는 신앙적 성찰을 통해서 하느님 나라에 대해 깨달을 바를, 삶에서 어떻게 실천할 것인가에 대해 서로 의견을 나누는 시간이었다.
표정 관리를 통해 내가 대면하는 모든 분에게 즐거움이 전달되도록 노력해야 하겠다는 분, 올곧게 살아야 하겠다는 분, 하느님 나라의 실현을 위해 작은 힘이나마 보다 적극적으로 투신하며 살아야 하겠다고 하시는 분, 시니어아카데미 어르신들의 영성 나눔을 위해 우리가 배운 바를 보다 효율적으로 접목하려는 노력을 기울여야 하겠다는 실천 의지들이 교환되었습니다.

오늘 영성 나눔 활동을 지켜보면서, 이렇게 트레이닝 되신 봉사자들이 각 본당 시니어아카데미 어르신들의 영성 나눔을 이끌어 간다면, 어르신들의 영성이 풍요로워질 뿐만 아니라, 서로에 대한 이해를 통해 어르신들 사이의 관계 또한 매우 좋아질 것이란 느낌을 강하게 받고, '이사이 그루터기'가 어르신들의 영성 나눔에 적극 활용되기를 기대해 봅니다.

가톨릭 시니어 제24호 2012.8.1

✢ 오늘은 내일보다 젊은 날 ✢

9988234, 구구 팔팔 이 삼 사는 요즘 연세가 드신 어른들이 농담 반 진담 반으로 서로 나누는 대화이고, 퇴임식장을 찾은 지인들이 퇴임하는 주인공에게 덕담으로 건네는 말이다.
99세까지 팔팔하게 살다가, 이 삼일 가볍게 앓고 하느님 나라로 갔으면 좋겠다는 마음을 담아 전하는 말이다. 이 같은 대화는 우리 사회가 65세 이상 인구가 차지하는 비율이 7.2%를 넘어 이미 고령화 사회가 되어 있을 뿐 아니라, 2018년이 되면 14%를 넘어 고령사회에 진입할 것을 예측하면서 통용되고 있다.

인생 70 고래희(人生 七十 古來稀), 사람이 70세를 산다는 것이 흔하지 않다는 이 말은 이제 우리 주변에서 자취를 감춰 갈 정도로, 우리는 장수 시대를 살게 된 것이다. 그에 따라 퇴직 후의 삶을 어떻게 정립할 것인가? 하는 화두는 노후 행복한 삶을 꿈꾸는 사람들로서는 고민하지 않을 수 없는 문제로 부각 되었다.
우리들 앞에 대두된 이 문제를 가지고 시니어아카데미 봉사자들을 대상으로, 정보를 제공하는 자리를 노인사목부에서 마련한바, 거기서 논의된 내용을 간추려 옮겨 본다.

우리는 나이 듦에 대해 배운 바가 없다. 따라서 빠르게 변하는 정보화 사회에 대한 적응력 부족으로 노령을 어떻게 살아갈 것인가? 에 대한, 불안과 강박관념에 쌓이는 어려움을 겪기도 한다.
 하지만 문제를 해결해야 할 주체는 자신이고, 자기 주도적 삶의 당사자도 자신이어야 하므로, 우리는 지속적인 배움의 자세를 지녀야 한다는 것이다. 변화하는 사회를 능동적으로 살아갈 수 있는 정보 활용 능력을 얻는 것은, 배움을 통해서만 가능하기 때문이다.
배움을 통해서 길러진 적응력, 배움을 통해서 갖게 된 새로운 사회에 대한 인식으로, 자기 주도적인 삶을 펼쳐 나갈 때, 새롭게 시작하는 인생 2막은 개성 있는 삶, 차별화된 삶, 성공적인 노령의 삶을 엮어갈 수 있을 것이다.

 다음은 소통의 삶을 살아가자는 것이다. 우리는 대화를 하면서 바쁘다는 점을 내세워 나도 모르게 요건만 간단히 들으려 하고, 대화의 핵심만을 요구하는 생활을 해 오면서 소통이 단절된 삶을 살고 있으며, 각자의 문제에만 매몰되어 있어 세대 간 소통도 단절된 삶을 살아왔다.
'소통이 잘 되고 있느냐?'는 질문에 성인은 54%가 잘 된다고 반응을 보인 반면, 젊은이는 4%만 잘 된다는 반응을 보였는데, 이에서 우리는 세대 간 소통이 원활하지 못함을 유추할 수 있다.
이 같은 세대 간 단절로는 노년의 문제를 해결할 수가 없으므로, 대화 채널을 복원하여 세대 간 소통이 이루어지도록 해야 한다는 것이다.

정보화 사회를 원만하게 살아가는 또 다른 덕목의 하나는, 다른 사람의 장점을 찾아 내 것으로 만들어 활용하는 자질도 갖추어야 한다는 점이다. 다른 사람의 단점을 찾다 보면 그 단점을 익히게 되어 오히려 내가 하고자 하는 일에 장애요인으로 작용할 수도 있으므로, 단점보다는 장점을 찾아서 내 것으로 만들어 효율적으로 활용할 때, 능률의 극대화는 물론 성공적인 삶을 전개하여 나갈 수 있게 된다는 것이다.

 요즘 우리는 새롭게 등장한 시니어 용품, 실버산업, 노인 장기 요양 보험제도, 시니어 창업 정책 등에 접하면서, 사회와 정부 정책이 고령화 사회에 맞추어 발 빠르게 변화되고 있음을 감지하게 된다. 이 같은 정책의 수립·시행과 시장의 변화는 우리에게 삶의 패턴을 변화시킬 것을 요구하고 있고, 변화된 정책에 따른 지원을 활용하는 안목과 능력을 길러야 할 것을 주문하고 있기도 하다.

 인생 2막을 '묻지 마 창업'으로 시작하면, 십중팔구 실패한다는 것을 우리는 주변에서 많이 보아 왔다. 내 인생 2막이 이처럼 실패의 전철을 밟지 않게 하려면 어떻게 해야 할까? 그것은 내가 새로운 정보에 대한 안목과 활용하는 능력을 얼마나 갖추고 있느냐에 달려있다는 것이다.
남에게 기쁨을 주는 독창적 사업이 무엇인지를 찾아내고, 선진국 방식에 맞는 사업은 어떤 것이 있는지에 대한 정보를 탐색하여 사업을 구상하고 추진한다면, 새롭게 시작하는 나의 인생 2막은 탄탄대로를 달려갈 수 있을 것이다.

 시니어 창업 정책, 노인인력개발원, 시니어클럽, www.senior.ok.kr, naver 창에서 시니어방을 검색하면, 시니어에 관한 새로운 정책이나 정보를 제공받을 수 있다고 한다.

'리 봄' 인생 2막 을 새로운 봄으로 만들자는 의미로 쓰인 말이다. 회춘이란 의미이다 어떻게 하면 회춘이란 의미 '리봄'을 맞을 수 있을까? 그것은 이 글의 주제인 '오늘은 내일보다 젊은 날' 따라서 오늘을 젊게 살다 보면, 자연스럽게 우리는 나이 듦을 활력 넘치는 젊음으로 살아갈 수 있을 것이다.   가톨릭 시니어 제25호 2016.10.1

✣ 미리내의 별처럼 빛나게 하소서 ✣

2월 4일(화) 08:00 시 374명이나 되는 많은 인원이 10대의 버스에 나눠 타고, 일제히 명동성당, 잠실종합운동장, 사당역을 출발했다. 눈이 하얗게 내리고 영하 4도의 추운 날씨임에도 출발시간에 맞춰 어김없이 행사에 참여한 모두의 얼굴은 상기되어 있었다.
죽산 성지 순례, 칠장사와 안성 남사당 공연 견학, 그리고 미리내 성지에서의 감사 미사로 이어지는 이날 행사는, 서울대교구 내 120여 개 본당에서 운영하는 시니어아카데미에서 어르신들을 위해, 1년 동안 헌신적으로 일해 온 봉사자들에게 위로와 감사하는 마음을 담아 마련한 것으로, 매년 12월이면 1년을 마무리하는 의미로 가톨릭 서울시니어아카데미가 의례적으로 추진하고 있는 행사이다.

아침 햇살을 반사하는 하얀 눈이 내린 창밖을 내다보는 것도 잠시일 뿐, 예수 성심께 바치는 봉헌기도가 차 안에 울려 퍼졌고, 이어서 시니어아카데미의 발전을 기원하고, 지금까지 베풀어 주신 주님의 은총에 감사드리는 묵주기도가 바쳐졌다.
'아는 만큼 보인다'는 말에 충실하기라도 하듯 행사를 통해, 보다 깊이 있는 경험을 제공하기 위해, 함께한 역사 해설자의 유창하고 노련한 안내는 지금까지 우리들이 알지 못했던 안성의 자연과 지리, 특산물, 즐길 거리, 볼거리 등에 대해 눈을 뜨게 했고 우리가 현장을 이해하는데 많은 도움이 되었다.

하얗게 눈 덮인 죽산성지, 차에서 내리자 신선하고 깨끗한 공기가 코끝을 스쳐 간다.
서울에서는 맛볼 수 없는 이 상쾌함에 모두가 매료된다.
1866년 병인박해 때 순교하신 25분의 순교자 외 수많은 무명 순교자가 목숨을 바쳐 신앙을 지킨 거룩한 땅, 이곳은 고려 때 몽고 군이 송문주 장군이 지키는 죽주산성을 공략하기 위해 진을 쳤던 곳이다. 즉 오랑캐가 진을 친 곳이라는 의미의 '이진(夷陣)'이란 이름으로 불리던 곳이었는데, 병인박해 이후에는 '거기로 끌려가면 죽은 사람이니 잊으라'는 의미의 '잊은 터'라고 불리게 되었다는 아픈 상처를 간직한 곳이다.
우리 일행은 추위도 아랑곳하지 않고 순교자들의 신앙심을 되새기며, 십자가의 길 기도를 바치고 다음 방문지 칠장사로 발걸음을 옮겼다.

칠장사 주차장에 내리니 잎이 다 떨어진 감나무에 까치밥으로 남겨둔 감이 빨갛게 매달려 있는 것이 눈에 먼저 들어왔다. 모두 "저 감 좀 봐."하며 정겨워한다.
신라 선덕여왕 때인 636년 자장율사가 창건하였다는 칠장사는, 고려 현종 때 혜소 국사가 산적으로 살아가는 7명을 교화하여 현인으로 다시 태어나게 했다는 일화로 인해, 절 뒷산의 이름이 아미산에서 칠현산으로 사찰명도 칠장사로 바뀌게 되었다는 곳이다. 국보 296호인 오불회 괘불도 외 보물 4점을 간직하고 있고, 15m나 되는 철제 당간지주가 남아 있어 사찰 중 문화재가 많기로 소문난 곳이기도 하다.
이뿐만 아니라 어사 박문수 이야기 외 임꺽정, 갓바치 스님, 병해 대사, 궁예, 인목대비와 아버지 김제남, 아들 영창대군에 얽힌 설화 등이 전해 내려오고 있기도 하다.

 칠장사를 둘러본 후 안성시 보개면에 새로 마련된 남사당 공연장으로 향했다.
남사당 식당에서 점심을 먹은 후 13:30부터 한 시간 동안 세계 무형 문화유산으로 등재된 안성 남사당 공연을 관람했다. 풍물놀이, 버나(접시돌리기), 살판(땅재주), 어름(줄타기), 덧뵈기(탈춤), 덜미(꼭두각시놀음) 여섯 마당 중 세 마당을 공연했다.
남사당놀이의 중추적인 역할을 하는 풍물놀이로 막을 열었다. 꽹과리, 장구, 북, 징, 소고, 태평소 악기를 연주하며 20여 명의 단원들이 펼쳐내는 마당은, 너무나도 흥겨워 저절로 박수와 어깨 춤이 나오게 했다.
이어 등장한 어름 산이(줄타기하는 사람) 박진하, 3m 높이의 외줄 위를 앞으로 걷기, 뒤로 걷기, 무릎으로 이마 차기, 드러눕기, 뛰어오르기 등의 재주를 풍자와 해학을 곁들여 펼쳐내자, 관중들은 흥에 겨워 감탄과 웃음과 박수를 보내지 않을 수 없었다.

 남사당의 마지막 공연은 버나(접시돌리기)였다. 가죽으로 둥글고 넓적하게 만든 버나를 담뱃대 끝에 올려놓고 돌리는데, 공중으로 높이 던졌다 받아 내거나 가랑이 밑으로 돌리기, 담뱃대를 두세 개 연결하여 높이에 변화를 주며, 실수 없이 돌리는 재주에 모두가 도취 되어 힘찬 응원의 박수가 터져 나왔다.
남사당 공연장을 뒤로 하고 미리내 성지로 이동했다. 이날 일정의 백미인 감사미사와 시상식을, 103위 시성 기념성당에서 거행하기 위해서였다. 미사와 시상식은 교구청 노인사목부 시니어 아카데미 담당 하상진(세례자 요한) 신부님이 집전하셨다.
미리내는 은하수를 일컫는 순우리말이다. 은하수의 무수한 별들이 어둠을 밝히듯, 미사에 참례한 374명 봉사자 모두는 하나같이, 자신들의 소망인 어둠을 밝히는 별이 되고픈 마음을 담아 '미리내의 별처럼 빛나게 하소서.'라고 기원했다.

 시상은 경영 실적이 우수한 시니어아카데미와 우수봉사자, 개근자, 퇴임하는 학장들에게 수여하였는데, 신월동 성요셉 시니어아카데미가 최우수 아카데미로, 정정남(로사-종로성당) 님이 최우수 봉사자로, 이연옥(비비안나-왕십리성당) 님이 10년 개근으로 교구장님 표창을 받았다.
이외에 우수 아카데미, 우수봉사자, 퇴임하는 학장에게도 상이 수여되어 장내는 축제의 도가니가 되었다.
이렇게 제7회 봉사자의 날 축제는 대미를 장식하는 막을 내리고, 봉사자들은 가슴 가득 사랑을 안고 미리내의 별처럼 빛을 발하여 세상을 밝히려 발길을 재촉하며 귀경길에 올랐다.

가톨릭 시니어 제26호 2012.12.31

✣ 시·사·모 지팡이 ✣

"시·사·모" "지팡이"……
 6월 10일(월) 11시, 서울 교구 시니어센터 3층 대강당(종로성당)에서 힘차게 울려퍼지는 함성이었다. 「시·사·모」는 시니어아카데미를 사랑하는 모임을 의미하며, 「지팡이」는 시니어아카데미 교사 활동을 통해 어르신들께 충실한 지팡이가 되어드리자는 마음의 다짐을 나타내는 구호였다.

 4월 10일부터 시작하여 10회에 걸쳐 이루어지는 교육이 그 대미를 장식하는 이 날, 6명을 단위로 조직된 20개 조에 주어진 수업의 과제는 십계명을 조별로 만드는 것이었는데, 이는 시니어아카데미 교사로서 지녀야 할 기본적인 품성이 무엇인가를 생각해 보자는 의미로 전개된 수업이었다.
조별 발표를 통해 확인된 교사 10계명에는 꾸준한 기도의 삶으로, 겸손한 자세로, 미소를 머금은 밝은 얼굴로, 사랑의 마음으로 등 어르신들을 위해 지극 정성으로 봉사하려는 마음이 묻어나는 내용들이 담겨 있었다.
시니어아카데미에서 어르신들을 위해 교사로 활동을 하거나, 앞으로 활동할 사람 120명 연수생의 얼굴에서 하나같이 읽히어지는 이 같은 다짐의 마음은 무엇에서 비롯됐을까? 그것은 '고령화와 사회변화 및 대응', '노년기 변화의 이해' 등 어르신들 이해에 초점을 맞춰 13개 제재로 엮어진 교재를 통해 '우리 노년의 삶을 이해합시다.'라는 주제로 교육을 진행한 결과 나타난 효과가 아니었을까?

 심화숙(율리아나) 님은 어르신들을 이해하는데 도움이 되는 교육을 받을 수 있게 기회가 주어진 것에 감사하며, 어르신들을 위해 열심히 일하겠다는 의지를 피력했다. 신내동 성당 시니어아카데미 주재용(바오로 80세) 학장님은 사전 교육을 받아 보니, 학장으로서의 책무를 수행함에 자신감을 가지게 되었다고 했다.
또 거동이 불편해 성당에 나오지는 못하지만, 가톨릭 신앙을 갖고자 하는 어르신들을 대상으로 재가 예비신자들의 교육을 담당하게 될 박유아(안젤라) 님은, 어르신들에 대한 이해 교육을 통해 어르신들께 쉽게 접근할 수 있을 것이란 기대에 차 있다고 했다.

교사 양성 교육 초급과정을 이수한 120명의 이같이 봉사를 위한 충일된 마음의 다짐은, 서울대교구 각 성당 시니어아카데미에서 전개되고 있는 교육활동을, 더욱 풍성하고 윤기나게 할 것이란 기대감을 높이는 데 충분하다고 여겨진다. 가톨릭 시니어 제28호 2013.7.1

✣ 수고 많이 하셨습니다. ✣

 2013.12.3(화) 10:00 시 명동성당. '지극히 어지신 구세주 예수님, 주님 앞에 꿇어 주님의 성심께 저희 시니어아카데미를 봉헌하나이다.' 530여 명이 예수 성심께 합송으로 드리는 봉헌

기도가 성당 내에 울려 퍼졌다.

이는 교구청 노인사목부가 서울대교구 내 120여 개 성당에서 운영하는, 시니어아카데미(노인대학)에서 어르신들을 위해 열심히 교육활동에 참여하고 있는, 교사들의 노고에 감사의 마음을 전하고 격려를 보내기 위해 마련한 교사의 날 행사 시작을 알리는 기도 소리였다.

이날 행사는 1, 2, 3부로 나뉘어 감사미사, 시상식, 회식의 순으로 이어졌는데, 1부 감사미사는 조규만(바실리오) 주교님과 노인사목부 대표 사제 홍근표 신부님, 노인사목부 가톨릭 서울 시니어아카데미 담당 하상진 신부님이 공동 집전으로 봉헌됐다.

조규만 주교님은 강론 말씀을 통해 '교사는 훌륭한 직분'이라시며, '교사의 사명을 완수하려면 무엇보다도 복음 선포의 사명에 충실해야 한다'고 하셨다. 그러기 위해서는 이론적으로 무장되어 있어 언제, 어디서, 어떤 물음에 직면하더라도 명쾌하게 답변할 수 있도록 준비되어 있어야 함을 강조하시면서, 요즘 신천지라는 신흥 종교집단이 가톨릭 신자들을 포섭 대상 1호로 삼고, 추수꾼이라는 위장된 인물을 가톨릭교회에 침투시켜 포섭과 분열을 획책하고 있는데, 이에 대처하기 위해서도 이론 무장은 더 절실하다고 하셨다. 그리고 이론 무장을 위한 교리서로서는 정약종 님이 쓰신 '주교요지' 윤형중 신부님이 쓰신 '요리문답' 장면 박사가 번역한 '교부들의 신앙'을 읽어보면 많은 도움이 될 것이라며 권장하셨다.

주교님께서는 교사들에게 그동안 수고 많이 했다고 치하하시면서, 100세 시대를 맞아 시니어아카데미 어르신 학생들이 점점 많아질 터인데, 이 어르신들의 행복한 삶을 도와주는 분들이 교사 여러분들이라는 사실을 인식하고, 사명감을 가지고 앞으로도 지속해서 노력해달라고 당부하셨다.

이경희(루이제) 가톨릭 서울 시니어아카데미 연합회장은 기념사에서, 각 시니어아카데미에 나오시는 어르신 학생들을 합치면 10,000명이 넘는데, 이토록 많은 어르신에게 기쁨과 즐거움을 주시는 교사들의 헌신적인 노력에 감사와 아울러 격려를 보낸다며, 오늘 교사의 날 행사를 통해 마음의 풍요를 느끼는 뜻깊은 날이 되기를 기원한다고 했다.

시니어아카데미 담당 하상진(세레자 요한) 신부님은 미사를 집전해 주신 주교님께 감사를 표하고, 아울러 선생님 여러분들께도 그간의 수고에 감사를 드린다고 하면서, 좋은 봉사자로 사신다는 긍지와 보람으로 계속해서 노력해 달라고 했다.
미사에 참여한 530여 명의 교사들은 여러분들의 격려와 치하를 받으면서, 자신이 지닌 재능이 변변치 않은 것이라 생각하면서도, 앞으로도 어르신들의 행복한 삶에 도움이 된다면 계속 노력하겠다는 마음의 다짐을 새롭게 하는 자리가 되었다.

미사가 끝난 후 이어진 2부 시상식은 우수기관, 우수 교사, 개근, 퇴임 학장에 대한 공로 표창 순으로 진행됐다. 시상 대상이 될 시니어아카데미 선정 기준은 매월 있는 교사 연수 참여율,

여름, 겨울 연수 참여율, 교사 양성, 활동 보고서 제출 상황, 노인의 날 참여 상황, 우수프로그램 제출 상황 등에 대해 최근 5년 동안의 실적을 면밀히 분석하여 적용한 결과이다.
최우수에는 신정동 성당, 우수는 성산동, 종로성당 시니어아카데미가 입상의 영예를 차지하게 되어, 신정동 성당은 교구장님 상패와 부상으로 상금 20만 원이 수여됐고, 성산동과 종로성당은 교구장님 상장과 부상 10만 원씩이 수여됐다.

 본당 신부님의 추천을 받아 우수 교사로 선정된 57명이 시니어아카데미 담당 사제 상을 받았고, 매월 있는 교사 연수의 날에 5년 동안 개근을 한 장안동 성당 김옥심(가브리엘라), 난곡동 성당 박종숙(막달레나), 신월동 성당 신수정(카타리나) 님께는 교구장님의 상장과 상품이 수여됐다.
노인사목부 대표 사제 상은, 시니어아카데미 학장으로 일해 오다 2013년을 끝으로 퇴임하는 학장들에게 수여됐는데, 왕십리성당의 김태봉(베네딕도) 형제를 비롯해 9분이 받았다.

 5년 개근상을 받은 신월동 성당의 신수정(카타리나) 님은 동료들의 축하를 받으며, "영광의 상을 받게 된 것은 열심히 하려는 본인의 의지도 있었지만, 병석에 있으면서도 시니어아카데미를 위한 봉사를 마음으로 지원해 주고 격려를 보낸 남편의 배려가 없었다면 이룰 수 없는 일이었다."며, 상기된 얼굴로 수상의 기쁨을 남편에게 돌렸다. 수상자들은 시니어 아카데미를 위한 자신들의 노력을 인정받아 즐거움이 배가 되었고, 동료들은 꽃다발을 전하는 즐거움으로 가득 찬 시상식장은 감사의 물결과 축하의 물결이 넘쳐흘렀다.

 꼬스트홀에서 이어진 3부 회식의 자리는 글자 그대로 정겨움의 자리였다. 고락의 순간들을 함께한 동료들과 마주하고 축하와 격려, 감사의 마음을 나누며 하는 식사는 산해진미가 아니라도 맛있고 행복한 시간이었다.
게다가 주교님과 신부님께서 식사가 끝나기까지 함께 하시면서, 수고 많았다며 손을 잡아주시고, 사진 찍는 일에도 마다하지 않고 같이 해주시는 배려에 힘입어, 시니어아카데미에 참여하며 겪었던 힘들었던 일들을 훌훌 날려버리는 기쁨을 만끽하는 시간이었다. 교사의 날 행사를 끝내고 집으로 가는 모두 모두의 발걸음이 가볍고 경쾌했다.

가톨릭 시니어 제30호 2014.1.20

✢ 복되어라 의로움에 굶주리고 목마른 사람들! ✢
(서소문 성지 현양 탑에 새겨있는 성경 구절)

 '사랑이신 하느님 아버지, 평화의 사도인 프란치스코 교황의 방한과 시복식을 통하여, 선교사 없이 시작된 한국 천주교회를 강복해 주심에 감사드립니다.'
이 기도는 요즘 우리가 프란치스코 교황 한국 방문과, 시복식을 위해 열심히 바치는 기도문의 시작 부분이다. 프란치스코 교황님께서는 지난 2월 7일, 한국 천주교회가 요청한 윤지충(바오로)과 동료 순교자 123위 시복을 결정하시고, 한국에 오시어 8월 16일 직접 시복식을 거행하기로 하셨다.
이 같은 경사는 한국교회의 보물인 103위 성인의 시성 30주년인 2014년 올해, 하느님께서 우리나라에 놀라운 은총을 베푸시어, 보물에 보물을 더해주시는 축복이라고 아니할 수 없다.

그렇다면 우리나라 성지에서 보물을 가장 많이 보존하고 있는 곳이 어디일까? 단연코 이는 '서소문 순교' 성지라 할 수 있다. 이곳에서는 1984년 103위 성인 시성식 때 44분이 성인으로 시성 되셨고, 이번 시복식에서 27분이 시복의 대열에 오르시는 영광을 안게 되었기 때문이다.
그러므로 서소문 순교 성지는 '세계 최대의 성인 순교지'일 뿐 아니라 '세계 최대의 복자 순교지'로 우뚝 서게 된 것이다. 서소문 순교 성지를 찾으면, 옛날 형구인 '칼'을 상징하는 3개의 순교 현양 탑이 서 있는데, 가운데 탑에는 예수님의 십자가 수난과 순교자들의 수난을 표현한 부조물이 장식되어 있다. 그 아래에 '복 되어라, 의로움에 굶주리고 목말라하는 사람들(마태오 복음 5장 6절)' 성구가 둥근 원안에 음각되어 있다.

왼쪽의 순교 현양 탑에는 1839년 기해(己亥)박해 순교자 41위, 1866년 병인(丙寅)박해 순교자 3위 성인의 이름이 새겨져 있고, 오른쪽 순교 현양 탑에는 신유(辛酉)박해 순교자 44위, 병인년인 1866년부터 1871년 사이에 박해받아 순교하신 10분의 이름이 새겨져 있다. 이번 8월 16일 복자 위에 오르시는 분들은 오른쪽 현양 탑에 이름이 있는 54분 중 27분인 것이다.

서소문 밖 형장이 기억하는 첫 인물은 이승훈이다. 명문가에서 태어나 24세에 벼슬길에 나서 출세 가도를 달리던 그가 환난의 길로 들어선 것은, 천진암 강학회 일원이 되어 광암 이벽 선생이 주도했던 모임에서, 새로운 학문과 사상에 접하고 부친을 따라 북경에 가서 서양 선교사로부터 우리나라 교회사상 처음으로 세례(세례명:베드로)를 받게 되는데, 이것이 1784년 일로 이승훈은 훗날 조선교회의 베드로로서 반석의 역할을 톡톡히 해내게 된다.

서소문에서 순교한 성인 중에는 김대건 신부님의 부친 김제준(이냐시오) 성인이 있는가 하면, 북경을 왕래하며 선교사를 모시기 위해 애를 쓴 평신도회장 정하상(바오로)과 그 누이동생 정정혜(엘리사벳) 성인, 김효주(아녜스)와 김효임(골롬바) 자매 성인, 승지 벼슬에까지 올랐으나 순교의 이슬로 산화한 남종삼(요한) 성인 등이 눈에 뜨인다.

새로 복자 위에 오르는 27분 중에 정약종은 목민심서로 유명한 정약용, 약현, 약전과 형제간이며, 이승훈의 처남이고 우리나라 최초의 평신도 단체라 할 수 있는 명도 회 회장을 역임하였다. 약종은 주자학과 도가사상을 깊이 연구한 사람이었으나, 주어사 강학회를 통해 천주교를 수용한 후 '주교요지(主敎要旨)'와 성교전서(聖敎全書) 두 교리서를 저술하였다. 주교요지는 배움이 없는 이들도 금방 알아들을 수 있도록 쉽게 쓰여 있기에, 인간의 평등사상을 두드러지게 나타낸 저술로 높이 평가받는다.
약종은 하상과 정혜 자매 성인의 아버지이기도 하다.

조숙(베드로)과 권천례(데레사)는 15년을 동정 부부로 오누이처럼 살며, 정하상(바오로) 성인이 선교사를 영입하기 위해 북경을 왕래할 때 필요한 뒷바라지를 맡아 했는데, 신자 신분이 드러나 포졸들에게 잡혀 혹독한 고문을 받으면서도, 권 데레사는 "천주는 모든 사람의 아버지이시고, 모든 피조물의 주인이십니다. 어떻게 그분을 배반하겠습니까? 이 세상 사람 모두 부모를 배반하였을 경우 용서받을 수 없습니다. 어찌 우리 모두의 아버지가 되는 그분을 배반할 수 있겠습니까?" 하고 항변하며 버티다가 1819년 8월 3일 부부가 함께 치명하였다고 한다.

조 베드로, 권 데레사 동정 부부 동상은 양평 양근 성지에 모셔져 있고, 양근 성지에서 치명한 권상문(세바스티아노)과는 남매간으로 같이 복자 위에 오르게 되었다.
윤운혜(루치아)도 윤유일(바오로, 포도청 치명), 윤유오(야고보, 양근 치명), 윤점혜(아가타, 양근 치명)와 형제자매 간으로 함께 복자 위에 오르게 된 경우다.
서소문 성지는 이처럼 의로움에 굶주리고 목말라하던 분들이, 하느님으로부터 은총을 받아 성인으로 복자로 영광스럽게 태어나는 곳이 된 것이다.
44분의 성인 배출에 이어 27분의 복자를 배출하여, 우리나라 최고의 성지로 우뚝 선 서소문 순교 성지를 천주교 신자라면 한 번쯤은 꼭 순례를 해 보아야 하지 않겠는가!

우리나라 제1의 서소문 성지를 찾는 사람이면, 가까이 있는 약현(중림동)성당을 찾지 않을 수 없다. 1887년 수렛골(현 순화동)에서 한옥 공소로 출발하여 서소문 밖 네거리 순교지를 염두에 두고 자리를 잡은 약현성당은, 1891년 10월에 착공하여 다음 해인 1892년에 완공된 우리나라 최초의 고딕양식 벽돌로 지어진 성당으로, 1898년 명동성당이 완공되기까지 사제 서품식이 두 차례 거행된 곳이기도 하다.
이처럼 역사적인 건물이다 보니, 1977년 국가 문화재(사적 제252호)로 지정되었고, 1991년 본당 설립 100주년을 맞아 서소문 순교자 기념성당을 건립하고, 전시관을 마련하여 16분의 성해(聖骸)를 비롯하여 옛날 교리서, 신심 서적, 전례서 등 교회 출판물이 전시되었을 뿐만 아니라, 3대 박해에 관한 내용과 약현성당의 역사가 전시되어 있다.

우리나라 제1의 성지인 서소문 성지를 교구청에서는 역사 유적지로 만들기 위해 설계를 공모하는 등, 새로운 발돋움을 시도하고 있다고 한다. 순교 성지를 성역화하기 위한 사업에 후원자로 동참하여, 순교하신 분들의 순교 정신을 드높이는 일은 물론 매주 금요일 10시에 성지에서 거행되는 현양 미사에 참례하여, 순교 정신을 본받으려는 부끄럼 없는 후손이기를 다짐하는 신자들이 많이 늘어나기를 기대해 본다.

※ 서소문 성지 찾아가는 길
  지하철 1. 4호선 서울역 하차 1번 출구로 나와 염천교 건너편 서소문 공원 안,
       2. 5호선 충정로역 하차 4번 출구로 나와 직진, 서소문 공원

가톨릭 시니어 제31호 2014.4.15

✣ ○ ◎ ● ✣

이런 글 제목을 보신 일이 있으십니까? 무엇을 나타내려 함인지 궁금하시죠?
알아맞혀 보십시오. 초등학교 입학해서 연필을 잡고 손쉽게 그려보았던 도형이 연상되시나요?
연필이 손에는 익숙하지 않았지만, 쉽게 그려냈던 동그라미들입니다.
하지만 여의도 성당 너섬시니어아카데미 어르신들은, 지난 여름방학 때 이 도형들이 쉽게 그려지지 않아 무척 마음고생이 컸다고 하셨습니다.
그것은 동그라미를 그리는 손놀림이 부자연스러워서가 아니라, 가벼운 기분으로 썩썩 그려 넣기에는 마음이 허락하지 않아서였답니다.

여의도 성당 시니어아카데미 어르신들은 방학 과제로, 식사 전 기도, 식사 후 기도를 바쳐보자고 다짐하고, 하루 세끼니 식사 중, 이 기도를 한 번 실천하였으면 ○를, 두 번 실천하였으면 ◎를, 세 번을 다 실천하였으면 ●를 실천 결과표에 매일 매일 표시하기로 하였습니다. 처음 과제를 손에 받아 들 때 만해도 이것쯤은 쉽게 해낼 수 있겠다는 자신감이 넘쳤습니다. 이번 기회에 식사 후 기도도 익히겠다는 다짐도 곁들여…….
하지만 9월 4일 2학기 개학 날 나눈 대화는 방학을 한 후 하루 이틀 지나면서 매일 ●로 채워 넣기가 결코 쉬운 일이 아님을 느끼기 시작했다고 합니다. 식사를 시작하며 식사 전 기도 "주여, 은혜로이 내려주신……." 을 바치며 식사 후 기도도 틀림없이 바치겠다고 굳게 다짐하고 식사를 시작하지만, 식사 후 기도는 깜빡 잊고 까먹는 것이 다반사였답니다. 또 집에서는 나름대로 열심히 실천하지만, 밖에서 친구나 지인들과 외식할 경우는 드러내 놓고 성호를 그으며 식사 전, 후 기도를 바치는 일이 쑥스럽기도 하고 자신감도 약하다 보니 실천이 뒤따르지 않았답니다.

그런가 하면 이번 기회에 온 가족이 식사 전, 후 기도를 생활화 하자고 다짐하고 실천을 시도해 보기도 하였지만, 등교, 출근 등 서둘러 식사를 마치고 자리를 뜨는 가족들로 인해 이마저 쉬운 일이 아니었음을 실감했답니다.
그렇지만 식사 전, 후기도 하나 제대로 실천하지 못하고 감사할 줄 모르는 나약한 모습으로 좌절만 하고 있기에는, 주님께 또 목숨을 바쳐 신앙을 지켜 복자 위에 오른 124분의 후예로서, 너무도 부끄럽다는 생각을 떨쳐버릴 수가 없었다고 합니다.

그래서 당찬 마음으로 식탁 유리판 밑에 식사 전, 후 기도가 인쇄 된 여름방학 과제표를 끼어 놓고 잊지 않고 기도를 실천하신 분이 있는가 하면, 어떤 어르신은 과제 표를 차곡차곡 접어 호주머니나 핸드백에 넣고 다니며 기도를 실천하여, 여름방학 과제 기록장이 낡아서 헤지기 일보 전 생태가 된 것을 보여주시기도 했습니다. 또 다른 어르신은 외식 때에도 함께 자리한 사람들에게 식사 전, 후 기도를 하겠노라고 용기를 내어 선언하고 기도를 드렸더니 자신감도 생겨났음은 물론, 기도에 호응하는 사람도 생겨나서 기도에 맛을 들이게 되고 기쁨도 느끼게 되었다며, 이제는 식사 전, 후 기도를 제대로 해낼 수 있다고 힘 주어 말씀하시기도 했습니다.

과제 실천 결과표를 모아 보았습니다. 7월 11일 시작하여 9월 3일까지 방학 기간 55일 동안 실천 결과를 하루 세 번 다 식사 전, 후 기도를 실천한 ●로 채우신 분이 많지 않았습니다.
 하지만 이 결과만 가지고 방학 기간 중 벌인 식사 전, 후 기도하기 과제 실천이 무위로 끝났다고 단정할 수는 없었습니다.
그것은 지금까지 식사 전, 후 기도에 그다지 관심 갖지 않으셨던 어르신들에게 식사 전, 후 감사의 기도를 드리려는 인식을 일깨워 주었고, 계속 실천하려고 노력해 온 과정이 이전의 기도 생활보다 한 걸음 더 향상된 모습이라고 할 수 있기 때문입니다.

 여의도 성당 너섬시니어아카데미 어르신들은 이번 여름방학 과제 실천을 통해 기도의 생활화가 쉽지 않다는 것과, 기도 생활이 습관으로 형성되기까지는 많은 노력을 기울여야 한다는 사실을 새삼 실감하는 시간이었습니다.
그리고 이 같은 경험은 어르신들이 기도를 제대로 실천하지 못한 것에서 느끼는 좌절감보다는, 비록 어려움이 따르기는 하지만 그 어려움을 극복하고 끊임없는 노력을 기울여, 기도를 생활화하겠다는 의지를 다지는 계기를 제공했다는 점에서, 의미가 크다 하겠습니다.

가톨릭 시니어 제33호 2014.10.15

✢ 노인 자살 문제의 사목적인 해결 방안 ✢

 지난 9월 19일(금) 15:00~18:00에 명동 가톨릭회관 7층 대강당에서, 천주교 서울대교구 사목국 노인사목부가 주최하고, 노인사목 연구위원회가 주관하는 노인 자살 문제의 사목적인 해결 방안에 대한 심포지엄이 열렸다.
이날 심포지엄은 150여 명의 청중이 모인 가운데, 시작 기도에 이어 조규만 서울대교구 총대리 주교님과 손희송 사목국장 신부님의 격려 말씀이 있었고, 두 분의 기조 강연과 다섯 분의 패널 발표 그리고 마무리 순으로 진행이 되었다.

 첫 번째 기조 강연은 가톨릭대학교 예방 의학 교실 이강숙 교수가 '노인 자살 문제에 관한 현황과 예방'이란 주제로 시작되었다. 이 교수는 2000년부터 2010년까지 10년간 OECD 회원국 중 자살률이 제일 높은 나라가 한국이며, 노인 자살자도 한국이 가장 높은 나라라는 불명예를 안고 있다고 했다.
그리고 우리나라 노인 자살률이 급격히 증가하고 있는데, 이는 우리나라의 급격한 고령화 추이와 연관이 있는 것으로 분석된다.
노인 자살의 원인으로는 육체적 질병 문제, 정신적 정신과적 문제, 경제생활 문제 순으로 나타나는데, 이는 고령으로 인한 질병에서 오는 고통, 가족제도의 변화와 환경변화로 인한 우울증 고독 등의 정신적 고통, 연금제도의 미비, 저축 부족으로 인한 소득 창출 자산이 없는 상황에서 일자리 부족에 따른 소득원이 없음에서 원인을 찾을 수 있다는 것이다.

이외에도 다양한 각도에서 자살 실태조사를 한 결과를 바탕으로 자살 예방 대책을 수립해야 한다며 외국의 사례를 들었는데, 그중 미국 자살 예방 정책 특성의 사례는 1. 보편적 자살 예방 사업, 2. 선별적 예방 사업, 3. 집중적 예방 사업으로 단계를 구분하여 자살 예방 사업을 전개하고 있다는 것이다.

따라서 우리나라도 보다 적극적으로 정부에서 자살 예방 정책을 수립하고, 자살 예방 및 대처를 위한 지역사회 인프라를 구축할 것을 제안했다.

두 번째 기조 강연은 '생명, 죽음, 자살, 안락사에 대한 가톨릭교회의 가르침'이란 주제로 가톨릭대학교 윤리신학 교수이신 이동호 신부가 이어갔다.

1) 생명: 생명에 대한 교회의 가르침은 창세기 2장 7절 "그때 주 하느님께서 흙의 먼지로 사람을 빚으시고, 그 코에 생명을 불어넣으시니 사람이 생명체가 되었다"에서 와 같이 하느님의 창조에서 그 기원을 찾을 수 있다고 했다.

2) 죽음: 죽음은 신앙의 눈으로 볼 때 죄의 대가(로마 6.23)이며, 죽음을 신학적으로는 육신의 죽음과 영혼의 죽음이라는 두 관점으로 보고 있다. 자연현상이며 지상 삶의 마침인 육신의 죽음으로 창조주 하느님의 자비하심을 믿고 그 계명에 순종했는지, 아니면 믿지 않아 불순종했는지로 인해, 인간 각자의 운명이 구원과 단죄의 분수령으로 갈리게 된다. 계명에 대한 불순종 즉 육신의 창조와 구속의 완성인 육신의 부활을 믿지 못하는 것이 바로 영혼의 죽음인 것이다.
그러므로 육신의 죽음보다 더 두려워해야 할 것이 바로 영혼의 죽음이라고 교회는 가르치고 있다.

3) 자살: 자살 금지의 신학적 근거는 "생명의 최고 주권자는 바로 하느님이시다. 우리는 생명을 감사하는 마음으로 받아, 하느님의 영광과 우리 영혼의 구원을 위해 보존할 의무가 있다. 우리는 하느님께서 우리에게 맡기신 생명의 관리자이지 소유주가 아니다. 우리는 우리의 생명을 마음대로 처분할 수 없다."(가톨릭교회 교리서 2,280항)에서 찾을 수 있다. 따라서 자살과 같이 생명 자체를 거역하는 모든 행위는, 창조주께 대한 극도의 모독이라고 할 것이다.

4) 안락사: 교회는 아무리 좋은(goodness) 또는 존엄(dignity)이라는 수식어가 붙어도 적극적 안락사는 살인 행위로 간주한다. 이는 동기나 수단이 어떠하든 직접적 안락사는 신체장애인, 병자, 또는 임종을 목전에 둔 사람의 목숨을 끊는 것으로 도덕적으로 용인될 수 없기 때문이다. 다만 무의미한 연명치료의 중단은 허용하는데, 치료 비용이 많이 들고 특수하거나 기대했던 효과를 내지 못하는 의료기구의 사용을 중단하는 경우로, 이는 막을 수 없는 죽음을 받아들이는 것이기에 윤리적으로 정당하다고 보기 때문이다.
한편으로 진통제의 이중적 효과는 인정하는데, 통증 완화를 위한 조치로 진통제 처방을 한 것이 수명을 단축하는 결과를 가져오는 경우로, 이는 필수적인 의료 조치로 인정하기 때문이다.

5) 사전 의료 지시서 : 사전 의료 지시서는 환자가 자발적으로 의사 표현을 할 수 있는 상태에서 작성된 일종의 '의료적 유언장'인데, 2007년 한 여론조사에서 사전 의료 지시서 작성에 찬성하는 여론이 91%, 반대가 9%로 나타나 국민의 압도적 지지를 받는 것으로 조사 됐다.
이처럼 국민의 압도적 지지를 받는 사전 의료 지시서 작성이 긍정적인 면과 부정적인 면을 지니고 있음에도 불구하고, 교회는 부정적인 면 외에 다음과 같은 요소들은 윤리적으로 문제점을 지니고 있다고 보는 관점이다.

첫째, 사전 의료 지시서의 목적 자체가 무의미한 연명치료의 중단 또는 거부를 위한 것이기에, '안락사 요청'을 위해 경사 되어 있거나 곡해될 수 있다는 점이다.
환자에 대한 기본 간호(수분과 영양물 공급)마저도 선택사항으로 분류하여 표기하도록 되어 있음은, 환자에 대한 필요한 정상적 간호는 중단하지 않아야 한다는 교회의 가르침에 위배 되기 때문이다.
둘째, 사전 의료 지시서에서 환자의 소망이 명확해도 가족들의 증언과 다를 수 있다.
셋째, 환자의 자율성 권리를 보장하기 위한 사전 의료 지시서가 도를 넘어 자칫 환자 자신의 생명이 자신의 소유물이라거나, 자의적으로 처분할 권리가 있다는 식의 왜곡된 가치관을 심어줄 우려가 크다는 것이다.
넷째, 품위 있는 죽음과 존엄사 등의 용어가 자칫 인간의 늙음과 병약함, 그리고 자연사를 기피 대상으로 만드는 심각하게 왜곡된 가치관을 확산시킬 수 있다는 점이다.
이동호 신부는 교회의 가르침을 이사야 예언서(49장 14~15) "그런데 시온은 '주님께서 나를 버리셨다. 나의 주님께서 나를 잊으셨다.' 하고 말하였지. 여인이 제 젖먹이를 잊을 수 있느냐? 설령 여인들은 잊는다 하더라도 나는 너를 잊지 않는다."라는 말씀으로 교회의 가르침을 정리하셨다.

기조 강연이 끝나고 이어진 패널 발표에서 명지대학교 사회교육대학원 이동숙 교수는 노인 자살 예방을 위해, 존엄 치료 접근 방법을 적용하자고 제안하였다.
노인들의 경우 많은 사회적 상실로, 인한 우울 경향이 신체질환 및 경제적 문제 등과 관련되어 고통이 가중되면서 심각한 우울을 초래할 수 있다.
자살 선택을 쉽게 할 수 있다는 원인분석에 근거하여, 자살 위험이 있는 노인들을 대상으로 개인 상담을 통해 삶의 의미를 찾도록 도와주는 프로그램이 존엄 치료의 접근 방법이라고 했다.
이 프로그램은 존엄 유지를 위해 존엄 모델과 이야기 치료모델에 근거한 새로운 단기 정신치료적 개입 모형으로, 9가지 질문을 통해 지금까지의 인생을 돌아보며 자신에게 가장 중요한 것, 주위 사람들이 가장 기억해 주었으면 하는 것에 관하여 이야기할 기회를 제공한다.
그 내용을 편집하여 이를 가족이나 자신에게 중요한 누구에게 전달하게 함으로써, 환자가 자존감을 높이고 의미 감과 목적 감을 높임으로써 존엄을 달성하고 유지하도록 돕는 방법이 되는 것이다.

 두 번째 패널 발표를 한 조해경 경기대학교 교양 교직 학부 대우교수는, 시니어아카데미 교사들에게 자살 예방 교육을 시행하여 노인대학 중심의 '희망 생명지킴이' 시스템을 구축, 자살 예방에 활용하자는 제안을 했다.
그 첫 단계로 선종 준비교육을 실시하자고 제안한다. 노인들을 위한 필수과정으로 존엄한 죽음과 신앙에 대한 교육을 시행하자는 것인데, 이는 대부분 노인이 죽음을 회피하는 경향을 보이고 있기 때문이다. 그리고 교육을 통해 긍정적 삶의 자세, 화목한 가정과 인간관계, 적극적 태도, 바람직한 생활 습관 등 자살의 방어 요인을 길러 자살로부터 개인을 보호하는 장치를 마련하자는 것이다.

 다음은 봉사자 교육에 '선한 죽음 준비교육'을 신설하여 사회에서 행해지는 자살예방과 관련된 모든 정보를 습득하고 예방법 등을 익히도록 하며, 아울러 간단하고 기본적인 상담과 대화기술을 병 의학적인 차원에서 익힐 수 있는 기회도 포함하도록 해서, 노인대학의 노인들을 대상으로 봉사자 군으로 활용하자는 것이다.
그리고 교회는 교구 차원의 봉사자 교육을 강화하고, 각종 프로그램의 개발은 물론 정신건강지원 프로그램, 자살 예방 교육 프로그램 등에 참여하여 자격증을 딸 수 있도록 지원을 아끼지 말아야 한다고 강조했다.

 첫 번째 단계가 교육의 단계였다면 두 번째 단계는 실행의 단계이다. 교육을 통해 자격증을 획득한 '희망 생명지킴이'들이 시니어아카데미 어르신들을 대상으로 활동할 수 있도록 기회를 제공하며, 시니어아카데미에 나오지 않는 어르신들을 대상으로 가정방문을 통해 생명지킴이 활동을 전개하는 것이다.
그리고 일반 노인에 비해 가톨릭 노인 신자들이 훨씬 많이 봉사 활동에 참여하는 점을 감안하여, 이를 바탕으로 노·노 케어를 실행해 보는 것도 좋은 시도라 제안했다. 이뿐만 아니라 희망 생명지킴이들의 정기적인 노인 돌봄으로, 홀로 사는 노인들에게 자존감을 불어넣어 줌으로써, 자조적 관리가 이루어지도록 하는 일도 병행해야 한다는 것이다.

 마지막으로는 이 같은 희망 생명지킴이 활동은 병원 등과 연계 해 치료를 받을 수 있도록 함과 아울러, 각종 복지 서비스 혜택도 이용할 수 있는 체제를 갖춰야 한다. 즉 본당 차원의 영성, 교육, 의료, 복지의 통합 노인 사목 시스템을 구축하는 것이 노인 자살 예방을 위한 바람직한 방향이 될 수 있다는 것이다.
그러면서 노년은 하느님의 은총이 실제로 개인의 삶을 변화시키는 경험을 하는 시기일 뿐만 아니라, 하느님의 신비에 더욱 다가갈 수 있도록 정해진 시기이므로, 이 신비와 만나게 하는 것이 교회의 임무라고 했다.

 '노인 자살 문제에 대한 사목적인 접근 모색'이란 주제로 세 번째 패널 발표를 한 서울대교구

태능 성당 여인영 주임신부는, 노원구가 벌이고 있는 자살률 최저도시 행복한 노원구 만들기를 위해 전개하고 있는 프로젝트, 생명 존중 위원회 일원으로 참여하여 활동하고 있는 상황을 발표했다.

노원구가 가지고 있는 문제점인 노인인구 및 기초생활 수급 인구가 자치구 중 1위라는 점, 25,000명에 달할 것으로 추정되는 실업자 중 특히 중, 장년 고용 불안정 자에 대한 효과적 대책이 부재한다는 점에 착안, 지역 내, 민, 관 협력체제를 구축하여 생명 존중 문화조성 및 확산, 자살 위험군 조기 사후 관리강화 시책을 펼친 결과 2009년 대비 2012년에는 자살자 수가 180명에서 150명으로 줄어드는 성과를 올릴 수 있었다는 결과발표에 곁들여, 웃음/노래 교실 운영, 반려동물 기르기, 친구 만들기, 지역 공동 노동 장 설치……등 행복공동체 만들기 사업(안)을 제안했다.
따라서 자살을 개인적인 문제가 아닌 사회적 질병으로 인식하고, 지역사회의 관련 있는 기관과 전문단체들이 자살 예방을 위한 인프라를 구축하여, 활동을 전개하는 일에 성당도 적극 참여 한다면 지역 공동체 발전에 커다란 힘이 될 것이라 했다.

네 번째 패널 발표는 가톨릭대학교 EPL 학부 대학 김문태 교수가 '신앙 안에서 행복한 노년의 삶'이란 주제로 했다.
김 교수는 교황청 통계연감을 인용, 2012년도 아시아의 인구 대비 가톨릭 신자는 3.2%인데 비해 우리나라는 10.4%로 괄목할 만한 성장을 보이고 있으나, 신자들이 급격하게 고령화되고 있음을 연령 별 신자 분포를 통해 보여주면서, 교회가 노인 사목에 심혈을 기울여야 하는 당위성이라고 했다.

그러나 보다 심각한 문제는 인구 10만 명당 자살 사망자 수 17.9명(2002년)이던 것이 28.1명(2012년)으로 57.2% 증가한 사실에서 또 OECD 평균 자살률 12.5명이라는 사실과 비교하면서, 우리나라 노인들이 고령화에 따라 삶의 질과 행복도가 현저하게 떨어져 있으므로 인하여, 이같이 극단적인 선택을 하게 된다고 진단했다.

한편으로 2014년 보도 자료에서 드러난 자살 시도 이유로, 우울 감등 정신과적 증상이 37.9%, 대인관계로 인한 스트레스가 31.2%, 경제적 문제가 10.1%라는 점과 아울러, 자살 전 우울증 관련 약물 이용이 수면제(109%)와 항정신병 약물(75%) 이용 증가가 두드러지게 나타난 점을 들어 자살의 원인을 요약해 말하면 '절망'이라고 했다.
그러므로 노인들이 절망을 뛰어넘어 희망의 빛을 향해 나아갈 수 있도록 하며, 삶과 죽음에 대한 인식을 재정립할 수 있도록 '희망 심기' 사업을 벌이자며, 이를 위해 교회는 장기적인 안목으로 노인들이 복음 안에서 행복하게 살 수 있는 구체적인 방향을 제시하고 노인들을 배려하는 노력을 경주하자고 했다.
김 교수는 오늘날 많은 이들이 정신적 가치보다는, 물질적 가치를 영혼의 건강보다는 육체의 건강에 심혈을 기울이고 있다. 이같이 물질과 육체에 맞춰져 있는 가치관과 행복관을 행복한 노년의 삶을 위해 정신과 영혼에 초점을 맞추는 가치관과 행복관으로 노인 신자의 의식 전환을 주문하고 있다. 그러기 위해 교리문답 1장 1절 '사람은 천주를 알아 공경하고, 자기 영혼을 구하기 위해 세상에 났느니라.'가 가치관과 행복관의 기준이 될 수 있음을 시사했다.

아울러 죽음 관과 내세관의 바른 정립도 강조하면서, 자살과 관련하여 '하느님의 창조력만이 생명에 대한 지배권을 갖기 때문에, 타인의 생명은 물론 자신의 생명을 침해하는 행위도 하느님의 주재권에 대한 침해'이므로, 이것으로 인해 하느님의 은혜인 초자연적 생명을 잃고, 구원이 없는 지옥의 형벌을 받게 된다는 교회의 가르침. 죽음 이후에 맞이할 심판과 부활, 그로 인한 영원한 삶과 무궁한 복락에 대한 희망이 있다는 교회의 가르침에 바탕하여, 죽음 관과 내세관을 바르게 지니자고 하였다.

끝으로 신앙 안에서 행복한 노년의 삶을 살아갈 수 있도록 함에 있어 범 교회 차원의 노인들을 대상으로 한 전반적인 교리교육이 선행되어야 하고, 그리스도인들이 다양한 단체 활동을 할 수 있는 계기를 제공하여 노인들이 소외감을 느끼지 않고 살아갈 수 있도록 배려하며, 봉사 활동에 참여할 수 있도록 기회를 만들어 주는 일은 노인들로 하여금 타인을 존중하고 배려함으로써, 적극적이며 능동적인 모습으로 또 자신이 가치 있는 존재로 자존감을 높이는 단서가 될 것이라 했다.
이러한 노인 신자 개인의 인식 전환과 노인 신자에 대한 교회의 배려가 어우러질 때, 노인들이 호소하는 사회적 고립에 따른 우울감이나, 경제적 어려움 등의 난관을 극복할수 있는 힘과 용기가 솟아날 것이라 했다.

정재우 가톨릭대학교 성의교정 생명 대학원장 생명위원회 사무국 부국장 신부는, '존엄사의 소극적 자살 문제'란 주제를 가지고 마지막으로 패널 발표를 했다.
정 신부는 '안락사'라는 말이 적절한 말의 사용인가? 질문을 던지고 있다.
안락사가 '안락한 죽음'이라고 하여 매우 바람직한 것으로 들리지만, 실상은 살아있는 환자의 생명을 인위적으로 단축하고 죽음을 인위적으로 앞당기는, 즉 환자를 의도적으로 죽게 하는 살해 행위에 해당하는 데도, 이를 안락사라 불러 실상이 갖고 있는 윤리적 의미를 감소시키고 심지어 정당화하려는 움직임이 있는 것이 사실이라는 것이다.

그런데 안락사라는 말에 '적극적, 소극적'이라는 수식어를 붙여 적극적 안락사는 명백한 살인 행위이지만, 소극적인 안락사는 그렇지 않다는 의미로 사용한다. 어떤 경우든 환자의 생명을 단축하는 경우라면 안락사이고 이는 부당한 일이라는 것이다.
또 존엄사와 관련하여 소극적 자살이라는 말을 사용하는데, 이는 다른 누군가에게 어떤 행동을 하거나 하지 않도록 요청하여 죽음을 맞는 경우를 의미하며, 여기에는 자신의 생명을 포기하고 죽으려는 의도나 결정이 담겨 있고, 죽음이라는 실질적인 효과를 낳는 방법이므로 이는 엄연한 자살이라는 것이다.

그리고 우리 사회에서 이야기되는 존엄사라는 용어는 환자가 심폐소생술이나 인공호흡기 등 특정 의료행위를 거부하거나, 의식불명 상태에 빠질 때를 대비해 의료진이나 가족에게 거부 의사를 밝혀두는 경우를 말하는데,
이에 대한 문제점으로
 첫째, 환자나 건강한 사람이 자기의 생명과 죽음을 결정할 수 있다는 경향이 보인다는 것으로, 이는 조력자살이라 할 수 있고, 안락사와 같이 자살 의미를 지니고 있어 결코 존엄사라 할 수 없으며,
 둘째, 환자의 자기 결정권이 강조되면서 의사의 소견이 무시되고, 의사는 환자가 표명한 의향을 그대로 실행해 주는 단순 집행자 수준에 머무르는 것이어서, 이 같은 상황은 환자에게 좋지 못한 상황을 조성 할 수도 있는 것이어서, 결코 바람직하다고 말할 수 없는 것이다.

 이와 같은 관점에서, '사전 의료 의향서'도 한자가 표명한 바를 절대적으로 실행하게 만드는 도구가 될 위험이 크며, 의료행위뿐 아니라 생명마저도 환자가 생각한 대로 결정되도록 하는 결과를 가져와 이도 바람직하지 않은 것이다.
그러면서 정 신부는 죽음을 맞이하는 과장에서의 의료행위에 대한 바람직한 원칙과 태도를 다음과 같이 정리 제시했다.
 ① 인간의 존엄성은 변하지 않는다. 생명의 가치도 변하지 않는다. 그러므로 환자의 생명을 해치거나 죽음을 앞당기는 행위는 없어야 한다.
 ② 환자에게 도움이 되지 않는 과도한 의료행위를 고집할 이유는 없으며, 그런 의료행위는 하지 않는 것이 바람직할 것이다. 그런 관점에서 무엇이 환자에게 적절한 의료행위인지 신중하게 식별하고 판단하는 일이 필요하다.
 ③ 영양과 수분 공급, 통증 조절, 위생관리 등은 환자에게 기본적 처치로서 마지막 순간까지 적절한 방법으로 제공되어야 한다. 만일 환자가 영양과 수분을 거부하여 사실상의 자살을 의도한다면, 그것은 부당한 것이다.
 ④ 적절한 의료행위를 식별하고 판단하기 위해서 의사.환자.보호자가 함께 참여하여, 환자의 생명과 존엄성을 존중한다는 바탕 아래 적절한 의료행위를 찾아가도록 대화하는 일이 필요하다.
 ⑤ 그러므로 환자에 대한 어떤 치료계획을 수립하여, 그것을 문서로 옮기고자 한다면, 환자와 대화하여 그 문서를 함께 작성하는 것이 바람직하다.
 ⑥ 담당 의사와 대화하지 않고 환자가 홀로 작성한 사전 의료 의향서는, 환자의 의식을 참작하기 위한 자료는 될 수 있으나, 의사의 의학적 소견을 무시하고 일방적으로 실행을 강제하는 도구가 되지 않아야 한다.
 ⑦ 더구나 사전 의료 의향서에 사실상의 자살이나 안락사에 해당하는 내용을 표명하였다면, 그것은 옳지 못하다. 가령 영양과 수분을 공급하는 것을 거부하는 의향은 정당하지 못한 일이다.
 ⑧ 환자에게 마지막 순간까지 신체적.정신적.영적인 돌봄을 제공하는 호스피스, 완화 의료를 더욱 확산하고 활성화할 필요가 있다.

⑨ 현재 호스피스 완화의료는 주로 암 환자에게 국한하여 제공되고 있으며, 그래서 비 암 성 질환 환자에게는 임종 순간까지 돌봄을 제공하는 여건이 마련되어 있지못하다. 그러므로 그런 기본적이고 전인적인 돌봄이 비 암 성 환자의 질환에도 제공되도록 하는 움직임이 필요하다.

 정 신부는 대개 안락사와 존엄사 이야기는 자신의 처지에 대한 비관과 돌봄이 곧 짐이라는 인식에서 비롯됨으로, 교회는 돌봄이 짐이 아니라 우리가 사는 길이라는 것을 말과 행동으로 전하고 증언하는 일과, 서로 돕는 것은 이웃사랑의 실천이므로 죽음을 맞이하는 분들에 대한 돌봄과, 보살핌의 체계를 구체적으로 실천하는 분위기를 만들어갈 필요성이 있다고 강조했다.
마무리는 서울대교구 사목국 부국장 홍근표 신부가 '가톨릭교회의 사목 실천 방향'으로 정리하여 발표했다.
 자살과 안락사에 대한 보편 교회의 가르침은 "자살은 자기 생명을 보존하고 영속시키고자 하는 인간의 본성적 경향에 상반되는 것이며, 올바른 자기 사랑에도 크게 어긋날 뿐만 아니라, 이웃사랑도 어기는 것이어서, 엄중한 배척을 일관되게 고수하고 가르쳐 왔다고 하면서, 동기나 수단이 어떠하던 임종을 목전에 둔 사람의 목숨을 끊는 안락사는 도덕적으로 용인될 수 없음은 물론, 창조주이신 살아계신 하느님에 대한 존중에 크게 어긋난다는 것을 강조했다.

다만 비용이 크게 들고 위험하며, 특수하거나 기대했던 효과를 내지 못하는 의료기구의 사용 중단은 정당할 수 있다며, 이는 지나친 치료를 거부하는 것으로 환자를 죽이려고 하는 것이 아니라 막을 수 없는 죽음을 받아들이는 것이라고 했다.

 결론으로 '신앙 안에서 행복한 노년을 위한 사목은 "하느님 아버지의 무한하신 무조건적인 사랑을 느끼고 기뻐하며, 이 기쁨을 이웃에게 전하는 삶이 가장 행복한 신앙인의 삶이라며, 노인 사목은 이런 근원적인 신앙 진리를 노인들이 깨닫고 이를 삶 속에서 실현하도록 도와주는 것이다."라고 홍 신부는 정리했다.　　　　　　　　　가톨릭 시니어 제34호 2015.1.15

✜ 라인댄스로 생활에 활력을 ✜

'어르신 근력(筋力)이 좋으십니다.' '근력(筋力)이 좀 어떠셔요?' 요즘은 그리 많이 쓰이는 인사말이 아니지만 4, 50년 전만 해도 길에서 마주치는 마을 어르신 분들께 흔히 건네는 인사말이었습니다. 어르신 분들께서 근력이 좋다는 것은 곧 삶을 활기차게, 건강하게, 의욕 적으로 살고 있다는 의미를 함축하고 있는 표현이었던 것입니다.
이처럼 근력(筋力)이 건강한 삶을 살아가는데 중요한 요소이다 보니, 현대의학에서도 근력의 중요성을 강조하고 있어, 많은 사람이 근력 강화를 위해 많은 시간과 노력을 기울이고 있는 것이 사실입니다.
 따라서 건강한 삶을 살아가기 위해 근력을 강화하는 일은 어르신들이라 해서 예외가 될 수가 없는 것입니다. 이 같은 사회적 분위기에 부응하여 주민자치센터나 경로당, 노인정 등에서 어르신들을 위해 다양한 건강증진 프로그램을 운영하고 있지만, 여러가지 개인적 사정으로 이런 프로그램에 합류할 수 없어 기회를 얻지 못하는 어르신들도 있습니다.

이에 천주교 여의도 성당에서는 시니어아카데미 어르신들에게 운동할 수 있는 기회를 제공하고자, 라인댄스 동아리를 만들어 운영하게 되었습니다.
처음에 라인댄스 동아리를 조직하여 활동을 시작했을 당시는, '댄스'라는 용어에서 오는 부담스러움에서 인지 참여 인원이 9명밖에 되지 않아, 동아리 활동이 활성화될 수 있을까 염려가 되었습니다. 하지만 재미있다는 입소문이 퍼지면서 동아리 회원이 점점 늘어나기 시작했습니다. 이렇게 되자 이참에 동아리 활동을 더욱 활성화해야 하겠다고 생각하고, 시니어가 아닌 사람이나 가톨릭 신자가 아닌 사람도 참여할 수 있도록 문호를 개방했습니다.
문호를 개방하게 된 배경은 성당이 지역주민과 문화를 공유할 수 있는 공간이 될 수 있다는 점, 가톨릭 신자가 아닌 사람들에게 가톨릭교회의 개방적인 분위기를 알리는 것에도 의미를 두었습니다.

성당에서 운영하는 라인댄스 동아리 활동이 주민자치센터에서 운영하는 라인댄스 동아리 활동보다 더 재미있다는 소문과, 문호 개방으로 회원은 점점 늘어 50명을 넘어서다 보니 이제는 한정된 공간으로 인해, 동아리 참여를 희망하는 분들을 다 수용할 수 없는 상황이 되었습니다.
1주일에 목요일 하루만 운영하는 것만으로는 운동량이 부족하므로, 두 번 활동 할 수 있는 기회를 열어달라는 요청을 해 와서, 월요일과 목요일 두 차례 동아리 활동을 전개하고 있습니다. 이뿐만 아니라 라인댄스 동아리 회원이 아닌, 시니어 어르신들께도 몸의 유연성 및 근력 단련 차원에서 운동 기회를 제공하고자, 매월 3주째 목요일에는 시니어아카데미 전 어르신들께도 라인댄스 활동을 전개하여 대단한 호응을 얻고 있습니다.

5월 셋째 주 목요일인 21일, 라인댄스 동아리 활동을 스케치 해 보았습니다.
"만나서 반가워요" 강사의 구령에 맞춰 큰 소리로 두세 번, 복창을 하여 분위기를 조성, 준비운동으로 생체리듬을 깨우는 손가락, 손바닥, 손끝, 손등, 주먹 박수를 리듬에 맞춰 가볍게 치기, '봄 나비 사랑'에 맞춰 어깨를 상하, 좌우로 움직이는 운동과 호흡운동, '속삭이는 눈빛이' 노래 가사에 맞춰 손으로 무릎을 잡고 발끝 들어 올리기, 발목 운동, 손목운동, 무릎 돌리기, 무릎 안마, '사는 게 뭐 별것이더냐' 음악에 맞춰 모세혈관 자극운동으로 손 털기, 손으로 조리 모양을 만들어 몸 안마하기, 손끝으로 머리 안마하기, 어깨, 팔뚝, 손뼉, 겨드랑이, 심장, 뱃살, 허벅지 등을 두들기기 운동, 순발력을 자극하는 운동으로는 리듬이 빠른 '바람 부는 날이면 언덕에 올라' 노래 리듬에 맞춰 자기의 손바닥과 옆 사람의 손바닥 번갈아 가며 치기, 옆으로 돌아서서 앞 사람의 어깨 주물러 주기 등 훑어 내리기 등의 운동을 하였습니다.

본 운동은 리듬이 완만한 패티 김 노래 '사랑해'에 맞춰 큰 동작으로 몸의 굴신운동, '봄날은 간다' 노래에 맞춰 상, 하체운동, '안동역에서' 노래 리듬에 맞춰 몸 흔들기, '도라지' 민요에 맞춰 손 움직임 무용이 이어졌습니다.
정리운동은 '금순아 굳세어 다오' 노래 리듬에 맞춰 손뼉 가로 세로로 치기, 손 마주 잡고 당기기, 손가락, 깍지 끼기, 팔 앞으로 위로 옆으로 올리기와 가슴에 가위로 올리기 등의 운동에 이어 팔을 오른쪽 왼쪽으로 굽혔다 펴기를 한 ,후 기마자세를 하고 느린 동작으로 고관절 풀기와 함께 숨 고르기를 하고 마쳤습니다.

한 시간 동안의 라인댄스 동아리 활동은 경쾌한 음악 리듬에 맞춰 머리끝부터 발끝까지 온몸의 근육에 자극을 주는 운동으로 흥겹게 이어졌고, 운동을 마친 어르신들의 얼굴 볼에는 홍조가 피어올랐습니다. 운동하는 한 시간이 짧게 느껴질 정도로 빠르게 흐른 후 즐겁게 운동에 참여하였던 김채옥 님은 주위의 권유로 라인댄스 반 활동을 시작했는데, 이제는 라인댄스 동아리 활동이 내 생활에 우선순위로 자리매김이 됐다. 한 동작 한 작품을 익힐 때마다 충만한 즐거움으로 앤돌핀이 샘솟아 생활이 활기차게 되었다고 소감을 들려주었고, 70대 중반인 황윤정 어르신은 라인댄스 동아리 활동하는 날이 기다려진다고 하시며, 정기적으로 운동을 하게 되어 몸놀림이 가볍게 느껴진다고 하셨습니다. 또 라인댄스 동아리 반 총무를 맡고 있는 지영애 님은, 라인댄스 운동 효과로 삶에 생동감을 찾았다고 하시며, 또 다른 즐거움은 동아리 회원들이 즐겁게 어우러지는 분위기가 더없이 소중하게 느껴진다고 하셨습니다.

라인댄스 동아리 활동은 이처럼 여의도 성당 시니어아카데미 어르신들의 생활에 활력소가 되고 있습니다.
가톨릭 시니어 제35호 2015.7.15

✛ 가톨릭 어르신 큰 잔치 ✛

10월 2일(금) 9시 30분이 되자, 삼삼오오 짝을 지어 명동성당을 향해 가벼운 발걸음으로 돌계단을 오르시는 어르신들이 부쩍 늘어나기 시작했습니다. 발걸음만 가벼운 것이 아니고 어르신들의 얼굴에는 즐거움의 미소가 가득 번지고 있었습니다.
서울대교구 사목국 노인사목부(담당 대표 사제 유승록)가 노인의 날 및 노인 사목부 발족 10주년을 기념하기 위해 '풍부한 경험은 노인들의 화관이고, 그들의 자랑거리는 주님을 경외 함이다'(집회서 25, 6)라는 주제로 마련한 미사와 축제에 참여하려고 오시는 분들이셨습니다.
가톨릭 어르신 큰 잔치에 초대받았다는 기쁨, 성지중의 성지 명동성당을 돌아보게 되었다는 기대감이, 어르신들의 발걸음을 가볍게 하고 마음을 설레게 했을 것입니다.

10시 30분부터 진행되는 이날의 어르신 큰 잔치는, 각 성당에서 시니어아카데미에 열심히 참여하셔서 선발된 어르신과 인솔 교사를 합쳐 10명씩 참여, 모두 1,000여 명이 넘는 인원으로 명동성당이 가득 찬 가운데, 조규만 총대리 주교님과 사목국 사제단 공동 집전으로 미사 전례가 진행되었는데 주교님은 "지금은 어떤 일이 있어도 가장 위대한 사랑의 길을 걸을 때"라는 강론 말씀으로 어르신들의 삶과 신앙을 격려하셨습니다.

특히 미사 중에 각 본당 시니어아카데미 어르신들이 '기도로 자라나는 신앙의 해' 실천 의지로 각자의 지향을 담은 '기도 열매'가 주렁주렁 달린 기도 나무를 봉헌하여, 어르신들이 기도에 앞장서고 있음을 보여주었습니다.

또 노인사목 활성화에 공헌한 봉사자 다섯 분과, 시니어아카데미 활동에 열심히 참여한 학생 74명에게 총대리 주교님 명의로, 공로상과 모범 학생상이 수여되어 수상하신 어르신들께는 기쁨을, 상을 받지 못하신 분들에게는 더 열심히 시니어아카데미 활동에 참여해야 하겠다고 다짐하는 장이 되었습니다.

미사가 끝나고 이어진 식사 시간, 꼬스트홀, 프란치스코 회관, 가톨릭 회관에서 그 많은 사람이 동시에 식사하였는데, 음식이 정갈하고 어르신들 입맛에 딱 맞아 식사를 통해 행복감을 만끽하는 시간이 되었습니다.

오후에는 각종 마당이 펼쳐져 어르신들에게 즐거움을 안겨드렸습니다. 꼬스트홀 앞 먹거리 마당에서는 총대리 주교님이 떡메치기로 인절미를 만들어 어르신들께 나누어 드리자, 긴 꼬리가 이어지면서 인절미를 받아먹는 즐거움을 느끼게 했고, 엿, 식혜, 수정과, 한과 등을 시식하는 코너도 운영하여 먹는 즐거움이 배가 되었습니다.

놀이마당 역시 꼬스트홀 앞에 차려졌는데 투호 던지기, 콩 젓가락으로 옮기기, 주사위 게임, 미니 농구 등 어르신들이 동심으로 돌아가 즐길 수 있는 놀이여서 즐거운 마음으로 참여할 수 있었습니다.

교구청 별관 마당에 마련된 체험의 장에서는 네일아트, 페이스페인팅, 발 마사지를 경험하는 기회를 제공했는데, 어르신들에게는 네일아트, 페이스페인팅이 마음에 부담을 주면서도 묘한 즐거움을 안겨드리는 장으로 만들었고, 전시마당을 통해서는 다른 성당 시니어 어르신들의 활동을 간접 경험하는 기회를 제공하기도 했습니다.

하지만 함께 어우러져 덩실덩실 어깨춤을 추며, 그동안 발산하지 못했던 예능에 대한 끼를 마음껏 부담 없이 발산할 수 있었던 마당은, 성모 동산 앞마당에 마련된 공연마당이었습니다.

신나는 난타 동아리 공연, 하모니카 클럽이 연주하는 감미로운 멜로디, 우리의 정서가 담겨 있는 전례 무용 공연, 해피 경음악단이 연주하는 경쾌한 리듬을 보고 들으며, 분위기에 젖어 있는 동안의 행복감은, 어르신들께 신앙인이라는 연결고리로 인해 명동성당에서 맛볼 수 있는 최상의 즐거움으로 남을 것입니다.

이처럼 놀이마당, 체험 마당, 공연마당을 돌아보는 짬짬이 성지 명동성당을 구석구석 순례하는 발걸음도 어르신들에게는 큰 기쁨으로 자리 잡았습니다.

1898[1]의 의미, 건물에 붙여진 이름 꼬스트홀[2], 범우관[3], 프란치스코 회관[4] 이라는 이름이 갖는 의미, 성당 내부에 이벽 초상화와 명례방 그림, 김대건 신부님 상과 이승훈의 초상화, 79위 복자 성화, 그리고 지하 성당에 모셔진 10분의 성해가 천주교 신앙을 가진 분들에게 무엇을 시사하는지를 조금이나마 읽어낼 수 있었기 때문입니다.

10월 2일 개최된 가톨릭 어르신 큰 잔치가 어르신들께 이처럼 울림이 큰 행사로 다가올 수 있었음은, 교구청 노인사목부가 10년이라는 연륜을 쌓으며 시니어아카데미 어르신들에게,

어떻게 하면 수준 높은 교육을 제공할 수 있을까를 끊임없이 고민하며 연구해 온 땀의 결정이었다는 사실을 확인하는 시간이었습니다.
이처럼 2015년도 가톨릭 어르신 큰 잔치는 행사에 참석하신 어르신들과, 행사를 계획하고 추진한 모든 분에게 긴 여운을 남기는 성공한 행사로 길이 남을 것입니다.

주(註)
1). 명동이 준공된 해
2). 명동성당을 설계하신 분 이름
3). 명례방을 열고 천주교 신앙을 공부하는 장소로 자신의 집을 제공한 순교자 김범우 이름
4). 우리 나라를 방문하신 프란치스코 교황님의 이름

가톨릭 시니어 제36호 2016.2.1

✣ '하자 아자' ✣

'하자 아자' 어떤 의미를 지닌 말인지 아시죠?
'하느님처럼 자비로이 기도하고, 아버지처럼 자비로이 나누자.'는 서울대교구 자비의 희년 살이 운동 프로젝트를 나타내는 말이라는 것을…….
올해는 자비의 희년입니다. 예수님은 '아버지께서 자비하신 것처럼, 너희도 자비로운 사람이 되라.'고 하셨습니다. 프란치스코 교황께서는 자비의 희년을 맞아 자비의 영적, 육체적 활동은 하느님 아버지를 닮는 자비로운 마음으로 구체적인 기도와 나눔을 실천하는 삶이라고 강조하셨습니다.

서울대교구는 지난 4월 3일 12시 명동 주교좌성당에서 자비의 희년을 위한 실천 운동으로, '아버지처럼 자비로이' 프로젝트를 선포했는데, 이 프로젝트의 요지는 생각과 말, 마음을 넘어서는 구체적 실천으로 하느님 자비를 삶 안에서 구현하자는 운동입니다. 염수정 추기경께서는 미사 강론을 통해,
"하느님 아버지를 닮은 자비로운 마음으로 구체적인 기도와 나눔을 통해, 자비의 영적 육체적 활동을 실천해야 할 것"이라면서 "하자 아자 운동을 통해 한 걸음 더 자발적이고 구체적인 모습으로 자비 실현을 향해 나아 가자."고 말씀하셨습니다.
또한 "절실한 도움이 필요한 이들이 누구인가를 살펴보고, 나의 시간과 재능과 물질적으로 가진 것을 자비로운 마음으로 기쁘게 나누자."고 강조하셨고, 희년 기도 나눔 실천 표인 다이어리를 직접 소개하시면서
"이러한 기도 나눔 실천으로 자비의 희년을 아름답게 마무리할 수 있기를 바란다."고 하셨습니다.

'하자 아자' 운동 다이어리(실천표)는, 자비의 영적 활동과 자비의 육체적 활동 두 영역으로 나뉘어 실천 과제를 정하고 실천하도록 권장하는데, 영적 활동 과제로 '가족들과 눈 맞추며 안아주기, 가족 모임 하면서 함께 기도하기, 부모님께 전화하기 등 가족을 위한 영적 활동은

물론 쉬는 교우 찾아보기, 미워하는 사람 이해하려고 노력하기, 잘못한 이들 따돌리지 않기, 익명으로 욕하지 않기 등 이웃을 배려한 여러 과제를...
육체적 활동 과제로는 안 입는 옷 기증하기, 외국인에게 웃어주기, 아픈 이들 병문안 가기, 내가 가진 재능 활용하여 봉사 활동 실천하기, 좋아하는 기호품(커피, 술, 담배 등) 절제하여 어려운 이웃 도와주기 등 다양한 과제를 제시하고 이들 과제를 실천한 내용을 언제, 누구를 위한, 어떤 기도(육체적 활동은 어떤 나눔)를 얼마큼, 실천했는가를 기록하여 실적을 쌓아가면서, 성취감과 기쁨을 맛보게 하여 기도와 나눔이 습관으로 형성되도록 이끌고 있습니다.

 교구청 사목국은 각 성당에 '하자 아자' 운동 실천 다이어리를 배부하여 많은 신자가 참여하도록 안내하였고, 자비의 희년 동안 계획을 세워 실천하고 기록한 자신의 실천표를, 교구 성문을 닫는 11월 13일에 각 본당에서 봉헌하도록 할 예정입니다. 교구청에서는 이날 가톨릭 여성연합회 와 서울 평신도 사도직 단체연합회가 공동 주관하는 '사랑 나눔 바자'를 열었는데, 이에서 얻어진 수익금 모두를 어려움을 겪고 있는 개인과 이주민들을 무료로 진료하고 있는 라파엘 클리닉 등 5곳을 후원하여, 사랑 나눔의 본보기를 보여 주었습니다.

 한편 노인사목부에서는 각 성당의 시니어아카데미 어르신들이 쉽게 접근할 수 있도록 '하자' 운동 영적 활동 실천 과제.
① 평일 미사 참례하기.
② 성체 조배하기.
③ 묵주기도 5단 바치기.
④ 주모경 바치기.
⑤ 화살기도와 육체적 활동 실천 과제.

'하자' 운동 영적 활동 실천 과제.
① 말 끊지 않고 들어주며 공감해 주기.
② 미소로 이웃 대하기.
③ 이웃의 아픔 들어주기.
④ 미워하는 사람 이해하려고 노력하기
⑤ 음식물 남겨 버리지 않기 등 10개 과제를 설정하고, 이를 여름방학 과제로 제시하여, 실천
    결과를 10월 7일 노인의 날 행사 때 봉헌하기로 하였습니다.

 사목 국장 조성풍 신부께서는 '아버지처럼 자비로이' 프로젝트는 자비의 희년을 맞고 있음에도, 행동과 말과 기도로 자비를 실천하는데 막연함을 느끼는 신자들을 위해 구상하게 되었다면서, 시행에 앞서 가장 중점을 두었던 부분은 교구 신자 분들이 많이 참여해 기도와 나눔을 통한 자비 실천이 확장되도록 하는 것이라고 했습니다.

또한 실천 표는 "자비 실천을 하려는데 마음은 있지만 어떻게 실천할지 어렵게 느끼거나 지속

해서 실천하기 힘들어하는 분들을 위한 것"이며, "누구를 위해 얼마동안, 얼마만큼 기도와 나눔을 할 것인지 정하고 기록해서 실천 여부를 확인하면, 자비 실천이 좀 더 가깝게 느껴질 것"이라면서 '하자 아자' 운동이 널리 확산이 되고, 정착되기를 기대했습니다.
그렇습니다. 우리 모두 '하자 아자' 운동 참여로 자비의 희년을 기쁨 충만한 해로 엮어가도록 하십시다.
　　　　　　　　　　　　　　　　　　　　　　가톨릭 시니어 제37호 2016.7.1

◁심포지엄▷

✧ 2016년 한국 노인의 현실과 문제 ✧
교회의 사목적 해결 방향 모색

11월 23일(수) 15:00~18:00 명동 가톨릭 회관 1층 대강당에서 한국천주교주교회의 평신도 사도직위원회가 주최하고, 천주교서울대교구 사목국이 주관한 '2016년 한국 노인의 현실과 문제, 교회의 사목적인 해결 방향 모색'이라는 주제를 가지고 심포지엄이 개최되었다.
행사의 목적은 날로 심화하고 있는 한국의 노인 문제는 교회의 미래도 어둡게 하고 있어, 심포지엄을 통해 이에 대한 사목적인 해결 방향을 제시하는데 두었다.
심포지엄은 시작 기도와 격려사, 제1부 주제 발표와 토론, 제2부 사례 발표, 제3부 질의응답 순으로 진행되었는데 주제 발표와 토론, 사례 발표 내용을 정리하면 다음과 같다.

시작 기도는 서울대교구 사목 국장 조성풍 신부가 했고, 인사 말씀은 주교회의 평신도 사도직 위원회 위원장이신 원주 교구장 조규만 주교님이 하였는데, 주교님은 프란치스코 교황님의 '사랑의 기쁨'에 있는 시편 71편을 인용 세대와 세대 간의 연속성을 강조하였다. 조부모를 돌보지 않는 가정은 붕괴된 가정이고, 노인들의 자리 마련을 하지 않는 사회는 뿌리가 뽑힌 사회라며, 노인 사목의 필요성이 교회의 사목 방향에서 중요한 부분을 차지하게 된 현실에서 이를 해결하기 위한 방향을 모색, 제시하기 위한 심포지엄을 갖게 됨은 매우 의의가 크다고 했다.

주제 발표 1은 한림대 사회복지과 윤현숙 교수가 한국 노인의 현실과 문제를 사회, 복지 분야에 초점을 맞춰서 했다. 윤 교수는 우리나라 노인의 현실 문제를
(1) 인구 문제와 전망, (2) 저출산·고령화에 따른 사회경제적 위험, (3) 고령화 주요 이슈와 대응 세 가지 관점에서 살펴보았다.

인구 문제와 전망에서 제시한 문제점은
첫째, 초저출산 현상 장기화가 30년 이상 지속되고 있고, 최근 15년간은 출산율 1.3명 미만의 '저출산의 덫'에 걸려 있을 뿐만 아니라, 2014년 출산율 1.21명은 전 세계적으로 최저 수준임을 지적하면서, OECD 11개국은 저출산의 덫에서 벗어나고 있는데 우리나라만 해결 방법을 찾지 못하고 있다고 지적했다.

그러면서 저출산의 원인을 2014년 OECD 1인당 연평균 근로 시간이 1,706시간인데 반해, 우리나라는 2,057시간으로 근로 시간이 많은 것을 한 원인으로 보았고, 25세부터 29세까지 남성들의 실업률이 높아지고 혼인율이 낮아지는 것, 그리고 주택 매매가격 지수가 높아 혼인율이 낮아지고 있으며, 이 같은 복합 요인으로 인해 2013년 평균 초혼 연령이 남성 32.2세, 여성 29.6세로 높아져 저출산의 원인으로 작용하는 것으로 분석하였으며, 1980년부터 2014년까지 총이혼 건수와 조이혼율을 대비해 본 결과, 조이혼율이 점차 높아지는 점도 저출산 원인의 하나라고 보았다.

다음으로는 70년 61.9세이던 평균수명이 2014년에는 81.5세로, 2060년에는 88.9세로 늘어 우리나라가 장수 사회로 진입하게 됨을 두 번째 노인 문제로 제시 했고,
세 번째 문제점으로는 출산율의 저하, 빠른 속도로의 노인인구 고령화로 인구가 2030년까지는 증가하다가, 2031년부터는 인구 감소 시대로의 전환이 이루어질 것이란 점을 지적했다.

두 번째, 관점인 저출산, 고령화에 따른 사회경제적 위험 면에서 당면하는 문제점은 첫째, 노동력 부족과 고령화로 인한 잠재 성장력 하락이다.
신규진입 노동 인구 감소로 노동력 고령화가 급속히 진행되고, 베이비붐 세대의 노년층 진입에 따라 숙련 노동자가 대거 노동시장에서 은퇴함에 따라, 전반적인 노동 생산성 저하가 우려되며, 구매력이 높은 노동 인구 감소와 구매력이 낮은 노인인구 증가로 소비 투자 증가율이 지속 감소되어, 잠재성장률이 지속적으로 하락할 우려가 있다는 점이다.

다음은 연금 보험료 납부 인구는 감소하나 수급 인구가 급격히 증가하여 사회보장 지출 부담이 급증, 국민연금은 2044년도부터 수지 적자가 발생하고 건강보험은 2025년에 고갈될 것이라는 전망이다. 공공 사회복지 지출 또한 2013년 기준 GDP 대비 9.8%에서 2040년에는 22.6%, 2060년에는 29.0%로 상승이 될 것으로 예측된다고 했다. 저출산 및 잠재성장률 둔화에 따른 총수입 증가율이 낮아지고, 고령화에 따라 복지지출, 총지출은 빠르게 증가하여 재정 건전성 악화가 우려되며, 농촌 공동화가 급격히 진행될 것이라는 점이 세 번째 문제점으로 제시했다.

세 번째 관점은 고령화 주요 이슈와 대응에서 살펴보았는데, 노후 소득 불안정을 첫째 이슈로 꼽으면서, 노인 빈곤층 비율이 OECD 국가 중 가장 높은 49.6%로 이를 해결하려는 방안으로 퇴직연금, 개인연금, 주택연금, 농지 연금 등 다양한 노후 대비 수단을 도입하여 다층적 노후 소득 보장 체계를 구축하여 노력하고 있으나, 실제 소득 보장 기능을 할 수 있도록 내실화가 필요하다고 하였다.
개인연금 30%, 퇴직연금 12% 국민연금 65%의 가입 비율과 공적연금 수급 비율이 2014년 기준 38.7% 수준에 머무르고 있는 점은, 실제 노후 소득이 불안정함을 보여주고 있는 현실이라는 것이다.

이를 해결하기 위해 국민연금 수급권을 확대하는 방안으로 주택 농지 연금 등을 활성화하고,

기초 노령 연금 도입으로 노후 소득 보장 체계를 확충하는 방안 마련으로 노후 생활 안정을 위해 노력을 하고 있다고 했다.

고령화 주요 이슈 중 두 번째는 질병, 수명 장기화인데, 2012년 우리나라 평균수명이 81.4세인 것에 비해 건강수명은 73세로 8.4년의 격차를 보이고 있음을 일본 6년과 대비시켜 제시했다.
노인 질병은 고혈압, 당뇨, 치매 등 만성질환을 평균 2개 이상 가지고 있을 뿐 아니라 감기, 백내장, 치과 치료 및 낙상, 약물 오남용도 건강수명 격차 요인으로 작용한다는 것이다.
국가에서는 질병 수명 장기화에 대한 대비책으로 장기 요양보험 제도를 마련하여, 고령이나 노인성 질병 등으로 일상생활을 혼자서 수행하기 어려운 이들에게 신체활동 가사 지원 등의 서비스를 제공하여 노후 생활의 안정과 그 가족의 부담을 덜어주고 있다.

고령화 주요 이슈 중 마지막은 노후 사회적 불평등과 소외로 인한 노인 자살을 제시했다.
우리나라 65세 이상 노인 자살률은 노인인구 10만 명당 55.5명으로, 전체 자살률 27.3명의 2배 이상이며, 이는 OECD 평균 18.8명의 3배(2014년 기준)로 사회경제적 대책, 정신 건강 관리체계의 강화가 시급함을 보여주는 것이라 했다.
윤현숙 교수는 노인들의 자살에 대한 현황을 춘천시를 표본으로 조사했는데 우울, 신체적 통증, 경제 상태가 자살의 요인으로 입증되었음을 밝히며, 노인의 우울 감소를 위한 정신 보건 서비스, 신체 건강관리를 위한 보건 서비스 및 경제적 지원을 위한 서비스 등이 통합적으로 제공되는 자살 예방 대책이 요구됨을 강조하고 있다.

주제 발표 1에 대한 논평은 사회 사도직연구소 오용석 소장이 했다.
오 소장은 주제 발표자가 지적한 것처럼, 우리나라가 안고 있는 심각한 문제의 양축은 세계 최저의 출산율과 급증하는 고령 인구라고 보았다.
출산율이 고령 인구의 증가 속도를 충분히 뒷받침하지 못해, 우리나라 인구 구조가 갈수록 악화가 되는 현상은 한국 인구 구조의 위기 적 상황을 초래하고 있으며, 이에 대한 심각성을 영국 옥스퍼드 대학의 저명한 인구학자 데이빗 콜먼은 2006년 발표에서, '한국은 2045년에 세계에서 가장 고령 국가가 되고, 2750년에는 소멸할 수 있다'고 경고했다면서 이를 단순한 미래 예측이라고 흘려 넘겨 버릴 사안이 결코 아니라고 했다.

오 소장은 노인인구가 유소년 인구를 앞지르는 상황을 유엔 인구국은 '인구의 역사적 역전'이라고 하여 인구의 심각한 위기 국면으로 파악하고 있다고 했다.
이러한 인구 구조 변화가 경제 사회 전반에 대격변을 일으킬 것이기에, 이에 따른 충격을 실감할 수 있게 하려고 영국의 인구학자 폴 월리스는 이를 '연령지진'이라는 신조어로 표현하고, 그 충격은 리히터 규모 9.0에 비교할 만하다는 것이다.'라고 했다고 소개했다.

유엔 인구국은 우리나라 '인구의 역사적 역전' 시기를 2020년으로 예측했으나, 현실은 그보다 훨씬 빠르게 진행되고 있다. 1985년 우리나라 유소년 인구가 약 1,230만 명이었고, 노인인구는

174만 명으로 유소년 인구가 노인인구보다 7배가 넘던 것이, 30여 년 사이에 유소년 인구는 절반으로 줄었다.
반면 노인인구는 4배 가까이 많아진 인구 구조를 통해 알 수 있다며, 우리나라는 인구 구조 그래프상으로 유소년 인구 비율이 절벽처럼 떨어지는 이른바 '인구절벽'에 봉착하고 있다고 했다.

 그러면서 우리나라 인구절벽의 조짐은 2002년부터 신생아가 40만 명 선으로 떨어지면서 나타나기 시작했는데, 이들 "40만 둥이 시대"의 도래로 초•중학교 폐교 현상이 내년부터는 고등학교로, 4년 뒤에는 대학교에까지 미치게 되고, 다시 5년 뒤에는 군입대 장병수의 부족으로 이어질 전망이라면서, 이 같은 사회적 구조의 변동이 전국적으로 확산하고 있음은 실로 심각한 현상이라 밝히고 있다.

 오 소장은 위에서 살펴본 바와 같은 위기에 처한 인구 구조에서 볼 때, 우리나라 노인 사회복지의 현재와 미래는 매우 암담하다고 전망하면서, 이를 통계자료를 통해 설명하고 있다. 당장 50만 명이 넘는 1952년생들이 내년부터 노인인구로 진입하고, 2020년부터는 1955년~1963년 베이비붐 시대에 출생한 사람들이 연령 별로 매년 60~90만 명씩 노인인구에 합류하며, 노인 수명의 연장으로 장수 노인 수가 빠르게 증가하고 있음이 그 이유라 했다.
또한 이러한 장수 추세와 맞물려, 나이가 많아질수록 중산층 노인 가구의 빈곤층 진입이 빠르게 이루어지고 있음이 통계를 통해 확인된다고 밝히면서, 그 원인으로 노인복지 향상을 위한 사회적 경제적 안전망이 제대로 갖추어져 있지 않은 것이 가장 큰 원인으로 꼽았다.

 빈곤과 함께 노인의 삶을 힘들게 하는 요인이, 고독함과 그 후유증으로 노인 1인 가구는 다인 가구에 비해 만성질환 감염률, 병원 입원율, 우울증 등 건강 수준이 낮고 빈곤 수준이 높은 것에서 드러나고 있다. 앞으로 노인들의 삶이 더 외로워질 수밖에 없는 것은 2015년 현재 138만 명이던 독거노인이 20년 후에는 343만 명으로 늘어나, 전체 노인인구의 1/4이 혼자 외롭게 살게 된다고 통계가 보여주고 있다.
현재는 5명이 노인 1명을 부양하는 수준이지만, 20년 후에는 2명이 노인 1명을 부양해야 하는 상황이며, 이에 따라 노인복지 예산이 급증하게 되어, 4대 보험의 재정 고갈이 현실로 다가올 수밖에 없기 때문이라고 했다.

 오용석 소장은 한국 노인 사회복지 문제의 사목적 대응 방향에 대한 논평에서, 노인인구의 급증은 교회가 더욱더 광범한 사목적 대응을 요구하고 있다며, 이러한 요구에 부응하기 위해 교회는 새로운 접근 방법을 시급히 찾아내야 한다 면서 단기적 대응 방향으로는 건강한 노인이 보호가 필요한 노인을 돌보는, '노•노 케어(老老 Care)'와 공동생활을 유도하고, 사회복지사까지 배치한 그룹•홈(Group Home) 제도를 제시했다. 이들 제도는 노인들의 고독감을 해소하고 공동체 의식을 높여 줄 수 있어 한국교회에서 일차적으로 고려해 볼만 하다고 하면서, 특히 '노•노 케어' 제도화와 실천을 적극 추진하는 것이 바람직 하다고 했다.
그러면서 노•노 케어의 원조를 '꽃동네'를 있게 한 최귀동(베드로) 할아버지에서 찾을 수 있다며

, 최귀동 할아버지의 삶을 각 교구 차원에서 상황에 맞게 제도화하는 방안을 마련하여 실천하고, 이를 위해 평신도 노인들뿐만 아니라 원로 성직자와 수도자들도 함께 참여한다면 사목적 효과가 클 것이라고 전망 했다.

이 같은 노인복지를 위한 사목적 대응의 세부적 활동의 중심은 본당이어야 하는데 우리의 현실은 노인대학은 있으나 복지 차원의 시설은 갖추지 못하고 있다. 그러면서 미국의 여러 본당에서 본 바에 의하면 성당 지하에 탁구장, 당구장을 마련 노인들이 신자 여부를 떠나 노인들끼리 또는 젊은이들과 함께 땀을 흘리며 즐거워하는 모습을 자주 보았다. 이처럼 본당들이 노인들에게 기쁨과 즐거움을 주고 건강을 유지하게 하는 가벼운 운동이나 요가 등을 할 수 있는 공간과 프로그램을 마련 제공하는 것은, 노인 사회복지에 도움을 주는 훌륭한 사목적 배려가 될 것이라 했다.

오 소장은 서울대교구 소속 이기양(요셉) 신부가 본당 사목에서 경험한 두 가지 사례를 노인복지를 위한 본당 사목에 도움을 줄 수 있다고 생각된다며 소개하기도 했다.

첫 번째는 1998년 외환위기 때 사랑의 쌀통과 헌금함을 비치하고, 신자들에게 밥을 지을 때 가난한 사람들을 위해 한 숟가락씩 쌀을 모아 한 주일 후 사랑의 쌀통에 붓고, 가난한 사람을 위해 조금씩 덜 쓰고 천 원이라도 사랑의 헌금함에 넣도록 요청하여, 이를 가지고 매주 1회씩 150~200명의 노인에게 4년 동안 사랑의 식사를 제공할 수 있었다는 사례이다.

두 번째 사례는, 노인들과 손주뻘 되는 아이들을 이어주는 사목으로 영성체 반 어린이들 각자에게 3,000원씩을 주어, 그것을 다 쓰고 나서 각자 어떻게 썼는지를 발표하게 하였다. 그랬더니 할아버지 할머니 또는 이웃 노인들에게 선물을 사주었다는 어린이들이 많았다는 발표를 듣고, 노인들과 어린이들을 잇는 끈이 계속되도록 돈을 주는 일을 반복했다. 부모들이 이 사실을 알고 적극 참여 함으로써, 가족이나 이웃과의 관계가 훨씬 밝아졌다는 사례로서, 본당 어린이들이 자기 조부모나 독거노인들을 찾는 프로그램은 노인 사회복지를 위한 또 하나의 사목적 대안이라고 했다.

오 소장은 맺음말로 우리나라 인구 구조의 고령화와 함께, 교회도 중장기적으로 노인 신자들이 주류를 이루는 노인 교회 또는 실버 교회가 되는 것이 불가피함으로, 교회의 인적 구성, 재정 축소, 사목 방향 등이 바뀔 수밖에 없으므로, 교회가 그러한 상황에 대비하여 하루빨리 중장기적인 사목적 대안을 마련해야 한다고 강조했다.
출산율 저하에 따라 성직자 수도자가 감소 될 상황에 대비, 그들의 은퇴 시기 연장, 은퇴 시기 연장시 그것을 보완해 줄 직무자로 한국교회에는 없는 종신 부제 양성도 지금부터 고려해야 할 사항으로 보았다.
그리고 신자 고령화에 따른 교무금 등 봉헌 금의 감소에 대비하여, 교회의 수익 구조를 과감하게 바꿔나가야 하며, 경영의 효율성과 관계없이 성직자 중심의 경영 체계를 전문성과 능력 위주의 인적 시스템으로 바꿔야, 미래의 교회 역할로서 중요성이 더욱 커지게 교회의 노인복지 분야에 대한 재정적 대비가 가능하다고 밝혔다.

 주제 발표 2는 한국 노인의 현실과 문제, 교회의 사목적인 해결 방향을 교육, 문화 분야에 초점을 맞추어 정찬남 원장(한국여성생활연구원)과 조해경(경기대 교양 교직 학부) 교수가 했다.
 주민등록상 인구 대비 65세 이상 노인 신자 비율이 20.9%이며, 전국 천주교 교구별 사목 현황은 서울, 인천, 대전, 의정부교구는 노인 사목부에서 그 외 교구는 가정 사목, 선교 사목 산하에 노인 담당 부서를 두어 사목을 하고 있다고 했다. 본당에서의 노인 사목 실태에서 노인 사목을 담당하는 부서로 노인 분과장 16%, 노인 대학장 24.5%, 노인 분과장이 노인 대학장을 겸임한 경우가 6% 합계 46.5%를 보이고 있고, 노인 사목 중심 프로그램은 노인대학 중심이 47%, 혼합 형태가 27%로 나타나 있어, 노인 사목을 전담하는 조직과 주일학교 개념의 신자 재교육 차원의 학교로의 전환이 필요하다고 했다.

 본당에서 실시하는 노인 사목 프로그램은 노인대학, 성경 공부, 문화강좌, 효도 잔치 중심으로 운영되고 있는 것으로 분석했다.
서울대교구의 경우 시니어 아카데미 현황은 2016년 6월 9일 현재 전체 본당 229개 중 133개 본당이 가입되어 58.1%로 나타났고, 학생 수는 9,243명으로 집계되었는데 그 중 여학생 비율이 88%를 차지하는 것으로 나타났다.
정찬남 원장은 노인 사목 실행 관점에서 본 문제점으로 학생의 고령화, 남성 신자의 참여율 저조, 노인의 발달 단계에 맞는 신앙·영성 교육의 필요성, 연령대별 구성과 프로그램 운영, 비노인 대학생과 거동 불편 노인에 대한 사목적 배려, 프로그램의 질적 양적 전문화, 다양화, 영성과 신앙 고취 프로그램 부재를 제시했다.

 가톨릭교회는 세계의 고령화와 가톨릭의 입장을 1998년 교황청 평신도평의회에서, 교회와 세상 안에서 노인의 존엄과 사명을 위한 "노인 사목 지침"을 제시했고, 1999년 유엔 '세계 노인의 해'를 선포, 고령화 사회에서 변화하는 노인의 지위와 노인 삶의 질 향상을 위한 국가와 사회가 해야 할 역할을 제시하였다.
또 노인사목을 위한 가톨릭공동체의 역할을 담아 교회와 세상 안에서 노인의 존엄과 사명의 "노인 사목 지침"을 밝혔고, 국제연합이 2002년에 채택한 마드리드 고령화 국제 행동 계획 채택에 동참도 했다.
서울대교구에서는 2000년대 희년을 맞아 교구 시노드 회의를 소집 4년간의 긴 여정을 거쳐 2003년 12월 8일 교구장 교서를 발표했는데, 노인 사목 관련 내용은 '교회의 노인 사목이 제대로 이루어질 수 있도록, 노인을 사목의 주체로 여기는 동시에 노인 스스로 노인 사목에 참여할 수 있는 기회를 마련해 주어야 한다'고 강조하면서, '이를 구체적으로 실현하기 위하여 교구 및 지구 차원의 노인 사목 국을 두겠다.' 했다.
아울러 신자들이 노인의 가치와 의미를 깨달을 수 있도록 '노인 주일' 제정을 위해 노력하겠다는 입장을 제안하였다.

교구장 교서 실현을 위한 사목 실천 방안으로
(1) 가톨릭교회 교리서 중심의 신앙·영성 교육을 강화하고,
(2) 가톨릭 노인의 날 제정을 위해 노력하며,
(3) 노인 사목부를 노인 사목 국으로 승격시키는 작업의 실행과,
(4) 노인 교육과 복지의 상징적인 장으로서 시니어센터 건립을 추진한다고 밝혔다.

주제 2를 발표한 정찬남 원장은 이상의 논거를 정리한 제언으로
(1) 신자와 사회에 대한 사목자들의 새로운 학습,
(2) 사목 대상으로서 노년기를 위한 단기, 중기, 장기 계획으로 사목 방향 재정립
(3) 변화하는 사회 환경을 고려한 사목자들의 인식 개선
(4) 노인과 봉사자를 위한 전문 교육과, 전문 교육을 위한 전문교육 기관과의 연대
(5) 노인을 위한 프로그램의 다양화, 세분화, 전문화
(6) 봉사자, 학습자, 프로그램, 정책 등에 대한 지속적이고 구체적인 연구의 필요성을 강조하면서, 이를 함축하여 '새로운 복음화의 삶을 위한 새로운 표현, 새로운 방식, 새로운 열정으로 노인 사목이 재구성되어야 한다.'고 했다.

정찬남 원장의 주제 발표 2 한국 노인의 현실과 문제 교육·문화 측면에서의 사목적 해결 방향 모색에 대한 논평은, 변승식(의정부교구 고양동 성당) 신부가 발표했다.
변 신부는 노인 사목의 어려움이 사목의 대상인 현대 사회 노인들의 다양한 처지에 대응하지 못하고, 획일적이고 한정적인 사목 현실에 있다고 지적한 정 원장의 의견에 대해, 노인들의 다양성은 연령대의 폭이 넓어진 것뿐만 아니라 사회 관계적 처지, 재정적 상태, 심리 영성적 상태의 다양성까지를 포함하는 것이라고 했다.
본당에서 노인대학 중심의 사목은 본당에 나올 수 있는 한정된 노인을 대상으로 하고, 그 형식과 내용도 한정된 형식과 내용의 도움을 줄 뿐으로, 주일학교 어린이들과는 달리 노인들은 그 경험과 지식, 그리고 필요로 하는 바가 훨씬 다양하여 소수가 다수를 돌보는 형태의 교육으로는 한계가 있다고 했다.

변 신부는 이 같은 문제점에 대한 개선책으로 우선 신자와 사회에 대한 인식의 개선과 학습을 요청했다. 그리고 전문적이고 다양하며 세분화한 프로그램의 개발과 운영을 위해 전문 교육기관과의 연대가 필요하다고 제안했다.
발제자가 신자와 사회에 대한 사목자의 새로운 학습과 인식의 개선을 먼저 요청한 것에 대해, 이는 노인 사목의 주체가 여전히 성직자 중심이라는 것을 전제하며, 전문적 프로그램의 개발과 실행도 본당을 중심으로 하는 대책이라는 의미로서, 이같이 본당을 노인 사목의 현장이라고 생각한다면 지금까지의 한계를 벗어나기가 어렵다고 보았다.

그러므로 노인 사목의 현장은 그분들이 사시는 집과 요양원 데이케어센터 등이 되어야 하고 노인 사목의 주체 역시 성직자가 아닌 평신도가 되어야 하는데, 그 이유는 성직자는 노인들 한

분 한 분의 삶을 관찰할 수도 없고, 그분들이 어떤 처지에 있고 무엇을 필요로 하는지 깊이 공감하고 이해할 수도 없기 때문이라고 한다.
평신도들이 주체가 되어야 하는 까닭은, 우리가 살아가는 사회를 복음화하기 위해서는, 필연적으로 그곳에서 살아가는 평신도들이 복음의 실천과 하느님 나라 건설의 주체가 되어야 한다는 점에서 이기 때문이라고 했다.

이는 예수님께서 일흔두 제자를 뽑으셔서, 당신이 방문하실 고을에 둘씩 복음 선포를 직접 담당할 사목자로 파견하셨음에서 그 배경을 찾을 수 있다.
이같이 본당에서 평신도 사도들을 양성하여 그들로 하여금 이웃을 살피고 다가가 돌보게 하는 평신도 중심의 사목으로 전환함은, 노인 사목 분야뿐만 아니라 가정 사목, 청년 사목 등 날로 복잡해지는 이 사회 각 분야의 복음화를 위해 교회가 필요로 하는 새로운 표현, 새로운 방식, 새로운 열정의 열쇠가 되는 필수적인 요청이라고 밝혔다.

주제 발표 3

한국 노인의 현실과 문제, 교회 사목적인 해결 방향 모색을 신앙·영성 측면에서 어떻게 접근할 것인가?에 초점을 맞추어 김문태(서울디지털대학교 교양학부) 교수가 발표했다. 김 교수는 머리말에서 우리나라가 세계 속에서 차지하는 위상은 국내총생산(GDP) 1조 3,779억 달러로 세계 11위 수준이고, 한국인의 기대 수명은 81.4세로 세계인의 기대 수명보다 10세가 높으나, 행복 지수는 2016년 기준 세계 157개국 중 58위에 머무르고 있다.
경제 규모나 기대 수명에 비해 부정적이며, 급격한 시대의 변화를 겪으면서 한국 노인의 현실을 윤리, 도덕 예의범절 등 정신적 가치 우선에서 황금만능주의 팽배로, 부익부 빈익빈 계층 간 양극화로 인한 물질적 가치, 육체에 관한 관심 찰나의 기쁨 추구 경향으로 변화되었다고 분석했다.

그리고 2015년 한국천주교회의 통계를 인용 가톨릭 신자가 5,655,504명으로 총인구 대비 10.74%를 점하고 있으나, 영세자 감소, 성사·미사 참여율 저조, 신앙교육 이수자가 감소하고 있다. 기도와 영성 생활 결핍 현상을 보여주고 있어, 그동안의 외형적 양적 성장에 비하면 내면적 질적 저하를 나타내고 있다고 분석했다.
노인 문제를 일반적 측면에서 보았을 때, 우리나라는 65세 이상 인구가 2015년 기준 전체 인구 대비 13.15%를 차지하여 고령사회를 목전에 두고 있고, 0~14세 유소년 비율은 2010년 16.2%에서 2015년 13.9%로 감소하였고, 이 같은 추세가 지속되면 2060년의 고령화 비율은 40.1%까지 올라 세계 2위가 될 전망이라는 것이다.

만혼(晩婚), 비혼(非婚), 혼인 및 출산 저하, 낙태 증가 등은 출산율을 1.24명에 머물게 하여 세계 최저를 기록하고 있고, 새 생명에 대한 무관심은 생명 경시 풍조로 이어져 2002년부터 2012년까지 10년 사이에 사망 원인 중 자살이 8위에서 4위로, 자살 사망자 수는 인구 10만 명당

17.9명에서 28.1명으로 무려 57.2%의 증가율을 보였다. OECD 평균 자살률 12.5명과 비교하면 그 심각성이 더욱 두드러진다는 것이다. 2014년 통계에 의하면 인구 10만 명당 자살자 수의 평균이 27.3명인데 반해, 65~69세는 38.5명, 80세 이상은 78.6명으로 연세가 많아질수록 자살률이 높게 나타나는데, 이는 삶의 질과 행복도가 현저히 떨어지는 데 기인한다는 점에서, 문제의 심각성이 있다고 했다.

노인 일반의 현실을 종교적 측면에서 조사해 본 바에 의하면, 65세 이상 노인의 노후를 보내고 싶은 방법으로 건강 유지 52.3%, 소득 창출 19.6%, 종교 활동 5.8%로 정신적 측면은 미미한 반응이며, 종교의식 조사에서도 종교 단체는 진정한 삶의 의미를 찾으려 하는 사람에게 해답을 못 주고 있다는 것에 62.9%의 부정적 반응을 나타냈다. 신자들도 '나의 개인 생활에서 종교가 중요한가?'라는 질문에 중요하다가 52% 중요하지 않다가 48%였다.

이 질문에 대해 1984년과 2014년의 반응을 비교해 보면, 2014년이 더 낮게 나타나 종교의 필요성을 느끼지 못하는 신자가 증가하고 있음을 보여주고 있다.
종교를 믿지 않는 이유를 물어보는 질문에 관심이 없어서가 45%, 종교에 대한 불신과 실망이 19%, 정신적 시간적 여유가 없어서가 18% 등이며, 연령대가 젊을수록 종교에 무관심한 것이 확인되었다.
위의 사실에서 종교에 대한 불신 경향을 보이고 있고, 평균수명이 높음에도 자살률이 높게 나타나고 있다. 건강과 경제에 관심을 집중하고 있으며, 정신적 측면 특히 종교 활동에 무관심을 보여주고 있어 전교의 당위성을 절감하게 된다는 것이다.

노인 신자의 현실을 살펴보면 65세 이상 가톨릭 신자의 비율이 17.03%를 차지, 고령화가 일반 사회보다 더 빠르게 진행되고 있다. 노인 신자의 연령대별 분포를 보면 55~59세 구간이 9.8%로 10~19세 구간 7.4%보다 높은 점은 노인 사목에 심혈을 기울여야 할 당위성으로 보았다.
한국 가톨릭 사목 연구소가 2014년 실시한 생명과 가정에 관한 설문 조사에 의하면, 노인 신자들이 신앙적 영성 적으로 열성 도와 만족도가 낮은 것으로 나타나고 있고, 노년 생활에서 어려운 문제 중 소외감, 고독감에 대한 비신자들의 반응이 7.8%인 것에 반해 신자들은 13.5%의 반응을 보여 신앙 영성 차원에서 해결해야 할 과제로 보았다. 60세 이상 노인들이 여가시간에 하는 일로 종교, 신앙 활동에 비신자 노인이 17.0%, 신자 노인은 38.3%를 활용한다는 반응은 신자 노인들이 여가 시간을 개인 기도나 묵상 피정 등에 할애하기 때문으로 보았다.

'자살은 어떠한 경우라도 해서는 안 된다.'는 물음에 비신자의 경우 87.9%가 신자들의 경우 95.0%가 그렇다고 답하였지만, 자살 고려 경험이 비신자 노인들이 12.8%, 신자 노인들이 9.9%를 보여 큰 차이가 없는 점은 눈여겨 볼 일이다.
이는 자살을 고려한 이유가 삶의 의미 상실 및 삶 자체에 대한 회의가, 비신자 노인이 27.8%, 신자 노인이 35.7% 반응을 보인 것과 연장선상에서 볼 때, 신앙 영성 생활의 영향력이 삶의 의미나 삶 자체에 대한 회의에 작용하지 못하는 방증이라며 놀랍다고 했다.

신앙적 측면에서 노인들이 갖고 있는 의식을 조사하기 위해, 1997년 한국 갤럽이 '종교를 믿고 있는 가장 큰 이유가 무엇인가?'라는 질문에서 마음의 평안을 위해 53.7%, 영생과 창조주에 대한 믿음으로 17.3%, 복을 얻기 위해 10.0% 응답했는데 연령별로는 나이가 들수록 마음의 평안을 얻기 위해서라는 답변 비율이 줄어들고, 반면 복을 얻기 위해서라는 답변 비율이 급격히 늘었으며, 교육 수준이 높을수록 '영생과 창조주에 대한 믿음으로'라는 답변이 급격히 늘고 소득수준이 낮을수록 '복을 얻기 위해서'라는 답을 많이 했다.

종교별 분석에서 마음의 평안을 얻기 위해서라는 항목에 천주교의 경우 66.2%로 가장 높았으나, 영생과 창조주에 대한 믿음으로라는 항목에서 33.3%인 개신교에 비해 천주교는 10.9%에 머물렀다. '진리와 올바른 것을 추구하려고'라는 항목에 개신교 6.3%, 천주교 3.3%로 상대적으로 낮아, 이는 신앙 영성의 측면에서 문제를 드러내고 있다고 보았다.
또 2007년 가톨릭 신자들을 대상으로 「노인 사목 실태 및 욕구 조사」에서 신앙생활을 하는 중요한 이유가, 하느님을 믿기 때문에 항목에 62.8%로 가장 높게 나타났다. 37.2%는 신앙의 본질 내지 핵심으로부터 벗어나 있고, 신앙이 삶에 미치는 영향에 관한 질문에서도 절대적이라는 반응이 37.8%로 나왔으나, 29.4%는 보통 이하의 미지근한 수준을 보여주고 있다.

위에서 살펴본 바에 의하여 우리나라 노인 신자들의 신앙적 문제를 정리해 보면, 미사와 성사 참여 저조, 기도와 영성 생활의 결핍, 마음의 평안에 치중, 핵심 교리에 대한 믿음 약화, 진리와 정의 추구 약화, 종교 실태, 신앙생활에 대한 중요도 저하로 요약되며 이는 신앙과 영성에 문제를 지니고 있다고 보았다.
김문태 교수는 앞에서 조명해 본 내용을 바탕으로 종교의 역할이 노인들에게 실존적 의미와 삶의 의미를 제공해야 하는데, 한국 천주 교회는 그 역할을 함에 있어 미흡했고 노인 신자들의 신심 부족도 그것에서 연유하는 것으로 보았다.

천주교 신자들을 상대로 창조설, 사후 심판설, 절대자 신의 존재, 천국, 사후 영혼에 대한 믿음 등 다섯 항목에 대해 한국 갤럽의 조사(1984년, 1997년, 2004년, 2014년)에서 믿는다는 비율이 점점 낮아진 것은, 신앙과 영성의 측면에서 교회 본연의 역할을 재점검하고 시대에 맞는 사목 방향의 제시가 필요하다고 보았다.

그리고 노인 사목 실태 및 욕구 조사를 위해 평신도를 상대로 한 설문에서, 노인사목에서 중요한 것으로 신앙 43.3%, 복지 41.2%, 교육문화 15.4%의 반응 결과와, 본당에서 원하는 사목 활동으로는 신앙 부분에서 임종미사, 장례 예식에 50.7%, 노인 신앙 강좌 38.1%, 노인 교리 성서 반 28.5%, 노인 미사 26.2% 순으로 나타난 결과를 보면, 노인 사목에서 우선시 되어야 할 것이 자명하게 드러났다며 교회의 노인 사목 방향을 (1) 교리교육, (2) 전례 교육, (3) 신심 활동, (4) 봉사 활동이라고 제시했다.

(1) 교리교육은 신앙의 측면에서 우선 강화되어야 한다면서 노인 신자들은 성세 성사, 견진 성사 때 받았던 교리교육이 전부이거나 오래되어 잊은 경우가 많을 것임으로, 재교육을 통해 신심을 다질 필요가 있다는 것이었다.

그리고 노인 신자들에게 있어 가장 관심사인 죽음을 대비한 교리교육 즉, 사말(四末: 죽음, 심판, 천국, 지옥) 교리에 대한 교육이 시급하다고 했다.

부활 신앙을 고취하고 죽음에 대한 두려움을 해소하기 위함이기도 하며, 노인 신자들 84.6%가 죽음을 묵상하고, 연령이 많아질수록 그 빈도가 높게 나타나는 점에서도 이유를 찾을 수 있다는 것이다.

4말 교리와 관련해서는 신앙 선조들이 창작하여 신심을 다졌던 천주가사(사향가, 선종가, 공심판가, 사심판가, 텬당 강논, 디옥 강논)와 가톨릭교회의 4말 교리 죽음, 심판, 지옥, 천국을 강독하고 교육한다면 효과적일 것이라면서, 4말 교리교육 효과를 천주 존재, 삼위일체 강생 구속과 더불어 심판에 따른 상선 벌악을 묵상하게 되고, 신앙 선조들의 순교 영성을 되새기게 되며, 현세-육체적 면의 웰빙, 웰다잉을 영원-정신적 측면의 웰빙 웰다잉으로 전환하여 여생을 의미있게 지낼 수 있는 계기를 마련할 수 있다고 했다.

(2) 전례 교육의 필요성은 성찬례가 그리스도교 생활 전체의 원천이며 정점(가톨릭 교회 교리서 1,324항) 이므로 미사를 중심으로 한 전례 교육이어야 한다는 것이다. 창조설 사후 심판설 등 핵심 교리에 대한 불신은 미사 등 성사 불참(성탄 판공 참여 30.6%, 부활 판공 참여 31.7%, 주일미사 참여 20.7%)으로 표출되고, 이는 기도와 영성 생활의 결핍을 가져온다고 보았다.

주일미사 활성화를 위한 교구별 토론 결과 종합보고서에 의하면, 능동적인 미사 참례를 위하여 필요한 노력으로 전례 교육을 강화해야 한다는 의견을 제시하였다. 이는 미사 전례의 진행과 의미에 대한 숙지가 미흡함이기 때문으로 여겨져, 미사의 시작 예식, 말씀, 성찬 전례, 마침 예식에 대한 교육이 필요함을 의미한다고 보았다.

전례 교육을 위해 소공동체 미사도 활성화할 필요가 있는데, 신자들이 피정 파견 미사, 사제서품 미사, 사제서품의 첫 미사 등 소그룹 미사에서 특별한 감흥을 받는 것으로 파악되었기 때문이다. 본당에서 반 미사, 구역 미사, 가정 미사 등을 활성화한다면 구경꾼이나 방관자가 아닌 주체로서 미사에 참례하는 감흥을 느낄 수 있게 될 것이라고 했다.

본당에서 가족 미사가 필요하다는 반응이, 전 연령층 신자 80%, 60세 이상 노인신자 83%(생명과 가정: 한국천주교중앙협의회 2015)로 나타났다. 본당 차원에서 가정 주간을 설정하여 온 가족이 미사에 참례 봉헌토록 하여, 가정 공동체 복원 효과도 도모하고 미사로 하나 되는 신앙을 시도해 보는 일도 바람직한 방향일 것이라고 보았다.

(3) 신심 활동은 노인 신자들의 참여율이 저조했는데, 혼자 하기에 어렵다고 생각하는 경우라든가 단체로 하기에 힘들다고 생각하는 경우이다. 따라서 고령과 건강을 감안하여 신심 활동으

로 성체조배, 피정, 성지순례 등을 가정 단위 활동으로 적극 권장할 필요가 있으며, 노인들이 매일 성경을 읽는다는 반응이 22%로 전 연령층의 성경 읽기 반응 8.9%보다 상대적으로 높은 점을 감안 한다면, 성경 읽기에 전념하도록 하는 방안도 신심 활동으로 볼 수 있다.

(4) 봉사활동은 교회 차원에서 노인 신자들이 적극적으로 참여하도록 길을 열어 주어야 하는데, 봉사는 내면적 신앙과 영성의 외면적 표출이기 때문이다.
노인 사목 실태 및 욕구 조사에 의하면, 봉사 활동 참여 비율이 비신자 노인 3.2%인 반면에 신자 노인 29.1%로 현저하게 높게 나타났고, 이 중 28.1%는 노인과 병자 방문을 희망하고 있어 이를 노·노케어와 연결한다면 효과적인 봉사 활동이자 선교 활동이 될 수 있다는 것이다.
봉사는 개별적으로 하는 방식도 있지만, 노인대학이나 베드로회, 안나회 차원에서 정기적으로 함께 봉사하는 방법도 고려해 볼 수 있다.
봉사는 이웃을 위해 헌신하는 구체적인 길로, 신앙인으로서 한 단계 높은 자아 실현의 경지로 나아가는 계기를 만들어 주고, 봉사자 자신의 행복을 증진 시킨다는 점에서 노년의 삶을 가치 있게 만드는데 지대한 영향을 끼친다는 것이다.

김 교수는 맺음말에서 세상에서 가장 불쌍한 사람은 늙어 아내 없는 홀아비(환(鰥), 늙어 남편이 없는 과부(과(寡), 늙어 자식 없는 노인(독(獨), 어리고 부모 없는 고아(고(孤)라면서, 의지할 데 없고 곤경에서 스스로 벗어날 수 없는 이들에게 가정, 사회, 국가 및 교회의 관심이 필요하며, 특히 환, 과, 독 노인의 증가는 노인 사목의 당위성과 시급성을 필요로 하여, 노인에 대한 체계적, 장기적 사목 방향 수립이 긴요하다 했다.

주제 발표 3 한국 노인의 현실과 문제의 사목적 해결 방향을, 신앙·영성의 관점에서 접근한 김문태 교수의 발표에 대한 논평은, 최혜영(가톨릭대학교 종교학과) 수녀가 담당했다. 최 수녀는 김문태 교수의 발표 내용을 통해 많은 것을 배우고, 가톨릭교회 내 노인 신자에 대해 생각할 수 있는 계기를 갖게 되었다면서, 중요하게 다가왔던 내용을 상기하고 자신의 의견을 덧붙이는 것으로 논평에 가름하겠다고 했다.
노인 일반의 현실에서 우리나라 생명 경시 풍조와 더불어 노인 자살률이 심각하게 높다는 것에 주목하게 되고, 80세 이상 노인의 자살률이 60대에 비해 볼 때 두 배가 넘는다는 사실이 가히 충격적이라 했다.

그리고 자살의 가장 큰 원인이 정신적 문제이며, 삶의 질과 행복도가 현저히 떨어지고 있다는 데에 문제의 심각성이 있다는 지적이 노인 문제의 핵심으로 다가온다고 했다. 65세 이상 노인들의 의식 조사에서 건강과 경제가 주된 관심사이고, 정신적 측면의 욕구가 거의 없고 종교 활동에 대한 욕구가 5.8%에 불과했다는 것이다.
종교의 역할에 대해 62.9%가 부정적 답변을 하였고, 저연령일수록 종교에 더 무관심하다는 점, 개인 생활에서 종교의 비중이 낮아지는 것도, 우리 사회가 정신적으로 건강하지 않음을 방증하는 것으로 보았다.

노인 신자의 현실에서 65세 이상 가톨릭 노인 신자가 17.03%인 점은 초고령 사회에 들어섰음을 의식하게 되고, 2014년 통계에서 종교 활동 신앙생활의 비중이 나이가 들수록 적어지고 있고, 신자 비신자 노인들 간에 차이가 없음은 놀라운 일이라고 했다.

김 교수가 지적한 '노인 신자들의 경우 삶의 의미 상실 및 삶 자체에 대한 회의, 그리고 자신의 능력에 대한 회의가 비신자 노인들에 비해 월등히 높게 나왔다는 점, 신자 노인들은 종교, 신앙 활동을 가장 중요시하고 있음에도 불구하고, 정신적 측면에서 비신자 노인들보다도 만족하고 있지 못하고 있다는 점은, 노인 사목 전반에 대한 반성을 촉구하게 한다고 했다.

교회의 사목 방향에서
(1) 교리교육에서는 사말(四末) 교리에 대한 교육을 강조했는데, 웰빙 웰다잉을 위해 흥미 있는 제안이라고 하며, 그에 더불어 호스피스 교육, 기부문화 조성 등 가치관 교육을 철저히 했으면 좋겠다고 했다.
(2) 전례 교육에서는 성사 생활, 미사 등을 강조하며 능동적인 미사 참례를 돕기위한 제안과 위기의 가정 공동체를 복원하기 위해 가족 미사를 제안한 것에 대해 좋은 제안이라 하면서 혈연 가족을 넘어 신앙 가족의 정체성을 더 의식하고, 가족이 없거나 깨어진 가정, 상처 입은 가정을 품어 안을 수 있는 교회 공동체를 만들어가는 방안도 고려해 볼 일이라 제안했다.
(3) 신심 활동에서는 성체조배, 피정, 성지순례와 같은 신심 활동과 듣기 성경, 소리 독서 등의 방법, 묵주기도와 묵상 등의 방법 등 영성 생활을 생활화할 수 있는 구체적 방법을 제시했는데 이는 큰 도움이 될 것이고 했다.
(4) 봉사 활동에서는 신자 노인이 능동적이고 적극적인 방법으로 봉사에 참여할 수 있도록, 교회 차원에서 독특하고도 의미 있는 봉사 영역을 개척해 줄 것을 주문했다. 이는 교회의 대사회적 차원에서 의미 있는 활동 영역이라고 생각하기 때문이라고 했다.

최 수녀는 이 외에도 몇 가지를 더 제안했는데,
첫째, 교리교육을 노인들만 대상으로 하는 것보다는, 다른 연령대와 함께 받도록 하면서 인간 발달 단계, 신앙 발달 단계 등을 함께 배울 수 있다면, 인간 이해에도 도움이 되고 세대 간 이해의 폭도 넓어질 수 있을 것 같다고 했다. 또 다른 연령층에서 어떻게 서로 도움이 될 수 있는지 창의적인 방법을 모색할 수 있을 것 같다고 했다.

둘째, 우리 사회에 있는 물질주의적 사고를 극복하고 복음적 가치관을 생활화할 수 있도록 노년층은 물론, 전 신자에게 정신적 가치를 강조하여야 할 것으로 생각된다면서, 정신적 가치 회복에 노인들이 앞장설 수 있도록 신앙의 모범이 되시는 분들을 찾아 멘토 형식으로 젊은이들에게 도움을 줄 수 있을 것으로 보았다.

셋째, 본당 교구 내 영성 심리상담소를 설치하려는 움직임이 있는 것으로 아는데, 심리 상담뿐 아니라 노년기 특성과 신앙 발달 단계에 따른 영성 지도, 영적 동반 등을 체계화하여 실시한다면, 개인이나 집단 적으로 도움을 받을 수 있을 것이라 했다.

 넷째, 노인들의 영성 생활을 북돋우기 위해 수도회의 제 3회에 참여하거나, 혹은 동양의 출가 전통을 살려 새로운 형태의 수도 생활이나 공동체 생활을 고안해 낼 수 있을 것으로 생각해 본다고 했다. 노년층 성직자, 수도자들의 숫자 역시 증가하고 있는 오늘날의 추세에 따라 함께 협력하여, 교회 안에 영적 쇄신을 이루어가는 것이 바람직할 것으로 보이기 때문이라고 했다.

 끝으로. 노인 사목이야말로 우리 교회가 약자를 얼마나 중시하는가를 가늠하는 척도가 되리라 생각하면서, 교회의 모든 구성원이 예수님께서 산상 설교에서 말씀하신 참된 행복을 추구하는 성령이 충만한 '가난한 교회'로 거듭나기를 기대해 본다고 했다.

 제2부 사례 발표는 '고령화 시대의 노인 사목 실천'이라는 주제로 가정 사목 연구소장 겸 수원교구 노인대학 연합회 지도신부로 재직하고 있는 송영오(베네딕토) 신부가 했다.
 수원교구는 2012년 신자 수 807,416명 중 주일 학생(5~19세)이 116,434명(14.4%) 노인 신자(65세 이상) 106,886명(13.2%) 이었는데, 2014년부터는 숫자가 역전되어 2015년 866,935명의 신자 중 주일 학생이 105,832명(12.2%), 노인 신자가 127,811명(14.7%)으로 이미 노령 교구로 진입해 있음을 보여주고 있다.

수원교구 노인대학은 1978년 단대동 성당에서 노인회를 시작으로 하여, 1989년 중앙동 성당이 성체 노인대학이 발족하게 되고, 그 후 노인 교육의 중요성을 인식한 많은 본당에서 자체적으로 노인대학을 설립(과천, 화서, 포일성당)하여 서울대교구 노인대학 연합회의 협조를 받으며 발전해 왔다.

 1999년 UN이 제정한 세계 노인의 해를 맞이하여, 노인 사목에 관한 관심이 고조 되면서 가정 사목의 일환으로 노인대학 연합회 준비위원회가 설립되고, 11월 1일 수원교구 노인대학 연합회 창립식(총재: 최덕기(바오로) 주교, 지도신부: 한상호(마르코) 신부)을 갖게 되었다.
수원교구 노인대학 연합회는 수원교구 평신도 사도직협의회 내에 정식 단체로 인가를 받아 활동을 시작하였고, 2000년 3월 27일부터 봉사자 월례 교육을 시작으로 매년 월 1회(연 7회) 교육을 시행하고 있으며, 2010년부터는 신임 봉사자 교육과 레크리에이션 교육을 격년으로 실시할 뿐만 아니라 학장과 실무자 교육도 병행하고 있다.

 2000년 10월 10일, 제1회 노인대학 예술제를 시작으로 매년 개최하고 있으며, 2013년은 교구설정 50주년을 기념하는 12회 예술제를 4,000여 명의 노인들을 모시고 남양성모성지에서 개최했다. 2014년부터 짝수 해는 봉사자 대회를 홀수 해는 예술제를 하기로 하여, 13회 예술제는 평화방송 협찬을 받아 용인실내체육관에서 5,000여 명의 어르신을 모시고 했다.
수원교구는 현재 68개 노인대학이 운영되고 있으며, 학생은 8,000여 명이 등록되어 있다. 고령화에 대한 노인 사목의 일환으로 보다 다양하고 체계적인 발전을 위해 2013년부터 하상 평생(노인) 대학원을 운영하여 1기 졸업생 41명을 배출하고 2기 재학생은 47명이다.

하상 평생(노인)대학원 운영
- 설립 목적 : 교회 학문 교육으로 개인의 영성적 성장과 노후에 대한 준비 노인 대학장, 교무 등 봉사자와 앞으로 봉사할 교회 내 전문 봉사자 양성
- 연혁 : 2013년 3월 개교
- 학생 현황 : 50~70세, 대졸 이상 85%
- 학제 : 2년(4학기) 정규 수업- 매주 화요일 10시-15시
- 평가 및 졸업 : 세미나 발표(전공)와 매 학기말 시험(공통/교양)
- 교육과정 : 1학기- 그리스도교 입문, 2학기- 신학 입문과 그리스도 영성
  3학기- 영성 신학, 4학기- 신학적 실천과 사회교리

송 신부는 우리나라는 전국 대부분의 교구에서 미래의 노인 사목에 관한 관심과 준비를 하지 못하고 있음을 지적하면서, 프란치스코 교황님의 말씀처럼 교회는 미래의 사목적 방향을 젊은이들 못지않게 노인들에게 관심을 기울이며, "행복한 노년"을 위해 사목적 노력과 연구가 선행되어야 함을 제언하며 다음의 사목적 방향을 제시했다.

(1) 신자 수에 비례하여 다양한 프로그램과 교회 운영이 이루어지도록 연구해야 한다.
(2) 노인 시설과 단체의 운영이 정부 사회복지와 여성가족부의 도움을 받을 수 있도록 협력 방안을 모색해야 한다.
(3) 노인 분과, 설치 전국 교구 노인의 해 선포 및 주교단 공동 교서를 발표하여, 노인사목에 관심을 기울여야 한다.
(4) 주교회의 소속으로 노인 사목 연구위원회를 발족하여, 연구 기능을 높여나 가야 한다.
(5) 10월 둘째 주를 노인 주일로 제정하고, 은퇴 사제들이 본당에 파견되어 함께 미사를 봉헌하도록 격려하고, 2차 헌금은 노인복지와 은퇴 사제들을 위해 사용 되어야 한다.

사례 발표 두 번째는 '사별자들을 위한 모임'을 주제로 천주교 춘천교구 부활 성당 용영일(F 하비에르) 신부가 했다.
사별자들을 위한 모임은 마리아의 작은 자매회가 서울, 포천, 강릉에서 모임을 이끌고 있고, 부활 성당 추모관, 여의도 성모병원, 인천교구 등에서 운영되고 있는 것으로 파악되고 있으나 아직 널리 보급되지 않은 상황이다.

부활 성당에서는 2014년부터 마리아의 작은 자매회(후암동 성당)에서 매주 3시간씩 10주간 운영하는 상실 수업 프로그램에, 봉사자 11명을 선발 참여시켜 자신의 상실을 돌아보고 애도하는 시간을 갖고, 사별의 아픔과 고통을 이해하고, 함께하는 동반자임을 공유하도록 하는 교육을 받았다.

* 상실 수업 프로그램

주차	강의 제목	강의 내용
1주	상실, 또 다른 이유의 치유	이론적 배경에 대한 이해
2주	나의 상실의 슬픔	내 상실에 이름 지어주기
3주	참된 삶에 의함 좋은 죽음	사별 동반 모임 구성
4주	상실의 자각	아트 테라피
5주	사별을 돕는 사회적 지원	사회적 자원 활용 방안
6주	상실의 고통	동작 테라피
7주	상실의 회복	나를 찾아 떠나는 동반 여행
8주	상실의 위로	아로마 테라피
9주	상실의 변화	전례 테라피
10주	재출발/버리고 떠나기	마침의 의미, 새로운 희망 찾아

사별자들을 위한 모임은 사별로 인한 슬픔과 고통을 건강하게 극복하는 것에 초점을 맞추어 치유의 작업을 시도 스스로 내면을 자각하도록 하며, 정상적으로 재조정된 삶을 살아갈 수 있도록 이끌며 심리적, 사회적, 전문적 방법을 통하여 지지하고 자조 그룹 마련으로 지지망을 확보하여 재활로 인도하는 과정으로 진행된다.

* 사별자들을 위한 프로그램

주차	프로그램	내 용
1주	오리엔테이션 및 환영하기	미사
2주	떠나간 이를 소개 한다.	기억과 추억
3주	상실의 자각	사별 상실의 슬픔에 대하여
4주	상실의 고통	분노, 화, 죄책감에 대하여
5주	상실의 위로	지금 나와 함께 있는 사람들
6주	나를 찾아 떠나는 여행	여행
7주	현실과의 화해	자신의 소중한 가치 찾기
8주	버리고 떠나기 새로운 희망	

용 신부는 사별자들을 위한 모임을 1년에 2회 평일에 운영했는데, 앞으로는 주말 반 운영을 계획하고 있고, 사별자들이 슬픔과 고통을 극복하고 달라진 삶을 살아가는 것에서 보람을 느끼며, 최고의 봉사는 끝까지 함께 하는 봉사라고 힘주어 말했다

3부 질의응답 시간에는
- 노인들을 위한 주일 학교가 필요하다.
- 평화상조회의 이용 권장.
- 신앙의 근본 문제 '왜 교회에 가는가?'는 믿음임을 깨우쳐 주어야 한다.
- 독서 모임이 존속 되도록 해주고, 분야를 확대하는 방안을 찾아 달라.
  등의 의견이 개진되었다.

가톨릭 시니어 제38호 2017.1.20

✣ 가톨릭 시니어 재능 나눔 학교란? ✣

고령화 시대가 되면서 100세를 산다는 것이, 이제는 남의 일이 아닌 내가 직면한 일로 내 앞에 다가왔습니다. 따라서 여생지락(餘生之樂) 즉, 남은 인생을 즐겁게 사는 방법을 찾지 않으면 안 되는 시대를 우리는 살고 있는 것입니다.

인생 일흔 줄에 들어섰다고 노인으로서만 있어서는 안 되고 나름대로 일이 있어야 하며, 경륜과 원숙을 펼쳐 보일 방법을 찾아야 합니다. 평소의 실력과 능력을 살려 무엇을 할 수 있는가가 중요합니다. 아니면 지금부터라도 무엇인가를 배우고 갈고 닦으려는 노력이 필요하다는 것입니다.

이 같은 시대의 변화에 적극 호응하여, 서울대교구 사목국 노인사목부에서는 '100세 시대 새로운 평생교육' 방안으로 가톨릭 시니어 재능 나눔 학교를 개설하여, 사회적 역량과 경험이 풍부한 신자들이 함께 모여 서로 가르치고 배우는 문화 나눔 공동체를 실현하고 있습니다.
가톨릭 시니어 재능 나눔 학교는, 그리스도께서 가르쳐 주신 복음의 기쁨에 힘입어 신체와 정신, 영혼이 건강하여 신망애 삼덕의 기쁨을 누리고 행복한 생활을 영위할 뿐 아니라, 하느님 나라의 영원한 생명을 현세에서부터 영원으로 이어지게 한다는 비전을 갖고 출범하였습니다.
따라서 재능 나눔 학교는 가톨릭 노년층의 신자들이 교회 공동체를 중심으로 함께 모여 그리스도의 가르침을 배우고, 그 배운 바를 실천함으로써 개인은 물론 가정과 이웃에 그리스도 복음의 진리를 삶으로 체득하여, 복음의 참 기쁨을 세상 사람들에게 전하는 사명을 지니고 있다고 하겠습니다.

가톨릭 시니어 재능 나눔 학교의 특징을 들면,
(1) 복음적 나눔의 정신으로 재능기부를 함으로써 교회와 사회에 재능을 나누는 운동이다.
(2) 학습자가 스스로 만들어가는 Bottom-up(상향식) 방식의 평생 학습 방식으로 누구나 회원이 되어 재능을 나누는 교수(강사)가 될 수 있고 수강생이 될 수 있다.
(3) 재능 나눔 학교는 중장년(50~75세)의 삶을 함께 나누고 배우는 문화공동체이다.
(4) 강사료와 수강료가 없고, 장소 제한이 없으며, 회원자격 기준 또한 없다는 점입니다.

※ 가톨릭 신자이면 누구나 회원과 강사로 가입할 수 있다. 타 종교 또는 무신론 자라 하더라도 본 사업의 목적에 찬성하고 가톨릭 신앙을 반대하지 않는 사람은 참여가 가능하다. 그러나 타 종교 전파, 정치적(정당) 활동, 영리 목적을 가진 사람은 참여할 수 없다.
재능 나눔의 내용은 종교(가톨릭), 음악, 미술, 인문학, 어학, 생활, 가족, 건강, 취미, 교양, 체험 (신앙, 여행, 살림 노하우) 등 모든 분야를 망라하고 있습니다.

그리고 재능 나눔 학교는 다음과 같은 방법으로 운영됩니다.

(1) 강좌 안내:카페 주소 http://cafe.daum.net/c3atv(가톨릭 시니어 재능 나눔학교)
　※ 카페 가입(실명제)을 위해서 daum 사이트 아이디가 있어야만 합니다.
(2) 강좌는 분기별 1월, 4월, 7월, 10월에 개강하며, 강좌에 따라 주·시수 단위로 강의합니다.
(3) 강좌(종합) 안내 확인 후 수강할 강좌를 클릭하여 댓글 쓰기로 신청합니다.
(4) 재능 나눔 학교 강좌를 개설하는 본당 신자들은 사무실 비치 서류에 신청하여 참여할 수 있습니다. (주보 참조)
(5) 재능기부 하실 분은 카페에서 강사 프로필, 강의계획서를 다운 받아 작성, 제출하시면 참여할 수 있습니다.
　※ 접수(연중) : 메일 helen0811@hanmail.net
　　문의 : 서울대교구 사목국 노인사목부 02) 727-2119

　재능 나눔 학교는 지난 1월 문을 열었는데 시범적으로 명동성당에서 10개 강좌, 여의도 성당에서 5개 강좌를 개설 운영하였고, 4월과 5월에 걸쳐 고덕동 성당, 노원 성당, 여의도 성당, 기타 지역(천호동, 은평 신사동, 잠실 운동장, 광장동 성당)에서도 운영하여 많은 강사와 수강생들의 참여와 호응을 받으며 운영되었습니다.

　1월과 4월 2회 운영의 결과를 바탕으로 7월에도 강좌를 개설 운영하고 있는데 개설 장소와 강좌명은 다음과 같습니다.

장 소	강좌명 및 운영 요일	비 고
고덕동 성당	손뜨개(월) 건강 체조(목), 글쓰기 창작 교실(목), 하모니카(목),　　　　4개 강좌	
노원동 성당	세무 상식(월) 퀼트(화), 목공예(화), 노후 자산관리(수),　　　　4개 강좌	
명동 성당	요가 교실(수) 명화 감상(월), 수필 쓰기(클럽)(화),　 DSLR 카메라(목) 글 쓰기(월),　마술(금), 하모니카(화),　　　　7개 강좌	
여의도 성당	의사소통(월) 퀼트(월), 화요 미술 살롱(화), 생활영어(금),　　　　4개 강좌	
기타 지역	떡 케이크(화), - 천호동 젬마 전통음식연구소, 미술(목)- 은평 증산역, 월드 팝송 영어 회화(금)- 광장동 성당, 파크골프(금)- 잠실 운동장,　　　4개 강좌	

　7월에 이어 재능 나눔 학교는 10월에도 운영될 예정이며, 강좌 개설 장소 또한 점차 확대해 나갈 계획입니다.
　재능 나눔 학교에 강사로, 수강생으로 참여하여, 노년의 삶을 즐거움으로 만들어 보시지 않으시겠습니까?. 대문호 세익스피어가 남긴 인생 명언 중 첫 번째가, '학생으로 계속 남아 있어라.

배움을 포기하는 순간 우리는 폭삭 늙기 시작한다.'라고 했습니다. 젊게 사는 법은 배움을 계속하라는 당부입니다.

또 옛 선인들은 '知之者不如好之者(지지자불여호지자) 아는 자는 좋아하는자만 못하고, 好之者不如樂之者(호지자불여낙지자) 좋아하는 자는 즐기는 자만 못하다'라고 했습니다. 아는 바를 나눔에서 즐거움을 찾고, 배우는 즐거움으로 노년의 삶을 살아가도록 하기 위해 개설한 재능나눔 학교에 기꺼운 마음으로 참여하여 노년의 삶이 즐거움으로 충만해지도록 하시지 않으시겠습니까?

가톨릭 시니어 제39호 2017.7.20

✣ 부모님이 그리워 어른들을 모십니다. ✣

천주교서울대교구 제9지구 강동구 내에 있는 성당 시니어아카데미 어르신들은 해마다 5월을 손꼽아 기다린다고 한다. 이는 서울대교구 내 18개 지구 중 유일하게 9지구 시니어아카데미 지구연합회가 어르신 큰잔치를 개최하여, 어르신들이 기쁨과 즐거움을 만끽할 수 있는 놀이마당을 제공하기 때문이다.

지난해는 어르신 큰잔치를 개최한 지 10주년을 맞는 해라서 '10주년 찾아가는 어르신 문화공연 어르신 큰잔치'라는 주제를 가지고, 어느 해 보다 성대한 잔치가 천호동 상당에서 5월 26일(금) 10:00시에 개최되었다.

1, 2. 3부로 나뉘어 개최된 행사의 1부에서는, 지구 내 7개 성당의 시니어아카데미 재학 중인 모든 어르신과 교사들이 입추 여지없이 성당 1,200석 좌석과 통로를 가득 메운 가운데, 지구 내 7개 성당 본당 신부님과 보좌신부님이 공동으로 집전하는 미사로 큰잔치의 문을 열었다.

미사를 마치고 11시부터 12시 30분까지 진행된 2부 행사는 개회 선언, 내빈 소개, 축사, 시상식, 장기 자랑 순으로 이어졌다. 시상식을 통해 상을 받는 사람은 각 성당에서 어르신들을 위해 헌신적으로 열심히 봉사한 교사들을 한 사람씩 선정하여, 그 공로를 기리기 위한 표창이어서 교사들의 사기를 진작시키는 청량제가 되었다.

시상식에 이어 전개된 어르신들의 장기 자랑은 말 그대로 신명 나는 놀이마당이었다. 시니어아카데미 교육과정을 통해 익힌 건강생활 교육과, 창조적 생활교육으로 계발한 재능을 유감없이 발휘하는 기회가 어르신들에게 주어진 것이다.

장기 자랑 발표 1번인 고덕동 성당 어르신들의 '무조건' '당신이 좋아' 공연에 이어, 6개 성당 어르신들이 차례로 지도교사의 인도를 받아 무대에 올라 공연을 펼쳤는데, 어르신들의 표정은 하나같이 기쁨으로 충만했고, 공연이 시작되자 다른 성당 시니어아카데미 어르신들에게 지지 않으려는 경쟁의식이 발동하여 신나게 노래와 무용을 펼쳐 보였다. 관중석에서도 공연에 맞추어 손뼉을 치며 적극적으로 호응하며 즐거움을 만끽하는 모습들에서, 과연 어르신 큰잔치가 어르신들에게 기쁨을 안겨드리는 축제의 장이라는 것을 실감할 수 있었을 뿐만 아니라, 어르신들이 5월을 기다리신다는 까닭이 이해되었다.

장기 자랑을 마친 후 연회장으로 자리를 옮겨 점심 식사가 시작되었다. 어르신들에게 제공된 점심 식단은 자장면과 탕수육, 과일 등으로 이는 강동구 요식업 조합원들의 협찬을 받아 마련한 것으로, 어르신들에게 외식하는 즐거움을 제공하는데 부족함이 없었다. 식사 후에는 어르신들이 다시 성당에 운집한 가운데 협찬사 소개 및 행운권 추첨이 김병찬 아나운서의 사회로 진행되었다.

행운권 추첨은 각 성당 신부님과 수녀님, 학장님이 골고루 돌아가며 맡아 하셨는데, 당첨 번호가 발표될 때마다. 당첨된 어르신들의 환호와 간발의 차이로 당첨이 되지 않으신 어른들의 아쉬운 탄식이 뒤섞여 흥분의 도가니가 연출 되었다.

3부는 연예인과 함께하는 문화마당으로 15시부터 16시 55분까지 2시간 가까이 이어졌다. 출연 연예인은 '대머리 총각, 코스모스 피어있는 길'을 부른 가수 김상희, 국악 '태평가, 까투리 사냥'을 부른 강미경, 민병옥, '사랑사랑 누가 말했나, 나의 사랑 그대 곁으로'를 부른 가수 남궁옥분, '장녹수, 해바라기꽃'을 부른 가수 전미경, '사랑을 한번 해 보고 싶어요, 인연'을 부른 가수 하동진, '몇 미터 앞에 두고, 안 돼요, 안 돼'를 부른 가수 김상배가 사회자 김병찬의 진행에 따라 차례로 등장 노래를 열창하였는데, 가수들이 노래를 부르는 동안 성당 안은 뜨거운 박수와 환호로 열광의 도가니로 변해 버렸다.

이처럼 달아오른 어르신들의 기쁘고 즐거운 마음은 공연마당을 마치고 귀가하는 중에도 이어졌는데, 이는 참석하신 모든 어르신이 여름을 시원하게 보내실 수 있도록 선풍기 한 대씩을 선물로 안겨드렸기 때문이다.

어르신 큰잔치는 말 그대로 어르신들을 위한 축제의 장이었는데, 이처럼 어르신 큰잔치가 10년의 연륜을 쌓으며 큰 성황을 이루는 가운데, 어르신들에게 기쁨과 즐거움을 안겨드리는 축제의 장이 되기까지는 한 사람의 헌신적인 노력이 뒷받침 되었기에 가능했다.

그 주인공이 바로 천호동 성당 시니어아카데미 양준욱(사도 요한) 학장님이다. 사도 요한님이 시니어아카데미 학장을 맡게 된 것은 13년 전이었다고 한다. 학장을 맡고 어르신들과 생활하다 보니 부모님에 대한 그리움이 간절하게 되살아났다고 한다.

8남매의 막내로 태어나 어린 나이에 부모를 여의어, 부모님께 효도 한 번 제대로 하지 못한 것을 항상 마음 한구석에 응어리로 느끼며 살아왔는데, 어르신들과 가까이 생활하면서 부모님께 해드리지 못한 효도를 어르신들을 위한 봉사로 대체한다면, 마음속에 남아 있는 응어리를 해소할 수 있을 것이란 생각을 하게 되었다는 것이다.

그래서 시작한 것이 그동안 어르신들에게 제공되던 조악한 음식의 질을 높이고 어르신들의 생활공간을 보다 더 청결하게 개선하는 작업이었는데, 이렇게 환경을 개선하자 60여 명 수준이던 학생이 150여 명으로 늘어나는 결과로 나타났다는 것이다.

이에 힘을 얻어서 이 같은 사업을 9지구 전체로 확산하는 운동을 벌였고, 9지구 대표 학장을 맡아 하면서, 어르신 잔치를 열어 어르신들에게 장기 자랑을 펼쳐 보일 수 있는 장을 마련하여 기쁨과 즐거움 충만한 시간을 가지는 기회를 제공하면 좋겠다는 것에 의견의 일치를 보았다는 것이다.

 그러나 행사를 추진하는 과정에 자연스레 수반되는 재원확보가 문제였다. 이를 해결하는 방안으로 후원자를 모집하는데 적극적으로 발 벗고 나서게 되었다. 지구 내 성당의 적극적인 행사 참여를 유도하는 한편, 행정구청의 협조도 받게 되어 구민회관을 활용하여 어르신 큰잔치를 개최하게 되었다는 것이다.
하지만 행사를 거듭할수록 점점 성황을 이루면서, 좌석이 600여 석에 불과한 구민회관에서의 어르신 큰잔치는 한계에 봉착하게 되었다. 마침 천호동 성당이 새롭게 확장 건축되면서, 8년 차부터는 천호동 성당에서 행사를 무난하게 치르게 되어 오늘에 이르게 되었다는 것이다.

 양준욱 사도 요한님의 봉사 활동은 어르신 큰잔치 개최에만 한정된 것이 아니고, 겨울철이면 시니어아카데미 어르신들을 위한 김장 김치 지원도 하고 있다. 연말이면 9지구 시니어아카데미 교사들을 위한 송년회도 개최하여 선생님들의 장기 자랑 기회를 제공함은 물론, 만남의 장을 통한 친교 다지기, 선물 증정을 통한 교사들의 사기 진작 활동도 펼치고 있다.
9지구 시니어아카데미 활성화의 구심점으로 자리매김이 되어 있다는 것이다.
 이처럼 10년 차에 이르기까지 어르신 큰잔치를 열어, 어르신들에게 지척에서 유명 가수들이 부르는 흥겨운 노랫가락을 직접 듣고 감상할 수 있는 기회와 맛있는 음식을 제공하게 되었다.

 장기 자랑을 통해 끼를 발산할 수 있는 즐거움을 느낄 수 있는 장을 제공한 양준욱 사도 요한님의 미담 사례는, 입소문을 타고 확산 되어 강동구에서 시의원으로 3선을 하게 되는 영광으로 보답이 왔다.
시의원의 3선 관록은 마침내 양준욱 사도 요한님이 시의회 의장으로 선출되는 행운으로 이어졌다. 신앙심에서 우러나는 사랑의 실천이 서울 시민들의 행복한 삶을 위해 헌신적인 봉사를 하라는 사명으로 주어지기까지 했다는 것이다.

 양준욱 사도 요한님은 시의원 중 가톨릭 신자들 모임의 회장으로도 활동하며, 그리스도의 사랑을 삶으로 실천하여 보이는 데도 앞장서고 있다고 한다.
부모님을 일찍 여의고 부모님에 대한 그리움에서 비롯된 어르신들을 위한 양준욱 사도 요한님의 헌신적인 봉사에 박수를 보내며, 앞으로도 봉사가 계속 이어져 어르신 큰잔치를 통해 어르신들이 기쁨과 즐거움의 추억을 많이 많이 쌓아가기를 간절하게 기원한다. 사도 바오로의 로마서 10장 18절 '그들의 소리는 온 땅으로, 그들의 말은 누리 끝까지 퍼져나갔다.'는 말씀의 의미를 되새겨 본다.
가톨릭 시니어 제40호 2018.1.22

✠ 누가 저의 이웃입니까? 가서 너도 그렇게 하여라. ✠

(루카 10. 29s. 37ㄴ)

10월 12일(금) 9시가 지나자 명동성당에는, 깔끔한 옷차림에 상기된 표정의 어르신들이 삼삼오오 무리를 지어 나타나기 시작했다. 10시를 지나자 명동성당은 800여 명의 어르신과 시메온 학교 학생 어르신 50여 명 내빈, 행사 진행요원을 합쳐 1,000명이 넘는 인원으로 가득 찼다. 이날 명동성당을 찾은 어르신들은 서울대교구 노인사목부에서 '누가 저의 이웃입니까? 가서 너도 그렇게 하여라.'라는 주제로 노인의 날 기념으로 개최한 '어르신 큰 잔치'에 참석하기 위해 서울 시내 80여 개 성당의 시니어아카데미 학생들을 대표하여 참석하신 분들이었다.

　어르신 큰 잔치는 1, 2, 3부로 나뉘어 1부 미사, 2부 식사, 3부 축제 마당으로 진행되었는데, 손희송 총대리 주교님 주례로 10시 30분에 시작된 미사에서는 사랑의 열매 봉헌, 사랑의 헌금 전달식, 모범 학생에 대한 시상식이 전개되어 어르신들의 존재감을 확인시켜 주고, 성취감을 고취하여 주는 좋은 장이 되었다.

　사랑의 나무 열매는 교구청 사목 지침 '사랑으로 열매 맺는 신앙'을 어르신들이 일상생활 속에서 성경 읽기, 평일 미사 참례하기, 평화방송 TV 시청하기 등을 통해 하느님 말씀을 가까이 하는 삶을… 인사하기, 칭찬하기, 미소 나누기, 사랑 실천, 험담 않기 등을 통해 예수님의 선행을 닮기 위한 삶을… 아침·저녁기도, 삼종기도, 식사 전후 기도, 성체조배, 예수, 사랑 기도 등을 통해 기도의 생활화 를 실천 덕목으로 실천한 사례를 집계하여 사랑의 나무 열매로 표현하여 주님께 봉헌한 것이다. 나이가 든 어르신들이지만 사목 지침에 맞추어 굳건한 믿음으로 신앙생활을 하고 있다는 존재 감을 드러내는 예식이었다고 할 수 있었다.

　미사가 끝나고 이어진 사랑으로 자라나는 돼지 저금통(사자 돼지) 모금액 6,053만 여 원 전달식은, 어르신들이 모금한 성금이 예상 밖 거액이라는 점에서 행사에 참여한 모든 분들에게 놀라움을 안겨드렸다. 노인사목부 시니어아카데미 담당 양경모 신부님이, 재단법인 바보의 나눔 사무국장 우창원 신부님께 전달한 사랑의 성금 6,053만여 원은 사목 지표 '사랑으로 열매 맺는 신앙'을 실천하기 위해 어르신들이 지난 5월 돼지 저금통을 분배받은 후 용돈을 아껴 부지런히 저금통에 넣었다.
지난 9월 각 본당별로 사자 돼지 잡는 날을 정하여 모금액을 집계한 후, 노인사목부로 송금 하여 모여진 성금으로 행사의 주제 '가서 너희도 그렇게 하여라.'를 어르신들이 몸소 실천한 산물이다. 성금 전달식에 참여한 어르신들은, 좋은 일에 쓰일 성금 모으기에 자신들도 동참 했다는 것에 대한 자부심과 우리도 해냈다는 성취감을 맛보게 하였다. '티끌 모아 태산'이라는 속담의 의미를 실감하는 자리였던 것이었다.

　모금 전달식에 이어 진행된 시상식에서는 시니어아카데미 본당 모범 학생 78명 시메온 학교 모범 학생 7명, 시메온 학교 글쓰기 대회에서 장원으로 선발된 학생 3명 모두 88명에게 상이 수여되었다. 상을 받으신 어르신들은 얼굴에 기쁨이 충만했고, 가족들은 축하 꽃다발을 전하며 기념사진을 찍는 등 축제 분위기는 한껏 고조됐다. 미사를 주례하신 손희송 베네딕도 총대리 주교님은 강론 말씀으로

"신앙은 하느님의 부르심에 응답해 그분과 친구 관계를 맺고 살아가는 것이라며, 하느님의 은총과 사랑을 깨닫고 자신이 애지중지하는 것을 나누고 살면 오래 기쁘게 살 수 있다."고 말씀하셨다.

"나이가 들면 자녀들에게 잔소리가 늘어나는데 입은 닫고 지갑은 열어야 환영을 받는다."고 말씀하시어 웃음을 자아내기도 했다.

"나이가 들면서 우리의 신앙도 무럭무럭 자라났으면 좋겠습니다. 하느님과 많이 친해져 기꺼이 그분의 발이 돼서 그분이 필요한 곳으로 가고, 기꺼이 그분의 손이 되어 그분이 원하시는 사랑의 손길을 내밀 수 있으면 좋겠습니다."라고 말씀하시어 어르신들의 공감을 자아내기도 하셨다.

식사 후 펼쳐진 3부 축제 마당은 놀이마당, 체험 마당, 먹거리 마당, 전시마당, 문화마당으로 나뉘어 진행되었다. 놀이마당에서는 주사위 게임, 종이비행기 날리기, 과녁, 맞추기 사방치기, 콩 주머니 던지기 등 유·소년들이 즐겨하는 다양한 놀이를 할 수 있는 마당을 마련 어르신들이 동심으로 돌아가 놀이를 즐기는 장이 되었다. 체험 마당은 손톱에 예쁘게 매니큐어를 발라보는 즐거움을, 먹거리 마당은 일행이 같이 어우러져 맛있는 음식을 사 먹는 즐거움을, 전시마당은 동아리 활동을 통해 취미와 소질을 계발하여 만든 작품의 감상을 통해 어르신들에게 나이가 들어도 의미 있는 생활을 즐길 수 있다는 의욕을 일깨우는 장이 되었다.

성모 동산 가설무대에서 펼쳐진 문화마당은 어르신 큰 잔치 축제 마당의 백미였다. 300석 의자를 다 채우고 여백 공간까지 입추의 여지가 없을 정도로 운집하신 어른들은 무대에서 펼쳐지는 율동, 합창, 국악, 색소폰 연주, 전례 무용, 오카리나 연주 등의 선율에 맞추어 손뼉을 치며 어깨춤을 추고 흥얼거리며 노래를 따라 불렀다. 스텝을 밟는 등 각자에게 잠재되어 있는 끼를 유감없이 발산하며 흥겨운 분위기에 매료되어 축제를 즐겼기 때문이다.

이날 오후 3시 30분까지 진행된 어르신 큰 잔치는 서울대교구 130여 개 성당에서 운영하는 시니어아카데미가 어르신들의 신앙생활을 더욱 윤택하게 이끌고 있음을, 또 동아리 활동으로 어르신들의 소질 적성 계발에 이바지하여 동료들과 어우러져 즐거운 노년의 삶이 되도록 이끌고 있음을 보여준 행사였다고 하겠다.

그러므로 아직도 시니어아카데미에 참여하지 않고 계신 어르신들은 신앙적으로 더욱 성숙한 삶을 위해, 노후의 삶이 더욱 즐거운 삶이 되도록 하기 위해 3월에 개강하는 시니어아카데미에 적극적으로 참여하기를 기대해 마지않는 바이다. 가톨릭 시니어 제41호 2019.1.28

✛ 할머니 ☆ 할아버지는 신앙의 길잡이 ✛

어린 시절 할머니 할아버지께서 들려주신 전래동화의 주인공에 관한 이야기는, 성년이 된 후에도 머릿속에 기억으로 남아 되살아나곤 합니다.
성직자의 길을 걸으시는 분 중에는, 어린 시절 할머니 할아버지와 함께 기도 생활을 하며 익혀온 신심이, 자신을 성직자의 길로 인도했다고 증언하시는 분들을 주변에서 많이 보아왔습니다.

이는 어린 동심에 감동을 심어주었기 때문일 것입니다.

이처럼 할머니 할아버지는 성장기 어린이들의 인성 형성에 많은 영향을 끼치는데, 이는 인생 여정에서 할머니 할아버지의 내면에 축적되어있는 인생과 자연에 대한 깊은 지혜가 생각과 말, 행동을 통해 손자 손녀들에게 자연스레 전해지기 때문일 것입니다. 이 같은 관점에서 보면, 그리스도 신앙을 삶의 중심에 놓기로 선택한 할머니 할아버지는 다음 세대에 생활의 지혜는 물론, 신앙의 지혜까지도 전수할 책무를 지니고 있는 교육자라 하겠습니다.

이점을 감안하여 손자녀와 좋은 관계를 맺으며 함께 신앙생활을 하는데 작은 도움을 드리기 위해, 주교회의 여성소위원회에서는 '손'자녀를 위한 '조'부모의 신앙안내서, 「할머니☆할아버지는 신앙의 길잡이」를 제작하여 노인 사목부를 통해 각 성당 시니어아카데미에 보급하여 어르신이 '신앙의 길잡이'로 자리매김하실 수 있는 장(場)을 마련했습니다.

신앙안내서에 수록된, 손자녀를 위해 어르신들이 할 수 있는 10가지 신앙 활동은
1. 손자녀의 태교를 위해, 또 탄생을 축하하며 기도하기
2. 손자녀를 낳은 딸, 며느리를 위해 영적·물적 선물하기
3. 손자녀에게 긍정의 언어 사용하기
4. 손자녀의 기념일 축하하기
5. 손자녀를 위해 손자녀와 함께 기도하기
6. 손자녀와 다양한 신앙 맛 들이기
7. 손자녀에게 성경 읽어주기
8. 손자녀와 함께 미사 참례하기
9. 손자녀와 함께 순례·여행 다니기
10. 손자녀와 함께 이웃사랑 실천하기입니다.

할머니 할아버지들께서 이 10가지 내용 중에 가정에서 실천할 수 있는 항목을 선정하고, 손자녀의 신앙 길잡이로 역할 하시어 성가정의 초석을 다지는 기쁨을 맛보시기를 기대합니다.

'첫영성체 하는 어린이들을 위한 기도'와, '할머니, 할아버지를 위한 기도'도 제시하였습니다. '첫영성체 하는 어린이를 위한 기도'는 바오로 딸에서 펴낸 가족을 위한 축복의 기도에 수록된 기도문 중에서 뽑은 것이고, '할머니, 할아버지를 위한 기도'는 전임 베네딕토 16세 교황님께서 2008년에 아일랜드의 조부모연합회에 작성해 주신 기도문으로, 아일랜드 조부모 연합회원들이 아일랜드 최대의 성지 노크(knock)라는 곳으로, 2008년에 성지순례를 갔을 때 세상에 알려지게 된 기도문입니다.

할머니 할아버지가 신앙의 길잡이 역할을 충실히 하시려면, 할머니 할아버지가 영육 간 건강하셔야 가능함으로, 할머니 할아버지는 물론 가족들도 할머니 할아버지를 위한 기도에 소홀함이 없어야 하겠습니다.

✧ 첫영성체 하는 어린이들을 위한 기도 ✧

영원에서 영원까지 저희를 갈망하시는 하느님
저희 아이들이 성체를 받아 모심으로써
아이들 안에 있는 거룩한 씨앗이 자라나게 하시고,
성체성사의 신비 안에서 예수님과 한 몸을 이루게 하소서.

아이들이 아직 당신의 뜻을 온전히 이해하지 못할지라도
흠 없는 어린이들의 마음으로 당신을 살게 하소서.
당신 생명의 양식으로 인하여 연약한 다리에 힘이 붙고
조그만 손아귀에 온기가 배어 나오며
순진한 입술에서 기쁨이 터져 나오게 하소서.

함께 놀고 함께 공부하는 친구들 사이에서
사랑을 키우는 아이들이 되고 항상 당신께 기도하면서
즐거워하는 아이들이 되도록 축복하소서.
성부와 성자와 성령의 이름으로 아멘.

✧ 할머니☆할아버지를 위한 기도 ✧

성 요아킴과 성 안나의 딸
동정 마리아에게서 태어난 주 예수님
온 세상의 조부모들을 사랑으로 굽어보소서.
모든 가정과 교회, 모든 사회를 풍요롭게 하는 원천인
조부모들을 보호해 주소서!
그들에게 힘이 되어 주소서!
나이 들어서도 가정 내에서 튼튼한 신앙의 버팀목으로
고귀한 이상의 수호자로
건강한 종교적 전통의 살아있는 보화가 되게 하소서.
지혜와 용기를 지닌 스승이 되게 하시어
성숙한 인간적, 영적 경험의 열매를
미래 세대에 전수하게 하소서.

우리 주 예수님
가정과 사회가 조부모들의 존재와 역할을
소중히 여기도록 도와주소서.
무시당하거나 소외되기보다

언제나 존경받으며 사랑 속에 머물게 하소서.
주님께서 허락하신 삶의 여정 내내
평온하게 살아가며 어디서든 환대받게 하소서
모든 생명의 어머니이신 성모 마리아님
당신의 보호 아래 조부모들을 지켜주시고
지상 순례 여정에 동반해 주시고
당신의 기도로 언젠가 모든 가족이
당신께서 모든 이를 영원한 생명으로 끌어안기 위해
기다리시는 천상 고향에서 다시 만날 수 있게 해주소서. 아멘!

가톨릭 시니어 제42호 2019.7.1

✣ 토마스의 집과 요셉의원을 아시나요? ✣

영등포역에서 인천 방향으로 300여 미터를 내려가면 경인로 828-1에 사랑의 급식소 토마스의 집(원장 김종국 T·데아퀴노 신부님)이 자리 잡고 있습니다. 토마스의 집 출입문 윗부분에는 '토마스의 집은 가난하고 소외된 여러분들을 위한 사랑의 급식소입니다'라는 안내문이 게시되어 있습니다.

9시 30분이 되니 문이 열리고 20여 명의 봉사자들이 출근을 하여 각자 지정된 자리에서 음식을 조리하여 배식을 하기 위한 준비를 서둘렀습니다. 11시 20분이 되자 봉사자들이 모여 서서 기도를 드린 후 다음과 같은 봉사자의 다짐을 한 목소리로 낭독을 하였습니다.

사랑과 나눔이 봉사입니다.

우리 토마스의 집 봉사자는 이곳에 오시는 모든 분들을 주님처럼 모시고 최상의 편안함을 드리기 위하여 다음과 같이 실천할 것을 다짐합니다.

1. 우리는 모든 것에 우선하는 것이 사랑임을 깊이 깨닫고, 우리님 각자의 처지와 입장에서 생각하며 행동하겠습니다.
2. 우리 님들을 가슴에서 우러나오는 밝은 미소와 존댓말로 정중하게 맞이하고 대접하겠습니다.
3. 우리 님들이 집과 같이 편안한 마음으로 식사하실 수 있도록 하겠습니다.
4. 우리는 봉사자 상호 간에 존중과 신뢰감으로 사랑이 가득한 봉사활동이 되도록 노력하겠습니다.

위와 같은 우리의 다짐을 마음 속 깊이 간직하여, 오늘 나의 언행과 봉사자 공동체의 활동이 우리님들에게 따뜻함과 편안함이 되도록 하겠습니다.

봉사자의 기도를 마친 후 일사분란하게 점심 식사 음식이 차려지고 문밖에서 줄을 서서 기다리던 사람들이 차례대로 들어와 자리를 잡아 앉았습니다. 자리를 다 채워 앉은 시각이 11시 30분, 모두 한목소리로 식사 전 기도를 드린 후 맛있게 식사를 했습니다. 식사를 마친 사람들은 입구에 앉아서 빵을 나누어 주시는 정희일(안나) 어르신에게서 간식용 빵을 하나씩 받아들고 문을 나섰습니다.

이처럼 토마스의 집에서 허기진 배를 채우는 사람은 하루에 450여 명이며, 1986년에 시작하여 오늘에 이르기까지 일요일과 목요일을 제외한 주 5일간 실시하는 사랑의 급식이, 정부의 지원을 받지 않고 후원자들의 도움만으로 30여 년이 넘도록 중단 없이 이어지고 있음을 보면서, 25년을 봉사하고 있는 박경옥(데레사) 총무님은 '바로 이것이 기적'이라고 표현했습니다.

30여 년간 중단 없이 이루어지고 있는 사랑의 급식은 후원자님들의 사랑의 나눔이 큰 힘이 되고 있지만, 또 다른 요소인 음식을 만들고 배식을 하는 봉사자들의 활동이 뒷받침이 되지 않으면 결코 이루어질 수 없다는 점에서 봉사자들의 봉사활동 또한 기적의 원천이 된다 하겠습니다.

봉사활동에 참여하는 인원은 120여 명이며 각기 편리한 시간에 봉사활동을 할 수 있도록 20여 명씩으로 조를 편성한 후, 봉사 당일 아침 9시 30분경에 출근을 하여 음식을 마련하고, 배식을 하며, 식사를 마치고 정리가 끝나는 오후 3시경까지 기꺼운 마음으로 봉사를 하는데, 그 중 가장 돋보이는 한 분이 빵을 나누어 주시는 정희일(안나) 어르신입니다.

안나 어르신은 영등포성당 신자 분으로 토마스의 집이 개설될 때 수녀님께 이끌려 봉사활동에 참여한 후 지금까지 지속적으로 봉사를 하고 있다고 하시며, 그동안 어려움도 겪었지만 어려운 사람을 돕는 사랑의 삶을 살 수 있도록 기회를 열어주신 하느님께 깊은 감사를 드린다고 하셨습니다.

1924년생으로 연세가 96세 고령이시지만 안나 어르신의 봉사를 위한 열정은 식지 않아서 계속 이어지고 있으며, 아침에 잠자리에서 일어나시며 주님께 드리는 기도는 '주님, 오늘도 기쁘게 봉사할 수 있게 힘을 주십시오.'라고 하신답니다.
오랜 시간을 봉사의 삶을 살아오신 안나 어르신을 토마스의 집 봉사자들은 '어머니'라고 호칭을 하는데, 오랜 기간 봉사하시며 쌓은 노련함으로 젊은 봉사자들의 부족함을 채워 주시고, 봉사하는 삶의 본보기가 되어 주시는 모습이 존경스러워 자연스럽게 어르신을 존경하는 마음을 담아 부르는 호칭이라 여겨졌습니다.

요셉의원은 토마스의 집을 나서서 왼쪽 골목으로 들어서면 30여m 전방(경인로 100번길 6, 영등포동)에 자리 잡고 있습니다.
요셉의원을 설립하신 분은 초대 원장이신 고(故) 선우 경식(요셉)님 이십니다. 가톨릭의대 출신으로 국내종합병원 내과 과장으로 있을 때인 1980년대 초 신림동 달동네의 무료 주말

진료소에서 진료 봉사를 하던 중 어려운 사람들을 위한 상설병원설립의 필요성을 느껴 당시 뜻을 같이하는 사람과 함께 1987년 8월 29일 신림동에서 요셉의원을 개원하였습니다.

 무료병원을 개원하자 주위 사람들로부터 "무료병원을 어떻게 운영할 수 있겠나? 3개월 이상 버티기가 어려울 것"이라는 걱정을 듣기도 했지만, 1997년 영등포역 쪽방촌에 있는 현재의 건물로 이전하여 오늘에 이르기까지 요셉의원은 30여 년이 넘는 오랜 기간을 정부 기관이나 자치단체의 지원 없이, 순수 민간후원만으로 운영되는 무료진료병원으로 우뚝 서는 기적을 만들어 온 것입니다.
이 같은 기적의 이면에는 '가난하고 의지할 데 없는 환자를 그리스도의 사랑으로 돌보며, 그들의 자활을 위하여 최선의 도움을 준다'는 이념 아래 결혼도 하지 않고, 소외되고 가난한 이들을 치료하고 돕는 일에 헌신하시는 선우 원장님의 숭고한 뜻에 일조하겠다는 후원자님들의 사랑의 손길이 더해지며 이루어낸 성과일 것입니다.

 요셉의원의 초대 원장이셨던 선우 경식(요셉) 박사님은 2008년 4월 18일 선종하셨지만, 원장님의 숭고한 이념을 구현하고자 하는 요셉의원(현 3대 원장 조해붕 신부님, 2대 의무원장 신완식 박사님)은 내과, 치과 등 20여 개 진료과목을 두고 노숙자 및 행려자, 건강보험 체납자, 난민, 미등록 외국인 근로자 중 입국 3개월 이상인 자, 이외 의료복지 사각지대의 환자를 진료대상으로 하루 100여 명에게 무료진료와 약 처방을 하고 있으며, 정신적 치유를 위한 음악 치료 등의 프로그램을 운영하는 한편, 무료급식, 이발, 목욕, 의류, 쉼터 제공 등 다양한 방법의 나눔을 지속하고 있습니다.

 요셉의원도 토마스의 집과 같이 운영 재원은 순수 민간후원자의 도움을 받아서 운영하지만, 진료는 국가 공인면허증을 소지한 약 100여 명에 이르는 자원봉사 의료진이 요일별로 조를 편성하여 진료를 담당하고 있습니다. 자원봉사에 나선 의사 선생님들은 현역에서 은퇴한 후 진료 봉사활동에 참여하신 분도 있고, 아직 현직에 근무하시면서도 시간을 쪼개어 봉사활동에 참여하여 사랑의 삶을 실천하시는 의사 선생님도 있을 뿐 아니라, 다수의 일반 봉사자들이 진료업무, 행정업무, 각종 상담을 담당하는 전문 봉사, 재활프로그램, 청소, 세탁, 급식 등의 원내 및 원외 지원을 담당하여 요셉의원이 원활하게 운영이 되고 있는 것입니다.

 내과 진료를 담당하여 봉사를 하시는 김종승(미카엘) 박사님을 만나 뵈었습니다. 32년 동안 병원을 운영하다 정년퇴직을 한 후 요셉의원에서 진료 봉사에 참여한 것은 3년이 되셨답니다. 가톨릭의대 재학할 때 학생 활동을 하면서 선우 경식 초대 원장님과 인연을 맺게 되었고, 선우 원장님이 요셉의원을 개원하게 된 이념을 익히 알고 있기에 선우 원장님은 선종(善終)하시어 계시지 않지만, 요셉의원의 원활한 운영을 위해 작은 힘이나마 보태자는 생각에서 봉사에 참여하고 있다고 말씀하셨습니다.

 김 박사님은 32년 동안 병원을 운영할 때는 이윤 창출에 신경을 쓰느라, 병고에 시달리는 환자들에게 인술을 베풀어 고통을 덜어주었다는 행복감을 느끼지 못했는데, 봉사활동에 참여하면서 병원을 운영할 때는 느끼지 못하던 행복감을 느낀다고 하였습니다.

자원봉사를 통해 봉사의 기쁨을 알게 된 김 박사님은 요셉의원의 의료봉사 외에도 섹스폰 연주 기능을 살려 리코더, 우크렐레 등의 악기를 연주하는 동료들과 연주단을 만들어 정기적으로 가평 꽃동네 희망의 집을 찾아 400여 명의 장애우 들에게 아름다운 음악 연주로 즐거움을 제공함으로써 기쁨은 나눌수록 배가 된다는 것을 피부로 느끼게 되었다고 합니다.
사랑의 급식소 토마스의 집과 요셉의원은 후원자님들과 봉사자님들이 드러나지 않게 실천하는 사랑의 봉사가, '너희는 내가 굶주렸을 때에 먹을 것을 주었고, 내가 목말랐을 때에 마실 것을 주었으며, 내가 나그네였을 때에 따뜻이 맞아들였다. 또 내가 헐벗었을 때에 입을 것을 주었고, 내가 병들었을 때에 돌보아주었으며……(마태오 25. 35.36)'란 복음 말씀을 실천하는 장(場) 되었고, 이는 지난 30여 년간 중단 없이 기적이 이루어지고 있는 현장임을 보여주었으며, 앞으로도 사랑 나눔이 지속적으로 이루어지는 곳에서는 또 다른 기적을 만들어 낼 것이라는 기대를 갖게 하였습니다.

후원 문의
* 토마스의 잡 : 02) 2672-1004
* 요셉의원 (재정지원 문의) : 070-4688-3416(오후 1시~8시 통화 가능)
  (봉사 문의) : 070-4688-3402(오후 1시~8시 통화 가능)   가톨릭 시니어 제44호 2020. 1. 20

6. 어르신들과의 즐거운 생활

2008년 11월 여의도 성당 사목 위원들이 2009년도 사목 계획 수립을 위해 1박 2일 연수를 다녀왔는데, 나는 노년 분과장 직함으로 연수에 참여했다. 연수 중에 김충수 본당 신부님께서 노인대학 활성화 방안을 구상해 보라는 지침을 주셨다.
신부님의 지침을 받고 2009년 4월에 시니어아카데미 운영계획을 수립했다. 운영계획에는 목적, 방침, 교육 내용 및 동아리 활동, 시간 운영 및 활동 계획, 예산계획, 시니어아카데미 추진 일정, 동아리 활동 강사지원서 양식, 시니어아카데미 입학원서 양식, 주보에 공지할 홍보문 내용을 담아 기본계획을 수립하여 신부님의 결재를 받았다.

기본계획 중에서 종전과 차별화된 내용은 예산계획에 동아리 강사수당을 반영하였다는 점이다. 예산 반영의 배경은, 신자는 교회에서 하는 일은 어떤 일이나 무료 봉사를 해야 한다는 고정관념에서 벗어날 필요가 있고, 강사에게 최소한의 예우는 해주어야 보다 수준 높은 강의를 기대할 수 있다는 명분에서 찾았다.
강사수당은 만족할 만한 수준이 되지 못하지만, 한 번 강의할 때마다 교통비에 해당하는 금액 2만 원을 지급할 수 있게 편성했다.

2009년 2학기는 기존의 노인 교실 운영 행태대로 교육과정을 운영하면서, 동아리 강사 모집을 공고하여 7명으로부터 강사 희망 신청을 받았는데, 바둑, 컴퓨터, 타이치, 게이트볼, 일어 회화, 서예, 국악 강사였다. 강사가 확보되었음으로 동아리별 수강생 모집을 공고하여 수강 신청을 받는 한편 교육 자료를 갖추는 일에 착수하였다.
바둑 지도에 필요한 바둑판과 알은 성당에서 기왕에 활용하던 것이 있어 그것을 사용하기로 하였고, 컴퓨터는 신품 구매 시 비용이 너무 많이 소요됨으로 중고품을 활용하기로 하고 20대를 확보하였으며, 서예 지도 시 필요한 벼루와 서진, 그리고 책상 위에 깔판으로 쓸 헌 모포 등 10명분을 마련하였다. 또 국악 지도에 필요한 장구와 채 받침대도 15인분을 구매하여 교육 여건을 갖추었다.

 드디어 2010년 3월을 맞았다. 교육과정 운영계획, 예산편성 안, 동아리별 교육과정 운영계획, 식단, 개강식 계획 등을 첨부하여, 공문을 기안 3월 10일 자로 본당 신부님의 재가를 받아 다음 날인 11일(목) 14:00 여의도 성당 너섬 시니어 아카데미가 새로운 모습으로 출범하게 되었다.
개강을 한 후 후속 작업으로 서둘러 한 일은 교구청 노인대학 연합회에 재가입신청서를 제출하는 것이었다. 가입신청서, 노인대학 조직도 등 9가지 구비서류 갖추어 3월 17일 제출하여, 3월 22일 자로 천주교 여의도 성당 너섬시니어아카데미가 교구장이신 정진석 추기경님의 승인을 받게 되었다.
새 출발 한 너섬시니어아카데미 운영은 합리적 절차를 거쳐 운영하는 것을 기본으로 삼아, 본당 예산편성 시 시니어아카데미 1년 운영 예산을 반영하도록 하였고, 학기별 교육과정 운영계획과 동아리 활동 운영계획 및 식단 등을 작성하여, 본당 신부님의 재가를 받아 계획서에 의해 체계적이며 효율적인 운영이 되도록 했다.

 특히 교육과정 운영계획을 수립할 때는, 교육 내용으로 신앙생활 교육, 지혜로운 생활교육, 건강한 생활교육, 창조적인 생활교육, 행사 등의 영역이 조화를 이루어 균형 잡힌 교육과정이 되도록 하여 어느 한쪽에 치우침이 없도록 하였다.
그리고 봄에는 소풍, 가을에는 성지순례로 정례화하여 추진하였는데, 계획서에는 목적, 장소, 일정, 소요경비, 인솔 책임자 등을 명시하여 추진하였다.
소풍과 성지순례의 목적은 사전 교육을 통해 어르신들에게 이를 인식시킴으로써 목적의식을 갖고 행사에 참여하도록 하였으며, 소풍 성지순례 계획 역시 신부님의 재가를 받은 후 시행하였다.

 이뿐만 아니라 매년 11월에는 1년 동안 동아리 활동으로 익힌 재능 발표를 '어울마당'이란 이름으로 열어 어르신들이 무대에 서는 기회를 제공함으로써, 성취동기를 맛보게 함은 물론 교육활동 시 만든 작품과 기록사진 등을 전시하여 시니어아카데미를 통해 어르신들이 신심을 더욱 굳건히 다지며, 의미 있고 보람 되며 즐거운 삶을 살고 있음을 보여 드리려고 노력했다.

이 같은 너섬시니어아카데미의 노력은 2011년 10월 6일 교구장 정진석 추기경님으로부터 복된 시니어아카데미 상을 받았고, 동아리 활동 발표인 '어울마당'은 2012년 4월 17일 이달의 우수프로그램으로 선정되어, 서울시니어아카데미 담당 하상진 세례자 요한 신부님의 상장을 받았다.

2009년부터 시니어아카데미를 맡아 운영하면서 주안점을 두었던 것은, 균형감 있는 교육과정 운영을 위해 다양한 분야의 전문가를 섭외하여 강사로 투입하였고, 어르신들이 가지고 있는 구시대적인 가치관을 시대 변화에 적응할 수 있는 가치관으로 변화를 시키려고 노력을 기울였다.

그 결과는 자신들이 앉았던 자리를 깨끗이 정리하는 모습으로, 적은 금액이나마 사랑 실천의 방법으로 나눔 활동에 참여하여 모여진 금액을, 한마음 한 몸 운동 본부에 백혈병, 난치병, 아동 치료비 지원을 위한 후원금으로 2015년과 2016년에 지원하여, 2회에 걸쳐 한마음 한 몸 운동 본부장 정성환 신부님의 감사장을 받았다.

2017년에는 어농성지 청소년교육관 설립을 위한 헌성금으로, 2018년에는 천진암 성지의 100년 성당건립을 위한 헌성금으로 1구좌 100만 원씩을 기꺼운 마음으로 모아 각각 헌성하는 아름다운 모습을 보이기도 했다.

2020학년도를 맞으면서는 시니어아카데미 운영에 예기치 못했던 돌발 변인이 발생했다. 전염병인 코로나가 발생하여 전염을 방지하기 위해 수단으로 학생들의 출석수업을 허용하지 않아 등교를 하지 못하는 상황이 되었다.

그리하여 교구청 노인사목부에서는 학생들이 가정에서 혼자서라도 공부할 수 있는 교재를 학기 별로 발간하여 보급하였는데 이 교재를 학생들에게 전해주기 위해서는 가정 방문이 유일한 수단이어서 4학기 동안 교재를 들고 일일이 학생들의 집을 방문하는 수고도 해야만 했다

이처럼 10년의 세월을 어르신들과 함께 호흡하며 생활하는 동안, 서로 아끼고 사랑하는 마음이 형성되었다. 어쩌다 한두 주일 자리를 비우는 경우가 생기면 서로를 염려하는 마음이 발동하여 혹시 아파서 못 나오는 것이 아닌가? 걱정하게 되는 상황까지 이르게 되었다.

실제로 내가 2018년 4월 장천공으로 수술하여 자리를 비우자, 소식을 전해 들은 많은 어르신들이 걱정을 하시며, 빠른 쾌유를 위해 열심히 기도했다는 말씀들을 들려주시어 나를 감동하게 했던 것이었다.

이처럼 훈훈한 정으로 엮어진 어르신들과의 생활은 새로 부임하신 주임 신부님으로 부터 그 동안 학장으로 봉사해 오신 것에 감사를 드린다며 2022년 12월 25일 감사패를 주셔서 끝이 났지만 내게는 오래오래 사람 사는 맛을 느끼게 하는 추억으로 기억에 남게 될 것이다.

7. 가톨릭 서울 시니어 아카데미 운영위원회 회장을 맡다.

2009년부터 여의도 성당 노인대학 장을 맡아 운영하면서, 14지구(영등포, 금천, 구로구, 지금

은 15, 16지구로 조정됨) 학장 회의에 참석해 왔다. 2012년 9월 당산동 성당에서 지구 회의가 있었는데, 지금까지 지구대표로 활동해 온 당산동 학장이 사임하게 됨에 따라 갑자기 후임 지구대표를 선출하는 상황이 발생했고, 전연 예상치도 않았었는데 내가 지구대표에 선임된 것이다.

 교구청에서는 행정 편의상 서울 전역을 18개 지구로 나누어 관리하고 있는데, 15지구는 영등포구와 금천구 관내 성당(시니어아카데미 설치 12개 성당)을 관할하고, 16지구는 구로구 관내 성당(시니어아카데미 설치 6개 성당)을 관할 한다.
지금은 15, 16지구가 각기 따로 지구 학장 회의를 개최하지만, 2015년까지는 2개 지구 15개 시니어 아카데미 학장이 가, 나, 다, 순 윤번으로 성당을 돌며 지구 회의를 개최해 왔다. 지구대표의 역할은 월 1회씩 지구 학장 회의를 주관하여, 각 성당의 시니어아카데미 운영에 대한 제반 정보를 교환하며, 교육과정 운영 결과를 수합하여 교구청 노인사목부에서 개최하는 지구대표 회의에서 보고하고 노인사목부에서 하달하는 지침을 각 성당에 전달하는 일이다.

 지구대표 임기는 통상적으로 2년이어서 돌아가며 대표를 맡아 하도록 운영해 오고 있었지만, 어느 누구도 하겠다고 나서는 사람이 없어 넘겨주지를 못하고 임무를 수행하던 중, 2015년 말에 노인사목부 운영위원으로 참여해달라는 제안을 받았다.
운영위원은 노인사목부 업무를 지원하는 봉사자를 일컬으며, 이들은 서울대교구청 관할 130여 개 성당에서 설치 운영하는 시니어아카데미 교사들을 대상으로 월 1회 실시하는 월례 교육시 부족한 일손을 도왔다.
그 일 외에 교사 여름 연수 때 프로그램 진행, 10월 노인의 날 기념 가톨릭 어르신 큰 잔치 행사, 그리고 12월 교사의 날 행사 때 업무지원을 하여 행사가 원활하게 추진될 수 있도록 협조하는 역할을 맡는다.

 제안을 받고 왜 운영위원으로 참여해 달라고 했을까 생각해 보았다. 지구대표 회의 때 전보다 교육적인 방향에서 건설적인 의견을 개진한 것들이, 가톨릭 서울시니어아카데미 운영에 도움이 될 것이라는 판단을 한 것으로 짐작이 되었다.
다른 한편으로는 아직도 내가 쓸모가 있어, 평화의 도구로 쓰기 위해 주님께서 부르신 것이라는 긍정적인 생각이 들어 제안을 받아들이게 되었다.
그리하여 2016년 2월 25일 가톨릭 서울시니어아카데미 연차 총회 때 조규만(바실리오) 총대리 주교님으로부터 위촉장을 받았는데, 함께 운영위원으로 위촉받은 6명 중에서 제일 연장자이다 보니 운영위원장으로 위촉을 받은 것이다.

 월례 교육은 매월 둘째 화요일에 퇴계로에 있는 우리은행 본점 4층 강당을 빌려 연 9회를 추진하고 있으며, 운영위원들은 교육에 참가하는 300 여 명 교사들의 출석 점검, 교재 및 자료 배부, 프로그램 진행, 미사 봉헌할 제대 설치와 진행 등을 역할 분담으로 수행하고 있다.
미사 봉헌 때 성체 분배는 내가 담당하여 신부님을 보좌해 왔다.
7월에 1박 2일간 시행하는 교사 여름 연수 때에는 차량별 교사 인솔은 물론, 역할 분담을 통한 프로그램 진행에 참여했다. 자신의 재능을 유감없이 발휘하여 연수에 참여한 교사들에게 연수 참여에 대한 만족감을 주기 위해 열정적으로 노력하고 있다.
매년 10월에 개최되는 노인의 날 기념 가톨릭 어르신 큰 잔치와, 12월 교사의 날 행사에서도 요소요소에서 맡겨진 임무를 차질 없이 수행하여, 성공적인 행사 추진이 되도록 운영위원들이 한 축을 담당하여 적극적인 지원을 하여 온 것이다.

 위원장 임무를 맡은 나는 운영위원들이 노인사목부 업무를 지원하면서, 서로 협응이 잘 되도록 분위기를 조성하는 일, 월례 교육에 참여하는 교사들에게 친절을 베풀도록 솔선하는 일 등 오랜 행정 경험에서 익힌 노련미를 살린 리더십 발휘로 노인사목부 업무를 지원하는 한편, 이 일이 평신도 사도직을 수행하는 것이라는 점에서 나름의 자긍심을 느끼며 기쁘게 봉사 활동에 참여해 왔다. 운영위원장 직무는 2018년 2월 27일 손희송 총대리 주교님으로부터 중임을 받아 2년 임기의 봉사 활동을 수행해 왔다.

8. 신앙 체험 수기 공모에 참여하다.

 가톨릭 평화방송평화신문에서 2019년 4월 30일까지 신앙체험수기 작품을 공모했다. 신앙생활을 하게 되면서 경험한 내용을 요약 정리하여 응모해 보았다.

✢ 옥수숫가루의 자양분 ✢

1959년 2월 7일 이날은 내가 충주 교현동 성당에서 요셉이라는 세례명을 받고 하느님의 자녀로 새로 태어난 날이다. 충주사범학교 1학년 학년말 무렵의 일이다.
청주교구는 미국 메리놀 회에서 파견 나오신 신부님들이 사목활동을 펼치시고 있던 곳이어서, 미국으로부터 구호물자를 보내와 정기적으로 나누어주곤 했다.
그 당시에는 가난한 살림을 살아가던 사람들이 많았던 터라, 성당에서 나누어 주는 구호물자인 옥수숫가루와 밀가루 헌 옷가지 등은 생활이 어려운 사람들에게는 매우 요긴하게 활용되던 시기였다.

 우리 가정도 6.25를 겪으며 가세가 기울기 시작하여, 가족이 모두 살길을 찾아 풍비박산으로 흩어지고, 나는 할머니와 함께 매일 매일 끼니를 걱정하며 어렵게 살아 가고 있었다.
 어느 날 여자 동창(영원한 도움의 성모회 소속 김 요한보스코 수녀님)의 어머니이신 김 모니카 님이 우리 집을 방문하셨다.
"성당에서 옥수숫가루를 나누어 주니, 와서 받아 가라"고 알려주시기 위해서 우리 집을 찾아오신 것이다. 아마도 따님에게서 내 형편에 대해 전해 들으시고 우리 집을 물어물어 찾아오신 것이리라.

여자 동창이야 한 울타리 안에서 병설 중학교 때부터 오가며 보아 온 처지였지만, 김 모니카 님과는 일면식도 없는데 찾아오셨으니, 젊은 혈기에 맞아들이기가 겸연쩍고 당혹스러워 옥수숫가루를 받아먹어야 하는 상황이 창피하게 느껴지기도 했다.
하지만 어쩌랴!, '목구멍이 포도청'이라고 준다는 옥수숫가루를 외면할 수 없어, 정해진 날 자루를 들고 옥수숫가루를 받으러 성당을 찾았다. 옥수숫가루를 받기 위해 줄을 서 있을 때의 기분이란…….

 이렇게 연결되어 나는 정기적으로 나누어주는 구호물자를 받기 위해 교현동 성당을 찾게 되었다. 성당 방문의 횟수가 늘어나면서, 김 모니카 님과의 만남도 자연스러워져 입교를 권유받게 되었는데, 구호물자를 받아 연명을 해 가는 주제에 박절하게 거절할 수가 없었다.
 그리하여 내 손에는 요리문답 책이 쥐어졌고, 이를 몇 부분으로 나눠 암기한 후 신부님이 물으시면 대답하는 '찰고(察考)'라고 하는 과정을 거쳐, 320여 요리문답 문항에 대한 테스트를 통과한 후 드디어 세례를 받게 된 것이다.

 세례를 받기까지의 과정이 이렇다 보니, 하느님께서 광야의 이스라엘 민족에게 만나를 주셨음같이 내게도 옥수숫가루라는 먹을 것을 주시어 당신께 이끄신 것이다.
하느님의 자녀가 되었지만, 젊었을 때는 가난의 굴레를 벗어나는 것이 삶의 일차적 목표이다 보니 신앙생활을 열심히 하지 못했다. 그러다 나이 40을 넘기면서 하느님의 자녀답게 살기 위해서는, 최소한 남에게 피해는 주지 않는 삶을 살아야 하겠다는 생각이 들었다. 나도 남으로부터 받은 도움을 발판으로 이만큼 살게 되었으니, 작은 힘이지만 다른 사람에게 도움이 되는 일이라면 기꺼운 마음으로 실천에 옮기자는 생각이 머리에 자리를 잡았다.
 그리하여 전화를 친절하게 받는 일, 직장 동료들이 도움을 요청하면 내 힘닿는 데까지 도와주는 일 등을 실천하는 삶이 비로써 시작된 것이다.

1985년부터는 여의도 본당에서의 신앙생활에 적극적으로 참여하게 되었는데, 레지오 마리아 단원 가입을 시작으로 미사 주송자로 참여하는 기회도 열렸다.
1986년 가을 어느 날, 내가 근무하는 마포국민학교로 전화가 걸려 와서 받았더니 여의도 성당 조순창 주임 신부님이셨다. 신부님께서는
"내가 부탁할 것이 있어 전화했는데 거절하면 안 돼요." 라고 말씀하셨다.
나는 갑자기 걸려 온 전화라 당황스럽기도 하였지만, 신부님이 하신 전화인데 안 받을 수도 없고 하여 "무슨 일인지 말씀하셔요." 하고 응답하였다.
"사목회 청소년분과 장을 좀 맡아 주어야 하겠어요." 하시는 것이었다.
전혀 예상치 못했던 일이라 당혹스럽기도 했지만, 신부님의 말씀을 거절을 할 수 없어서
"예 알겠습니다." 하고 대답을 드렸다.
이렇게 신부님과의 통화를 통해 1987년 1월부터 여의도 성당 6대 사목협의회 청소년분과장을 맡게 되었고, 1988년에는 7대, 1990년 11월에는 8대 청소년분과장으로 참여하여 1993년 10월까지 업무를 맡아 일을 했다.

청소년분과장 임무를 수행하며 중점적인 관심을 가지고 한 일은, 주일학교 교사들이 대학생들이어서 열정은 충만하지만, 교사라는 측면에서 보면 아이들을 지도하는데 미숙한 점이 있어 이를 보완하기 위한 지도 조언에 초점을 맞춰 일했다.

1990년 9월부터는 교육청에서 장학사로 근무하게 되었다. 학교 현장에 나가 장학지도를 할 경우 학교 선생님들이나 교감, 교장 선생님께 군림하는 모습으로 비춰지지 않도록 겸손한 자세로 지도에 임했다.
학교 선생님을 상대로 하는 전화도 상냥한 목소리로 대화를 나누려고 노력하였더니, 나에 대한 평판이 나쁜 모습으로 그려지지 않고 있음을 느낄 수 있었다.
나의 이 같은 이미지는 서울시 교직 사회에 학연, 지연이 전혀 없는 내가 서울시교육청 교직과 인사 담당 장학사로 근무하게 되는 기회를 열어 주었다. 더 나아가 장학관 임명을 받고, 강동교육청 초등교육과장으로, 교육연구관 임명을 받고 남산에 있는 서울특별시 교육과학연구원 교육기획연구부장 등 관리직을 맡아 일할 수 있는 길까지도 열어 주는 밑거름으로 작용했던 것이었다.

1994년 6월에 부천시 중동으로 이사를 했다. 상동 성당으로 교적을 옮기고 신앙생활을 하고 있었는데, 1997년도에 본당에서 남성 신자들을 지역별로 그룹을 만들어 지역별 모임을 활성화하기 위한 사업을 추진했다.
나는 사랑마을에 살고 있었는데 사랑마을 남성 신자들 회의에서 구역장으로 선임되었다.
이어서 지역별 모임이 결성된 후 남성 구역장 회의가 소집되어 남성 총구역장을 선임하였는데, 내가 총구역장으로 추대되었다. 남성 총구역장 임무를 맡게 되니 자동으로 사목회 남성 부회장이 되는 영광을 맞게 되었다.

남성 총구역장의 주 임무는 남성 신자들의 친교를 다지는 일로, 1년에 한 번씩 체육대회를 개최하는 일을 추진하게 되어, 10월에 상동 성당 주변에 있는 송내초등학교 운동장을 빌려 체육대회를 개최했다. 체육대회는 남성 구역별 모임이 조직되며 처음 추진한 사업이었지만, 가장인 남자분들의 체육대회 참여로 가족들이 자연스럽게 체육대회를 참관하게 되어 성황을 이루는 성과를 올렸다.
체육대회는 1998년도에도 개최하였는데, 여성들과 초등학생들이 참여하는 프로그램도 편성하여 추진하였다. 남성들만의 대회가 아니라, 성당 신자들 모두를 위한 체육대회가 열린 양 대성황을 이루었다.

2003년에는 서울 시내 소재 초등학교 교원 중 가톨릭 신자들의 공동체인 서울대교구 가톨릭 초등교육자 회 회장 일을 맡아 하게 되었다. 이때도 내가 능력이 있어서라고 하기보다는, 성 프란치스코의 기도처럼 '주님 저를 평화의 도구로 써 주소서'라는 마음으로 '작은 힘이나마 도움이 된다면 기꺼운 마음으로 소임을 다 하겠다'는 생각으로 회장 임무를 받아들인 것이다.
가톨릭 초등교육자 회 사업으로는 1). 신자 찾기 운동 전개, 2). 찾아진 신자로 학교별 소공동체 조직 운영, 3). 지역교육청별 신자들 만남의 장 마련을 역점 사업으로 정하여 추진하였다.

 가톨릭 신자들은 자신이 신자임을 드러내 놓고 신앙생활을 하는 사람이 많지 않다. 한 학교에 근무하면서도 누가 신자인지 알려지지 않아, 신자 찾기를 전개하였던바 3,000명이 넘는 많은 신자를 찾아내는 성과를 거두었다.
이렇게 찾아진 신자들을 학교별 소공동체로 조직하여, 정기적으로 회합을 하며 신앙을 다지고 친교를 나누도록 하였다. 이는 주님께서 '둘이나 셋이 함께 모여 기도하는 곳에 나도 함께 있겠다.'고 하신 말씀에 근거해서 실천한 사업으로 교원들 간 신앙생활 활성화에 크게 도움이 되었다.

 서울에는 11개 지역교육청이 있는데, 같은 교육청 관내 학교에 근무하면서도 친교가 이루어지지 않아 서로 모르고 지내는 상황이었다. 이 같은 단절의 벽을 허물고자, 1년에 한 번씩 지역교육청 관내 신자 선생님들을 한 자리에 모시고, 가톨릭 초등교육자 회 담당 이형기 베르나르도 지도 신부님을 모셔 미사를 봉헌하고, 대화를 나누는 친교의 장을 만들어 운영한 것은 관내 학교에 근무하는 신자 선생님끼리 한 걸음씩 가까이 다가서는 기회를 제공하여, 친교가 이루어지는 촉매제가 되었다.

 또 가톨릭 초등교육자 회가 정형화된 틀을 가지고 활동해야 하겠다는 생각에서, 격년제로 한 해는 신앙대회 다음 해는 성지순례를 실천하기로 하고 이를 추진하였다. 2006년에는 계성초등학교에서 정진석 추기경님을 모시고 430여 명의 신자 선생님들이 참여한 가운데, 1979년 1월 16일 가톨릭 초등교육자 회가 발족한 이래 처음으로 신앙대회를 개최하여 큰 감동을 선사하였고, 2007년에는 100여 명이 공세리 성당 성지순례를 다녀왔다. 그런가 하면 2008년에는 410여 명이 조규만 주교님을 모시고 신앙대회를, 2009년에는 230여 명이 함께 장호원성당 성지순례를 다녀오는 등, 신앙대회와 성지순례 활성화로 신심을 굳건히 다지는 계기를 만들기도 하였다.
그런가 하면 소통의 장이 있어야겠다는 생각에서 Cacho(가톨릭 초등교육자 회의 영어 이니셜) 홈페이지를 구축하여, 서로 대화와 정보를 나누도록 장을 마련하였고, 이 외에도 가톨릭 초등교육자 회 소식지 '만남'지를 증보 발행하여, 신심 계발과 소통의 원활화를 도모하기도 하였다.
 가톨릭 초등교육자 회 회장 일을, 2009년 후임자에게 인계해 줄 때까지 7년을 재임하는 동안, 나는 기쁨과 보람의 삶을 살아왔다는 자긍심을 가질 수 있었다.

 2005년 2월 28일, 이날은 내가 43여 년을 근무했던 정든 학교 교정을 떠나 정년퇴직을 한 날이다. 퇴직하면서 내 머릿속에 자리 잡은 생각은, 43여 년의 공직 생활을 무사히 마치고 현재 내 삶의 위상이 자리잡히게 된 것은, 무엇보다도 풍성한 하느님의 은총이 있었기 때문이며, 나를 아는 여러분들의 도움이 있었기에 가능했다는 점과, 내 생애가 언제까지 이어질지 알 수 없지만 살아있는 동안, 내가 받은 은혜에 대해 조금이라도 보답하며 살아야 하겠다는 것이었다.

그래서 생각해 낸 것이, 매일 미사를 참례하여 가초(Cacho) 회원들을 위한 기도를 드리는 일과, 연령회 회원이 되어 봉사를 실천하는 일이었다.

1980년 1월 인천교구 제15차 울트레아 교육을, 받고 뜨겁게 달아오른 신심으로 서울로 이사를 하면서, 성당 가까운 곳에 집을 마련하면 매일 미사 참례를 할 수 있겠다는 생각으로 여의도 성당 옆 시범아파트 23동으로 이사를 했다. 하지만 미사 참례는 생각대로 실행에 옮기지 못하고 있다가, 2005년 2월 말 정년퇴직을 하고 자유로운 몸이 된 3월 1일부터, 아침 6시 미사 참례를 시작으로 지금까지 이어오면서, '주님 Cacho 회원들에게 영육 간 건강을 주시어, 어린이들을 사랑과 열정으로 교육하도록 인도하여 주소서.'라는 지향으로 미사를 봉헌하고 있다.

연령회 입회는 5월에 했다. 입회한 지 두 달여 만에 79세 고령이면서도 회장을 맡아 하시던 최영야 어른이 느닷없이 내게 회장을 넘겨주셨다. 준비 없이 갑자기 일을 맡아 하며 시행착오도 겪고 실수도 있었지만, 1년에 선종하시는 60여 분의 영혼이 하느님 나라에서 주님의 빛난 얼굴을 뵙고 영원한 안식을 누리시길 기원하며, 기쁜 마음으로 내가 받은 은혜에 보답하겠다는 굳은 의지로 봉사를 해 왔다.
2010년 3월에 4년 동안 해 오던 연령회장을 다른 사람에게 인계해 주고, 지금은 평회원으로 장례미사 예식을 도우며 봉사를 계속하고 있다.

나를 평화의 도구로 쓰시고자 하는 주님의 부르심은 계속 이어졌다. 2009년 2월, 교구청 노인 사목부에서 개설한 가톨릭 영 시니어 아카데미 1회 졸업생이 되었다.
문학 두레를 졸업했는데, 졸업하자마자 노인 사목부에서 일하시는 수녀님께서 시니어 아카데미 후원회 소식지 '가톨릭 시니어' 미디어 위원으로 참여하여 봉사해 달라는 부탁을 해 오셨다.
글재주는 없지만, 시간적 여유도 있고 해서 참여하게 되었는데, 이를 기점으로 해서 2020년 겨울호 기획 특집으로 '토마스의 집과 요셉의원을 아시나요?'를 마지막 원고로 게재하기까지 10여 년간을, 분기별로 소식지가 발간될 때마다 한 꼭지씩 원고를 기고하는 즐거움을 누릴 수가 있었다.

2009년 3월에는 여의도 성당 시니어아카데미 학장을 맡아 하시던, 김판숙 엘리사벳님이 이사를 가시어 공석이 되자 수녀님도, 신부님도 "노년분과장님이 학장을 해야지 누가 하느냐?"며 내게 학장을 맡으라 하셨다.
김충수 신부님께서는 시니어 아카데미를 활성화하는 방안을 찾아보라는 주문까지 하셨다.
졸지에 연령회장과 시니어 아카데미 학장 두 가지 임무를 맡게 되었는데, 혼자서 두 일을 맡아 하기에는 버거워 연령회 회장은 다른 사람에게 넘기고, 시니어 아카데미만을 맡아 운영하기로 하였다.
내 능력으로 어르신들의 마음을 사로잡기에는 역부족이라는 생각이 들긴 하였지만, 주님께서 맡기시는 일이니 기꺼운 마음으로, 그리고 최선의 노력으로 주어진 업무를 수행하자며 업무를 시작하게 되었다.

시니어 아카데미 운영을 맡은 학장으로서, 어르신들에게 어떤 교육을 펼칠 것인가를 정립하는 것이 선결 과제라 생각되어, 전인교육에 목표를 두고 1) 신앙생활 교육, 2) 건강한 생활교육, 3) 창의적 생활교육, 4) 지혜로운 생활교육을 위한 제재를 선정 교육과정을 균형 있게 편성하고, 신부님의 재가를 받아 교육활동을 전개했다.
그리고 소질 적성 계발을 위해, 7개 동아리를 조직하여 동아리 활동도 전개했다.
그러면서 어르신으로 당연히 경로에 입각한 대접을 받아야 한다는 인식을 불식시키고, 시대의 변화에 맞추어 스스로 지혜롭게 처신하는 생활을 하여야 한다는 의식을 일깨워 드리기 위해 노력했다.
이 같은 교육과정 운영에 어르신들의 호응도가 높아 자신감을 얻어 지속해서 교육활동을 전개해 왔다.

하지만 시니어아카데미를 이끌어 오는 동안, 어찌 혼자의 힘만으로 이 일을 해낼 수 있겠는가?
이혜원 레지나 부학장님, 박진수 요셉 형제님, 조윤옥 벨라뎃다님, 심화숙 율리안나님. 이화균M 막달레나님, 그리고 이른 아침부터 먹거리를 사다가 정성스레 점심 식사를 장만했던 이승진 레굴라님, 또 동아리 강사로 활동하시는 일곱 분 선생님이 도와주셨기에 가능한 일이었으며, 이 같은 도움으로 인해 즐거움은 배가 되었던 것이었다. 이처럼 내게 도움을 주신 모든 분께 머리 숙여 감사를 드린다.

시니어아카데미 학장 일을 맡아하며, 월 1회씩 개최하는 15지구 학장 회의에 참석하고 있었는데, 2012년 9월 지구대표 학장을 새로 선임해야 하는 사유가 발생하여 대표 학장을 선임하는 중에, 전혀 예기치도 않았는데 내가 지구대표로 선임됐다.
그리하여 15지구 대표 학장으로 월 1회씩 지구 학장 회의를 소집하여 한달 간 각 성당의 시니어 아카데미에서 활동한 상황을 수합, 교구청 노인사목부에서 개최하는 지구 대표 학장 회의에서 보고 하는 일도 해왔다.

지구대표 학장으로 여러 해 동안 일을 하다 보니 2015년 12월에 노인사목부 가톨릭 서울시니어아카데미 운영위원으로 참여하여 도와달라는 제안을 노인사목 담당 나창식 신부님으로부터 받았다. 제안을 받은 후 과연 '내가 교구청 일을 해낼 수 있을까?' 고민하다가, '아직 팔다리에 기운이 있을 때 더 봉사하라고 주님이 나를 부르시는구나.'라고 긍정적으로 생각하고 봉사자로 참여하겠다고 응답하였다.
그리하여 2016년 2월 25일 조규만 총대리 주교님, 2018년 2월 27일에는 손희송 총대리 주교님 으로부터 가톨릭 서울 시니어 아카데미 운영위원회 회장 위촉을 받고, 매월 개최하는 시니어아카 데미 교사 월례 교육, 노인의 날 행사, 교사의 날 행사 등에 참여하며 신부님을 도와 성체 분배 협조는 물론 노인사목부 업무 추진에 일조해 오며 기쁨을 맛보기도 했다.

돌아보면 내가 학창 시절에 고생스러운 삶을 살 때 받은 옥수숫가루가 어려움을 이겨내는 데 큰 힘이 되었듯이, 나이가 들면서 주님의 은혜에 보답하는 삶은 나도 적은 금액이지만 나눔을 통하여, 어려운 이웃에게 도움이 되겠다는 생각이 자리를 잡게 되었다. 군종후원회(1988년부터) SOS 어린이 마을(1991년부터), 뇌성마비 장애인 복지회(1994년부터) 꼰솔라따 선교회(1995년부터,) 꽃동네(1997년부터) 남양성모성지(2002년부터), 예수회(2006년부터) 다산복지재단(2013년부터), 화요 아침 예술학교(2015년부터) 평화방송(2016년부터) 굿네이버스(2019년부터), 청소년 햇살(2019년부터)에 지속적, 정기적으로 후원금을 보내게 되었다.

도움을 요청하기 위해 여의도 성당을 방문하는 단체들에도 적은 금액이나마 사랑의 손길을 펼치는 노력을 기울이며 지금까지 살아오고 있고, 앞으로도 내가 생을 마감할 때까지 계속 이어갈 계획이다.

 80년을 넘게 살아온 현시점에서 내 삶의 족적(足跡)을 되돌아보면, 청소년 시절에 겪은 어려운 삶은 나를 주님의 도구로 쓰시기 위해 주님이 만들어 주신 환경이었구나 라는 믿음이 생기고, 주님을 알고 난 후의 나의 삶은 어느 것 하나 막힘이 없이 순조롭게 살아왔음이 읽혀진다.

시편 23장 '주님은 나의 목자 아쉬울 것, 없어라. 파란 풀밭에 나를 쉬게 하시고, 잔잔한 물가로 나를 이끄시어 내 영혼에 생기를 돋우어 주시고, 바른길로 나를 끌어 주시니 당신의 이름 때문이어라' 성구(聖句)가 마치 나를 위해 있는 성구처럼 생각되며, 순조롭고 평탄한 삶을 주신 것은 오로지 주님의 은총이었다는 확신을 갖게 되었다.
이처럼 60년 전에 구호물자로 받아먹던 옥수숫가루의 자양분은 내 삶을 '기쁨의 삶', '나눔의 삶', '사랑의 삶'으로 송두리째 바꾸어 놓는 효소로 작용했음을 믿기에 나는 아침에 3번, 점심에 3번, 잠자리에 들기 전에 3번,
"주님! 당신께서 저를 이토록 사랑해 주시니 감사합니다."
 라고 인사를 드리며 하루하루를 충만한 행복감(幸福感)으로 살고 있다.   2019.4.20

◀ 추기 ▶
 주님의 부르심은 교회를 위한 봉사 활동에만 한정하지 않고, 내가 몸담고 있던 학교를 위해서도 봉사하라고 부르셨다. 학교 선생님들의 업무를 경감 해 주기 위해 숙직이라는 이름으로 선생님들이 담당하던 야간경비를 용역으로 전환하여 시행해 오고 있었다. 퇴직 교원들의 친목 모임인 삼락회가 2007년에 야간경비 용역회사를 설립한 후 이를 학교에 홍보하고자 홍보요원을 선임하였는데, 퇴직 후 2년밖에 안 돼 학교 사정에 밝고 교장 선생님들을 많이 알고 있는 내게 협조 요청을 해 왔다.
야간경비 용역을 통해서도 간접적인 방법이긴 하지만 학교를 돕는 일이라고 생각하고, 열심히 홍보하여 2년 동안 80여 개의 거래처를 확보하는 실적을 올렸다.

 이를 눈여겨보던 사람들이 독립하여 용역회사를 차린 후 내게 함께 일하자며 섭외가 들어왔다.

정식직원이 아닌 협조자로 자리매김하고 홍보에 나섰더니, 고사(枯死) 직전의 회사가 내가 연결한 거래처 수가 늘어나면서 문을 닫는 파경을 면하고 회생했다.

2014년 12월에 사장이 회사의 공동 대표로 참여해 달라는 제안을 해 왔다. 이유인즉 자신은 학교에 이름이 알려지지 않아 신뢰를 얻지 못하고 있으니, 나를 공동 대표로 등록하여 사장 자신은 살림을 맡아 하고 업체와의 계약을 내 이름으로 하면 좋겠다는 취지였다. 사장의 제안에 일리가 있다는 생각에 이를 받아들여 2015년 1월 초 공동 대표로 등록했다.

회사 대표를 2명의 공동 대표로 등록하고 회사 살림을 꾸려가던 사장이 2015년 5월 병원에 입원하더니 갑자기 작고하는 돌발 사태가 발생했다. 공동 대표 중 한 사람이 세상을 뜨니 자연스레 내가 졸지에 회사 운영을 책임지게 되는 상황이 벌어졌다.

이를 어찌한 담. 학교는 경영해 보았지만 회사 운영은 감히 생각해 보지도 않았는데……. 고민에 고민을 거듭하다가 '내가 몸담고 있던 학교를 간접적인 방법으로나마 지원하라는 하느님의 부르심 이고나.'라는 것에 생각이 이르자 어렵긴 하겠지만 '해 보자.'라는 결심이 생겨 직접 회사 운영에 나섰다.

시간이 지나면서 2018년 3월에는 야간경비 용역 거래처가 65개소로 늘었고, 전기 안전 대행 거래처도 70여 개소로 늘어나 안정을 찾아갔다. 그러나 용역으로 해결하던 야간경비가 2018년 8월 말 학교 직고용제로 바뀌면서 거래처가 거의 다 해지 되었다. 지금은 전기 안전 대행 거래처만 120여 개소를 확보하여, 전기기사 9명을 고용하여 회사를 운영하고 있다.

사정이 이렇다 보니 내가 회사 대표이면서 보수라고는 차량 운행에 따른 유류값 정도만 받고 기사들의 생업을 전적으로 책임지는 상황이 되었다.

이 같은 상황에서 참으로 다행스러운 것은 회사를 살리는 일은 거래처인 학교에 우리가 헌신적으로 양질의 서비스를 제공하는 것이라며, 기사들 스스로 다짐을 하며 성실히 일하고 있다는 사실이다.

나 또한 나에 대한 신뢰심을 바탕으로 거래처로 연결해 준 교장 선생님의 배려를 생각하여, 1년에 전 후반기에 한 번씩 학교를 방문하여 기사들의 근무 상황을 점검하였다. 내가 몸 담았던 학교를 도와주라는 주님의 부르심에 소홀함이 없도록 노력하면서, 아울러 80세를 넘기고도 일자리를 갖고 활동할 수 있도록 기회를 제공해 주신 하느님께 감사를 드리며 기쁨의 삶을 살아가고 있다.

제9부 대종회 일을 맡다

1. 충주 양씨 대종회 회장을 맡다.
2. 6파 대종회장 모임에 참여하다.
3. 비상 대책 위원장을 맡아 사태 수습
4. 대동보 편찬 위원장이어서 겪게 된
   어처구니없는 일
5. 중앙종친회 수석부회장의 중임을 맡다

제9부 대종회 일을 맡다

1. 충주 양씨 종회 회장을 맡다.

유•소년기에 조상숭배는 설과 추석 때 집에 가족들이 모여 차례를 지내는 것과, 가을에 뒷동산에 있는 세 곳 산소에 올라 종원(宗員)들이 모여 시제를 지내는 것이 전부였다. 자라나는 세대들을 대상으로 선조 님들에 대한 함자(銜字)나 삶의 행적에 대해 들려주어 뿌리 교육을 하는 예를 들어본 경험이 없다. 그러니 고향이 충주이고 충주 양씨이면서 나의 뿌리에 대해 아는 바가 없었다.

15대조 유정(柳亭)공 할아버지 효자각(孝子閣)이 고향마을에 있는데도, 아버지나 삼촌 또는 친척 어른들에게서 효자각에 대한 안내를 들어본 기억이 없으니, 정자가 누구의 것이고 어떤 내력을 지니고 있는지 전연 알지 못하였다. 마을 사람들이 지칭하는 이름인 정문(旌門)이 있다는 사실만 알고 있을 뿐이었다.
상황이 이렇다 보니 중시조가 누구이며 산소가 어디에 있는지 모르고 살았다.

나이가 들면서 나의 뿌리에 대해 궁금한 마음이 들었고, 1973년에 만들어진 예성 양씨 족보가 손에 들어와 이를 통해 뿌리에 대해 어렴풋이나마 알게 되었다. 그 후 1993년으로 기억되는데 중시조 할아버지 시제(時祭) 날인 음력 10월 초하루 날이 마침 일요일이어서, 처음으로 시제에 참석해 보려고 스스로 길을 나섰다. 충주시 엄정면 신만리 산소를 찾았다. 중시조 능(能)자 길(吉)자 할아버지 산소와, 15대 유정공(柳亭公) 여(汝)자 공(恭)자 할아버지 산소가 위아래로 모셔져 있어, 산소에서 모시는 제향(祭享)에 처음으로 참여하는 경험을 하게 되어 감회가 새로웠다.

시제에 처음 참석해 보니 연세 드신 어르신 열 명 남짓 참례해 제향을 모시고 있고, 젊은이는 한 사람도 없어 분위기가 썰렁했다. 제향을 마치고 점심 식사하는 자리에서 내가 제향 날짜를 젊은이들과 청소년들이 참례할 수 있도록 일요일로 바꾸면 어떻겠느냐?는 제안을 했다. 처음 제향에 참례하여 당돌한 제안을 하니, 어르신들이 10월 초하룻날 제향을 모셔 온 것이 어제오늘 정해진 것이 아니고 오랜 기간 지켜온 전통인데 이를 느닷없이 바꾼다는 것이 말이 되느냐며, 제향 일을 바꾸는 일은 당치않은 생각이라고 반대 의사들을 표했다.
그래서 시제 날짜를 바꿔야 하는 당위성을 설명했다. 시제 날 조상님께 제향을 모시는 것에 초점을 맞춘다면 참여 인원이 적던 많던 상관이 없겠지만, 시제 제향을 모시는 자리가 자라나는 후손들에게 뿌리 교육을 하는 장으로 자리매김이 되도록 하려면, 직장생활 때문에 또 학교에

등교로 인해 참석하지 못하는 젊은이와 학생들이, 시간 제약을 받지 않고 시제에 참여할 수 있게 일요일로 옮기는 것이 더 합리적일 것이라고 강조했다.

 나의 설명을 듣고는 어르신들의 반응이 시제를 일요일로 옮기는 것이 좋겠다는 긍정적인 방향으로 바뀌었다. 그리하여 충주 양씨 중시조 제향은 음력 10월 초하루가 들어있는 주 일요일로 옮겨 봉행하게 되었다. 이렇게 해서 시제일이 바뀐 후 다음 해부터 봉행하는 시제에는 젊은이와 학생들이 참여하게 되어 제관들이 3, 40명으로 늘어 활기(活氣)가 돌았다.
종원 중에는 내 윗대(30대)인 기(基)자 항렬이 신 분도 몇 분 있었지만, 1994년 3월 4일 종회 임원 선거에서 나를 회장으로 선임하여 충주 양씨 종회 회장의 중임을 맡게 되었다. 종회 참여가 일천 하였던 터라 당혹스럽기도 했지만, 종회의 활성화를 위해 미력하나마 열심히 일하기로 스스로 다짐했다.

 회장으로 재임 중 추진했던 일이 1대부터 22대까지 아우르는 숭모비(崇慕碑)를 건립한 일이다. 선대 조상님들의 묘가 실전(失傳)되어 찾을 수가 없고, 따라서 시제를 모실 수도 없어 숭모비를 건립하여 중시조 시제 모시는 날 함께 제향을 올렸다.
제향에 참여한 종원들에게 숭모비를 통해 선대 조상에 관한 이야기를 들려줌으로써, 자신의 가계(家系)에 관심을 가지게 하고, 아울러 뿌리에 대한 자긍심을 심어주고자 해서 추진하였던 것이었다.
다음으로 추진한 일이 중시조 산소와 유정공 산소에 대한 문화재 지정 신청이다. 중시조 산소는 고려 초에 조성된 것으로 원형이 보전되어 있어, 문화재로서의 가치가 충분하다고 생각되기 때문이었다. 2011년 9월에 문화제 지정신청을 한 결과, 2012년 1월 6일 충청북도지사로부터 충청북도 기념물 제153호 문화재로 지정되었음을 통보받았다.

 중시조 산소를 문화재로 지정받으니 충주시청이 보전하는 일을 맡게 되었다. 묘소 조성연대가 오래되어 호안석이 부스러져 내려 원형이 소실되어 가고 있어, 2017년 5월 시청에 보수를 요청한 결과 보수에 따른 예산을 편성하여 도의 승인을 받았다. 2018년 4월에 공사를 시작하여 7월까지 4개월에 걸쳐 3,000여만 원을 들여 보수를 하여 지금은 깔끔한 모습으로 복원되어 참으로 잘한 일이라 생각된다.
앞으로 할 일은 효자각을 문화재로 지정받는 일과, 충주 양씨만의 족보를 만드는 일이 해결 해야 할 과제로 남아 있다. 이 일도 해내도록 힘쓸 것이다.

2. 6파 대종회장 모임에 참여하다.

 2004년 3월 어느 날 양현만이라는 사람이 가동초등학교 교장실로 전화를 걸어왔다. 충주 양씨 대종회 회장이냐고 묻기에 그렇다고 대답했더니, 나를 찾기 위해 여러 곳에 수소문하고, 충주의 양씨 종친회 회장에게 연락하는 등 오랜 노력 끝에 비로소 찾게 되었다며 반가워하였다.

그러면서 양씨 6파 대종회를 조직하려 하니 참여해 달라는 당부를 하였다. 만나자는 날짜에 용산구 갈월동에 있는 병부공 사무실을 찾아갔다. 모두 여섯 사람이 모였는데, 멀리는 제주도를 비롯하여 진해, 광주, 남원, 서울 등 전국에서 회의에 참석하기 위해 모인 것이었다. 모임에 참석한 사람은 병부공, 용성군, 대방군, 한라군, 성주공 회장님들이셨고, 충주 양씨 예성군 회장으로 내가 참여하면서 6파 대종회가 비로써 결성되었던 것이었다.

6파 대종회장 모임을 결성하게 된 배경은, 양씨 중앙종친회를 이끌어 가고 있는 양재권 회장이 너무 독단적으로 종친회를 이끌어 가고 있어, 보다 합리적으로 종친회를 운영할 수 있도록 6파 대종회장 단에서 의견을 개진하고, 독단적인 운영을 지양토록 하기 위한 견제 세력이 있어야 하겠다는 판단에서였다.
하지만 6파 대종회가 중앙종친회 운영에 순기능으로 작용하는 역량을 발휘하는 데에는 한계가 있었다. 모임에 참여하면서 양씨가 본관이 남원, 제주, 충주 셋으로 나뉘어 있고, 남원양씨는 병부공, 용성군, 대방군 세 파로, 제주양씨는 성주공, 유격공 두 파로, 충주양씨는 예성군 파로 분파되어 있음을 처음 알게 되었다.

또 이렇게 6파 대종회장이 한자리에 모이는 회합에 참여하면서, 나는 양씨 중앙종친회의 존재에 대해 알게 되었다. 서소문로 삼영 빌딩에 있는 중앙종친회 사무실을 드나들게 되면서 재권 회장으로부터 부회장 임명도 받았다. 나의 6파 대종회장단 회의 참석이 연결고리가 되어, 충주 양씨가 비로써 양씨 중앙종친회에 연결되는 계기가 만들어지게 된 것이었다.
이뿐만 아니라 제주도 삼성혈에서 봉행 되는 춘계 제례(매년 4월 10일)에 참여하는 기회가 열렸고, 내물왕 18년 신라에 입조(入朝)하여 개양위양(改良爲梁) 하신 탕(宕) 성조를 모신 건승원(乾承原) 광덕전(廣德殿 : 제주시 애월읍 소재)에서 봉행 되는 2005년 4월 11일 춘계 제례 때에는, 아헌관으로 참여하여 금관조복(金冠朝服)을 하고 제례를 봉행하는 경험도 하게 되었다.

3. 비상대책 위원장을 맡아 사태 수습.

2011년 4월 중앙종친회 재권 회장이 작고하면서 회장 자리가 공석이 되는 사태가 생겼다.
이리되면 상임 부회장이 사태를 수습하기 위해 나서야 했다. 사태를 수습하려는 기미가 보이지 않았고, 사무총장도 옆으로 비켜서 있으면서 오불관언(吾不關焉)이었다. 상황이 이렇게 되니 사태 수습을 위한 모임이 꾸려지고, 몇 차례 회의를 거쳐서 비상대책위원회가 발족 되었다.
중앙종친회 부회장을 역임한 경력이 있고, 재력도 있는 영철을 비대위원장으로 추대하자는 제안이 있었으나, 한사코 사양해 성사가 되지 않았고 6월 3일 내가 비대위원장으로 추대를 받았다. 2005년 2월 말 정년퇴직을 하여 시간적으로도 여유가 있었고, 종친회를 위하여 작은 힘이나마 기여해 보자는 순수한 마음으로 승낙했다.

같이 일할 사람으로 전에 사무총장 직함도 가지고 있었고, 종친회를 위한 일이라면 자신이 제일 열심이라는 자긍심을 가지고 있는 현만을 앞장세웠다. 비대위원이 먼저 해야 할 일이 임차해서 사용하고 있는 서초동의 사무실을 비워주는 일이었다.

그리하여 오랫동안 중앙종친회 사무실로 쓰이던 서소문로에 있는 삼영 빌딩을 방문하여 사정을 이야기하고 방을 빌려달라고 도움을 요청하였더니 기꺼이 응해주는 것이었다. 날짜를 정하여 현만과 둘이 삼영 빌딩 902호로 사무실을 옮겼다.

회계서류도 인계받은 것이 없어 재정 상황이 0인 상황에서 사무실 임차에 필요한 보증금 1,200만 원은 6파에서 각 200만 원씩 거출 해서 지출하는 방안으로 가닥을 잡아 처리하였다.

종회 운영에 소요되는 비용은 집행부가 구성되면 새로 조직된 집행부에서 해결 방안을 모색하기로 논의가 되었다.

비대위원 회의를 거듭하면서 회장으로 추대할 분을 물색하는 과정에 영철을 회장으로 옹립해 보자는 의견으로 집약되었다. 그 배경은 영철이 중앙종친회 부회장을 한 바 있고, 사업을 하여 재력도 겸비하여 어려움에 직면한 종친회의 활로를 찾아가는데 적임자가 될 것이라는 판단을 하였기 때문이었다.

비대위원회에서 집약된 의견을 영철에게 통보하였더니, 비대위원장 옹립 때는 극구 사양하던 사람이 너무도 쉽게 수락 의사를 밝혀왔다. 자신이 회장에 취임하면 중앙종친회의 활성화를 위해 5,000만 원을 헌성(獻誠)하겠다는 의사도 밝혀, 비대위원 모두는 쌍수를 들어 환영하며 영철을 중앙종친회 회장으로 추대하였다.

영철이 회장으로 선임되면서, 무주공산(無主空山) 사태를 수습하기 위해 내게 맡겨졌던 비상대책 위원장의 임무는 2011년 12월 7일 성공적으로 매듭이 지어지게 되었다.

4. 대동보 편찬 위원장이어서 겪게 된 어처구니없는 일

신임 회장에 취임한 후 본인이 언급한 대로 종친회의 발전을 위한 기금으로 내놓겠다고 한 5,000만 원을 헌성했는데, 종친회 통장에 돈을 입금하지 않고 3,000만 원 입금 통장과 2,000만 원 입금 통장을 만들어 자신이 소지하고 있었다.

3,000만 원은 자신의 활동비로 지출하는 돈으로, 2,000만 원은 종친회 용도로 사용하되, 통장과 카드를 자신이 관리하면서 필요한 금액만 사무실로 송금해서 지출할 수 있도록 통제를 가했다. 그러다 보니 종친회 운영에 자율성이 보장되지 못했고 운영이 원활하지도 못했다. 그리고 1979년(기미년)에 대동보를 편찬한 후 1세대가 경과 한 후여서, 대동보 편찬을 역점 사업으로 추진하겠다며, 나에게 대동보 편찬 위원장을 맡아달라고 제안을 해왔다. 미력하지만 종회 발전을 위해 도움이 되겠다는 생각으로 수락하였더니, 2012년 11월 20일 나를 위원장으로, 4명을 위원으로 팀을 편성하고 임명했다.

다른 한편으로는 신문에 대동보 편찬을 공고하는 등 적극적으로 추진하는 듯하였다.

그러면서 편찬위원들이 일할 수 있는 여건을 만들어 주지 않아, 활동을 할 수 있는 여건을 만들어 달라고 채근했더니 200만 원을 활동비로 전해 주었다.
전해 받은 활동비 200만 원을 내 이름으로 국민은행에 계좌를 개설하고 입금했더니, 개인 명의로 통장을 개설했다고 못 마땅해 하며 불만을 토로하는 것이었다.
그러더니 회장의 뜻에 따라주지 않는다고, 2013년 2월 13일 편찬위원들 모두를 해임했다. 예서 그치지 않고 2013년 7월 23일에는 황당하게도 편찬위원들을 걸어 '업무방해' '명예훼손'과 함께 3,600만 원 손해배상청구 소송을 제기했다.
손해 배상 청구 금액 3,600만 원은 어처구니없게도 편찬위원 공동명의로 전국의 임원, 대의원, 종친들에게, 회장의 부당한 처사를 알리는 서신 발송으로 인해 2013년도 회비 입금 실적이 저조하여, 회장이 대동보 편찬 사업을 위하여 기채(起債)한 돈을 변제(辨濟)할 수 없게 되었다며, 3,600만 원을 변제하라는 너무나도 기상천외하고 황당무계한 주장을 하였다.

편찬위원들은 이 같은 황당한 주장에 앉아서 당할 수만은 없다는 생각에서 공동명의로 회장을 피신청인으로 '직무 집행 정지 및 대행자 선임 가처분'을 청구하는 '신청 취지 변경 신청'을, 2013년 9월 11일 제기하게 된 것이다.
이처럼 송사가 진행되는 과정에 '업무방해'와 '명예훼손' 피의사건에 대해 각하 처분이 내려지자 회장은 소송에 승산이 없다고 판단하였는지, 2013년 10월 3일에는 회장 사임서를, 10월 4일에는 소 취하서를 제출하였다.
우리가 제기한 '직무 집행 정지 및 대행자 선임 가처분'을 청구하는 '신청 취지 변경 신청'은 회장이 사임서를 제출하여, 현 직위에 있지 않음으로 2013년 12월 5일 기각결정 처분을 받음으로써 편찬위원들이 제기한 송사는 마무리가 되었다.

송사로 인해 어이없게도 생전 처음 법원을 드나드는 고초를 겪으면서, 세상 살다 보면 예기치 못한 일로 어처구니 없는 일로 겪게 되는 경우도 있음을 실감하였다.

5. 중앙종친회 수석부회장 중임을 맡다.

송사가 매듭이 지어지기 전이었지만, 회장과 수석부회장이 이미 사표를 제출해 양씨 중앙종친회는 말 그대로 무주공산(無主空山)인 상황이 되었다. 이를 비상 상황이라 판단하고 수습 방안을 모색하기 위해 육파(六派) 대종회장님과 제소되었던 6명, 그리고 시, 도 종친회 회장님이 참여하는 15인 내외의 인원으로 2013년 10월 7일(월) 양씨 중앙종친회 정상화를 위한 비상대책위원회를 운영하기로 의견을 모았고, 내가 또 비상 대책 위원장에 선임이 되었다.

이에 근거하여 2014년 1월 10일(금) 11:00 시에 한국 YMCA 연합회 회의실에서, 용해 고문님과 6파(六派) 대종회장님, 지역 회장님 여섯 분(세분은 위임), 제소 당사자였던 다섯 분, 양정성, 양성호 교수 등 20명이 참석한 가운데 중앙종친회 정상화를 위한 비상대책위원회를 개최하였다.

비상대책위원회에서 결의된 사항은 덕망을 겸비한 적임자를 회장으로 추대하기로 하고, 2014년 2월 25일(화) 11:00 시에 용산역 용사의 집에서 총회를 소집하여 회장을 선임하고 회칙을 개정하여 중앙종친회를 정상화하기로 한 것이었다.

 이런 과정을 거쳐 2014년 2월 25일에 소집된 총회는 219명(위임 93명)이 참석한 가운데, 석승님을 회장으로 나를 수석 부회장으로 선임하여 조직을 정비함으로써, 지금까지 혼란에 휩싸였던 분위기를 일신하고, 서울시 중구 세종대로 28 성원빌딩 1103-1호를 임대하여 사무실을 꾸리고, 임기 3년의 양씨 중앙종친회가 정상화의 새출발을 하게 된 것이다.
하지만 영철 회장 편에 섰던 병부공 파 회장 현만이 새로 출범한 중앙종친회에 합류하지 않고, 우리가 총회를 한 2월 25일보다 하루 전인 24일 대전에서 종원 22명을 소집 재길을 중앙종친회 회장으로 선임하였다. 그리고는 재빠르게 남대문 세무서에 등록신청을 하고, 자신들이 중앙종친회의 정통성을 계승하게 되었다며 분파 작용을 획책하여 중앙종친회가 양립하는 상황을 만들어 갔던 것이다.

 이처럼 둘로 갈라진 종친회를 정상화하는 길은 종원 수가 가장 많은 병부공 종회에 20여 년을 참여하면서, 8년여를 회장으로 버티고 있는 현만을 회장에서 내치는 길이 최선이라 생각되었다. 사전에 종원들의 의견을 취합하여 2017년 11월 20일 병부공 중시조 능양(能讓) 선조님 시제 때, 회장을 교체하는 작업을 성공적으로 실행함으로써 비로써 6파 대종회장이 참여하는 회의체를 구성할 수 있게 되어, 둘로 갈라졌던 대종회가 하나로 합쳐지는 전기를 마련할 수 있게 된 것이다.
이로써 6파 대종회장과 원로들을 모시고 중앙종친회의 정상화를 위한 의견을 모아, 2018년 5월 14일 성북구 아리랑 호텔에서 총회를 개최하여, 종회 명칭도 양씨 중앙대종회로 개명하기로 하고 중흥을 위한 새로운 출범을 힘차게 내딛게 되었다.

 나는 양씨 중앙대종회가 새롭게 출범하는 총회 때 병원을 들락날락 하느라 참석을 하지 못했지만, 2004년 충주 양씨 예성군파 대종회장이라는 지위를 가지고 처음으로 양씨 중앙종친회에 발을 들여놓은 후로, 15년이 넘는 기간 동안 혼미를 거듭하는 격랑의 소용돌이 속에서 비상대책위원장을 두 번이나 역임하였다.
종회 운영의 중심에 서 있었던 일로 인해, 상임부회장 직함을 가지고 또다시 중앙대종회 운영의 중심에 설 수밖에 없게 되었다.
이처럼 오랜 기간을 종회에 참여하며 작은 힘이나마 종회를 위해 봉사를 할 수 있었음에 보람을 느낄 때도 있었고, 한편으로 회의를 느낄 때도 있었지만, 종회를 위한 마지막 봉사로 생각하고 이번 회기까지는 맡겨진 소임을 다하기 위해 노력하기로 다짐하였다.

제10부 인생 이모작

1. Good Neighbors 교육자문위원을 위촉 받다
2. 삼락시스템 홍보위원으로
3. 행복안전시스템 CEO가 되다

제10부 인생 이모작

1. Good Neighbors 교육자문위원으로

　강동교육청 초등교육과장으로 재직 중인 2001년 4월 어느 날 면식이 없는 젊은 여자분이 내 방으로 뚜벅뚜벅 걸어 들어왔다. 의자를 권해서 앉게 한 다음 마주 앉으니 "과장님, 좀 도와주십시오"하며 호소하는 것이었다. "내 힘으로 도와드릴 상황이 되는지 이야기나 한번 들어봅시다." 하였더니 "저는 이웃사랑회(Good Neighbors) 직원 홍선교라고 합니다.
　서울시교육청 사회체육교육과에서 일선 학교로 공문을 시행하였다기에 학교를 방문했더니, 학교에서는 시행된 공문의 내용을 감감 모르고 있는 상황 이어서, 어찌하면 좋을지 몰라 과장님께 도움을 요청하러 왔습니다."
　"저희들이 학교의 협조를 받아 4월 초에 어린이들에게 저금통을 나누어 주고, 1개월 정도 기간이 경과 한 후 그 저금통을 수합 하여 모여진 돈으로, 국내외 어려운 이웃에게 도움을 드리는 사업을 하는데, 상황이 이러니 학교의 협조를 받기가 매우 어려울 것 같아 과장님께서 도와주셔야 하겠기에 염치 불고하고 말씀드리는 것입니다."

　이야기를 듣고 보니 참으로 딱하다는 생각이 들었다. 이웃사랑회는 유엔경제사회이사회의 승인을 받은 우리나라 유일의 NGO 단체인데, 협조가 필요한 학교에서 공문이 시행된 사실도 기억하지 못하다니 난감한 일이라 아니할 수 없었다.
　학교에서는 시행된 공문이 초등교육과에서 발송한 공문이 아니다 보니, 공람해 버리고는 신경을 쓰지 않았던 것이라 여겨졌다. 이야기를 듣고 못 들은체할 수도 없는 일이라 생각되어 "고민을 해 보겠습니다."라고 말하고는 이웃사랑회(Good Neighbors) 직원을 돌려보냈다.

　그 후 어떻게 하면 내 위치에서 도움을 줄 수있는 방법이 있을까 고민한 끝에, 강동교육청 관내 초등학교 교장회 회장님에게, 지구대표 교장회의 시 이웃사랑회 사업을 도와줄 수 있도록 홍보를 해 달라고 부탁을 드렸다.
　학교와 연결이 되어 도움이 되었으면 좋겠다는 기대를 하면서…….
　그러고는 잊고 지냈다. 그런데 6월 말쯤 홍선교님이 또 찾아왔다. 나는 이번에는 또 무슨 도움을 요청하려나 하고 긴장해 있는데, 고맙다는 인사 말씀드리려고 왔다는 것이었다. '지난번에 내가 연결해 줘서 크게 도움이 됐다.'며 감사를 드린다는 것이었다. 나는 "도움이 되었다니 다행입니다."라고 답했다. 그랬더니 홍선교님이 하는 말이 "과장님 혹시 방글라데시 한번 방문하시지 않으시겠어요?." 하고 나의 의사를 타진하는 것이었다.

나는 예기치 못한 질문에 어리둥절하며 "방글라데시를 가고 싶다면 아무나 갈 수 있나요?." 하면서 생뚱맞은 질문을 하는 것으로 여겨버리고 가볍게 생각했다. "제가 한번 신경을 써 보겠습니다."
 홍선교님은 너무도 쉽게 말을 건네고는, 고맙다는 인사를 다시 한번하고 헤어졌다. 홍선교 님의 제안이 있었지만, 방글라데시는 후진국일 뿐 아니라 즐겨 찾는 여행지도 아니어서 별 관심 없이 잊고 있었다.

 강동교육청 초등교육과장으로 2년 근무를 한 나는, 순환근무 명을 받아 2001년 9월 1일 서울특별시 교육과학연구원(남산의 옛 어린이회관 건물)으로 자리를 옮겨, 교육기획연구부장 직무를 맡아 근무하고 있는 중 이었다. 그런데 9월 5일 느닷없이 방글라데시를 방문하게 되었다고 홍선교님이 통보해 오는 것이었다.
방글라데시 방문단은 전국에서 이웃사랑회(Good Neighbors)가 펼치는 사업에, 적극적으로 지원을 해 준 인사 10명을 선발하여 꾸려졌고, 9월 18일(화)부터 23일(일)까지 5박 6일 동안 다녀오게 되었다. 아래 내용은 방글라데시를 방문하고 그에 대한 소감문을 이웃사랑회(Good Neighbors)에 제출한 내용이다.

(1) 가난한 이웃에게 사랑의 손길을!

 한국 이웃사랑회(Good Neighbors)에서 주관한 '2001 방글라데시 Study Tour' 단의 일원으로 9월 18일(화)부터 23일(일)까지 5박 6일간 방글라데시를 방문하는 기회를 맞게 되었다.

* **2001 Study Tour 참가자 명단**

연번	성 명	소 속	연번	성 명	소 속
1	이종락	인천 부원초등학교장	6	박정자	서울 잠신초등학교장
2	정근진	인천지부 간사	7	양종구	서울교육과학연구원교육기획연구부장
3	김현모	울산 옥현초등학교장	8	최세연	ING 생명보험
4	이세락	구미 형곡초등학교장	9	남기충	인천교육청 초등교육과 장학관
5	임호길	서울 구의초등학교장	10	성미화	자원개발국 간사

 이웃사랑회에서 8년째 계속해서 추진하고 있는 한 끼의 금식(禁食)으로 마련한 식대를 지구촌의 굶주리는 이웃을 위해 값있게 쓰자는 취지에서 전개하고 있는, '사랑의 굶기 운동'을 통한 동전 모으기에 일조했다며, 이웃사랑회 동부지소 홍선교 소장님이 추천해 주시어 영예의 기회를 얻게 된 것이다.
단원의 한 사람으로 선정되었다는 통보를 받고, 미지의 땅을 밟아볼 수 있다는 기대감도 없지 않았으나, 미국 뉴욕의 WTC 건물과 워싱턴의 펜타곤에 대한 폭탄테러로 언제 테러와의 전쟁이 벌어질지 모르는 불안한 상황에서, 가야 하나, 말아야 하나 많은 고민이 되었다.
그러나 Study Tour 프로그램의 취지가, 사랑의 굶기 운동을 통해서 모여진 성금이 값있게 사용되는 현장을 확인해 보고, 소외된 이웃들의 아픔과 고통을 직접 체험하고 느껴보기 위해서 마련한 것이니만큼, 참여하는 것이 좋겠다는 판단이 서 기꺼운 마음으로 합류하게 되었다.

 우리들 Study Tour 단원들의 방글라데시 방문은, 다카 공항에 도착하자마자 미리 나와 기다리시던 이웃사랑회 방글라데시 지부 이득수 지부장님의 따뜻한 환영으로부터 시작되었다.
방글라데시! 비행기를 타고 내려다보면서 걸었던, 미지의 땅에 대한 기대는 수도인 다카 공항에 내리면서부터 무너져 내렸다. 가는 곳마다 넘쳐나는 사람들, 그 많은 사람들의 행색에서 과연 이 나라가 말 그대로 세계 최빈국이구나 하고 직감할 수 있었다.
어른, 아이 할 것 없이 맨발로 다니는 사람이 태반이었고, 상의를 입지 못한 사람 또한 마찬가지였다. 거리를 달리는 버스는 우리나라의 폐차장에서나 볼 수 있는 수준으로 낡아 있었고, 아직도 '릭샤'라는 삼륜 자전거가 대중교통 수단으로 거리를 달리고 있었다. 15, 6세쯤으로 보이는 나이 어린 젊은이가 세 사람의 탑승자를 태우고 힘에 버거워 애를 쓰며 달려가는 모습에서 삶의 고달픔을 직감할 수 있었다.

 사람이 사는 곳이면 거리마다 넘쳐나는 쓰레기들, 우리나라의 축사 수준만도 못한 열악한 주거환경에서 살아가는 사람들, 제대로 먹지 못해 발육이 늦어 왜소하고 깡마른 이곳 방글라데시 사람들이고 보니, 질병으로 인한 사망률이 높을 수밖에 없는 것도 당연한 결과였다.
마침 선거철 이어서 거리에서 벽보를 볼 수 있었는데, 벽보에 벼 이삭, 나룻배, 시계 등이 그려져 있어 그것이 무엇을 의미하느냐고 질문했더니, 문맹률이 높아 글자를 몰라서 상징하는 그림을 보고, 투표 대상자를 선정하라는 기호의 의미라고 했다. 이처럼 의식 수준이 낮은 국민이다 보니, 삶의 질을 향상하려는 몸짓은 기대하기 어려운 상황이라는 생각이 든다.

 우리들 Study Tour 단원 일행은 이득수 지부장님의 안내를 받아, 이웃사랑회의 지원을 받아 운영되고 있는 초등학교와 빈민 모자보호센터, 농업개발 사업장, 빈민가 급식 분배 현장, 사랑의 집 학사(學舍)를 둘러보는 기회를 가졌다. 19일 밧다라 빈민 초등학교를 방문했다.
다카 시내에 있는 밧다라 초등학교는 '72년에 우리나라 정선균 선교사가 설립 운영하던 학교였으나, 설립자가 다른 곳으로 이동하자 폐교 기로에 처한 학교를 '96년 Good Neighbors에서 인수 운영하는 학교로, 10명의 선생님이 400 여 명의 학생들을 교육하고 있었다. 빈민가에 위치하여 학교 환경이 열악한 중에도 열성으로 학생들을 가르치려는 교사들의 사명감이 돋보였고, 초롱초롱한 학생들의 눈빛에서 희망을 읽을 수 있었다.

 20일에 둘러본 탕가일의 가타일 초등학교는 전형적인 농촌지역에 자리 잡고 있는데, 학교가 없어 다니는 일을 포기할 수밖에 없는 지역주민들의 애로사항을 확인하고, Good Neighbors에서 마을의 지도자들과 의논한 끝에 설립한 학교로, '98년에 학교를 열어 7명의 교사가 348명 학생을 가르치고 있었다.
초등학교 교육은 유치부 1학년과, 초등부 1학년부터 5학년까지 6개 학년을 운영하고 있다.
 방글라데시 초등학교 교육과정에는 없는 도덕, 체육, 음악 등의 교과를 별도로 지도하여 시민의식 교육과, 건강 및 정서교육을 통해 올바른 인성 함양을 위해서 힘쓰고 있는 한편,

교사들의 자질 함양을 위한 세미나 지원, 도서관 운영 및 운동회 발표회를 통한 어린이들의 심성 계발에 초점을 맞추어 교육활동을 전개하고 있었다.

오후에 참관한 사라간지 농촌개발 사업은 청소년 훈련 프로그램을 만들어 가축 사육, 농작물 재배, 양어 등의 영농 기술과 저축 운동, 부엌 구조개선을 통한 생활환경 가꾸기, 지역 의료보험 제도 운영 등으로 소득사업과 함께 환경개선 사업을 펼쳐 자립정신을 고취하기 위해 힘 쓰고 있었다.
21일에 방문한 도시빈민 모자보호센터는 굴산 지역에 세 곳을 설치하여 60여 명의 영·유아를 보호하고 있고, 밀뿔 지역에는 다섯 곳을 설치하여 150여 명의 영·유아들을 보호하고 있었다.
 어린이들의 영양실조를 극복하기 위한 급식, 의료검진 및 보건교육은 물론 보호하고 있는 어린이들 부모에 대한 문맹 퇴치 교육, 자립을 위한 기술교육 등을 실시하여 주민들의 환영을 받고 있었다.

 사라간지에서 벌이고 있는 농촌개발 사업은 청소년 훈련 프로그램을 만들어 가축 사육, 농작물 재배, 양어 등의 영농 기술과 저축 운동, 부엌 구조개선을 통한 생활환경 가꾸기, 지역 의료보험 제도 운영 등으로 소득사업과 함께 환경개선 사업을 펼쳐 자립정신을 고취하려고 힘 쓰고 있었다.
사랑의 집 학사는 초등학교를 졸업하고 중학교 진학을 하지 못한 학생들 40여 명에게 중학 진학의 기회를 열어 주고, Hostel에 기숙하면서 투철한 의식교육으로 사회 지도자가 갖추어야 할 자질을 함양하기 위해 노력하고 있었다.

 방글라데시 사업장을 살펴보면서 21세기를 살아가는 현재에도 절대 빈곤으로 귀중한 생명들이, 사람으로서의 최소한의 삶도 영위하지 못하는 가난한 이웃이 있다는 사실에 가슴이 아팠다.
이들 가난한 이웃을 위해 우리가 조금만 관심을 기울여 이웃사랑을 위한 성금 모으기에 동참하면, 질병과 기아에 허덕이는 가난한 이웃들에게 희망과 용기를 준다는 사실을 확인하는 소중한 체험을 하게 됐다.
그리고 이역만리 열악한 환경에서도 사랑의 실천으로 가난한 이웃에게 꿈과 희망을 심어주고 계신, 이웃사랑회의 방글라데시 지부 이득수 지부장님과 관계관 여러분의 숭고한 희생에 머리를 숙여 감사함을 표한다.

(2) 평양 방문기

 평양, 가깝고도 먼 거리, 아무나 가볼 수 없는 그곳을 방문하는 기회가 내게 주어졌다.
2001년에 Good Neighbors와 맺은 인연으로 해서, 퇴직 후에도 교육전문위원으로 위촉을 받아 동전 모으기 운동에 앞장서 Good Neighbors와 학교를 연결해 주는 일에 동참하였더니, 2008년 북한 사업장을 돌아보기 위해 마련한 3박 4일의 방북 기회에, 나를 일원으로 참여할 수 있도록 배려를 해주었기에 흔하지 않은 평양 방문의 기회가 내게 열렸다.

북한을 방문하려면 통일부의 승인이 있어야 한다며, 통일 연수원에서 시행하는 방북 교육을 받으라는 안내를 받고 수유리에 있는 연수원에서 교육을 받았다.
200여 명을 대상으로 한 교육 내용은 우리나라의 통일 정책, 대북사업 등에 대한 개괄적인 안내와 북한을 방문할 때 지켜야 할 안전 수칙에 초점을 맞춰 교육을 시행하였다.
사진기는 디지털 카메라만 지참이 가능하며, 사진 촬영은 한정된 곳에서만 허용되고, 정치적인 대화나 체제에 관한 대화는 삼갈 것과, 인솔 단의 안내에 성실하게 협조해달라는 내용이었다.
방북 교육을 수료하면 북한방문 승인증이 주최 측을 통해 교부된다고 했다.

6월 18일 북한방문 첫날, 잠을 설치며 이른 아침부터 서둘러 8시에 김포공항 국제선 아시아나항공 발권장에 도착하니, 많은 인사들이 벌써 도착해 있었다. 전국 각지에서 모여든 140명의 방북단원 중 북한을 처음 방문하는 사람들은 그 표정에서 설렘과 긴장됨을 읽을 수 있었다.

08:30분 한곳에 모여 이름표, 방북증(證), 비행기 티켓을 받고, 탑승 시 주의 사항, 유의 사항을 안내 받았는데, 유의 사항은 '방북 행사 후 김포공항 도착 시 북한 책자, 잡지, 신문 등 서적류와 CD, 테이프 등은 관세법에 따라 압수, 또는 유치 예정이므로 반입을 금지하오니 적극 협조 바랍니다.' 라는 내용이었다. 남북 분단으로 인해 아직도 넘어야 할 산이 남아 있음을 실감하게 했다.
방북 시 항공기는 북한의 고려항공을 이용하는 관계로, 김포공항에 고려항공 연락 사무소가 없어 아시아나 항공에서 출국 수속을 대행하여 주었다.

08:30부터 화물을 탁송하고 09:30에 출국장 앞에서 기념 촬영을 한 후 09:50부터 탑승 수속을 밟았는데, 기내 탑승은 비행기 탑승 티켓을 들고 자유롭게 정해진 시간 내에 탑승하는 것이 아니라, 기내 뒷좌석 번호부터 순서대로 북한 승무원들이 일일이 사진과 실물을 대조한 후에야 기내 탑승이 이루어졌다.
비행기는 10:00 이륙하여 평양으로 향했다. 외국 여행을 많이 하지는 못했지만, 국외 여행을 할 때는 주로 대한항공, 아시아나 항공 등 국적기(國籍機)를 이용하다가, 고려항공을 탑승하게 되니 몸에 맞지 않은 옷을 입은 양 무엇인가 마음이 개운치 않았다. 비행기의 창틈을 통해 올라오는 증기와 함께, 새어 들어오는 오일 냄새로 인해 속이 메스껍고 찝찝한 기분까지 들었다.

기내 서비스는 음료수, 북한 선전 책자, 로동신문을 나누어 주는 것으로 한정됐는데, 책자는 인쇄 기술이 뒤떨어져 색상의 선명성이나 색도 등에서 우리나라 것과는 비교가 되지 않았고, 로동신문에는 우리나라에서 벌어지고 있는 촛불집회에 대해 찬양 고무 일변도로 표현하여 쓴웃음을 자아내게 했다.

비행기는 11:19 순안비행장에 도착했다.
비행장은 김포공항, 인천공항을 이, 착륙하면서 내려다볼 때 깔끔하게 느껴졌던 느낌보다는 허술하고 세련 되지 못함이 여실히 드러나 있었다. 공항 청사 역시 우리나라 지방 공항 수준보다도 규모가 작고 허름해 보여서 수준 차를 느끼지 않을 수 없었다. 딱히 특징을 찾는다면, 김일성 사진이 청사 지붕 가운데 높다랗게 게시되어 있다는 것이 특징이라면 특징일 수 있다 싶었다.

우리 일행은 대기하고 있던 4대의 현대 자동차 버스에 나눠 탔는데, 각 버스마다 북한 요원 네 명이 동승을 하였다. 이들 중 두 명은 민화협(민족 화해 협력위원회) 소속으로 버스의 앞에 승차하고, 두 명은 보위부 소속으로 버스의 맨 뒤 좌석에 승차하였다. 북한 요원 네 명은 알게 모르게 우리 방문단의 일거수일투족을 감시하기 위한 것이었다. 게다가 방북단 인솔 책임자라서 별도의 승용차로 모시는 VIP G·N(Good Neighbors) 이일화 회장 차에도 기사 외에 두 사람이 동승하고 있음을 보니, 기분은 썩 좋을 리 없었고 기가 막히기까지 했으며, 북한 사회의 통제가 얼마나 심한지를 확인시켜 주는 단적인 사례가 될 것이라는 생각이 들었다.

일행은 에스코드를 받으며 평양 시내로 향했다. 차창 밖으로 비추어지는 들판에는 늦은 모내기를 하느라, 못줄에 맞추어 일렬로 늘어선 사람들의 모습이 여기저기에 보였다. 가로수는 다듬어진 모습이라고는 찾아볼 수 없는 키 큰 미루나무들이 늘어서 있었다. 가로수 그늘 밑에는 소들이 매어져 있어, 5, 60년대 한가롭게 풀을 뜯는 소가 있던 우리나라 어디에서나 볼 수 있었던 농촌의 모습을 떠오르게 했다.
하지만 소가 여위어 있어 우리나라 낙농가들이 사육하는 소와는 비교가 되지 않았다. 경작지는 구획정리가 되어 있지 않았고, 기계를 이용한 영농은 생각할 수도 없는 듯했다. 평양에 도착한 이후 일정에 따라 돌아본 곳과 그 표상들을 차례대로 옮겨 본다.

1) 평양 시내의 모습

평양 시내에 진입하자 가장 먼저 눈에 들어오는 것이 노동당 기(旗)였다.
빨간 바탕에 노란색으로 붓을 가운데 세우고, 망치와 낫을 가위표로 만들어 붓에다 포개어 만든 도안을 그려 넣은 노동당 기는, 일정한 간격과 높이로 평양 시내 간선 도로 양옆에 걸려 있었다. 다음은 선전 구호가 건물들을 장식하고 있었다. 김일성 사진이 꼭대기에 걸려 있는 건물에는 예외 없이, '위대한 김일성 수령님께서는 영원히 우리와 함께 계신다.'라는 구호가 게시 되어 있는데, 이는 이미 죽은 김일성이지만 영원히 북한을 통치하는 신과 같은 존재로 북한 주민 모두가 숭상하고 있음을 보여주는 단적인 예라 할 수 있겠다.

김정일에 대한 선전 구호 또한 김일성의 선전 구호에 버금가게 넘쳐났다.
'21세기는 위대한 김정일 장군의 세기로' '21세기의 태양, 김정일 장군 만세' 등 하나같이 김정일을 우상화하는 내용들이었다.
이 외에도 '조선 노동당 만세' '당이 결정하면 우리는 한다.' '결사옹위' 등 선전 구호는 헤아릴 수 없을 만큼 홍수처럼 넘쳐흘렀는데, 구호는 하나같이 붉은 색깔로 써서 시선을 자극하고 있는

가 하면, 글씨체도 거의 획일적인 체로 표현되었다.
꽃 사진(寫眞) 또한 거리를 장식하고 있었는데 하나는 김일성 꽃이고 하나는 김정일 꽃이라고 했다. 학교에 교화(校花) 나라에 국화(國花)가 있듯이, 신처럼 받들어 모시는 지도자인지라 개인 꽃도 정하여 존경심을 불러일으키려 안간힘을 쓰고 있는 듯이 보였다.

 건물은 고층 건물들로 외형상으로는 번듯해 보였지만, 몇몇 건물을 제외하고는 도색을 못해 회색의 도시였으며, 아파트 건물 중 일부는 시멘트 블록으로 벽을 쌓고 미장을 하지 못해 허름하고 우중충하게 보였다.
북한에는 전기 사정이 좋지 않음을 익히 알고 있는 우리 일행은, 차로 이동하는 중에 대화를 나누었다. '저 고층 빌딩들에 엘리베이터가 작동하고 있을까?' 하고 궁금해들 했지만, 궁금증을 풀기 위해 현장을 확인할 방법이 없으니 답답할 수밖에 도리가 없었다. 교통수단으로는 노선 버스와 전철이 주종을 이루고 있었는데, 전철은 일부 노선은 궤도 차였고, 일부 노선은 무궤도 인 상태에서 차가 운행되었다.
하지만 차량이 도장(塗裝)을 한 것도 없고 모두 낡아서, 우리나라에서라면 벌써 폐차처분 되었을 것이라 해도 과한 표현이 아니라는 생각이 들 정도였다.
택시는 눈에 띄지 않았다.

 도로는 거의 포장이 되어 있기는 했지만 말끔하지 않았고, 부분적으로 파손된 곳이 많았는데도 손길이 미치지 못했음을 확인할 수 있었다.
간선 도로는 1차선은 70Km, 2차선은 60Km, 3차선은 40Km로 속도를 달리하여 달릴 수 있도록 한 것이 특이한 발상이라 생각되었다. 차선은 흐릿하게 남아 있었고, 횡단 보도가 설치되어 있기는 했으나 주민들은 아랑곳하지 않고 도로를 무단 횡단하고 있었다. 이같이 도로를 무단 횡단하는 일은, 운행하는 차량의 숫자가 워낙 적어서 교통사고 위험이 별로 없어 빚어지는 일이라고 생각이 되었다.

 도시 전체가 가꿔지지 않은 허술한 모습이라면 가혹한 표현이라 할지 모르겠으나, 사실임에는 달리 어쩔 수가 없다 할 것이다. 환경미화원이 청소하고 있었지만 청소 이상의 손길이 닿지 않았음에 달리 방법이 없을 상 싶었다.
사람들의 얼굴에서는 웃음을 찾아볼 수가 없어 생동감이 느껴지지 않았으며, 입고 있는 의복조차도 화려한 색깔의 옷을 입고 있는 사람은 찾아볼 수가 없었으니, 세련된 옷을 입고 있는 사람을 찾기란 더 말할 나위가 없었다.
길에서 바라보이는 위치에 있는 유원지는 이용하는 사람이 없을 뿐만 아니라, 놀이기구는 작동이 멈춘 지 오래인 듯 녹이 슨 채로 방치되어 있었다.

 도로포장을 하는 공사장에는, 확성기를 설치한 차량이 음악을 틀어 놓고 포장을 격려하고 있었다. 다른 곳에서는 인도에 보도블록을 까는 작업을 하는 사람들도 볼 수 있었는데, 차에서 보도블록을 내리는 일도 여러 사람이 한 줄로 서서 릴레이식으로 받아 내리고 있었다. 이를 받아서 바닥에 블록을 까는 작업도 기술자가 맡아서 하는 것이 아니라, 여러 사람이 함께 공동으로 작업을 하는 모습이어서, 비효율성과 숙련되지 않은 기술로 공사가 이루어지고 있으니, 그 결과가 매끈하게 잘될 리가 없겠다는 인상을 받았다.

거리에는 서울의 도로변에서 볼 수 있는 구두 미화원들의 작업 공간만 한 크기의 가판점(街販店)이 설치되어 있어 청량음료 등 간단한 식품을 팔고 있었는데, 판매원은 하나같이 여자들이었다. 시설물들은 가느다란 철근으로 틀을 만들고, 그 지붕과 옆면을 천으로 덮어씌워 가림막을 만든 수준이어서 초라하기 이를 데 없었는데, 평양을 두 세 번 방문한 사람의 말에 의하면 가판점 숫자가 전보다는 늘어난 편이라 했다.
평양을 동에서 서로 가로질러 유유히 흐르는 대동강과 보통강은 평양의 젖줄이라는 생각을 갖게 한다.

2) 양각도 호텔

양의 뿔과 같이 생겼다 하여 이름 붙여진 대동강에 생성된 섬 양각도(羊角島), 그곳에 세워지므로 해서 붙여진 이름 '양각도 호텔'에 12:30에 도착했다.
평양에서 고려호텔과 함께 자웅을 겨루는 특급호텔이란다. 건물 규모는 무척이나 웅장하고 47층에 회전 스카이라운지까지 있는 시설이었지만, 특급호텔에 걸맞은 화려함을 찾아볼 수 없었다. 호텔 종사원들은 출입구와 엘리베이터 앞에서 손님을 안내하고 있었으나, 사무적인 표정들이었을 뿐 얼굴에서 웃음을 찾아보기 어려웠다.
식당에 대한 호칭은 '1호 식사 칸' '중국요리 식사 칸' 북측 사람들과 남측 사람들이 함께 식사하는 곳은 '동석(同席) 식사 칸' 등으로 표시하여, 사용하는 일상의 용어들이 우리와 차이가 있음을 확인할 수 있었다.

매점에 진열된 상품들은 북한에서 생산한 물건들로 상품의 종류가 다양하지 않았고, 상품 포장은 손님의 시선을 끌만큼 세련됨이나 화려함이 드러나지 않았다. 상품 가격은 유로화로 표기되어 있었는데, 이는 미국에 대한 불편한 심기 때문에 달러로 가격을 표시하는 것을 금기시 하는 것이 그 이유라고 한다.

평양에 들어와 호텔에서 점심 식사를 한 것이 처음 먹어본 북한 음식이었는데, 식단은 가자미 식혜, 돼지족발 요리, 도라지볶음, 고사리 볶음, 숭어요리, 쑥갓 국, 오이에 고기를 섞어 데친 것, 고추장 잼 등으로 우리의 전통 요리를 선보였는데, 맵거나 짜지 않아서 먹기에 부담스럽지 않았고, 신덕샘물과 대동강 맥주를 음료수로 먹을 수 있었다. 식당 종사원 중 여자들은 하나같이 한복 의상을 입고 있었으며, 남자들은 검정 색깔 바지에 흰 와이셔츠를 입고 있었다.

객실 키를 받아 들고 짐을 풀기 위해 객실에 들르니, 깨끗하면서 수수한 분위기에 침대는 두 개가 배치되어 있었다. 하루 일정을 마치고 돌아와 객실에서 쉬면서 TV를 보니 프로그램이 다양하지 않았고, 우리나라에서 '남북의 창'을 통해 보았던 것과 같이 홍보 선전 일변도의 내용이어서, 식상한 나머지 보고 싶은 흥미를 느낄 수가 없었다. 투숙객은 우리 방북단 이외에 이탈리아에서 온 부부 한 쌍, 몇 명의 중국 사람, 중동 사람들로 느껴지는 10여 명 내외의 사람들뿐이었다.
우리 방북단 일행을 제외하면 호텔 규모에 비해 손님이 너무 적어, 이윤 창출이 경영 목표인 자본주의 사회의 기업 경영이라는 관점에서 보면 도저히 이해되지 않는 상황을 볼 수 있었다.
 지하에는 사우나 등 위락시설이 있다고 하나 살펴보지 않아서 그 규모나 운영 실태 등은 가늠할 수가 없었다.

3) 만경대 고향 집

 첫날 점심 식사를 마치고 첫 번째 둘러본 곳이 만경대 고향 집이다. 안내원의 안내(북측 사람은 안내라고 하는 말 대신 강의라는 용어를 사용했음)에 의하면, 이곳은 김일성의 할아버지가 처음 이곳으로 이주해 와서 터를 잡고 살기 시작하여 김일성까지 3대가 농사를 지으며 살던 집이었다고 한다.
안내원은 김형직 사범대학 역사학과 출신이며, 이곳에서 9년째 안내하고 있는 여성으로 안내에 전혀 막힘이 없어 한 마디로 청산유수였다.

 초가인 고향 집의 규모는 본채가 일자형으로 아랫방 윗방에 부엌이 딸린 구조이며, 맞은편에는 행랑채가 있어 농기구와 살림살이 연모들을 보관하는 곳으로 사용했고, 두 건물 외에 축사 비슷한 건물이 하나 더 있었다.
본채 두 방의 벽에는 김일성의 조부모와 부모, 그리고 김일성 형제의 사진이 게시되어 있어, 이곳을 방문하는 북측 사람들은 경외하는 마음가짐으로 사진을 보며 90도 절로 예를 표했다.
안내원의 설명에 의하면 이곳에서 김일성이 1912년에 태어났고, 열네 살이 되던 해인 1925년에, 일제 침략으로 빼앗긴 나라를 되찾아야 하겠다고 결심하고 항일 투쟁에 투신하였다 한다. 김일성이 이끄는 독립군의 혁혁한 공로로 마침내 1945년 일본의 패전을 유도해 내 독립을 쟁취하게 되었다며 열변을 토해냈다.

 일본으로부터 나라를 되찾은 구국 영웅 김일성이 태어난 곳, 그래서 북한 사람들에게는 이곳이 성지이고 김일성의 주체사상을 본받기 위해서는 필수적으로 방문해야 하는 곳이며, 방문할 때는 예를 갖춰 90도로 절을 올려야 하는 곳이다.
만경대 고향 집에서 수림(樹林)이 잘 가꾸어진 길을 따라 10여 분 오르면, 해발 50여m 되는 높이의 만경대 정상에 도달한다. 김일성이 14세의 나이로 구국 전선에 나서기까지 이곳을 오르내리며 몸을 단련했다고 하는 곳이니, 만경대 고향 집을 찾는 사람들이면 으레 빼놓을 수 없는 참배지 인 곳이다. 정상에 오르니 시야가 탁 트였고, 아래로는 대동강이 흐르고 있어 말 그대로 명경지수(明鏡止水)의 명승이었다.

오르는 길목에는 김일성에 대한 모자이크 간판을 설치하여 사상교육 자료로 활용하고 있음을 볼 수 있었는데, 개인 숭배를 위해 그만한 크기의 간판을 모자이크로 만든다는 것은 민주주의 국가에서는 감히 상상도 할 수 없는 일일 것이다.

만경대를 살펴본 후, 북한 당국이 김일성을 우상화하기 위해 기울이는 노력이 얼마나 용의주도하고 치밀한 것인가를 어렴풋이나마 느낄 수 있었다.

만경대에 오르는 길에 합류한 북측 여자 안내원은 나이가 들어 보여, 여기서 일 한지 얼마나 되었느냐고 물어보니 20년이 넘었다고 대답했다. 그들이 꼽는 1급 참배지 그곳에서 20년을 넘게 일했다면, 그의 충성심이 어느 정도인지 가늠할 수 있을 듯했다.

4) 학생 소년 궁전

만경대를 살펴본 후 두 번째 둘러본 곳이다. 중앙 현관에 책임자가 대기하고 있다가 안내했다. G·N 이일화 회장, 대북 지원 사업에 많은 도움을 준 지원(支援)자, 학교에 현재 근무하거나 전에 근무하였던 교육전문위원들이 책임자의 안내를 받는 그룹이었다. 남한에서는 방과 후 교육활동을 수익자 부담 원칙에 따라 교육 참가비를 받는 것을 빗대서 하는 말인지, 소년 궁전에서 벌이는 교육활동은 국가에서 모든 교육비를 지원하기 때문에 교육에 참여하는 학생 모두가 무료로 교육을 받고 있으며, 15:00 시부터 18:00 시까지 원하는 사람 누구나 교육을 받을 수 있다고 자랑했다.

무용실, 수영장, 서예실, 자수실을 안내받아 학생들의 활동 상황을 살펴보았다.

무용실에서 기능을 익히고 있는 어린이들은 3, 4학년 정도의 어린이들 40여 명이 두 그룹으로 나뉘어 지도를 받고 있었는데, 절도 있는 동작과 유연한 몸놀림은 혀를 내두를 정도였다. 얼마나 연습했으면 아니 얼마나 연습을 시켰으면 어린이들이 기계처럼 저렇게 정교하게 몸놀림을 할 수 있단 말인가? 그저 놀라울 뿐이었다.

수영장은 수영하는 학생이 열댓 명 정도로 수영장 규모에 비하면 학생 수가 적었다. 다이빙을 할 수 있는 시설까지 갖추어져 있는데 연습 열기를 느낄 수 없었다.

서예실을 들어서며 금방 알게 된 점은, 어째서 평양 거리에 게시된 선전 구호의 글씨체가 천편일률적으로 같은 글씨체였나 하는 의문에 대한 해답이었다.

우리나라에서 서예를 익히려면 한자일 경우에는 안진경체나 구양순체가 있고, 한글이라면 궁체 등의 고유 서체가 있으며, 또 해서(楷書), 전서(篆書), 예서(隸書), 초서(草書) 등 다양한 서체가 있어 개인의 취향에 따라 서체를 선택하여 글씨를 익히는 것이 일반적 접근인데, 북한에서는 익혀야 할 서체가 오로지 백두산 3대 장군의 서체뿐으로 이는 김일성이 쓴 글씨체, 김일성의 부인 김정숙이 쓴 글씨체, 김정일이 쓴 글씨체만을 익혀서 쓰기 때문이라는 사실이었다.

그러니 서체의 초점은 창의적인 표현보다는 모방 위주의 표현에 맞추어져 있어, 글씨체가 같을 수밖에 없겠다고 생각이 정리된다.
자수실에서 자수를 익히고 있는 학생들은 중학생 수준의 연령대였다. 가로 1m 세로 50Cm 정도 크기의 작품 하나를 만드는데 두 달 반이라는 시간이 소요된다고 하니, 대단한 노력과 인내가 필요한 작업이라 할 수 있다. 학생에게 이 작품을 만들어 어디에 쓰느냐고 물어보았다.
집에서 활용하기도 하고 친구에게 선물도 준다는 대답이었지만 마음에 와닿지 않는 대답이라 여겨졌다.

 휴게실에서 잠깐의 휴식을 한 후 공연을 관람하게 되었다. 본래 공연을 매주 목요일에 하며, 학부모와 일반인이 관객으로 공연을 감상한다고 했다.
하지만 오늘은 수요일인데도 불구하고 공연하는 것은, 남측에서 귀한 손님이 오셨기 때문이라는 것이었다. 공연이 시작되었다. 개막을 알리는 인사로는 북한 아나운스먼트 특유의 목소리로 "공연을 보면 젊어진다고 하는데, 저희들의 공연을 보시고 10년, 20년 더 젊어지십시오."라는 인사를 했다.
이어서 합창, 체조, 악기연주, 무용, 기구체조 등 다양한 종목을 가지고 공연했는데, 나이 어린 학생들이 어떻게 이런 기능을 소화해 낼 수 있었을까? 기능의 놀라움에 한편으로 감탄하고 다른 한편으로는 전율을 느꼈다.

 세계 어느 나라에서도 유례를 찾아볼 수 없는 북한만이 갖고 있는 노하우로, 어린이들을 얼마나 조련하였으면 이같이 놀라운 경지에 도달하게 되었을까?
그동안 어린 학생들이 얼마나 고생했을까? 학생 소년 궁전은 그들이 자랑하는 것처럼 무상으로 어린이들이 자유롭게 기예를 연마하는 곳이 아니라, 기계의 부속품처럼 작동하도록 호된 조련만 가해지고 있을 것이란 생각에 이르자 어린이들이 한없이 측은하고 불쌍하다는 느낌만 들었다.

공연이 끝나고 교육전문위원들이 공연에 참여한 어린이 대표들에게 꽃다발을 전하는 절차가 있었는데, 꽃다발을 전하고 어린이에게 악수를 청하며 안아주었더니 어린이는 반기기보다는 얼떨떨한 표정을 지었다.
공연장을 나오며, 이렇게 재능을 개발한 학생들이 장래에 어떤 진로를 선택하게 되느냐고 책임자에게 질문을 던졌더니, 모두 자기 재능을 살리는 분야에서 진로를 선택한다고 했다. 호텔로 돌아오는 동안 어린 학생들의 공연 모습은 긴 여운을 남기며 내 머릿속을 맴돌고 있었다.

 5) 환영 동석(同席) 식사

 평양 방문 첫날의 마지막 일정은 북측에서 주최한 환영 동석 연회에 참석하는 일이었다. 동석 연회란 남측과 북측이 한자리에서 연회를 한다는 의미이다.
동석 식사칸이란 별도의 연회장에서 우리 대표 140명과 북측 민화협에서 나온 간부들과 직원, 차량에 동승 한 북측 요원들이 참석 대상이었는데 우리는 사전에 편성된 조별로 테이블에 앉았다.

민화협 이종철 부위원장은 환영사에서 남측의 지속적인 지원에 감사하다는 인사와, 그에 곁들여 6.15 공동 선언의 정신을 실현하여 남북통일의 그 날까지 힘을 합쳐나가자고 했다. G•N 이일화 회장은 답사에서 환영연을 베풀어 준 것에 감사하며, 작은 힘이나마 북측 동포들을 돕는 일을 지속적으로 추진하겠다고 응답했다. 환영연 음식 식단은 케이크, 증편, 참치캔, 돼지 삼겹살, 김치말이, 닭고기 말이, 갈비찜, 팔보채 등 주로 우리 전통 음식으로 차렸다.

6) 남포 와우도 병원 준공식

둘째 날 (19일) 일정은 오전에 남포 와우도 병원 준공식 참석, 남포 육아원 방문, 남포사료공장, 및 어린이 영양, 생산시설 방문이었고, 오후에는 강남군 장교리(2호차 탑승자만 해당, 3, 4, 5호차 탑승자는 동명왕릉 답사), 주체탑, 개선문을 살펴보는 순으로 진행되었다.
1호 식사 칸에서 각자 편리한 시간에 아침 식사를 마치고, 08:10에 로비에 집결하여 현장으로 이동했다. 아침 식사 식단은 식빵, 꽈배기, 상치, 녹두죽, 황태 섞어 볶음, 콩나물국, 계란프라이, 두부조림에 커피였다. 조촐하게 준비된 메뉴였다.

남포는 평양에서 40Km 떨어진 곳으로 고속도로로 연결되어 있었는데, 남포까지 가는 동안 우리 시야를 스쳐 간 차량은 불과 대여섯 대뿐으로 너무나 한산한 모습이었다. 이 같은 상황이다 보니 차선은 선명하게 그려져 있지도 않았고 의미도 없었.
도로변 가로수는 미루나무가 4, 5겹으로 심겨있어, 고속도로 주변에 형성된 마을들이 잘 보이지 않도록 차단막 역할을 했다. 남포에 도착하여 처음 살펴본 것이 와우도 병원 준공식이었다.
와우도 병원은 G•N, 구세군, 한국건강관리협회, 하당 신우 치과에서 공동으로 모금한 20만 달러를 제공 받아 새롭게 리모델링 하였기 때문에, 오늘 지원 단체의 대표들을 모시고 준공식을 하게 된 것이다.

우리 일행이 병원 마당에 도착하니 병원 종사자들이 정렬하여 대기하고 있었다. 준공식은 테이프를 자르고 기념사진을 찍고 병원을 둘러보는 순으로 진행되었다.
준공식이 이처럼 간소하게 진행된 까닭은 당초에 다른 사업장을 살펴보기로 예정됐던 계획이 차질을 빚어, 와우도 병원 준공식으로 대체하는 과정에서 비롯된 일이라는 것이다.

테이프 자르기에 이어 현판식(리모델링을 지원한 4단체 이름이 명기된 현판)을 하고, 기념사진을 촬영한 후 곧바로 병원 내부를 살펴보았다. 결과는 한 마디로 을씨년스럽기 이를데 없었다. 진료실에는 의사가 앉아 있는 탁자만 놓여있을 뿐, 시술 및 치료에 쓰이는 기구들이 전연 눈에 뜨이지 않았다. 이렇게 열악한 시설로 병원의 기능을 한다는 것이 믿기지 않았다.
지원된 돈이 적어 모든 기자재를 다 갖추기가 어려웠을 것이란 점을 감안하였다. 또 서둘러 준공식을 거행하느라 미처 챙길 것을 다 챙기지 못했을 것이라는 점을 참작하더라도, 종합병원으로서 기능을 다 하기엔 너무나 환경이 열악하여 아연실색하지 않을 수 없었다.

시술에 필요한 의료기기가 없으니 수술은 불가능하겠다고 예상되었다. 투약을 통한 치료 방법 밖에 다른 대책이 있을 것 같지 않은데, 약조차 제대로 공급이 되지 않는다면 병을 고치기란 아예 기대하기 어렵겠다는 생각에 그저 참담함만 느낄 뿐이었다.
한복을 곱게 차려입고 테이프를 늘이던 여자분에게 병원 이름이 왜 '와우도'냐고 질문을 했더니, 한번 쳐다보고는 묵묵부답이다.
와우도가 지명이냐고 재차 물으니, 고개만 끄덕일 뿐 말문을 열지 않는다. 이 광경을 지켜보고 있던 차량에 동승 해서 다니는 요원 남자가 말을 받아 말했다. 남포 앞바다에 '와우도'라는 섬이 있는데, 해수욕도 하고 경치가 아름다워 그 이름을 따 온 것이라고 대신 답변을 했다.

의사 복장을 한 사람에게 병상이 몇 개냐고 물었더니, 병상이란 용어가 생소한지 머뭇거리고 답변을 하지 못한다. 그래서 침대가 몇 개냐고 재차 물었다. 그러자 와우도에 관해 설명하던 요원이 나서며 "아! 뻬드 말입니까?" 하면서, "한 100여 개쯤 되지요"하고, 답변을 망설이던 의사 복장을 한 사람에게 동의를 구하자 "아마 그쯤 될 것입니다." 한다.
묻는 말도 대답을 하지 말라는 함구령을 내리지 않았다면 묵묵부답으로 대응했을까 궁금했고, 자신이 근무하는 병원의 병상이 몇 개나 되는지 제대로 알지 못하는 의사를 보면서, 바로 이것이 통제된 사회의 진 면목일 것이라는 생각이 들었다.

7) 남포 육아원

병원을 둘러본 후 찾은 곳이 병원 바로 옆에 있는 남포 육아원이었다. 문에는 '우리는 행복해요.'라는 글귀가 적혀 있었다.
남포 육아원은 전적으로 G·N의 지원으로 운영되는 탁아소라 한다. 그리고 이곳에서 돌보는 어린이들은 1세부터 4세까지의 고아 어린이들이라고 한다. 젖먹이 어린이 방, 1세 어린이 방 등의 명패가 붙어 있다.
젖먹이 어린이 방에 들어가 보니 유아용 침대에서 어린이들이 자고 있었다. 이어서 1세 어린이들 방을 들여다보니, 10여 명의 어린이들이 두 개의 원을 만들어 가운데를 향하여 앉아 있었다.
우리들 가정의 1세 어린이들의 모습을 떠올려보았다. 젖살이 올라 뽀얗고, 통통하고, 방안을 엉금엉금 기어 다니며 마냥 재롱을 부릴 예쁘기만 한 모습이 연상되었다. 하지만 남포 육아원의 어린이들은 영양부족으로 발육이 늦어 체구가 매우 왜소하고 눈이 퀭하니 큰 모습 이었다. 신문 방송을 통해 보아 온 기아선상에 있는 아프리카 어린이들의 모습과 같아 가슴이 아팠다.
4세 어린이 방에서는 선생님의 지휘에 따라 '고향의 봄' 노래를 목청 높여 부르며 무용하는 모습을 보여주었다. 노래와 무용이 끝나자 북한 어린이들 특유의 인사법인 손을 머리 위로 쭉 뻗쳐 올려서 하는 인사를 한다. 네 살짜리 꼬마들이 가사를 외우기 위해 얼마나 힘겨워 했을까 생각을 하니 마냥 안쓰러운 마음이었다. 놀이 시설이 제법 잘 갖추어져 있어서 그나마 위안이 되었다.

복도를 통과하는데 방 한곳에는 교양실이라는 명패가 붙어 있었다. 1세부터 4세까지의 어린이들을 대상으로 교양교육을 한다면 어떤 내용이었을까. 어린이들에게도 김일성 주체사상을 불어넣어 줌이 교양교육의 내용이라면, 이는 어린이들이 성장한 후에라도 당의 명령에 따라 움직이는 꼭두각시를 만드는 일이라고 할 수밖에…….

육아원에서 화장실(북한에서는 위생실이라 함)이 어디냐고 물으니, 원장실 방 안쪽에 있다기에 찾아들어 갔다. 원장님이 사용하는 변기라면 당연히 성인용일 것이란 내 생각은 여지없이 빗나갔다. 원장님이 쓰시는 화장실에 유아용 변기가 설치되어 있다니……. 건물 천정은 낮고, 변기는 유아용이고, 엉거주춤한 자세로 정 조준하여 용변 보는 일이 만만치 않은 일이었던 터라 오래오래 기억될 것이라는 생각이 든다.

방북단 일행 중 한 분이 전해 주는 이야기에 의하면, 이곳 어린이들의 1년간 양육비가 우리 돈으로 20,000원 정도일 것이라 한다. 이야기를 들으니 어린이들의 체구가 어찌하여 왜소한지 이해가 될 것만 같았다.

8) 남포 사료공장

차창을 통해 길옆에 넓게 펼쳐진 염전을 바라보며 차를 달려 도착한 곳이 남포 사료공장이었다. 이 공장은 G•N의 지원으로 2006년 6월 22일 완공되었다고 한다. 모든 시설 자재를 남한에서 제공하여 공장을 지었기 때문에 사료 생산 공정이 자동화되어있었다.
사료의 주원료는 남한에서 제공하는 대두박(콩깻묵)이며, 이것에 다른 첨가물을 섞어서 사료를 만들어 내는데, 년 생산량이 적게는 50톤에서 많게는 100톤이나 된다고 한다. 이 공장에서 생산된 사료는 북한 주민들의 소득에 도움을 주고자 G•N가 제공한 가축의 사료로 공급되는데 매우 인기가 높다고 했다.
굿네이버스 상호를 사료 포대에 명기하여 가축 사육 농가에 공급한다니, 남한의 도움을 받고 있음을 북한 주민이 알고 있을 것이라 믿어본다.

9) 콩기름 생산 공장 신설 현장 방문

남포 사료공장에서 300여m 떨어진 부근에 어린이 영양 생산시설을 짓고 있었다. 이는 다름 아닌 콩기름 생산 공장이었다. 북한 어린이들은 성장에 없어서는 안 될 동물성 단백질의 절대량이 모자라 이를 보충하는 방안으로, 동물성 단백질 대신, 식물성 단백질인 콩기름을 공급하려는 의도에서, 공장을 짓게 된 것이라 한다.
하지만 기초공사만 되어 있고 지금은 공사가 중단된 상황이었다. 그 까닭은 공장을 건설하는 데 필요한 소요자금이 1,000만 달러로, 이 중 700만 달러는 대한민국 정부가, 300만 달러는 G•N 이 부담하기로 하고 공사를 추진 중이었는데, 정권이 바뀌면서 무조건 퍼주기식 북한 지원에 제동이 걸려 정부지원금 700만 달러 공급이 중단되었기 때문이라고 G•N 이일화 회장이 설명했다.

이곳에 공장을 짓게 된 것은 콩기름을 짜고 그 부산물로 나오는 대두박(콩깻묵)을 옆에 있는 사료공장에서 사료의 원료로 이용하고자 함이 그 이유였다고 한다.

 기초공사가 끝났다고 하는 현장의 모습은 토목공사의 낙후 된 모습을 확연하게 보여주고 있었다. 남한의 공사장에서 그 흔하게 볼 수 있는 굴삭기 한 대면 충분할 터인데, 이를 투입하지 못해 터파기 공사 때 지하에 바위가 묻혀 있는 경우 그 바위를 제거하지 못하고 인력으로 퍼낼 수 있는 흙만을 거두어낸 후, 그 위에 시멘트를 부어 기초공사를 했다. 그러한 형편이니, 평평해야 할 바닥이 바위가 툭 불거져 나온 곳이 있는가 하면, 양생이 된 시멘트도 레미콘을 이용하지 못해 모래, 자갈, 시멘트 가루를 섞어 인력으로 배합하여 공사를 한 관계로 배합이 균일하게 되지 않아 엉성함이 여실히 드러났다.
기초공사 현장을 돌아보며 60년대 새마을 사업이 한창일 무렵, 마을 사람들이 모여 마을 길을 넓히고 포장할 때의 모습이 연상 되었다. 이 같은 상황이니 발전의 속도가 남한보다 30년 이상 뒤졌다고 해도 지나치지 않겠다는 생각을 갖게 된다.

10) 송산리 식당

 남포의 사업장을 돌아보고 평양으로 돌아와 점심을 먹은 식당이다. 식단은 장어구이, 이면수구이, 쏘가리찜, 소고기 완자, 만두, 청포, 버섯 고기 섞어 볶음, 김치 등 전통 한국 음식이었으 며, 배식 도우미는 한복을 곱게 차려입은 아가씨들이었다.
날씨가 더워서 냉방을 하려고 에어콘과 선풍기를 동시에 작동한 관계로, 과부하로 인해 점심식사가 끝나기까지 4번이나 단전이 되었다. 단전될 때마다 전기기사가 분주히 움직이며 사태수습을 하고 있었다. 여기서도 북한의 전기 사정이 어렵다는 것을 보여주고 있었다.

11) 장교리 사업장

 장교리는 평양 교외에 있는 시골 마을로 행정구역상 평양시 강남군에 속해있다. 들판에 있는 이곳을 오가며 농촌 풍경을 가까이서 볼 수 있었다.
들에는 아직 손길이 미치지 못해 수확을 하지 않은 보리와 밀이 있었는데, 이들 곡식의 작황은 비배(肥培) 관리를 제대로 하지 못해 성장이 부실하여 줄기가 약하고 이삭도 실하지 못해 소출이 많지 않을 것이 뻔했다.
논둑에는 파종한 콩의 싹이 올라오고 있었는데 논둑 전면(全面)에 밀식이 되어 있었다. 이 같은 현상은 한 알의 알곡이라도 더 생산해 내려고 아등바등 몸부림치는 모습으로 읽히어졌다.

 들판에서는 집단으로 논매기 작업을 하고 있었는데, 그 주변 붉은 깃발에는 '모두 김매기 전투에 참여하자'라는 구호가 적혀 있어 논매기도 전투로 생각하는 단면을 볼 수 있었다. 농촌을 가까이서 보면서, 약해진 지력으로는 식량 생산의 목표량을 달성할 수가 없게 되자, 같은 민족이 어려움을 겪는데 보고만 있을 수 있느냐는 명분을 내세워 남한에 비료 지원을 기대하는 것이라는 인상을 받았다.
장교리에 도착하여 우리 일행이 차에서 내리자, 이를 본 주민들은 우리로부터 멀리 피해 갔다. 그러니 가까이 접촉하여 대화를 나누기란 상상도 할 수 없는 일이었다.
이곳에는 복지시설(이발소, 미용실, 목욕탕이 함께 있는 건물) 탁아소, 유아원 등 3동의 건물을 짓고 있었는데, 이는 사랑의 교회, 울산 남 교회 등의 지원을 받아 추진하는 사업이라고 했다.

이곳 방문의 목적은 오늘 현판식을 하고 그 장면을 담은 사진을 증거물로 하여, 교회 신자들에게 보고하기 위해 현판식 현장에 대표를 파견한 것이라 하는데, 이 같은 계획은 완전히 빗나가고 말았다. 공사가 지연되어 현판식을 하기에는 미진한 부분이 너무 많았고, 무엇보다도 현판식을 하고자 미리 보내진 현판을 가지고 있는 사람이 현장에 나타나지 않으니 속수무책 일 수밖에…….
이런 상황에 접하니 방문객 모두는 아연실색 당황스러워했으나, 어찌할 도리가 없어 말문이 막혔다. 남한에서는 상상도 할 수 없는 일이 이곳에서는 아무렇지도 않게 벌어지고 있는 현실에 대해 어떻게 해석하여야 할까.

공사가 끝나려면 한참 더 시간이 필요할 것 같은데, 현장 소장으로 여겨지는 사람은 천연덕스럽게 6월 말이면 시설을 활용하게 될 것이라는 답변을 한다. 6월 말에 다시 와 확인할 수 없음을 알고서 하는 답변으로 여겨졌다.
탁아소의 탁아방법은 1일, 일주일, 10일 탁아가 있다고 이일화 회장이 설명한다.
먼 곳으로 일을 하러 가게 되어 아이들을 돌볼 수 없을 때, 탁아소에 일주일 또는 10일 동안 아이들을 맡겨놓는다고 한다. 계속 일을 해야 하는 경우 일주일, 10일 탁아 후 하루 저녁을 부모와 함께 지내고 다시 또 탁아소에 맡겨진다고 하니, 탁아소에서 성장기를 보내야 하는 아이들의 인성이 어떻게 형성될까? 걱정하지 않을 수 없었다.

현판식을 하지 못한 아쉬움을 안고 이동하는 차 안에서, 보여주기로 한 곳을 왜 보여주지 않느냐며 약속을 어겼다고 기분 나빠 하는 말이 오갔다. 지금이라도 차를 돌려 약속한 장소를 보러 가자고 했다. 내용은 지원 사업을 통해 지어진 마을회관이 장교리에 있는데, 그곳을 보여주기로 약속을 해 놓고는 왜 보여주지 않느냐는 것이었다.
불만의 목소리가 높아지자 도로변에 차를 멈추고, 이일화 회장과 인솔 팀장 그리고 북측 요원이 대책을 의논했다. 의논을 끝내고 들려주는 답변은. 이곳에 있는 사람은 의사 결정권이 없으니 평양에 도착하여 의사결정권자와 논의 후, 추후 일정에 대해 알려주겠다는 것이었다. 북한 사회는 모든 움직임이 지령에 따라야 함을 일깨워 주는 해프닝 이었다.

12) 대동강 제약소

남한에서 지원한 200만 달러를 들여 건설 2006년부터 가동을 시작한 대동강 제약소는, 연 1억 캡슐의 항생제를 생산하여 북한 어린이들의 치료 약으로 공급한다고 한다. 북한 어린이들은 항생제에 대한 내성이 약하여, 남한에서 생산된 약효가 강한 항생제를 그대로 사용할 수가 없단다. 그래서 대동강 제약소에서 생산하는 항생제는 성분을 약하게 하여, 북한 어린이들이 부작용 없이 사용할 수 있도록 개발한 약품이라고 하는데, 모든 공정이 자동화 되어 있음을 확인할 수 있었다.

우리 일행이 공장에 도착하자 나와서 반갑게 맞아들이는 사람은 여성이었는데 공장장이라 했다. 제약에 대한 전문성을 인정받아 공장장이 되었을 것이라는 생각을 하면서도, 공장장이라는 책임자의 위상 측면에서 볼 때 나이가 너무 앳돼 보이고 경력도 일천 한 것 같다는 인상을 받게 됨은 나만의 느낌이었을까. 혹시 당이 시키면 누구나 할 수 있는 제도 때문에 공장장이 된 것은 아닐까? 하는 생각이 자꾸만 머리를 맴돌았다. 대동강 제약소에서 200여 m 떨어진 곳에도 우리의 지원으로 건설된 정성 제약소가 있었다. 두 제약소 외에 또 다른 제약소가 한곳 더 있는데, 이들 제약소는 정부에서 연 10억 원에 해당하는 원료를 지원하여 약품을 생산하고 있다고 한다.

13) 주체탑

주체탑은 한마디로 김일성을 우상화하기 위해 세워진 탑이다. 김일성이 칠순이 되는 1982년 4월 15일에 준공된 것으로, 150m의 탑 위에 20m의 횃불을 설치하여 전체 높이가 170m인데, 만 70세가 되기까지의 날수만큼의 돌로 쌓은 탑이라고 안내자가 자랑하였다.
탑 중앙 내부에는 8층으로 된 엘리베이터가 운행되고 있어 올라가 보았다. 대동강을 사이에 두고 인민대학습당과 마주하고 있었는데, 학습당 마당에는 집체훈련으로 '장군 만세'라고 쓴 글씨가 보였다.
대동강 건너편 오른쪽에 보이는 낮은 산이 모란봉이라 한다. 모란봉 하면 떠오르는 그 유명한 부벽루, 풍류를 아는 시인 묵객이라면 즐겨 찾아 아름다움을 노래하곤 했다는 부벽루가 손에 잡힐 듯 가까운 곳에 있다니 감회가 새롭다.

모란봉 앞에 펼쳐진 섬이 을밀대란다. 지척에 펼쳐진 모란봉, 을밀대를 바라보고 있자니 김정구 선생의 '한 많은 대동강아 변함없이 잘 있느냐 모란봉아 을밀대야 네 모양이 그립구나.'라는 노랫가락이 입속을 맴돈다.
얼마나 많은 사람들이 망향가(望鄕歌)인 이 노래를 부르며 평양을 그리워했던가. 불현듯 평양과는 관계가 없는 내가 이곳에 있음이, 망향의 한을 달래고 있을 실향민들에게 미안하다는 생각이 들었다. 그리고 반세기 이상을 망향의 한을 품고 사는 실향민들에게 통일의 그 날이 빨리 오기를 기원하는 마음이다. 탑에서 내려와 개선문으로 이동했다.

14) 개선문

개선문 하면 떠오르는 것이, 운동회 때 경기를 마치고 자리로 돌아올 때 통과하는 문이거나 아니면 파리의 개선문이었는데, 언제부터인가 평양의 시가지가 TV 화면에 등장하면서 개선문이 비추어져 그에 대한 궁금증을 가지고 있던 차에 이번에 비로소 자세히 알게 되었다.
개선문 현장에 도착하니 안내하는 사람이 우리 일행을 맞았다. 그의 설명에 의하면, 김일성이 14살 되던 해인 1925년에 일본에 빼앗긴 나라를 되찾겠다고 구국을 결심하고 항일 투쟁에 뛰어들었으며, 마침내 1945년 일본을 패망시키고 전쟁을 승리로 이끌고 개선함으로써 조국이 해방을 맞이하게 되었다는 것이다. 개선문은 이처럼 개선한 김일성을 기념하기 위하여 세운 것이라고 한다.

개선문의 높이는 60m이며 한쪽 기둥에는 1925.가 다른 기둥에는 1945가 새겨져 있는데, 이 숫자는 앞에서 밝힌 내용이다. 탑의 윗부분 양면에는 김일성이 항일 투쟁 때 직접 지어 불렀다는 노랫말의 가사 1, 2절이 음각되어 있고, 아치형 주변에는 진달래꽃 문양 70개로 장식을 했다.
안내원의 설명대로라면 조국을 찾기 위해 상해 임시정부를 세우고, 독립군을 조직하여 항일 투쟁을 벌였던 그 많은 독립투사는 온데간데없고, 오로지 김일성만 있을 뿐이라는 취지였다.
그래서 김일성이 위대하고 민족의 영도자라고 하는 주장이다.

한 사람을 우상화하기 위해 수단과 방법을 가리지 않는 모습을 보면서, 그 허구에 조소를 금할 수 없었고 날조된 역사에 속아 김일성을 우상으로 떠받들고 평생을 살고 있는 북한 주민들이 안타까웠다.

15) 6. 19 경축일

모란봉, 산자락 끝에 자리 잡은 김일성 경기장에 인접하여 개선문이 있고, 경기장과 개선문 바로 옆에 개선문 광장이 있다. 이곳에서는 오후 5시가 넘자 경축 무도회가 열렸다. 이름도 생소한 '6. 19 경축일 축하 무도회'라고 한다.
6월 19일은 김정일이 대학을 졸업하고 공산당에 입당하여 첫 업무를 시작한 날이라 하는데, 위대한 지도자 김정일이 첫 업무를 시작했으니, 당연히 이들에게는 경축하는 날인 것이었다.
무도회는 개선문 광장뿐 아니라 주체탑 광장 그 밖에도 넓은 공간이 확보된 곳에서는 무도회가 펼쳐지고 있다고 했다.

남자들은 모두 검정 바지에 흰 와이셔츠를 착용하였고, 여자들은 모두 한복 치마저고리를 입었다. 차량 위에 설치한 4대의 확성기에서 흘러나오는 음악에 맞추어 남녀가 짝을 이루어 춤을 추고 있다.
궁금해서 무도회에 사용하는 음악은 어느 장소에서나 같은 음악을 사용하느냐고 질문을 하였다. 무도회 음악으로 12곡을 제시했는데, 그중에서 선택하여 사용한다고 한다. 다음은 무도회에 참석하는 사람은 사전에 짝을 지어 참석하는 것이냐고 질문했더니, 현장에서 만나 짝을 짓는다고 했다.
이어서 짝이 안 맞을 경우는 어떻게 하느냐는 질문에는, 짝이 없는 남자끼리 또는 여자끼리 추던지, 아니면 무도회에 참석하지 못하고 구경만 하게 된다고 한다.

그 많은 인원이 참여하는 무도회, 동원으로 운집하여 열리는 무도회가 아니고 마음에서 우러나 참여하는 무도회라면 얼마나 즐겁고 살맛 나는 세상일까? 생각해 본다.
개선문을 본 후 대성각에서 저녁 식사를 하면서, 같은 식탁에 앉은 일행끼리 나눈 여러가지 대화 중 일부를 옮겨 본다.
오늘 점심 식사는 옥류관에서 말로만 듣던 평양냉면을 먹기로 되어 있었는데, 옥류관이 내부 수리 중이라며 송산리 식당으로 대체되어 냉면 먹는 일은 물거품이 되었다. 이에 대해 어느 분이 말하기를, 옥류관 내부 수리는 작년 장마 때 입은 수해 피해를 아직도 복구하지 못했기 때문이라 했다.

우리 방북단 일행에는 16세 때까지 평양에서 살다 고향 떠난 지 58년이 지난 지금, 죽기 전에 그리던 고향 땅을 밟아보고자 합류했다는 할머니가 한 분 계셨다. 보통문 주변에서 살았다며, 차가 보통문을 지날 때마다 창밖을 내다보며 당신이 살던 곳을 찾을 수 있지 않을까? 애를 쓰셨지만 끝내 찾지 못하여 안타까워하시는 모습에 모두가 가슴 아파했다.

오늘 시내를 통과할 때 가판대 중에 '땅콩'이라는 안내판이 붙은 곳에만 유독 사람들이 10여m씩 줄을 늘어서 있어, 일행 중 어떤 분이 하도 궁금해서 사진을 찍었단다. 그러자 셔터 소리를 듣고 북한 요원이 카메라를 압수 찍힌 사진을 지우고 돌려주었다며, 길게 늘어선 사람들에 대한 해소 되지 않은 궁금증을 서로 토로했다.
일행 중 한 분은 호텔 투숙객 중 캐나다 국적을 가진 교민과 대화를 나누게 되었단다. 고향이 북한인 교민은, 가족을 만나겠다는 부푼 기대를 하고 와서 백방으로 노력을 기울였다고 한다. 하지만 굳게 닫혀 있는 문은 도무지 열릴 기미가 보이지 않는다며, 답답한 마음을 하소연하더라는 것이었다. 이야기를 전해 들은 우리들도 가슴만 답답할 뿐이었다.

방북 3일째인 20일 일정은 백두산 관광이 잡혀 있어서, 나는 매우 설레는 마음으로 이날을 기다렸다. 하지만 호텔 입구에 집결해서 출발을 기다리는 우리에게 전해진 소식은, 백두산 삼지연 비행장이 기온 급강하로 결빙이 되어서 비행기 착륙이 불가능하여 일정을 조정하여야 한다는 것이었다.
어쩔 수 없이 백두산 관광을 포기하고 우리 일행은 묘향산으로 발길을 돌렸다.

16) 묘향산 가는 길

임진왜란 때 승병을 일으켜 왜적을 무찌른 사명대사를 모신 보현사가 있어, 우리에게 그 이름이 친숙한 묘향산, 그곳을 향해 차는 달리고 있었다. 시내를 벗어나 차는 고속도로로 접어들었는데 이정표는 향산 150Km라고 안내되어 있다.
묘향산을 축약해서 '향산'이라고 쓰나 보다 혼자 생각하다가 궁금하여 확인하였더니, 묘향산이 행정구역상 평안북도 향산군에 속한다는 대답이었다.
도로변의 풍경들은 평양 남포 간 도로와 마찬가지로 역시 키 큰 미루나무가 네다섯 겹으로 심겨있었다. 가로수 사이사이로 드러나 보이는 주택들은, 밝은 색깔로 단장한 집은 별로 눈에 보이지 않았고 회색의 무거운 분위기를 벗어나지 못했다.

 나무를 심어 고속도로의 중앙분리대를 만들었으며, 통행하는 차량은 눈에 보이지 않았다. 차창 밖에 펼쳐진 들이 꽤 넓어 보였는데, 들에서는 집단으로 보리를 베거나 모내기를 하고 있었다.
도로변 청천강 지류 강변에는 사금(砂金)을 채취한다는 사람들도 보였다.
호텔에서 출발한 지 한 시간 이상 지나자 자연히 생리현상을 호소하는 사람이 생겨났다. 좀 더 가면 휴게소가 있다며 한참을 더 가서 휴게소라는 곳에 차가 섰다. 남한의 휴게소를 떠올리던 우리들은 할 말을 잃었다. 아예 편의시설은 말할 것도 없고, 간이 화장실조차 마련되어 있지 않았다.
북한에서 말하는 휴게소라는 곳은, 고속도로 옆에 차가 머무를 수 있도록 포장된 공간을 좀 더 확보하여 놓은 수준이었다.
차에서 내려 어찌할 바를 모르고 쩔쩔매다가 남자는 오른쪽 나무 밑에서, 여자들은 고속도로 건너 반대편 나무 밑에서 해우(解憂)했다.

 고속도로 하면 당연히 있어야 할 휴게소가 이런 수준이라니…….
어이없어하다가 곰곰이 생각해 보니 '아하! 그렇구나.' 하고 이해가 되었다. 남한처럼 수많은 사람이 왕래하는 고속도로라면 마땅히 휴게소와 편의시설이 필요하다.
하지만 차량 왕래가 없는 북한의 고속도로에는 이용할 사람이 없는 편의시설을 굳이 돈을 들여 설치할 필요가 없었던 것이었다.
남한 사람들의 머릿속에 있는 의식으로 보면 마땅히 있어야 할 편의시설이 없어 불편을 겪은 것이 어이없는 일이었지만, 북한 입장에서 볼 땐 편의시설이 무용지물이니 아예 짓지 않는 것이 너무나도 당연한 일이었다. 오늘 일은 남한 사람 의식의 잣대로 바라본 것에서 비롯된 웃지 못할 해프닝이었다고 하겠다.

17) 국제 친선 전람관

묘향산에 도착하자마자 안내받은 곳이 국제 친선 전람관(전시관에 대한 북한 말)이었다.
전람관이란 외국 사람이나 단체로부터 받은 선물을 전시해 놓은 건물을 말함인데, 1978년 8월 26일 준공했다는 김일성 관(館)과, 1996년에 준공한 김정일 관이 그것이다. 묘향산 입구 산자락에 지은 김일성 관을 먼저 보았다. 입구를 인민군 초병이 지키고 있었다. 육중한 철문을 열고 입구로 들어서니 사진기와 가방 등 지참하고 있는 휴대품 일체를 맡기라고 한다.
내부 시설은 한마디로 놀라운 수준이었다. 180여 개 나라로부터 받았다는 22만 점이 넘는 수장품(收藏品)은 말할 것도 없고, 밖에서 보던 건물의 규모보다 안에 들어와서 본 크고도 웅장한 건물의 규모에 더 놀라움을 금치 못했다.

북한에 공산정권을 수립한 후 일생을 장기 집권하면서 받은 모든 선물을 한곳에 모아놓은 그 숫자의 방대함에 말문이 막혔다.
민주주의 국가의 원수들이라면 임기가 4년, 연임을 해야 8년이어서 이처럼 많은 선물을 받는다는 것은 꿈도 꿀 수 없는데, 세계에서 유례를 찾아볼 수 없는 장기 집권을 하면서 받은 선물을 자랑삼아 보여주고 있다니…….
의도는 오직 하나, 이처럼 많은 선물을 받았다는 사실을 통해 김일성이 위대하다는 것을 드러내고 싶었을 것이리라.

전시관을 찾은 북한 주민과 학생들은, 김일성 상(像)과 밀납으로 만든 김일성의 모형 앞에서 90도로 허리를 굽혀 절을 했다.
평양 거리에서 많이 본 선전 구호 '김일성 동지께서는 영원히 우리와 함께 계신다.'라는 사실을 각인시켜 주기 위한 참배라는 인상을 받는다.
엘리베이터를 이용하여 전시관 전망대로 오르니, 일부분이긴 하지만 묘향산의 수려한 경치를 조망할 수 있었다. 우거진 산림과 산세의 웅혼함을 보고 모두들 감탄을 연발한다. 전망대에는 특산품 코너를 설치하여 물품을 판매하고 있었는데, 상품의 종류가 많지 않고 시선을 끄는 상품도 없었다.

김일성 선물 전시관에서 500여m 거리를 두고 마주 보는 위치에 김정일 선물 전시관이 있었다. 이곳도 인민군 초병이 입구를 지키고 있었는데, 중 3 정도의 앳된 얼굴을 한 병사의 모습을 보며 가련하다는 생각을 떨쳐버릴 수가 없었다.
문 한 짝의 무게가 2.5톤이나 된다는 문을 열고 전시관 내부를 살펴보며, 이곳 또한 엄청난 건물 규모에 놀라움을 금할 수 없었다.
입구에서 전시관 끝까지 족히 200m가 넘을 것 같은데, 이처럼 긴 통로를 고급 대리석으로 장식하여 화려함이 극치를 이루고 있었다.
165개 나라로부터 받은 56,000점이 넘는 선물을 전시한 김정일 관에서, 특히 시선을 끄는 방은 남한 사람들이 선물한 것을 모아 전시한 남한관이었다.
이곳에는 김대중, 노무현 대통령이 북한을 방문할 때 가져간 선물을 비롯해, 현대 그룹의 정주영, 정몽헌 회장, 대우그룹의 김우중 회장, 그 밖에도 민주노동당 대표들, 전교조 대표들의 방북 선물 등 헤아릴 수 없이 많은 선물이 전시되어 있었다.

남한관을 돌아보며 김정일에게 선물을 전한 사람이 이렇게 많다는 것에 놀라움을 금치 못했지만, 이들 선물을 전달한 사람들이 진정으로 원했던 진의가 남북 교류의 확대를 통해, 통일의 길을 열고자 한 점이었다는 사실을 김정일이 깨닫기를 염원해 본다. 두 전람관이 밖으로 드러난 건물 규모보다 산속으로 숨겨진 건물 규모가 더 큰 점은, 어떤 공격에도 버티어낼 수 있도록 설계되어 만들어진 건물이라는 추측을 가능케 했다.

또 두 전람관을 돌아보고 애초 오늘 일정이 백두산 탐방이었는데, 묘향산으로 바뀐 이유를 알만했다. 그것은 백두산을 왕복하기 위해 비행기를 운항하는데 소요되는 유류 비용 보다, 묘향산을 버스로 운행하는데 소요되는 유류의 비용이 적게 들기 때문이었을 것이라면 지나친 비약일까? 다른 한편으로 두 전시관 관람을 통해 김일성과 김정일의 위대함을 선전하는 것이, 더 효과적일 것이라는 계산에서 의도적으로 한 일정 조정이었다면 지나친 억측이었을까?.

18) 보현사

보현사는 1042년에 창건된 긴 역사를 지닌 고찰이라 하나 절의 규모는 크지 않았다. 가람은 해탈 문, 사천왕문, 관음전, 대웅전이 일직선상에 배치되어 있었다.
관음전은 1043년에 지어진 건물로 보물 57호로 지정되어 있고, 대웅전은 6.25. 때 소실되었던 것을 김일성의 교시에 의해 1976년에 중건하였단다. 대웅전 소실은 미제의 폭격에 의한 것이라는 점을 힘주어 강조하였지만, 6.25를 일으킨 장본인이 누구인지 알고 있는 우리들에겐 넌센스로만 들렸다.
서산, 사명, 처영 대사를 모신 사당 수충사(酬忠寺)가 경내에 있고, 팔만대장경 영인본을 수장한 경판 각이 있었다. 보물 142호인 9층 석탑과, 143호인 13층 석탑이 경내에 있었으며, 1469년에 주조했다는 7.2 톤 무게의 금강산 유점사 동종이 이곳으로 옮겨져 있었다.
경내에 스님이 살고 있음도 확인되었다. 하지만 들려오는 낭랑한 음성의 독경 소리는 들을 수 없었고 고즈넉한 분위기가 느껴졌다.

19) 향산 호텔

묘향산 입구에 자리 잡은 엄청나게 크고 웅장한 규모의 호텔이었다. 점심 식사를 이 호텔에서 했는데, 우리 일행과 종업원을 제외하고 나면 사람이라고는 찾아볼 수가 없어 적막하다는 느낌이 적절한 표현이라 생각되었다.
손님이 없는 호텔, 남한에서는 상상도 할 수 없는 현실이다. 점심을 먹으며 헤드 테이블에 동석한 G·N 이일화 회장에게, 이처럼 손님이 없는 호텔이 어떻게 운영되느냐고 물어봤다.
대답은 국가가 운영하는 호텔이므로 우리 체제처럼 이윤 창출에 목적을 두고 운영하는 것이 아니라, 교육생들을 호텔로 유치하여 휴양 기회의 제공을 겸해 교육장으로 활용하는 등 이윤 창출과 경영과는 별개의 문제라고 했다. 하지만 효용성의 측면에서 보아도 도저히 이해되지 않는 상황이었다.

20) 만폭동 등정

폭포가 만개나 된다고 하여 붙여진 이름 만폭동, 만개까지야 될까만 여하튼 폭포가 많은 것만은 틀림없는 사실인 듯하다.

점심 식사가 늦어 14시 45분에 만폭동을 향하여 출발했다. 남한이라면 산을 오르는 사람, 일찍 산에 갔다 내려오는 사람들을 등산로에서 만나는 것이 일상적인 일이지만, 이곳에서는 한 사람도 만나지 못하고, 산을 오르는 사람은 우리들 일행뿐이었다. 산을 찾는 사람들이 없으니 산림이 파괴되지 않고 잘 보존되어 있었고, 등산객들이 버린 오염 물질이 눈에 뜨이지 않았다.
산을 오르기 시작하여 15분쯤 지나니 폭포가 우리를 맞는다. 서곡(序曲) 폭포였다. 첫 번째 폭포라는 의미로 붙여준 이름이다. 높이가 3m쯤 되는 규모가 그리 크지 않은 폭포였지만 청정한 물이 포말을 일으키며 우리를 맞아주는 듯했다.

 조금 더 오르니 하와룡(下臥龍) 폭포가 나타났다. 폭포 밑에 널찍한 바위가 펼쳐져 있어 잠시 숨을 고르고 가라는 듯했다. 바로 위에 와룡(臥龍) 폭포가 있어서 가파른 바위를 지지대를 잡고 가쁜 숨을 몰아쉬며 오르니, 40여m 높이의 바위 사이를 은선폭포와 유선 폭포가 상단과 하단을 이루고, 시원한 물줄기를 아래로 흘러 내려보내고 있었다.
유선 폭포 위로 올라서니 앞으로 시야가 탁 트이며 초록의 세계가 펼쳐진다. 오염되지 않은 상큼한 공기가 가슴 속을 시원하게 한다. 앞서거니 뒤서거니 올라온 일행들은 입을 맞추어 '야호'를 외쳤다.
유선 폭포 오른쪽 위로 500여m 전방에는 50m가 넘는 높이를 가진 폭포가 시원스레 물줄기를 흘러내리고 있었는데, 어느 사이엔가 다람쥐처럼 발 빠른 몇 사람은 폭포 위 철 난간에 올라 아래를 내려다 보며 호연지기를 뽐내고 있었다.

 이왕 예까지 왔으니 다음 폭포까지 오르자며 발길을 옮기려는데 제동을 건다. 너무 시간이 늦어 하산하자는 것이다. 나는 못 들은 척하며 빠른 걸음으로 위를 향해 걸었다. 하지만 폭포 밑에서 북측 요원들의 제지를 당하여 아쉬웠지만 하산 길에 합류할 수밖에 없었다. 내려오는 길에 하와룡에 이르러 모두 양말을 벗고 맑은 물에 발을 담그며 탁족(濯足)의 시원함을 만끽했다.
어떤 사람은 흐르는 물 묘향산 생수로 갈증을 달래기도 했다. 나도 오염되지 않은 물로 목을 축이며, 계곡을 흐르는 물을 식수로 먹을 수 있는 천혜의 자연을 가진 우리나라가 복 받은 나라라는 예찬의 글을 언젠가 책에서 읽은 사실을 떠 올렸다.

21) 산에서 만난 어린이들

 묘향산 만폭동을 오르다 겪은 일이다. 유선 폭포에서 다음 폭포를 위해 발길을 재촉하다가 제지를 당해 더 오르지 못하고 하산하던 중, 화장실을 들렀다 가야 하겠다는 생각으로 화장실로 향하였다. 묘향산에는 등산로 옆에 화장실을 설치해 놓았는데, 길 바로 옆에 있지 않고 길에서 좀 떨어진 곳에 있어 안내판을 보고 찾아가야 한다.
안내판을 보고 화장실 있는 곳으로 발걸음을 옮기고 있는데, 언덕 너머에 사람의 머리가 나타났다. 나와 마주친 사람은 언덕 아래로 다시 내려갔고, 나는 내친김에 화장실 쪽으로 접근했다.
 언덕 너머에는 성인 두 명과 어린이들 열댓 명이 있었는데, 나를 발견하고는 모두 숲속으로 숨어들었다. 초등학교 3, 4학년쯤 되어 보이는 어린이들이었다. 내가 용변을 보고 돌아서 나올 때까지 어린이들은 숲속에서 나오지를 않았다.

나는 산을 내려오며 골똘히 생각해 보았다. 오후 3시가 넘은 시각에 어린이들이 그곳에 왜 있었을까. 산삼을 캐려고 올라온 어린이들일까. 하지만 산삼을 캘 수 있는 심마니들이라 보기엔 너무 어린아이들이었다. 아니면 산나물을 채취하러 온 아이들이었을까. 아무리 생각해 보아도 도무지 풀리지 않는 수수께끼였다.
16시 50분 만폭동에서 내려와 평양을 향해 차를 달렸다. 평양 시내에 접어드니 18시 30분이 지났는데도 개선문 광장과 김일성 광장 등 넓은 공간에서는 학생들의 집체훈련이 계속되고 있었다. 9월 9일 건국절을 기념하기 위한 행사 준비라 했다.

22) 환송 동석 식사

묘향산에서 출발한 지 두 시간이 경과 한 18시 45분에 양각도 호텔에 도착했다. 오늘이 평양에서의 마지막 밤, 평양 방문 첫날 북측에서 마련한 환영연에 대한 답례로 우리 측에서 만든 동석 식사 자리였다.
G·N 이일화 회장은 인사말에서 '남북 평화통일을 위한 발걸음을 쉼 없이 걸어가겠다'는 요지의 말을 했다. 민화협 이종철 부위원장은 6.15 공동선언은 거스를 수 없는 역사의 흐름이다. 통일을 위해 해야 할 일이 무엇인가 느낌이 컸을 터인데 적극적인 협력을 기대한다는 내용의 답사를 했다.
이종철 부위원장의 말과 같이, 남한의 적극적인 협력이 통일을 앞당기는데 초석이 된다면야 그 누가 협력을 마다고 하겠는가? 문제는 남한의 적극적인 협력에 앞서 북한 당국이 한민족 공동체가 통일국가를 건설하는데 장애가 되는 요인이 무엇인가를 헤아려, 그 장애요인을 제거하는 일이 먼저라는 것을 깨닫는 것이 중요하다는 생각을 해 본다. 19시 30분에 시작한 환송 동석 식사는 20시 30분에 끝났다.

23) 봉수교회

드디어 평양 방문 마지막 날인 21일, 오늘은 봉수교회를 방문하는 날이다.
식사를 마치자 모두들 짐을 챙겨 들고 로비로 모여들었다.

호텔 방문을 나서자 룸서비스를 하는 사람으로 보이는 여자 두 사람이 우리 주변을 맴돈다.
내가 그들에게
"어느 나라에서나 호텔을 이용하고 매일 1달러씩 봉사료를 주면 받는데, 왜 첫날 테이블에 놓아둔 봉사료를 받지 않았습니까?."
하고 물었더니 아무런 대답이 없었다. 우리가 나누는 대화를 옆방에서 나오던 일행 중 한 사람이 듣고 입에 손가락을 대면서 조용히 하라는 신호를 보낸다.
그리고는 엘리베이터를 타고 내려오며 작은 소리로

"1달러를 손에 쥐여주었더니 받았습니다."
하고 알려주는 것이었다. 나는
"아! 그랬습니까?. 그런데 왜 작은 소리로 말씀을 하십니까?"
하고 질문을 했다. 그러자 역시 조심스럽게 작은 소리로
"엘리베이터에 도청 장치라도 설치되어 있으면, 그 사람들 신분이 노출될 수도 있잖습니까?."
하고 말하는 것이었다.
북한 체제가 말과 행동이 이같이 제약받는 사회라는 것을 실감하는 순간이었다.

 봉수교회를 방문하는 일행들의 발걸음은 모두 가벼웠다. 방문단원들이 거의 기독교 신앙인들이라서, 침묵의 교회 북한에서 예배를 드릴 기회가 주어졌다는 것에 고무되어 있었기 때문이리라.
서둘러 승차를 하자 곧바로 출발했다. 이동하는 차에서 평양시 지도를 펴 보니, 우리가 가고 있는 길은 가까운 지름길로 가는 것이 아니라 구불구불 돌아가고 있었다. 더 놀라운 것은 3박 4일 동안 우리는 같은 길만 다니고 있었다는 점을 확인하는 순간이었다. 에스코드를 받으며 다니다 보니 다람쥐 쳇바퀴 돌듯 똑같은 길 만 다녔지 다른 길로는 한 발자국도 벗어나지 못했던 것이었다.

 구불구불 돌아오기는 했지만 드디어 봉수교회에 도착했다. 성가대 복장을 한 사람들이 반갑게 맞아들인다. 교회는 남한에서 제공한 건축자재로 지은 건물이라서 깔끔하고 세련되어 주님을 찬양하는 성전으로서의 면모를 잘 갖추고 있었다.
모두들 성전으로 들어가 예배를 드렸다. 방북단에는 G·N 이일화 회장을 비롯한 몇 분의 목사님들이 계셔서 예배를 주관하였다.
침묵의 동토(凍土)에서 하느님 찬양을 하게 되다니…….
예배를 드리는 마음은 하나 같이 하루빨리 통일되기를 기원했으리라.

 가톨릭 신앙을 가진 나는 예배에 참여하지 않고 현관에서 예배를 지켜보다가, 교회 정문 밖에서 흐르는 보통강 강변을 거닐어볼 요량으로 정문을 나서려 했다.
그러자 정문 안내소에서 대기하던 요원이, "선생님 나가지 마시라요."하고 제재를 했다. 나는 교회 밖으로 세 걸음도 옮기지 못하고 돌아설 수밖에 없었다. 그러면서 출입 통제가 주민과의 접촉을 원천적으로 봉쇄하기 위한 북한의 의도된 행위일 것이라고 생각했다. 예배를 끝낸 후 교회 앞 계단에서는 남과 북의 사람들이 어우러져 기념 촬영을 했다. 기념 촬영을 하기 위해 정렬하여 서 있는 사람들의 얼굴은 모두 화기(和氣)가 가득한 표정들이었다. 비록 순간적이긴 하였지만, 한민족 공동체임을 확인하는 자리였다. 사진 촬영이 끝난 후 아쉬운 작별을 하고 우리 일행은 쇼핑 장소로 이동했다.

24) 쇼핑

차로 시내를 이동하는 중에 건물 벽에 백화점이라 씌어 있는 곳을 보았는데, 문이 닫혀 있었다. 남한의 백화점처럼 쇼윈도우에 물건을 전시한 것도 보이지 않아서 의아해했는데, 쇼핑하라고 안내받은 곳은 백화점이 아닌 개선문 부근에 있는 일반 매점이었다.

건물 2층에 있는 매장에서는 한복으로 단장을 한 판매원들이 건강 보조를 위한 한약품, 한복, 식품, 공산품, 북한 작가들의 작품 등을 팔고 있었는데, 매장의 규모가 작을 뿐 아니라 상품도 조잡한 수준이어서 사고 싶은 충동을 불러일으키지 못했다.
말린 고사리와 잣을 세 봉지씩 샀는데, 봉지당 가격이 5유로씩이어서 남한의 가격보다 비싸다는 느낌을 받았다. 북한의 공훈 작가들이 그렸다는 작품들은 300~500유로로 살 수 있어 남한 작가들의 작품보다 싸게 거래되는 실정이었다. 일행들은 친지들에게 선물로 주기 위해 약간의 상품들을 사는 것으로 쇼핑을 마치고 양각도 호텔로 향했다.

25) 평양냉면

애초 일정은 둘째 날 옥류관에서 점심 식사로 평양냉면을 먹기로 되어 있었는데, 옥류관이 수리 중이라서 냉면을 먹을 수가 없게 되었다. 기대가 컸던 만큼 실망도 컸던 일행은, 평양냉면의 본고장에 와서 냉면 맛도 못 보고 가느냐며 아쉬워했다. 일행의 이 같은 아쉬움을 풀어주고자 주최 측은, 옥류관이 아닌 양각도 호텔 식당에서 점심 메뉴로 평양냉면을 주문하여 먹기로 교섭을 해 놓았던 것이었다.
쇼핑을 끝내고 돌아온 일행이 1호 식사 칸에 도착하자, 미리 주문이 되어 있던 냉면을 차례로 배식하였다. 하지만 식사 인원이 140명을 넘으니 먼저 배식받는 사람, 늦게 배식받는 사람들이 생겨나게 마련이었다. 그토록 먹고 싶어 하던 냉면이었던지라, 먼저 배식받은 사람들은 식탁에 냉면이 놓이자마자 먹기에 바쁜 모습이다.
아직 배식받지 못한 사람은 입맛을 다시며 냉면 먹는 사람을 부러운 눈으로 바라본다.

평양냉면 용기는 남한의 냉면 그릇처럼 밑 부분이 움푹 들어가게 만들어진 것이 아니라, 소반처럼 평평하게 되어 있었고 냉면의 양이 많았다. 국수가 쫄깃쫄깃하고 육수도 맛이 있었으나 어쩐 일인지 냉면에 얼음이 없었다.
그러니 냉면 특유의 시원한 맛을 즐기기에는 모자람이 있었다. 140 그릇이 넘는 냉면을 한꺼번에 만들다 보니 얼음이 부족했던 것일까. 어찌 되었던, 평양냉면을 평양에서 먹었다는 것에 만족해야 했다.

평양냉면으로 북한에서 마지막 식사를 한 우리 일행은 순안비행장으로 향했다. 짐을 화물로 부치고 탑승 수속을 밟았는데, 김포공항에서 고려항공을 탑승하는 절차와 같았다. 비행기는 김포공항에서 평양 올 때 타고 온 그 비행기로 좌석 번호도 똑같았다.
비행기에 탑승하니 창틈에서 새어 나오는 기름 냄새가 여전하여 골치가 아팠지만, 한 시간만 참자는 생각을 하며 버텼다. 이륙하는 비행기에서 창밖을 보니 아홉 대의 고려항공과 네 대의 헬리콥터가 눈에 들어왔다. 순안공항을 이륙한 비행기는 1시간 10분 만인 17시에 김포공항에 도착했다. 140명 방북단은 공항 입국장에서 해단하고 헤어졌다.

 나는 가벼운 발걸음으로 지하철 김포공항역까지 와서, 전철을 기다리며 트렁크를 살펴보았다. 아니 이럴 수가…… 트렁크의 잠금장치가 파괴되어 있었다.
얼른 트렁크를 열고 내용물을 챙겨 보니 분실된 물건은 없었다. 하지만 파괴된 잠금장치로 인해 더구나 트렁크를 여는 과정에 파괴된 잠금장치의 날카로운 쇠붙이에 손가락을 찔려 피까지 흘리다 보니 나는 기분이 몹시 상했다.
이를 어찌한다. 나는 김포공항으로 발길을 돌려 입국장에 있는 경찰관에게 정황을 이야기했다. 이야기를 들은 경찰관은 업무를 대행해 준 아시아나 항공 창구로 가서 상담하라고 일러준다.

 2층에 있는 아시아나 항공 창구로 가서 트렁크의 잠금장치가 파손되어 쓸 수 없게 되었다며 보상받을 대책이 있느냐고 물었다. 창구 직원이 이야기를 듣더니 아시아나항공은 발권 업무만 협조해 준 상황이라 책임이 없다고 한다.
그러면서 고려항공이 아직 가지 않고 있다면 사실을 규명할 수 있지만, 이미 이륙하였고 김포공항에는 고려항공의 출장소도 없어서 사실 확인은 말할 것도 없고 이의를 제기할 곳조차 없다고 했다.
난감하기도 했지만 괘씸하다는 생각을 떨쳐버릴 수가 없었고, 마지막 순간까지 북한에 대한 이미지를 좋게 가질 수 없게 만드는 불미스러운 일이었다.

 아시아나 항공 창구의 직원이 내 손에 묻은 피를 보고는 의무실로 안내해 가서 소독하고 반창고를 붙여주며 하는 위로의 말에 화를 가라앉히긴 했지만, 쉽게 가시지 않은 찝찝한 마음으로 돌아서서 집을 향했다. 3박 4일간의 평양 방문, 짧지만 긴 여행이었다. 이는 3박 4일이라는 시간적인 길이는 짧지만 평양 방문을 마친 후 내 머릿속에 남는 애증의 여운은 끝없이 길게 이어지고 있기 때문이다.

반만년 역사 속에서 같은 언어를 쓰고, 같은 문화를 형성하며 살아온 배달 민족이, 불과 60년이라는 시간 사이에 이처럼 허물어지지 않는 단절의 벽을 높이 쌓아 올리고 산다는 것이, 평양 방문 후 무엇보다도 더 가슴 아프게 느껴졌다.

 피폐한 삶의 현장, 웃음을 잃은 평양 시민의 얼굴, 영양실조로 발육이 부진하여 왜소하기 이를 데 없는 어린이들의 몸, 김일성 김정일 우상화를 위한 행사에 끊임없이 동원되어 집체훈련에 시달려야 하는 젊은이들, 깊은 산에서 산나물 채취에 내몰리는 어린 학생들, 감시 감독의 사슬에 묶여 숨도 크게 내쉬지 못하고 오그라든 삶을 허우적거리며 살아야 하는 애처로운 모습들을 보면서, 한없는 연민의 정을 느끼지 않을 수 없었다.

 북한 주민들의 이 같은 적나라한 삶의 모습을 가까이서 바라본 일행 중에는, 고위 공산당원

2,000명의 호사스러운 삶을 지탱해 주기 위해 2천만 명이 착취를 당하는 것이라며 혹평을 하는 사람도 있었다. 그러면서 북한 체제가 빨리 붕괴하기를 원한다면, 북한을 돕는 어떠한 지원도 해서는 안 된다는 주장을 말하기도 한다.
반면에 헐벗고 굶주리는 주민들의 생활을 보고 도와주는 것은 인간이면 당연히 해야 할 도리라며, 북한을 이 지경으로 만든 김일성 부자와 공산당 간부들이야 한없이 밉지만 불쌍한 주민들이 무슨 죄가 있느냐며, 주민들을 지원하는 일에 더 많은 사람이 지속적으로 참여하여야 한다는 의견을 말하는 사람도 있었다.

어찌 됐거나 세계에 그 많은 국가 중 한민족이면서도 아직도 통일을 이루지 못하고, 유일한 분단국으로 남아 이산의 아픔을 되씹으며 살아야 하는 현실을, 또 갈라진 반도 북쪽 사람들이 처참한 삶의 굴레를 벗어날 수 있도록 하는 일은, 무엇보다도 빨리 남북통일을 이루어야 한다는 사실이다.
이번 평양 방문은 인도주의적인 차원에서 북한 주민들을 돕는 일을 외면해서는 안 되겠다는 것과, 통일의 절실함을 북한 주민들의 생활을 가까이서 바라보고 피부로 느끼는 계기를 만들었다는 점이다.

하지만 지난 7월 11일 새벽, 금강산 관광객 박왕자 씨에게 무차별 총격을 가해 살해한 만행은, 인도주의적인 차원에서 북한을 지원하는 일에 긍정적이던 국민들의 마음조차도 얼어붙게 하고 말았다. 더군다나 만행을 저지르고도 철면피하게 책임을 은폐할 뿐 아니라, 어불성설 남측에 책임을 뒤집어씌우려 획책하는 오만한 모습까지 보이는 북한 당국에 대해, 인도주의적인 지원은 고사하고 오히려 북한 당국을 분기탱천 증오의 마음으로 바라보게 만들어 버렸다.

북한의 이같이 안하 무인격인 방자한 태도를 바라보는 국민들은, 우리가 언제까지 북한에 계속 끌려가고만 있을 것이냐며, 남북 관계의 재정립을 강하게 요구하는 분위기로 만들어 버렸다.
이런 작금의 분위기를 감안하면 언제까지나 인도적인 차원의 대북 지원을 고집할 수만은 없는 상황이라 하겠다.
차제에 우리는 국가전략에 근거하여 남북 관계를 어디로 이끌어갈 것인가, 그 목표와 정책부터 재정립하고, 그에 따라 냉철하고 확고한 의지로 우리가 남북 관계를 주도해 나가는 계기를 만들어가야 하겠다.
그러려면 오늘 북한 주민들의 고통이 아무리 안쓰러워도, 또 남북 관계의 개선이 시급하다 해도, 이제는 의연하게 기다리며 어떻게 하든 북한의 태도 변화를 유도해 내도록 해야 하겠다.

우리는 지금까지 북한의 의지와 권위를 인정하며 북한의 변화를 기다려 왔다. 하지만 이제는 우리가 해 온 것처럼 시간이 걸리더라도, 북한이 우리의 의지와 권위를 존중하도록 변화를 유도해 내는 일에 온 국민이 한마음 한뜻으로 노력하여야 할 것이다.　　　　　　　2008.7.16

2. 삼락시스템 홍보위원으로

삼락회는 교원으로 근무하다가 퇴직한 사람들 즉, 퇴직 교원 친목 모임으로 시·도 자치별 모임이 있고, 시·도별 삼락회가 모여 전국 단위 한국 교육삼락회 총연합회가 결성되어 있는 조직이다.

내가 교단을 떠난 지 3년째 되던 해인 2007년, 서울 삼락회 회장으로 일하던 분이 충주사범학교 출신 선배님이었는데, 삼락회 살림을 회원들의 회비만 가지고 꾸려가는 것이 녹록하지 않자 별도의 재원 염출 방안을 모색하는 과정에, 학교의 야간경비 용역을 담당할 용역회사 '삼락시스템'을 설립하였던, 것이다.

사무실은 우선 옛 서울고 자리에 있는 정독도서관 내에 들어있는 서울 삼락회 사무실을 함께 사용하기로 하고, 업무를 처리할 행정요원으로 시 교육청 사무관 출신의 전직 공무원 1명, 인력을 관리할 인력 관리 본부장 1명, 학교 현장에 홍보하고 용역 계약을 수주할 요원으로 퇴직 교장 5명을 선발하였는데, 나도 5명 중 한 명으로 참여하게 된 것이다.

내가 홍보 및 판촉 요원으로 발탁된 배경은 첫째 회장의 모교 후배여서 부탁하기가 임의로운 면이 있었을 것이고, 다음은 교육청에서 전문직으로 10여 년 근무하여 서울 전역에 아는 교장 선생님들이 많은 점은, 용역 계약 수주에 도움이 될 것이라는 점을 감안해 섭외를 요청해 왔을 것이라고 판단되었다.

나 역시 삼락회가 내가 몸담던 학교의 선후배들 친목 모임이므로, 작은 힘이나마 도움을 줄 수 있을 것이라는 점과, 시간을 효율적으로 관리할 수 있을 것이라는 점을 고려하여 참여를 결정하게 된 것이다.

홍보요원으로 참여하기로 결정했지만, 막상 현장을 누비며 홍보한다는 것이 생각처럼 쉽지만은 않았다. 학교를 방문하였을 때 주로 교장 선생님을 찾아뵙고 대화를 나누지만, 실무자인 행정실장을 대상으로 한 홍보도 피해 갈 수 없는 일이어서, 연령으로 보나 경력으로 보나 한참 후배들인 이들 실장을 상대하는 과정에서 나는 업자 즉 '을'의 위치이다 보니, 옛날 교장이나 장학관이었을 때의 권위나 자존감은 업무 추진에 도움이 되지 않고 오히려 거치적거리는 일이 되었다.

'을'의 위치에서 일한다는 것은 자신을 한없이 낮추는 것에서 출발해야 하는 것을 체험으로 터득하는 상황에서, 이 일을 계속하느냐 아니면 과거의 경력과 위상을 내세워 그것에 안주하여 그만 접느냐 하는 문제에 봉착한 것이다.

홍보 및 판촉 요원으로 참여한 5명 중 3명은 자존심이 허락하지 않는다며 1개월쯤 후에 일을 접었고, 1명은 자신감이 없다며 부담스러워하다가 오래 견디지 못하고 손을 떼는 상황이 되어 5명 중 나 혼자만 남게 되었다.

내가 남게 된 배경에는 지금까지 경험하지 못했던 일에 새롭게 도전해 보자는 의도에서, 또 내가 몸담고 있던 학교를 간접적으로나마 돕는다는 생각에서, 그리고 평생 어린이들과 생활해 오면서 보아 온 어린 천사들을 지근 거리에서 다시 만날 수 있다는 기대감에서 일을 계속하기로 한 것이다.

 경비 용역은 학교 회계연도에 맞추어 계약되며, 인건비 상승 요인으로 해마다 계약을 갱신하도록 되어 있어 2월 말까지 계약 여부가 결정되어야 하므로, 10월부터 부지런히 현장을 누벼 1월 말까지 수주 약속을 받고, 용역 계약은 수주를 약속받은 학교를 대상으로 2월에 체결하여 3월 1일 회계연도에 맞추어 효력이 발생하는 스케줄에 맞추어 추진되는 과정을 거쳐 이루어졌다.
경비 용역계약서를 챙겨 들고 10월부터 면식이 있는 교장 선생님이 재직하는 학교를 부지런히 탐방하면서 홍보했다. 용역회사 상호가 '삼락시스템'이어서 교장 선생님들이 삼락회와 연관성이 있음을 인지하고, 비교적 호의로 받아들여 주심에 용기를 갖게 되었다. 긍정적으로 생각하고 일을 계속하기로 스스로 다짐한 후 뛰어든 일이어서, 학교 방문을 통해 용역 계약을 약속받는 학교가 늘어나는 일에서 나름 성취감을 맛보면서 자신감도 갖게 되었다.

 게다가 서울시 초등학교 교장회 회장이 같은 값이면 삼락시스템을 도와주자는 취지의 E-mail을 전 교장 선생님들께 전송하였던 터라, 학교 현장에서의 호응은 폭발적이었다. 내가 직접 계약을 성사시킨 것이 80여 학교가 되었고, 2009년 3월 1일 새 학기 시작과 함께 계약이 성사된 총량이 249개 학교에 이르렀으니, 불과 2년 새 대박이 터진 것이다. 상황이 이처럼 되자 졸지에 계약을 해지당한 업체들이 쏟아져 나왔고, 회사 운영에 압박받는 처지가 되자 민원을 제기하여 이에 대응하느라 삼락시스템에서는 고심을 하기도 했다.

수주한 경비 용역 총량 249개 거래업소의 ⅓에 해당하는 80여 개 학교와 계약을 성사시킨 나에게 삼락시스템에서는, 거마비로 월 50만 원을 통장에 입금해 주는 것이 전부였고 정식직원으로 발령을 내주진 않았다. 돈에 욕심을 내서 홍보 및 판촉 요원으로 참여한 것이 아니어서, 거마비 50만 원을 지급 받는 것에 대해 불평불만을 제기하지 않고 업무에 협조해 오고있었다.
당시 삼락시스템에서 전무로 보임 받아 행정을 총괄했던 나를 잘 아는 분에게서 들은 바에 의하면, 총거래량의 ⅓에 해당하는 실적을 수주한 분에 대해, 그에 걸맞게 이사(理事)로 발령하여 예우해 주는 것이 타당하며, 회사 발전에도 도움이 되지 않겠느냐고 건의했지만 받아들여지지 않았다는 것이다.

 나는 삼락 시스템의 나에 대한 처우에 개의치 않고, 거래를 성사시킨 학교를 틈틈이 방문하면서 경비 기사가 근무를 열심히 하나 챙겨보고 있었다. 그러면서도 정식직원이 아닌 사람이 계속 점검을 다녀야 하는가에 대해 의구심을 갖게도 되었다.
그러던 중, 전무와 인력 관리본부장이 회사로부터 해임되었다는 소문이 들렸다. 정식직원이 아닌 나로서는 회사 운영에 대해 깊이 아는 바도 없고, 회사 일에 대해 깊이 간여할 상황도 아니어서 알려고도 하지 않았지만 왜 그리됐을까? 하고 의아함을 지니고 있기는 했다.

그러면서 회사를 개설할 당시 애쓴 사람을, 회사가 자리가 잡혀 안정적인 운영이 가능해지자 내보내는 것은 잘못된 처사가 아닌가 생각하고 있었다.

얼마간의 시간이 지난 2010년 4월, 삼락시스템에서 해임된 조 인력관리본부장에게서 만나 뵙고 드릴 말씀이 있다며, 여의도로 찾아오겠다고 전화를 걸어왔다. 여의도까지 찾아오겠다고 하기에 거절할 수가 없어, 만남 시간과 장소를 약속하고 나갔더니 유 전무와 동행하여 와서 만남이 이루어졌다.

차를 마시며 나눈 대화의 주요 핵심은 도와달라는 호소였다. 삼락시스템에서 해고된 후 뜻을 같이하는 사람과 힘을 합쳐, 행복안전시스템이라는 경비 용역회사를 만들었는데 나의 도움이 필요하여 간청을 드린다는 것이었다.

나는 삼락시스템 사원으로 정식 발령을 받은 것이 아니어서, 위상 관리도 불안정하다는 느낌이 들었다. 다른 한편으로는 갑자기 해고당한 두 사람이 안타깝다는 생각에서, 그리고 개설 요원으로 고생한 사람을 회사가 안정되었는데 해고한 처사가 불합리하다고 생각되어, 삼락시스템에 대해 거리감을 느끼던 터여서, 두 사람에게 내 힘이 필요하다면 힘을 합치마고 대답했다. 삼락시스템 홍보 및 판촉 요원으로서 2년 7개월의 내 역할은 이렇게 정리되었던 것이었다.

내가 행복안전시스템과 손을 잡은 것을 뒤늦게 알게 된 삼락시스템의 회장은, '사전에 의논했으면 좋았을 텐데' 하며 섭섭한 마음을 표현하였지만, 행복안전시스템의 정식 사원이 된 것을 알고서는 더 말을 잇지 않았다.

3. 행복안전시스템 CEO가 되다

행복안전시스템에 힘을 합치기로 한 후, 2010년 5월 중순에 노원구 공릉동에 있는 사무실을 찾았다. 사무실을 방문하여 내가 확인한 현황은, 백만기 사장님은 공주사범학교를 졸업하고 교사로 근무하다가 전기안전공사에 입사하여, 전남지사장을 역임하고 정년퇴직 후 삼락시스템 소속 경비 기사로 일을 하셨던 분이었다. 삼락시스템 유시종 전무는 고문으로, 조규동 인력관리본부장은 같은 직함으로, 그리고 전기안전공사 전 직원이셨던 분은 이사로, 인적 조직이 마무리되어 2009년 10월 21일에 회사가 출범한 것이었다.

회사 출범이 성사된 과정을 추정해 보니, 유 고문은 전직이 서울시교육청 공무원이었던 이력이 있어 학교 현장의 행정실장들이 거의 후배들이어서, 경비 용역을 쉽게 수주할 수 있을 것이라는 기대감으로, 조 인력관리본부장은, 삼락시스템에서 자신이 인력을 직접 관리했던 실무자로서 경비 인력을 쉽게 행복안전시스템으로 흡수할 수 있을 것이라는 자신감을 가지고 백 사장에게 접근하여, 회사를 설립하면 장래 희망이 있다고 적극 권장하자 이에 마음을 모아 회사설립이 성사된 것으로 짐작되었다.

 게다가 회사는 업무영역을 경비 용역뿐만 아니라, 전기 안전 대행, 청소, 소독 영역까지 확장하여 등록을 마쳤는데, 이같이 업무영역을 확장한 배경에는 백 사장님과 박 이사 한 분은 전근무처가 전기안전공사이었던 점을 연고로, 그 분야의 노하우와 인맥의 뒷받침을 받으면 회사 운영이 가능할 것이라는 판단에서, 2010년 1월 22일 회사등록을 한 것으로 생각되었다.
 이처럼 큰 기대감으로 회사가 출범하였지만, 2010년 3월 1일 회계연도에 맞추어 용역 계약이 성사된 학교가 기대 수준에 이르지 못하였을 뿐만 아니라, 전기 안전 대행 업자로 등록할 때 전기기사 7명의 면허증을 첨부하여 등록요건을 충족시켰지만 7명의 기사가 전기 안전 점검을 할 수 있을 만큼의 거래처가 확보되지 않아, 회사 수입이 미미한 상태에서 기사들의 라이선스 대여에 따른 고정비용 지출은 회사 운영에 압박감으로 작용하여 곤혹스러운 상황에 직면하였던 것이었다.

 회사의 정상적인 운영을 위해서는 최소한의 거래처를 확보하여 운영에 필요한 재원을 마련해야 하는데 현실은 이에 미치지 못하여 회사가 존폐의 처지에 직면하자, 이를 타개하는 방안을 모색하는 과정에서 나를 영입하면 도움이 될 것이라는 판단을 하고 접근해 온 것으로 분석이 되었다.
 회사의 운영이 어려움을 겪는 것으로 확인이 되었지만, 힘을 합치기로 한 이상 약속을 취소하는 일은 온당치 못한 처신이고, 나의 합류로 거래처 확보를 통해 어려운 여건을 극복할 수 있다면 이 또한 도전해 볼 일이라는 판단에서 제의를 받아들였다.
 이 같은 배경에서 2010년 6월 1일 나는 행복안전시스템의 정식 사원으로 합류하게 되었는데, 백 사장은 나의 직함을 회장으로 추대해 주었다. 정식직원이 된 이상 회사 제1의 당면과제인 거래처 확보를 위해 열심히 뛰는 것이, 내게 부여된 책무이므로 회사 운영의 정상화를 위해 학교 현장을 부지런히 누볐다.

 면식이 있는 교장 선생님을 찾아 행복안전시스템에 대해 집중적으로 홍보를 하며 계약이 성사될 수 있도록 배려해 달라고 했지만, 단 한 번의 학교 방문으로 계약이 성사되는 일은 없었다. 최소 세 번에서, 많게는 일곱 번까지 방문했을 때 계약에 대한 확답을 받기도 했다.
 이 같은 상황이다 보니, 10월부터 다음 해 1월 말까지는 추위도 아랑곳하지 않고 서울 전역을 누비며 열심히 뛰어야만 했다.
 이처럼 열심히 일할 수 있었던 배경은, 비록 지금은 학교 현장을 떠나있지만 학교라는 곳이 내가 몸담고 근무했던 곳이어서, 간접적인 방법으로나마 양질의 서비스 제공으로 학교를 돕겠다는 나름의 신념에서 찾을 수 있었다.

 학교 현장을 누비며 참으로 고마움을 느낀 것은, 내가 학교를 떠난 지 5년이 지났는데도, 교장 선생님들께서 나에 대한 이미지를 좋게 가지고 계셔서 문전박대를 하지 않으시고, 가능하면 도와주려고 나름의 노력을 기울이고 있음을 읽을 수 있어서다.

당해 연도에 계약이 성사되지 않았다손 치더라도 내년에는 성사될 것이라는 기대감을 가질 수 있었다는 점이 나를 고무시켰다고도 할 수 있었다.

앞에서 밝혔지만 2010학년도 회계연도에 맞추어 3월 1일 용역 계약이 성사된 곳이 많지 않아 회사는 운영자금 확보에 대한 압박을 받고 있었다.
백 사장은 내게 투자를 권유해 왔다. 1,000만 원을 투자하면 이자로 3년에 1,000만 원 목돈을 만드는 적금을 들어 기간만료와 함께 원금을 돌려주고, 1,000만 원을 투자하였으므로 주주로 등록을 해 주겠다고 제안을 해왔다.

나는 회사의 정식 사원이 된 이상 같이 고통을 분담하는 차원에서 백 사장의 제안을 받아들여 1,000만 원을 투자하였고, 2010년 12월 16일 등기부상에 정식 이사로 등록되었다. 나는 월 1회씩 사무실에 들러 백 사장님으로부터 회사의 운영 현황에 대한 안내를 받았을 뿐, 회사는 전적으로 사장님 책임하에 운영되었다.
내가 거래처 확장을 위해 열심히 뛰었지만, 일거에 획기적으로 거래처를 늘리기에는 한계가 있었고, 유 고문이나 조 인력 관리본부장은 거래처 확보에 도움이 되지 못했다. 그러면서도 유 고문과 조 본부장은 품위유지를 하려고 회사의 카드를 활용하니, 자연스레 백 사장과 틈새가 벌어지게 되어, 드디어 더 버티지 못하고 회사를 떠나게 되었고 박 이사는 진즉 자기 몫을 챙겨 떠난 생태였다.

구성원 수가 줄어들면서 필요 이상의 회사 지출이 줄고, 나의 적극적인 활동으로 경비 및 전기 안전 대행 거래처가 해마다 늘어나면서, 회사는 점차 안정적으로 자리를 잡아가고 있었다.
이렇게 되자 백 사장은 나에게 고마운 마음을 갖게 되고, 위상에 걸맞게 예우를 해 주려고 노력하였다.
2014년 10월에 회사에 들렀더니, 백 사장이 나에게 대표이사로 등록하여 공동대표제로 회사를 운영하자고 제안을 해왔다. 생각지도 못한 제안에 '왜 그런 생각을 하게 되었느냐?'고 물었다.
'회사 대표인 자기 이름은 학교 현장에서 인지도가 낮아 신뢰를 주지 못하기 때문에, 직접 교장 선생님들을 상대로 거래처를 확보한 회장님이 공동 대표가 되어 계약은 회장인 양종구 명의로 하고, 회사 살림은 자신이 맡아서 하는 것이 거래처에 믿음도 주고 더 바람직한 것으로 생각이 되었기 때문'이라고 했다.

백 사장의 제안을 듣고 생각해 보니 일리가 있다고 여겨져 제안에 동의한 후, 등록에 필요한 일건서류를 제출하여 2015년 1월 2일 나는 행복안전시스템의 공동 대표로 정식 등기부상에 등록이 되었다. 2015학년도 3월 1일에 맺은 용역 계약은, 행복안전시스템 대표이사 양종구 명의로 계약이 되어 인생 2모작이 새로운 국면을 맞게 된 것이다.

예지의 힘 작용으로 백 사장님이 공동 대표를 제안했는지 헤아릴 수는 없는 일이지만, 너무도 의외의 일이 벌어져 황당하기도 하고 당혹스럽기도 했다.

건강이 좋지 않아 병원에 입원하셨던 백 사장님이 병세가 악화하더니 졸지에 5월에 세상을 뜨신 것이다. 너무도 어이없고 기막힌 일이 벌어졌다. 정중히 장례를 모시고 그 후속 조치로 사망신고 절차를 밟으니, 행복안전시스템의 대표이사는 자연스레 내 몫이 된 것이었다.

공동명의 대표이사였다가 혼자 회사를 떠맡게 되니 걱정이 앞섰다. 회사 운영에 대한 나의 의사결정이 회사의 명운과 맞물려 있다고 생각하니 중압감이 몰려왔다. 비록 규모가 크지 않은 소규모 사업체이지만, 회사원들의 생계가 또 앞으로 회사를 정상적으로 유지 운영하는 문제가 모두 나의 어깨에 책임으로 주어진다는 사실을 감당할 수 있을 것인가 하는 점에서 고민하지 않을 수 없었다.

앞으로의 진로 문제에 대해 조 전무와 머리를 맞대고 논의를 했다. 그리고 회사를 계속 운영하기로 결론을 냈다. 이 같은 결정을 하게 된 배경은, 용역 계약을 맺은 학교 교장 선생님들이 나에게 보내준 신뢰를 결코 저버릴 수 없다는 판단에서였다.

그리고 행복안전시스템 직원들과 격의 없는 대화를 나눴다. 회사가 어려움에 봉착하기는 했지만, 힘을 합쳐 이를 극복하자고, 그리고 각자가 회사의 주인이라는 의식을 가지고 회사를 더욱 키워나가자고 다짐했다.

위기가 기회라는 말이 있듯이, 이 같은 우리의 다짐과 노력으로 회사는 무난히 어려움을 극복하고 안정을 찾아 2016학년도 거래처가 경비 용역 65개소, 전기 안전 대행 70여 개소로 늘어나는 결과를 가져와, 경비 기사 80명에 전기기사 5명을 포함 본부 직원 9명의 규모로 성장하는 성과를 올렸다.

하지만 예기치 못한 위기를 또다시 맞게 되었다. 서울시교육청 지침에 의해 2018년 9월부터는 경비 용역이 학교 직고용으로 전환되면서, 65개소에 이르렀던 거래처가 16개소로 곤두박질을 하게 되었다. 이것으로 인해 일시에 퇴직금을 지급해야 하는 사태가 발생하여, 퇴직금 지급을 위한 자금 압박을 받게 되었음은 물론 거래처 감소로 인해 수입이 감소 되어, 회사도 긴축 운영을 하지 않으면 살아남기 어려운 국면을 맞게 된 것이다. 그러나 이 같은 어려움을 맞았음에도 희망을 지닐 수 있었음은, 행복안전시스템 직원들 모두가 허리띠를 졸라매고 회사의 어려움을 극복하려는 노력에 다 같이 동참하며 힘을 합치고 있다는 점이다.

고맙게도 전기기사들은 자기들만의 회합을 가진 후 회사의 발전을 위해 양질의 서비스를 제공하였다. 행정실장이 인사이동으로 다른 곳으로 옮겼을 경우 필요하면, 자신들을 찾을 수 있는 수준까지 신뢰를 쌓아가도록 노력을 기울이자고 다짐하고 스스로 역할 수행에 최선을 다하고 있다는 점이다.

회사의 생존을 위해 업종을 전기안전대행에만 포커스를 맞추어, 거래처 확보에 최선의 노력을 기울여 2019학년도는 거래처를 100여 곳으로 확장하였다. 조식규 전무가 슬기롭게 업무를 처리, 구성원에 대한 구조조정을 시행하여 인원을 감축하고, 지출도 줄였으며, 긴축 운영을 통해 퇴직금에 대한 자금 압박도 무난하게 해결하여, 회사 운영이 정상화되었다는 점이다. 행복안전시스템이 안정을 찾기는 했지만, 현실에 안주할 수만은 없었다. 거래처를 넓히는 일은 행복안전시스템을 더 굳건한 기반 위에 올려놓는 일이요, 직원의 생존을 담보하는 일이었기 때문이다.

 나는 1년에 봄과 가을 두 차례 거래처를 방문하여 기사들의 복무 상황을 점검, 부족함이 없도록 보완함으로써, 신뢰를 더 돈독히 쌓아 지속적으로 거래가 유지 되도록 노력을 기울이고 있다. 기사들도 역량을 발휘하여 양질의 서비스를 제공함으로써, 주무관과 행정실장의 신뢰를 받아 행정실장과 주무관이 정기 인사이동으로 근무지를 옮길 경우, 새로운 근무처에서도 행복안전시스템 기사에게 전기 안전 점검을 의뢰해 오는 사례가 늘고 있어, 2023학년도에는 거래처가 126개소로 확장되었음은 매우 고무적인 성과라 하겠다.

 그리고 2018년 9월에 학교의 직(直)고용으로 전환되었던 야간경비 용역을 외주할 수 있게 허용되어, 이에 따라 경비 용역을 수주할 수 있는 조건을 충족시키기 위해, 2021년 7월 15일 고용노동부로부터 사회적 기업 승인을 받았다. 기왕에 쌓아온 신뢰를 바탕으로 경비 업무로도 영역을 확장할 수 있게 되어, 계속해서 발전을 도모하게 됨은 참으로 다행한 일이라 아니할 수 없게 된 것이다. 이뿐만 아니라 2024년 6월 16일에는 청소 용역에 대한 노하우를 가지고 있고 경력도 겸비한 정중교님이, 우리 행복안전시스템에 합류하여 기존에 수행해 오던 전기 안전 점검, 경비 용역, 시설 관리에 청소 용역까지 업무를 확장하게 되었음은, 행복안전시스템의 전도를 더 밝게 비출 것이라는 기대를 하게 한다.

 이에 더하여 행복안전시스템이 출범할 때부터 사무실을 임대하여 사용해 오던 것에서 벗어나, 2024년 7월 31일 금천구 가산디지털1로 58에 있는, 에이스 한솔타워 1006호를 사무실로 마련하여 살림을 꾸려나가게 되었음은 참으로 다행한 일이라고 할 것이다. 따라서 행복안전시스템은 앞으로 전 사원이 일치단결하여 양질의 서비스를 제공함으로써 신뢰할 수 있는 기업으로 자리매김하고, 더욱더 기반을 확고히 다져 나가기 위해 쉼 없는 전진을 계속해 나갈 것이다.

제11부 죽음 경험과 나의 죽음 준비

1. 죽음 경험
2. 나의 죽음 준비
3. 가족 묘원 조성

제11부 죽음 경험과 나의 죽음 준비

1. 죽음 경험

(1) 할아버지의 선종(善終)

 내가 할아버지의 주검을 맞은 것은 열 살 때이다. 할아버지께서는 오랫동안 병환으로 고생하셨다. 병명이 정확히 무엇인지 알 수가 없었고, 단지 속병이었다는 것만 들어서 어렴풋이 알고 있었다. 병환으로 고생하시다가 세상을 뜨신 것은 1950년 6.25 사변으로 온통 세상이 시끄러울 때인 7월 10일이었다. 국군이 후퇴에 후퇴를 거듭하여 고향인 충주까지 적의 수중에 들어가고, 시내에서 남쪽으로 30여 리 떨어진 고향마을에서 교전이 벌어질 때 운명을 하신 것이다.
사랑방 아랫목에 시신을 모시고 병풍이 흔치 않았던 때라, 자리로 사신을 가려놓고 빈소를 차렸는데 탄환이 벽을 뚫고 방으로 날아들어, 시신을 가려놓은 자리가 걷히는 황당한 일이 벌어 지기도 하였다. 이런 경황이 없는 상황에서도, 안 상주들은 머리를 풀어 헤친 채, 지금은 내륙고속도로 괴산 인터체인지가 있는 방곡리까지 10여 리 피난을 갔다가, 어쩔 수 없이 집으로 돌아오는 해프닝을 벌이기도 했다.

 난리통에 정식으로 장례를 모실 수가 없었다. 하는 수 없이 마을 뒷산에 토롱(土壟:임시 가매장)을 했다. 인천상륙작전과 서울 수복으로 북한군이 후퇴를 한 1951년 4월, 정식으로 장례 절차를 밟기 위해, 토롱에서 시신을 발굴해 집 행랑채 헛간에 모셨다가 3일 장을 치렀다.
그런데 이상하게도 할아버지를 모셨던 헛간이 내게는 두려움의 대상이었다. 해가 진 후 어둠이 찾아들면, 할아버지를 모셨던 헛간 앞을 지날 때마다 등골이 오싹하고, 뒤에서 무엇이 쫓아오는 양 두려워, '걸음아 나 살려라.' 하며 줄달음쳐 안채 안방으로 뛰어 들어가곤 했다. 불같이 급한 성정(性情)을 지니셨던 할아버지를 나는 무서워했던 터라, 생존해 계실 때 조손간 가까이서 정을 나누지 못했다.
그리고 사람이 죽으면 혼백(魂魄)이 남아 있다는 소리를 어른들에게서 들어 알고 있어서였는지, 할아버지의 죽음은 어린 나에게는 늘 두렵고 무서웠던 기억으로 남아있다.

(2) 할머니의 선종

 1965년 11월 군 복무를 마치고 제대한 이후 나는 할머니를 모시고 살았다. 할머니를 모시고 사는 동안 병원을 모르고 살 정도로 할머니는 건강하셨다. 온갖 환난을 겪으시며 사시느라 잡초의 생명력처럼 강인한 정신력을 지니시게 되어, 병을 다 이겨내셨기 때문일 것이라고, 생각된다. 1974년 6월 27일 학교 근무를 마치고 퇴근하여 집에 들어서니, 부엌에 계시던 어머니께서 할머니 방을 들여다보라고 하신다. 얼른 할머니 방에 들어가 보니, 할머니가 누워 계시는데 말씀을 하지 못하셨다. 뇌졸중으로 쓰러지신 것이다.

나는 서둘러 집에서 가까운 곳에 사시는 교우분을 모셔 와 할머니에게 대세를 드렸다. 85세로 연로하시고 쓰러지신 후 음식을 잡수시지 못하여, 시간이 지날수록 기력이 떨어지는 것이 완연하게 보였고 등에는 욕창까지 생기는 것이었다.

할머니께서는 쓰러지신 지 일주일이 되는 7월 3일 운명하셨다. 낯선 타향에서 장례를 치르는 일이 중압감으로 내게 다가왔다. 불행 중 다행이랄까. 할머니께서 대세를 받고 작고하신 것이 천주교 신자로 인정받는 계기가 되어, 인천교구 천주교 묘지인 '하늘의 문' 묘원으로 장례를 모실 수 있게 길이 열렸기 때문이다.

장례 절차를 마치고 느낀 것은 할머니를 더 잘 모시지 못한 것에 대한 죄스러움에 마음이 아팠던 반면에, 할머니께 대세를 드려서 영혼을 구할 수 있게 되었다는 안도감과, 처음 경험하는 상례를 내 힘으로 직접 무리 없이 해냈다는 것에서 위안을 얻을 수 있었다. 다른 한편으로는 20여 년을 떠돌이 생활을 하시면서, 집 없는 서러움을 겪으며 살아오신 할머니 삶의 마지막을, 남의 집이 아닌 내가 마련한 집에서 맞을 수 있었다는 것도 내게는 위로를 주는 것이었다.

(3) 아버지의 선종

아버지의 주검을 맞은 것은 1981년 9월 4일이다. 경기도 연천군 상리국민학교에서 근무중 부음을 듣게 되었다. 아버지는 내가 국민학교 5학년 때부터 딴 집 살림을 해 오셨던 터라, 가까이서 모시지 못했으므로 인하여 언제나 서먹서먹하고, 다가서기에는 마음속으로부터 용인되지 않는 응어리가 있어 거리감이 있었다. 6개월 전쯤 편찮으셔서 누워 계시다는 소식을 듣고, 충주에 살고 계시는 아버지 댁으로 병문안을 가서 뵈오니 위암을 앓고 계셨다.

가족은 서울에서 살고 직장은 경기도 연천이어서 1주일에 한 번씩 집에 들르며 두 집 살림을 사는 상황이라, 가까이서 돌봐 드릴 수 없는 처지이다 보니 난감했다. 물에 빠지면 지푸라기라도 잡는다는 속담처럼 아버지는 자식을 보시며 반가워하셨다. 치료를 위해 자식이 손을 써 주실 것이라는 기대 때문이었을 것이다.

하지만 자식이면서도 아버지가 기대하시는 것처럼 즉시 병원에 입원하여 치료받도록 조치를 해드리지 못하고, 이런저런 방도를 찾는 사이 6개월이라는 시간이 흘렀다. 아버지는 더 기다려 주시지 못하고 세상을 뜨셨다.

장례를 모시고 나니 남는 것은 빚뿐이었다. 그리고 아버지가 살아오신 삶의 역정(歷程)을 받아들이지 못하는 내 마음 때문에 아버지와 틈새가 벌어져 있었지만, 만시지탄(晩時之歎)이었다. 마음을 열고 좀 더 일찍 대화하여 응어리진 마음을 풀었더라면 이처럼 후회스럽지는 않았을 터인데, 또 결과야 어찌하였던 서둘러 병원에 입원하여 치료받으실 수 있도록 했더라면, 입원 치료를 기대하셨던 아버지의 마음에 조금이나마 기쁨을 드렸을 터인데…….

(4). 어머니의 선종

나는 어머니를 생각하면 늘 수욕정이풍부지(樹慾靜而風不止)요, 자욕양이친부대 (子慾養而親不待)라는 한시를 떠올린다. '나무가 가만히 있고자 해도 바람이 그치지를 아니하고, 자식이 부모를 봉양하려 해도 부모가 기다려 주지 않는다'는 뜻이다
1998년 10월 3일 추석을 앞두고 고향에 모신 증조할아버지 내외분 할아버지와 아버지 산소 벌초를 하려고 갔다. 벌초를 끝내고 귀경하는 길에 청주에 사는 동생이 모시고 있는 어머니를 뵈러 갔다. 어머니를 뵙는 순간 많이 기울어지신 것이 느껴졌다. 어머니를 뵙고 집에 돌아왔으나 마음이 놓이질 않았다. 10월 5일이 추석인데, 추석에 차례 모시는 일을 생략하기로 하고 하룻밤을 지나고 다시 어머니에게로 달려갔다. 옆에서 지켜보며 운명(殞命)의 시간이 다가오고 있구나 싶더니, 10월 6일 드디어 숨을 거두셨다.

1989년 초가을 어느 날 퇴근하여 집에 돌아오니, 어머니가 뇌졸중으로 목욕실에서 쓰러지셔서 누워 계셨다. 어머니께서는 어눌한 말씀으로 아무리 일어나려 해도 일어나 지지 않더라고 하시며, 한쪽 팔다리가 움직여지지 않는다고 하셨다.
여의도 성모병원 응급실로 모셔서 진찰을 받아보니 머리에 피가 고였단다. 하지만 연세가 높으셔서 위험 부담이 따름으로 무리하게 수술할 필요가 없다고 했다.
경희대 한방병원으로 옮겼다. 한 달이 넘는 기간 동안 입원 치료를 받으니, 차도가 좀 있으셔서 퇴원하여 재택 가료(加療)를 했다.

1992년 4월 동생이 어머니를 모시겠다며 집을 방문했다. 왜 모시려고 생각했느냐고 물어보았더니, 자신도 자식들의 부모로서 어른을 어떻게 봉양해야 하는지를 자식들에게 보여주고 싶어서라고 했다. 아이들은 학교에 가고, 우리 내외도 직장에 출근을 하면, 어머니 혼자 집에 계셔서 어머니 병수발을 제대로 해드리지 못해 죄송스러운 마음이었는데, 개인택시 사업을 하며 시간 적으로 조금은 자유로운 동생이 모시겠다니 동생의 생각이 가상하고 고마웠다.
이렇게 해서 동생의 집에 머무르게 되신 어머니께 2주에 한 번씩 병문안을 갔다. 병문안을 갈 때마다 어머니는 나를 보며 눈물을 훔치셨다.
처음에는 어머니께서 훔치시는 눈물의 의미를 알아차리지 못했는데 나중에야 깨닫고 알게 된 것은, 당신이 병으로 누워계심으로 인해 자식인 내가 병문안을 오느라고 고생하게 하는 것이 마음이 아프셔서 흘리시는 눈물이라는 것이었다.
당신의 불편함보다도 자식에게 주는 불편함을 더 아파하신 어머니의 자식 사랑, 지워지지 않는 그리움이다. 병문안을 갈 때마다 나는 어머니께 우리 집으로 가시자고 하면, "가기는 뭘 가, 아무 곳에나 있지" 하시면서 동생네 집에 계속 머무르시기를 원하셨다. 어머니는 우리 집에

계실 때보다 불편을 덜 느끼시며, 내가 모실 때보다 정신적인 부담이 훨씬 가벼우신 듯했다.

이런 어머니를 뵈면서 어머니를 모시는 동생의 효성에 무한한 고마움을 느꼈고, 할머니를 열심히 봉양하는 조카들이 대견하고 사랑스러웠다.
어머니를 지극 정성으로 모시는 동생의 효행이 주변에 알려져, 이웃 사람들의 추천으로 청주시장으로부터 효행상을 받는 영광을 맞기도 하였다.

하지만 동생의 효성이 지극하다고 하여 언제까지나 어머니를 동생이 모시게 할 수는 없었다.
그리하여 내가 모시기로 하고 우리 집으로 가시자고 하니 종전처럼 "가기는 뭘 가, 아무곳에나 있지"하시며 동생의 집에 머무르시기를 원하시던 대답을 하지 않으시고 묵묵부답 이셨다.
이렇게 말씀이 없으시다는 것은 곧 우리 집으로 가시겠다는 의사의 간접적인 표현임을 읽을 수 있었다.

그리고 1994년 6월에 부천 중동 새 아파트로 입주하여 집도 넓어졌으므로, 새집에 어머니를 모셔 기쁨을 안겨드리고 싶기도 했고, 다른 한편으로는 고생고생하며 뒷바라지를 해 오신 어머니의 은공으로 교사의 길을 걷게 된 내가 1998년 9월 1일 자로 교장 발령을 받았으니, 당신의 아들이 경영하는 학교를 한 번 보여 드리는 것도 어머니를 기쁘게 해드리는 일이겠다 싶어, 어머니를 모셔 와야 하겠다는 생각을 굳히게 된 것이다.

어머니를 모셔 오기 위해 의논한 끝에, 아내는 1998년 8월 말에 명예퇴직을 하게 되었고 추석을 지난 후 모셔 올 계획이었다.
어머니께서는 그 시간을 기다려 주시지 못하시고, 추석 다음 날인 10월 6일 한 많던 세상을 뜨신 것이다. 어머니 장례를 모시고 학교에 첫 출근 한날, 일과를 마치고 퇴근 전 종례시간에 선생님들께 들려드린 말이 '수욕정이풍부지(樹慾靜而風不止)하고 자욕양이친부 대(子慾養而親不待)'라는 한시였다. 자식이 봉양하려고 해도 기다려 주시지 않는 부모님, 내게는 어머니께서 생존해 계실 때 더 열심히 모시지 못한 죄스러움이 영원히 가슴 속에 한으로 남아 있는 것이다.

2. 나의 죽음 준비

2005년 2월 28일 정년퇴직을 하였다. 1961년 12월 18일 교단에 첫발을 내디딘 후, 43년이 넘는 세월을 교단에서 보내며 무사히 정년퇴직을 맞게 됨이, 결코 나 혼자만의 힘으로 이루어진 것이 아니라, 주변 분들이 보이게 보이지 않게 도움을 주셨기에 가능했다는 생각에 이르니, 내가 아는 모든 분에게 그저 감사하고 또 감사할 뿐이다.
그렇다면 앞으로 내가 믿음 안에서 어떤 일을 하여 다른 사람들에게 도움을 주는 삶을 살 수 있을까를 숙고한 끝에, 연령회 활동에 참여하여 봉사하는 것이 좋겠다는 생각에 이르러 2005년

6월부터 회원으로 가입하게 되었고, 지금까지 활동을 계속하고 있다. 연령회 활동을 통해 세상을 떠나시는 분들의 상·장례(喪·葬禮)를 가까이서 지켜보면서, 애통해하는 유족들과 같이 눈물을 흘리기도 하고 위로도 하며, 간절한 마음으로 고인이 하느님 나라에서 주님의 빛난 얼굴을 뵈오며 영원한 복락을 누리시기를 기원하였다.

그리고 수많은 주검에 접하면서 1959년 세례를 받기 위해 신부님께 찰고(察考)를 받는 과정에서 머리에 각인된 신부님이 하시던 질문, "사람을 죽음에 대하여 무엇을 생각할 것이뇨?"와 그에 대한 대답으로 "죽음은 도둑과 같아서 언제 내게 올지 모르므로 항상 준비하고 있어야 한다."는 말을 떠올리곤 한다.
또 장례미사를 드릴 때 자주 듣게 되는 마태오 복음 25장 34절~36절,
'내 아버지께 복을 받은 이들아, 와서 세상 창조 때부터 너희를 위하여 준비된 나라를 차지하여라. 너희는 내가 굶주렸을 때 먹을 것을 주었고, 내가 목말랐을 때 마실 것을 주었으며, 내가 나그네였을 때에 따뜻이 맞아들였다. 또 내가 헐벗었을 때에 입을 것을 주었고, 내가 병들었을 때에 돌보아 주었으며, 내가 감옥에 있을 때에 찾아 주었다'는 구절의 의미를 되새겨 보곤 한다.

언제 내게 닥칠지 모르는 죽음, 그리고 복음 말씀에서 강조하시는 하느님께서 세상 창조 때부터 준비한 나라를 차지하기 위해서 해야 할 일, 그것은 항상 죽음을 준비하고 있어야 한다는 것이다. 그렇다. 죽음이 언제 내게 닥칠지 모르므로 항상 죽음 준비를 하자. 그 길은 복음에서 강조하는 굶주리는 이에게 먹을 것을, 목말라하는 이에게 마실 것을 주려고 노력하며, 나그네를 따뜻이 맞아들이고, 헐벗은 이에게 입을 것을 주며, 병든 이들을 돌보아 주고, 감옥에 있는 이를 찾아주는 일이다. 즉 사랑의 삶을 사는 것이 죽음을 준비하는 것이고, 천지 창조 때부터 준비한 나라를 차지하는 것이다. 사랑의 삶을 살려는 노력, 그것이 웰빙이고 웰다잉으로 가는 지름길인 것이다. 힘이 닿는 한 능력이 뒷받침되는 한 사랑의 삶을 살 것이다.

3. 가족 묘원 조성

나의 직계존속이신 증조부 내외분의 산소는 충주시 살미면 문강리 아랫마을 뒷산 미륵 동산 끝자락에 모셔져 있다. 할아버지 산소는 문강리 아랫마을 뒷산 자락에 모셔져 있고, 할머니 산소는 인천 천주교 묘지 '하늘의 문' 묘원에 모셔져 있으며, 아버지 어머니 산소는 증조부 산소 왼쪽에 합분(合墳)으로 모셨다.
해마다 한식 때 성묘를 다녀오고 추석을 맞으며 벌초를 하기 위하여 산소를 찾을 때면, 문산에 모셔져 있는 산소에는 가족들이 모여 참배를 다녀오지만, 인천 천주교 '하늘의 문' 묘원에 모셔져 있는 할머니 산소에는 늘 나 혼자 성묘를 다녀오는 상황이었다. 이처럼 내가 살아있는 동안은 나 혼자만이라도 할머니 산소를 매년 참배하겠지만, 내가 죽은 후 아들들이 할머니 산소를 찾아 참배할 것이라는 기대는 할 수가 없는 것이 현실이다.

왜냐하면 괴산군 연풍면 유상리에 모셔져 있는 고조할머니 산소는 멀리 떨어져 있다 보니, 산소의 위치를 아시는 아버지 생존시에도 한 번도 성묘를 다녀온 일이 없다. 그로 인해 아버지가 돌아가신 후에는 아예 잊혀진 묘소가 되었기 때문에, 할머니 산소도 나의 사후에는 참배가 두절 될 것이 불을 보듯 분명한 한 일로 예상이 되기 때문이다. 게다가 가족 제도가 핵가족으로 변모하면서, 자손들이 함께 모여 조상의 산소를 찾아 참배하는 풍속이 점점 사라져 가는 상황에서, 조상숭배의 아름다운 전통문화를 지속적으로 지켜가며, 아울러 산소참배를 통해 가문에 대한 뿌리 교육을 하는 장소로 활용하기 위해서는, 산소를 한 곳에 모시어 가족 묘원을 조성하는 것이 바람직한 방안일 것이라는 생각을 하게 되었다.

이에 더하여 매장(埋葬) 문화가 화장(火葬)문화로 변화하여, 넓은 면적이 아니어도 한 곳에 여러분을 모실 수 있는 길이 열리면서, 가족 묘원 조성의 필요성이 더 절실하게 다가왔다. 그리하여 가족 묘원을 조성하기로 결심하고, 2011년 3월 증조부 내외를 모셨던 곳을 가족 묘원 장소로 조성하고, 증조부 내외분, 조부 내외분, 아버지와 어머니 내외분의 시신을 발굴하여 화장한 후 모시고, 다음과 같이 표지석을 설치하여 가족 묘원 조성을 완료하였다.

표지석(標識石)
忠州梁公枏基 家族墓苑

梁 惠 集 1850. (음) 1. 2 ~ 1912.(음) 6. 7 長淵盧氏 1853. 〃 10. 2 ~ 1921. 〃 6. 3 　　　子　然亨.　子婦　安東 權氏

梁　然　亨 1891. (음) 2. 3 ~ 1950. 7.10 安東權氏 1890. 〃 4.22 ~ 1974. 7. 3 (마리아) 　　子　枏基. 轅基. 駿基. 女 福伊 　　子婦 權壽童 金鎭男　壻 尹周榮

梁 枏 基　1914. 8.21 ~ 1981. 9. 4 權 壽 童　1912. 4. 2 ~ 1998. 10. 6 (율리안나) 　　子　　鍾矩.　鍾珪.　女　鍾淑 　　子婦 金任子　李相順　壻 安商弘

이와 같이 가족 묘원을 조성한 후부터는, 매년 한식 때와 추석 때 가족들이 모여 성묘와 벌초를 하며 아울러, 묘소를 정비하는 일도 힘을 모아 하게 될 뿐만 아니라, 자식들에게 표지석에 기록되어 있는 내용을 안내하며, 조상에 대한 이해를 높이어 자라나는 후손들에게 가계(家系)에 대한 인식을 확실하게 심어줄 수 있다는 점에서 매우 긍정적인 평가를 할 수 있다.

이뿐만 아니라 화장을 한 후 50cm 간격으로 유골을 모시니, 넓은 면적이 필요하지 않아 앞으로 가족 사망 시 묘지를 구해야 하는 번거로움을 피할 수 있어, 가족묘지 조성은 매우 현명한 판단이었다고 생각이 된다.

제12부 지인, 친구들의 눈에 비쳐진 양종구의 모습

1. 사랑의 사도를 실천한 참스승
2. 고마우신 梁鍾矩 교장선생님!
3. 梁鍾矩 校長任 一代記
4. 아름다운 변화를 꿈꾸는 영원한 청년
5. 성장을 이끄는 지도자
6. 못다 한 꿈을 꽃피게 해 주신 학장님께 감사드리며

제12부 지인 친구들의 눈에 비쳐진 양종구의 모습

1. 사랑의 사도를 실천한 참스승

전 교육부 장학관 홍기환

양 선배님을 서울에서 처음 만난 것은 사범학교를 졸업한 후 24년이 지난 1985년 봄 어느날 서울마포국민학교에서 이산가족처럼 반갑게 만났습니다.
양 선배님은 경기도 연천 상리국민학교에서 근무하다가 1984년 3월 1일 서울시교육청으로 전입되어, 서부교육청 관내 마포국민학교로 발령을 받아 근무하고 있던 중이었다. 나는 교육부에서 근무하다가 서울시교육청 전출 명령을 받고 서부교육청에서 근무하게 되어, 2년간을 같은 교육청 관하에서 근무하게 되었습니다.

3년 후에 나는 강서교육청, 양 선배님은 강서교육청 관내 발산국민학교에서 교감으로 근무하게 되어, 또 같은 교육청 관하에서 2년을 근무하는 인연을 맺게 되었습니다.
같은 교육청 관내에서 근무한 인연으로 양 선배님에 관하여 전해 들은 좋은 평판과, 직접 경험한 일 중 지금까지도 기억에 생생하게 남아 있는 사례는,

첫째, 양 선배님이 마포국민학교 부임하던 첫해, 증치 교사를 맡아 업무를 성실하게 수행했다는 것입니다. 당시에는 증치 교사 업무를 선생님들이 달가워하지 않고 기피하는 상황이었는데, 연천 상리국민학교에서 교무주임 업무를 수행했던 양 선배님은 증치 교사를 맡아 학교 교육활동이 원활하게 추진되도록 교장 교감 선생님의 업무를 적극적으로 지원하고, 선생님들에게 걸려 오는 전화를 일일이 메모하여 쉬는 시간에 알려주는 일을 싫은 내색 하지 않고 실천했을 뿐만 아니라, 학교 관리상 사각지대인 곳도 꼼꼼히 살펴보는 일까지도 수행하다 보니, 교직원들의 절대적인 신임으로 2년 차에는 친목회장, 3년 차에는 교무주임 업무를 맡아보게 되었다는 사실입니다.

둘째, 신설 학교 교감 근무를 자원하여, 교육청이 인사 발령을 하지 못해 겪고 있던 어려움을 해결하게 되었다는 점입니다. 강서교육청 관내에 송화국민학교가 1990년 3월 1일 개교 예정이어서, 개교 업무를 수행할 교장은 1월 15일 발령을 받아 부임했는데, 실무를 담당할 교감 적임자를 발령하지 못해 개교 업무를 담당할 교사들도 발령을 내지 못하여 교육청에서는 매우 어려움을 겪고 있었는데, 양 선배님이 교육청이 어려움을 겪고 있다는 사실을 확인하고, 1990년

1월 24일 신설교 교감 근무를 자원하여 1월 25일 교감 발령을 시행함으로써 교육청의 어려움을 해결하게 되었다는 점입니다. 이때 교육장님께서는 교감 발령 문서에 결재하시며, 관내에 이런 훌륭한 교감이 있어 고맙다고 만족스러워 하시면서, 훈장 표창상신을 하라는 말씀까지 하셨습니다.

양 선배님이 남이 하기 싫어하는 일, 남이 하지 못하는 일을, 남으로부터 손 가락질 받지 않으며 성취한 사례 한 가지를 더 소개하면, 전교조 초창기 길을 잘못 가고 있을 때 남의 눈치 안 보고 온화한 성품으로 스스로 올바르게 학교 행정을 수행하여, 혼란 야기 요인을 사전 제거, 학교 교육 안정화를 가져온 공로자라는 점입니다.

셋째, 1990년 2월 서울시교육청에서 처음 시행한 교육 전문직 선발 임용고사에서 우수한 성적으로 합격한 사실입니다. 신설 학교 교감으로 근무하면서도 꾸준히 자기 계발, 자기혁신에 최선을 다하는 삶의 자세를 지니고 있었기에 이루어 낸 성과라고 여겨지기에 때문입니다.
양 선배님은 장학관, 교육연구관으로 임용받아 근무하면서도 성실한 자세로 근무하여 주위 사람들의 칭송을 받고 있었다는 점입니다.

넷째, 양 선배님의 성실한 근무 자세를 직접 보아 온 서울시교육청 교원정책과장이 강동교육청 교육장으로 발령을 받으면서, 수하 초등교육과장으로 발탁하여 같이 근무하면서, 열린 교육 실천 교육청 지정을 받아 성공적으로 연구를 추진하여 교육부 장관의 기관 표창을 수상하였고, 장학 활동을 통해 확인하게 된 우수 교사를 모범 공무원상 대상자로 선정 수상하게 함으로써, 교사들의 사기진작에 힘썼다는 점입니다.

다섯째, 개웅초등교 초대 교장으로 발령을 받아 근무하면서, IMF 사태로 많은 어려움을 겪으면서도 교육여건 조성에 진력하여 학부모들의 신뢰를 얻었고, '세계로 미래로 밝은 사회로' 캐치프레이즈를 게시하여 어린이들에게 꿈을 갖도록 지도하였습니다.
가동초등학교 교장으로 근무하는 동안은 특별교실 신설, 도서관 신설, 과학실 증설, 화단 주변에 야외의자 신설 등 교육여건을 획기적으로 개선하였습니다. 교사들에게는 뚜렷한 교육관(敎育觀)을 정립하고, 교육활동을 전개하도록 지도하여, 학부모들로부터 소신을 가지고 교육하는 담임선생님으로 환영을 받도록 분위기를 조성하였다는 점입니다.

여섯째, 가톨릭 신앙인으로 사랑의 삶을 실천하고자, 지금도 쉼 없이 봉사와 희생의 삶을 살아가고 있다는 점입니다. 가톨릭 신자분이 선종(善終)하면 장례 절차를 맡아 진행하는 연령회 회장을 맡아 4년 동안 일했고, 지금도 평회원으로 일하고 있습니다. 여의도 성당 가톨릭 시니어 아카데미 학장을 맡아 12년 동안 봉사를 했고, 서울대교구 노인사목부 운영위원장으로 4년 동안 봉사를 하는 등, 경이롭게도 끊임없이 희생과 봉사 활동을 계속하고 있다는 점입니다.

위에 열거한 여섯 가지 사례만으로도 감동을 자아내는데 더 놀라운 일은 정년퇴직을 한 지

20여 년이 경과, 80대 중반의 나이에 접어든 지금도 행복안전시스템이라는 업체의 대표로 일하면서, 옛날 40여 년을 몸담고 근무했던 학교를 상대로 전기 사용에 따른 안전 점검, 숙직 용역 경비, 청소 용역 등에 대해 양질의 서비스를 제공하고 있다는 사실입니다.

 나는 양 선배님의 이처럼 놀라운 사실을 되돌아보면서, 분명한 소신과 경륜, 실천력이 뒷받침되지 않고서는 결코 이루어 낼 수 없는 일이라고 생각하면서 옛날에 인물을 판단하는 기준이었던 신·언·서·판을 떠올려 봅니다.

 신(身) : 단정한 용모, 기품 있는 풍채, 훤칠한 체구
 언(言) : 사리에 맞는 언어 구사, 격의 없고 원만한 의사소통
 서(書) : 위상에 맞는 학력 관리, 전문성 신장을 위한 꾸준한 노력
 판(判) : 사물에 대한 올바른 판단, 조직과 지위에 맞는 리더십 함양 노력

교사, 교감, 교장, 교육 전문직으로 두루 근무하면서, 각 조직과 단체를 성공적으로 리드할 수 있는 신·언·서·판을 겸비하지 않았다면, 미수(米壽)를 앞에 두고 있는 오늘날까지 조직을 이끌어 올 수 없었을 것입니다.
이처럼 탁월한 교육력, 실천력, 지도력이 드러나는 양 선배님께서 자서전을 출간하시게 됨을 축하드리며, 교육계 큰 별의 앞날에 하느님의 가호가 있으시길 기원합니다.

2. 고마우신 梁鍾矩 校長 선생님

전 서울 양목초등학교 교장 김동환

 내 머릿속에서 곧 잊어버리게 되는 사람도 있고, 잊어버리고 싶은 사람도 있습니다. 그러나 늘 잊혀지지 않고 생각나는 사람이 있는데, 그 사람이 바로 梁鍾矩 선생님입니다. 또 잊혀지지 않게 행하는 분도 梁鍾矩 선생님이지요. 그러니 내 마음속에는 늘 고맙고, 감사한 사람이 양종구 선생님이라고 늘 그렇게 생각하게 하는 그런 분이지요. 특히 내 아내도 늘 감사하고 있는 분이 바로 양종구 선생님이지요. 고맙고 感謝(감사)합니다.

 선생님과 因緣(인연)을 맺게 된 것이 꼭 40년이 되었습니다. 그때나 지금이나 변하지 않는 사람이며, 그때 맺어진 인연이 지금까지 이어 온 것도 정말 貴(귀)하고 드문 일인데 말입니다. 1984년 3월 2일 학교에 일찍 출근했는데, 새로 부임하신 선생님이 바로 양종구 선생님이셨습니다. 처음 인사 소개를 하는 선생님이셨는데, 우리 학교 모든 선생님들이 반색하며 맞은 분이 바로 선생님이셨고, 인사 말씀 중에 자발적이고 순간적으로 박수가 터져 나온 것도 선생님이셨죠.
그만큼 첫인상과 드러난 인품에 모든 선생님들이 좋아하는 인물이었으니, 나 역시도 千軍萬馬(천군만마)를 얻은 기분이어서 반가웠고, 아, 이분이라면 여러 가지로 내게 힘을 줄 것이고 도움을 받을 그런 분이라고 여겨져 반색했습니다.

 그해 우리 학교는 서울시교육청 지정 연구학교여서 재능있고 좋은 아이디어를 낼 수 있는 교사가 아쉬웠는데, 바로 그 적임자가 왔다는 생각에 반가웠습니다.
놀랍게도 포스컬러 물감으로 쓴 모필 글씨가 정말 명필이었으니, 연구학교 추진에 중추적 역할을 할 수 있는 분이라 생각하고, 그야말로 필수 요원이 나타난 것이니 반기지 않을 수가 없었습니다. 그해 가을에 많은 교육계 손님들을 모시고 연구 발표회를 가져야 하는데, 양종구 선생님 때문에 모든 추진 업무가 수월하게 진행될 수 있겠다는 것을 믿고 연구 업무를 적극 추진했던 바, 역할 수행 결과가 그야말로 보석같이 빛난 결과를 창출하였습니다.

그러나 그해 시 교육청으로부터 공문과 구두로 새로 부임한 교사들에게 勤務評定(근평평정)을 상위(上位)로 하지 말라고 하는 지시 내용이 있었는데, 이는 시골에서 부임한 교사들이 서울로 어렵게 전입한 후, 서울 환경에 잘 적응하지 못해 문제를 많이 야기하고 있다는 지적이었습니다. 많은 재능과 능력을 가진 양종구 선생님을 예외로 하고 싶어서가 아니라, 학교 행사 추진에 필수 요원인데 그렇게 지시를 좇을 수만은 없었습니다.

연구 발표회의 모든 원고를 작성하여 양 선생님에게 넘겨주면, 양 선생님은 그 원고를 즉시 유리판에 내용을 정리하여, 함께 운동장이나 화단으로 가서 압축 사진을 촬영해 슬라이드

제작에 혼신으로 노력을 기울였습니다. 이렇게 해서 훌륭하게 만들어진 슬라이드를 활용하여 연구발표회를 성공적으로 마칠 수 있었는데, 이 같은 노력을 어찌 인정해 주지 않을 수가 있습니까?

양 선생님은 어렵고 힘든 일은 맡겨도 한 번도 거부감을 나타내거나 얼굴빛이 변한 적이 없었고, 긍정적인 인품을 지니고 있어 교직원들이 모두 칭찬과 감사를 표할 정도의 인물이었기에, 나 역시 신뢰심을 바탕으로 맺어진 인연이다 보니, 지금까지도 끈끈한 관계를 유지하고 있는 사이가 되었습니다.

 사회생활을 하면서 사람들은 보편적으로 아쉬우면 가까이하고, 별로 이용 가치가 없거나 멀어지면 언제봤더냐 하며 관계가 멀어지는 것이 상례인데, 양 선생님은 그런 부류의 사람과는 전혀 다른 의리의 사람이어서, 나로서도 배울 점이 있다고 생각하고 관계를 유지해 오고 있었습니다. 요즈음에는 하루도 빠짐없이 카톡을 보내주어서, 그 내용을 읽다 보면 인간 생활에 꼭 필요한 철학적인 내용이거나, 현실 생활에 필요한 좋은 내용입니다. 양 선생님이 보내온 카톡은 빠짐없이 읽을 뿐 아니라, 시간이 나면 또 읽고 싶은, 그야말로 珠玉(주옥) 같은 내용들이어서, 나에게는 양 선생님이 忘年之交(망년지교)로 고마운 친구이며 스승과 같은 존재입니다.

 양 선생님은 심성 또한 부드럽고 매사에 너그러운 마음씨를 지니고 있어, 모든 사람들이 좋아하고 따를 수 있는 그런 인품입니다. 언제나 對(대)하는데 부담이 없고 그냥 이웃집 친구나 아저씨 같은 그런 분이다 보니, 아마도 지금까지 緣(연)이 끊기지 않고 이어져 온 것이라고 확신을 갖게 됩니다.
내가 정년 퇴직한 지가 24년이 되었는데도, 처음과 같은 그런 마음으로 지내는 지인이나 친구가 전혀 없다고 할 수 있지만, 양 선생님은 '아니다' 입니다.
서울마포초등학교에서 4년간 함께 근무하고 지낸 인연이, 이렇게 긴 세월 동안 서로 통교(通交)하면서 지내는 사람은 全無(전무)하니, 이게 바로 양 선생님의 인품이요, 인격이요, 정말 본받을 것이 많은 분이라고 늘 자랑하고 지낸 배경이라 하겠습니다.

 내가 정년퇴직 당시까지 근무한 서울양목초등학교의 관할 교육청인 서울 강서교육청에서 장학사로 근무한 양 장학사는, 일선 학교 다른 교장님들까지도 만나면 양 장학사에 대하여 좋은 평을 한다는 것도 다 알고 있던 사실이니, 모든 것이 진심이고 진실 된 마음으로 학교를 돕고 격려하는 장학에 임했다고 보는 것이지요.

양 교장님! 내 나이가 내일이면 90세가 되는데, 이 나이에 늘 잊혀지지 않고 머릿속에 깊이 새겨진 교육계 사람은 현재 양 교장 밖에는 없는 것 같아요. 부디 건강하시고 앞으로도 서로 마음을 주고받으며, 좋은 일 나쁜 일 가리지 말고 서로 마음의 통교(通交)를 하며 함께 살아가는 친구가 되기를 바라고 부탁합니다.
정말 감사합니다.

3. 梁鍾矩 校長任 一代記

靑山 申昇澈 心祝(충주사범학교 동기)

長身對備六三建(장신대비육삼건) : 큰 키를 6.3빌딩과 비교하려는 듯
側近地居住餘裕(측근지거주여유) : 바로 옆에서 여유롭게 살고 있지만

貧困絆少年時節(빈곤반소년시절) : 소년 시절에는 가난의 굴레로
學斷危信仰克服(학단위신앙극복) : 학업 중단의 위기를 신앙으로 극복하면서

正直淸廉心性生(정직청렴심성생) : 곧고 청렴한 마음으로 살아오셨지요.

學窓時規律部長(학창시규율부장) : 학창 시절에는 규율부장으로,
學生善導最盡力(학생선도최진력) : 학생 선도에 온 힘을 다 쏟으셨고,
陸軍服務時憲兵(육군복무시헌병) : 육군 복무 시에는 헌병으로 근무하며,
一翼擔軍紀確立(일익담군기확립) : 군기 확립에 일익을 담당하셨습니다.
奬學官拔擢敎育(장학관발탁교육) : 교육계에서는 장학관으로 발탁되셔서,
邁進敎權質向上(매진교권질향상) : 교권 확립과 교육 질 향상에 매진했습니다.

退休老益壯誇示(퇴후노익장과시) : 퇴임 후에는 노익장을 과시하며,
聖職奉仕信仰心(성직봉사신앙심) : 깊은 신앙심으로 성직에 봉사하는 한편,

現事業日就月將(현사업일취원장) : 하시는 사업도 일취월장하시고,
人生享有深喜悅(인생향유심희열) : 인생의 기쁨과 즐거움을 마음껏 누리면서,

祝賀積功生營爲(축하적공생영위) : 보람된 삶을 살아가심을 축하드립니다.

4. 아름다운 변화를 꿈꾸는 영원한 청년

전 서울천일초등학교 교장 박계화(수필가)

"사랑하면 모든 것에서 사랑하는 사람을 본다."
양종구 요셉 회장님과의 첫 만남은 '서울대교구 가톨릭 초등교육자 회(이하 가초로 명명)'에서였습니다. 당시 가동초등학교 교장으로 재임하고 계시던 양 회장님의 모습은, 맑은 에너지로 밝게 빛나는 젊은이 같았습니다.

교사이셨던 예수님의 모습을 닮은 사랑으로 제자들을 가르치고자 하신 그 열정의 모습은, 지금도 눈에 선하게 떠오릅니다. 가초 모임을 통해 우리가 가르치고 있는 제자들에게 인성교육의 모델링이 되자고 하셨지요.
그리하여 우리는 기쁨 충만한 삶을 살아가고, 하느님께는 영광을 돌려드리는 삶을 몸소 보여주려 하신 회장님의 모습에서 커다란 감동을 받았습니다.

가초에 가입했을 때 제 신앙심은 희미한 등잔불 같았습니다.
천주교 신자 교감이라는 연유로 얼떨결에 맡겨진 가초 총무부장 자리가 무척이나 부담스러웠던 때였지요.
그러나 열정적인 회장님의 모습을 보면서 제 신앙의 삶은 서서히 바뀌어 갔습니다.
"사랑하면 모든 것에서 사랑하는 사람을 본다."
이 신념으로 추진하신 '교사 신자 찾기' 프로젝트. 서울시 일선 학교에서 3,000여 명의 신자를 찾아내어 학교별 소공동체 활성화 활동을 통해, 잠자고 있던 교사들 신앙의 눈을 뜨게 하셨지요.

이뿐만 아니라, 2006년 10월 29일에는 정진석 추기경님을 모시고, 1980년 11월 30일 가톨릭 초등교육자협의회 출범 이후 최초로, 계성초등학교에서 430여 명이 모여 '아름다운 변화, 너희는 세상의 빛이다'라는 주제를 가지고 초등교육자 신앙대회를 개최하였고, 2008년 11월 16일에도 조규만 주교님을 모시고 '나는 행복합니다'라는 주제를 가지고 역시 계성초등학교에서 400여 명의 회원들이 모여 초등교육자 대회를 열어 서로를 받아들임으로써, 주님 안에서 한 가족임을 맛보게 한 것은, 교직에서도 하느님 보시기에 좋은 삶의 모습으로 살아갈 수 있음을 느끼게 하는 소중한 체험이었습니다.

그리고 이처럼 앞장서 봉사하고 사랑하는 삶을 몸소 보여주신 회장님의 젊은 꿈이, 교사들 가슴에 신앙으로 불타오르게 한 아름다운 변화로 이끄는 촉매제가 되었던 것입니다. 인생 순례길에서 만난 양종구 회장님과의 인연은 무척 소중하다고 느껴집니다. 지금도 먼저 안부를 물어주시면서, 사람 안에서 그리스도를 발견하고 삶의 진정한 의미를 깨닫게 해주시지요.
작가 사무엘 울만은

"머리를 드높여 희망이란 파도를 탈 수 있는 한, 그대는 팔십 세 일지라도 영원한 청춘의 소유자"라고 말했습니다. 긍정 마인드로 살아가시면서, 열정적인 신앙으로 희망의 파도를 타시는 영원한 청춘 양 회장님. 회장님의 모습을 본받고 싶습니다.

이제 삶의 흔적을 남기시는 자서전 한켠에 회장님의 아름다운 신앙 불꽃을 새겨놓으렵니다. 앞으로의 삶도 주님 은총 안에서 새로운 희망으로 더 아름답게 변화되어 가시리라 믿습니다. 늘 건강하시고 평안하시기를 기도드립니다.

5. 성장을 이끄는 지도자
아카시아 향기 속의 인연

서울특별시교육청 교육 연구 정보원
교수학습 정보부장 교육 연구관 김희경

1998년 여름 대전에서 친구들과 독서교육 프로그램을 운영하던 중, 양종구 교장 선생님과의 첫 만남이 이루어졌습니다. 당시 저는 20대 후반의 젊은 교사로 여름방학을 보내고 있었고, 서울개웅초등학교의 개교를 준비하고 계시던 양종구 교장 선생님께서, 저에게 신설 학교 개교 요원으로 와 줄 것을 요청하셨습니다. 대전에서의 일정을 마무리하고 서울개웅초등학교로 향했던 그 날, 저는 교장 선생님과 처음으로 대면하게 되었고, 그 만남은 저의 교직 인생에 있어 매우 중요한 시작이었습니다.

개교 준비는 예상보다 더디게 진행되었습니다. 1998년 9월 1일로 예정되었던 개교가 여러 사정으로 인해 몇 주 늦어졌지만, 양종구 교장 선생님께서는 저에게 과학부장, 정보부장, 학년 부장이라는 중대한 임무를 맡기셨습니다.
개교를 준비하는 과정은 힘들었지만, 교장 선생님의 지도와 따뜻한 배려 속에서 저는 많은 것을 배우며 성장할 수 있었습니다. 그 짧은 1년 동안의 시간은 저에게 교직 생활에 있어 큰 의미와 가르침을 주었습니다. 1999년 9월 1일 교장 선생님께서 강동교육청 초등교육과장으로 영전하시며 학교를 떠나셨지만, 교장 선생님과 함께했던 시간은 제가 교직 생활을 이어가는데 큰 밑거름이 되었습니다.

양종구 교장 선생님과의 인연은 단지 개웅초등학교에서의 시간에만 머물지 않았습니다.
1999년 9월 19일 제 결혼식에서 교장 선생님께서 주례를 맡아주셨고, 그분의 따뜻한 축복의 말씀이 저와 제 아내에게 큰 힘이 되었습니다.
결혼 후에도 명절 때 가끔 아내와 딸과 함께 교장 선생님을 찾아뵙고 인사를 드렸고, 교장 선생님께서는 항상 우리 가족을 따뜻하게 맞아주셨습니다. 이러한 만남은 저에게 큰 위로와 격려가 되었습니다.

퇴직 후에도 교장 선생님은 성당에서 봉사 활동을 하시며 여전히 많은 사람들에게 사랑과 배려를 나누고 계셨습니다. 저는 2014년에 서울내발산초등학교에서 교감으로 근무하던 시절과, 2019년에 서울양원초등학교에서 교장으로 근무하던 시절에도 교장 선생님을 다시 뵙게 되었습니다. 그때마다 교장 선생님께서는 변함없이 저를 따뜻하게 맞아주시고, 저의 성장을 진심으로 응원해 주셨습니다

양종구 교장선생님과 함께한 학교생활에서 가장 기억에 남는 순간 중 하나는, 개웅초등학교 뒷산인 개웅산에서의 아카시아 축제였습니다. 매년 5월이면 개웅산에는 아카시아꽃이 만개했고, 그 시기에 맞춰 학교에서는 아카시아 축제를 열었습니다.

학생들은 다양한 활동을 통해 자연과 함께 어우러지며 즐거움을 만끽했고, 그들의 밝고 행복한 웃음소리는 학교 전체에 퍼졌습니다. 교장 선생님께서는 항상 학생들이 자연 속에서 배우고 성장할 수 있는 기회를 제공하려고 노력하셨고, 그 아카시아 축제는 교장 선생님의 교육 철학이 잘 드러난 순간이었습니다.

또 다른 기억으로는 수업 공개의 순간이 있습니다.
저는 학부모들에게 공개 수업을 할 때, 학생들이 동화의 주인공이 되어 수업을 진행하고 다른 학생들이 질문하고 답하는 방식의 혁신적인 수업 방식을 도입했습니다. 저는 뒤에서 학생들이 수업을 주도할 수 있도록 조언하고 조정하는 역할을 맡았고, 처음에는 이러한 방식이 다소 생소하게 받아들여져 오해를 사기도 했습니다.
하지만 교장 선생님께서는 그저 미소를 지으며 제 방식을 존중해 주셨고, 덕분에 저는 자신감을 가지고 교육의 새로운 시도를 이어갈 수 있었습니다.

양종구 교장 선생님께서는 단순한 관리자가 아니라, 교사 한 사람 한 사람을 존중하고, 그들의 재능을 발견하고 발전시킬 수 있도록 도와주는 진정한 지도자이셨습니다. 교장 선생님의 사랑과 배려는 교사들과 학생들에게 깊이 스며들었고, 그로 인해 학교는 따뜻하고 활기찬 배움의 공간이 될 수 있었습니다.
교장 선생님의 지도 아래에서 저는 교사로서, 그리고 한 인간으로서 많은 것을 배우고 성장할 수 있었습니다.
양종구 교장 선생님과의 인연은 저에게 큰 축복이었고, 교장 선생님의 따뜻한 지도와 배려는 제 교직 생활의 중요한 부분으로 남아있습니다.
교장 선생님께서 보여주신 사랑과 배려의 가치는 앞으로도 제가 교육 현장에서 이어 나가고자 하는 소중한 유산입니다. 교장 선생님의 가르침을 바탕으로, 저 또한 후배 교사들과 학생들에게 따뜻한 지지와 격려를 전할 수 있는 교사가 되기를 소망합니다.

6. 못다 한 꿈을 꽃피우게 해 주신 학장님께 감사드리며

수필가 도월화(소피아)

2014년 여의도 성당에서 양종구 학장님을 처음 뵙고 인사드렸다. 학장님은 성당 사무실의 복사기 앞에서 교재를 프린트하시다가 활짝 웃으셨다. 반겨주는 웃음이 은발에 멋지게 빛나는 듯 인자하신 첫인상 이셨다.

그해 늦여름 아직 여의도에서 살 때였다. 1983년부터 살던 그 집은 주방 창문으로 내다보일 만큼 성당이 가까웠다. 창밖의 나무들 사이로 건너다보며 언제부터인가 학장님을 찾아뵐지를 두고 망설였다. 그러던 중에 나의 두 번째 문집으로 한국수필문학상을 받는 과분한 행운을 얻었다. 이에 용기를 내어 나의 수필집을 첨부하여 시니어 아카데미 수필 강사 신청을 했던 것이다.

양종구 요셉 학장님은 여의도 성당 노인대학을 2009년 4월부터 맡아, 너섬시니어아카데미로 개편하여 운영하셨다. 학장님이 몇 가지 당부와 일정을 알려주시었다. 오전 수업은 10시 미사후 지하교육관에서 시니어아카데미 전체 학생이 참여하는 교리 및 교양교육 과정으로 운영되고, 점심 식사 후 오후 수업은 각 동아리 활동 과정으로 운영되었다. 이렇게 나는 2014년 9월 첫 목요일부터 문학반 동아리를 맡아 교육지도를 하게 되었다.

그 후 현재까지 나 나름대로 보람을 가지고 열심히 문학동아리를 지도했다. 10시 미사 참례를 많이 못 한 것이 아쉽기는 하다. 학장님은 매일 새벽 미사에 나가신단다.
 나는 목요일 평일 미사 한 번 참례하는 것도 쉽지 않은데, 학장님께서는 어떻게 오랜 세월 매일 미사를 드리는지 존경스럽다. 아마도 하느님이 일상생활의 중심에 자리 잡고 있는 신심에서 나오는 것이 아닐까? 싶다.

원래 학장님께서는 평생을 교직에 봉직하셨다고 한다. 오랫동안 초등학교 교장과 교육청 장학관을 역임하시다 정년퇴직을 하셨단다.
교장 선생님으로 봉직하실 때 서울대교구 가톨릭 초등교육자 협의회 회장을 맡아 7년을 봉사하셨고, 서울대교구 15지구 학장 대표, 서울대교구 노인사목부 운영위원회 회장을 맡아 시니어 아카데미 교사들의 월례 교육에도 헌신적으로 봉사하신다고 한다.

이처럼 풍부한 교직 경력과 봉사활동 경력이 밑바탕이 되니, 유연하게 시니어아카데미를 이끄시는 것이 아니겠는가? 싶다.

양종구 학장님을 뵈면 떠오르는 분이 계신다. 사십여 년 전 대림 여중 사회과 교사 시절 모셨던 김순영 교장님이시다. 나는 큰아이 임신 중에 절대 안정을 요한다는 의사 소견을 받고 동생에게 교장실에 사표를 제출하라고 시켰다.
김순영 교장 선생님은 같은 직장 여성의 동병상련 탓인지 사표를 반려했다.
대신 내가 맡은 수업에 나의 후배를 추천하게 하였다. 당시 밤중에 자다가 깨면 학생들과 혼연일체로 수업이 잘되어 행복한 꿈을 꾼 날은 교실에 복귀해야지 했다.

추적추적 비 내리는 아침 몸까지 아픈 날 '다 그만두고 육아만 해야'하며 갈등을 많이도 하였다.
미쳐 마음을 못 정한 상태로 폐 끼치는 느낌에 쫓기어 새로이 발령 난 공항중학교로 다시 사표를 내어 수리되고 말았다.

 나의 못다 한 교단의 꿈을 꽃피워 볼 수 있게 해 주신 학장님께 감사하는 마음이다. 이뿐만 아니라 훌륭한 교사와 신앙인으로서 귀감이 되어 주셨다. 매일 새벽 미사를 드려서인지 학장님은 자유로운 영혼을 지니신 듯하다.
시니어아카데미 운영에 권위적이지 않고 매사에 솔선수범 하면서도 여유로우시다. 어떤 때는 각 동아리 수업에 쓰일 무거운 교재도 손수 운반하셔서 보는 이를 놀라게 한다. 수업 후 정리 정돈이나 쓰레기까지 치우면서도, 화내거나 언짢은 표정을 짓지 않고 엷은 미소를 잃지 않으신다. 늘 주위에 온화한 빛을 전해 준다.

 양종구 학장님의 영향 아래 문학반과 동행하는 것은 영광이고 행운이다.
앞으로도 온라인과 오프라인을 통해서 학장님의 살아가는 자세를 거울삼고자 한다. 한결같이 하느님과 삶을 사랑하고, 감사드리는 모습을 본받고 싶을 뿐이다.
오래오래 건강하시고 후학들과 따뜻한 웃음 가운데 함께 해 주시길 기도드린다.
양종구 학장님께 다시금 깊은 감사를 드리며, 날마다 하느님의 축복이 가득하시기를 손 모아 기원한다.

양종구 자서전
걸음걸음이 은총이었네

초판 인쇄 ∥ 2025년 7월 23일
초판 발행 ∥ 2025년 7월 23일

지 은 이 ∥ 양 종 구
발 행 인 ∥ 박 소 향

펴 낸 곳 ∥ 도서출판 **지식과사람들**
등록번호 ∥ 2020-000053
주   소 ∥ 서울 중구 퇴계로 217 (진양상가 675호)
대표전화 ∥ 010-8976-1277
홈페이지 ∥ miryarm@daum.net
I S B N ∥ 979-11-986704-3-4

정   가 ∥ 20,000원

이 책의 저작권은 저자와 출판사에 있습니다.
잘못된 책은 바꿔드립니다.